ROMANCERO DEL CID

PRECEDIDO DEL

CANTAR DE RODRIGO

Edición de
JUAN BAUTISTA BERGUA

Recopilación, prólogo, notas y apéndices de
LUIS GUARNER
Catedrático de Literatura Española

Colección La Crítica Literaria
www.LaCriticaLiteraria.com

Copyright del texto: ©2014 Ediciones Ibéricas
Ediciones Ibéricas - Clásicos Bergua - Librería Editorial Bergua
(España)

Copyright de esta edición: ©2014 LaCriticaLiteraria.com
Colección La Crítica Literaria
www.LaCriticaLiteraria.com
ISBN: 978-84-7083-966-5

Imagen de la portada: El Cid

Ediciones Ibéricas - LaCriticaLiteraria.com
C/ La Punta Del Cuerno 191
39318 Cuchia, Cantabria
www.EdicionesIbericas.es
www.LaCriticaLiteraria.com

ÍNDICE

ROMANCERO DEL CID 111

PRÓLOGO

I. EXISTENCIA DE UNA EPOPEYA EN ESPAÑA

Hace poco más de un siglo, reiterados estudios de diversos investigadores extranjeros sobre la épica castellana pudieron llegar a sintetizarse en una frase que aseguraba, rotundamente, que «España no tuvo epopeya».

Bastó, entonces, para contestarla —rotundamente también—, la presentación del «Romancero español» que, sin firma personal que lo signe, viene a constituir la auténtica epopeya de toda una raza, de toda una peculiar civilización cristiana, de un pueblo, en fin, que, en el esfuerzo épico de una lucha multisecular, había ido forjándose asimismo con su carácter propio y exclusivo, con voluntad eficiente de auténtico espíritu nacional.

Porque el Romancero es, sin duda, para España, aquella «Ilíada sin Homero» como lo califica con justeza la magnífica frase que Abel Hugo atribuyó a nuestro Lope de Vega.

Mas si de la realidad del hecho documental es preciso llegar a la verdad de los razonamientos, para contender con los adversos, no faltaron en nuestra patria historiadores y críticos que, desde 1874, llevaron a cabo trascendentales investigaciones que lograron fundamentar científicamente aquel hecho, contestando así con la contundencia de sus razones. A las opiniones de Dozy (1849), de Wolf (1859), Gastón París (1865) y otros, comenzó a responderles Manuel Milá y Fontanals que, en el año citado, inicia gloriosamente toda una escuela de investigación literaria sobre nuestra épica nacional con su obra decisiva «De la poesía heroico-popular castellana», que abre el verdadero camino para llegar al conocimiento del origen de nuestra épica nacional, por el que, luego, habían de seguir avanzando con paso seguro Marcelino Menéndez y Pelayo y otros investigadores, hasta culminar en los estudios verdaderamente magistrales de Menéndez Pidal, que ha demostrado científicamente la existencia de la epopeya castellana, de una manera inequívoca.

En el Romancero, pues, se ha ido demostrando, cada vez con mayor eficacia, está el eco —lejano unas veces, próximo otras— de aquella epopeya nacional que constituyen los cantares de gesta a lo largo de toda la Edad Media, y que, al desaparecer, legaron el tesoro de su tradición épica, en espíritu vivo, a los primitivos romances anónimos, que comienzan a ser palabra viviente en los labios de los juglares medievales, como recuerdo de hechos heroicos y acicate de nuevas empresas guerreras, pasando, después, a la pluma de poetas artistas que evocaban el pasado, y transmitían luego, su tradición secular al teatro, y la novela, eternizando, así, la epopeya nacional a través de toda la literatura española.

Hechos heroicos que, a veces, se vislumbran ya lejanos, en la vaga penumbra de la historia y la leyenda entrelazadas; hechos más recientes de tema épico que, más ceñidos a la realidad, hallan la expresión popular de los romances: todo va constituyendo el cuerpo de ese maravilloso Romancero español que viene a ser el crisol en el que se han fundido todos los elementos épicos de nuestro pueblo, que supo recopilar sus lejanas tradiciones como hiciera el propio Homero con las remotas leyendas de los orígenes griegos. España, pues, no tuvo un Homero; pero su pueblo —juglares, pueblo, poetas— logró esa Ilíada de España, no menos grandiosa que pudo ser la helénica.

Los viejos cantares, que se perdieron con el olvido de la voz viva, se transformaron en los romances, más cortos y sintéticos, pero más expresivos y eficaces. Ya es doctrina, por tan generalmente admitida, dogmática, que los romances no son sino la evolución modernizada de las remotas gestas, perdidas o disueltas en las viejas crónicas, y recobradas en la forma popular privativa de los romances castellanos, a los que seguirán rindiendo culto los poetas de los siglos áureos, que legarán este culto a los posteriores, hasta llegar a las horas presentes.

Ahora, pues, no sólo podría oponerse a las imputaciones extranjeras de hace un siglo la realidad de nuestro Romancero, sino que se le puede acompañar de la verdad demostrada de ser, como heredero de las gestas perdidas, la auténtica epopeya de España, viva en los romances, que son la nueva encarnación de la epopeya que negaron los extraños y que nuestros sabios supieron resucitar de sus dispersas cenizas, como el ave Fénix legendaria, que había extendido ya su vuelo por el Oriente, en la voz nostálgica de los judíos dispersos, y por el Occidente, en la voz victoriosa de los conquistadores de la América descubierta por España.

II. EL CID, HÉROE DE LA EPOPEYA ESPAÑOLA

Y si toda epopeya reclama la existencia de un héroe —real o fantástico—, en torno al cual gire la acción épica —histórica o legendaria—, y cuya personalidad simbolice el espíritu de todo un pueblo, este héroe nacional no es —no puede ser— otro, para España, que la personalidad, extraordinariamente humana, del Cid Campeador, verdadera concreción de las virtudes —y aun de los defectos— de una raza, física y moralmente, de una civilización cristiana peculiar, de una cultura propia, de toda una nacionalidad, en fin. Él es «el Aquiles de nuestra patria; su historia nuestra Ilíada, nuestra epopeya: no tenemos otra. Esta epopeya, como todas las verdaderas epopeyas, no es la creación del poeta ni del historiador, es la creación del pueblo», como anunció clarividentemente don Pedro José Pidal, ya en 1840.

Y si esta figura histórica se enterró físicamente en su sepulcro de piedra del Monasterio de Cardeña y su memoria quedó dormida en los viejos infolios de las crónicas medievales y sus hechos relegados a la Historia, sólo la Poesía la resucitó a una vida eterna desde los toscos versos balbucientes del venerable Cantar de Mío Cid, —primitiva supervivencia de las gestas, como la ruina lo son de un castillo que tuvo vida remota—, pasó a los versos del Cantar de Rodrigo y, después, a los romances juglarescos y artísticos del Romancero para seguir viviendo, ya eternamente, en el poema, el teatro, la novela, a través de los siglos, y a pesar de las diversas estéticas, las modas literarias y los racionalismos negadores.

Y es que el Cid dejó de ser el héroe histórico de la Reconquista para transformarse en el héroe literario, en el mito nacional; dejó de ser sólo realidad de la historia para idealizarse en poesía, y «la Poesía es más profunda y más filosófica que la Historia» como ya había descubierto el propio Aristóteles.

Y así le vio Menéndez Pelayo cómo «se levanta eternamente luminoso con su luenga barba no mesada nunca por moro ni por cristiano; con su dos espadas, talismanes de victoria...»

El Cid es ya para todo el mundo el héroe que encarna, como protagonista épico, el prototipo del ideal caballeresco, según se concibió en la Edad Media, y así como Aquiles fue el héroe de la Grecia clásica, para Francia es símbolo heroico Roldán y para Alemania, Sigfrido, es para nuestra patria el Cid la encarnación de su héroe nacional, en quien se juntarán todas las virtudes heroicas y hasta todos los defectos de su raza, y no ciertamente por la grandeza fabulosa de sus hechos realizados, sino por su temple moral, en el que se sintetizan los más notables atributos del alma castellana y de las virtudes caballerescas que constituyen el genio moral y poético de la raza hispana que, traspasando las realidades de la Historia misma, perfilan el tipo de un heroísmo colectivo que, sin despojarle de su valor individual, le dan aquella personalidad, aquella existencia luminosa y genial que le transforma en símbolo representativo, en figura mítica de toda una literatura.

Por encima de lo que digan, o puedan decir, historiadores contemporáneos del héroe, tanto cristianos maravillados, como atemorizados árabes; por encima de lo que nos cuenten los cronicones medievales y modernamente juzgue la crítica histórica, desde sus contradictorios puntos de vista —tanto el irreflexivo propósito de llevarlo a los altares, como la obstinada negación de su existencia—, el Campeador se elevará para siempre, magnífico e invulnerable a las pasiones partidistas, en las alas eternas de Poesía, desde los balbucientes versos del Cantar primitivo a los romances más gallardos y garbosos o los versos modernos más quintaesenciados y preciosistas. Y a través de los siglos, será el mismo porque es eterno, como el alma de la patria que simboliza.

La literatura basada en la figura del Cid es tan copiosa —y no sólo en lengua española— que nunca lograríamos tener la certeza de haber catalogado cuantas obras literarias tuvieron por héroe al Cid Campeador.

«Sobre ningún personaje de aquella era, sin exceptuar los reyes —afirma Menéndez Pelayo—, tenemos tal copia de documentos históricos y poéticos.»

Y si el sabio maestro hace esta afirmación refiriéndose sólo a la proyección histórica y poética del Cid en la Edad Media española, podemos hoy ampliar este concepto añadiendo que su figura —histórica o legendaria— ha seguido siendo, a través de los siglos, la que ha hecho producir mayor número de obras literarias, no sólo en aquella época lejana, sino en las siguientes de nuestra literatura nacional, desde donde bien pronto había de pasar a las demás, transfigurado ya en figura mítica y simbólica de una raza, a pesar —o tal vez por eso mismo— de la incertidumbre y vaguedad de algunos datos relativos a su existencia, como observa el citado maestro, que abre, con su criterio, un nuevo período de comprensión crítica en torno a la figura literaria del Campeador.

Hoy se puede asegurar que, tal vez, no ha habido otra figura que, como ésta, haya dado origen a mayor número de creaciones literarias. El Cid, Don Juan y Don Quijote, constituyen la trilogía de mitos literarios con que el genio español ha contribuido al acervo universal de la Literatura.

El tema cidiano tomó arraigo definitivo en la tierra literaria española, constituyendo una tradición que había de aflorar en todas las épocas literarias posteriores, confirmando así aquella persistencia de la epopeya de que nos habla Menéndez Pidal, al decir que es España el país que con más perseverancia ha continuado su primera tradición poética en todas las grandes épocas de su literatura.

Así lo vemos confirmado ya en el alborear de nuestra historia y nuestra lengua, cuando las fronteras de Castilla eran aún imprecisas y fluctuantes, y su territorio poco más de «un pequenno ryncón» como nos dice el viejo Poema de Fernán González, al tiempo en que la lengua de los castellanos comenzaba a soltarse, tímida aún, de los andadores de su genitora latina, ya agostada ante la pujanza de las nuevas lenguas que sentían el hervor con que apuntaban sus existencias nuevas. En esta época primitiva cantaron los juglares una gesta nueva que no era sino refundición de otras anteriores, perdidas ya, en las que se cantara las hazañas de aquel glorioso paladín de Castilla que, cuarenta años antes, aún maravillaba a las gentes con su presencia y la gloria de sus hechos. Es el Poema de Mío Cid.

La existencia de este cantar de gesta sobre el Cid —poco tiempo ha desaparecido— nos dice la gran fama de que gozó el héroe de Castilla. La madurez literaria de este poema juglaresco, así como otras razones de tipo filológico —que aquí no es oportuno exponer— nos hace suponer que este cantar no es sino una última refundición de otros cantares primitivos —hoy desconocidos— sobre el heroico protagonista castellano. Da sus hechos queda constancia en las crónicas contemporáneas suyas, para constituir materia histórica en todos los tiempos, hasta los presentes, en que tan a fondo y con tan certero espíritu crítico se estudia tanto la personalidad histórica como poética del Campeador.

Mas, dejando estas cuestiones —que a la historiografía puede interesar tan sólo—, podemos seguir rastreando la huella poética del Cid a lo largo de los siglos. Historiadores árabes y cristianos se ocupan de él, desde sus contradictorios puntos de vista, y la preocupación por el heroico personaje llega a interesar tanto a unos y a otros, que, obstinados en sus opiniones, llegan los unos a la exaltación idolátrica, en tanto que los otros a la más radical detracción, evidenciando así, éstos y aquéllos, la trascendentalidad del personaje, tan desfigurado por los primeros como por los segundos, según la moderna investigación ha podido esclarecer.

La popularidad del Cid siguió viva en las gestas, y no sólo en aquellas juglarescas, ya apuntadas, sino hasta en las otras de poetas cultos, que seguían obstinados en el cultivo del latín por el tenaz propósito de perpetuar una tradición cultural clásica, ya en manifiesta decadencia. A este género, pues, pertenece una animada y vigorosa gesta en lengua latina, conocida generalmente por Carmen Caimpidoctoris, compuesta, hacia el año 1090, por un anónimo poeta culto en sáficos y adónicos, de la que se conserva un fragmento en un manuscrito que fue del Monasterio de Ripoll. El principal asunto de esta gesta lo constituye la lucha de Rodrigo con el Conde de Barcelona, y parece que fue escrita por un clérigo catalán, probablemente barcelonés, hostil al conde fratricida que midió sus armas con el Cid, con desventaja. Milá y Fontanals estudió este fragmento poético en su citado libro fundamental sobre la épica española, que tanto contribuyó a orientar los estudios cidianos en el siglo XIX. Por su parte, Menéndez Pelayo estimó que este poema latino no era sino una refundición de alguna gesta juglaresca castellana, realizada por un poeta culto que siguió a los juglares, que ya cantaban los hechos del Cid en aquellos años tan cercanos a los en que se realizaron. Su importancia histórica estriba en ser esta gesta el punto de coincidencia de la decadente corriente clásica con la naciente romanceada juglaresca, enlazándose así ambas bajo la advocación del Campeador que, como un símbolo racial, preside el nacimiento de la literatura romance castellana.

Otro poema latino primitivo trata del Cid —y está incluido en la crónica de Alfonso VII—, es un largo fragmento versificado sobre el sitio y conquista de Almería. En este fragmento se consigna que existen cantares juglarescos que ensalzan las hazañas del Campeador, lo que evidencia el conocimiento de un primitivo cantar, hoy desconocido, así como el contacto de estos poemas latinos con los temas heroicos que eran materia de las nacientes gestas juglarescas de Castilla

Entre estas gestas castellanas, que hoy no podemos enumerar, se tiene noticia —precisamente por el Romancero— de una gesta primitiva sobre el cerco de Zamora y muerte alevosa del rey don Sancho, hechos en los que, según los romances y las crónicas de la época, tan importante fue la actuación del Cid.

Y cuando esta escuela juglaresca toca ya en los lindes de su ocaso, debió componerse todavía el cantar tardío que refiere las «mocedades» del Campeador, ante la insistencia, sin duda, de los públicos que seguían interesándose por saber de sus heroicas hazañas juveniles. Evidente síntoma de la persistencia de los temas épicos a través de la evolución literaria de Castilla.

Desconocida en su primera versión, pudo encontrarse una refundición posterior de esta gesta que, según todos los indicios, no se remonta sino a finales del siglo XIV. Descubierta en 1844, vio la luz en 1846 con el impropio nombre de Crónica rimada de las cosas de España. Con esta gesta se clausura el ciclo poético juglaresco cidiano de la Edad Media. Dos siglos separan esta gesta de la primitiva de Mío Cid, y no en vano han pasado los años, tan llenos de acontecimientos, que con su poder modificativo han hecho evolucionar no sólo las formas literarias, sino la misma vida de las ideas. La figura solemne del Campeador, que en el cantar primitivo alcanzó la señera grandiosidad de lo epopéyico, sin dejar por ello de ser humano, en esta gesta tardía que pretende cantar las «mocedades», se descoyunta su figura austera y grave para afectar la movilidad de la juventud, no arredrándose en recurrir a las más desorbitadas gesticulaciones heroicas y humanas en las que parece recrearse el anónimo juglar que la compuso, sin atenerse en nada al carácter del héroe, según nos lo pintaran los austeros versos del juglar de dos siglos antes.

Este cantar sobre las mocedades de Rodrigo acusa todos los síntomas de la decadencia del juglaresco menester; es el puente tendida hacia una nueva forma poética popular, en la que han de encarnar todos los temas de la epopeya, castellana que, por el camino oral de la tradición o el escrito de las crónicas —en que los cantares se disolvieron—, toman la nueva encarnación popular en los fragmentarios relatos épicos llamados romances, que han de dar nuevo cuerpo literario a los viejos héroes y sus hazañas, haciendo perdurable así, a través de los siglos, aquella primera tradición poética.

Y así nacen los llamados romances viejos, desgajándose de las gestas, y así pasan el límite de dos edades, y en la voz de nuevos cantores asisten al nacimiento de la Edad Moderna, a la que entregan —legado de tradición— la heroica figura del Campeador, que a golpe de sus espuelas famosas había ido forjando toda la Edad Media española.

No se olvida, por otra parte, la tradición poética artística, y en este tránsito histórico, un cronista palaciego canta ya, en versos cultos de cancionero, los Loores de los claros varones de España. Es Fernán Pérez de Guzmán (1376?-1460?), que incluye entre ellos al Cid, para el que, en versos cortos de larga alabanza, tiene elogios exaltados.

Los romances sobre el Cid se multiplican, y la mayoría se inspiran en las estupendas aventuras del tardío Cantar de Rodrigo, más cercano, lo que hace que perdure en ellos el desviado carácter del héroe que en aquella gesta se manifestó, desorientando así, por algunos siglos, el conocimiento de la psicología del Campeador que llevó a los versos con más veracidad el remoto Mío Cid.

Estos romances, tan del gusto de los públicos, son cada vez más numerosos. Se cantan por todas partes, junto con otros de diversos temas épicos de nuestra epopeya, pero a todos supera en número, llegando a ser tan abundantes, de pronto, se piensa en una recopilación de ellos, para constituir así un cancionero de romances exclusivos del Cid. Aquí está, pues, el origen primero del Romancero del Cid que, al paso de los años, ha de ir ampliándose con nuevos romances de poetas del XVI y del XVII, con lo que se completará toda la historia del Campeador narrada en la nueva forma del romance, constituido ya en metro nacional para la epopeya de España.

III. DE «MÍO CID» A «RODRIGO»

Mas antes de entrar en la exposición del Romancero del Cid, es oportuno hacer una sucinta reseña de las gestas que sobre el Cid se produjeron en Castilla, y que son, en definitiva, el origen de los temas y de las formas poéticas que ha de desarrollar el Romancero, como evolucionada consecuencia de aquellas primitivas formas épicas.

Dijérase que el azar de una mera coincidencia hubiese querido demostrarnos cómo toda la literatura castellana medieval tuvo al Cid por héroe predilecto, al que no cesó, a lo largo de tres siglos, de dedicarle sus gestas guerreras más representativas.

Parece sintomático que en los primeros pasos que la investigación literaria daba, descubría —en menos de un siglo—, para el estudio de nuestra epopeya medieval, las dos primeras gestas castellanas, y precisamente ambas tuvieron al Cid como protagonista heroico. En un período de sesenta y siete años se presentaron al estudio de los eruditos el primitivo Poema de Mío Cid, publicado en 1779, y el posterior Cantar de Rodrigo, que, con el nombre de Crónica rimada, se editó por vez primera en 1846.

La más antigua gesta de que se tiene hoy conocimiento —el Mío Cid— al Campeador canta, en un lenguaje primitivo y fluctuante versificación, como exponente de toda una escuela juglaresca que —dos siglos después— ha de dar su última muestra en otra gesta —el Rodrigo—, que seguirá cantando al mismo héroe castellano, si bien desfigurando su primitivo carácter y aun sus hechos históricos por causa de la decadencia del ya agotado mester.

Larga controversia se planteó sobre la prelación de ambos cantares cidianos, pues mientras unos historiadores, capitaneados por el eminente arabista holandés R. Dozy, se empeñaban en demostrar que el Rodrigo era anterior al Mío Cid, con razones no desprovistas de sólida argumentación —que aquí no es oportuno exponer— que llegaron a convencer a nuestro Amador de los Ríos, otras razones de carácter filológico y crítico histórico, aducidas por Agustín Durán, primero, y, de modo definitivo, por Milá y Fontanals, dejaron sentado para siempre que el Rodrigo no pudo ser sino obra de la decadencia juglaresca, según ha ratificado después, con su autoridad máxima, Menéndez Pidal.

Las características lingüísticas del Poema del Cid, su versificación y otros detalles que se pueden observar en este primitivo cantar de gesta, inducen a la más exigente crítica filológica y literaria a considerar esta obra de la primera mitad del siglo XII. Según Menéndez Pidal, debió ser compuesta hacia 1140, o tal vez antes —según hemos oído verbalmente al ilustre maestro—. El texto de que hoy se dispone es una copia del siglo XIV, escrita, según todos los indicios, sobre una refundición de anteriores cantares —perdidos— sobre el héroe castellano. Por hoy, pues, es éste el más antiguo documento épico castellano que se conoce, aunque hubiesen existido anteriores cantares o rapsodias, que sólo conjeturas eruditas pueden inducir a suponer.

El texto de este primer cantar cidiano fue compuesto por un anónimo juglar de tierras de Medinaceli, tal vez un mozárabe de aquellos lugares, a la sazón fronterizos con tierras de moros, y conocedor de la geografía que con tanto detalle demuestra conocer en su obra, tan artísticamente trabajada, que hoy mismo nos da la sensación de que el menester juglaresco fue llevado con verdadera maestría por aquel desconocido juglar que era, sin duda, un gran poeta intuitivo, de fina sensibilidad lírica y genio poético indiscutible. Con arte perfecto sabe llevar la acción épica, logrando construir un verdadero poema en el que entrelaza sabiamente los hechos históricos con los imaginativos, que aun hoy nos maravilla su técnica poética. Recientemente, el catedrático Francisco Serrano Castilla ha lanzado la tesis de que el autor del poema fuese posiblemente un monje benedictino, basándose en el formulismo de algunas oraciones incluidas en el Poema.

La acción del cantar comienza con el destierro del héroe —el segundo, según la historia— de tierras de Castilla, por malquerencias de su rey, enojado con el Cid por ciertas intrigas palaciegas. Camino del destierro, busca su pan el Campeador batallando con moros en repetidos encuentros y escaramuzas, de los que siempre sale victorioso, hasta llegar a tierras de Valencia, cuya ciudad se rinde a su esfuerzo, que va tomando proporciones gigantescas, a tal punto que llega a crear un estado cristiano junto al Mediterráneo, mas no con carácter independiente, sino como feudatario de su Castilla, a la que sigue siendo fiel, a pesar de la conducta de su rey para el castellano desterrado, que conserva su lealtad inquebrantable. En tal punto comienza a desviarse la acción poemática por senderos que, partiendo de la historia, la llevan hacia la leyenda, a la cual pertenece ya toda la intriga novelesca de las supuestas bodas de las hijas del héroe con los traidores infantes de Carrión, que han de dar lugar a la famosa afrenta de Corpes, villana acción que quedará reparada en unas cortes de Toledo, en las que el Cid quedará vengado, y vencidos después en justa lid los traidores, humillados por los más fieles lugartenientes del Campeador.

Desfila por este viejo cantar, magnífico y solemne como es, lenta y ruda, en la marcha de sus versos, la egregia figura del héroe castellano, en sus años maduros y de vejez, con una elevación indeclinable en sus acciones y empresas que hacen del Cid una figura —siempre humana—

aureolada gloriosamente de popularidad, transfigurado e idealizado por la anónima musa épica que le convierte en el arquetipo de una epopeya decididamente nacional. El carácter del Cid, que llena todo el poema, ha de quedar indeleble, ya para siempre, en el acervo épico de Castilla, gracias a la fuerza poética del anónimo juglar de Medinaceli.

El tardío Cantar de Rodrigo es un típico producto de aquella escuela juglaresca ya en plena decadencia; su composición no puede ser anterior a las postrimerías del siglo XIV o tal vez de principios del XV, según las características filológicas de su texto y los datos históricos a los que el anónimo juglar no puede hacerse ajeno, por más que pretende crear el ambiente contemporáneo al héroe. Pero su calidad poética es muy inferior a la del autor del cantar primitivo y no consigue dar el clima del que, cronológicamente, está tan distante. Conoce, es cierto, el menester juglaresco, pero no es capaz de evadirse del ambiente de su tiempo para crear por sola imaginación aquel en el que se movió la figura humana del Cid. Antes, al contrario, siguiendo el gusto de su tiempo —tan alejado ya del héroe cantado—, recoge la leyenda del Campeador, desfigurada por el tiempo y los gustos del público popular que acostumbraba a escuchar las gestas. Las hazañas del Cid, que, de generación en generación, habíanse transmitido por tradición oral, seguían interesando a las multitudes, pero éstas ya conocían los hechos heroicos del Campeador y deseaban conocer «nuevas» de él, a lo que los juglares habían de corresponder inventando otras hazañas y nuevas aventuras, para lo que se veían precisados a trazar toda una relación de hechos extraordinarios del protagonista, precisamente de aquella época de la que el juglar primitivo nada contó: el origen, la ascendencia del personaje, sus amores juveniles, sus empresas de guerra llevadas a cabo en la mocedad, que cuanto más extraordinarias, más atraían la atención de los públicos ávidos de conocer «mocedades».

Cuando ya el héroe épico es famoso, es cuando aparecen en los públicos, que lo admiran, los deseos de conocer lo antes no contado de los personajes celebrados por sus glorias. Así podemos ver cómo en todas las literaturas son posteriores a los poemas de sus heroicidades famosas los que cantan las mocedades, como podemos observar de modo claro en la épica francesa, en la que aparecen las mocedades de Roldán después de la ya famosa Chansón que canta las esforzadas hazañas guerreras de trascendencia nacional. Así procedió, pues, el anónimo juglar del Rodrigo, dentro de la corriente juglaresca de su tiempo.

Procediendo así el autor de esta gesta de las mocedades del Cid, no pudo sustraerse al ambiente de decadencia de su medio y las modas juglarescas de entonces, y, aunque pretende seguir la historia de su héroe —ya tan lejano—, ha de inventar aquellos hechos que las crónicas no consignan, y —por seguir el gusto— desfigurar las que ya se sabían, ampliando y desorbitando los hechos épicos en una barroquización que si le aleja del clima primitivo, le lleva, sin sospecharlo, al de un siglo que por todos lados le envuelve, saltando por los relatos históricos para buscar en la deformación legendaria lo extraordinario, capaz de interesar a un público estragado, que sólo pedía novedades extraordinarias, a las que tiene que recurrir el juglar que, por dar aires de novedad a su protagonista, no duda en falsear su carácter, presentándolo pendenciero, altivo y bravucón, sin considerar que, al buscar así la novedad, traicionaba el verdadero carácter de aquel personaje que, ya en edad madura, nos dejó trazado con austero trazo epopéyico el lejano juglar que compusiera la primitiva gesta cidiana.

Pero han pasado más de dos siglos entre los dos juglares que rindieron culto poético al héroe castellano, que pasó, solemne y humano, en los rudos versos del juglar de Medinaceli, para cabalgar alocado ahora como un torbellino humano en los ya casi arromanzados versos del Rodrigo, que escribiera este último juglar, nacido, bien pudiera ser, en tierras de Palencia, según se muestra enterado de sus tradiciones religiosas.

Al pasar la figura de su protagonista de manos de un juglar a las del otro, podemos ver cómo se ha cambiado el carácter del Campeador, pero no por eso ha dejado de ser la encarnación de su Castilla, de su «Castilla la gentil».

Y es que Castilla ha cambiado también, y así había de cambiar su caudillo representativo, si había de seguir siéndolo, dos siglos después. La sociedad medieval está ya en su ocaso; en Europa se siente también aquel tránsito otoñal de la Edad Media de que nos habla un filósofo moderno. La vida social española está consumida por luchas fratricidas feudales, la dignidad real deja de ser respetada por los señores levantiscos, la iglesia se relaja, las costumbres pierden su simplicidad patriarcal para complicarse en culpables estratagemas que anuncian ya la picaresca, al tiempo que la etiqueta se complica en un lujo afiligranado; la recia arquitectura de los castillos se va estilizando en retorcimientos flamígeros, la dureza primitiva se convierte en molicie resabiada, y si se refinan las artes de la guerra es porque aumentó la malicia en las almas de los hombres.

Y si el Cid es el héroe representativo de Castilla, y ha de seguir siendo el depositario de sus virtudes, también lo ha de ser de sus vicios y defectos que van creciendo en el alma de su pueblo. El cambio dado por el segundo juglar a su héroe viejo no está, pues, tan fuera de razón. «El juglar tardío —dice Menéndez Pidal— hizo bien en dar nuevo giro al carácter de su héroe», sin lo que tal vez hubiera quedado desplazado de su propio pueblo, que le seguía así aclamando porque seguía viendo en él la figura representativa de la patria.

Los dos juglares —el de Medinaceli y el de Palencia— vieron a su protagonista épico desde un punto de vista bien distinto, aun siendo el mismo héroe. Ambos le miraron desde su siglo y a través de su mundo. El uno parece que enmarcó a su caudillo en el ventanal robusto, macizo, rotundo, de pesadas jambas y vigorosos arcos del más genuino estilo románico medieval; el otro lo vio pasar en su juvenil dinamismo a través de un rasgado ventanal de afiligranadas ojivas y sutiles ajimeces del más recargado gótico decadente. Dos visiones distintas de un mismo protagonista, que realiza su acción humana en el ámbito de una única poesía como encarnación y símbolo de dos épocas distintas, de dos siglos que, precisamente porque se suceden, son diferentes. Y a lo largo de ellos, el mismo héroe, con la misma alma eterna, ha de cambiar el ademán de su gesticulación epopéyica.

Hoy, la crítica literaria, tras minuciosos estudios sobre las crónicas, los diplomas y la geografía, ha podido establecer el carácter realista, concretamente histórico, de las primitivas gestas castellanas —como la de Mío Cid—, a diferencia del de las gestas posteriores —como la del Rodrigo— que son ya fabulosas y desorbitadas, como sucede con ésta «que apenas tiene sino un vago fundamento de verdad histórica», como dice Menéndez Pidal.

Pero no por esta falta de historicidad han de despreciarse estos documentos poéticos tardíos, que tienen una trascendencia literaria evidente, y que representan la persistencia tradicional de nuestra épica —aunque falseada— a lo largo del tiempo. Por otra parte, perdido el manuscrito del primitivo Poema de Mío Cid, se conservó el recuerdo del héroe gracias a la desfigurada interpretación que de él hace el tardío Cantar de Rodrigo. De él arrancaron, la casi totalidad, de los romances que, a lo largo de los siglos XVI y XVII, perpetuaron la epopeya castellana referente al Cid. En ellos, después, se habían de basar los dramaturgos españoles que llevaron los temas cidianos a nuestro teatro clásico, y también de los romances derivados del Rodrigo derivarían las novelas históricas que con tanta abundancia darían nuestros novelistas del siglo XIX. Una reacción posterior —basada en el estudio científico del primitivo Poema— había de encaminar a los escritores y poetas hacia la inspiración en el Cid tal y como nos lo muestra el cantar de gesta de nuestros albores literarios.

IV. EL «CANTAR DE RODRIGO»

Sin posibilidad de detenernos en el estudio del primitivo Poema de Mío Cid —ya publicado en esta Biblioteca—, que hemos visto sintéticamente ya como obligado precedente, creemos oportuno extendernos un tanto en la exposición y comentario crítico del tardío Cantar de Rodrigo, —que reproducimos modernizado y con notas—, por considerar que este monumento poético juglaresco constituye el tránsito de los cantares de gesta a los romances; la evolutiva transformación de las formas poéticas de la epopeya, y así como en el antiguo Poema está el origen de algunos romances cidianos, no cabe duda alguna que la mayoría de éstos proceden directamente del último Cantar, que transmite el espíritu del Cid que esta gesta creó, y en cuyos versos incorrectos se puede rastrear ya ampliamente el pie de romance clásico que se ha de transformar en la forma poética típicamente castellana que da cuerpo a nuestra epopeya en los tiempos modernos.

En un incorrecto manuscrito, de principios del siglo XV, se descubrió el texto de este nuevo cantar de las mocedades del Cid, que el primer editor calificó impropiamente de Crónica rimada de las cosas de España, al publicarlo en 1846.

Tras la controversia erudita a que anteriormente nos hemos referido, hoy podemos asegurar que constituye, sin duda alguna, una de las últimas muestras de la escuela juglaresca que, en sus postrimerías, proseguía la vieja tradición legendaria que ya había dado tema al más antiguo cantar de la escuela, a mediados del siglo XII.

Su composición, pues, no puede fijarse más allá de últimos del siglo XIV; su autor debió ser un juglar de oficio, sin el genio poético del que —dos siglos antes— compusiera el Poema de Mío Cid, del que esta nueva gesta pretende ser complemento, ya que se ocupa de los extremos de la vida del héroe que en la primitiva no se narran. Con este propósito, el anónimo juglar se propuso recopilar noticias y glorias del Cid, llevadas a cabo por el héroe en sus años juveniles, completando así con un poema de sus mocedades el primitivo, a imitación de los poemas que, en Francia, cantaron los años mozos de Roldán y Guillermo de Orange, cuando ya estos héroes épicos habían sido glorificados hacía tiempo en las gestas de sus hazañas definitivas.

Con esta ansia de novedad, el juglar buscó noticias del héroe, más en la leyenda que en la historia y en las crónicas, logrando componer así una nueva gesta que no tiene más contacto con la primera que el parecido de estilo de la escuela —muy modificado— que continúa su menester poético, en plena decadencia ya, y con recursos nuevos que no llegan a ser suficientes para contener su total agotamiento. Por presentar al Cid juvenil en el ágil riesgo de sus aventuras extraordinarias, no duda el juglar tardío en transformar al solemne caballero de Mío Cid, noble, leal, paternal y sufrido, en un joven impetuoso, irreflexivo, temerario, desobediente hasta con su mismo rey, bravucón y pendenciero que, si puede alcanzar con su disoluta conducta cierta gallardía que pudieran admirar los públicos de la anárquica época del XIV y el XV, desvía por completo el carácter del héroe, hasta tal punto, que ya sólo una transformación milagrosa podría identificarle con el protagonista que canta la primitiva gesta cidiana

Basta una breve síntesis del argumento para poder ver la arbitraria amalgama de historia y leyenda que a lo largo de toda la gesta se produce, haciendo que en su acelerado camino se llegue, al final, a un desquiciamiento histórico tal, que la gesta acaba por convertirse en la más disparatada novela caballeresca, a imitación de las gestas francesas que, por lo fantásticas, llegan fatalmente a la transformación novelesca.

Desfilan por estos versos, rudos todavía —mas ya con la tendencia al pie de romance en el que se ha de refugiar la épica castellana—, los hechos, reales y legendarios y hasta fabulosos de los años mozos de Rodrigo, entretejiendo la verdad histórica, desfigurada también, con las más absurdas aventuras legendarias de diverso origen, español o extranjero. Los personajes que en torno al héroe desarrollan la acción, suelen estar mal encajados históricamente; invéntanse reyes, que nunca existieron, se trabucan los nombres de otros, a quienes se atribuyen hechos sin realidad histórica alguna, así como fantaseando genealogías por el sólo afán de justificar estirpes al gusto del juglar y no conforme con la historia. Esta preocupación genealogística es la que hace que el juglar comience su relato en tiempos remotos, arrancando en los mismos albores de la monarquía asturiana, para pasar, luego, a la historia legendaria de Castilla, siguiendo, con cierta exactitud, la leyenda que dio origen al Poema de Fernán. González, al que copia algunas veces, y del que se aparta para proseguir con el relato del nombramiento de los jueces castellanos y los hechos de los Condes independientes de Castilla, entrelazando a lo largo de todo ello, tradiciones religiosas, como la de la creación del obispado de Palencia y otros hechos más o menos históricos y pertinentes al argumento general de la gesta. En ella hace, a la altura del verso 280, la genealogía del héroe, de una manera arbitraria, mas con todo el detalle posible para cumplir con aquella preocupación de resaltar la gloriosa estirpe del protagonista, a quien se hace nieto directo del famoso alcalde de Castilla Laín Calvo. Seguidamente, Rodrigo hace su aparición en el poema, de modo inesperado, a la edad de sus doce años, y defendiendo el honor de su padre en justa lid con el ya nombrado conde Don Gómez —conocido vulgarmente por «Conde Lozano»—, con cuya hija ha de casar el temerario joven por imposición del rey.

El cuerpo de la obra en que se narran las mocedades de Rodrigo podemos considerarlo dividido virtualmente en dos partes: la que relata los hechos del Cid en Castilla, interviniendo en la corte, en la lucha con los moros, con los condes rebeldes, con los paladines de los reinos fronterizos, en romería a Santiago etc., y la segunda parte, en la que, con detalles fantásticos, se cuentan los hechos de la supuesta expedición guerrera a Francia para defender a Castilla de un tributo que el rey francés, coaligado con el emperador de Alemania y el Pontificado, pretende imponer al rey castellano. Entre ambas puede considerarse como incrustado un fragmento que Menéndez Pelayo supone desgajado de un canto épico viejísimo, compuesto en honor del rey Fernando el Magno, tal vez residuo de un perdido cantar de gesta, del que se tiene conocimiento por algunas crónicas.

Todo el cantar de las mocedades «es en muchos puntos, a más de no histórico, antihistórico» en opinión de Milá y Fontanals, que después la moderna crítica ha confirmado plenamente. No parece sino que el juglar refundidor de esta gesta, tal como la conocemos, tuvo la preocupación de exponer las hazañas del héroe hasta límites inconcebibles, solamente para agradar a un público estragado que esperaba siempre ávidamente nuevas y más nuevas de los héroes epopéyicos a los que seguía fiel en la admiración y sin reparar en la verosimilitud de sus hechos. No teme, por esto, el juglar mixtificar la historia, dando este radical giro al propio carácter del protagonista que, a veces, nos parece, leyendo el cantar, que asistimos a una completa suplantación del personaje. «El autor de la refundición —dice Menéndez Pidal—, no sólo hizo más novelesca la trama del cantar, sino que modificó el carácter de su héroe» al que quiso exaltar así exageradamente sobre cuantos le rodean, hasta el punto de sacarlo de la órbita de lo humano.

Pero a este anónimo juglar tardío, infiel copista y torpe refundidor, sin genio poético alguno aunque buen conocedor de su menester juglaresco, debemos gratitud por haber salvado las reliquias de una poesía que ya en su tiempo comenzaba a ser vieja, y que tendía ya, por un lado, a dispersarse en canciones breves que eran los romances, y por otro, a agruparse de modo mecánico y grosero en rudas compilaciones sin unidad orgánica, sólo con pretensiones genealógicas para revivir el orgullo de los señores feudales turbulentos del siglo XIV, que habían de vanagloriarse de contar al Cid entre los ascendientes de su estirpe.

Gracias, pues, a este extravagante cantar, se conserva la leyenda del Campeador a través de los siglos, ya que de él arrancará la mayoría de los romances del XV y el XVI, de donde pasará a nuestro teatro clásico más glorioso, para renacer, después de un eclipse relativo en el neoclasicismo, en la novela y el teatro del Romanticismo, no sólo en España, sino en todas las literaturas modernas, confirmando así la tradicional persistencia de los temas épicos españoles, y si es cierto que «aparta la leyenda tradicional de su grandeza histórica y heroica, la dota de un mayor interés humano y novelesco; si carece de habilidad para desarrollar las situaciones que inventa, crea los tipos y los temas que tuvieron mayor fecundidad artística en las edades siguientes», como dice Menéndez Pidal.

Aquí pues, está el interés de este Cantar de Rodrigo: en ser el nexo de unión de dos épocas, la perennidad del tema —aunque transformado—, y la evolución de las formas poéticas hacia la forma nueva de los romances, en los que la vieja epopeya había de encontrar su definitiva expresión, típicamente española.

Esta última refundición versificada del Cantar de Rodrigo tal y como hoy la conocemos, fue descubierta en el códice 9988 de la Biblioteca Real de París, por el erudito español don Eugenio de Ochoa, que la reseñó en su Catálogo razonado de manuscritos españoles existentes en la Biblioteca Real de París, publicado allí, en 1844.

Se conserva el texto en un códice de letra del siglo XV, de 382 por 265 mm. Muy defectuoso, según describe Morel Fatio en su Catalogue, núm. 138. En París, Nationale. Mss. esp. (12 folios 188r-201v).

Dos años después se editó por vez primera por el hispanista Francisque Michel, con el título Crónica rimada de las cosas de España desde la muerte del rey Don Pelayo hasta Don Fernando el Magno, y más particularmente de las aventuras del Cid. En Viena, 1846.

Al año siguiente, la reprodujo Fernando Wolf, en Ueber lie Romanzen-Poesie der Spanier. Viena, 1847.

Don Agustín Durán, lo incluyó en su Romancero general, tomo II. Madrid, 1851.

En 1904, el hispanista norteamericano Archer M. Huntington publicó una edición facsimilar.

En 1911, Benjamín P. Bourland hizo una edición paleográfica en la Revue Hispanique, XXIV. Nueva York-París.

En 1919, se reprodujo esta edición, en la recopilación titulada Poema de Mío Cid y otros monumentos de la primitiva poesía española. Editados según los textos más recientes y autorizados. Madrid, Biblioteca Calleja.

La edición crítica que reclamaba Menéndez y Pelayo ha sido llevada a cabo por Don Ramón Menéndez Pidal, que la ha publicado en su reciente obra Reliquias de la Poesía Épica Española. Madrid, 1951.

En 1952 nosotros llevamos a cabo la primera versión modernizada del Cantar de Rodrigo, publicándola junto con otra, nuestra también, del

Poema de Mío Cid. En la Colección Obras Maestras de la Editorial Iberia. Barcelona.

Sobre este tardío cantar hizo los primeros estudios críticos el orientalista R. Dozy, en sus Recherches sur l'histoire politique et literaire d'Espagne pendant le Moyen Age (Leyden 1849, 1860 y 1881) en donde pretendió demostrar la prelación cronológica de este cantar respecto al Mío Cid, opinión que si logró captar a Amador de los Ríos, fue combatida por Agustín Durán y, después, por Milá y Fontanals, Menéndez Pelayo y, modernamente, por Menéndez Pidal, en sus obras más fundamentales sobre la poesía épica castellana.

V. EL «ROMANCERO DEL CID»

En el estudio del Cantar de Rodrigo, hemos podido ver cómo se ha ido realizando la evolución del tema y de las formas poéticas que lo exponen. Ya el Cid de este tardío cantar no es el solemne héroe de parco ademán epopéyico y austera moral insobornable; el esforzado caballero de la gesta primitiva se ha transformado en el joven irreflexivo y arriesgado que, por defender a su padre, mata con altivez, como batalla con temeridad y se muestra orgulloso hasta con su rey natural; ni el respeto le intimida ni el amor le enternece. El Cid de la gesta primitiva dijérase que ha sido suplantado por su misma antifigura épica, aunque no por ello deja de tener grandeza: no será el mismo humanamente, pero seguirá siendo héroe de epopeya.

Las formas poéticas del viejo mester de juglaría han ido transformándose también; los versos sobrios y amétricos del cantar primitivo han ido puliéndose y tomando ornamentación, buscando un ritmo regular basado en una similitud isócrona, hacia una regularización de versos medidos de dieciséis sílabas que buscan una cesura que los parte en dos hemistiquios. Estamos frente a un nuevo pie octosílabo que se repite constante, dando una cadencia nueva a la métrica dé las gestas. Esta nueva forma, en la que los juglares nuevos narrarán los hechos heroicos de los viejos tomará el nombre de romance.

Estos nuevos romances son fragmentos de las gestas pretéritas, perdidas en el olvido, cuyos personajes y acciones épicas toman nueva encarnación en los relatos de los romances, más ágiles, sintéticos y rítmicos, que así perpetúan los viejos temas épicos castellanos. Parece que ya en el siglo XIV comenzaron los nuevos juglares a difundir el canto de los romances por plazas y mercados ante el pueblo, que recordaba los viejos temas como tradición, así como los señores, que gustaban de repetir los episodios más salientes de las gestas antiguas. Mas no sólo de estos temas trataban ya los romances, sino de nuevos sucesos y de historias maravillosas y hechos extraordinarios que captaban la atención de las gentes. Así fueron pasando los temas de la epopeya a la nueva forma métrica, al tiempo que quedaban en olvido las antiguas gestas que, por no soler estar escritas, acabaron por perderse definitivamente.

Éste es el origen de la mayoría de los romances de carácter histórico nacional, que con los años van multiplicándose en boca de los juglares, que ya no cantan gestas sino sólo romances, en los que se transformaron y sintetizaron aquellas gestas.

La popularidad de estos romances, que por todas partes se extienden, encuentran el desprecio de los poetas cultos, empeñados en artificiosas formas de origen provenzal en las que vierten conceptos sutiles de quintaesenciados sentimientos líricos. Proverbial es el desprecio que por los romances manifiesta el marqués de Santillana, que llama a los romancistas «ínfimos poetas que, sin ningún orden, regla, ni cuento, hacen estos cantares y romances, de que las gentes de baja e servil condición se alegran».

Pero bastaba que se «alegrara» el pueblo, para que su gusto fuera ganando, con el tiempo, también el de los poetas, que acaban por estimar la forma popular del romance, en la que acaban por escribir también los poetas españoles del siglo siguiente. A imitación, pues, de los romances populares, muchos poetas componen narraciones históricas basadas en las viejas tradiciones épicas españolas.

Las viejas gestas pasaron a las crónicas para convertirse en historia, pero también a los romances para seguir siendo poesía que, de manos de los juglares, pasó a las de los poetas.

En la extraordinaria profusión de romances, no había de faltar gran número de ellos referentes al Cid, que tantas y tan recientes fuentes tenía. La mayoría de ellos había de proceder, naturalmente, del próximo Cantar de Rodrigo que continuaba aún sonando en la voz de los más viejos juglares. La transición del cantar al romance es patente en muchos pasajes, que para pasar al pie octosílabo apenas si exige una escasa variación. El señor Menéndez Pidal ha demostrado cómo muchos fragmentos del cantar se transforman en romances de modo natural, como, por ejemplo, el conocido romance viejo Cabalga Diego Laínez, que no es sino un fragmento de la gesta, casi con el mismo ritmo, que pasa a ser romance independiente.

Cuando el nuevo arte de la imprenta se convierte en un extraordinario medio de difusión y la demanda de los públicos sigue deseando nuevos romances, comienzan a editarse éstos en pliegos sueltos, en que se agrupan varios de ellos, a veces sin más nexo que su próximo nacimiento, y otras veces agrupados por materias afines y a veces hasta con unidad temática. La afición de todos los públicos por estas colecciones se extiende tanto, que se piensa en recopilar cancioneros de romances, a imitación de los que con este nombra se recopilaban con las obras poéticas de los poetas cultos. La edición de estos repertorios de romances se va generalizando tanto, que las publicaciones son constantes y aparecen innumerables Romanceros. ya con este título o de varias maneras titulados, que se editan y se reeditan en todas las principales ciudades españolas, hasta llegar al más famoso de todos, el llamado Romancero General, publicado en 1600, que es la más copiosa recopilación de romances conocida.

Algunos poetas romancistas recopilan romances anónimos y, juntándolos con otros propios, publican colecciones de ellos, como Lucas Rodríguez su Romancero historiado (1579); Lorenzo de Sepúlveda, su Romances nuevamente sacados de historias antiguas... (1551); Juan Timoneda su Rosa española y su Rosa gentil y su Rosa real (1573) y otras recopilaciones firmadas por poetas o anónimas de las que aquí no es pertinente enumerar sino las citadas por ser las que, con más frecuencia, incluyen romances cidianos.

Éstos son ya tantos en número, como varios en calidad, pero tan solicitados que a un romancista se le ocurre la idea de recopilar en un sólo repertorio los referentes al Campeador, seleccionando para ello los que cree más interesantes para completar toda una historia poética del héroe castellano, y así nace el Romancero del Cid recopilado por Juan de Escobar en 1612, que le da el título de Romancero e historia del muy valeroso caballero el Cid Ruy Díaz de Vivar, en lenguaje antiguo, publicado en Alcalá, aunque se cree hubo una edición anterior de Córdoba, de 1610, y hay quien supone que otra anterior, de Burgos, de 1592.

Escobar fue, como dice Pedro José Pidal, el Homero que recopiló las dispersas rapsodias sobre la Ilíada. El Romancero del Cid viene a constituir así «una brillante epopeya debida al ingenio popular —como dice Villamain— esa multitud de romances, inspirados en los siglos XIII y XIV, contienen bellezas admirables, pero no son la obra única de un grande ingenio: son la obra del espíritu español, y no la de un hombre que haya nacido en España».

El Romancero de Escobar se difundió rápidamente y alcanzó muchísimas ediciones —que aquí no es posible reseñar— y en cada una se va enriqueciendo con nuevos romances. Su preocupación de «hacer historia» le lleva a organizar los romances en un orden cronológico del tema a fin de que se vean los episodios más salientes del Campeador, y toma los romances, ya viejos o artísticos, formando con ellos toda una trayectoria biográfica completa. Así se pueden ver las etapas del Cid, en su juventud borrascosa, con romances derivados del Rodrigo; el relato del sitio de Zamora, con romances derivados del perdido cantar de gesta sobre el tema; el destierro y toma de Valencia, con romances que arrancan del primitivo cantar de Mío Cid, terminando con los últimos hechos del héroe con romances posteriores, completando así toda la historia del Campeador.

Este Romancero del Cid, se sigue reeditando a través de los años y, traspasando los límites de los siglos, llega a los tiempos presentes, en que se reproducen constantemente, ya en ediciones críticas como en populares de divulgación.

En él se basan, después, cuantas recopilaciones se llevan a efecto, entre las que destacaremos las más representativas. En 1626, Francisco Metje intenta completar el Romance de Escobar con su recopilación titulada Tesoro escondido de todos los más famosos romances, así antiguos, como modernos del Cid. Barcelona. En el siglo XVIII, Martín de Zavala, reedita el Romancero de Escobar, ampliándolo, en 1706; ya en el siglo XIX, Vicente González del Reguero hace una nueva edición reformada, aunque con menos romances, en 1818. Vienen, luego, las ediciones eruditas, como la de Juan Müller, editada en Francoforto, en 1828; más importante es la de A. Keller, publicada en Stuttgart, en 1840: A. Bergnes hace una nueva recopilación, en Barcelona, en 1842; G. B. Depping recoge los romances históricos del Cid, en Palma, en 1844; el repertorio de romances cidianos conocidos pasa a integrar, formando una sección, el gran Romancero general que recopiló Agustín Durán, en 1851. Más tarde, se hace otra edición, por Carlos de Ochoa, en París, 1870, y doña Carolina Michaelis de Vasconcellos, consigue reunir la más copiosa colección de romances cidianos en una edición crítica, publicada eh Leipzig, en 1871. El iniciador de los estudios españoles de la épica medieval, Manuel Milá y Fontanals, recopila un Romancero selecto del Cid, publicado en Barcelona, en 1884.

En nuestro siglo son frecuentes también las ediciones del Romancero, con carácter erudito las más de ellas, aunque se valen, por lo general, de la de Escobar. Luis C. Viada y Lluch, publica una muy cuidada en Barcelona, en 1914, y Ramón Menéndez Pidal, hace una breve selección, en Madrid, en 1915. Ignacio Bauer prologa una edición popular de la vieja de Escobar. A. Günther, publica una selección de romances cidianos en Frankfurt, en 1926; Rafael Fírreres, recopila algunos romances viejos sobre el Cid, en Valencia, en 1941, y en Madrid, Federico Carlos Sainz de Robles, prologa una nueva edición, muy copiosa, de los romances del Cid, publicada en 1944.

Difundido el Romancero del Cid por todas las literaturas, pronto encuentra en casi todas ellas traductores que lo vierten, total o parcialmente, a sus lenguas respectivas. Al alemán, ad más de la versión de Herder, lo traduce F. M. Duttenhofer, en Leipzig, en 1842; al francés, Antony Renal, en Lyon, 1842 y otra de Damas Hinard, de 1844, así como otra en prosa de Emmanuel de Saint-Albin, en 1866, además de romances sueltos en otras antologías romancistas vertidas al francés. Al inglés, se traducen por Gerrard Lewis, en Londres, en 1883, así como por James Young Gibson, en 1887. Al italiano, traduce el Romancero Pietro Monti, en Milán, en 1838; nuevamente lo vierta en verso Antonio Gasparetti, en Palermo, en 1934.

Los estudios que el Romancero del Cid ha promovido, tanto en nuestra literatura como en las extranjeras, son en tal cantidad que no es posible aquí dar aun la más pequeña referencia.

Tal es la importancia extraordinaria de este Romancero del Cid, que vino a sustituir, en la Edad Moderna, a los viejos cantares de gesta —el primitivo y el tardío— que cantaron al héroe de Castilla, prosiguiendo así la tradición épica a través de los siglos. Gracias al Romancero, el Campeador sigue cabalgando sobre su Babieca, mas con el ímpetu vertiginoso que el juglar del Rodrigo le impulsara. Su juventud levantisca y aventurera, sus pendencias y desafíos famosos se perpetuaron en los romances —pasando de los viejos a los artísticos— perfilando así el carácter del esforzado paladín de Castilla en estos relatos épicos que son los romances, tan genuinamente españoles, que admiraron a todo el mundo, como manifestó el célebre estético Hegel que puso a los romances del Cid por encima de los demás ciclos poéticos populares, equiparando este romancero a un collar de perlas.

VI. PRESENCIA Y PERSISTENCIA DEL CID EN EL ROMANCE A TRAVÉS DE LA LITERATURA

El Romancero del Cid quedó —como hemos visto— sustituyendo a las olvidadas gestas medievales, y representando, en la Edad moderna, el poema más genuino de nuestra epopeya nacional. Como ellas, recogía los hechos épicos tradicionales, y, como ellas también, era la obra de todo un pueblo y no la de un poeta solo. La figura protagonista del Campeador pasaba a otra edad, aunque su carácter había sido ya desfigurado considerablemente. Pero el público seguía creyendo en él. Y así le seguían cantando también los poetas posteriores, en las épocas sucesivas.

El romance, que había llegado a su perfección formal, entró tan en la entraña del gusto popular, que llegó a constituirse —como ya nos dice Martínez de la Rosa— en la poesía nacional de España.

No importaba, pues, que las corrientes renacentistas penetraran en nuestra literatura, trayendo la resurrección de la cultura grecolatina, y que los poetas cultos se dieran a imitar las formas italianas. También los poetas de cancionero, del XV —como hemos visto—, despreciaban los entonces recién nacidos romances, y acabaron éstos por supervivirles. Se extendió la poesía renacentista, en la que brillaron poetas eminentes españoles, pero la tradición popular —que ya lo era— seguiría su camino encauzada por la senda del romance, paralelamente a la corriente culta, en esa dualidad literaria que, desde los orígenes, atraviesa toda nuestra literatura a través de los siglos.

Los romances, que se cantan, se editan y se coleccionan, encuentran poetas que los imitan y componen romanceros con los propios romances, mezclados con los tradicionales y aun los más viejos; tales son Juan Timoneda, Lucas Rodríguez, Lorenzo de Sepúlveda y otros más, que recopilan y escriben romances artísticos sobre temas épicos, en los que el Cid es tema preponderante. Estos poetas romancistas llegan a crear escuela que se propaga a lo largo de todo el siglo XVI y llega a penetrar en el siguiente. Cuando nuestra literatura entra por los derroteros de la barroquización que sufren todas las literaturas europeas, todavía los poetas siguen recogiendo y componiendo romances, si bien al gusto tradicional, en formas que acusan la influencia barroquizante. No desdeñan altos ingenios cultivar el romance, que vemos firmados por Cervantes, Lope de Vega, Góngora y Quevedo, entre otros poetas de nombradla, que componen romances artísticos en los que la lozanía de la veta tradicional encuentra la expresión preciosista de los versos ágiles y matizados,

Ciñéndonos a nuestro tema, son de señalar los romances cidianos de Juan de la Cueva, Lorenzo de Sepúlveda, Lucas Rodríguez, Lope de Vega,

Quevedo, Lobo Laso de la Vega y otros que lograron tal aire de romance auténticamente tradicional, que muchos de los suyos artísticos pasaron a las recopilaciones de los anónimos que posteriormente se hicieron, donde sólo una aguda crítica puede distinguirlos de los verdaderamente tradicionales.

Aparte de ésta que podemos llamar «escuela popular», no olvidan tampoco los poetas cultos la figura del Campeador, ya lejana y tradicional, y en su loor aparecen poemas artísticos, como el titulado Los famosos y heróycos hechos del Cid, de Diego Ximénez Ayllón, publicado en 1579. Por su parte, los historiadores se siguen preocupando del héroe castellano, cuya Crónica particular del Cid aparece en 1512.

Pero su verdadera tradición está en los romances —viejos, que perduran, y artísticos, que los imitan— que legan su tradición al teatro nacional, desde sus primeros albores.

El teatro es la genial creación española de nuestra literatura clásica, y a él afluyen los romances tradicionales, inspirando obras unas veces, dando su propia voz, otras, a los personajes que hablan en viejos romances para dar vida y autenticidad a la acción dramática.

Desde sus primeros pasos, el teatro español ve en el Cid un héroe dramático para la escena, e intenta llevar a los «corrales» la acción épica que desarrollan los romances. El padre del teatro español, Juan de la Cueva, lo lleva por primera vez a la escena en su comedia El cerco de Zamora (1579), así como, el hoy anónimo autor de La segunda parte de los hechos del Cid, comedia de mediados del XVI. Pedro Liñán de Riaza escribió Las hazañas del Cid (1603), y el genial Lope de Vega toma el tema cidiano en su célebre comedia Las almenas de Toro (1621) y, tal vez en otra, hoy perdida, sobre Vida y muerte del Cid; Tirso de Molina escribió El cobarde más valiente; Alfonso Hurtado de Velarde compuso la obra Comedia del Cid, doña Sol y doña Elvira (inédita), y Luis Vélez de Guevara la suya, Alfonso el de la imano horadada con la que contribuye en el teatro al tema cidiano, cuya culminación la constituyen las dos comedias de Guillén de Castro Las mocedades del Cid, en dos partes, (1621).

Los gustos barroquizantes que trae el siglo XVII hacen crecer la producción dramática en torno del Cid, cuya figura legendaria llevan a escena diversos autores de esta época: Juan Matos Fragoso estrena El amor hace valientes (1658) y No está en matar el vencer (1668), sobre el tema del sitio de Zamora; Juan Bautista Diamante otra con este título (1674), y la titulada El honrador de su padre; Fernando de Zárate y Castronovo, escribió El noble siempre es valiente o vida y muerte del Cid; Francisco Polo El honrador de sus hijas (1665); Jerónimo de Cáncer y Velasco otra comedia con el ya conocido título de Las mocedades del Cid, llegando a multiplicarse las comedias de las que quedan los muchos títulos aunque no así los nombres de los autores que, por lo visto, se afanaban por abastecer los deseos de un público que, a lo largo de toda una centuria, demandaba constantemente la presencia del Cid en escena, cuya frecuencia hace degenerar el tipo en obras burlescas, como Las travesuras del Cid de Agustín Moreno, que es la única pieza de esta clase que se salva de la mediocridad y aun chabacanería a que estas parodias habían llegado.

La reacción neoclásica trae una literatura de corte francés, que pretende restaurar el clasicismo y, por consiguiente, olvidar cuanto de tradicional quedaba, abriéndose un período de imitación extranjera y desprecio a los temas romancescos. El teatro se ve invadido por el neoclásico cultivo de la tragedia, y es precisamente el modelo francés, que se importa, el que se establece en la más célebre de Comedie, Le Cid, que se considera la pieza teatral más perfecta de la época y que si bien su forma es académicamente neoclásica, su asunto no es sino una adaptación libre de nuestra comedia Las mocedades del Cid, escrita por Guillén de Castro con los elementos que le diera nuestro Romancero tradicional.

Los romances entran en una época de decadencia, y su cultivo cae en manos inhábiles, que sólo logran construir romances vulgares que propagan ciegos mendicantes. Sólo algunos poetas recuerdan los timas épicos, y entre los que siguen cultivando el romance es de señalar Nicolás Fernández de Moratín, que escribe algunos, como el titulado Don Sancho en Zamora, en el que aparece la figura del Campeador con su natural braveza y gallardía.

La novela de esta centuria no da tampoco contribución a este tema si no es la narración La verdad en un potro y el Cid resucitado, publicada en 1723 por Francisco Santos. A finales del siglo, la investigación histórica se ocupa de la figura del Cid, y el poeta Quintana publica una entusiasta biografía del héroe castellano en su galería de Españoles célebres.

La resurrección del Cid como héroe de leyenda y tema literario tiene lugar al estallar el movimiento romántico, precisamente cuando la crítica histórica más empeñada está en discutir la existencia real del héroe, cuya autenticidad llega a ponerse en duda por la tendencia racionalista de algunos historiadores.

Pero los poetas ven al Cid de nuevo como romancesco personaje que todavía puede inspirar nuevas leyendas y poemas, y desde los primeros años del Romanticismo, vuelven su vista al Campeador, a quien consideran el paladín de toda la gloria medieval española. Así le lleva a los versos exaltados de su inspiración fogosa Juan Arolas en su narración épica El cenco de Zamora, y con igual exaltación le cantan otros poetas de menos Hombradía aunque no menos entusiasmo, entre los que cabe señalar a Nicasio Camilo Jover en discretos romances. Últimamente, nuestro postrer poeta nacional, José Zorrilla, intenta construir una epopeya nacional con los elementos de nuestro épico Romancero, escribiendo, ya en sus años postreros, su dilatada Leyenda del Cid, que la exaltada fantasía del poeta lleva a los límites de lo fantástico.

Pero la época de las leyendas había pasado ya, aunque no por ello se olvida al héroe, que encuentra nueva encarnación en la prosa de las novelas históricas, entonces novedad literaria, y en las que el personaje es un verdadero arquetipo novelístico. Abundante es la bibliografía novelística en nuestra literatura de este tiempo, que bien puede extenderse a lo largo de todo el siglo XIX, desde los albores del Romanticismo hasta terminar el siglo. Ya en 1830, aparece una narración biográfica novelesca de Telesforo de Trueba y Cossío, publicada en su colección de novelas España romántica; Estanislao de Kosca Vayo publicó seguidamente su «novela histórica» La conquista de Valencia por el Cid; Antonio de Trueba sus dos novelas Las hijas del Cid y El Cid Campeador, y el fecundo novelista romántico, maestro de la novela histórica española, Manuel Fernández y González, su dilatada novela Cid Rodrigo de Vivar. Y, cerrando el siglo, aún aparece una novela histórica de Francisco Pi y Arsuaga, titulada El Cid Campeador, (1900).

Tampoco el teatro romántico fue ajeno al tema cidiano. Numerosas fueron las obras dramáticas en las que el Cid fue protagonista, con más o menos fortuna llevado a la escena. Destacan, entre ellas, por la calidad de sus autores: La jura de Santa Gadea, de José Eugenio Hartzenbusch; La afrenta del Cid vengada, de Manuel Fernán de Liviano; Las hijas del Cid, de Jesús Borao, y Ruy Díaz de Vivar del mismo Manuel Fernández y González.

Es de advertir, que cuantas obras se escribieron sobre el Cid, todas se inspiraron en el protagonista altivo y pendenciero del tardío Cantar de Rodrigo y el Romancero, lleno de vitalidad desbordante y arrojo temerario tan propio de un héroe caballeresco, como requería la exaltada imaginación romántica.

Había de llegar el siglo presente para que cambiase ese concepto sobre el Campeador. Y ello fue obra de los serios estudios que sobre el primitivo cantar de gesta de Mío Cid llevó a cabo el señor Menéndez Pidal, al estudiar y editar la vieja gesta. La figura del héroe, más humana y grandiosa, dentro de la sencillez de sus actos, será la que inspire a los escritores a partir de nuestro siglo

Los poetas postrománticos ven en el Cid un símbolo de la raza, al que recurren como ideal en los momentos de desolación nacional; para ellos el Cid es el pasado glorioso en cuya evocación se refugian para evadirse de la decadencia presente. Así le cantan muchos poetas, entre los que se puede presentar como ejemplos a Blanco-Belmonte y Rodolfo Gil, autores de bellos romances en recuerdo del glorioso paladín de la Castilla medieval. El Modernismo, que tantos temas exóticos importó, no dejó en olvido los genuinos españoles, y Rubén Darío, que admiró, a los parnasianos franceses, tal vez de ellos aprendió la devoción por nuestro Cid que aquellos poetas extranjeros cantaron, escribiendo su poema Cosas del Cid. Otro gran poeta, español, al que el problema de la patria interesaba hondamente, como a los poetas del 98, Manuel Machado, logró pintar con justo realismo y honda emoción épica al Cid desterrado de su Castilla. Otros poetas de la misma generación cantan al Cid solemne del primitivo poema en evocación gloriosa, como Enrique de Mesa y Juan José Llovet.

El teatro modernista, tan dado a la reconstrucción de la historia legendaria nacional, cuenta con el magnífico drama de Eduardo Marquina, Las hijas del Cid, en el que su autor caló toda la hondura epopéyica del drama intenso que late en el primitivo Poema de Mío Cid. Y dentro de la línea dramática alegórica podemos señalar otro poema titulado El diálogo de los paladines, de Antonio Rey Soto y, recientemente, una evocación de la Castilla primitiva en las estampas Se ensanchaba Castilla..., de Eduardo Juliá.

Las nuevas generaciones poéticas pagan —muy gustosas— su tributo al recuerdo del Cid. Muchos son los poetas que le cantan en distintos tonos y en formas diversas; sólo hemos de mencionar aquí a aquellos que en la forma clásica de nuestro romance nacional evocan al glorioso Castellano, como son Fernando Allué Morer, autor de un libro El Cid en Cardeña; Nicomedes Sanz y Ruiz Milo Jover en discretos romances. Últimamente, nuestro postrer poeta nacional, José Zorrilla, intenta construir una epopeya nacional con los elementos de nuestro épico Romancero, escribiendo, ya en sus años postreros, su dilatada Leyenda del Cid, que la exaltada fantasía del poeta lleva a los límites de lo fantástico.

Pero la época de las leyendas había pasado ya, aunque no por ello se olvida al héroe, que encuentra nueva encarnación en la prosa de las novelas históricas, entonces novedad literaria, y en las que el personaje es un verdadero arquetipo novelístico. Abundante es la bibliografía novelística en nuestra literatura de este tiempo, que bien puede extenderse a lo largo de todo el siglo XIX, desde los albores del Romanticismo hasta terminar el siglo. Ya en 1830, aparece una narración biográfica novelesca de Telesforo de Trueba y Cossío, publicada en su colección de novelas España romántica; Estanislao de Kosca Vayo publicó seguidamente su «novela histórica» La conquista de Valencia por el Cid; Antonio de Trueba sus dos novelas Las hijas del Cid y El Cid Campeador, y el fecundo novelista romántico, maestro de la novela histórica española,

Manuel Fernández y González, su dilatada novela Cid Rodrigo de Vivar. Y, cerrando el siglo, aún aparece una novela histórica de Francisco Pi y Arsuaga, titulada El Cid Campeador, (1900).

Tampoco el teatro romántico fue ajeno al tema cidiano. Numerosas fueron las obras dramáticas en las que el Cid fue protagonista, con más o menos fortuna llevado a la escena. Destacan, entre ellas, por la calidad de sus autores: La jura de Santa Gadea, de José Eugenio Hartzenbusch; La afrenta del Cid vengada, de Manuel Fernán de Liviano; Las hijas del Cid, de Jesús Borao, y Ruy Díaz de Vivar del mismo Manuel Fernández y González.

Es de advertir, que cuantas obras se escribieron sobre el Cid, todas se inspiraron en el protagonista altivo y pendenciero del tardío Cantar de Rodrigo y el Romancero, lleno de vitalidad desbordante y arrojo temerario tan propio de un héroe caballeresco, como requería la exaltada imaginación romántica.

Había de llegar el siglo presente para que cambiase ese concepto sobre el Campeador. Y ello fue obra de los de la Peña, que escribió un bello romance con el mismo tema cidiano; José Bernabé Oliva publica su Romancero de Mío Cid, y José María de Mena logra una evocación emotiva, en su libro Riberas del Arlanzón, de los últimos momentos del Campeador...

Nada queremos decir aquí de las novelas, ensayos, glosas, adaptaciones y hasta relatos infantiles que la vida y los hechos del Cid han producido en los tiempos actuales, pero sí hemos de advertir cómo todos cuantos del Cid se han ocupado, han llegado a su conocimiento a través de la lectura del primitivo cantar —que varias veces se ha modernizado también—, desdeñando un tanto a aquel Cid excesivamente gesticulante del Rodrigo y los romances que de él proceden.

Pero la última interpretación del Cid ha sido llevada a cabo por el gran poeta chileno Vicente Huidobro que, en su libro Mío Cid Campeador, transforma al héroe nacional de España en un paladín de dinamismo cinematográfico, con lo que, dejando el ropaje de la poesía, salta, en un ágil galopar de su Babieca, al mundo de la imagen y el color en ese arte plástico del movimiento que es la síntesis, tal vez, de nuestra época multiforme.

Parados en este momento presente, podemos volver la vista, en perspectiva, a los tiempos pasados y —avizorando el porvenir— hemos de afirmar nuestro convencimiento de que el tema literario del Cid es una realidad persistente a través de toda nuestra literatura, que —a pesar de sus épocas distintas y aun contradictorias— no ha dejado en tiempo alguno de hallar en el Campeador y sus hazañas inmortales tema constante para sus géneros literarios más característicos en cada época.

Su figura, ya legendaria, no es sólo la representación de una época cuyo ideal encarna, sino la de un mito literario en quien se concreta el genio de toda una raza, que, sobre la verdad histórica de un tiempo determinado, se eleva a la eternidad misma como héroe poético, ya universal, confirmando así que es España el país en que con más persistencia ha continuado, y aún continúa, su milenaria tradición épica.

VII. PROPÓSITO DE NUESTRA EDICIÓN

Esta persistencia del tema del Cid a lo largo —y lo profundo— de toda nuestra historia literaria es lo que hemos querido exponer, razonándola, en esta edición del ROMANCERO DEL CID. Y además, la perennidad del romance, nuestro verso nacional por excelencia. Parece que el romance nació para ser la voz definitiva —y ya eterna— de nuestra epopeya, de la que es héroe indiscutible el Cid Campeador, síntesis de la raza; y así como él vive a través de los siglos con vida poética, también el romance persiste en nuestro poesía como el mejor vehículo del espíritu nacional de nuestra epopeya.

Es nuestro propósito que esta nuestra edición sea un exponente de la persistencia secular de un tema y una forma, para siempre compenetrados a través de una literatura. Así, pues, hemos intentado —y tal vez conseguido— que nuestra recopilación de romances sobre el Cid sea la más copiosa de cuantas hasta hoy se han publicado en parte alguna.

Para dar a conocer la próxima fuente del Romancero, hemos comenzado por reproducir el juglaresco Cantar de Rodrigo —en su lenguaje original y traducción confrontada— que es también antecedente de los romances cidianos. El Romancero lo hemos integrado de cuantos romances componían las diversas ediciones —antiguas y modernas— de los distintos romanceros de la materia, aun a trueque da insistir en algunos temas que, en romances distintos, no son sino reiteraciones, a fin de dar todos los matices posibles. A las distintas divisiones del Romancero, hemos preferido la que da, en su recopilación, Milá y Fontanals, por creer es la más exacta de cuantas se han seguido generalmente. Y hemos completado la recopilación con los que habitualmente se han incluido en una u otra edición del Romancero.

Mas como el tema siguió vivo entre los poetas romancistas posteriores y, luego, entre los poetas cultos del XVII, en sucesivos apéndices hemos ido agrupando cronológicamente: los romances del siglo XVI que quedaron excluidos de las más habituales ediciones; los romances artificiosos de los poetas barrocos, y, en otros apéndices, los romances de forma tradicional de los poetas modernos del XVIII y los de los poetas románticos, en quienes resucita el entusiasmo por los temas épicos medievales, terminando nuestra antología con la inclusión de los poetas contemporáneos que trataron el tema del Cid en la tradicional forma del romance español. La proyección literaria del Cid queda completa, desde el cantar de las mocedades hasta las modernas visiones que de héroe poético tienen los más recientes poetas de España, que dan testimonio así de la persistencia del tema a través de toda la evolución de nuestra poesía.

Como apéndice final, hemos intentado dar una breve antología de aquellas principales obras literarias francesas en las que se desarrolla el tema del Cid, tan popular en Francia como pudiera serlo el del propio Roldán. No pretendemos sino incluir lo más representativo de cada escuela y cada época, desde la genial tragedia de Comeille que, con elementos romancescos de origen español, creó la más perfecta obra del teatro francés, hasta les parnasianos poemas de los finales del XIX. Así, tras algunas escenas de alto dramatismo de Le Cid, la romántica evocación de Chateaubriand; la grandilocuencia enfática de un Cid extremadamente legendario, de Víctor Hugo; el deslumbrante cuadro colorista de un Cid humanitario de Barbey D'Aurevilly y los soberbios cuadros murales, de épicas dimensiones, en los que se mueve, con más arrogancia que corazón humano, un Campeador que ha perdido todo contacto con la realidad para ser solamente un ente legendario, según le vieron los parnasianos Leconte de Lisie y José María de Heredia. Sabemos que olvidamos a otros ilustres poetas franceses, como Creuzé de Lesser, Casimiro Delavigne y otros no menos interesantes, pero bastan los aquí representados para dar el panorama de la poesía francesa que ha sentido la sugestión de la figura del Cid, al que cantó en versos de las más distintas épocas y diversos estilos.

Las notas con que aclaramos pasajes, personajes y aun los mismos romances, como las que damos de cada autor, no pretenden ser eruditas, sino simplemente explicativas y de ayuda para el lector, a quien desean acompañar en el largo camino de su lectura.

Sabemos de antemano que una obra de estas características no podrá nunca presumir de exhaustiva, pero podemos asegurar que hemos conseguido una recopilación de romances cidianos como hasta ahora no existía en la bibliografía española.

Si nuestro esfuerzo —que ha tenido que vencer no pocas dificultades— lograra popularizar el conocimiento de nuestro héroe nacional, daríamoslo por bien recompensado, ofreciéndole ahora esta edición como tributo fiel de vasallaje al que, siendo símbolo de España, superó ya la gloria humana de personaje histórico para ascender a la inmortal de protagonista de la hispánica Epopeya.

LUIS GUARNER

CANTAR DE RODRIGO

ADAPTACIÓN MODERNA

SUCINTA RESEÑA DE LA HISTORIA LEGENDARIA DE LEÓN, DESDE LA MUERTE DE PELAYO HASTA LA INDEPENDENCIA DE CASTILLA

Y quedó la tierra sin señor al morir el rey Pelayo. Este rey tenía una hija natural, casada con el Conde Suero Casso, que engendró un hijo llamado Alfonso[1], que fue proclamado rey de León. Los castellanos vivían en esclavitud y estaban en guerra con Navarra y Aragón, así como con los moros de San Esteban de Gormaz, de León y de Sepúlveda. Olmedo estaba en poder de los moros y, desde allí en adelante, la tierra fronteriza era Castilla, Billsorado y Grañón. Por la otra parte, Navarra limitaba con León, con Carrión y Saldaña. Como los castellanos acudían a las Cortes del rey de León, con hijas y mujeres, se nombraron en Castilla dos alcaldes[2] para que mientras uno acudía a la Corte, el otro pudiera quedar

---

[1] Desde las primeras palabras del *cantar* comiénzase a desfigurar la historia por el juglar anónimo que lo compusiera. Según los relatos históricos, a la muerte de Pelayo le sucedió su hijo Fabila sin interregno alguno, como supone la letra del poema. Nada dice la historia de esta hija natural de Pelayo. Muerto prematuramente de accidente de caza Fabila, sucedió en el trono asturleonés un yerno suyo llamado Alfonso. Y no un nieto de Pelayo, de este nombre, que, como dice el cantar, era hijo de una hija ilegítima suya casada con el conde Suero de Caso, personaje desconocido, para la historia, a pesar de reiterarse su mención a lo largo del cantar.

[2] Siendo así que las tierras, de Castilla dependían del remo de León, a aquella capital habían de acudir, cuando se celebraban cortes, los castellanos, con hijos y mujeres, dejando desalojadas las tierras de Castilla, para lo cual hubo de nombrarse unos gobernadores que, con el nombre de *alcaldes* (los históricos *jueces),* ejercieron la autoridad militar y civil en toda Castilla. Éstos fueron en número de dos, a fin de que—como dice el autor—, mientras uno acompañaba a los castellanos a las cortes leonesas, otro quedase ejerciendo su autoridad en tierras de Castilla. Esta designación de alcaldes se narra, como en el poema de clerecía de *Fernán González,* en el que también son Muño Rasura, antecesor de Fernán González, y Laín Calvo, que lo había de ser del Cid. Es costumbre muy generalizada entre los juglares el remontarse en las ascendencias de los héroes de que traten en sus obras, hasta llegar a remotos antepasados. También en el *Poema de Fernán González* se habla del hijo de Nuño., Gonzalo Núñez, a quien considera «omne muy atrevido», difiriendo del *Rodrigo* que le llama «malo e travieso», contando como por tal lo quiso matar su padre, refugiándose en la corte del rey moro Guybén, de Madrid, donde encuentra a una tal doña Alara Sánchez, hija del rey Sancho Ramírez de Navarra, con la que casó, Agustín Durán habla de este pasaje de la elección de los alcaldes, como de la elección de los jueces de Castilla, que fueron nombrados por los castellanos cuando el rey Ordoño II de

defendiendo la tierra. ¿Cuáles fueron estos alcaldes? El uno fue Nuño Rasura y el otro Laín Calvo. ¿Y por qué llamaron a Nuño Rasura este nombre? Porque cogió las enseñas vengadas de Castilla e hizo voto a Santiago para que le ayudase contra los moros. Este conde Nuño Rasura fue de San Pedro de Arlanza. Tuvo un hijo que se llamó Gonzalo Núñez que, por ser malo y travieso, lo quiso matar su padre, por lo que Gonzalo huyó en busca del rey moro Guyben, señor de Madrid. Y encontrando a Doña Aldara Sánchez, hija del rey Don Sancho Ramírez, de Navarra, que, descarriada, andaba entre los moros[3], pidiola entonces en matrimonio, ya que aquí no se la hubiesen querido dar. Casó con ella y trájola a Castilla, engendrando en ella tres hijos, de los que los mayores para nada sirvieron, y el menor fue el conde Ferńan González[4], que gobernó a Castilla largo tiempo, y mantuvo contiendas con el rey Sancho Ordóñez, de Navarra,[5]

León mandó asesinar a los condes do aquella época, contra lo que se rebelan los castellanos, nombrando jueces populares que los gobiernan y que, con este título, los rigen, hasta que Fernán González volvió a llamarse conde.

[3] Nada dice el *Poema de Fernán González* de esta princesa navarra «que andava mala mugier con los moros» y que casó con Gonzalo Núñez. Esta princesa navarra no tiene identificación histórica alguna. La genealogía está evidentemente falseada por el juglar para hacer descender a Fernán González de una calavera y de una prostituta, siguiendo, así la costumbre juglaresca de que los grandes héroes habían de ser hijos ilegítimos o de malos padres, que, según creencia general, son siempre los de más. aventajad naturaleza. Ni el mismo Cid se libró de que algunos le consideraran hijo de matrimonio ilegítimo, aunque en las crónicas se le defienda de esta imputación, que prospera sin embargo, en algunos romances, como en el de «Ese buen Diego Laínez.»

[4] El *Poema de Fernán González* cuenta también que Gonzalo Núñez tuvo—sin decir de quién—tres hijos, cuyos nombres son: Diego, Rodrigo y Fernando González, y si bien nuestro juglar del cantar calla los dos nombres, sin duda para agrandar la figura del menor, el del poema dice que «todos tres fueron buenos, mas Fernando, el mejor», sirviendo la creencia general de que los hijos últimamente habidos eran mejores que los anteriores.

[5] Este Sancho Ordóñez de Navarra debe ser confundido con el que la historia conoce con el nombre de García el Tembloso, de Navarra, que fue quien, con engaño y traición, prendió al conde Fernán González para vengar así la muerte dada por éste a Sancho Abarca, padre de dicho García. Contra Sancho Abarca guerreó Fernán González, hasta vencerle y matarle en la batalla de La Era Degollada, según relata el poema. Pero nuestro juglar prescinda de estos hechos de armas, así como de muchos otros pasajes del conde, tanto de guerra como de paz, que recoge el poema, para llevarnos directamente al prendimiento alevoso por el rey navarro, que no fue, ciertamente, en Vañanez como dice, sino en Cirueña, dentro de una ermita, en, que se refugió el conde y su séquito al advertir la traición del rey navarro. Cuando fue

que citó a vistas al conde Fernán González en el lugar llamado Vañarez. Yendo el conde confiado, lo apresó el rey con engaños, llevándolo preso a Tudela de Navarra. Estando allí prisionero el conde, lo libertó Doña Constanza[6], hermana del rey Sancho Ordóñez, que tomando al conde aherrojado, lo llevó a cuestas hasta dar con él en el monte, donde encontraron a un arcipreste de Tudela de Navarra, quien le dijo que si la Infanta no se entregaba a sus pasiones, los descubriría. Cuando la Infanta le hubo abrazado, llegó el conde, con sus hierros, y lo mató con el cuchillo del mismo arcipreste. Tendiendo la Infanta su vista, vio llegar gran tropel armado (6 bis), y dijo al conde: «Muertos somos, ¡mal pecado!, porque he aquí las fuerzas del rey don Sancho, mi hermano». El conde, tendiendo la vista, divisó las fuerzas y, al reconocerlas, quedó tranquilo y alegre, diciendo a la Infanta: «Ésta es Castilla, que viene a besarme la mano»[7]. Entonces, la Infanta se paró y el conde cabalgó de prisa en la mula del arcipreste, quedando la Infanta a pie. Salieron presto del monte, y al verlos los castellanos, quedaron maravillados, mas no le besaron la mano ni le llamaron señor, porque habían hecho ya homenaje a una piedra que en un carro llevaban simbolizando a su señor hasta que pudieran encontrar al conde, mas ahora volvieron la piedra, representando al conde, desde Montes de Oca, al lugar de donde la sacaron[8].

---

apresado, dice la leyenda que se oyó una gran voz celestial y el altar quedó rajado en dos partes. La prisión del conde fue en Castroviejo, según el poema, y nuestro juglar dice que en Tudela.

[6] Estando, prisionero el conde Fernán González en Tudela, según nuestro juglar—y en Castroviejo, según el poema—, fue a verle la hermana del rey, Doña Constanza, para libertarle, llevándole a cuestas hasta el monte. Según la historia, esta infante navarra es doña Sancha, hija de García el Tembloso, que casó después con Fernán González. El poema sigue más ceñidamente la, historia que esta gesta.

(6 bis) Desde aquí en adelante, Menéndez Pidal va descubriendo los versos diluidos en la prosa, y los transcribe en pie de romance hasta el final del fragmento que debitó prosificar torpemente el copista. (Véase: «Reliquias de la poesía épica española». Madrid, 1951.)

[7] Este novelesco episodio, del encuentro con el mal arcipreste se encuentra también en el *Poema de Fernán González*. Terminado este pasaje pasa, sin solución de continuidad, al encuentro del conde y la infanta con los castellanos, que, llevando, la estatua de su señor, iban a Navarra para libertarle y rendirle vasallaje. Cuando los encuentran, les aclaman sus huestes, aunque sin besarle las manos, ya que esta ceremonia de vasallaje la habían hecho ya ante la imagen en piedra, del conde. En el romancero de Fernán González hay un bello romance recordando este pasaje.

[8] En este punto termina el fragmento en prosa con que comienza el cantar. Como hemos visito en él, pretende el juglar resumir la historia—fabulosa—del reino

de León, desde la muerte de Pelayo hasta que Fernán González logra la liberación de su prisión en Navarra por este modo novelesco. Condensa toda, la acción del *Poema de Fernán González* en sus pasajes más salientes. A partir de aquí sigue el relato de los hechos de Fernán González según el poema, y apartándose de la verdadera historia. En este fragmento de prosa se pueden observar rastros de asonancias que nos pueden inducir a creer que en anteriores redacciones estuvo versificado y tal vez algún copista comenzó a transformar el cantar de gesta en crónica, para lo que empezó a prosificarlo. según, la costumbre de los cronistas de la época. Pero esta vez debió cansarse el copista y dejó que la gesta siguiera en verso, considerando que así y todo podría servir de crónica. (Véase la experiencia de Menéndez Pidal expuesta en la nota 6 bis.)

CANTAR PRIMERO

INDEPENDENCIA Y ENGRANDECIMIENTO DE CASTILLA

1

LA INDEPENDENCIA DE CASTILLA. — VASALLAJE DE LOS CASTELLANOS A FERNÁN GONZÁLEZ, SUBLEVADO EN CASTILLA. — VISTAS DEL CONDE Y EL REY DE LEÓN. —TRATO DEL CABALLO Y AZOR. A FERNÁN GONZÁLEZ SUCEDE SU HIJO GARCI FERNÁNDEZ, Y A ÉSTE SU HIJO DON SANCHO, QUE SE DESPOSA CON LA HIJA DEL REY DE LEÓN. —EL HIJO DE AMBOS, SANCHO, LLAMADO ABARCA, ES PROCLAMADO REY DE CASTILLA, QUE ASÍ ALCANZA PLENA SOBERANÍA DE REINO.

Y todos, como a señor,—la mano al conde besaron[9],
el conde Fernán González—el que en Castilla, se ha alzado,
que al rey Sancho de Navarra—degollara por su mano[10],
y nunca obedecer quiso—ni a los moros ni a cristianos[11].
Avisó al rey de León,—hijo de Suero de Casso,
llamado Alfonso. Y el rey—al conde quiso emplazarlo[12]

---

[9] Sigue—ya en verso—la narración del homenaje de los castellanos a su conde, al que besan la mano, según ceremonia feudal con que se juraba el vasallaje al señor.

[10] Este rey Sancho Ordóñez de Navarra es—como se dijo en la nota 5—García el Tembloso, que, según la historia, prendió alevosamente a Fernán González, según queda consignado en esta gesta y en el *Poema de Fernán González*. Aquí dice que el conde «de degollara por su mano», pero, según el poema, le atravesó con la lanza, y mal herido, te llevó a Burgos en prisión, libertándole luego.

[11] La fórmula «ni a moros ni a cristianos» es usual en el lenguaje juglaresco para dar a entender que «a nadie», esto es a ninguno obedeció; locución muy usada ya en el *Poema de Mío Cid*. otras veces, para dar a entender «nadie» se dice «no lo sepan cristianos».

[12] Este rey de León, hijo de Suero de Caso y llamado Alfonso, debe ser el mismo fantástico rey nieto de Pelayo, de que habla el juglar al principio de su cantar (nota 1). Como se ve, es absurda, dada la cronología y el tiempo transcurrido, aun aceptando este rey como sucesor de Pelayo. Los hechos que se le atribuyen a este rey de León son los que la historia refiere a Sancho el Gordo, de cuyo vasallaje libró Fernán González a Castilla, gracias a la estratagema de la venta del caballo y del azor hecho legendario que consigna el poema, pero atribuyéndolo al conde y al rey históricos.

para que acudiese a vistas—y el conde quedó enterado.
Cabalgó cuando lo supo—muy alegre y muy lozano.
Y al contar los treinta días—acudió al lugar citado.
Se encontró en Saldaña al rey—que así le va preguntando:
«Maravillado estoy conde,—de cómo sois tan osado
de no venir a mis cortes—para besarme la mano,
que el condado de Castilla—es de León tributario,
porque León es el reino—y Castilla es un condado.»
Entonces, respondió el conde:—«Mucho vais andando en vano.
Vos estáis en buena mula—y yo sobre buen caballo.
Por haberos yo sufrido,—estoy más maravillado,
pues sois señor en Castilla—y me creéis tributario».
Así el rey le respondió:—«Las cortes han de juzgarlo
si me debéis obediencia-—y si no, quedaréis salvo».
Entonces respondió el conde:—«A ellas a prisa vayamos».
En León las Cortes fueron.—A ellas fue el conde lozano.
Preciado caballo monta—y un azor lleva en la mano.
Y el rey comprárselos quiso—por buen dinero acuñado,
y hasta treinta y cinco mil—maravedís son tasados.
«Ese precio, dijo el conde,—que lo paguen en un plazo».
Aunque largos plazos pasan,—el conde no fue pagado.
Ni quiere ir a las cortes—por no obligarse a cobrarlo.
Con sus hijos y mujeres—a León van castellanos.
Y el conde Fernán González—dijo al rey este dictado:
«Rey, no vendré a vuestras cortes,—a menos de ser pagado
de la deuda que me habéis—por mi azor y mi caballo».
Cuando contaron el débito,—el rey no pudo pagarlo,
tanto creció la ganancia—que era mayor que el reinado[13].

En esta gesta, junta el juglar lo que son dos episodios distintos de este trato, según el poema, resumiendo hechos y dándole unidad. (Véase la edición crítica del *Poema de Fernán González*, de Alonso Zamora Vicente, en «Clásicos Castellanos. Madrid, 1946.)

[13] La leyenda de la venta del caballo y el azor alcanzó gran popularidad. aunque carece de todo fundamento histórico. En el poema, viene a constituir todo el nudo novelesco de la liberación de Castilla. El *gallón* era la gracia extraordinaria de la venta, contando en, progresión, geométrica la deuda si no se pagaba en su plazo convenido. Se acordó la venta por una cantidad—que el poema dice era mil marcos y la gesta treinta, y cinco mil maravedíes—que a los tres años del trato, por no haber sido pagado en su día, sube a tanto que no hay riqueza suficiente para poder pagarla, por lo que el rey da por saldado el débito concediendo la independencia de Castilla, lo que acepta, satisfecho, el conde.

Llegaron a la avenencia—el rey y el conde lozano,
que libertando a Castilla—se da el conde por pagado.
Plugo al conde cuando al rey—oyó dictar tal mandato.
Así libertó a Castilla—el buen conde don Fernando,
guerreando con los moros—a lo largo, del condado.
Un hijo tenía el conde,—Garci Fernández llamado[14].
Si el padre fue buen guerrero,—el hijo lo fue otro tanto.
Con la hija de Almerique—de Narbona fue casado[15],
y con ella engendró un hijo—llamado el conde don Sancho.
Y cuando a los Siete Infantes—de Salas asesinaron[16]
falleció Garci Fernández—buen infanzón castellano,
tomando el mando en Castilla[17]—su hijo el conde don Sancho,
que dio buenos privilegios—y Fueros, con sabia mano[18].
Casó con la de León,—nuera de Suero de Casso[19],

---

[14] Garci Fernández fue históricamente el hijo y sucesor de Fernán González. Esta vez el juglar se atiene a la verdad histórica. Muerto Fernán; González, después de una vida guerrera de cuarenta años victoriosos, y luego de luchar con los reyes de León y Navarra y contra los moros, a quienes siempre venció, falleció, ya anciano, hacia el año 940. sucediéndole su hijo Garci Fernández, que pasó a las narraciones juglarescas con el sobrenombre de «el conde de las bellas manos».

[15] El conde Garci Fernández casó en primeras nupcias con una dama francesa, cuyo nombre—según los romances—era él de Argentina. Según esta gesta, su padre se llamaba Almerique de Narbona. Agustín Duran anota este pasaje diciendo que esta dama era adúltera y con un hijo—o sin él, según la tradición vulgar—, se fugó a Francia con un conde francés, viudo, que tenía una hija llamada Sancha, a la cual tanto maltrataron, que los odió hasta el punto de entregar a su padre y a su manceba en manos de Garci Fernández. Este se casó por gratitud, con Sancha de la que tuvo un sucesor, Sancho Garcés que no fue, por consiguiente, hijo de la primera mujer, como dice la gesta.

[16] Esta alusión a los Infantes de Lara nos hace suponer que al juglar era familiar esta gesta, que debió ser muy conocida en aquella época, tal vez aun en su primitiva forma de cantar, antes de haber pasado a las crónicas.

[17] Por falta del copista, se omite aquí que Don Sancho sucedió a su padre como observa acertadamente Durán Hemos salvado esta laguna, completando, en nuestra versión el verso mutilado.

[18] El conde de Castilla, Don Sancho, hijo de Garci Fernández, del que aquí se hace referencia, es el histórico Sancho García, que fue célebre en su tiempo por los fueros y privilegios que concedió a los pueblos castellanos, según la historia, respetada, esta vez por el juglar.

[19] Vuelve aquí el juglar a insistir en que el rey de León es el supuesto Alfonso hijo de la supuesta hija natural de Pelayo y de Suero de Caso como dijo ya al principio. Al decir que la que se desposa con el conde Sancho García, que es nuera de Suero, no

y con ella tuvo un hijo—a quien llamaron don Sancho[20];
tan buen cazador salió—que no paraba en poblado;
púsole por nombre el padre—Sancho Abarca, por llamarlo[21].
Cuando le llegó la edad,—a Burgos le han enviado,
para que a los treinta días—se uniese a los castellanos.
Así como los vio el conde,—húbose en pie levantado:
«Oídme bien, castellanos,—el buen tiempo ya es llegado
para haceros la merced—que nunca os han otorgado[22].
El conde Fernán González—os sacó de tributarios;
el conde Garci Fernández,—mi padre, buen castellano,
os dio buenos privilegios—que os confirmé por mi mano.
El condado de Castilla—os convierto yo en reinado.
A mi hijo Sancho Abarca—debemos rey proclamarlo.
Nieto es del rey de León,—nadie podrá eso dudarlo[23],
y como a rey de Castilla—todos debéis acatarlo,
y si alguno no quisiere,—a servirle he de obligarlo».
A los castellanos plugo—esto que al conde escucharon,
y a Sancho Abarca le besan—la mano, rey proclamándolo.
Por Castilla va el pregón—de que rey han coronado[24].

---

podía ser hija del rey de León como asegura. Aun en el supuesto que aceptemos la supuesta genealogía del juglar, no sería nuera, sino nieta de Suero de Caso. Tal vez el copista, leyó *nuera* donde decía *nieta*.

[20] El hijo y sucesor histórico de Sancho García de Castilla no fue Don Sancho sino Don García, quien, tratando de casar con Doña Sancha hija del rey de León fue asesinado por los Velas, El juglar olvida este conde e intenta un imaginarlo Don Sancho Abarca, hijo de Sancho García, a quien atribuye los hechos que la historia y la leyenda poética adjudican a distintos personajes.

[21] Los hechos atribuidos por el juglar al imaginario Sancho Abarca, pertenecen, según la historia, a Sancho el Mayor, de Navarra, yerno, y no hijo, de Sancho García, que heredó los condados de Castilla en representación de su esposa, a la muerte de Don García, hermano de ésta.

[22] Esta arenga de Sancho García a sus súbditos, se refiere claramente a su hijo, el llamado impropiamente Sancho Abarca, y no al que llevó históricamente este nombre, Sancho el Mayor, de Navarra, a quien fue a parar el condado de Castilla, como históricamente acaeció (nota 21). Sancho García, que murió antes que su hijo, no podía recordar a los castellanos que perdonaran a su yerno; luego el Abarca, que es la figura de Sancho el Mayor, no puede serio aquí sino la de Don García.

[23] Aceptada la falsa cronología del juglar, así es, mas no según la historia.

[24] Las proclamaciones reales se manifiestan al pueblo por medio de pregones, que se hacían en todas las ciudades y pueblos. Costumbre que ha prevalecido hasta

Y aqueste fue el primer rey—en Castilla soberano.
Con gran honra y regocijo—el hecho así celebraron.

2

COMIENZOS DEL REINADO DE SANCHO ABARCA. — CASAMIENTO CON LA INFANTA ISABEL, HIJA DEL REY DE FRANCIA, QUIEN LE ACOMPAÑA A CASTILLA PARA LA BODA. — VASALLAJE A LA NUEVA REINA. — EL CONDE DE PALENCIA INVITA A SUS ESTADOS AL REY, QUE ACEPTA LA INVITACIÓN.

Y el buen rey don Sancho Abarca—así comenzó a reinar.
Mandó desplegar enseñas—reales en todo lugar.
Con la hija del rey de Francia—húbose de desposar[25],
que entregáronla de grado—con honor y dignidad.
La infanta Isabel se llama,—dama de estirpe real,
a la que don Sancho Abarca—a su tierra fue a buscar.
A los puertos de Aspa el rey—de Francia la fue a llevar.
Gran alegría hubo al ver—al rey con reina tornar,
y todos los castellanos—le van la mano a besar.

---

tiempos bien recientes. Las proclamaciones regias era costumbre celebrarlas en todas partes con grandes fiestas y regocijos populares.

[25] La personalidad imaginarla de Sancho Abarca, que pudo identificarse con Don García o Sancho el Mayor, de Navarra, ya que el juglar—como hemos visto—le atribuye hechos de ambos soberanos, queda derrumbada del todo al adjudicarle este casamiento con una hija del rey de Francia. completamente fabuloso, que imposibilita todo derecho posterior de Castilla a unir las coronas de Castilla y de León, como después ha de suceder, históricamente, en manos de Fernando el Magno, ya que este rey heredó la primera por derecho de su madre, hija de Sancho García, y la segunda, por el de su esposa, hermana de Bermudo III. Si el juglar hablase de casar a este conde con una infanta de León, pudiera creerse que, además de los personajes citados, representaba a Fernando el Magno, pero de este modo, Sancho Abarca fue conde o rey de Castilla tan sólo por derecho hereditario de en supuesto padre Sancho García. La complacencia con que la corte francesa entrega a la infanta Isabel al rey de Castilla, no es sino demostración del prestigio que el nuevo condado-reino alcanzara en toda Europa; tal vez por esto no dudó el juglar en inventar el tal casamiento. El mismo rey francés acompaña a su hija hasta el puerto de Aspa, que está en el límite fronterizo pirenaico que da acceso a España por un camino que, por Jaca va a Puente de la Reina, donde se une al camino francés que desde Roncesvalles, va a Santiago de Compostela, pasando por Burgos.

Pedro de Palencia, el conde,—a Burgos le fue a invitar[26]:
«Rey nuestro, don Sancho Abarca,—por amor de caridad,
hijo del conde don Sancho—y mi señor natural,
venid conmigo a Palencia—y mi convite aceptad,
que mientras mi vida dure—os he de servir leal».
Dijo entonces el rey bueno:—«Así haré de voluntad,
y mientras mi vida dure—menguado no habéis de estar».
Esto ocurrió nueve días—aun antes de San Juan,
cuando el rey don Sancho Abarca—llegó a Palencia a yantar.

3

MILAGROSO DESCUBRIMIENTO, ESTANDO SANCHO ABARCA EN EL FEUDO DEL DE PALENCIA, SE DESCUBRE MILAGROSAMENTE UN SUBTERRÁNEO CON UN ENTERRAMIENTO, QUE EL REY ORDENA EXAMINAR AL CABALLERO BERNARDO.

En el valle de Palencia—no había ningún poblado,
sino el de Santa María,—do mora el conde lozano.
Salieron a solazarse—luego que hubieron yantado,
y atravesaron los ríos,—los dos juntos, mano a mano.
La mula del rey hundiose—en un hondo subterráneo;
todos a auxiliarle acuden—y logran sacarlo salvo,
la mula quebró sus patas—y no pudieron montarlo[27].

---

[26] Este Don Pedro, conde de Palencia, que va a Burgos a invitar al rey para que vaya a su estado, es también invención del juglar para llevar la acción de su cantar a tierras palentinas, donde han de tener lugar los acontecimientos del milagroso descubrimiento del cuerpo de San Antolín. El juglar demuestra conocer bien los lugares de los que habla y se extiende en la narración del milagro, lo que hace suponer fundamentalmente a Menéndez Pidal que el juglar debió ser de aquellas tierras que con tanto pormenor y complacencia describe.

[27] Esta leyenda piadosa del hallazgo de la cripta con el cuerpo de San Antolín es famosa en tierras de Palencia y está relacionada con la erección de aquel obispado. Así consta en la *Crónica General*, aunque con otros detalles más milagrosos. El hecho sucedió al rey Sancho el Mayor, a quien—como ya hemos visto—el juglar identifica en muchos casos con su imaginario Sancho Abarca. La crónica dice que yendo el rey de caza se le secó el brazo al lanzar un venablo contra un jabalí, que huyó a refugiarse bajo el altar del santo. En esta gesta se modifica el motivo ocasional por el que se

El rey, al tender la vista,—miró por el subterráneo
descender una escalera—toda de canto labrado.
Llamó a un caballero suyo—a quien llamaban Bernardo[28],
y dijo: «Bernardo, entra—y examina el subterráneo.»
Bernardo dijo: «Señor,—a gusto cumplo este encargo.»
Cuando Bernardo desciende—ve un hondo pozo cavado,

4

CONTINUACIÓN DEL MISMO RELATO.—BAJO EL ALTAR, UNA INSCRIPCIÓN INDICA QUE ALLÍ ESTÁ ENTERRADO EL CUERPO DE SAN ANTOLÍN, LO QUE SE COMUNICA EN SECRETO AL REY.

y al lado del pozo vio—que se erigía un altar,
y bajo de él un escrito,—que se paró a descifrar,
y vio que San Antolín,—yacía en aquel lugar;
viendo una piedra con letras,—la quiso deletrear,
y vio que trescientos años—sumido era aquel lugar.
En busca del rey volvió—y le dijo en puridad;
«Señor, según me parece,—aquí un cuerpo santo está.»

5

ENGRANDECIMIENTO DE CASTILLA.—EL REY PIDE EL LUGAR MILAGROSO, A CAMBIO DE NUEVOS ESTADOS.—EL CONDE SUSTITUYE SUS BLASONES.—EL REY DE LEÓN MUERE SIN SUCESIÓN MASCULINA, Y

---

hace el descubrimiento. Este hecho milagroso pasó, luego a los romances que tanto se difundieron por las tierras palentinas (véase Lorenzo de Sepúlveda «Romances nuevamente sacados...»). El juglar hace gala de su conocimiento del hecho, lo que evidencia su naturaleza palentina, según Menéndez Pidal.

[28] Este caballero Bernardo, de la corte y séquito del rey había de ser no obstante, nombrado obispo para suceder al primero que tuvo la sede palentina que según la tradición piadosa, creó el papa por el milagro y para el arzobispo de Toledo, derrotado por los moros, como más adelante se expondrá. Nada dice la *Crónica General* del viaje de Miro a Roma para la creación de la diócesis, lo que debe ser sacado de alguna historia local que conocía el juglar y se complace en incrustarlo en su cantar.

SANCHO ABARCA HEREDA EL REINO POR SER YERNO DE SU
SOBERANO.—MIRO, ARZOBISPO DE TOLEDO, DERROTADO EN SU
DIÓCESIS, SE RETIRA AL SEPULCRO DE SAN ANTOLÍN, Y EL PAPA CREA
EL OBISPADO DE PALENCIA, QUE EL REY CONFIERE A MIRO.—
ALZAMIENTO DE LOS CASTELLANOS EN FAVOR DE LAÍN CALVO,
ALCALDE DE CASTILLA.—FAMILIA DE LAÍN CALVO.—MUERTE DEL
REY SANCHO ABARCA Y DIVISIÓN DE SU REINO.—LOS LEONESES SE
PRONUNCIAN POR ALFONSO, LOS NAVARROS PROCLAMAN A GARCÍA Y
LOS CASTELLANOS A FERNANDO.—LUCHA DE FERNANDO CON SUS
HERMANOS GARCÍA Y ALFONSO.—GUERRA CON NAVARRA Y MUERTE
DE SU REY DON GARCÍA.—EL DE CASTILLA TOMA EL NOMBRE DE RUY
DE ESPAÑA.—RECLAMACIONES SOBRE EL REINO DE NAVARRA.—
APACIGUADO EL REINO, EL REY CONVOCA CORTES EN ZAMORA, A LA
QUE ACUDEN LEONESES, GALLEGOS, ASTURIANOS, ARAGONESES,
NAVARROS, CASTELLANOS Y EXTREMEÑOS.—TAMBIÉN VAN LOS HIJOS
DE LAÍN CALVO.—GENEALOGÍA DE ESTA FAMILIA HASTA RODRIGO
DÍAZ, FAMOSO GUERRERO—EL REY RECIBE A LOS HIJOS DE LAÍN
CALVO, DÁNDOLES HONORES Y PIDIENDO CONSEJO PARA CREAR EL
ESTANDARTE DE CASTILLA.—GOBIERNA CON PRUDENCIA Y CONFIRMA
PRIVILEGIOS Y FUEROS A LOS CASTELLANOS.—UN LEGADO DE
PALENCIA NOTIFICA LA MUERTE DEL OBISPO MIRO, Y EL CABALLERO
BERNARDO LE SUSTITUYE EN LA DIÓCESIS, CONFIRMADO POR EL
PAPA.—EL REY LE DA NUEVAS TIERRAS.—TIEMPO DE PAZ EN TODOS
LOS REINOS.—EL CONDE DE GORMAZ ATACA A LOS PASTORES DE
DIEGO LAÍNEZ PARA ROBARLE EL GANADO.—DIEGO LAÍNEZ, CON LA
AYUDA DE SUS HERMANOS, EXPOLIA LAS TIERRAS DEL DE GORMAZ.—
ATACA A LOS HIJOS DE LAÍN CALVO, ENTABLÁNDOSE LA LUCHA, EN LA
QUE, POR VEZ PRIMERA, SE ENCUENTRA RODRIGO, HIJO DE DIEGO
LAÍNEZ Y NIETO DE LAÍN CALVO.

Tan pronto como lo oyera,—el rey al conde ha buscado,
diciendo: «Ay, conde don Pedro—dadme ese lugar, y en cambio
yo os lo habré de agradecer—en tanto duren mis años.
Y yo os prometo extender—hasta el mar vuestros estados.»
Respondió el conde don Pedro,—al rey: «Me place de grado.»
Diéronse las condiciones—y quedó acordado el cambio.
Hasta entonces llevó el conde—sus armas en cinco lados,
dos de ellas eran indias,—las otras de oro colado;
desde entonces tomó otras:—sobre campo de oro claro,
un águila en medio que—gritaba ¡Campo! llamando.
Y así llaman a Aguilar—de Campo en todo el condado.
El rey, así satisfecho,—quedose alegre y pagado.

Llegáronle mensajeros—que de León arribaron
con noticias de que el rey,—su abuelo, era finado.
Tres hijas dejó al morir,—pero ni un hijo, ha dejado[29].
El rey con una de esas—tres hijas era casado,
y el conde Ossorio, gallego,—con la otra desposado,
el que hiciera a don Ordoño—de Campos tan bien honrado;
y la otra con Muño Álvarez—en Amaya, en su condado[30].
En manos de Sancho Abarca—todos los reinos quedaron.
A Bernardo mandó el rey—que volviese al subterráneo[31];
y oiréis lo que aconteció—entonces, en aquel año[32].
Cuando estaba el arzobispo,—en su pueblo toledano,
en el día de las Palmas—la Santa misa cantando,
a la hora de la Pasión,—entraron en el poblado
los moros, y se apoderan—de Toledo, por su mano;
pudo huir el arzobispo—al correr de su caballo
hacia el puerto de Palencia—en donde estaba Bernardo,
el que era sobrino suyo,—por ser hijo de su hermano.
Cuando llegó el arzobispo,—abandonó el subterráneo
y, para así defenderse,—pensó en hacerse ermitaño

---

[29] Insiste el juglar en que el rey de León—al que equivocadamente llama Alfonso—era abuelo del rey castellano, mal llamado Sancho Abarca. Estas tres hijas que deja el rey las casa el juglar a su gusto, y una de ellas con el rey de Castilla, esto es que estuvo casado con una tía suya, según se desprende de sus propias palabras. Si el Sancho Abdarca representa aquí a Sancho el Mayor, sólo poseía Navarra. Aragón y Castilla, pero no León, que es lo que el juglar intenta demostrar aquí. Esta vez, Sancho Abarca está más lejos de la historia que nunca, por intentar el juglar llegar a una unificación de Castilla.

[30] El conde Osorio yerno del rey de León, no tiene identificación histórica alguna, como tampoco Nuño Álvarez, conde de Amaya. Estos hijos del rey de León, como el mismo rey, son completamente imaginarios del juglar.

[31] Vuelve el juglar a insistir aquí en el tema del subterráneo de San Antolín, por el que siente preferencia.

[32] La palabra «oiréis» que aquí emplea el juglar es indicio del carácter juglaresco del poema. Estas gestas se hacían para ser cantadas en público, y a lo largo de su recitación los juglares, interrumpiendo la narración, se solían dirigir directamente al público con esta frase y otras similares: «escuchad, ahora oiréis lo que, etc.», como acostumbra también en repetidos pasajes a hacer el juglar del *Poema de Mío Cid*. A continuación se narra el suceso por el que Miro, arzobispo de Toledo, al ser derrotado por los moros, acude a la cueva de San Antolín a buscar la protección de Bernardo por ser sobrino suyo. Las gestiones de Miro considera que el Papa cree al obispo de Palencia. Todo ello debe proceder de una historia local palentina.

en una ermita que había—allí, junto a otro poblado.
Tan pronto vio ese lugar,—a él corrió cabalgando,
y hacia León se marchó—en busca del rey don Sancho,
y con llanto despidiose—del rey besando su mano:
«Señor rey don Sancho Abarca,—por Dios Padre custodiado,
perdí a Toledo, los moros—a la fuerza me quitaron.
Señor, dadme de Palencia—para mí aquel subterráneo,
y en él haré vida santa,—expiando mi pecado;
de arzobispo que fui entonces,—viviré como ermitaño.»
Entonces respondió el rey:—.«Así me place de grado.»
Y aprisa le respondió:—«Señor, vamos a entregármelo.»
Cuando entraron su Palencia—tomolo el rey por la mano:
«Como lo compré del conde,—ahora os lo doy de franco,
y que hagan un privilegio—con mi sello autorizado,
desde la huerta del Campo—Oter Redondo llamado,
con las cuestas y atalayas—y con cascajares bravos,
y del otro lado que—van al Valle rociado.»
El donativo recibe—del rey don Miro, el prelado,
y tomando el privilegio,—a él cabalgó apresurado.
Tomó luego los caminos—que hacia Roma han de llevarlo.
Tan pronto como vio al Papa,—y los pies le hubo besado:
«Merced, dijo, vos que estáis—en lugar de Pedro y Pablo.
Siendo en España arzobispo—en el pueblo toledano,
conquistáronme los moros—la ciudad a mi cuidado.
Fui a ver al rey Sancho Abarca,—hijo del conde don Sancho,
como a hombre venturoso—que buena estrella ha guiado.
En el valle de Palencia—descubriose un subterráneo
y en él hundiose su mula,—pero el rey quedose salvo.
Al mártir San Antolín—allí hallaron sepultado.
Aprisa lo compró luego—el rey al conde lozano.
Cuando yo perdí Toledo,—el rey a mí me lo ha dado.
He aquí sus privilegios—a mi favor otorgados.»
El Papa cuando los vio—con el signo autorizados,
dijo: «Hizo como rey—magnánimo al entregároslo.
Constituyamos allí—un alto cargo eclesiástico,
pues lo dieron a la Iglesia,—por mí sea confirmado;
y a ti, Miro, te hago obispo—palentino, muy honrado.»
Cuando estos privilegios-—del Papa tomó el prelado
emprendió nuevas jornadas,—hacia España retornando;
súpolo el rey Sancho Abarca,—y salió para esperarlo.
Entrando en Oter Redondo,—tomolo el rey por su mano
y hasta ver San Antolín,—no quiso solo dejarlo,

diciendo: «Yo os lo franqueo—así como os lo hube dado.
El hijo que me suceda,—si se atreve a demandarlo,
que tenga mi maldición—y nadie pueda ayudarlo,
y aquel que ayudarle quiera—sea traidor declarado
y que sea por la Iglesia—maldito y excomulgado.
Doy mi poder a la iglesia—con mi real sello colgado.»
Porque era rey de León,—no atendió a los castellanos[33],
sin más razón que creerse—cabeza de los reinados.
Alzose, entonces, Castilla,—así diecisiete años,
y alzáronse los linajes—en que estaban, los hidalgos.
¿Dónde están estos linajes?—De parte de Laín Calvo.
¿Y este Laín Calvo quién fue?—De Monte de Oca llegado,
fue a San Pedro de Cardeña—a acampar este Laín Calvo
con sus cuatro hijos que—viniéronle acompañando[34]
y seiscientos caballeros—que aquí, en Castilla, acamparon.
Cuando hubo guerra en Navarra,—Ruy Laínez pobló a Faro,
Galín Laínez en Mendoza—y en su término ha acampado
teniendo guerra con moros—a los que hubo derrotado,
y siendo aún San Esteban—de Gormaz mahometano,
y en Atienza y en Sigüenza—viviendo los castellanos,
en tanto Olmedo y Sepúlveda—eran de un moro pagano.
A pesar de tolos ellos,—un hijo de Laín Calvo
a quien llaman Peñaflor—y Peñafiel es llamado,
tuvo guerra con el rey—de León y sus vasallos;

---

[33] Realizada la unión de Castilla y León por el procedimiento arbitrario del juglar—como hemos visto más arriba—, sugiere que el rey—a pesar de ser castellano— estima en más su trono de León y echa en olvido a sus antiguos vasallos, cometiendo así la impostura que sus vasallos echaban en cara a los reyes leoneses. Todo ello nos descubre la latente rivalidad de leoneses y castellanos, tan viva aún en tiempos del juglar que compuso la gesta.

[34] Aquel desvío del rey hacia los castellanos, de que hemos hablado en la nota anterior, les lleva a que éstos dirigidos por sus mismos alcaldes, se subleven contra León y su rey—que así olvidaba su origen castellano—. vuelve el juglar a hablarnos de los alcaldes de Castilla y, del mismo modo que al principio habló de Nuño Rasura y sus sucesores, lo hace ahora de Laín Calvo y los suyos, para los que emplea una forma similar al modo de preguntas, sistema elocutivo muy usado en la poesía juglaresca y aun en la lírica, según, advierte Menéndez Pidal. «Es —dice—una extraña extensión de la interrogación retórica que subraya el valor de la afirmación, haciéndole preceder de la duda que se suponen dominar en todos acerca del asunto.» Según Durán, antes de hablar del linaje de Laín Calvo se debió suprimir algún considerable fragmento del cantar.

el otro, Diego Laínez,—junto a Saldaña ha acampado.
Pasado bastante tiempo,—hubo de morir don Sancho[35]
dejando en todo su reino—luchando a los castellanos.
Tres hijos dejara el rey—el día que hubo finado.
Con don Alfonso, el mayor,—los leoneses se alzaron[36]
y a don García, e! mediano,—en Navarra proclamaron.
Y como a señor proclaman—al menor, que es don Fernando,
los castellanos, por ser—partidarios de Laín Calvo.
A sus hermanos dio guerra;—y derrotados quedaron
los leoneses, que en Mansilla—recibieron grande daño,
allí donde los mojones—separaban los reinados.
Y don Fernando mató—a don Alfonso su hermano[37],
rindiéndosele León—y Galicia hasta Santiago;
tuvo guerra con Navarra,—y ganarla logró al cabo,
y en Atapuerca mató—a don García su hermano[38].
Entregósele Navarra—que Aragón tiene a su lado,
y desde entonces llamose—rey de España, hasta Santiago.

---

[35] Habla aquí la gesta de los cuatro hijos de Laín Calvo, a quienes llama Ruy Laínez, Galduy Laínez. Omite el nombre del tercero, a quien menciona con el sobrenombre de Peñaflor, y el cuanto, Diego Laínez, de quien procederá el Cid. Añade también esta gesta—como veremos más adelante—cómo murieron todos ellos, lo que no consignan otras crónicas. Según la *Crónica del Cid* se llaman los cuatro hijos de Laín Calvo: Fernán Laínez, Laíno Laínez, Ruy Laínez y Bernardo Laínez, que fue el padre del Cid. La *Crónica General* les llama: Fernán Laínez, Bernardo Laínez, Laín Laínez y Diego Laínez, padre del Campeador.

[36] Aquí el supuesto Sancho Abarca se identifica, una vez más, con el histórico Sancho el Mayor de Navarra, por cuanto, a su muerte, raparte su reino entre sus hijos Alfonso, García y Fernando, si bien este reparto aquí explicado no concuerda con el histórico de los hijos de Sancho el Mayor.

[37] Según la historia, Sancho el Mayor tuvo cuatro hijos, entre los que repartió sus reinos, dando el de Aragón a Ramiro; el de Castilla, a Fernando; el de Sobrarbe y Ribagorza, a Gonzalo, y el de Navarra a García. El juglar atribuye a su ficticio Sancho Abarca sólo tres hijos: Alfonso, García y Fernando, dando el reino de León a un supuesto Alfonso—que puede ser Bermudo III—. el de Navarra a García y el de Castilla a Fernando. El juglar sólo coincide con la historia en que el de Castilla paso a Fernando y Navarra a García. A quien venció y mató Fernando según la historia, no fue a su hermano—que nunca tuvo— llamado Alfonso sino a su cuñado Bermudo III de León, con cuya hermana y heredera estaba casado.

[38] Don García que, en realidad, fue rey de Navarra y hermano de Fernando de Castilla, fue vencido y muerto en Atapuerca por el rey castellano, que le despojó de una parte de su estado, dejando el resto al hijo menor, que le sucedió en el trono de Navarra. Esta vez el juglar se atiene a la realidad histórica.

Por Navarra preguntó—quién había de heredarlo,
y encontró a la infanta Sancha, que fue hija del rey don Sancho,
y el gobernador, que era—en Navarra tributario,
y habió al infante Ramiro,—sus derechos demostrando
por cuanto era también—un hijo del rey don Sancho;
y para, no enajenarle—el reino le dio a Fernando.
Cuando apaciguó su tierra,—a Zamora se ha marchado
ordenando los pregones—a las cortes convocando.
A los treinta días justos,—los leoneses llegaron,
lo mismo que los gallegos—e igual que los asturianos.
Llegaron aragoneses—con los navarros mezclados.
Castellanos y extremeños—últimamente llegaron.
De los hijos de Laín Calvo—acuden los cuatro hermanos:
Ruy Laínez casado era—con la hija de don, Gonzalo
Minaya; y de ella tuvo—a un Diego Ordóñez llamado,
de donde proceden todos—aquellos Ordóñez vascos.
Con la hija de don Rodrigo,—Galín Laínez fue casado,
conde de Alava y Vitoria—que a don Lope ha engendrado.
del que vienen los Laínez—al caballero esforzado
don Luis Díaz de Mendoza.—Otro Laínez fue casado
con la hija del conde Álvaro—de Fenza, muy renombrado,
y con ella tuvo un hijo—que Alvar Fáñez fue llamado,
de donde descienden todos—estos linajes de Castro.
Can doña Teresa Núñez—Diego Laínez fue casado,
hija del cande Ramón—Álvarez de Amaya, en tanto
era nieta, en real estirpe,—del rey de León citado,
y con ella tuvo un hijo,—el buen Ruy Díaz nombrado[39]

---

[39] Vuelve aquí el juglar a referir la genealogía de los hijos de Laín Calvo, determinando con quien casa cada uno, para dar origen a otras tantas familias ilustres en distintas tierras. En último lugar señala a Diego Laínez, que desposa con Teresa Núñez, hija del conde Ramón Álvarez de Amaya, según la historia Rodrigo Álvarez y Teresa Laínez, nieta en real estirpe del rey de León. Sólo se sabe de cierto que el padre asistía a la corte en el sequito del rey. Estos fueron los padres de Rodrigo Díaz, cuya genealogía ilustre interesa resaltar al juglar deliberadamente, haciéndole heredero de un rey y entroncando con la más alta nobleza de Castilla, con la que durante toda su vida, había de tratar, tanto en su vida castrense como civil. En su genealogía el juglar olvida varias generaciones, desde Laín Calvo hasta Rodrigo, que no es directamente nieto del famoso alcalde, ya que, según les crónicas, es descendiente pero no tan inmediato, Malo de Molina presenta una genealogía del Cid, sacada de las crónicas, en la que Diego Laínez es el quinto nieto de Laín Calvo.

Salió el rey a recibir—a los hijos de Laín Calvo
e invitólos a sentarse—junto a él, en el estrado.
«Oídme, mis caballeros—y mis buenos hijosdalgo,
del más honorable alcalde—que hubiera Castilla dado.
Habéisme dado Castilla—y me besasteis la mano.
Con vosotros conquisté—los reinos hasta Santiago;
más ancianos sois vosotros,—yo del mundo no sé tanto,
mi persona y mi poder—hoy os pongo en vuestras manos
para que me aconsejéis—sin falsía y sin engaño.
Yo, como rey de Castilla—y de León así lo hago.
Ya sabéis que León es—cabeza de los reinados;
por eso os pido consejo—y espero que habréis de dármelo.
La enseña que me mandéis—mandaré hacer de buen grado;
y en el tiempo que yo reine—no saldré de lo mandado.»
«En buena hora nacisteis»—responden los castellanos.
«Mandad hacer un castillo—de oro y un León gritando.»
Mucho plugo al rey oír—lo que todos acordaron.
Bien ordenó el rey sus tierras—cual prudente soberano,
y ratificó los fueros—que el rey su padre hubo dado,
y otorgó los privilegios—de su abuelo el conde Sancho.
Llegó entonces de Palencia—episcopal enviado
de que el Obispo murió.—Y el rey el episcopado,
que hasta entonces tuvo Miro,—otorgóselo a Bernardo.
Lo envió a Roma, de donde—volvió nombrado prelado.
Y otorgó las libertades—que Sancho Abarca hubo dado.
Desde la huerta del Topo—a Quintanilla ha donado
todo hasta Castiel Redondo—donde Magaz es nombrado,
detrás de los Cascajares—do es Santo Tomé llamado
hasta aquellas otras cuestas—que llaman de Valroyado,
y también de Val de Perro,—que aún no estaba poblado.
Y puso a los privilegios—su sello el rey don Fernando.
Sosegada está la tierra,—sin guerra por ningún lado,
cuando el conde de Gormaz—a Diego Laínez, con daño,

Según el *poema del Mío Cid,* Rodrigo era de la clase social de los *infanzones,* o nobles de segunda categoría, por lo que los infantes de Carrión le desprecian, echándole en cara su condición social inferior a la suya. La eminente posición social del Cid la alcanza luego él por los propios méritos de sus hechos guerreros extraordinarios, que este cantar lleva hasta la exageración, como se verá más adelante.

atacara a sus pastores—para robarle el ganado[40].
Llegó a Vivar Diego Laínez,—donde estaban sus hermanos
para pedirles ayuda,—muy de prisa cabalgando.
Llegaron hasta Gormaz—cuando el sol era rayado,
quemáronle el arrabal.—y quitáronle el andamio (40 bis),
apresando a sus vasallos—y cuanto llevan en mano,
y los ganados se traen—que pacían por el campo,
y apresan las lavanderas—que en el río están lavando.
Contra ellos salió el conde,—con cien jinetes hidalgos,
retando con grandes voces—al hijo de Laín Calvo:
«Déjame mis lavanderas,—hijo de alcalde aldeano[41]
que si ahora a mí no me atiendes,—es por que estás ofuscado.»

---

[40] Prepara el juglar el episodio en que ha de darse a conocer su héroe, y para ello dice cómo todo el reino estaba en paz, a fin de que resalte más el hecho familiar que provoca tal aparición del personaje. Este episodio novelesco entre dos familias señoriales está desarrollado con todo detalle en el cantar, para terminar con el singular desafío de Rodrigo y el conde de Gormaz, que muere a las manos noveles del hijo de Diego Laínez. De esta lucha de dos familias, provocada por una causa cualquiera, arranca todo un episodio dramático que ha de ser, después, de donde arranque el conflicto dramático entre el Cid y Jimena, a quien conoce Rodrigo a raíz de este episodio, enteramente novelesco. Sobre la causa de la muerte que dio el Cid al conde Don Gómez, nada dicen las crónicas en prosa, que sólo consignan que hubo entre ellos una pendencia, motivo de desafío. Posteriormente los romances y juego los dramaturgos de da Edad de Oro, han hecho de este lance un relato novelesco muy popular, de donde provienen los amores de Cid y Jimena. A este episodio novelesco le fueron añadiendo, después, características y pormenores que fueron desfigurando el hecho. Todas estas añadiduras son ficciones modernas no anteriores al siglo XVI, ya que no hay rastro da ellas en los documentos más antiguos. Los romances sobre este desafío—que llegaron a ser numerosos—cambian las circunstancias, así como el nombre de conde que, por calificarse en el cantar de *lozano*, le dan este calificativo como nombre propio, olvidando el suyo que, según el cantar, es el de Don Gómez. Respecto a la figura histórica de Jimena, la auténtica esposa del Cid, véase más adelante. Los romances sobre este episodio, por ser el más novelesco y apasionante, son muchos y variados, aun entre los dos de la última época.

(40 bis) *Andamio*, uso y facultad de poder andar por las tierras.

[41] Aquí pone el juglar en boca del antiguo conde de Gormaz esta imprecación como una injuria para motejarle de plebeyo. Ya se ha visto que Laín Calvo no lo fue, sino de noble familia, pues que los alcaldes de Castilla se elegían entre gente hidalga o de acomodada clase media. Laín Calvo y su familia poseían territorios y bienes, y emparentados estaban con nobles, como se ha consignado más arriba, deliberadamente, por el juglar.

Dijo don Pedro Ruy Laínez,—que señor era de Faro:
«Ciento para ciento somos,—lucharemos igualados.»
Se otorgan los homenajes—y queda fijado el plazo;
devuelven las lavanderas—y devuelven los vasallos,
mas el ganado no tornan—por lo que el conde ha apresado.
A los nueve días justos,—de prisa van cabalgando.
Rodrigo, hijo de Diego—y nieto de Laín Calvo.

CANTAR SEGUNDO

HAZAÑAS DE RODRIGO

6

PRIMER HECHO DE ARMAS DE RODRIGO.— PROSÍGUESE EL RELATO DE LA ASCENDENCIA DEL HÉROE, QUE CUENTA DOCE AÑOS, Y LUCHA, AUNQUE ES NOVEL, CON DENUEDO.— LOS PRIMEROS GOLPES SON DEL CONDE DE GORMAZ Y DE RODRIGO.

Y nieto del conde Nuño—Álvarez de Amaya, y por
línea materna bisnieto—también del rey de León.
Doce años tiene en cuenta,—que trece no cuenta, no.
Aunque nunca en lid estuvo,—la ansiaba su corazón;
se contó en los lidiadores,—que quisiera el padre o no.
Los primeros golpes, suyos—y del conde Gómez son.

7

RODRIGO MATA AL CONDE DE GORMAZ.— RELATO DE LA LID EN QUE RODRIGO VENCE AL CONDE DE GORMAZ.— APRESA A LOS HIJOS DEL CONDE Y LOS LLEVA A VIVAR.— LAS TRES HIJAS DEL CONDE SE CONTRISTAN AL SABER LA SUERTE DE SUS HERMANOS Y LA MUERTE DE SU PADRE.— EN VIVAR PIDEN JUSTICIA A DIEGO LAÍNEZ, QUIEN SE DISCULPA.— RODRIGO SE JUSTIFICA Y MANDA LIBERTAR A SUS HERMANOS, QUIENES ACUSAN A RODRIGO DE NO HABER CUMPLIDO LOS PLAZOS ACORDADOS.— JIMENA ACUDE AL REY PARA QUERELLARSE DE LO SUCEDIDO.— EL REY, PESAROSO, TEME SE SUBLEVEN LOS CASTELLANOS Y OFRECE HACER JUSTICIA A JIMENA.— ÉSTA PIDE AL REY LE DÉ A RODRIGO POR ESPOSO.

Paradas están las haces—y comienzan a lidiar[42].

---

[42] Las «haces» eran como filas, tropa de caballeros tendidos en línea, para las batallas o las lides. Antes de comenzar unas u otras se preparaban estas haces pacíficamente para comenzar el ataque. En el manuscrito del cantal dice—por

Rodrigo dio muerte al conde—no lo pudo retardar.
Cuando los ciento llegaron,—comenzaron a luchar,
y en pos de ellos va Rodrigo,—sin dejarlos descansar.
Tomó a los hijos del conde,—tomolos a su pesar,
a Fernán Gómez y Alfonso,—y llevolos a Vivar.
Tres hijas tenía el conde,—y eran las tres por casar:
La una era Elvira Gómez,—Aldonza, la otra, y la
más pequeña era Jimena—Gómez, que llorando están
al saber que sus hermanos—prisioneros eran ya
y que el padre, ya vencido,—en el campo muerto esté.
Paños enlutados visten—y velos, con gran pasar[43],
velos de luto que, luego,—de gozo se han de tornar.
Gormaz dejan, y en destierro—encamínanse a Vivar.
Al verlas llegar don Diego,—a recibirlas se va:
«¿Dónde van estas hermanas—que algo me han de demandar?»
«Deciros somos, señor,—no lo podemos negar[44],
del conde de Gormaz hijas—a quien mandasteis matar.
Nuestros hermanos, vencidos,—prisioneros, aquí están.
Nosotras somos mujeres,—nadie nos amparará.»
Entonces dijo don Diego:—«A mí no me hais de culpar;
preguntádselo a Rodrigo,.—y él os podrá contestar.
Os juro por Jesucristo—que esta muerte no hice dar.»

---

equivocación, sin duda, del copista—las «bases», pero otras veces dice «haces». Respecto al cautiverio de los hijos del conde nada dicen las crónicas, que —como hemos dicho—no pormenorizan en nada este lance caballeresco.

[43] La costumbre de usar prendas de vestir negras en señal de luto en España data del siglo XII. Este dato indujo a Dozy para conjeturar que el cantar fue compuesto, en su redacción primitiva, en este siglo o a principios del siguiente, teniendo en cuenta que los juglares medievales solían consignar las costumbres de los tiempos en que escribieron con preferencia a las de los tiempos de que trataban en sus narraciones. Es un argumento, sin duda, pero está plenamente demostrado con otros datos de mayor peso que el cantar es de últimos del siglo XIV, o tal vez de principios del XV. Al describir el juglar los lutos lo hace sin duda para preparar ya el contraste con la alegría que estos lutos han de anunciar, como es el siguiente matrimonio de Rodrigo con Jimena.

[44] Este cuadro familiar patriarcal de las hijas que interceden por sus hermanes, llorando al padre muerto, es muy interesante—como observa Durán—. En él se ve el estado de ánimo de cada personaje: las mujeres, afligidas, y los hombres, altivos, a pesar de estar vencidos. Diego Laínez remite las damas a su hijo, disculpándole, pero honrándole así como vencedor. El Cid se porta generoso con las suplicantes, aun sin ceder su derecho, de victoria, pero condescendiendo por delicadeza hacia las damas.

Cuando oyó Rodrigo esto,—así comenzara a hablar:
«Mal habéis hecho, señor,—negando así la verdad;
que yo seré vuestro hijo,—de mi madre natural,
mas reparad ante el mundo,—mi señor, por caridad.
No tienen culpa las hijas—de la culpa paternal;
entregadles sus hermanos,—que muy menester los han.
Con estas damas, mesura—en todo debéis guardar.»
Entonces dijo don Diego:—«Hijo, mandádselos dar.»
Libertan a los hermanos—y a las damas se los dan.
Cuando ellos se ven libres,—así comienzan a hablar:
«Quince días se os pusieron—de plazo para lidiar,
y nos traéis prisioneros—a este pueblo de Vivar.»
Entonces Jimena Gómez,—la menor, así fue a hablar:
«Mesura, mesura, hermanos,—por amor de caridad.
Al rey Fernando, en Zamora.,—ireme yo a querellar,
y aún habéis de estar más libres—porque el derecho os dará.»
Cabalgó Jimena Gómez,—con ella tres damas van
y otros escuderos que—a las damas guardarán.
Llegan a Zamora donde—la corte del rey está,
y llorando de sus ojos,—al rey le pide piedad:
«Rey, dama soy lacerada,—a quien debéis amparar,
huerfanilla tan pequeña—soy del conde de Gormaz.
El hijo de Diego Laínez—me causó el más grande mal:
aprisionó a mis hermanos,—tras a mi padre matar.
A vos, que sois mi rey, vengo—con dolor a querellar.
Señor, por merced, os pido—mi derecho ejercitar.»
Mucho al rey pesó lo oído,—y así comenzara a hablar:
«En grande cuita están mis reinos,—Castilla alzándose está;
si se alzan los castellanos,—me habrán de hacer mucho mal.»
Cuando esto escuchó Jimena,—las manos le fue a besar:
«Merced, dijo, rey Fernando,—no habréis de tenerlo a mal.
Se ha de sosegar Castilla.—y los reinos otro tal.
Dadme da esposo a Rodrigo—que a mi padre fue a matar.»[45]

---

[45] Parece ser que al fin Jimena pide al rey la despose con Rodrigo, no porque le ame, sino por evitar al rey el quebranto de Castilla, que el rey teme se subleve, esto es: busca en su matrimonio un motivo diplomático de apaciguamiento de los reinos. No es éste el móvil de la petición de Jimena en los romances del XVI, que sobre este asunto corrieron tan abundantes por tierras españolas; en ellos Jimena pida a

8

EL REY ENVÍA A LLAMAR A RODRIGO.—EL CONDE DON OSORIO, AYO DEL REY, LE ACONSEJA LLAME A RODRIGO PARA ENTREGARLE A JIMENA.—UN MENSAJERO REAL LLEVA EL ENCARGO A DIEGO LAÍNEZ Y RODRIGO DE QUE SE PRESENTEN EN LA CORTE.—DIEGO LAÍNEZ DESCONFÍA DE LA INTENCIÓN DEL REY.

Cuando esto oyó el conde Osario,—ayo del rey don Fernando,
por la mano tomó al rey—y aparte así le va hablando:
«Señor, ¿decid qué os parece—este don que ha demandado?[46]
Mucho agradecer debéis—al padre sacrificado
Mandad que venga Rodrigo—y su padre a vuestro lado.»
Aprisa escriben las cartas—con la orden de llamarlos
y danlas al mensajero,—para cumplir lo ordenado.
Cuando éste llega a Vivar,—dan Diego está descansando.
Dice: «Me humillo, señor;—yo os traigo el real encargo
de que a vos y a vuestro hijo—os aguarda don Fernando.
Ved aquí sus regias cartas—que, firmadas, aquí traigo,
y, si Dios quiere, Rodrigo—así ha de ser encumbrado.»
Don Diego miró las cartas—y el color se le ha mudado;
sospecha que por la muerte—del conde ha de ser culpado.

Rodrigo porque le ama simplemente Así lo observa Dozy. Véanse más adelante las circunstancias de este singular casamiento.

[46] Este conde Osorio es tío del rey por estar casado con una hermana de su madre, según se dijo más arriba. Aquí se dice que es ayo del monarca y como tal le acompaña y aconseja con prudentes advertencias. Comienza aquí el juglar a ir separando a Rodrigo del rey, al que, más adelante, tratará con altanería rayana, en momentos, a grados inconcebibles en aquella sociedad medieval, en contra de los documentos de la época en los que Rodrigo es siempre fiel vasallo, y como en el *Poema de Mío Cid* se ha de comportar en todo momento.

9

DIEGO LAÍNEZ Y SU HIJO VAN A LA CORTE.—DIEGO RECELA DE LAS CARTAS REALES, TEMIENDO UNA EMBOSCADA. MAS ACONSEJA A SERVIR AL REY CON LEALTAD.—PIDE A RODRIGO VAYA A BUSCAR AUXILIO DE SUS HERMANOS, MIENTRAS ÉL SE DIRIGE A LA CORTE. RODRIGO DESEA CORRER LA SUERTE DE SU PADRE.—CAMINAN HACIA ZAMORA.—A LA ENTRADA DE LA CORTE, RODRIGO ARENGA A LOS SUYOS PARA QUE DEFIENDAN A SU PADRE CONTRA LAS POSIBLES ASECHANZAS DEL REY.

«Oídme, dijo, hijo mío,—venid aquí y reparad;
témome que aquestas cartas—cubran una falsedad;
suelen con esto los reyes—sus maldades ocultar.
Al rey al que vos sirviereis,—servidlo sin falsedad,
pero guardaros de él,—cual de enemigo mortal.
Hijo, pasaréis por Faro,—donde vuestro tío está,
y yo iré a la corte en donde—el rey nos espera ya;
y si por ventura el rey—ordenárame matar,
vos, hijo, con vuestros tíos—juntos, me podréis vengar.»
Entonces dijo Rodrigo:—«Eso no será verdad,
por lo que pasaréis, padre—por eso quiero pasar;
a pesar de ser mi padre,—ahora os quiero aconsejar.
A trescientos caballeros,—con vos habéis de llevar
y a la entrada de Zamora—me los podréis entregar.»
Entonces dijo don Diego:—«Pues comencemos a andar.»
Comienzan a andar camino,—hacia Zamora se van.
A la entrada de Zamora,—allí donde el Duero está,
armáronse los trescientos;—con ellos Rodrigo va;
y al verlos, todos armados,—así les comienza a hablar:
«Oídme, amigos, parientes,—que a mi padre acompañáis,
guardad a vuestro señor—sin engaño ni maldad;
si vierais que el mensajero—lo prendiese, lo matad.
Tan negro día el rey tenga—cual los que con él están,
que no podéis ser traidores—porque al señor defendáis;

que no somos sus vasallos—ni Dios lo permitirá[47]
que el matase a mi padre,—más traidor el rey será.»

10

CASAMIENTO DE RODRIGO CON JIMENA GÓMEZ Y NUEVAS HAZAÑAS
DEL HÉROE CASTELLANO.—TERMINA EL PARLAMENTO DE RODRIGO.
LA OPINIÓN GENERAL DE LOS CORTESANOS APRUEBA SU CONDUCTA.—
RECIBIMIENTO DEL REY A DIEGO LAÍNEZ Y SU HIJO.—RODRIGO NO
BESA LA MANO AL REY Y ÉSTE MANDA SALIR A JIMENA, QUE MIRA A
RODRIGO.—DESPOSORIOS ANTE EL REY.—RODRIGO LA ACEPTA Y
PONE LA CONDICIÓN DE NO RENDIR SU VASALLAJE Y NO CONSUMAR SU
MATRIMONIO HASTA NO HABER VENCIDO EN CINCO LIDES.—EL REY SE
MARAVILLA DE LA ALTIVEZ DE RODRIGO.—EL CONDE DON OSORIO
EXPONE LA COYUNTURA DE PODER PROBAR LAS CONDICIONES DE
RODRIGO.—DIEGO LAÍNEZ Y SU HIJO SE DESPIDEN DE LA CORTE PARA
VIVAR Y SAN PEDRO DE CARDEÑA—LLEGA EL REY MORO BURGOS DE
AYLLÓN Y ES ACOGIDO POR LOS ARRAYACES DE SEPÚLVEDA Y
OLMEDO.—LOS MOROS, EN NÚMERO DE CINCO MIL, SE EXTIENDEN EN
SUS CORRERÍAS POR CASTILLA HASTA BILSORADO COMETIENDO
TROPELÍAS.—RODRIGO, ENTERADO, SALE A LUCHAR CON LOS MOROS
A TODA PRISA.—EN NAVA DEL GRILLO LES DA ALCANCE,
VENCIÉNDOLOS Y HACIENDO CAUTIVOS Y GRAN BOTÍN.—VICTORIA DE
RODRIGO.—SE REPITE LA LUCHA EN FUENTIDUEÑA, EN DONDE MATA A
DOS ARRAYACES.— LLEGAN MENSAJES A ZAMORA Y EL REY QUEDA
SATISFECHO.— EL REY VA A VER A RODRIGO Y LE RECIBE CONTENTO
DE LA VICTORIA.—LE PERDONA Y LE PIDE EL QUINTO DEL BOTÍN,
SEGÚN LEY. RODRIGO SE LO NIEGA, Y HASTA UN MORO CAUTIVO.—

---

[47] Le, arenga del Cid, tan llena de prudencia como de amor paternal, encubre un
rencor contra el rey, que el juglar se cuida de ir manteniendo a lo largo de todo el
cantar, a fin de exaltar la figura del héroe por encima de la del propio monarca. Pero
por aquí comienza el camino por el que el juglar ha de seguir hasta conseguir falsear
por completo la psicología del Cid, tan distinta en este cantar a como nos la muestra
el viejo poema, primitivo. siempre respetuoso con el rey por el solo hecho de serlo, y
a pesar de la injusta conducta del soberano para su fiel vasallo. En este pasaje, toma
el Cid el carácter de señor feudal, según observa Durán, que no ha reconocido su
vasallaje al rey de Castilla, por lo cual no constituía felonía hacerle guerra al que no le
ligaba juramento de vasallaje. Este carácter altivo con el rey ha de pasar, con gran
suerte, a los romances posteriores.

ARENGA A LOS MOROS CAUTIVOS Y DA LA LIBERTAD AL REY MORO PRISIONERO. ÉSTE DA LAS GRACIAS A RODRIGO, RINDIÉNDOLE VASALLAJE Y PROMETIÉNDOLE PARIAS EN TIEMPO CONVENIDO.—EL CONDE MARTÍN GONZÁLEZ, DE NAVARRA MARCHA A LA CORTE PARA DENUNCIAR A SU REY QUE CALAHORRA Y TUDELA SE HACEN TRIBUTARIAS DE CASTILLA.—PIDE CARTAS A SU REY PARA DESAFIAR AL REY FERNANDO, EN NOMBRE DEL DE NAVARRA.—LLEGA A ZAMORA Y SE PRESENTA AL REY PARA ENTABLAR EL DESAFÍO.—EL DE CASTILLA LAMENTA LA CONDUCTA DEL ARAGONÉS, A QUIEN CONSIDERA VASALLO.—RODRIGO LLEGA A ZAMORA A LOS TRES DÍAS Y, TRAS DE ENTERARSE DEL RETO DEL REY DE ARAGÓN, SE OFRECE A SER EL PALADÍN POR CASTILLA, PIDIENDO ANTES ACUDIR A SANTIAGO EN ROMERÍA, SEGÚN TIENE PROMETIDO.—ACEPTA EL REY Y AJUSTAN LAS CONDICIONES DE LA LID POR AMBAS PARTES.—RODRIGO EMPRENDE EL CAMINO, Y DE REGRESO PREGUNTA A LA CONDESA TERESA NÚÑEZ LOS DÍAS PASADOS DESDE LA ROMERÍA.—ARENGA A SUS CABALLEROS PARA LLEGAR PRONTO A LA CORTE. POR LO APREMIANTE DEL PLAZO.—DURANTE EL REGRESO SE APARECE A RODRIGO SAN LÁZARO, EN FIGURA DE MENDIGO LEPROSO, QUIEN LE VATICINA EL ÉXITO EN TODAS CUANTAS EMPRESAS GUERRERAS EMPRENDA.—EN CALAHORRA ESTÁN LOS REYES DE ARAGÓN Y CASTILLA CON ORDOÑO DE NAVARRA.—LLEGA EL DÍA DEL PLAZO Y NO ACUDE RODRIGO.—EL REY FERNANDO PIDE A DIEGO LAÍNEZ QUE LUCHE EN LUGAR DE SU HIJO, PERO ÉSTE LLEGA A TIEMPO, ALEGANDO QUE NO ACABA EL PLAZO HASTA LA PUESTA DEL SOL.—EL REY ARMA A RODRIGO, Y ÉSTE PIDE AL REY SOPA DE VINO Y SIENTE LA CALENTURA MILAGROSA QUE LE PROFETIZÓ SAN LÁZARO.—SE HACEN LOS PREPARATIVOS DE LA LID.—SE ACOMETEN LOS PALADINES Y EL NAVARRO YERRA EL GOLPE.—RODRIGO VENCE A SU ADVERSARIO, GANANDO CALAHORRA PARA CASTILLA.—LOS REYEZUELOS MOROS SIGUEN SUS CORRERÍAS POR TIERRAS CASTELLANAS.—ENTERADO RODRIGO POR EL REY MORO BURGOS, SALE DE PRISA PARA ZAMORA A COMBATIR A LOS MOROS LEVANTISCOS.—SE ENCUENTRA CON EL REY, AL QUE NO QUIERE RECONOCER POR NO HABER SIDO ARMADO CABALLERO.—AMBOS SALEN CAMINO DE SANTIAGO Y RODRIGO SE DESPIDE EN MONTE IRALGO, PARA CUMPLIR SU COMETIDO.—EN VIVAR REÚNE A SUS PARIENTES Y SE DISPONE A LA LUCHA CONTRA LOS CINCO REYES MOROS.—EN ELLA MUEREN CUATRO HIJOS DE LAÍN CALVO.— LOS MOROS PIDEN TREGUA Y RODRIGO NO LA CONCEDE.

«Por matar a mi enemigo—en buena lid, en el campo
me inculparon de la corte;—donde está el rey don Fernando.»

La razón le dan de que—matara al conde lozano[48].
Cuando Rodrigo se vuelve,—todos le estaban llorando.
Tenían grande pesar—y tenían grande espanto.
Cuando llegó Diego Laínez,—al rey fue a besar la mano[49].
Cuando esto vio Rodrigo,—no quiso hacer otro tanto.
Rodrigo se hincó de hinojos,—mas no le besó la mano,
espada larga traía,—y de esto el rey se ha asustado,
diciéndole, a grandes voces:—«Echad allá ese diablo.»
Entonces dijo Rodrigo:—«Estimara más un clavo
que vos seáis mi señor—y que sea yo el vasallo;
porque os la besó mi padre—me creo yo mancillado.»
En esto, le dijo el rey—al conde Osorio, su ayo:
«Entregadme esa doncella—para este doncel lozano.»
Aun no lo creyó don Diego,—que tanto era su espanto.
Salió entonces la doncella,—el conde le da la mano.
Ella, tendiendo los ojos,—queda a Rodrigo mirando.
Dijo: «Señor, muchas gracias—éste es el que demando.»
Desposose allí Jimena—con Rodrigo el castellano,
y contra el rey de Castilla,—Rodrigo respondió, airado:[50]

---

[48] A pesar de que el cantar da el nombre de Don Gómez al conde de Gormaz—
lo que no se encuentra en crónica alguna—, suele calificarle, casi siempre, con el
adjetivo de *lozano*. Los romances que de este cantar se derivan, a fuerza de llamarle
así. han conseguido transformar este calificativo en nombre propio, resultando que el
conde ha pasado a la literatura posterior romancesca como *Conde Lozano*. La muerte
de este conde «lozano» ha dado lugar a numerosos romances viejos que dan
detalles—más o menos verosímiles—de este personaje cidiano. que se desorbita
hasta el punto de decirse en algún romance que Rodrigo corta la cabeza al conde
para presentársela a su padre.

[49] Diego Laínez accede a la llamada del rey como obligado que estaba a ello,
aunque con recelo de la intención del soberano. Rodrigo le acompaña, custodiados
ambos por trescientos caballeros. Al llegar. Diego va a besar la mano del rey en signo
de vasallaje, pero Rodrigo no quiere hacer otro tanto, atendiendo al espíritu rebelde
que el juglar ha venido creando en su héroe. Se arrodilla, pero no besa la mano del
rey, que se asusta de la espada con que se presenta ante la corte. Pero el rey parece
oír sin alterarse las audacias del joven guerrero y procede a la presentación de la
doncella con la que le quiere casar. Este episodio de la llegada de Diego Laínez y su
hijo a la corte dio origen a uno de los más antiguos romances, el que comienza
«Cabalga Diego Laínez», en el que mejor se puede ver cómo nacen los romances
derivados de las gestas primitivas.

[50] Este casamiento, que el rey Fernando celebra en su misma cámara real, es del
todo arbitrario y sin más fundamento que el capricho del juglar, a quien conviene que

«Señor, vos me desposáis—más a mi pesar que a grado,
mas prometo a Jesucristo—el no besaros la mano
y no juntarme con ella,—ni por yermo ni poblado
hasta vencer cinco lides—honradamente, en el campo.»[51].
Cuando esto oyó el rey,—quedose maravillado,
diciendo: «Más que de hombre,—es figura de diablo.»
Dijo el conde don Osorio:—«Pronto podréis demostrarlo.
Por Castilla van los moros,—nadie se atreve a atacarlos,
y veremos si es de veras.—lo que ahora dice jactando.»[52]
Padre e hijo se despiden—para regresar entrambos,
y luego para Vivar—y Sam Pedro se marcharon
en donde pasar habían—lo que resta del verano.
Allí acudió el moro Burgos—del Ayllón, va muy lozano,
y el arrayaz de Sepúlveda,—Bulcor, bien le hubo honrado,
y Tosios el arrayaz—de Olmedo, que era su hermano;
entre todos eran cinco—mil los moros de a caballo

---

así sea para que Rodrigo diga algunas insolencias más al rey, contrastando con la buena intención del soberano y el amor de Jimena. Aquí—contra lo que dicen las crónicas y romances—Rodrigo acepta a su esposa contra su voluntad y como imposición del monarca. Si históricamente Rodrigo Díaz fue casado con Jimena no se llevó este matrimonio del modo que aquí se consigna, sino de manera distinta. Jimena Díaz—y no Gómez como dice el cantar—fue casada con autorización y por consejo del rey, pero no Fernando, sino Alfonso VI, y la novia no fue hija de ningún «conde Lozano», sino del conde de Oviedo y sobrina del mismo monarca, que la casó con el Campeador, dándole pruebas así de su regia estima. Los romances que sobre esta boda corrieron por Castilla tienen su origen en este *Cantar de Rodrigo* y son varios, diferentes y hasta pintorescos.

[51] Esta altivez de Rodrigo persiste a lo largo de toda la escena Acepta el casamiento porque no puede evitar la voluntad real. pero hace constar que no es a su gusto y, a su vez, impone condiciones por su parte, unas de tipo cortesano y otras particulares. En, el *Poema de Mío Cid* recuérdese que acepta también el casamiento de sus hijas con los condes de Carrión únicamente porque es imposición del rey, mas no por propia voluntad. Según la *Crónica General,* el Cid vence a cinco reyes moros antes de desposarse. La *Crónica particular del Cid* refiere que Rodrigo llevó a su esposa, a su país, pero juró no consumar el matrimonio en tanto no se hiciese digno de ello venciendo en cinco lides contra los moros El cantar coincide con esta Crónica, pero aquí parece que lo promete iracundo para vengarse de la violencia con que se le obligó a casarse.

[52] De la lectura de esto se desprende que el conde Osorio—contrariado por la actitud de Rodrigo—aconseja al rey le anime a luchar contra los moros que invaden Castilla, abandonándole a sus propias fuerzas, para ver si era capaz de cumplir su jactanciosa promesa. Este detalle no consta en ninguna crónica.

que recorrieron Castilla,—llegando hasta Bilsorado,
incendiando Redezilla—y Grañón de cabo a cabo.
La nueva llega a Rodrigo—cuando estaba descansando;
y orden dio de que a su padre—no fueran a despertarlo.
Visten aprisa las armas,—y a cabalgar comenzaron;
los trescientos caballeros—del padre, le van guardando
y otras gentes de Castilla—que se les iban juntando.
Saqueando van los moros—la tierra, haciendo gran daño,
llevando, grande riqueza—con el robo del ganado
y los cristianos cautivos—que apresaron. ¡Mal diablo!
Junto a la Nava del Grillo—donde está Lerma asentado,
alcance les dio Rodrigo,—de sus fuerzas rodeado.
Siguiolos hasta su alcance,—luchó con los mahometanos,
pero no luchó con los—que llevaban el ganado;
a los unos los mató—y a los otros fue apresando.
Por los campos de Gomiel—fueron, y a Yoda llegaron,
donde iban conduciendo—el botín ya conquistado.
Allí guerreó Rodrigo—con buena lid en el campo,
todo un día y una noche,—y hasta otro día mediado
continuó la batalla,—en un combate empeñado.
Rodrigo venció en la lid—¡Así, Dios sea loado!
Hasta la Peña Falcón,—do está Peñafiel nombrado,
las aguas del río Duero—la batalla iba enturbiando.
Volvió a repetirse el choque—en Fuentidueña llegando.
Mató Rodrigo a los dos—arrayaces mahometanos,
capturando prisionero—al moro Burgos lozano[53]
y hasta Tudela del Duero—llegó el botín alcanzado,
los cautivos y cautivas—se los llevó el castellano.

---

[53] Esta invasión de los moros levantiscos que recorren las tierras de Castilla la prepara el juglar para dar pie a que Rodrigo comience sus batallas con los moros, reyezuelos de varios lugares castellanos. Entre ellos se destaca el moro Burgos de Ayllón. de cuya existencia nada se lee en las crónicas. Este personaje ha de desempeñar un papel en el cantar Después de ser vencido por Rodrigo se le da la libertad y se le devuelven sus tierras quedando amigo y aliado del Cid a quien auxilia en los momentos más arriesgados, y en la paz le ofrece su vasallaje, prometiéndole parlas. No podemos asegurar que tenga realidad histórica este personaje, y bien puede ser el símbolo de los cinco reyes moros vencidos que acaban por dar vasallaje a Rodrigo a quien llaman en lo sucesivos *Cid*, esto es, *Señor* (de *sidi*, señor en árabe). La figura literaria de este moro Burgos recuerda la del reyezuelo moro de Molina. Abengalbón, en el *Poema de Mío Cid*.

Mensaje llega a Zamora—donde estaba el rey Fernando,
cuando lo supo el monarca,—quedó contento y pagado.
¡Ay Dios, qué grande alegría—tenía el rey castellano!
Cabalgó el buen rey con muchos—caballeros hijosdalgo
hacia Tudela del Duero,—donde pacía el ganado;
Rodrigo cuando los vio,—a recibirlo fue rápido:
«Mirad lo que traigo, rey,—aun sin ser vuestro vasallo[54].
De la lides prometidas—al haberme desposado,
he vencido la primera;—yo miraré por las cuatro.»[55]
Entonces dijo el buen, rey:—«Por esto te he perdonado,
con tal que me des el quinto—de cuanto aquí hayas ganado.»[56]
Entonces dijo Rodrigo:—«Eso tendré que pensarlo,
que he de darlo a aquellos que—conmigo lo han alcanzado;
lo suyo daré a los diezmos—por no incurrir en pecado;
de mi parte, he de pagar—a aquellos que me guardaron.»
Entonces, respondió al rey:—«Dadme ese moro lozano.»
Rodrigo repuso entonces:—«Eso ni podré pensarlo,
ni aun por cuanto valgo yo,—que costumbre es entre hidalgos
que si alguien se tome en rehenes—no se pueda deshonrarlo.
Además, no os daré el quinto,—porque en dinero contado
a los míos lo daré,—que asaz que se lo ganaron.»
Despidiéronse del rey—y besándole la mano.
Son trescientos caballeros—los que hubiéronse juntado.
Cuando aquesto vio Rodrigo,—a los moros se fue rápido:
«Oídme, rey moro Burgos—de Ayllón, el muy lozano,
yo no os apresara, rey—ni en ello hubiera pensado,

---

[54] Las victorias de Rodrigo llenan de contento al rey, que acude a ver al héroe, dispensándole este honor, pero el juglar, atento siempre a que su héroe se sobreponga moralmente a su monarca, hace que el Cid le recuerde en esta ocasión, con la altivez de siempre, que todavía no es su vasallo. Estas victorias contra los moros fueron luego cantadas en romances que debieron derivar de esta gesta.

[55] Según esta expresión, Rodrigo considera esta victoria contra Burgos como la primera de las cinco que ofrecía alcanzar en sus condiciones matrimoniales

[56] El rey pide aquí el *quinto*, o sea el botín, que correspondía al jefe que dirigía la operación militar, según costumbre tomada de los árabes. Recuérdese que en el *Poema de Mío Cid* es siempre Rodrigo quien espontáneamente envía al rey parte de este quinto. En este cantar el juglar con su propósito de exagerar la figura de su héroe, dice que se niega a dar al rey lo que pide, demostrando una altivez desorbitada al negar hasta lo que los soberanos tenían derecho legalmente, así como a entregar en rehenes al moro vencido.

pero rogué que vinieseis—y me seguisteis de grado.
Idos, pues, a vuestro reino—como estáis, seguro y salvo,
y no tengáis en la vida—miedo a moro ni a cristiano.
Cuanto tenían los reyes—que maté, vos heredadlo,
si os quieren abrir las villas,—si no, enviadme recado
y haré que a la fuerza os abran—si no quisieran de grado.»
Cuando esto vio el moro Burgos—de Ayllón, quedó muy pagado
De hinojos ante Rodrigo—cayó y le besó la mano:
«A ti llamo mi señor—y de ti me hago vasallo;
de mi haber te doy el quinto—y las parias cada año.»
Alegre el moro se va,—y alegre va el castellano.
Parias le envió el rey moro—Burgos de Ayllón muy lozano,
suficientes para hacerle—rico, sólo en cuatro años.
Súpolo el conde Martín—González, el fiel navarro,
y cabalgó hacia la corte—tan pronto se hubo enterado,
al rey, diciendo: «Señor,—pésete, rey, de tu daño;
que Calahorra y Tudela—te ha forzado el rey Fernando[57].
Señor, dadme vuestras cartas—y yo iré a desafiarlo.
Seré vuestro justador—y a combatirlo iré rápido.»
Entonces, respondió el rey:—«Lo que pides te he otorgado.»
Las cartas le dan al conde—y su marcha ha comenzado.
Tan pronto llega a Zamora,—va a buscar al rey Fernando.
Entrado que hubo en la corte,—al rey le besa la mano,
diciendo: «Rey poderoso,—lo que digo hais de escucharlo.
Al mensajero que llega—nadie debe hacerle daño.
El rey de Aragón me envía,—señor, a desafiaros.
Ved aquí sus cartas regias—por las que me ha designado.
Si no, nombrad justador—en todo vuestro reinado;
yo por el rey de Aragón—lidiaré como vasallo.»
Cuando aquesto escucho el rey—húbose en pie levantado
y dijo: «Pesar debía—a Dios y a todo el reinado
esta conducta del rey—que debía ser vasallo.

---

[57] Este hecho que narra el cantar concuerda bastante—aunque por circunstancias distintas—con la realidad histórica. Fernando I de Castilla disputó a Ramiro de Aragón la villa de Calahorra, cuya posesión ocasiona el duelo entre el Cid y Martín González. Así lo canta el romance popular, en el que Rodrigo es paladín por Castilla y Martín González por Aragón, venciendo Rodrigo y quedando Calahorra para Castilla. Nada dice el romance de Tudela, que en la gesta va unida a la suerte de Calahorra.

¿Quién hubo de aconsejarle? — ¿Cómo de ello será osado?
¿Quién de mi reino ha de ser, — pariente, amigo o vasallo,
que por mí quiera lidiar — en este reto lanzado?
Rodrigo, al contar tres días, — hubo a Zamora llegado.
Vio al rey que estaba muy triste; — ante él se ha presentado;
sonriéndose llegaba — y de su boca iba hablando:
«Rey de Castilla y León — no ha de estar desconsolado.
Rey, ¿quién, os dio este pesar — y como fue de ello osado?
Preso o muerto ha de quedar, — no escapará de mi mano.»
Entonces, repuso el rey: — «Seas bienaventurado.
Mucho le agradezco a Dios — el que tú hayas llegado.
A ti te cuento la cuita — de la que ahora soy cuitado;
El rey de Aragón me reta — sin haberle provocado,
pidiéndome Calahorra. — si no se la doy de grado
o designe justador — entre todo mi reinado.
En mi corte, querelleme — a todos los hijosdalgo,
y en toda mi corte, ni uno — ha salido voluntario.
Respóndele tú, Rodrigo: — mi pariente y mi vasallo,
hijo de Diego Laínez — y nieto de Laín Calvo.»
Entonces dijo Rodrigo: — «Señor, me place de grado.
Pero el plazo que le deis — que pueda ser ampliado;
que en romería he de ir — a nuestro patrón Santiago
y a Santa María de — Rocamador lo he ofrendado.»
Entonces, respondió el rey: — «Treinta días es buen plazo.»
El conde, con alegría, — en pie húbose levantado,
y dijo: Rey treinta días — creo es suficiente plazo,
que con Rodrigo lidiar — estimo más que un condado.»
Entonces, dijo Rodrigo: — ¿Por qué, conde, os quejáis tanto?
Que al que los diablos lleven — corto plazo es hasta mayo.»
Así, entonces, dijo el rey: — «Marchad bienaventurado.»
Rodrigo tomó el camino — con pesar y de mal grado,
marchando hacia Benavente, — como en romance es llamado[58]
pasó luego por Astorga, — llegando hasta Monte Iraglo[59].

---

[58] Agustín Duran interpreta que al decir en este verso «como en romance es llamado» se quiere dar a entender que existió un romance primitivo sobre la peregrinación a Santiago de Rodrigo, y que el juglar debió conocerlo al componer su cantar, mucha parte del cual «puede considerarse como una colección de romances descompuestos y mal zurcidos».

Cumplida su romería,—por San Salvador, ha hallado
a la condesa Teresa—Núñez, y le ha preguntado:
«Decidme, señora mía,—¿cuántos días han pasado
desde que fui en romería—a visitar a Santiago?»
Y contestó la condesa:—«Veintiséis días pasaron,
y mañana veintisiete—serán por cumplir el plazo.»
Cuando esto oyó Rodrigo,—así dijo, contrariado:
«Cabalgad, mis caballeros,—no debemos retrasarlo,
que aún tenemos que servir—a nuestro rey don Fernando,
y tres días quedan sólo—para cumplirse este plazo.»
Rodrigo emprende el camino—con trescientos hijosdalgo.
Junto a Cascajar, el río—Duero hubieron vadeado.
Era un día de gran frío,—cuando el sol iba, al ocaso.
Del vado, junto a la orilla—había un enfermo gafo[60]
pidiendo, por caridad,—que le pasaran el vado.
Al verlo, los caballeros—de él se apartaban con asco.
Rodrigo le tuvo lástima,—y lo tomó por la mano.
Y bajo su capa verde—lo ayudó a pasar el vado,
sobre un mulo andador—que su padre le hubo dado.
Y se fue para Grijalba,—por donde se encuentra Cerrato,
sobre unas piedras cavadas—en que se asienta el poblado.
Bajo su capa aguadera,—Rodrigo albergó al malato,
y cuando estuvo dormido,—a la oreja le habló el gafo:
«Dormid, Rodrigo, dormid;—esto habréis de recordarlo.
Mensajero soy de Cristo—aunque aparento malato;
soy San Lázaro, y por ti—me hubo Dios enviado,
para que sople en tu espalda,—calentura en ti infiltrando;
y cuando esta calentura—en tu cuerpo hayas notado,
cuantas cosas comenzares—las acabará tu mano.»

---

[59] «Monteyraglo», como dice el cantar, debe ser Monteirago, según demuestra Dozy y acepta Durán.

[60] Comienza aquí a narrarse la piadosa leyenda de la aparición de San Lázaro, en forma de mendigo leproso, a Rodrigo. Consta en todas las crónicas, así como en los romances, y hasta supone Durán que pudiera ser anterior a la gesta por estar narrada en romances primitivos, hasta tal punto «que casi basta cortar cala pie por su cesura para que resulte íntegro el romance disfrazado». Este pesaje, por su fuerza patética, alcanzó gran popularidad, llegando su influjo hasta la literatura moderna Es de señalar que el poeta francés Julio Barbey d'Aurevilly hizo sobre este tema una narración, y el poeta hispanoamericano Rubén Darío se inspiró en este pasaje para uno de sus mejores poemas titulado *Cosas del Cid.*

Diole un soplido en la espalda—que hasta el pecho le ha pasado.
Rodrigo se despertó—y quedó maravillado;
miró en derredor de sí—mas no pudo ver al gafo.
Acordándose del sueño,—a cabalgar volvió rápido;
fuese para Calahorra,—día y noche cabalgando.
Allí estaba el rey Ramiro—de Aragón y el rey Fernando,
y allí también se encontraba don Ordoño, el rey navarro.
El día del plazo llega—y no acude el castellano[61].
Apurado estaba el rey—a Diego Laínez buscando:
«Diego Laínez, lidiad vos—y así quedará salvado
el honor de vuestro hijo,—en nombre suyo lidiando.»
Respondió Diego Laínez:—«Señor, me place de grado.»
Ármanle con grandes prisas—así como a su caballo,
y cuando a cabalgar iba,—apareció el castellano,
El rey salió a recibirle—rodeado de hijosdalgo.
Y a Rodrigo así le dice:—«¿Por qué habéis tardado tanto?»
Entonces dijo Rodrigo:—«No me sea a mí culpado,
que en tanto el sol no se ponga—no debe acabar el plazo.
Lidiaré en ese caballo—que mi padre hasta aquí trajo,
porque de tanto correr,—el mío viene cansado.»
Repuso Diego Laínez:—«Hijo, pláceme de grado.»
El rey, con grande contento,—hízole el honor de armarlo.
Rodrigo dice: «Señar,—no sea de ello culpado.»
Cabalgar quería aprisa,—no quería retrasarlo.
No sentía calentura,—como le dijo el malato,
y dijo al rey: «Señor, dadme—sopa de vino en un plato.»
Al ir a tomar la sopa—la calentura le ha dado.
En vez de tomar la sopa—tomó la rienda al caballo;
enderezó su pendón—y el escudo hubo abrazado,
encaminándose allí—en donde estaba el navarro;
éste gritaba «¡Aragón!»—y «¡Castilla!» el castellano.

---

[61] La tardanza en llegar Rodrigo la hace servir el Juglar para que su llegada se rodee de mayor expectación, y el rey una vez más se vea en trance apurado al no tener al Cid que le proteja. Las crónicas en prosa hacen constar también la tardanza de Rodrigo, por lo que tienen que preparar a otro paladín en caso de que no llegue a tiempo el Cid. Pero en las crónicas es designado como tal Alvar Núñez, primo de Rodrigo, y no su padre, como dice el cantar. La lid de Calahorra ha producido algunos romances de los más bellos en los que se narra la acción de modo parecido al de la gesta, lo que hace suponer a Durán que tal vez sea en ellos en donde el cantar se inspire.

Íbanse a dar sendos golpes,—sus caballos se encontraron.
Dijo el conde: «¿Qué caballo—has traído, castellano?»
Y Rodrigo de Vivar—díjole: «¿Quieres trocarlo?»
Cambiarlo puedes conmigo—si es que el tuyo está más flaco.»
Y el conde le respondió:—«No sería autorizado.»
Partieron el sol los jueces—como era acostumbrado;
van a darse sendos golpes—y el navarro el suyo ha errado;
mas Rodrigó no lo erró—y desmontó a su adversario,
y antes que se levantase,—bajó para degollarlo.
Así ganó Calahorra—Rodrigo, el buen castellano,
para el buen rey de Castilla—día de la Cruz de Mayo.
El rey moro que en Atienza—dominaba en su reinado[62];
Jeriás de Guadalajara,—que hubo de África llegado,
aquel moro Jeriás—Madriano afamado.
Cuando lo supo el rey Burgos—de Ayllón, el muy lozano,
marchose para Castilla,—día y noche cabalgando.
A Vivar llegaron pronto—las noticias que ha enviado,
cuando Rodrigo las supo,—se puso sobre el caballo[63],
y en un día y en una noche—a Zamora hubo llegado
al rey hizo acatamiento,—mas no le besó la mano,
dijo: «Rey, mucho me place—porque no soy tu vasallo[64]
que hasta que no te armes rey,—no debes tener reinado;
que espaldarazo no esperes—de moro ni de cristiano.
Ve a velar tus armas, pues,—en el padrón de Santiago
y ciñe tu propia espada—armándote por tu mano,
ponte tu regia armadura,—que eres el señor al cabo,
y sé tú mismo el padrino—y tú mismo el ahijado,

---

[62] Este verso, mutilado en el original, hace suponer a Durán falta algún fragmento anterior para enlazar el precedente episodio con el que aquí comienza. Como puede verse, el sentido no está completo en este verso, así como en los dos siguientes.

[63] Por los mensajes del moro aliado y vasallo Burgos de Ayllón se entera Rodrigo de las correrías de los reyezuelos árabes de Atienza y Guadalajara, lo que le hace acudir a la lucha con ellos a toda prisa.

[64] Rodrigo, que viene repitiendo que no es vasallo del rey—como hemos visto—, aquí le rinde acatamiento, poniéndose a sus órdenes, mas para besarle la mano le exige que se arme caballero a sí propio en el padrón de Santiago. En las crónicas hay algo que tiene semejanza con esto, al aconsejar al rey que, antes de tomar Coimbra, haga un peregrinaje a Compostela para armarse caballero y después de tomar la ciudad, le arme caballero a él.

y llámate caballero—del padrón de Santiago,
y así serás mi señor—y el rey de todo el reinado.»
Entonces, repuso el rey:—«En tanto que llega el caso,
no he de hacer cosa, Rodrigo,—por salir de lo mandado.»
Ambos pónense en camino;—Rodrigo va de mal grado;
pasaron por Benavente,—como en romance es llamado[65];
luego pasan por Astorga—y llegan a Monte Iraglo.
De allí se tornó Rodrigo,—porque le urgía el encargo.
Preparábanse los moros—para correr el reinado.
De noche llega Rodrigo—a Vivar, su nombre dando,
mas entenderlo no quieren—los que estaban traicionándolo.
A San Esteban don Diego—Laínez pronto ha llegado,
lo mismo que su pariente—Ruy Laínez, el de Faro,
al igual que Laín Laínez—que hubo a Treviño comprado,
y Fernando Laínez de—San Esteban, muy lozano.
El albor quebrar quería,—aún el día no era claro,
cuando asomaban los cinco—reyes moros por el llano;
por defender San Esteban,—al Duero aún no han llegado.
Rodrigo allí dirigiose,—sus gentes acaudillando;
presentáronles batalla.—Llegar querían al cuarto.
Muchas gentes se perdieron—de moros y de cristianos.
¡Malos pecados! Murieron—cuatro hijos de Laín Calvo[66],
todos buenos caballeros—que Rodrigo hubo encontrado.
Viendo el padre así a sus hijos,—la color hubo mudado.
Tregua quieren, mas Rodrigo—sigue al escudo abrazado.
Por salvar a los heridos—el padre no hubo cuidado.
Acabando así en batalla—aquel torneo empezado.
Se prepararon las filas—que en batalla se han mezclado.

---

[65] Vuelve aquí el juglar al hablar de esta romería a Santiago de cierto romance que sin duda conocía como popular sobre las romerías compostelanas, como se vio en la nota 58, lo que supone la existencia de romances anteriores a la gesta, según Durán.

[66] Consta en todas las crónicas que a esta correría contra los moros acompañaron a Rodrigo sus familiares y amigos, mas en ninguna se consigna, como aquí, que acudieran a esta empresa los cuatro hijos de Laín Calvo, el padre y los tíos del Cid.

11

SIGUE LA NARRACIÓN DE LA BATALLA.—RODRIGO INVOCA AL APÓSTOL SANTIAGO.

Rodrigo invocó a Santiago—el hijo del Zebedeo;
no fuera bueno en las armas—tanto Judas Macabeo,
ni lo fue Archil Nicanor—ni aun el rey Tolomeo.

12

PROSIGUE LA NARRACIÓN.—RODRIGO, A PESAR DSL CANSANCIO DE LAS TROPAS, SOSTIENE LA BATALLA DURANTE TRES DÍAS.

Cansados de lidiar fueron—y hartos ya de tornear,
tres sostuvo en peso—sus puestos el de Vivar.

CANTAR TERCERO

EXPEDICIÓN A FRANCIA

13

NUEVAS HAZAÑAS DE RODRIGO Y CASTIGO DE LOS CONDES TRAIDORES.—LOS MOROS, VENCIDOS, SE ENTREGAN A LAS FUERZAS DE RODRIGO EN BILSORADO.—LOS CONDES CASTELLANOS TRAICIONAN AL REY, EN TANTO RODRIGO VENCE Y MATA A VARIOS REYES MOROS CON LA AYUDA DE BURGOS DE AYLLÓN, SU VASALLO.—LOS VENCIDOS SON LLEVADOS A ZAMORA Y RODRIGO VUELVE A CASTILLA; DESTRUYE REDEZILLA Y ARRASA BILSORADO.—ATACA A GRAÑÓN, DONDE APRISIONA AL CONDE REBELDE GARCI FERNÁNDEZ A QUIEN LLEVA POR VILLAFRANCA DE MONTES DE OCA DONDE LE VE SU HERMANO EL CONDE JIMENO DE BURUEBA, A QUIEN APRISIONA EN LA IGLESIA, COGIÉNDOLE POR LA BARBA.—CON LOS CONDES PRISIONEROS, VA A CARRIÓN, CUYOS CONDES VUELVEN A LA OBEDIENCIA DEL REY, JURANDO QUE, A LOS TREINTA DÍAS, IRÁN A PRESTAR VASALLAJE AL REY FERNANDO.—RODRIGO ENCIERRA A LOS CONDES REBELDES, CON LOS MOROS VENCIDOS Y MARCHA EN BUSCA DEL REY, A QUIEN DA CUENTA, EN MORERUELA, DE LOS SUCESOS.—EL REY CONVOCA CORTES PARA QUE DICTAMINEN EL CASTIGO A LOS CONDES REBELDES, Y LAS CORTES LOS CONDENAN.—LOS HIJOS DEL CONDE DON PEDRO DEL CAMPO, AL SABER QUE RODRIGO ESTÁ AUSENTE, PENETRAN EN PALENCIA Y EXPULSAN AL PRELADO, QUE VA A QUERELLARSE AL REY, EN ZAMORA.—OCUPADO EL REY EN LA SUBLEVACIÓN DE LOS CONDES. NO PUEDE ATENDER AL OBISPO, QUIEN RECURRE A LA PROTECCIÓN PONTIFICIA.—LLEGAN EMISARIOS DE QUE EL REY DE FRANCIA Y EL EMPERADOR DE ALEMANIA, CON EL AUXILIO DEL PAPA Y DEL PATRIARCA, PIDEN A ESPAÑA TRIBUTO PERPETUO.— EL REY SE AFLIGE Y PIENSA EN SU DEFENSA, CONVOCANDO CORTES, LLAMANDO A RODRIGO Y DANDO TREGUA A LOS CONDES.—RODRIGO LLEGA A ZAMORA Y PRESENTA AL REY LOS CONDES SUBLEVADOS, PIDIENDO PERDÓN PARA ELLOS.—EL REY LOS PERDONA Y CONFÍA A RODRIGO LA DIRECCIÓN DE LA DEFENSA DE CASTILLA.—RODRIGO DA ÁNIMOS AL REY, ACONSEJÁNDOLE QUE REÚNA TODOS SUS REINOS, Y ÉL PROMETE IR HASTA PARÍS PARA VENCER A LOS ALIADOS CONTRA ESPAÑA.

Vencidos en la batalla,—con las armas se entregaron,
para seguir el consejo—que les diera el rey Fernando,
cuando los condes vendieron—traidoramente al reinado.
Rodrigo venció en la lucha,—¡por ende sea Dios loado!
Mató al rey moro Garay—de Atieza, y mató a su hermano;
mató al de Guadalajara—y apresó al Madriano,
y al que estaba en Talavera,—y a otros moros muy nombrados,

con la ayuda del rey moro—Burgos de Ayllón, el lozano,
que hace tiempo de Rodrigo—teníase por vasallo.
Llevaron los reyes moros—hacia el pueblo zamorano;
Rodrigo tornó a Castilla,—triste y apesadumbrado[67].
Toda la tierra temblaba—bajo este buen, castellano.
Fue a destruir Redecilla—y arrasar a Bilsorado,
y combatiendo a Grañón,—con su valor demostrado,
al conde Garci Fernández—lo aprisionó por su mano.
Por Villafranca de Montes—de Oca llevole atado;
viéndolo el conde Jimeno—de Burrueba, su hermano.
Cuando Rodrigo lo vio,—salió al alcance a encontrarlo,
y le encerró en Siete Barrios,—que por Briviesca es llamado.
En Santa María la Antigua—encerró al conde lozano,
de mala gana lo hizo,—que no lo hiciera de grado.
Hubo de atacar la iglesia—y en ella entró cabalgando,
y cogiolo por la barba,—tras de un altar, por su mano,
diciendo: sal, alevoso,—y ve a decir a cristianos
y a moros, cómo te atreves—contra tu señor honrado.»
Y con los dos condes presos,—Rodrigo a Carrión va andando.
Cuando el suceso supieron—los condes de aquel condado,
igual que todas las gentes—de Castilla, se alegraron;
le hicieron su juramento—y homenaje le otorgaron
de que allí a treinta días—irían al rey Fernando.
Con los presos fue Rodrigo—hacia el pueblo zamorano;
y encerrolos en prisión—con los moros, y él en tanto,
emprendió camino para—recibir al rey Fernando.
Encontrolo en Moreruela,—que es un pequeño poblado,
y desde allí hasta Zamora,—todo se lo fue contando.
El rey, cuando lo escuchó,—envió por sus reinados
portugueses y gallegos,—leoneses y asturianos
y también los extremeños,—así como castellanos,
para que a los condes presos—pudieran todos juzgarlos,
pues que merecían ser—por sus culpas sentenciados.
Juzgaron los portugueses,—junto con los galicianos,
y dieron como sentencia—el que fuesen despeñados;

---

[67] Refiérese aquí a la guerra y expulsión de los condes sublevados en Castilla, contra los que el Cid lucha en defensa de la autoridad real, lo que le contrista por tener que ir contra los mismos castellanos. En el texto del cantar parece que los versos están trastocados, al copiarlos, haciéndose confusa la narración.

juzgaron los leoneses—igual que los asturianos,
y dieron como sentencia—el que fuesen arrastrados;
juzgaron los extremeños,—junto con los castellanos,
y dieron como sentencia—que debían ser quemados.
Hijos del conde don Pedro—del Campo, bien afamado,
enterados que Rodrigo—del reino fue desterrado[68],
penetraron en Palencia,—que fue primero condado,
y a la fuerza y por deshonra—echaron fuera al prelado,
que fue a querellarse al rey—en el pueblo zamorano:
«Señor, has de recordar,—y no puedes olvidarlo,
que el rey que fue vuestro padre—húbome a Palencia dado.»
Respondió el rey: «Muchas cosas—no puedo hacer, ¡mal diablo!»
Dijo Bernardo el obispo:—«Iré a Roma al Padre santo.»
Entonces repuso el rey:—«Como lo creáis más apto
porque en los reinos que tengo—se sublevan mis hidalgos;
Dios que nos traiga a Rodrigo—que él sabría esto arreglarlo,
que yo estuve en romería—y lejos de mi reinado
y me habréis de perdonar—hasta que pueda enmendarlo.»
Estando en esta querella,—llegó al rey otro emisario[69],
con cartas del rey de Francia—y el emperador germano,
con cartas del patriarca—y hasta del Papa romano,
pidiendo tributo a España—desde Aspa hasta Santiago;
y el rey que en España hubiese—se llamase tributario,

---

[68] Según la letra, se aprovecharon los hijos del conde Don Pedio del Campo de que Rodrigo estuviera desterrado de Castilla para asaltar el obispado de Palencia. Pero del sentido se desprende que no se trata del destierro, sino simplemente de una ausencia del Cid, de la que se aprovechan estos nobles levantiscos. Nada dicen las crónicas y los romances de este destierro de Rodrigo, como se podrá suponer de la letra de este verso. Tampoco queda rastro en las crónicas del asalto a dicho obispado, que debe ser una invención más del juglar para nombrar el obispado de Palencia, por el que tanta devoción siente, como repetidamente hemos visto. Aquí el juglar llama Arnaldo al prelado palentino, olvidándose que más arriba le dio el nombre de Bernardo.

[69] Empieza en este punto a tratarse del tributo que los reyes extranjeros intentaban imponer a España, ávidos de sus riquezas y temerosos de su poderío. Este tema pasó a los romances también pero no tiene fundamento histórico alguno. La expresión «desde Aspa hasta Santiago» es frase para designar todos los reinos cristianos españoles. Aspa era el puerto así llamado en la frontera pirenaica por donde pasaba el camino que llevaba a Jaca e iba al Puente de la Reina, donde se unía al viejo camino llamado «Camino francés» que, pasando por Burgos, iba de Francia a Compostela, usado por las famosas peregrinaciones jacobeas al sepulcro del Apóstol.

dando su fuero o tributo.—pagadero cada año.
Los cinco reinos de España—allí se va demandando,
que diesen quince doncellas—vírgenes, en cada año,
y que estas doncellas vírgenes—todas fuesen hijasdalgo[70],
y que diez caballos diesen,—los mejores del reinado,
y treinta marcos de plata—que pagasen los hidalgos,
y que además entregasen—unos azores mudados
y tres alcones que fuesen—los mejores del reinado.
Y este tributo se diese—mientras vivan los cristianos.
Cuando todo esto oyó—nuestro buen rey don Fernando,
en tanto bate las palmas,—va las haces quebrantando.
«¡Oh, pecador sin ventura—a qué tiempo soy llegado![71]
Cuantos viven en España—nunca fueron tributarios.
Como a mí me ven tan niño—me dan tan soberbio trato,
pero prefiero la muerte—que esta vida que ahora hago.
A ordenar voy en seguida—que aquí vengan mis vasallos,
y discutiré con ellos—si es que he de ser tributario.»
Así envió por Rodrigo—y por todos sus hidalgos;
a los condes les dio tregua—para que no teman daño[72].
Rodrigo llegó con ellos—hasta el pueblo zamorano
y por las manos llevólos—ante el buen rey don Fernando:
«Señor, perdona a estos condes,—mas sin astucia ni engaño.»
«Yo los perdono, Rodrigo,—mas no olviden lo mandado.
Los cinco reyes de España—quiero que anden por tu mano[73].

---

[70] La clase de este tributo no se consigna en las crónicas medievales. El juglar especifica detalles de él dándole cierta semejanza al famoso «tributo de las cien doncellas», que se dice impusieron los moros al rey Mauregato de León. La elaboración juglaresca hácese aquí complicada al hacer resaltar, después, con más energía, el triunfo de España contra todos los reinos coaligados contra ella.

[71] La contestación del rey castellano es semejante a la de Carlomagno que nos pintaron los poetas afectos al feudatario que humilló a los secuaces de este emperador, como observa Durán. La intención del juglar es una vez más poner de manifiesto la debilidad del rey cuando no se halla auxiliado de Rodrigo. Por esta razón le hace llamar mientras convoca Cortes, para exponerle el caso, y da treguas a los condes sublevados en tanto Rodrigo llega.

[72] A fin de destacar la debilidad del rey y para, después, presentar al Cid victorioso una vez más. habla el juglar aquí de una tregua que concede el rey a los condes sublevados por apremios de las circunstancias que la demanda extranjera pone a Castilla, cuando ya estaban sentenciados a muerte por las Cortes. En las crónicas no se habla de este perdón supuesto por el cantar.

Porque Francia y Alemania—quieren sea tributario,
y el Santo Padre de Roma,—que esto debía vedarlo.
Ved aquí sus privilegios—y con su sello colgado.»
Entonces dijo Rodrigo:—«¡Por ende sea Dios loado!,
porque ahora os piden un don,—y vos debéis otorgarlo.
Aún no os demandan tributo,—sólo os piden les deis algo.
Yo he de mostraros aqueste—haber cómo han de ganarlo.
Llamad todos vuestros reinos,—desde Aspa hasta Santiago;
de ellos sacad el haber,—lo nuestro hemos de guardarlo.
¡Si no llego hasta París,—no me diera por honrado!»

14

**EL REY MARCHA AL FRENTE DE SUS EJÉRCITOS EN BUSCA DE SUS
ADVERSARIOS.—EXTENSIÓN DEL REINO DE CASTILLA, QUE EQUIPARA
A SU REY CON EL MISMO EMPERADOR.—SE INICIA LA EXPEDICIÓN
DIRIGIDA POR EL REY CON SÉQUITO PALACIEGO, EN EL QUE VA
RODRIGO.—SE JUNTAN LOS CINCO REYES DE ESPAÑA Y PASAN EL
DUERO Y EL ARLANZÓN.**

Dicen que el rey de Castilla—fue par del emperador[74]:

---

[73] El triunfo de Rodrigo sobre los condes y el perdón real por intercesión del
vencedor hacen que Fernando confíe a su mejor vasallo la dirección de sus ejércitos
para la empresa militar que prepara contra sus adversarios extranjeros. En el tiempo
de Fernando I estaban unidos los reinos de León y Castilla, pero no podían juntarse
cinco reyes, como dice el cantar. En esto se funda Dozy para asegurar que la
primitiva redacción del cantar no puede ser anterior a la época en que ya muerto el
rey Fernando, volvió España a dividirse en cinco reinos. Como esto se verificó en
1230 deduce que la obra del juglar no puede ser más antigua del siglo XIII.

[74] Aquí hace el juglar la relación de los reinos a que se extendía el de Castilla, con
mención, de sus posesiones y derechos sobre otros territorios, haciendo como un
canto militar de guerra del reino castellano, que va a enfrentarse con las naciones
extranjeras coaligadas, según opina Dozy, lo que—según él—se pudo hacer para
enaltecer y animar las huestes españolas cuando combatían. Según. Menéndez
Pelayo, este fragmento es sin duda una muestra de aquellos cantos épicos primitivos
castellanos que exaltaban las empresas guerreras y estimulaban a ellas a los vasallos.
Se trata de «un breve pasaje lírico», que viene a ser un canto de guerra triunfal, «una
rapsodia épica» en honor del magno rey Fernando I de León y de Castilla. Este canto
épico—desconocido hoy por completo—debió conocerlo el anónimo juglar de
Rodrigo y—con su afán de compilar cuanto material épico pudo—lo insertó en este

mandó en Castilla la Vieja—y también mandó en León,
y por todas las Asturias—reinó hasta San Salvador,
y también mandó en Galicia,—do los caballeros son,
mandó sobre Portugal—que era una tierra mejor,
mandó en Coimbra de moros—y pobló Montemayor,
igual que poblara Soria,—que es frontera, de Aragón;
y a Sevilla llegó a ir—tres veces una sazón.
Le dan su tributo moros,—tanto si guerrea o no.
Rescató a San Isidoro—y llevóselo a León
y, a pesar de los franceses,—las puertas de Aspa pasó;
en contra de emperadores—y de los reyes y los
romanos que se opusieron,—dentro de París entró[75],
con sus huestes esforzadas—que de su España sacó[76];
con el conde don Osorio,—el ayo que le crió,
y al conde don Martín Gómez,—que era un portugués de pro,
y el conde don Nuño Núñez,—el que en Salamanca mandó,
y el buen conde don Ordoño—de Campos, que aún es mejor,
y aquel conde don Fruela,—aquel que en Salas mandó,
y el conde Alvar Rodríguez—que en Asturias gobernó.
Este pobló a Mondoñedo—y a los moros quebrantó,
y el conde Galín Laínez,—aquel bueno de Carrión,
con el conde don Esar,—que fue señor de Monzón,
con el conde don Rodrigo,—que de Cabra fue señor,
con el conde don Bellar,—entre todos el mejor,

---

lugar de su cantar para exaltar así la figura del rey al que tantas veces no deja bien librado en otros pasajes de su gesta.

[75] Aquí supone el juglar que la expedición marcha directamente a Francia para oponerse con las armas al pretendido tributo al emperador, llegando hasta París. Las crónicas nos hablan de otro procedimiento más diplomático como es el de que el Papa temeroso por medio de legados, revocó su decreto declarando a España libre de todo vasallaje, y a su rey. Par del mismo emperador.

[76] Aquí se hace una curiosa reseña de los señores que componían las huestes del rey castellano, formando su séquito. Ignoramos la realidad histórica de estos personajes que mal pudieron acudir a tal empresa militar que no tuvo realidad alguno, pero sus nombres son, sin duda, de importantes señores de la corte de Fernando I. Vemos al palatino Osorio consejero del rey, ya conocido en el cantar, y nos encontramos con el nombre de un Galín Laínez que no puede ser el tío del Cid. así llamado, puesto que murió en la batalla contra los moros según se vio más arriba. Últimamente se cita al conde García, «que era de Cabra el mejor», que nos recuerda el García Ordóñez que había de luchar en Cabra con el Cid y al que prendiera afrentosamente, representando, desde entonces a los enemigos del Campeador.

y el conde don Simón Sánchez—de Burueba señor
y aquel conde don García,—que era de Cabra el mejor,
y el conde Garci Fernández,—el buen Crespo de Grañón.
Almerique de Narbona,—al que llaman don Quirón,
y con ellos va Rodrigo,—que es de todos el mejor.
Los cinco reyes de España—ya todos juntados son.
Pasan más allá del Duero—y pasan el Arlanzón.
E … … … … … … … … … … … … … …

15

LAS BATALLAS, DEL REY DE CASTILLA.—DURANTE SIETE SEMANAS EL REY SOSTIENE LA LUCHA SOBRE EL CAMPO DE BATALLA.

Siete semanas por cuenta—estuvo el rey don Fernando
atendiendo la batalla—en una lid sobre el campo.

16

SE COALIGAN LOS ESTADOS EXTRANJEROS PARA LUCHAR CONTRA ESPAÑA.—SE PREPARAN PARA LA LUCHA FRANCIA, LOMBARDÍA. PAVÍA, PULLA Y CALABRIA, SICILIA, ROMA, ARMENIA. PERSIA, FLANDES, LA ROCHELA, BLAYA Y SABOYA.

Se aprestó a la lucha Francia—con gentes alrededor;
aprestose Lombardía—como el agua en aluvión,
y así aprestose Pavía.—con sus gentes en montón.
y se preparó Alemania—con su propio emperador,
y también Pulla y Calabria,—y Sicilia la mayor,
y todo el reino de Roma,—y con cuantas gentes son,
y Armenia y hasta la Persia,—que es de todas las mayor;
Flandes la Rochela y hasta—los que allá en Ultramar son,
y todo el reino de Blaya—y Saboya la mayor.

17

PREPARACIÓN DE LA BATALLA.—LOS ADALIDES DEL REY DE CASTILLA VEN LLEGAR LAS GRANDES FUERZAS CONTRARIAS AL MANDO DEL, CONDE DE SABSYA, QUE ARENGA A SUS EJÉRCITOS CONTRA LOS DE

ESPAÑA.—EL REY FERNANDO CONTESTA Y, A SU VEZ, ARENGA A LOS ESPAÑOLES.

¡Cuáles adalides fueron—por parte del rey Fernando!
El conde Fruela y el conde—Simón Sánchez han logrado
ver llegar las grandes fuerzas—con el conde saboyano,
que con sus mil novecientos—caballeros va llegando
para luchar contra el rey—de Castilla, así clamando:
«¡A las armas, caballeros,—contra ese rey castellano!
El Ródano pasaremos—sin temor a ningún daño,
que somos tantos franceses—como yerbas en el campo.»
Entonces les dijo el rey:—«No es eso lo que demando.
Hace mucho tiempo, ya—que salí de mi reinado,
y cuantos de ellos vinieron—son guerreros esforzados.
El día que deseaba,—veo que ahora ha llegado
para luchar contra los—que me llaman tributario.
Varones, decidme, ¿quién.—de España rey me ha nombrado?
La mesura de vosotros,—mis valientes hijosdalgo,
que me llamasteis señor—y me besasteis la mano.
Yo soy un simple guerrero—al igual que uno de tantos,
no puedo más que otro hombre—en cuanto a mi cuerpo humano;
mas donde las manos meto,—sacádmelas por Dios santo,
gran acometida espera—España de mis vasallos,

18

TERMINACIÓN DE LA ARENGA DEL REY DE CASTILLA, A LA QUE NADIE CONTESTA.

que no os hagan tributarios—y por ninguna razón;
que habrían de maldecirlos—los que por nacer aún son.»
A estas querellas del rey—ninguno le respondió[77].

---

[77] La arenga del rey de Castilla tan llena de patético fervor patriótico, no es contestada por nadie provocándose una triste situación del rey que recuerda la de Carlomagno según, los novelistas franceses, como observa Durán. Todo es un subterfugio del juglar para que tan sólo sea Rodrigo quien recoge el reto y como otro Roldán toma la voz para defender a su monarca al que abandonan los otros señores. En esta actuación ve Durán cierto parecido entre el Cid y Bernaldo el Carpio, ya que

19

EL REY FERNANDO, DOLORIDO, MANDA BUSCAR A RODRIGO DE VIVAR.

Sentía el rey que la pena—quería su alma quebrar;
y preguntó por Rodrigo,—el que naciera en Vivar.

20

RODRIGO ES NOMBRADO ALFÉREZ.—ACUDE RODRIGO AL LLAMAMIENTO DEL REY, QUE LE DA LA BIENVENIDA Y LE NOMBRA ALFÉREZ DE SUS EJÉRCITOS, PROMETIÉNDOLE RECOMPENSAS EN ESPAÑA.—RODRIGO AGRADECE EL CARGO, QUE NO ACEPTA POR NO ESTAR ARMADO CABALLERO TODAVÍA.

Y presto acudió Rodrigo,—para besarle la mano:
«¿Qué queréis de mí, señor,—esforzado rey Fernando?
Si algún conde o rico-hombre—se salió de lo ordenado,
muerto o preso, yo sabré—reducirlo a vuestra mano.»
Entonces, repuso el rey:—«Seas bienaventurado.
Te nombro alférez ahora,—mi gratitud demostrando,
y si Dios me torna a España,—allí bien sabré pagártelo.»
Así respondió Rodrigo:—«Señor, no podré aceptarlo
donde hay tantos ricos hombres,—tantos condes e hijosdalgo
que deben llevar la enseña—de señor tan esforzado;
yo soy tan sólo escudero,—y no caballero armado.

21

RODRIGO PIDE AL REY LAS PRIMERAS HERIDAS.—ACATAMIENTO EXPRESO DE RODRIGO AL REY POR PRIMERA VEZ AL PEDIR EL HONOR DE ATACAR EN LA BATALLA. —ACEPTACIÓN DEL REY CASTELLANO.

---

ambos vienen a ser como figuras morales del orgulloso castellano que librara a sus paisanos del yugo francés.

Mas os beso vuestra mano,—y os pido tan sólo un don[78];
que las primeras heridas—las dé con mi mano yo[79],
para así abrir los caminos—por los que habréis de entrar vos.»
Entonces respondió el rey:—«Así te lo otorgo yo.»

22

RODRIGO ENTRA EN BATALLA COMO ALFÉREZ.—SE ARMAN RODRIGO Y SUS HUESTES A TODA PRISA PARA LIDIAR CON LAS FUERZAS DEL CONDE DE SABOYA.—RODRIGO LLEVA LA ENSEÑA Y DESCUBRE UN SOBRINO SUYO, A QUIEN LA ENTREGA Y DA CONSEJOS DE BUEN GUERRERO.—TRESCIENTOS CABALLEROS CUSTODIAN LA ENSEÑA REAL.—EL CONDE DE SABOYA SE ESPANTA AL VER LA ENSEÑA DE CASTILLA, Y ARENGA A LOS SUYOS CON PALABRAS DESPRECIATIVAS PARA LOS CASTELLANOS.—MENSAJE A RODRIGO, QUIEN CONTESTA ALTIVAMENTE AL CONDE.—EL CONDE RECIBE EL RETO AIRADAMENTE Y ARENGA A LOS SUYOS PARA QUE APRESEN A RODRIGO.— PREPARADAS LAS HACES, SE ACOMETEN LOS DOS BANDOS ENEMIGOS.

En esas horas, Rodrigo—a toda prisa fue armado[80]
con trescientos caballeros—que le besaban la mano;
contra el conde de Saboya—salió a lidiar muy airado.
Rodrigo nunca vio enseña—ni pendón tan historiado.
Rasgando el manto de sarga,—se lo aparta para un lado
con la punta de la lanza—que se coloca al costado;
la espada que lleva al cuello,—como un estorbo ha apartado,
y alza en lo alto la enseña;—hubiérale avergonzado

---

[78] Aquí Rodrigo se excusa aceptar el cargo de alférez por no estar armado caballero, lo que el juglar dice para que el Cid manifiesta una vez más su altivez pero esto se contra dice con los romances donde cantan, de modo explícito, que el rey le armó solemnemente caballero en Coimbra después de haber conquistado la plaza. Véase el romance «Cercada tiene a Coimbra».

[79] La costumbre caballeresca de pedir «las primeras heridas», esto es, el derecho de abrir la batalla, era frecuente entre los señores, que pedían esta gracia como un don a su jefe militar, que lo concedía como un honor y recompensa de servicios relevantes.

[80] Rodrigo es armado para la batalla y con él trescientos caballeros que, como a vasallos, le entrega el rey. Comienza a actuar como alférez llevando el pendón real, pero bien pronto lo deja para luchar como es su costumbre.

dársela a los caballeros,—y al alzar su vista en lo alto,
descubrió un sobrino suyo,—que era hijo de su hermano[81],
y a quien llaman Pero Mudo;—Rodrigo se le ha acercado:
«Ven acá, sobrino mío,—hijo eres de mi hermano,
hecho en una labradora.—cuando él andaba cazando.
Muchacho, toma esta enseña—y cumple lo que te mando.»
Respondió Pero Bermudo:—«Bien que me place de grado;
sé que soy vuestro sobrino,—por hijo de vuestro hermano;
desde que España dejé—no os hubiera recordado,
ya que a cena ni comida—nunca me habéis convidado:
por más que por hambre y frío—me encuentro necesitado,
y ni tan siquiera tengo—para cubrir el caballo.
Por las venas de los pies—corre mi sangre de hidalgo.»
Entonces, dijo Rodrigo:—«Cállate pronto, cuitado.
Todo hombre bien nacido—que quiera alcanzar estado,
conviene que de lo suyo—sepa perder cuando el caso
lo requiere, para luego,—recuperarlo aumentado.»
Y Pero Bermudo entonces—con toda prisa fue armado;
recibió la enseña, y a—Rodrigo besó la mano,
diciendo: «Señor, ahora—a Dios juramento hago
de conservar esta enseña—sin afrenta y sin engaño,
y tan alta he de ponerla,—cuando el sol sea cerrado,
cual nunca otra enseña estuvo—de moro ni de cristiano»[82].
Y le contestó Rodrigo:—«Esto es lo que te mando
bien te reconozco ahora—que eres hijo de mi hermano.»
Con trescientos caballeros—va la enseña custodiando.
Violo el conde de Saboya,—y tal no fuera su espanto,
que dijo a sus caballeros:—«Cabalgad con gran cuidado

---

[81] Nada se ha dicho de que Rodrigo tuviese un hermano ni nada dicen tampoco las crónicas, a no ser cierto hermano bastardo que algunos le suponen. El juglar habla ahora de un sobrino, hijo, tal vez de aquel hermano, mas adjudicándole a él la bastardía Coincide este pasaje con el que, en el *Poema de Mío Cid*, refiere cómo en cierta batalla, el Cid entrega su enseña a un buen caballero, que se llama Pero Bermúdez, y también «El Mudo», por su tartajeo en el hablar, mas sin añadir comentario ni detalle alguno por el cronista. Más adelante se dice que era sobrino suyo. Allí, como aquí, recibe la enseña y besa la mano al Cid.

[82] Aquí, la frase «de moro ni de cristiano» puede tener—además de la significación traslaticia de *nadie*—un sentido directo, ya que tal enseña puede estar donde ninguna estuvo y, al mismo tiempo, como ninguna de ejército cristiano ni moro.

y ved si aquel español,—que de su tienda ha llegado[83],
es conde o es rico-hombre,—me venga a besar la mano;
si fuese de buen lugar,—que tome mi mayorazgo.»
Tan aprisa los latinos—a Rodrigo son llegados[84],
que éste bien se maravilla—cuando esto le han contado:
«Volveos, dijo, latinos,—al conde con este encargo:
que yo no soy rico-hombre—ni aun poderoso hijodalgo;
soy tan sólo un escudero—y no caballero armado;
hijo soy de un mercader—y nieto de un ciudadano[85].
Mi padre habitó en Rua—en donde vendió su paño,
y me quedaron dos piezas—el día que él fue finado;
y como él vendió lo suyo—lo mío vender aguardo;
mas a aquel que lo comprare—habrá de costarle caro.
Y decidle a vuestro conde—que mi cuerpo hay que ganarlo,
y no siendo muerto o preso,—no me cogerá su mano.»
El conde, cuando esto oyó,—así le respondió airado:
«Español, si de enemiga—así nos va amenazando,
que todos los otros mueran;—él debe ser apresado
para llevarlo a Saboya,—vencido y maniatado,
y por los cabellos, luego,—de mi torre he de colgarlo.
Y mandaré a mis rapaces—que en él ensayen venablos.
Y confiese a mediodía—que ya la noche ha cerrado.»
Ya preparadas las huestes,—a luchar van los dos bandos.
El conde grita ¡Saboya!—y ¡Castilla! el castellano[86].

---

[83] El conde de Saboya hace un alarde de altanería feudal, exagerada por el juglar, para así hacer resaltar más la vergonzosa derrota del conde.

[84] El mensaje del conde a Rodrigo lo recibe éste con irónico desprecio, y lo contesta de modo que pueda herir más su altivez nobiliaria.

[85] Con un rasgo de humor—de los que también se advierten a lo largo del *Poema de Mío Cid*— Rodrigo dice que es hijo de un mercader, esto es, un plebeyo, con el que debe luchar, pero regodeándose en castigar así la soberbia del conde, como después ha de castigarle su insolencia en el campo de batalla, demostrándole—como opina Durán.—«que el más ínfimo de los españoles bastaría a vencerle». En las lides caballerescas suele ser común esta burla jactanciosa, donde se ve que muchos paladines para ofender así a sus enemigos se fingen noveles, caballeros su hombres de poco valor.

[86] Era común en las lides medievales que los paladines de cada bando entrasen a la pelea gritando el nombre de la causa que defendían, como se vio más arriba.

23

DESCRIPCIÓN DE LA BATALLA Y VICTORIA CE RODRIGO.—SE ACOMETEN CON FURIA AMBOS EJÉRCITOS.—RODRIGO ENTRA EN MEDIO DE LA PELEA Y ARREMETE CONTRA EL CONDE DE SABOYA, DERRIBÁNDOLE DEL CABALLO, NO QUERIÉNDOLE MATAR UNA VEZ VENCIDO.

Ved cual lidian a porfía—y con gran furia atacar[87]
unas lanzas contra otras—en su subir y bajar;
ved tantas lanzas quebradas—con su primer quebrantar,
y ved caer los caballos—para ya no levantar;
y tantos otros sin dueño—solos por el campo andar.
Con grande prisa, Rodrigo—en medio hubo de entrar,
y con el conde enfrentándose,—tan gran golpe le fue a dar,
que le echó de su caballo,—mas no le quiso matar.

24

GLORIFICACIÓN DE RODRIGO. A QUIEN SE DA EL NOMBRE DE RUY DÍAZ, Y EL, PAPA OFRECE LA CORONA DE ESPAÑA.—RODRIGO APRESA AL CONDE, DE QUIEN SE BURLA AL MISMO TIEMPO.—EL DE SABOYA LE IMPLORA CLEMENCIA, OFRECIÉNDOLE SU HIJA EN CASAMIENTO Y EL CONDADO, SI LE LIBERTA.—RODRIGO FINGE ACEPTAR EL TRATO Y RECIBE A LA INFANTA. DÁNDOLE LA LIBERTAD AL CONDE.—TOMA LA INFANTA DE LA MANO Y VA A OFRECERLA AL REY FERNANDO PARA CASARLA CON ÉL.—EL REY NO LA ACEPTA Y RODRIGO LE ACONSEJA LA TOME POR BARRAGANA PARA OFENDER ASÍ A FRANCIA.—RECUENTO DE LOS SUPERVIVIENTES DE LA BATALLA.—EL REY LLEVA A RODRIGO A SU REAL CAMPAMENTO Y LE ENTREGA NOVECIENTOS CABALLEROS, QUE RINDEN VASALLAJE A RODRIGO ACLAMÁNDOLE COMO RUY DÍAZ.—EL REY ENTRA EN LA TIENDA CON LA INFANTA DE SABOYA.—RODRIGO SE IMPACIENTA POR LLEGAR A PARÍS.—LA EXPEDICIÓN SE PONE EN MARCHA Y RODRIGO VA EN VANGUARDIA.—LOS EJÉRCITOS CASTELLANOS ACAMPAN JUNTO A PARÍS.—RODRIGO LLEGA CON TRESCIENTOS HIDALGOS Y RETA A LOS FRANCESES Y A LOS ROMANOS.—EL CONDE DE SABOYA ACONSEJA PRUDENCIA A SUS

---

[87] La descripción de la batalla viene a ser tópica como en otras gestas, según puede verse en repetidos pasajes del *Poema de Mío Cid.*

EJÉRCITOS POR TEMOR A RODRIGO.—RODRIGO ALZA SU TIENDA
FRENTE A PARÍS Y, ARMADO, ARENGA A SUS FUERZAS PENETRANDO
DESPUÉS EN LAS TIENDAS FRANCESAS HASTA LLAMAR EN LAS PUERTAS
DE PARÍS.—DENTRO DE LA CIUDAD, SE DETIENE ANTE EL PAPA, A
QUIEN PREGUNTA CON IRONÍA POR LOS PARES DE FRANCIA, PARA
RETARLOS.—EL REY DE FRANCIA DÍCELE QUE SÓLO PUEDE LUCHAR
CON REYES, Y ESPERA AL DE CASTILLA PARA LA BATALLA. RODRIGO
RETA AL REY Y SUS PARES.—PREPARATIVOS EN EL CAMPAMENTO
CASTELLANO.—AL AMANECER LLEGAN LAS FUERZAS QUE MANDA
FERNANDO. AL QUE VA A RECIBIR RODRIGO.—SE ALZA LA TIENDA DEL
REY Y SE ORGANIZAN LOS EJÉRCITOS CASTELLANOS.—EL PAPA SE
ENTREVISTA CON EL REY DE FRANCIA Y EL EMPERADOR DE ALEMANIA,
PROMETIÉNDOSE GRAN POTÍN POR MEDIO DE UNA MANIOBRA
DIPLOMÁTICA, QUE APRUEBAN LOS REYES ALIADOS.—ENVÍAN POR EL
REY DE CASTILLA PARA UNA ENTREVISTA.—ÉSTE SE ARMA CON LOS
SUYOS Y CON EL REY, RODRIGO VA AL FRENTE DE SUS FUERZAS.—
RODRIGO ACONSEJA A SU REY EL PLAN DIPLOMÁTICO A SEGUIR EN LA
ENTREVISTA.—EL PAPA ORDENA SE PONGA EL SITIAL DEL REY
ESPAÑOL JUNTO AL DEL EMPERADOR. Y A ÉSTE DA CONSEJOS DE
BUENA DIPLOMACIA.—AL HACER LOS HONORES, NO SABEN CUÁL ES EL
REY Y CUÁL ES RODRIGO HASTA QUE FERNANDO BESA LA MANO DEL
PAPA.—EL REY SE SIENTA JUNTO AL EMPERADOR Y RODRIGO A LOS
PIES DE SU REY.—EL PAPA INICIA LA CONVERSACIÓN DIPLOMÁTICA Y
OFRECE LA CORONA DE ESPAÑA A RODRIGO. QUE CONTESTA AL
PONTÍFICE CON ALTANERÍA.—EL REY FERNANDO SE LEVANTA PARA
OFRECER TREGUAS, Y CONCEDE LA PALABRA A RODRIGO PARA QUE
HABLE EN NOMBRE DE ESPAÑA. —RODRIGO EXPONE QUE EL TRIBUTO
PEDIDO A ESPAÑA LO PAGARÁN AL DÍA SIGUIENTE EN EL CAMPO PARA
LO QUE LOS EMPLAZA, DESAFIANDO PRIMERAMENTE AL REY DE
FRANCIA Y SUS DOCE PARES.— ACORDADOS LOS PLAZOS, EL REY
FERNANDO QUEDA CONTENTO Y LLENA A RODRIGO A SU TIENDA REAL,
DONDE LE PIDE QUE DIRIJA LA BATALLA DEL DÍA SIGUIENTE.

> «Preso quedáis, señor conde,—el honrado saboyano;
> así es como paño vende—este español ciudadano.
> Así lo vendió su padre—hasta que hubo finado.
> Quien se lo comprara, así—le hubo de costar caro.»
> Entonces, respondió el conde:—«Mesura, español honrado,
> que hombre que así lidiar sabe—no debe ser un villano;
> o eres hermano o pariente—de tu buen rey don Fernando.
> ¿Cuál es el nombre con que—a Dios debes alabarlo?»
> Allí respondió Rodrigo:—«No te será esto negado.

Rodrigo me llaman todos—estos que conmigo traigo,
hijo soy de Diego Laínez—y nieto de Laín Calvo.»
Entonces el conde dijo:—«¡Ay de mí, desventurado!
Creí lidiar con un hombre.—y lo hice con un diablo[88],
pues no hace mucho que oí—que tú eras tan nombrado
que te temen reyes moros—y cristianos, en el campo,
porque de muertos o presos—ya no salen de tu mano.
Oílo contar al rey—de Francia y al Padre santo,
que no existe hombre ninguno—que prenderte haya logrado.
Dime, pues, de qué manera—podré salir de este estado
de prisión en que me tienes,—sin quedarme deshonrado.
Te casaré con la hija—mía, a la que yo más amo[89]
y ni a otra hija ni hijo—he de dejar el condado.»
Así respondió Rodrigo:—«Manda, pues, por ella rápido;
y si es que ella me gusta,—pronto ha de hacerse el mercado.»
Entonces, van por la infanta—al correr de los caballos,
y tráenla guarnecida,—en silla de oro labrado;
vestida la infanta va—con rico traje preciado,
los cabellos por la espalda—igual que el oro colado;
ojos prietos como moras,—y el cuerpo tan bien cortado
que no hay rey ni emperador—a quien no hubiese agradado,
Tan pronto la vió Rodrigo,—fue a tomarla por la mano,
y dijo: Conde, idos, pues,—con buenaventura rápido.
Yo no casaré con ella—por todo cuanto yo valgo[90],
porque no me pertenece—hija de conde y condado,
que esta infanta casar quiero—con mi buen rey don Fernando.

---

[88] La comparación de Rodrigo con un diablo es una concesión del juglar al público, que así admiraba más al héroe cantado por cuanto, en él veja un poder sobrenatural. Ya cuando Rodrigo se presenta al rey Fernando por vez primera, el monarca, al recibir el acatamiento altivo del joven Rodrigo, que dice tantas insolencias, armado y pendenciero, exclama: «más que de hombre es figura de diablo». Ahora, el conde de Saboya le califica de demonio por ver en él un poder infernal de guerra «El pueblo se encariñó—dice Menéndez Pelayo—con la figura de este joven altivo y la llevó a la tradición del romancero», cosa que no hizo con tanta frecuencia con el Rodrigo que había pintado el *Poema de Mío Cid*.

[89] Aquí el juglar pretende hacer resaltar el contraste entre el conde altanero y orgulloso de antes, y el vencido, que no duda en humillarse, llegando a ofrecer la mano de su propia hija y el condado a aquel «plebeyo» al que antes quiso escarnecer.

[90] Ahora sabe contestar Rodrigo con altanera modestia al conde, rehusando su hija con el achaque de dedicarla a su rey.

Y en cuanto a vos, si intentáis—contra nos oponer algo,
por cuanto ven estos ojos,—no os coja más en el campo.»
Rodrigo entrega a los suyos—la infanta para que, en tanto,
se la lleven para el rey—al galope del caballo.
Y él dijo: «¡Albricias, señor,—que hoy os traigo buen regalo!
Con más de mil novecientos—caballeros he luchado;
cogí al conde de Saboya—por la barba y con agravio[91]
Por sí, me entregó a su hija—y yo para vos la traigo;
bésoos la mano, y os pido—para mí que me deis algo»[92].
Entonces respondió el rey:—«Esto habremos de pensarlo;
por conquistar reines vine,—pero no por hijasdalgo;
aquí no nos interesan,—que en España han de sobrarnos.»
En esto dijo Rodrigo:—«Señor, tomadla en agravio,
y embarraganad a Francia,—que Dios ha de perdonaros[93].
Suya será la deshonra—y así humillarles logramos.
Y a la lid nos volvemos,—venciéndolos en el campo.»
Cuando esto oyera el rey,—diose por muy bien pagado,
diciendo: «Pues que con mil—novecientos has luchado,
de los tuyos, ¿cuántos quedan?—¿cuántos se han sacrificado?»
Allí respondió Rodrigo:—«Esto no os será negado:
de trescientos caballeros,—quedaron cuarenta y cuatro.»
Cuando esto escuchó el rey,—fue y le tomó por la mano,

---

[91] Coger por la barba, esto es «mesarle la barba», como en el lenguaje caballeresco se decía, era una de las mayores afrentas que se podía hacer a un caballero. Así cogió Rodrigo al conde rebelde, en la ermita, como se ha visto, y así apresó al conde García Ordóñez en el *Poema del Mío Cid*.

[92] Sigue aquí Rodrigo la costumbre caballeresca de pedir algún don a aquel a quien se lleva una buena noticia esto es las *albricias*. Recuérdese a Martín Antolínez, en el *Poema de Mío Cid*, pidiendo a los judíos para unas calzas por haberles gestionado el préstamo para el Cid.

[93] «Muy poco favorablemente presenta este lance el Cid, a quien la tradición vulgar o retrata tan noble y caballeroso; llenar de ignominia al vencido mancillando la pureza de un hija doncella y hermosa, sólo le puede ocurrir a un villano.» Así comenta este pasaje Durán. Nosotros creemos que esto no es sino la consecuencia lógica, en una conciencia que el juglar ha, ido reformando en nuestro héroe que, de altanerías e insolencias frecuentes por las que le ha ido llevando, ha de acabar por no tenar respeto a nada, ni aun a las normas morales ni religiosas, a las que, después, desacatará, insolentándose con el mismo Papa. En los romances que tratan de este asunto, no presentan tan descarnada esta proposición de Rodrigo, a su rey, aunque aludan al nacimiento de un hijo bastardo de Fernando con la hija del conde de Saboya.

y en el real campamento—así cogidos entraron[94].
Escogió el rey dos a dos—los caballeros de mando,
apartando novecientos,—que a Rodrigo saludaron.
Los novecientos dijeron:—«¡Que sea el Señor loado
por tan honrado señor—al que besamos la mano!»[95].
Si Rodrigo se llamaba,—ahora Ruy Díaz llamaron[96].
Y estos caballeros van—a la infanta custodiando
hasta dejarla en la tienda—en que estaba el rey Fernando.
Con ella penetró el rey,—que quedó alegre y pagado.
Allí dijo así Rodrigo—a su buen rey don Fernando:
«Cabalguen vuestros ejércitos,—no debemos retrasarnos.
Yo marcharé en la vanguardia,—con los jinetes que traigo.
Señor, vamos a París,—que así lo estoy deseando,
porque allí está el rey de Francia y el emperador germano,
y también el patriarca—y hasta está el Papa romano,
aguardando a que llevemos—el tributo demandado
y deseamos nosotros.—ir allá para pagarlo[97];
y hasta que yo los vea—no he de quedar descansado.»
Comienzan a caminar,—con sus armas preparados,
y lleva la delantera—Rodrigo, el buen castellano.
En la alborada camina—también el rey don Fernando.
Los ejércitos unidos,—junto a París acamparon
en sus tiendas levantadas.—y con vistosos estrados.
Allí Rodrigo llegó—con trescientos hijosdalgo,
y a los franceses retaba,—unidos a los germanos;
se preparan los franceses—lo mismo que los romanos.

---

[94] Enterado el rey de la victoria, la agradece a Rodrigo, y, para reponerle sus huestes elige novecientos de sus mejores caballeros y se los entrega al Cid como vasallos, haciéndole este honor, que exterioriza llevándole a su regia tienda y alternando con él.

[95] Los caballeros elegidos por el rey para que formen en las huestes de Rodrigo, le van a besar la mano, que—como se sabe—es el signo de vasallaje, según las costumbres medievales.

[96] Por primera vez en todo el cantar, en este punto se da a Rodrigo el nombre de Ruiz Díaz, dándole ahora un sentido heroico y a modo de título nobiliario.

[97] En el cantar dice que en París está el rey de Francia, el emperador y también el Papa y, en efecto, cuando entra en la ciudad allí los encuentra y allí tienen lugar las entrevistas diplomáticas previas a la batalla definitiva. Pero los romances sobre este tema dividen la acción de manera que la batalla se da frente a París, pero la entrevista con el Pontífice y los soberanos tiene lugar en San Pedro de Roma.

Y habló el conde de Saboya—allí, grandes voces dando:
«Quietos, ejércitos, quietos,—no os vayáis precipitando,
aquel español que veis—es como el mismo diablo,
que él diole aquellos poderes—que le van acompañando.
Con tan sólo mil que trae—mi fuerza ha desbaratado,
y a mis mil novecientos—les causó gran descalabro
cogiome a mi por la barba,—a la fuerza y no a mi grado,
y se me llevó a mi hija,—por la que ahora estoy cuitado.»
Allí misino alzó su tienda—Ruy Díaz el castellano,
y en su caballo Babieca— de prisa va cabalgando[98],
el escudo ante su pecho—el pendón lleva en la mano.
Dice: «Oíd los novecientos—y veréis lo que yo hago:
si en las puertas de París—no llamase por mi mano,
de toda esta acometida—no me diera por pagado.
Quisiera yo abrir batalla,—el torneo preparando,
y mañana, cuando el rey—llegue, nos verá lidiando.»
Y ante las tiendas francesas—Ruy Díaz húbose entrado
espoleando a Babieca,—la tierra, a sus pies temblando.
A las puertas de París—fue a golpear con su mano,
y a pesar de los franceses,—las pasó de cabo a cabo.
Ante el Papa se detuvo,—y así le dijo parado:
«¿Qué es esto, decid, franceses,—y decid, Papa romano?
Si hay doce Pares en Francia—para la lucha, ¡llamadles!
Si quieren lidiar conmigo,—que cabalguen a mi lado.»
El rey de Francia así dijo:—«Esto no está legislado,
que ellos no deben lidiar—sino con el rey Fernando.
Aguardad, pues, a que llegue—hasta aquí el rey castellano,
y sólo con él, la lucha—entablaré yo de grado[99].
Allí respondió Ruy Díaz.—el valiente castellano:
«Rey, vos y los doce Pares—por mi habéis de ser buscados»;
Cuando Rodrigo se vuelve—en busca de sus vasallos,

---

[98] Por primera vez en este cantar se nombra al famoso caballo del Cid. Respecto a él cuentan los romances la anécdota de cómo fue elegido por Rodrigo, en su niñez, pero aquí no se consigna; tal vez estuviera en anteriores redacciones de la gesta o los romances la tomaran de algunas viejas crónicas.

[99] Según la costumbre caballeresca francesa, los Doce Pares, al igual que el rey, sólo podían luchar con caballeros de estirpe real, por lo que se niega a hacerlo con el Cid, que es un simple infanzón. Espera, pues, a que llegue el rey de Castilla para entablar la lid. Que Rodrigo les rete no supone desacato de estas leyes caballerescas, sino que es una altanería más que el juglar le atribuye.

ya están dando la cebada—sus caballeros armados,
y están esperando en tierra—a que el sol vaya alumbrando,
cuando llegan los ejércitos—que dirige, el rey Fernando,
Ruy Díaz sale a su encuentro—y al rey toma por la mano,
diciéndole así: «Adelante,—mí buen señor rey Fernando,
el más honrado señor—que en España haya reinado,
vuestro, valor envidiaran—los que os llaman tributario.
Ahora, al fin sanaré—del dolor que fui cuitado.
Estad tan seguro aquí—cual si ya hubierais estado,
que yo lidiaré con éstos;—vos aguardad entretanto.»
Entonces repuso el rey:—«Ruy Díaz el castellano,
cuando ordenes mis ejércitos—habré de quedar honrado.»
Allí Ruy alzó la tienda—de su buen rey don Fernando,
y entre sus cuerdas ponía—centinelas castellanos
y otros de los extremeños,—sus tiendas entremezclando
navarros y aragoneses,—leoneses y asturianos;
portugueses y gallegos—la retaguardia formando[100].
Cuando estos preparativos—divisó el Papa romano,
dijo: «Oídme, rey de Francia—y el emperador germano:
Por lo que veo, parece—que el rey de España ha llegado,
y que no viene con miedo—sino cual rey esforzado.
Ahora tendremos derecho—y de él podremos tomarlo.
Cuanto de España sacara—podremos arrebatárselo.
Le daremos una tregua—que sea de cuatro años,
y luego, haciéndole guerra,—ganarémosle el reinado»[101].
Respondiéronle los reyes:—«Enviadle, pues, recado.»
En busca del rey se marchan—por orden del Padre santo.
Cuando esto oyera el rey—de España, el buen don Fernando,

---

[100] Esta enumeración de las fuerzas españolas hace la el juglar para dar a entender que—como dijo antes— acudían en la expedición, española ejércitos de «los cinco reinos de España» sobre los que el rey Fernando gobernaba. Un ejército tan numeroso acampado frente a París impuso miedo al Papa y a los reyes aliados que en la ciudad estaban. Sobre el alcance los llamados cinco reinos de España, puede verse la obra de Menéndez Pidal, *El imperio hispánico y los cinco reinos* (Madrid, 1950).

[101] Esta artera y maquiavélica astucia del Pontífice escandaliza a Durán, que dice: «En estas reservas mentales no parece el Papa ni muy honrado ni muy cristiano, pero era fruto del tiempo.» Fruto del tiempo medieval, en que los Papas eran como otros señores feudales con toda la psicología de ellos, y—añadimos nosotros—fruto es también del tiempo del juglar y su oficio el presentar perversos a los enemigos de su héroe que ha de resultar victorioso de todo mal.

armose de todas armas—igual que sus hijosdalgo.
El rey y Rodrigo van—montando sendos caballas,
con las lanzas prevenidas,—y mano por mano hablando.
Aconséjale Ruy Díaz—a guisa de buen hidalgo[102]:
«Señor, en esta entrevista—habréis de mostraros cauto.
Ellos hablarán muy suave,—pero vos hablad muy bravo;
ellos, que son muy astutos,—procurarán engañaros.
Mas vos, pedidles batalla—mañana, al albor quebrado.»
El Papa cuando los vio—llegar, ha comunicado:
«Oídme, díjole así,—al emperador germano,
este rey de España., a mí—me parece muy honrado.
Poned una silla allí,—que se siente a vuestro lado.
Y a punto que descabalgue,—solícito levantaos
y, por la mano tomándole—a que se siente invitadlo,
y lo haga al par que vos—me parece muy sensato.»
Allí se hicieron honores—esperando al rey Fernando;
no saben cuál es el rey—ni cuál es el castellano,
sino cuando el rey llegó—y al Papa besó la mano.
El emperador, alzándose,—fue a recibirle de grado,
y de la mano tomándolo,—le acompañó hasta el estrado.
A los pies del rey se posa—Ruy Díaz el castellano.
Entonces empezó el Papa,—de este, modo preguntando:
«Dime, Ruy Díaz de España,—así Dios sea alabado,
si es que emperador de España—quieres ser, de muy buen grado
yo te daré la corona—de aquel reino por mi mano[103].
Entonces habló Ruy Díaz,—antes que el rey don Fernando,
diciendo: «Dios os confunda—por siempre Papa romano[104]
para ganancias vinimos—y no por lo ya ganado:
los cinco reinos de España,—sin vos, le besan la mano.

---

[102] Aquí demuestra Rodrigo ser hombre de leyes, a la vez que hábil diplomático también. Ya se vio en las famosas Cortes de Toledo de que habla el *Poema de Mío Cid*. Según las crónicas, el Cid era ducho en leyes, que estudiara en su Juventud.

[103] Supone el juglar gran, diplomacia por parte del Papa al ofrecer la corona de España a Rodrigo, cuyos méritos excepcionales ha ido ampliando demoradamente a lo largo de todo su cantar. Mas esta oferta, ante el rey Fernando, no nos parece diplomática en modo alguno, sino contraproducente y absurda. El juglar por exaltar al Cid, llega a desorbita; la acción de esta manera.

[104] La respuesta de Rodrigo al Pontífice, tan llena de impetuosidad sacrílega—que hizo escandalizar a los comentaristas—, es la lógica en el héroe, dada la psicología que el juglar ha ido creando en el héroe a lo largo de todo su cantar.

Para conquistar vinimos—todo el imperio germano
que en derecho corresponde—a mi rey, y ha de heredarle[105].
Debe sentarse en la silla—esa, ¡y sea Dios loado!
Veré que le dais ventaja,—por lo que se queda honrado,
mas suya es esa corona—que vos le habéis usurpado.»
En tanto, se levantó—y dijo el buen rey Fernando:
«Treguas a ofrecer venimos,—que no para haceros daño;
dirigid esta cuestión.—Ruy Díaz el castellano.»
Entonces, Rodrigo Díaz—aprisa se ha levantado:
«Oigan, dice, el rey de Francia—y el emperador germano,
así como el patriarca—y óigame el Papa romano:
Nos pedisteis un tributo—y os lo trae el rey Fernando:
mañana os lo entregará—en buena lid, en el campo,
y vos, señor, rey de Francia,—por mí habréis de ser buscado,
y podré ver si os defienden—los doce Pares nombrados»[106].
Emplazados así quedan—para otro día en el campo.
Satisfecho queda el rey—de Castilla don Fernando,
y a su tienda le acompaña—Ruy, que no quiere dejarlo.
Y así va diciendo el rey—a Ruy Díaz, su vasallo:
«Hijo eres de Diego Laínez—y nieto de Laín Calvo.
Acaudilla mis ejércitos—desde antes que cante el gallo»[107].
Y así repuso Rodrigo:—«Así me place de grado:
yo designaré las haces—cuando el alba haya quebrado.»
Las haces ya están dispuestas—cuando el sol iba rayando.

---

[105] El derecho de Castilla a la corona de Alemania lo sostuvo Alfonso X, basándose en que correspondía a su madre Leonor de Aquitania y toda su vida luchó por sostener ese derecho, que intentó sostener frente al mismo Papa. El juglar debió tener estas noticias y—por su afán de exaltar a España—las pone en su cantar, sin reparar en que este derecho fue de Alfonso X y que, por lo tanto, no existía en Castilla en tiempo de Fernando I, dos siglos anterior al Rey Sabio.

[106] Rodrigo encauza la cuestión reclamando la corona de Alemania para el rey Fernando de Castilla, y dice con ironía que si piensa cobrar el tributo pedido, los españoles están dispuestos a entregarlo en el campo de batalla.

[107] El rey nombra general de la batalla a Rodrigo, honrándole al recordarle su noble ascendiente. «Antes de que cante el gallo» es frase muy usual en los juglares, para indicar la madrugada. Como se puede ver repetidas veces en, el *Poema de Mío Cid.*

25

PREPARATIVOS PASA LA BATALLA.—A TODA PRISA SE PREPARAN LOS ESPAÑOLES PARA LA LUCHA.—RODRIGO ORDENA CUSTODIAR AL REY Y ÉL FORMA PARTE DE LA VANGUARDIA DEL EJÉRCITO.

Aprisa dan la cebada—y empiezan a cabalgar;
las haces ya están dispuestas—cuando el albor va a quebrar.
Manda Rodrigo a sus hombres—al rey Fernando guardar.
Y él va con sus novecientos—la delantera a tomar.

26

LOS ALIADOS, VENCIDOS, PIDEN TREGUA AL REY DE CASTILLA.—SE LANZAN LOS PREGONES DE LA BATALLA.—EN LA TIENDA REAL LA INFANTA DE SABOYA DA A LUZ UN HIJO VARÓN.—ANTES DE SABERLO EL REY, EL PAPA BAUTIZA AL INFANTE APADRINÁNDOLO EL REY DE FRANCIA, EL EMPERADOR DE ALEMANIA. EL PATRIARCA Y EL CARDENAL.—LLEGA EL REY DE CASTILLA Y EL PAPA LE PRESENTA EL NIÑO, TOMANDO LA PALABRA PARA PEDIR UN AÑO DE TREGUA. AL MENOS.—RODRIGO LO ACEPTA CON TAL DE QUE SE ENTREGUEN LOS ALIADOS, A QUIENES LES CONCEDE EL PLAZO QUE PIDEN.—EL REY CONCEDE CUATRO AÑOS DE TREGUA.— EL REY DE FRANCIA Y EL EMPERADOR DE ALEMANIA PIDEN CUATRO AÑOS MÁS Y EL DE CASTILLA ACCEDE A ELLO POR INTERCESIÓN DEL PATRIARCA.—EN ESTE PASAJE QUEDA TRUNCADO EL CANTAR.

Las haces están armadas—y ya el pregón es lanzado
la primera y la segunda—y la tercera ha llegado.
Y la infanta de Saboya,—la hija del saboyano,
está de parto en la tienda—que habita el rey don Fernando.
Allí dio un hijo varón,—y el Papa fuese a tomarlo[108].

---

[108] El nacimiento de este hijo varón, bastardo del rey Fernando con la infanta de Saboya, hace suponer que el sitio de Paris duró casi un año, aunque de la letra del cantar no se desprende. Los romances que de esta gesta derivan, hablan de ese hijo bastardo, y, aunque el cantar sólo llega a decirnos que fue bastardo, sin darnos el nombre, los romances, por su cuenta, al tratar de la muerte del rey Fernando, incluyen un hijo bastardo llamado Fernando, que es cardenal de Toledo, y «quedando mejor labrado que los demás hijos del rey en su testamento».

Antes que el rey lo supiese,—fue el infante cristianado.
Padrino fue el rey de Francia—y el emperador germano,
padrino fue un patriarca—y un cardenal purpurado,
y por las manos del Papa—fue el infante bautizado,
Estando en esto, llegó—a su tienda el rey Fernando,
y cuando el Papa lo viera—pasó el infante a su estrado,
y comenzó a perorar—así, grande voces dando[109]:
«He aquí, dice, rey de España.—cómo eres aventurado,
con tan alta honra, Dios—este hijo te ha otorgado;
milagro de Cristo fue—que por ti ha verificado,
extendiendo el cristianismo—desde Roma hasta Santiago.
Por el amor de este infante—que el Señor ahora te ha dado,
le pedimos nos des tregua—aunque sea por un año.»
Entonces dijo Ruy Díaz:—«Esto habremos de pensarlo[110],
si es que os entregáis ahora,—mas queremos aplazarlo
y aquel plazo que ofrecisteis—bien podremos otorgarlo.
O muere este emperador—o habremos de destronarlo.»
El rey don Fernando dijo,—«Cuatro años os doy de plazo.»
Dijeron el rey de Francia—y el emperador germano:
«Por el amor de este infante,—que ya es nuestro ahijado[111],
cuatro años más pedimos—para ampliar este plazo.»
Y el rey don Fernando dijo:—«Así os sea otorgado;
por el amor del patriarca,—os doy otros cuatro años,
y por el del cardenal...[112].

---

[109] El Papa se encarga de las tareas diplomáticas, aun a trueque de hacer bajos papeles de componedor, con un maquiavelismo rastrero Así lo pinta el juglar, a quien no arredra el respeto debido al Pontífice con tal de humillar a los enemigos del Cid.

[110] Aquí interviene Rodrigo con grave desobediencia para su rey al contestar a la demanda que el Papa hace al rey castellano, como temiendo de que el rey pudiese ser engañado por la dialéctica del Papa. Aprovecha la ocasión para insistir en la demanda de la corona de Alemania.

[111] Los soberanos aliados aprovechan el buen estado del español para solicitar cuatro años más de tregua, reconociendo así tácitamente su derrota. El rey de Castilla generosamente accede a ello y aún les da cuatro años más.

[112] En este punto queda truncado el manuscrito de la última refundición de esta crónica rimada sobre las mocedades de Rodrigo. Quedan aún cuatro hojas en blanco en el códice que nos ha transmitido este «fragmento de una crónica de España», como la denominó su primer editor

ROMANCERO DEL CID

PRIMERA PARTE

MOCEDADES DEL CID

I[113]

EL CID, A LOS DIEZ AÑOS DE EDAD, EJERCE OFICIO DE JUEZ.

«Non me culpedes si he fecho
Mi justicia y mi deber,
Magüer que siendo pequeño
Me nombraste por juez.
Entre todos me escogistes
Por de más madura sien,
Porque ficiese derecho
De lo fecho mal y bien.
Non fagáis desaguisado
Si al robador enforqué,
Que en bornes este delito
No causa ninguna prez.
Como de veras me pago,
De las burlas non curé,

Que el que pugna por la honra
Enemigo de ella fue.
Atended que la justicia,
En burlas y en veras, fue
Vara tan firme y derecha
Que non se pudo torcer.
Verdad, entre burla y juego.
Como es fija de la fe,
Es peña que al agua y viento
Para siempre está de un ser.
Miémbraseme que mi abuelo,
En buen siglo su alma esté.
Muchas veces me decía
Aquesto que agora oiréis:
«El home en sus mancebías
Siempre debiera aprender
A facer siempre derecho
Cuando en más burlas esté.»
Así fice esta vegada;
Yo cuido que fice bien,
Que sigo un abuelo honrado
Que nadie se quejó dél.»
Esto decía Rodrigo
Afinojado ante el Rey,
Delante los que juzgaba
Antes de los años diez.

---

[113] (NOTAS)

Es este un romance anónimo. Por más que el lenguaje en él empleado afecte una forma arcaica deliberadamente, no se trata de un romance tradicional—en opinión de Durán—sino de una elaboración artística de últimos del siglo XVI llevada a cabo por un poeta culto Apareció por vez primera en el *Romancero General* (1600), de donde pasó a todas las recopilaciones de romances sobre el Cid.

II[114]

DIEGO LAÍNEZ PRUEBA A SUS HIJOS PARA SABER A CUÁL FIARÁ LA VENGANZA DE LA AFRENTA QUE LE HIZO EL CONDE DE GORMAZ

Cuidando Diego Laínez
En la mengua de su casa,
Fidalga, rica y antigua
Antes que Iñigo Abarca;
Y viendo que le fallescen
Fuerzas para la venganza,
Porque, por sus luengos días,
Por sí no puede tomalla,
No puede dormir de noche,
Nin gustar de las viandas,
Ni alzar del suelo los ojos.
Ni osar salir de su casa.
Nin fablar con sus amigos.
Antes les niega la fabla,
Temiendo que les ofenda
El aliento de su infamia,
Estando, pues, combatiendo
Con estas honrosas bascas,
Para usar de una experiencia,
Que no le salió contraria,
Mandó llamar a sus fijos,
Y sin dediles palabra,

Les fue apretando uno a uno
Las fidalgas tiernas palmas.
No para mirar en ellas
Las quirománticas rayas,
Que este fechicero abuso
No era nacido en España;
Mas prestando el honor fuerzas,
A pesar del tiempo y canas,
A la fría sangre y venas.
Nervios y arterias heladas,
Les apretó de manera
Que dijeron: «Señor, basta;
¿Qué intentas o qué pretendes?
Suéltanos ya, que nos matas.»
Mas cuando llegó a Rodrigo,
Casi muerta la esperanza
Del fruto que pretendía,
Que a do no piensan se halla,
Encarnizados los ojos.
Cual furiosa tigre hircana,
Con mucha furia y denuedo
Le dice aquestas palabras:
«Soltedes, padre, en mal hora,
Soltedes en hora mala,
Que a no ser padre, no hiciera
Satisfacción de palabras;
Antes con la mano mesma
Vos sacara las entrañas.
Faciendo lugar el dedo
En vez de puñal o daga.»
Llorando de gozo el viejo.
Dijo: «Fijo de mi alma,
Tu enojo me desenoja,
Y tu indignación me agrado.
Esos bríos, mi Rodrigo.
Muéstralos en la demanda
De mi honor, que está perdido.
Si en ti no se cobra y gana.»
Contole su agravio, y diole
Su bendición y la espada
Con que dio al Conde la muerte
Y principio a sus fazañas.

---

[114] Este romance, también anónimo y con arcaísmos en la expresión, debió ser compuesto hacia finales del XVI y se publicó en el *Romancero General* (1600) y en el *Romancero del Cid* (1612), de Juan de Escobar, reproduciéndose en casi todas las recopilaciones de romances sobre el Cid.

III[115]

(SOBRE EL MISMO
ASUNTO)

---

[115] Éste es un romance tradicional, de los llamados *viejos*. Relata el mismo asunto que el anterior, añadiendo los detalles de la causa del enojo de Diego Laínez con el conde de Gormaz, que el anterior romance no explica. Alude también a la bastardía del Cid conforme a una vieja tradición popular que se solía repetir al tratar de los héroes de las viejas epopeyas tal vez por influjo de las leyendas caballerescas. Recuérdese cómo en el *Cantar de Rodrigo* se habla de la bastardía del conde Fernán González así como, también se tuvo por bastardos a Bernardo del Carpio y el propio Roldán. También difiere en lo relativo a la muerte que dé el Cid al conde, que no sigue al referido *Cantar de Rodrigo*. Por vez primera se incluyó este romance en el *Cancionero* llamado *Flor de enamoradas* (1573), así como en la *Rosa española* (1575), de Juan Timoneda. Solamente lo recogió posteriormente, Agustín Durán en su *Romancero General.*

En este romance viejo, traducido al francés por Damás Hinard (1844), debieron inspirarse los poetas franceses Le conte de Lisle y José María de Heredia para los poemas que sobre el Cid publicaron en sus libros respectivos *Poemas bárbaros* y *Los Trofeos*. (Véase el Apéndice V donde se incluyen las traducciones de estos poemas franceses.)

Ese buen Diego Laínez
Despúes de haber ayantado
Hablando está sobre mesa
Con sus hijos todos cuatro.
Los tres son de su mujer,
Pero el otro era bastardo,
Y aquel que bastardo era,
Era el buen Cid castellano.
Las palabras que les dice
Son de hombre lastismado.
«Hijos, mirad por la honra,
Que yo vivo deshonrado.
Porque les quité una liebre
A unos galgos que cazando
Hallé del Conde famoso.
Conde Lozano llamado:
Palabras suyas y viles
Me ha dicho v me ha ultrajado.
¡A vosotros toca, hijos,
No a mí que soy viejo y cano!»
Estas palabras diciendo,
Al mayor había tomado;
Queriendo hablarle en secreto,
Metiole en un apartado;
Tomole el dedo en la boca.
Fuertemente le ha apretado:
Con el gran dolor que siente
Un grito terrible ha echado.
El padre le echara fuera.
Que nada le hubo hablado.
A los dos metiera juntos,
Que de los tres han quedado,
La misma prueba les hizo.
El mismo grito habían dado.
Al Cid metiera el postrero
Que era el más chico y bastardo.
Tomole el dedo en la boca.
Fuertemente le ha apretado:
Con el gran dolor que siente
Un bofetón le ha amagado.
«Aflojad, padre, le dijo.
Si no seré mal criado.»

El padre que aquesto vido.
Grandes abrazos le ha dado
«Ven acá tú, hijo mío.
Ven acá tú, hijo amado.
A ti encomiendo mis armas,
Mis armas y aqueste cargo:
Que tú mates ese Conde
Si quieres vivir honrado.»
El Cid calló y escucholo.
Respuesta no le ha tornado.
A cabo de pocos días
El Cid al Conde ha topado:
Hablole de esta manera
Como varón esforzado.
«Nunca lo pensara, el Conde,
Fuérades tan mal criado.
Que porque quitó mi padre
Una liebre a vuestro galgo.
De palabras ni de obras
Fuese de vos denostado.
¿Cómo queredes que sea
Que tiene de ser vengado?»
El Conde tomolo a burlas:
El Cid presto se ha enojado;
Apechugó con el Conde.
De puñaladas le ha dado.

IV[116]

EL CID SE PREPARA A VENGAR LA AFRENTA HECHA A SU PADRE.

Pensativo estaba el Cid
Viéndose de pocos años
Para vengar a su padre
Matando al Conde Lozano.
Miraba el bando temido
Del poderoso contrario,
Que tenía en las montañas
Mil amigos asturianos;
Miraba cómo en las Cortes
Del Rey de León Fernando
Era su voto el primero,
Y en guerras mejor su brazo.
Todo le parece poco
Respecto de aquel agravio,
El primero que se ha fecho
A la sangre de Laín Calvo.
Al cielo pide justicia,
A la tierra pide campo,
Al viejo padre licencia,
Y a la honra esfuerzo y brazo.

---

[116] Este romance anónimo es artístico, perteneciente a la antepenúltima década del siglo XVI Procede del *Romancero General* y se incluye también en la colección *Flor de varios y nuevos romances* (1591), así como en el *Romancero del Cid*, de Escobar. Menéndez Pidal da de este romance una versión en su *Flor nueva de romances viejos* (1928).

Guillén de Castro lo parafraseó en la primera parte de su célebre drama *Las mocedades del Cid*.

Non cuida de su niñez;
Que en naciendo,
es costumbrado
A morir por casos de honra
El valiente fijodalgo.
Descolgó una espada vieja
De Mudarra el castellano,
Que estaba vieja y mohosa
Por la muerte de su amo;
Y pensando que ella sola
Bastaba para el descargo.
Antes que se la ciñese,
Así le dice turbado:
«Faz cuenta, valiente espada,
Que es de Mudarra mi brazo,
Y que con su brazo riñes,
Porque suyo es el agravio.
Bien sé que te correrás
De verte así en la mi mano;
Mas no te podrás correr
De volver atrás un paso.
Tan fuerte como tu acero
Me verás en campo armado;
Tan bueno como el primero.
Segundo dueño has cobrado;
Y cuando alguno te venza,
Del torpe fecho enojado,
Fasta la cruz en mi pecho
Te esconderé muy airado.
Vamos al campo, que es hora
De dar al Conde Lozano
El castigo que merece
Tan infame lengua y mano.»
Determinado va el Cid,
Y va tan determinado,
Que en espacio de una hora
Quedó del Conde vengado.

V [117]

RETO DEL CID AL CONDE, Y MUERTE DE ÉSTE.

«Non es de sesudos homes,
Ni de infanzones de pro.
Facer denuesto a un fidalgo
Que es tenudo más que vos;
Non los fuertes barraganes
Del vueso ardid tan feroz
Prueban en homes ancianos
El su juvenil furor;
No son buenas fechorías
Que los homes de León
Fieran en el rostro a un viejo,
Y no el pecho a un infanzón.
Cuidarais que era mi padre
De Laín Calvo sucesor,
Y que no sufren los tuerto?
Los que han de buenos blasón.
Mas ¿cómo vos atrevisteis
A un home, que sólo Dios,
Siendo yo su fijo, puede
Facer aquesto, otro non?
La su noble faz ñublasteis
Con nube de deshonor,
Mas yo desfaré la niebla.
Que es mi fuerza la del sol;

---

[117] También este romance, anónimo, es artístico a pesar de afectar un lenguaje arcaico. Debe ser de finales del siglo XVI. Reproduce los pormenores del desafío según se dieron en otros romances, si bien con reto altanero Por parte del Cid, que decapita al conde, cosa que no consta en los demás. Se recoge este romance en el *Romancero* de Escobar.

Que la sangre dispercude
Mancha que finca en la honor,
Y ha de ser, si bien me lembro,
Con sangre del malhechor.
La vuesa, Conde tirano,
Lo será, pues su fervor
Os movió a desaguisado
Privándovos de razón.
Mano en mi padre pusisteis
Delante el Rey con furor;
Cuidá que lo denostasteis,
Y que soy su fijo yo.
Mal fecho ficisteis, Conde,
Yo vos reto de traidor;
Y catad, pues vos atiendo,
Si me causaréis pavor,
Diego Laínez me fizo
Bien cendrado en su crisol;
Probaré en vos mi fiereza
Y en vuesa falsa intención.
Non vos valdrá el ardimiento
De mañero lidiador
Pues para vos combatir
Traigo mi espada y trotón.»
Aquesto al Conde Lozano
Dijo el buen Cid Campeador,
Que después por sus fazañas
Este nombre mereció.
Diole la muerte y vengose,
La cabeza le cortó,
Y con ella ante su padre
Contento se afinojó.

VI[118]

(SOBRE EL MISMO ASUNTO)

Consolando al noble viejo
Está el valiente Rodrigo,
Apercibiendo venganza
Y resistiendo suspiros.
Viendo al venerable anciano
Tan sin razón desmentido,
Yantar no puede un bocado,
Que nunca yantó ofendido.
«Non vos dé pena, señor,
El tuerto que el Conde os fizo,
Que cuando se atrevió a vos
Non cuidaba era yo vivo.
Las lágrimas que vertéis
Dan en mi alma hilo a hilo,
Y como van a su centro
Conviértense en rayos vivos.
¡Por el alto Dios del cielo,

---

[118] Este romance anónimo, también artístico, da una versión algo diferente del mismo asunto, aunque coincide en la degollación del conde, al que no llama *Lozano* como nombre sino como adjetivo. coincidiendo con el viejo *Cantar de Rodrigo*. Con el tiempo y por haberse unido siempre este adjetivo al apelativo de conde se acabó por llamar por corruptela «Conde Lozano» al que auténticamente se llamó don Gómez y fue conde de Gormas según la historia. (Véase la nota 48 al *Cantar de Rodrigo*.) Este romance apareció primeramente en el *Romancero General* y de allí pasó con frecuencia a las colecciones de romances cidianos.

Y en fe que soy vueso fijo,
Que os he de facer vengado
O me mataré a mi mismo!
Dadme vuesa bendición,
Con la que habéis pretendido,
En piedra de vueso honor,
Probar los quilates míos.
Siendo vos mi ensayador,
Tanto de punto he subido
Que presto veréis el fin
Que a vueso mal dio principio.»
Tomó una espada y rodela
Y de secreto se ha ido;
Vido al Conde paseando
Y estas palabras le ha dicho:
«¡Conde, lozano estaredes
De aqueste gran valentía,
Porque posaste la mano
Donde home humano ha podido
Si por la divina ley
Sabéis que fue permitido
La ofensa que se hizo al padre
Que la restauren los fijos,
Aunque acá por la del duelo,
Por ser de noventa y cinco,
El mío no está cargado,
Vos lo estáis y desmentido;
Que el que está en cuerpo de guarda,
O es de la edad que he dicho,
Ni agravia, ni es afrentado,
Por las razones que he dicho;
Y antes que muera de pena,
O non llegue de corrido,
Vengo por vuestra cabeza
Porque se la he prometido.»
Faciendo de él menosprecio,
El Conde se ha sonreído:
«¡Vete, rapaz, non te faga
Azotar cual paje niño!»
Poniendo mano el buen Cid,
Con gran cólera le ha dicho:
«La razón con la nobleza

Más vale que diez amigos.»
Son tan soberbios los golpes,
Y tan sin reparo han sido.
Que la cabeza del cuerpo
En un punto ha dividido;
Por los cabellos la lleva,
Y dándola al padre, dijo:
«Quien os trató mal en vida
Catalde a vueso servicio.»

VII[119]

EL CID PRESENTA A SU PADRE LA CABEZA DEL CONDE.

Llorando Diego Laínez
Yace sentado a la mesa,
Vertiendo lágrimas tristes
Y tratando de su afrenta;
Y transportándose el viejo,
La mente siempre inquieta
De temores muy honrados,
Va levantando quimeras,
Cuando Rodrigo venía
Con la cortada cabeza
Del Conde, vertiendo sangre,
Y asida por la melena.
Tiró a su padre del brazo,

---

[119] También este romance anónimo está, artísticamente elaborado en la última década del siglo XVI. Insiste en el tema del desafío del Cid y el conde con algunos nuevos detalles. Aquí llama ya al conde *Lozano*, como nombre propio.

Se incluye en el *Romancero del Cid* de Escobar.

Y del sueño lo recuerda,
Y con el gozo que trae
Le dice de esta manera:
«Veis aquí la hierba mala
Para que vos comáis buena;
Abrid, mi padre, los ojos
Y alzad la faz, que ya es cierta
Vuesa honra, y ya con vida
Os resucita de muerta.
De su mancha está lavada
A pesar de su soberbia;
Que hay manos que no son manos,
Y esta lengua ya no es lengua.
Yo os he vengado, señor,
Que está la venganza cierta
Cuando la razón ayuda
A aquel que se arma con ella.»
Piensa que lo sueña el viejo,
Mas no es así, que no sueña,
Sino que el llorar prolijo
Mil caracteres le muestra;
Mas al fin alzó los ojos,
Que fidalgas sombras ciegan,
Y conoció a su enemigo
Aunque en la mortal librea.
«Rodrigo, fijo del alma,
Encubre aquesa cabeza,
No sea la de Medusa
Que me trueque en dura piedra,
Y sea tal mi desventura,
Que antes que te lo agradezca
Se me abra el corazón
Con alegría tan cierta.
¡Oh Conde Lozano infame!
El Cielo de ti me venga,
Y mi razón, contra ti,
Ha dado a Rodrigo fuerzas.
Siéntate a yantar, mi fijo,
Do estoy, a mi cabecera,
Que quien tal cabeza trae
Será en mi casa cabeza.»

VIII [120]

JIMENA PIDE JUSTICIA
CONTRA EL CID.
MATADOR DE SU PADRE.

Día era de los Reyes,
Día era señalado,
Cuando dueñas y doncellas
Al Rey piden aguinaldo,
Si no es Jimena Gómez,
Hija del Conde Lozano.
Que puesta delante el Rey
Desta manera ha hablado:
«Con mancilla vivo, Rey,
Con ella vive mi madre;
Cada día que amanece
Veo quien mató a mi padre

---

[120] Este romance es tradicional, derivado de los gestos a través de varias refundiciones si bien conserva su rudeza primitiva poco alterada por los juglares que lo transmitieron. Apareció en el *Cancionero de romances* (1550) y lo recogió Fernando Wolf en su *Primavera y flor de romances* (1856). A partir del verso 10 lo -publicó Menéndez y Pelayo como romance distinto aunque con algunas variantes, tomándolo del citado *Cancionero y de Silva de romances* (1550). Desde el verso 24 tiene semejanza con el de los Infantes de Lara, tal vez más antiguo que el del Cid.

Guillén de Castro lo empleó en su comedia *Las mocedades del Cid*. Modernamente, a través de la traducción francesa de Damás Hinard, sirvió a Leconte de Lisie para su poema *Jimena* (que puede verse en el Apéndice V).

Caballero en un caballo
Y en su mano un gavilane;
Otras veces un halcón
Que trae para cazare,
Y por me hacer mis enojo
Cébalo en mí palomare:
Con sangre de mis palomas
Ensangrentó mí bríale.
Envíaselo a decir,
Enviome a menazare
Que me cortará mis haldas
Por vergonzoso lugare.
Me forzará mis doncellas
Casadas y por casare;
Matárame un pajecico
So haldas de mi briale.
Rey que no hace justicia.
No debía de reinare,
Ni cabalgar en caballo,
Ni espuela de oro calzare,
Ni comer pan en manteles.
Ni con la reina holgare,
Ni oír misa en sagrado,
Porque no merece mase.»
El Rey, de que aquesto oyera,
Comenzara de hablare:
«¡Oh, válame Dios del cielo!
Quiérame Dios consejare:
Si yo prendo o mato al Cid,
Mis cortes se volverane;
Y si no hago justicia,
Mi alma lo pagarae.»
«Ten tú las tus Cortes, Rey,
No te las revuelva nadie,
Y al que a mi padre mató
Dámelo tú por iguale,
Que quien tanto mal me hizo
Sé que algún bien me harae.»
Entonces dijera el Rey,
Bien oiréis lo que dirae:
«Siempre lo oí decir,
Y agora veo que es verdade,

Que el seso de las mujeres
Que non era naturale:
Hasta aquí pidió justicia,
Ya quiere con él casare;
Yo lo haré de muy buen grado,
De muy buena voluntade.
Mandarle quiero una carta,
Mandarle quiero llamare.»
Las palabras no son dichas,
La carta camino vae,
Mensajero que la lleva
Dado la había a su padre.
«Malas mañas habéis, Conde,
No os las puedo yo quitare,
Que cartas que el Rey os manda
No me las queráis mostrare.»
«No era nada, mi hijo,
Sino que vades allae,
Quedaos vos aquí, mío hijo,
Yo iré en vuestro lugare.»
«Nunca Dios tal cosa quiera
Ni Santa María lo mande,
Sino que adonde vos fuéredes
Que allá vaya yo delante.»

IX[121]

(SOBRE EL MISMO ASUNTO)

Grande rumor se levanta
De gritos, armas y voces
En el palacio de Burgos

---

[121] Éste es un romance artístico, anónimo, compuesto en el último tercio del siglo XVI. Escobar lo incluye en su *Romancero del Cid*. Modernamente, Menéndez Pidal lo da con, algunas variantes, en su *Flor nueva de romances viejos*.

Donde son los ricos-homes.
Bajó el Rey de su aposento
Y con él toda la Corte,
Y a las puertas del palacio
Hallan a Jimena Gómez,
Desmelenado el cabello,
Llorando a su padre el Conde,
Y a Rodrigo de Vivar
Ensangrentado el estoque.
Vieron al soberbio mozo
El rostro airado que pone,
De doña Jimena oyendo
Lo que dicen sus clamores:
«Justicia, buen Rey, te pido,
Y venganza de traidores:
Ansí se logren tus fijos
Y de mil fazañas goces.
Que aquel que no la mantiene,
De rey no merece el nombre
Nin comer pan a manteles,
Nin que le sirvan los nobles.
Mira, buen Rey, que desciendo
De aquellos claros varones
Que a Pelayo defendieron
Con castellanos pendones.
Y cuando no fuera así
Tu brazo ha de ser conforme,
Dando venganza a los chicos
Con rigor de los mayores.
Y tú, matador rabioso,
Tu espada sangrienta corte
Por esta humilde garganta
Sujeta a tan duro golpe.
Mátame, traidor, a mí,
No por mujer me perdones,
Mira que pide justicia
Contra ti Jimena Gómez.
Pues mataste un caballero,
El mejor de los mejores,
La defensa de la Fe,
Terror de los Almanzores,
No es mucho, rapaz villano.

Que te afrente y te deshonre:
La muerte, traidor, te pido,
No me la niegues ni estorbes.»
En esto, viendo Jimena
Que Rodrigo no responde,
Y que tomando las riendas
En su caballo se pone.
El rostro volviendo a todos,
Por obligallos da voces,
Y viendo que no le siguen,
Dice: «¡Venganza, señores!»

X[122]

(SOBRE EL MISMO
ASUNTO)

En Burgos está el buen Rey,
Asentado a su yantare,
Cuando la Jimena Gómez
Se le vino a querellare
Cubierta toda de luto,
Tocas de negro cendale,
Las rodillas por el suelo,
Comenzara de fablare:

---

[122] Éste es un romance tradicional derivado de las gestas, a través de varias modificaciones de la tradición oral de los juglares Viene a ser una modificación del VIII. Lo publicó Timoneda en su *Rosa española* (1575) y luego Escobar en su *Romancero*, aunque Timoneda, sustituye los versos finales desde el 34.

Sigue siendo tradicional todavía en, Andalucía y entre los judíos de Argelia y Marruecos, Guillén de Castro lo incluyó en su comedia *Las mocedades del Cid*. Menéndez Pidal lo recoge en su antología *Flor nueva de romanses viejos* (1928)

«Con mancilla vivo, Rey,
Con ella murió mi madre.
Cada día que amanece
Veo al que mató a mi padre,
Caballero en un caballo
Y en su mano un gavilane.
Por facerme más despecho
Cébalo en mi palomare,
Mátame mis palomillas,
Criadas y por criare.
La sangre que sale de ellas
Teñido me ha mi briale;
Enviéselo a decire,
Enviome a amenazare;
Rey que non face justicia.
Non debiera de reinare,
Nin cabalgar en caballo,
Nin con la Reina fablare,
Nin comer pan a manteles,
Nin menos armas armare.»
El Rey, cuando aquesto oyera,
Comenzara de pensare:
«Si yo prendo o mato al Cid,
Mis cortes revolveranse;
Pues si lo dejo de hacer,
Dios me lo ha de demandado.
Mandarle quiero una carta,
Mandarle quiero a llamare.»
Las palabras no son dichas,
La carta camino vae;
Mensajero que la lleva
Dado la había a su padre.
Cuando el Cid aquesto supo
Así comenzó a fablare:
«Malas mañas habéis, Conde,
Non vos la puedo quitare,
Que carta que el Rey vos manda
Non me la queréis mostrare.»
«Non era nada, mi fijo,
Sinon que vades allae;
Fincad vos acá, mi fijo,
Que yo iré en vueso lugare.»

«Nunca Dios lo tal quisiere,
Ni Santa María su madre,
Sino que a donde vos fuéredes
Tengo yo de ir adelante.»

XI[123]

(SOBRE EL MISMO ASUNTO)

Delante el Rey de León,
Doña Jimena una tarde
Se pone a pedir justicia
Por la muerte de su padre:
Para contra el Cid la pide,
Don Rodrigo de Vivare,
Que huérfana la dejó,
Niña y de muy poca edade.
«Si tengo razón o no,
Bien, Rey, lo alcanzas y sabes;
Que los negocios de honra
No pueden disimularse.
Cada día que amanece
Veo al lobo de mi sangre
Caballero en un caballo,
Por darme mayor pesare.
Mándale, buen Rey, pues puedes.
Que no me ronde mi calle;
Que no se venga en mujeres
El hombre que mucho vale.
Si mi padre afrentó al suyo,
Bien ha vengado a su padre,
Que si honras pagaron muerte,

---

[123] Este romance artístico, aprovechando fragmentos de otros, imita los romances tradicionales sobre este asunto. Es una reiteración del anterior y se debió componer en el último tercio del siglo XVI. Figuró en el *Romancero General.*

Para su disculpa basten,
Encomendada me tienes,
No consientas que me agravien;
Que el que a mí se me ficiere
A tu corona se face.»
«Calledes, doña Jimena,
Que me dades pena grande,
Que yo daré buen remedio
Para todos vuestros males.
Al Cid no le he de ofender,
Que es hambre que mucho vale,
Y me defiende mis reinos,
Y quiero que me los guarde;
Pero yo faré un partido
Con él, que no os esté male,
De tomalle la palabra
Para que con vos se case.»
Contenta quedó Jimena
Con la merced que le face,
Que quien huérfana la fizo,
Aquese mesmo la ampare.

XII[124]

(SOBRE EL MISMO ASUNTO)

Sentado está el señor Rey
En su silla de respaldo,
De su gente mal regida
Desavenencias juzgando.
Dadivoso y justiciero,
Premia al bueno y pena al malo;
Que castigos y mercedes

---

[124] También es este romance imitación de anteriores tradicionales, debiéndose componer a finales del siglo XVI. Se incluye en el *Romancero General* y en el *Romancero* de Escobar.

Hacen seguros vasallos.
Arrastrando luengos lutos
Entraron treinta fidalgos,
Escuderos de Jimena,
Fija del Conde Lozano.
Despachados los maceros.
Quedó suspenso el palacio,
Y así comenzó sus quejas
Humillada en los estrados:
«Señor, hoy hace seis meses
Que murió mi padre a manos
De un muchacho, que las tuyas
Para matador criaron,
Cuatro veces he venido
A tus pies, y todas cuatro
Alcancé prometimientos;
Justicia jamás alcanzo.
Don Rodrigo de Vivar,
Rapaz orgulloso y vano,
Profana tus justas leyes
Y tú amparas un profano;
Tú le celas, tú le encubres,
Y después de puesto en salvo.
Castigas a tus merinos
Porque no pueden prendallo.
Si de Dios los buenos reyes
La semejanza y el cargo
Representan en la tierra
Con los humildes humanos,
Non debiera de ser rey
Bien temido y bien amado
Quien fallesce en la justicia
Y esfuerza los desacatos.
Mal lo miras, mal lo piensas:
Perdona si mal te fablo;
Que la injuria en la mujer
Vuelve el respeto en agravio.»
«No haya más, gentil doncella
—Respondió el primer Fernando—.
Que ablandaran vuestras quejas
Un pecho de acero y mármol.
Si yo guardo a don Rodrigo,

Para vueso bien lo guardo;
Tiempo vendrá que por él
Convirtáis en gozo el llanto.»
En esto llegó a la sala
De doña Urraca un recado;
Asiola del brazo el Rey;
Donde está la Infanta entraron.

XIII[125]

EL CID EN LA CORTE DEL REY FERNANDO.

Cabalga Diego Laínez
Al buen Rey besar la mano;
Consigo se los llevaba
Los trescientos fijosdalgo.
Entre ellos iba Rodrigo,

---

[125] Este bello romance es tal vez, el más característico de los tradicionales que derivan, de las gestas, y concretamente se puede señalar el fragmento del *Cantar de Rodrigo* de donde salió.
Allegó don Diego Laínez—al rey besarle la mano...
(Serie 10, verso 6 de nuestra edición.)
Menéndez Pidal ha estudiado la evolución, de este fragmento hasta llegar a adoptar la forma, da romance, en el que se expone el asunto del cantar citado, en su manuscrito de parís que nos ha conservado la gesta.
Se publicó en el *Cancionero de romances* (1550). *Rosa española*, de Timoneda y *Romancero*, de Escobar. Primeramente se editó en pliego suelto, en 1559. Modernamente Menéndez Pidal, lo recoge en su *Flor nueva...*

El soberbio castellano.
Todos cabalgan a mula,
Sólo Rodrigo a caballo;
Todos visten oro y seda,
Rodrigo va bien armado;
Todos espadas ceñidas,
Rodrigo estoque dorado;
Todos con sendas varicas,
Rodrigo lanza en la mano;
Todos guantes olorosos,
Rodrigo guante mallado;
Todos sombreros muy ricos,
Rodrigo casco afinado,
Y encima del casco lleva
Un bonete colorado.
Andando por su camino,
Unos con otros hablando,
Allegados son a Burgos:
Con el Rey se han encontrado.
Los que vienen con el Rey
Entre sí van razonando;
Unos lo dicen de quedo.
Otros lo van publicando:
«Aquí viene entre esa gente
Quien mató al Conde Lozano.»
Como lo oyera Rodrigo,
En hito los ha mirado;
Con alta y soberbia voz
Desta manera ha hablado:
«Si hay alguno entre vosotros.
Su pariente o adeudado,
A quien pese de su muerte,
Salga luego a demandallo;
Yo se lo defenderé.
Quiera a pie, quiera a caballo.»
Todos responden a una:
«Demándelo su pecado.»
Todos se apearon juntos
Para al Rey besar la mano;
Rodrigo sólo quedó
Encima de su caballo.
Entonces fabló su padre,

Bien oiréis lo que ha fablado.
«Apeadvos, fijo mío,
Besaréis al Rey la mano,
Porque él es vuestro señor;
Vos, fijo, sois su vasallo.»
Desque Rodrigo esto oyera
Sintiose muy agraviado;
Las palabras que responde
Son de hombre muy enojado.
«Si otro me lo dijera,
Ya me lo hubiera pagado;
Mas por mandarlo vos, padre,
Yo lo faré de buen grado.»
Ya se apeaba Rodrigo
Para al Rey besar la mano;
Al hincar de la rodilla
El estoque se ha arrancado:
Espantose desto el Rey
Y dijo como turbado:
«Quítateme allá, Rodrigo,
Quítateme allá, diablo;
Que tienes el gesto de home,
Los fechos de león bravo.»
Como Rodrigo esto oyó,
Apriesa pide el caballo;
Con voce muy alterada,
Contra el Rey así fablando:
«Por besar mano de rey
No me tengo por honrado;
Porque la besó mi padre
Me tengo por afrentado.»
En diciendo estas palabras
Salido se ha de palacio;
Consigo se los tornaba
Los trescientos fijosdalgo.
Si bien vinieron vestidos,
Volvieron mejor armados;
Y si vinieron en mulas,
Todos vuelven en caballos.

XIV [126]

RODRIGO PRENDE CINCO REYES MOROS. QUE LE DAN EL TÍTULO DE CID, Y SE LE RECONOCEN TRIBUTARIOS.

Reyes moros en Castilla
Entran con gran alarido;
De moros son cinco reyes,
Los demás mucho gentío.
Pasaron por junto a Burgos,
A Montes-d'Oca han corrido,
Y corriendo a Belforado,
También a Santo Domingo,
A Nájera y a Logroño,
Todo lo habían destruido
Llevan presa de ganados,
Muchos cristianos cautivos.
Hombres muchos y mujeres.
Y también niñas y niños.
Ya se vuelven a sus tierras
Bien andantes y muy ricos,
Porque el Rey ni otro ninguno
A quitárselo han salido.
Rodrigo, cuando lo supo
En Vivar, el su castillo.
Mozo es de pocos días,
Los veinte años no ha cumplido.
Cabalga sobre Bableca
Y con él los sus amigos:

---

[126] Éste es un romance anónimo artístico de la escuela y estilo de los de Lorenzo de Sepúlveda que lo incluyó, entre los suyos en su libro *Romances nuevamente sacados...* (1506). También lo incluyó Escobar en su *Romancero*.

Apellidara a la tierra;
Mucha gente le ha venido.
Gran salto diera en los moros:
En Montes-d'Oca, el castillo.
Venciera todos los moros
Y prendió los reyes cinco.
Quitárale la gran presa
Y gentes que iban cautivos;
Repartiera las ganancias
Con los que le habían seguido;
Los reyes trajera presos
A Vivar, el su castillo;
Entregolos a su madre,
Ella los ha recibido;
Soltolos de la prisión,
Vasallaje han conocido,
Y a Rodrigo de Vivar
Todos lo han bendecido.
Loaban su valentía;
Sus parias le han prometido;
Fuéronse para sus tierras
Cumpliendo lo que habían dicho.

XV[127]

PIDE JIMENA AL REY QUE LA DESPOSE CON EL CID, EN RESARCIMIENTO DE LA ORFANDAD EN QUE LA DEJÓ POR HABER MUERTO A SU PADRE.

De Rodrigo de Vivar
Muy grande fama corría;
Cinco reyes ha vencido,
Moros de la morería.
Soltolos de la prisión
Do metidos los tenía;
Quedaron por sus vasallos.
Sus parias le prometían.
En Burgos estaba el Rey
Que Fernando se decía.
Aquesta Jimena Gómez
Ante el buen Rey parecía;
Humilládose había ante él
Y su razón proponía:
«Fija soy yo de don Gómez,
Que en Gormaz condado había;
Don Rodrigo de Vivar
Le mató con valentía.
La menor soy yo de tres
Fijas que el Conde tenía,
Y vengo a os pedir merced
Que me hagáis en este día,
Y es que aquese don Rodrigo
Por marido yo os pedía.
Terneme por bien casada.
Honrada me contaría.
Que soy cierta que su hacienda
Ha de ir en mejoría,
Y él mayor en el estado
Que en la vuestra tierra había.
Hareisme así gran merced,
Hacer a vos bien vernía,
Porque es servicio de Dios
Y yo le perdonaría
La muerte que dio a mi padre,
Si él aquesto concedía.»
El Rey hobo por muy bien
Lo que Jimena pedía.
Escribiérale sus cartas:

[127] Romance anónimo de finales del siglo XVI sobre el pasaje del Cid que promete no consumar el matrimonio hasta vencer en cinco lides a los moros, según se dice ya en el *Cantar de Rodrigo*. (Véase la nota 51 al *Cantar*.)

Lo recogió Sepúlveda en su libro *Romances nuevamente sacados*... También, lo recogió Escobar en su *Romancero*

Que viniese, le decía,
A Plasencia, donde estaba,
Que es cosa que le cumplía.
Rodrigo, que vio las cartas
Que el Rey Fernando le envía,
Cabalgó sobre Bableca,
Muchos en su compañía:
Todos eran fijosdalgo
Los que Rodrigo traía;
Armas nuevas traían todos,
De una color se vestían;
Amigos son y parientes.
Todos a él le seguían.
Trescientos eran aquellos
Que con Rodrigo venían.
El Rey salió a recibirlo,
Que muy mucho le quería.
Díjole el Rey: «Don Rodrigo
Algradézcoos la venida,
Que aquesa Jimena Gómez
Por marido a vos pedía,
Y la muerte de su padre
Perdonada os la tenía.
Yo vos ruego que lo hagáis.
Dello gran placer habría;
Hacervos he gran merced,
Muchas tierras yo os daría.»
«Pláceme, Rey y Señor
—Don Rodrigo respondía—,
En esto y en todo aquello
Que tu voluntad sería.»
El Rey se lo agradeció.
Desposados los había
El Obispo de Palencia,
Y el Rey dádole había
A Rodrigo de Vivar
Mucho más que antes tenía.
Y amolo en el corazón
Que todo lo merecía.
Despidiérase del Rey,
Para Vivar se volvía;
Consigo lleva a su esposa,

Su madre la recebía.
Rodrigo se la encomienda
Como a su persona misma;
Prometió como quien era
Que a ella no llegaría
Hasta que las cinco huestes
De los moros no vencía.

XVI[128]

CASAMIENTO DEL CID CON JIMENA.

A Jimena y a Rodrigo
Prendió el Rey palabra y mano
De juntarlos para en uno
En presencia de Laín Calvo.
Las enemistades viejas
Con amor las olvidaron,
Que donde preside amor
Se olvidan quejas y agravios.
El Rey dio al Cid a Valduerna,
A Saldaña y Belforado
Y a San Pedro de Cardeña,
Que en su hacienda vincularon.
Entrose a vestir de boda
Rodrigo con sus hermanos;
Quitose gola y arnés
Resplandeciente y grabado.
Púsose un medio botarga
Con unos vivos morados,
Calzas, valona tudesca

---

[128] Este romance anónimo es, como se puede ver, un romance artístico, compuesto a fines del siglo XVI, cuyas costumbres se reflejan en él. Se publicó en el *Romancero General* y en el de Escobar. Menéndez Pidal lo incluye en su *Flor nueva de romances viejos.*

De aquellos siglos dorados;
Eran de grana de polvo
Y de vaca los zapatos.
Con dos hebillas por cintas
Que le apretaban los lados;
Camisón redondo y justo,
Sin filetes ni recamos.
Que entonces el almidón
Era pan para muchachos;
Un jubón de raso negro,
Ancho de manga, estofado.
Que en tres o cuatro batallas
Su padre lo había sudado;
Una acuchillada cuera
Se puso encima del raso,
En remembranza y memoria
De las muchas que había dado;
Una gorra de contray
Con una pluma de gallo;
Llevaba puesto un tudesco
En felpa, todo aforrado;
La Tizona rabitiesa,
Del mundo temor y espanto,
En tiros nuevos traía,
Que costaron cuatro cuartos.
Más galán que Gerineldos,
Baja el Cid famoso al patio
Donde Rey, Obispo y Grandes
En pie estaban aguardando.
Tras esto bajó Jimena,
Tocada en toca de papos,
Y no con estas quimeras
Que agora llaman hurracos.
De paño de Londres fino
Era el vestido bordado;
Unas garnachas muy justas
Con un chapín colorado;
Un collar de ocho patenas
Con un San Miguel colgado,
Que apreciaron una villa
Solamente de las manos.
Llegaron juntos los novios,

Y al dar la mano y abrazo,
El Cid, mirando a la novia,
Le dijo todo turbado:
«Mató a tu padre, Jimena,
Pero no a desaguisado;
Matele de hombre a hombre
Para vengar cierto agravio.
Maté hombre, y hombre doy;
Aquí estoy a tu mandado,
Y en lugar del muerto padre
Cobraste marido honrado.»
A todos pareció bien.
Su discreción alabaron,
Y así se hicieron las bodas
De Rodrigo el castellano.

XVII[129]

(SOBRE EL MISMO ASUNTO)

A su palacio de Burgos,
Como buen padrino honrado,
Llevaba el Rey a yantar
A sus nobles afijados,
Salen juntos de la iglesia
El Cid, Obispo y Laín Calvo.
Con el gentío del pueblo
Que los iba acompañando.
Por la calle adonde van
A costa del Rey gastaron
En un arco muy polido
Más de treinta y cuatro cuartos.

---

[129] Romance anónimo artístico de últimos del siglo XVI, en que se pinta con gracia y espontaneidad, una boda de aldea entre gentes sencillas, tan distante de lo que debió ser la del Cid celebrada en la corte.

Se publicó en el *Romancero General*.

En las ventanas alfombras,
En el suelo juncia y ramos,
Y de trecho a trecho había
Mil trovas al desposado.
Salió Pelayo hecho toro
Con un paño colorado,
Y otros que le van siguiendo
Y una danza de lacayos.
También Antolín salió
A la jineta en un asno,
Y Peláez con vejigas
Fuyendo de los muchachos.
Diez y seis maravedís
Mandó el Rey dar a un lacayo,
Porque espantaba a las fembras
Con un vestido de diablo.
Más atrás viene Jimena,
Trabándole el Rey la mano,
Con la Reina, su madrina,
Y con la gente de manto.
Por las rejas y ventanas
Arrojaban trigo tanto,
Que el Rey llevaba en la gorra,
Como era ancha, un gran puñado;
Y a la homildosa Jimena
Se le metían mil granos
Por la marquesota al cuello,
Y el Rey se los va sacando.
Envidioso dijo Suero,
Que lo oyera el Rey, en alto:
«Aunque es de estimar ser Rey,
Estimara más ser mano.»
Mandole por el requiebro
El Rey un rico penacho,
Y a Jimena le rogó
Que en casa le dé un abrazo.
Fablándola iba el Rey,
Mas siempre la fabla en vano.
Que non dirá discreción
Como la que faz callando.
Llegó a la puerta el gentío,
Y partiéndose a dos lados,

Quedose el Rey a comer
Y los que eran convidados.

XVIII[130]

TRAJES DEL CID Y DE JIMENA EN EL DÍA DE SUS BODAS.

Domingo por la mañana,
Cuando el claro sol salió
Más alegre que otras veces
Por gozar de la ocasión,
Don Rodrigo de Vivar,
El que la palabra dio
De casarse con Jimena,
Ese día la cumplió.
Y para ir a la iglesia
A tomar la bendición,
Por mostrar lo que valía,
¡Oh qué galán que salió!
Que de raso columbino
Llevaba un rico jubón
Calza colorada y justa
Porque su gusto ajustó;
Bohemio de paño negro,

_____

[130] Romance anónimo artístico, compuesto en el siglo XVI como se ve tanto por el estilo como por el asunto, que viene a ser continuación del anterior. En este romance se entretiene el autor en hacer la descripción del indumento del Cid, al que atavía como un personaje del XVI. Se publicó en el *Romancero General.* Si todos estos detalles no dijeran bien a las claras su procedencia moderna, aún podría fundamentarse en ciertos toques de conceptismo.

De raso la guarnición,
La manga larga y angosta
Con capilla de buitrón;
Jaqueta lleva de raja
Y en ella mucho brahón,
Y las faldetas tan cortas
Que se parece al jubón;
Lleva un cinto tachonado,
De plata, los cabos son:
Pendiente lleva del cinto
Un doblado mocador.
Zapatos lleva de seda
De un amarillo color.
Abiertos y acuchillados,
Porque era acuchillador.
Un collar de piedras y oro
Que al muerto suegro sirvió:
La gorra lleva con plumas,
Y un labrado camisón;
Y de la Tizona, espada
A quien él mucho estimó,
De terciopelo morado
Los tiros y vaina son.
Todos los grandes le aguardan
Cuantos en la. Corte son:
Sale el Cid, y hácenle campo
Porque era. Cid Campeador.
El Rey le lleva a su lado,
Que en hacerlo adivinó
Que de otros muy muchos reyes
Rodrigo le hará señor.
Todos le llevan en medio
En orden y procesión,
Y para ir a la iglesia
Todos se mueven a un son,

XIX[131]

EL, CID VA EN ROMERÍA A SANTIAGO. MILAGRO DEL GAFO.

Ya se parte don Rodrigo
Que de Vivar se apellida
Para visitar Santiago,
Adonde va en romería.
Despidiose de Fernando,
Aquese rey de Castilla,
Que le dio muchos haberes
Sin dones que dado había.
Veinte vasallos consigo
Llevaba en su compañía,
Mucho bien y gran limosna
Hacía por donde iba,
Daba a comer a los pobres
Y a los que pobreza habían.
Siguiendo por su camino
Muy grande llanto oía,
Que en medio de un tremedal
Un gafo triste plañía,
Dando voces que lo saquen

---

[131] En este romance anónimo se recoge la relación de la romería del Cid a Santiago, piadosa tradición española que ya aparece en el viejo *Cantar de Rodrigo* (serie 10) de donde la tomó, sin, duda, el romancista anónimo que lo compuso. (Véase la nota 60 al *Cantar*) Lo recogió Lorenzo de Sepúlveda en su obra *Romances nuevamente sacados...*

Sobre la relación de este romance y el siguiente, que Damás Hinard tradujo al francés, el poeta Julio Barbey D'Aurevilly compuso su poema *El Cid*. (Puede verse en el Apéndice V.)

Por Dios y Santa María.
Rodrigo cuando lo oye
Para el gafo se venía,
Descendiera de la bestia,
En tierra se descendía;
En la silla lo subió,
Delante sí lo ponía;
Llegaron a la posada
Do albergaron aquel día.
Sentados son a cenar,
Comían a una escudilla.
Gran enojo habían los suyos
De aquesto que el Cid hacía,
No quieren estar presentes,
A otra posada se iban.
Hicieron al Cid y al gafo
Una cama en que dormían
Ambos, cuando a medianoche,
Ya que Rodrigo dormía,
Un soplo por las espaldas
El gafo dado le había,
Tan recio fue que a los pechos
A don Rodrigo salía.
Despertó muy espantado,
Al gafo buscado había:
No lo hallaba en la su cama,
A voces lumbre pedía.
Traídole habían la lumbre,
El gafo no parecía;
Tornado se había a la cama,
Gran cuidado en sí tenía
De lo que le aconteciera.
Mas vio un hombre que a él venía
Vestido de paños blancos,
Y que aquesto le decía:
«¿Duermes o velas, Rodrigo?»
«No duermo—le respondía—;
Pero dime quién tú eres
Que tanto resplandecías.»
«San Lázaro soy, Rodrigo,
Yo que a te hablar venía;
Yo soy el gafo a que tú

Por Dios tanto bien hacías.
Rodrigo, Dios bien te quiere,
Otorgado te tenía
Que lo que tú comenzares
En lides, o en otra guisa,
Lo cumplirás a tu honra
Y crecerá cada día.
De todos serás temido,
De cristianos y morisma,
Y que los tus enemigos
Empecerte no podrían;
Morirás, tú, muerte honrada,
No tu persona vencida,
Tú serás el vencedor,
Dios su bendición te envía.»
En diciendo estas palabras
Luego se desparecía.
Levantose don Rodrigo
Y de hinojos se ponía,
Dio gracias a Dios del cielo,
También a Santa María;
Ansí estuvo en oración
Hasta que fuera de día.
Partiérase a Santiago,
Su romería cumplía;
De allí se fue a Calahorra,
Adonde el buen rey yacía.
Muy bien lo había recebido.
Holgose con su venida,
Lidió con Martín González
Y en el campo lo vencía.

XX[132]

(SOBRE EL MISMO ASUNTO)

Celebradas ya las bodas
A do la Corte yacía
De Rodrigo con Jimena,
A quien tanto el Rey quería,
El Cid pide al Rey licencia
Para ir en romería
Al Apóstol Santiago,
Porque así lo prometía.
El Rey túvolo por bien,
Muchos dones le daría;
Rogole volviese presto,
Que es cosa que le cumplía.
Despidiose de Jimena,
A su madre la daría.
Diciendo que la regale,
Que en ello merced le haría.
Llevaba veinte fidalgos
Que van en su compañía;
Dando va muchas limosnas
Por Dios y Santa María;
Y allá en medio del camino
Un gafo le aparecía
Metido en un tremedal.
Que salir dél no podía.
Grandes voces está dando;
Por amor de Dios pedía
Que le sacasen de allí
Pues dello se serviría.
Cuando lo oyera Rodrigo
Del caballo descendía;

Ayudolo a levantar
Y consigo lo subía.
Lleváralo a su posada,
Consigo cenado había;
Ficiéranles una cama,
En la cual ambos dormían.
Hacia allá la medianoche.
Ya que Rodrigo dormía.
Un soplo por las espaldas
El gafo dado le había
Tan recio, que por los pechos
A don Rodrigo salía.
Despertó muy espantado;
Al gafo buscado había;
No le fallaba en la cama;
A voces lumbre pedía.
Traídole habían lumbre
Y el gafo no parecía.
Tornádose había a la cama,
Gran cuidado en sí tenía
De lo que le aconteciera;
Mas un hombre a él venía
Vestido de blancos paños;
De esta manera decía:
«¿Duermes o velas, Rodrigo?»
«No duermo—le respondía—;
Pero, dime tú, ¿quién eres,
Que tanto resplandecías?»
«San Lázaro soy, Rodrigo,
Que yo a fablarte venía.
Yo soy el gafo a que tú
Por Dios tanto bien facían.
Rodrigo, Dios bien te quiere,
Y otorgado te tenía
Que lo que tú comenzares
En lides o en otra vía,
Lo cumplirás a tu honra
Y crecerás cada día;
De todos serás temido,
De cristianos y morisma,
Y que los tus enemigas
Empecer no te podrían.

---

[132] Este romance viene a ser una casi reproducción del anterior. Como él, es artificioso y de la misma época. Lo recoge Escobar en su *Romancero*.

Morirás tu muerte honrada,
Tu persona no vencida;
Tú serás el vencedor,
Dios su bendición te envía.»
En diciendo estas palabras,
Luego desaparecía.
Levantose don Rodrigo,
Y de hinojos se ponía;
Dio gracias a Dios del cielo,
También a Santa María,
Y ansí estuvo en oración
Hasta que fuera de día.
Partiose para Santiago,
Su romería cumplía;
De allí se fue a Calahorra,
Adonde el buen Rey yacía.
Recibiéralo muy bien,
Holgose de su venida;
Lidió con Martín González,
En el campo le vencía.

XXI [133]

REMITIDA A DUELO SINGULAR LA POSESIÓN DE CALAHORRA, EL CID. CAMPEÓN POR CASTILLA, VENCE A MARTÍN GONZÁLEZ, QUE LO ERA POR ARAGÓN.

Sobre Calahora, esa villa,
Contienda se ha levantado
Entre el buen Rey de León,

---

[133] Romance anónimo artístico, del estilo y época de los de Sepúlveda. quien lo recogió en su obra *Romances nuevamente sacados...* (Véase la nota 57 al *Cantar.*)

Llamado el primer Fernando,
Y Ramiro de Aragón,
Cuyo reino es el nombrado,
Que ambos los reyes dicen
Que es villa de su reinado.
Por quitar muertes y guerras,
Los reyes han acordado
Que lidien dos caballeros,
Cada uno de su bando;
Y el que de aquestos venciese,
Que su rey la haya a su mando.
Fernando nombró a Rodrigo
De Vivar, el muy nombrado;
Ramiro a Martín González,
Muy valiente y esforzado.
Armados ambos que son,
En el campo son entrados;
En haciendo la señal,
Muy recio se han encontrado;
Quebraron ambos las lanzas,
Quedaron muy lastimados,
Mal feridos de los fierros,
De los encuentros pasados.
Martín le dijo a Rodrigo,
De esta suerte le ha fablado:
«Mucho Rodrigo, vos pese
De haber sido tan osado
De entrar conmigo en batalla,
De do saldréis mal pagado;
Que aquesa vuesa cabeza
Aquí quedará en el campo;
Non volveréis a Castilla,
Ni a Vivar, el vuestro estado,
Ni Jimena vuestra esposa
Jamás vos verá a su lado,
Aunque dicen que la amáis,
Y que de ella sois amado.»
De las palabras que ha dicho,
Mucho a Rodrigo ha pesado,
Y con saña muy crecida
Ansí le había fablado:
«Sois, Martín, buen caballero,

Notad lo por vos fablado:
Aquesas vuestras palabras
No son de hombre esforzado,
Que aquesta lid comenzada,
Por manos se habrá librado,
Non por razones livianas
De que sois tan abastado.
En la mano de Dios es
Lo que habéis vos razonado,
Y él dará la honra a quien
Viere que es bien empleado.»
Dijo, y con crecido enojo
Para él se fue denodado;
Muchas heridas le dio,
En tierra lo ha derribado.
Don Rodrigo se apeó,
La cabeza le ha cortado,
Y la sangre de su espada
Luego la había limpiado.
Las rodillas por el suelo,
Las manos puestas en alto,
Muchas gracias daba a Dios,
Que tal victoria le ha dado;
Y díjoles a los jueces,
Esto les ha preguntado:
«¿Queda aquí más por hacer
Para que sea del reinado
De mi señor Calahorra,
Sobre que se ha batallado?»
Respondieron todos juntos:
«No, caballero esforzado,
Que en la batalla pasada
El derecho le es quitado
A Ramiro, aqueste Rey,
Que decía ser de su Estado.»
Fernando abrazó a Rodrigo,
Tiénenlo por estimado:
Del Rey era muy querido,
Del todo el mundo loado.

XXII[134]

ENTRE SAN ESTEBAN DE GORMAZ Y ATIENZA DERROTA EL CID A LOS MOROS, Y HACE EN ELLOS MATANZA Y RICA PRESA.

Muy grandes huestes de moros
A Extremadura corrían
Captivan muchos cristianos;
Acorro ninguno habían.
A Rodrigo de Vivar
Los acorra le pedían;
Don Rodrigo, como bueno.
Sus gentes luego apellida.
Amigos son y parientes
Todos los que le venían;
En busca va de los moros,
La su seña va tendida.
El iba por capitán,
Sobre sí buena loriga;
Cabalga sobre Babieca,
Placer es de ver cuál iba.
Animando va los suyos:
«Nadie muestre cobardía;
Pues que todos sois hidalgos
De los buenos de Castilla,
Muramos como valientes;
Aquí es bien perder la vida.»
Entre Atienza y Sant Esteban
Que de Gormaz se decía.

---

[134] Este romance anónimo toma su asunto de la *Crónica, del Cid* y está hecho el estilo de los romances fronterizos. Es sin duda de últimos del siglo XVI y lo recoge Sepúlveda en, sus *Romances nuevamente sacados...*

Alcanzado habían los moros:
Lid campal habían ferida.
Don Rodrigo los venció;
Libra la gente captiva:
Quitábales los ganados
Siete leguas los seguía.
Tantos mató de los moros,
Que contarse no podían;
Gran haber ganara de ellos,
Captivos en demasía;
Doscientos son los caballos
Que a don Rodrigo cabían;
Cien mil marcos el despojo;
El todo lo repartía
Entre toda la su gente
Comúnmente, sin codicia
A Vivar se había tornado
Con gran honra que adquiría;
De todos es muy loado,
Y del Rey a maravilla.

XXIII [135]

EL CID GANA A COIMBRA DE LOS MOROS, CON LA AYUDA DE SANTIAGO

[135] Este romance anónimo sobre la toma de Coimbra es artificioso. Trata el asunto tornándolo de la *Crónica* y hace intervenir el milagroso suceso de la batalla de Clavijo. Al hecho de haberse armado caballero el Cid en esta circunstancia ha de aludir el romance LIII, en él la infanta doña Urraca recordará al Campeador su intervención con el apostrofe *Afuera., afuera Rodrigo.*
Este romance lo recogió Sepúlveda en su obra, lo mismo que Escobar en su *Romancero.*

APÓSTOL. EL REY ARMA CABALLERO AL CID, CALZÁNDOLE LA ESPUELA LA INFANTA DOÑA URRACA.

Cercada tiene a Coimbra
Aquese buen Rey Fernando;
Siete años duró el cerco,
Que jamás lo hubo quitado,
Porque el lugar es muy fuerte,
De muros bien torreado.
No hay vianda en el real,
Que todo lo habían gastado.
Ya quieren alzar el cerco,
Al Rey monjes han llegado
De aquese gran monasterio
Que nombrado era Lormano,
Que con trabajo crecido
Habían mucho trigo alzado,
Mucho mijo y aun legumbres,
Y al Rey todo se lo han dado,
Rogándole no alce el cerco,
Que darían, vianda abasto.
El Rey se lo agradeció.
Tomó lo que le fue dado,
Partiolo por sus campañas,
Viandas les han abondado;
Quebrantaron muchos muros,
Los moros se han amistado.
Dádose habían al Rey
La villa y todo su algo;
Sólo fincan con las vidas.
Que el Rey se las ha otorgado.
En tanto que dura el cerco
Un romero había llegado,
Que viene de allá de Grecia
Al Apóstol Santiago.
Astiano había por nombre,
Obispo es intitulado:
Faciendo estaba oración
Ante el Apóstol muy santo.

Astiano oyó decir
Que el Apóstol Santiago
Entraba en las grandes lides
Armado y en un caballo
A pelear con los moros
En favor de los cristianos.
El Obispo, que lo oyó,
Muy mucho le había pesado:
«Non lo digáis, caballero,
Pescador era llamado.»
Y con esta gran porfía
Dormido se habla quedado.
Santiago se le aparece
Con llaves en la su mano.
Y con muy alegre rostro
Dijo: «Tú faces escarnio
Por llamarme caballero,
Y en ello tanto has cuidado.
Vengo yo ahora a mostrarte
Porque no dudes en vano.
Caballero soy de Cristo,
Ayudador de cristianos
Contra el poder de los moros,
Y de ellos soy abogado.»
Estando en estas razones
Traído le fue un caballo:
Blanco era y muy fermoso,
Santiago lo ha cabalgado
Guarnido de todas armas.
Limpias, blancas, relumbrando;
Y a guisa de caballero
A ayudar va al Rey Fernando
Que yace sobre Coimbra
Había ya siete años.
«Y con estas llaves mismas
—Dijo—que llevo en mis manos,
Abriría yo el lugar;
Mañana, el día llegado,
Daréselo yo al Rey,
Que lo ha tenido cercado.»
Y en aquesta propia hora
Al Rey lo había entregado.

Nombrose Santa María
La mezquita que han hallado,
Consagrándola en su nombre;
Y en ella se había armado
Caballero don Rodrigo
De Vivar, el afamado.
El Rey le ciñó la espada;
Paz en la boca le ha dado;
No le diera pescozada
Como a otros había dado,
Y por hacerle más honra
La Reina le dio el caballo,
Y doña Urraca la Infanta
Las espuelas le ha calzado.
Novecientos caballeros
Don Rodrigo había armado:
Mucha honra le hace el Rey,
Y mucho fuera loado.
Porque fuera muy valiente
En ganar lo que es contado,
Y en otros muchos lugares
Que a su Rey ha conquistado.

XXIV[136]

QUÉJASE JIMENA AL CID DE QUE LA DEJA POR ACUDIR A LAS BATALLAS.

Al arma, al arma sonaban
Los pífanos y atambores:
Guerra, fuego, sangre, dicen

---

[136] Romance anónimo artístico de la última década del siglo XVI. con elementos renacentistas y hasta conceptistas. Sobresale el sentido lírico a través de todo el romance, denunciando un poeta de sensibilidad fina.

Se recogió en el *Romancero General.*

Sus espantosos clamores.
El Cid apresta su gente,
Todos se ponen en orden,
Cuando llorosa y humilde
Le dice Jimena Gómez:
«Rey de mi alma y de esta tierra
Conde,
¿Por qué me dejas? ¿Dónde vas?
¿Adónde?
Que si eres Marte en la guerra.
Eres Apolo en la Corte,
Donde matas bellas damas
Como allá moros feroces.
Ante tus ojos se postran,
Y de rodillas se ponen
Los reyes moros y fijas
De reyes cristianos nobles.
Rey de mi alma y de esta tierra
Conde,
¿Por qué me dejas? ¿Dónde vas?
¿Adónde?
Ya truecan todas las galas
Por lucidos morriones.
Por arneses de Milán
Los blandos paños de Londres,
Las calzas por duras grevas,
Por mallas guantes de flores.
Mas nosotros trocaremos
Las almas y corazones.
Rey de mi alma y de esta tierra
Conde,
¿Por qué me dejas? ¿Dónde vas?
¿Adónde?»
Viendo las duras querellas
De su querida consorte,
No puede sufrir el Cid
Que no la consuele y llore.
«Enjugad, señora—dice—,
Los ojos hasta que torne.»
Ella, mirando los suyos,
Su pena publica a voces:

«Rey de mi alma y de esta tierra
Conde,
¿Por qué me dejas? ¿Dónde vas?
¿Adónde?»

XXV[137]

EL CID PIDE EL TRIBUTO AL MORO.

Por el val de las Estacas
Pasó el Cid a mediodía
En su caballo Babieca:
¡Oh qué bien que parecía!
El rey moro, que lo supo,
A recibirle salía.
Dijo: «Bien vengas, el Cid,
Buena sea tu venida,
Que si quieres ganar sueldo,
Muy bueno te lo daría,
O si vienes por mujer
Darte be una hermana mía.»
«Que no quiero vuestro sueldo
Ni de nadie lo querría,
Que ni vengo por mujer,
Que viva tengo la mía;
Vengo a que pagues las parias
Que tú debes a Castilla.»
«No te las daré, buen Cid;
Cid, yo no te las daría:
Si mi padre las pagó,

---

137 Éste es un romance tradicional de los llamados viejos, que se ha transmitido sin grandes alteraciones. Wolf lo recogió en su *primavera y flor de romances* tomándolo de un códice del siglo XIV. Durán lo da en su *Romancero General* aunque dice, por equivocación sin duda, que es un códice del XVI.

Fizo lo que no debía.»
«Si por bien no me las das,
Yo por mal las tomaría.»
«No lo harás así, buen Cid,
Que yo buena lanza había.»
«En cuanto a eso. Rey moro;
Creo nada te debía,
Que si buena lanza tienes,
Por buena tengo la mía;
Mas da sus parias al Rey,
A ese buen Rey de Castilla.»
«Por sor vos su mensajero,
De buen grado las darla.»

XXVI [138]

DEFIENDE EL CID DE UNA VIOLENCIA A AXA, DAMA DE ABDALLA, AL CUAL IBA BUSCANDO PARA COMBATIRLE.

Cuando el rojo y claro Apolo
El hemisferio alumbraba,
Y cuando su hermana bella
En el otro se mostraba,
Por una verde espesura
De árboles bien cercada,
Donde dulces ruiseñores
Muy claramente cantaban
Y donde el céfiro manso
Sabrosamente soplaba,

[138] Éste es un romance original de Lucas Rodríguez en el que da cuenta de un hecho del Cid al que no hay referencia ni en las crónicas ni en las tradiciones cidianas. Parece una aventura caballeresca inventada por el poeta que lo publicó en su *Romancero historiado* (1581).

Con esfuerzo y gallardía
Un caballero pasaba
En un caballo fogoso
Bordado el jaez de plata.
Las armas de fino acero,
Todo de blanco se armaba:
Una lanza larga y gruesa,
Y en ella veleta blanca.
Ha salido de Castilla
Y entra bravo en Lusitania:
Solo va a buscar un moro
Que el fuerte Abdalla se llama,
Que la fama de sus hechos
Por toda España volaba.
En medio de su camino
El caballo se paraba.
Don Rodrigo es de Vivar,
Que con la espuela le daba;
Mas el caballo por eso
Adelante no pasaba.
Como esto vido Rodrigo
En los estribos se alza;
Por ver qué cosa sería,
A todas partes miraba.
Hincando la lanza en tierra,
En los estribos se alzaba,
Y oyó una voz que decía,
Aunque no vio quién la daba:
«¡Oh ingrata y cruel fortuna!
Di si estás de mí vengada,
Pues me has quitado la vida
Y con ella el bien del alma.»
Metiose por la espesura
Por saber quién lamentaba,
Cuando no lejos de sí
Vio que un moro se quejaba
Tendido en la fresca hierba
Que en sangre teñida estaba
De las heridas que tiene,
Que todo el cuerpo le pasan.
Cuando lo vio don Rodrigo,
Movido de grande lástima,

Apeose del caballo;
Mas aún no bien se apeaba,
Vio estar cuatro caballeros,
Y con ellos una dama
Que de ellos se defendía,
Aunque ya cansada estaba;
Y como vio a don Rodrigo
A grandes voces le llama:
«Ayudeisme, caballero,
Si cortesía en vos se halla:
Yo soy Axa, sin ventura
Cautiva del fuerte Abdalla.»
Arremetió don Rodrigo
Poniendo en ristre la lanza:
Los cuatro vienen a él,
Y cada cual le encontraba.
No le mueven de la silla,
Y él a uno derrocaba:
Vuelve furioso a los tres,
Poniendo mano a la espada:
Dio al uno tan fuerte golpe
Que en tierra lo derribaba:
Los dos se vuelve fuyendo
Y él de ellos no se curaba.
A la dama se volvía
Por saber lo que pasaba;
Mas la dama, temerosa,
No le responde palabra,
Antes por la espesura
Iba buscando a su Abdalla.
No curó más de seguirla;
Mas en Castilla se entraba:
Y así fizo buena obra
A quien la pensó hacer mala.

XXVII [139]

EL CID COMBATE Y MATA AL MORO ABDALLA, REY DE SEVILLA.

Por el val de las Estacas
El buen Cid pasado había:
A la mano izquierda deja
La villa de Constantina.
En su caballo Babieca,
Muy gruesa lanza traía:
Va buscando al moro Abdalla,
Que enojado le tenía:
Travesando un antepecho,
Y por una cuesta arriba,
Dábale el sol en las armas,
¡Oh qué bien que parecía!
Vido ir al moro Abdalla
Por un llano que allí había,
Armado de fuertes armas;
Muy ricas ropas traía.
Dábale voces el Cid,
De esta manera decía:
«Espéresme, moro Abdalla,
No demuestres cobardía.»
A las voces que el Cid daba
El moro le respondía:
«Muchos tiempos ha, buen Cid,
Que esperaba yo este día.
Porque no hay hombre nacido

---

[139] Este romance es también tradicional o viejo y repite el asunto del XXV con algunas variantes. Se publicó en la *Silva de romances* (1550) y Timoneda lo reprodujo en su *Rosa española*. Lo recogieron, también Wolf y Durán. Modernamente, Menéndez Pidal lo da, con algunas variantes, en su *Flor nueva de romances viejos*.

De quien yo me escondería.
Porque desde mi niñez
Fui siempre sin cobardía.»
«Alabarte, moro Abdalla.
Poco te aprovecharía;
Mas si tú eres lo que dices
En esfuerzo y valentía,
Sé que a tiempo eres venido,
Que menester te sería.»
Estas palabras diciendo,
Contra el moro arremetía;
Encontrole con la lanza,
En el suelo le derriba;
Cortárale la cabeza,
Sin le hacer descortesía.

XXVIII[140]

EL CID HACE QUE LOS REYES MOROS, SUS TRIBUTARIOS, PRESTEN HOMENAJE AL REY FERNANDO Y LE ENTREGUEN LOS TRIBUTOS.

En Zamora está Rodrigo,
En corte del Rey Fernando,
Padre del Rey sin ventura
A quien llamaron don Sancho,
Cuando llegan mensajeros
De los reyes tributarios

A Rodrigo de Vivar,
Al cual dicen humillados:
«Buen Cid, a ti nos envían
Cinco reyes tus vasallos
A te pagar el tributo
Que quedaron obligados;
Y por señal de amistad
Te envían más cien caballos.
Veinte blancos como armiños
Y veinte rucios rodados;
Treinta te envían morcillos
Y otros tantos alazanos,
Con todos sus guarnimientos
De diferentes brocados;
Y a más a doña Jimena
Muchas joyas y tocados,
Y a vuestras dos fijas bellas
Dos jacintos muy preciados;
Dos cofres de muchas sedas
Para vestir tus fidalgos.»
El Cid les dijera: «Amigos,
El mensaje habéis errado,
Porque yo no soy señor
A donde está el rey Fernando:
Todo es suyo, nada es mío,
Yo soy su menor vasallo.»
El Rey agradeció mucho
La humildad del Cid honrado.
Y dijo a los mensajeros:
«Decidles a vuestras amos
Que aunque no es rey su señor,
Con un rey está sentado.
Y que cuanto yo poseo
El Cid me lo ha conquistado;
Y que yo estoy muy contento
En tener tan buen vasallo.»
El Cid despidió a los moros
Con dones que les ha dado,
Siendo dende allí adelante
El Cid Ruy Díaz llamado,
Apellido, entre los moros,
De hombre de valor y estado.

---

[140] Este romance artístico, anónimo, está tomado del *Cantar de Rodrigo,* aunque no da la versión de un Cid rebelde, como allí se presenta. Se publicó en el *Romancero General* y lo recogió también Escobar en su *Romancero.*

XXIX [141]

(SOBRE EL MISMO ASUNTO)

En Zamora estaba el Rey
Que Fernando se decía,
Con él está don Rodrigo
De Vivar en nombradía.
Mensajeros han llegado
Que a don Rodrigo le envían
Sus vasallos, reyes moros:
Grandes haberes traían.
Son las parias que le dan
Después que a ellos vencía
Quiérenle besar la mano
Rodrigo no consentía
Hasta besar la del Rey,
Y ellos luego lo cumplían.
Después que se la han besado
A Rodrigo se volvían:
Hincados están de hinojos
Y las manos le pedían.
Rodrigo se las ha dado;
Los mensajeras decían:
«Cid Ruy Díaz, tus vasallos.
Como a señor que te estiman,
Te envían este presente,
Las parias son que debían.
Bésante tus pies y manos;
Para ti gran bien querían,

Porque tú, Cid, lo mereces,
Y eres el mejor que había:
Tiénense por muy dichosos
Porque tú, Cid, los vencías.»
Rodrigo tomó el presente,
El quinto al Rey ofrecía:
Conócele señorío,
Mas el Rey no lo quería.
Mucho se lo agradeció
Y a los suyos les decía:
«De este día en adelante,
Cid a Rodrigo le digan;
Pues moros se lo llamaron,
Mucho a él le convenía.»

XXX [142]

EL CID SE OPONE A QUE EL REY SE RECONOZCA FEUDATARIO DEL IMPERIO, AUNQUE EL PAPA LO HABÍA

[141] Este romance artístico es original de Lorenzo de Sepúlveda. Repite el asunto del anterior y da el mismo carácter al héroe que el precedente, del que toma el estilo y hasta imita el principio. Lo publicó en su obra *Romances nuevamente sacados...*

[142] Este romance anónimo es artístico. Tiene por asunto la expedición fantástica del Cid a Francia para luchar con el emperador de Alemania y el rey francés que, coaligados piden tributo al de Castilla según se dice ya en el *Cantar de Rodrigo* (véase la última parte, según nuestra edición del cantar). Aunque el rey de Castilla tuvo contienda con el Papa, es de todo punto fantástica la expedición a Francia del Cid y el rey Fernando, si bien las crónicas lo consignan. (Véase la serie 13 del *Cantar*)

Aunque el romance es anónimo, lo recogió Sepúlveda en su obra y también. Escobar en su *Romancero*.

MANDADO. VENCE AL CONDE DE SABOYA.

La silla del buen San Pedro
Víctor Papa la tenía,
Y el Emperador Enrique
Ante él se humilló y decía:
«Ante vos, el Padre Santo,
Mi querella proponía
Contra aquese Rey Fernando
Que a Castilla y León tenía.
Porque todos los cristianos
Por señor me obedecían;
Sólo él no me conoce
Ni mi tributo me envía:
Constreñidle, Santo Padre,
Que me obedezca este día.»
El Papa envió su mandado
En que pedido le había
Que le fuese tributario,
So pena que enviaría
Y daría su cruzada
Porque no le obedecía.
Muchos reyes que allí estaban,
Que en concilio presidían,
Retaban al Rey Fernando
Si esto cumplir no quería.
El Rey, cuando vio las cartas,
Pena recibido había,
Porque si esto va adelante
A sus reinos mal vendría.
A los sus honrados homes
Su consejo les pedía;
Ellos al Rey aconsejan
Faga lo que le pedían,
Porque de ser obediente
Al Papa, a él convenía;
Y si facerlo no quiere,
A sus reinos mal vendría,
Porque vendrán contra él
Reyes que lo desafían.
No estuvo en este consejo

El buen Cid, que ido se había
A ver a Jimena Gómez,
Su esposa, que bien quería,
Y había muy poco tiempo
Que el buen Cid la conocía.
Estando fablando en esto
Don Rodrigo entrado había;
El Rey, cuando vido al Cid,
Lo que ha pasado decía,
Y rogolo de aconseje
Lo que sobre esto haría.
El Cid, cuando tal oyó,
El corazón le dolía:
Fabló su razón el Rey,
De esta manera decía:
«Rey Fernando, vois nacisteis
En Castilla en fuerte día;
Si en vuestro tiempo ha de ser
A tributos sometida,
Lo cual nunca fue hasta aquí,
Gran deshonra nos sería!
Cuanta honra Dios nos dio,
Si tal facéis, es perdida.
Quien esto vos aconseja
Vuestra honra no quería,
Ni de vuestro señorío,
Que a vos. Rey, obedecía.
Enviad vuestro mensaje
Al Papa y a su valía,
Y a todos desafiad
De vuesa parte y la mía,
Pues Castilla se ganó
Por los reyes que ende había,
Ninguno les ayudó
De moros a la conquista.
Mucha sangre les costó:
La vida me costaría
Antes que pagar tributo,
Pues a nadie se debía.»
El Rey lo tuvo por bien
Lo que el buen Cid le decía;
Al Papa envió el mensaje,

Y por merced le pedía
No ayude tal sinrazón
Sobre lo que no la había;
Y al Emperador Enrique
Y a aquellos que lo seguían,
A todos desafiaba,
Y que buscarlos quería.
Ocho mil y novecientos
Caballeros ya venían:
Parte de ellos son del Rey,
Y otros que el buen Cid tenía:
Por capitán general
A don Rodrigo tenían.
Pasaron los puertos de Aspa,
Y al encuentro les salía
Ramón, Conde de Saboya,
Con muy gran caballería.
Con el Cid hubo batalla,
La lid fue mucho ferida,
Mas Rodrigo venció al Conde
Y en la prisión lo ponía.
Soltolo con los rehenes
De una fija que tenía;
En ella tuvo el buen Rey
Un fijo que se decía
Don Fernando Cardenal
De ese reino de Castilla.
También don Rodrigo Díaz
Otra batalla vencía
Del mayor poder de Francia,
Que al encuentro le salía,
Sin que el Rey se hallase en ella,
Que atrás quedádose había.
Los reyes y emperadores
Con toda la su valía.
Cuando vieron el estrago
Que el buen Cid faciendo iba,
Por merced piden al Papa
Que al Rey Fernando le escriba
Que a Castilla se volviese,
Que tributo no querían;
Que contra el poder del Cid

Ninguno se ampararía.
El Rey, cuando vio el mensaje,
A su tierra se volvía;
Túvose por muy contento
Y al Cid se lo agradecía.

XXXI[143]

EL REY Y EL CID ACUDEN A ROMA, Y ÉSTE DERRIBA LA SILLA DEL REY DE FRANCIA PARA DAR LUGAR PREFERENTE A LA DEL DE CASTILLA.

A concilio dentro en Roma
El Padre Santo ha llamado.
Por obedecer al Papa
Este noble Rey Fernando
Para Roma fue derecho.
Con el Cid acompañado.
Por sus jornadas contadas
En Roma se han apeado:

---

[143] Sigue este romance tradicional el fabuloso relato del concilio y el reto del Cid al conde de Saboya, al que vence, según el *Cantar de Rodrigo* y se repite en el romance anterior. (Véase la serie 23 del *Cantar.*)

Timoneda lo recogió en su *Rosa española,* así como, después, Wolf. *Escobar* lo incluye en su *Romancero* dando al rey el nombre de Fernando, sustituyendo el de Sancho que equivocadamente le da el romance tradicional. Menéndez Pidal lo incluye en su *Flor nueva de romances viejos,* con algunas variantes que modifican el final, haciendo que el Papa, absuelva al Cid comprendiendo su irreflexión juvenil.

El Rey con gran cortesía
Al Papa besó la mano.
Y el Cid y sus caballeros,
cada cual de grado en grado.
En la iglesia de San Pedro
Don Rodrigo había entrado.
Do vido las siete sillas
De siete reyes cristianos.
Y vio la del Rey de Francia
Junto a la del Padre Santo.
Y la del Rey su señor
Un estado más abajo.
Fuese a la del rey de Francia,
Con el pie la ha derribado;
La silla era de marfil,
Hecho la ha cuatro pedazos,
Y tomó la de su Rey
Y subiola en lo más alto.
Habló allí un honrado Duque,
Que dicen el Saboyano:
«Maldito seas, Rodrigo.
Del Papa descomulgado.
Porque deshonraste un Rey.
El mejor y más preciado.»
Oyendo el Cid sus razones,
De esta manera ha fablado:
«Dejemos los reyes, Duque;
Y si os sentís agraviado,
Hayámoslo entre los dos;
De mí a vos sea demendado.»
Allegose cabe el Duque,
Un gran empujón le ha dado
El Duque sin responder
Se quedó muy mesurado.
El Papa cuando lo supo
Al Cid ha descomulgado;
Sabiéndolo el de Vivar
Ante el Papa se ha postrado
«Absolvedme—dijo—, Papa:

Si no, seraos mal contado.»

XXXII[144]

**CARTA DE JIMENA AL REY
QUEJÁNDOSE DEL
ABANDONO EN QUE LA
TIENE EL CID POR CAUSA
DE LAS GUERRAS,
PIDIÉNDOLE LE
AUTORICE A ASISTIR A SU
PRÓXIMO PARTO.**

En los solares de Burgos,
A su Rodrigo aguardando.
Tan encinta está Jimena
Que muy cedo aguarda el parto,
Cuando además dolorida
Una mañana en disanto,
Bañada en lágrimas tiernas,
Tomó la pluma en la mano,
Y después de haberle escrito
Mil quejas a su velado,
Bastantes a domeñar
Unas entrañas de mármol,
De nuevo tomó la pluma
Y de nuevo tornó al llanto,
Y desta guisa le escribe
Al noble Rey don Fernando:
«A vos, mi señor el Rey,

---

[144] Este romance artístico anónimo es, en opinión de Durán, uno de los mejores de todo el Romancero. Tiene alto valor poético que denuncia un buen poeta como autor. Se recogió en el *Romancero General* y también Escobar en el suyo Modernamente Menéndez Pidal lo incluye en su *Flor nueva de romances viejos*.

El bueno, el aventurado,
El magno, el conqueridor,
El agradecido, el sabio,
La vuesa sierva Jimena,
Fija del Conde Lozano,
A quien vos marido disteis,
Bien así como burlando.
Desde Burgos os saluda,
Donde vive lacerando.
Las vuesas andanzas buenas
Llévevoslas Dios al cabo.
Perdonadme, si señor,
Si no os fablo muy en salvo;
Que si mal talante os tengo
Non puedo disimulallo.
¿Qué ley de Dios vos enseña
Que podáis por tiempo tanto,
Cuando afincáis en las lides,
Descasar a los casados?
¿Qué buena razón consiente
Que a un garzón bien domeñado,
Falagüeño y humildoso,
Le mostréis a ser león bravo?
¿Y que de noche y de día
Le traigáis atraillado
Sin soltalle para mí
Sino una vez en el año?
Y esa que me le soltáis,
Fasta los pies del caballo
Tan teñido en sangre viene
Que pone pavor mirallo;
Y cuando mis brazos toca,
Luego se duerme en mis brazos
En sueño gime y forceja,
Que cuida que está lidiando.
Apenas el alba rompe
Cuando lo están acuciando
Los escuchas y adalides
Para que se vuelva al campo.
Llorando vos lo pedí,
Y en mi soledad cuidando
De cobrar padre y marido,

Ni uno tengo, El otro alcanzo
Que como otro bien no tengo
Y me lo habedes quitado,
En guisa le lloro vivo,
Cual si estuviera finado.
Si lo facéis por honralle,
Mi Rodrigo es tan honrado
Que no tiene barba, y tiene
Cinco reyes por vasallos.
Yo finco, señor, encinta,
Que en nueve meses he entrado,
Y me podrán empecer
Las lágrimas que derramo.
Non permitáis se malogren
Prendas del mejor vasallo
Que tiene cruces bermejas,
Ni a rey ha besado mano.
Respondedme en puridad
Con letras de vuesa mano.
Aunque al vueso mandadero
Le pague yo su aguinaldo.
Dad este escrito a las llamas,
Non se faga de palacio.
Que a malos barruntadores
Non me será bien contado.»

XXXIII[145]

RESPUESTA DEL REY A LA CARTA DE JIMENA.

---

[145] Este romance artístico tardío es de los mejores de los del Cid, aunque tiene anacronismos como el de escribir en papel en el siglo XI.

Lo publicó el *Romancero General* y lo reprodujo Escoban en el suyo. Modernamente, Menéndez Pidal lo da en su *Flor nueva de romances viejos.*

Pidiendo a las diez del día
Papel a su secretario,
A la carta de Jimena
Responde el Rey por su mano.
Después de facer la cruz,
Con cuatro puntos y un rasgo,
Aquestas palabras finca
A guisa de cortesano:
«A vos, Jimena la noble,
La del marido envidiado.
La humildosa, la discreta.
La que cedo espera el parto.
El Rey, que nunca vos tuvo
Talante desmesurado,
Vos envía sus saludes
En fe de quereros tanto.
Decisme que soy mal Rey
Y que descaso casados,
Y que por los mis provechos
Non curo de vuesos daños;
Que estáis de mí querellosa
Decís en vuesos despachos,
Que non vos suelto el marido
Sino una vez en el año,
Y que cuando vos le suelto,
En lugar de falagaros,
En vuestros brazos se duerme,
Como viene tan cansado.
Si supiérades, señora,
Que vos quitaba el velado
Por mis enamoramientos,
Fuera con razón quejaros;
Mas si sólo vos lo quito
Para lidiar en el campo
Con los moros convecinos,
Non vos fago mucho agravio.
A non vos tener encinta,
Señora, el vueso velado,
Creyera de su dormir
Lo que me habedes contado;
Pero si os tiene, señora,
Con el brial levantado...

No se ha dormido en el lecho
Si espera en vos mayorazgo.
Y si en el parto primero
Un marido os ha faltado,
No importa, que sobra un Rey
Que os fará cien mil regalos.
Non le escribades que venga,
Porque, aunque esté a vueso lado,
En oyendo el a tambor
Será forzoso dejaros.
Si non hubiera yo puesto
Las mis huestes a su cargo,
Ni vos fuerais más que dueña,
Ni él fuera más que un fidalgo.
Decís que vueso Rodrigo
Tiene reyes por vasallos:
¡Ojalá como son cinco
Fueran cinco veces cuatro!
Porque, teniéndolos él
Sujetos a su mandado,
Mis castillos y los vuesos
No hubieran tantos contrarios.
Decís que entregue a las llamas
La carta que me habéis dado:
A contener herejías
Fuera digna de tal pago;
Mas si contiene razones
Dignas de los siete sabios,
Mejor es para mi archivo
Que non para el fuego ingrato;
Y porque guardéis la mía
Y non la fagáis pedazos,
Por ella a lo que pariéredes
Prometo buen aguinaldo:
Si fijo, prometo dalle
Una espada y un caballo,
Y dos mil maravedís
Para ayuda de su gasto;
Si fija, para su dote
Prometo poner en cambio,
Desde el día que naciere,
De plata cuarenta marcos.

Con esto ceso, señora,
Y no de estar suplicando
A la Virgen vos alumbre
En los peligros del parto.»

XXXIV[146]

JIMENA SALE A MISA DE PARIDA.

Salió a misa de parida
A San Isidro en León
La noble Jimena Gómez,
Mujer del Cid Campeador.
Para salir, de contray
Sus escuderos vistió;
Que el vestido del criado
Dice quién es el señor.
Un jubón de grana fina
La bella dama sacó,
Con fajas de terciopelo
Picadas de dos en dos;
De lo mismo una basquiña
Con la mesma guarnición,
Donas que le diera el Rey
El día que se casó;
Y con los cabos de plata
Un muy rico ceñidor,
Que a la Condesa su madre
El Conde en donas le dio.
Lleva una cofia de papos
De riquísimo valor,
Que le dio la Infanta Urraca

El día que se veló;
Dos patenas lleva al cuello,
Puestas con mucho primor,
Con San Lázaro y San Pedro,
Santos de su devoción;
Y los cabellos que al oro
Disminuyen su color,
A las espaldas echados,
De todos hecho un cordón.
Lleva un manto de contray
Porque las dueñas de honor,
Mientras más cubren su rostro,
Más descubren su opinión.
Tan fermosa iba Jimena,
Que suspenso quedó el sol
En medio de su carrera
Por podella ver mejor;
Y a la entrada de la iglesia
Al Rey Fernanda encontró,
Que, para metella dentro,
De la mano la tomó.
Dijo el Rey: «Noble Jimena,
Pues el buen Cid Campeador,
Vueso dichoso marido
Y mi vasallo mejor,
Que por estar en las lides
Hoy de la iglesia faltó;
A falta del brazo suyo
Yo vueso bracero soy,
Y a aquesa fermosa Infanta,
Que el cielo divino os dio,
Mando mil maravedís
Y mi plumaje el mejor.»
Non le agradece Jimena
Al Rey tan alto favor;
Que le ocupa la vergüenza,
Y a sus palabras la voz.
Las manos quiso Jimena
Besarle, y él las huyó:
Acompañola en la iglesia,
Y a su casa la volvió.

---

146   Bello romance artístico, anónimo, de carácter caballeresco, finamente escrito por un romancista que debía tener aguda sensibilidad. Lo recoge Escobar en su *Romancero*.

XXXV[147]

QUÉJASE JIMENA DE QUE EL CID ACUDE MÁS A LAS BATALLAS QUE NO A ELLA.

La noble Jimena Gómez,
Hija del Conde Lozano,
Con el Cid, marido suyo,
Sobre mesa estaba hablando.
Triste, quejosa y corrida
En ver que el Cid haya dado
En despreciar su compaña,
Por preciarse de soldado,
Sospechaba que el enojo
Del muerto Conde Lozano
Vengaba de nuevo en ella.
Aunque estaba bien vengado.
Y con este sentimiento
Tiernamente suspirando,
Con lágrimas amorosas
Así le dijo llorando:
«Desdichada la dama cortesana
Que casa lo mejor que casar puede;
Y dichosa en extremo la aldeana,
Pues no hay quien de su bien la desherede,
Que si amanece sola a la mañana,
No hay suceso a la tarde que la vede
De anochecer al lado de su cuyo,
Segura del ausencia y daño suyo.
No la despiertan sueños de pelea,
Sino el sediento hijuelo por el pecho;

Con dárselo y brincarlo se recrea,
Dejándolo dormido y satisfecho.
Piensa que todo el mundo está en su aldea
Y debajo un pajizo y pobre techo,
De dorados palacios no se cura,
Que no consiste en oro la ventura.
Viene el disanto, múdase camisa,
Y la saya de boda alegremente,
Corales y patena, por divisa
De gozo y libertad que el alma siente;
Vase al solaz, y en él con gozo y risa
A la vecina encuentra, o al pariente,
De cuyas rudas pláticas se goza,
Y en años de vejez la juzgan moza.»
No quiso el Cid que Jimena
Se le aqueje y duela tanto,
Y en la cruz de su Tizona
(Espada que ciñe al lado)
Le jura de non volver
Más al fronterizo campo,
Y vivir gozando della
Y de su noble condado.

XXXVI[148]

SIGUE JIMENA SUS CUITAS AL CID.

«Espántame, mi Rodrigo,
Que teniendo ya experiencia
De la fe que, hay en mi alma,
Si es fe la que amor gobierna,
Que así de mí os ausentéis,

[147] Romance anónimo artístico, de la última década del siglo XVI. Tiene fuerza lírica y elementos renacentistas, como la inclusión, de endecasílabos formando octavas reales. Se publicó en el *Romancero General.*

[148] Este romance anónimo es también de últimos del siglo XVI. Adviértanse el estribillo lírico que se intercala, dándole carácter artístico renacentista. Se publicó en el *Romancero General.*

Pues se sabe que una ausencia
Suele mudar a las veces
Una arraigada firmeza.
Yo no sé qué desengaño
Aquestas cosas os muestra,
O por qué ansí me tratáis,
Si no es que queréis que muera.
Pues que con larga ausencia
A Jimena quitáis vida y paciencia.
Fiaisvos en que os adoro,
Y no miráis la inclemencia
Del tiempo, que como tiempo
Cualquier tiempo atrás se deja.
No os amenazo, Rodrigo,
Que no es tal vuestra Jimena,
Que os fará desaguisado
Aunque celos le hagan guerra.
Por dicha, ¿qué veis en mí
Que a dejarme así os convenga?
¿Diréis que os faltó el querer
Porque os sobró mi firmeza?
Pues que con larga ausencia
A Jimena quitáis vida y paciencia.
¡Ay pechos de hombres ingratos!
Si las fembras conocieran
Vuestra tan cierta mudanza,
¡Cómo ninguna os creyera!
¿Dó están, Rodrigo, los lloros,
Las palabras halagüeñas,
Los falsos ofrecimientos
Llenos de falsas promesas?
Todo el tiempo lo ha mudado,
De todo sólo me queda,
Para mi triste consuelo,
Tierno lloro y tierna queja,
Pues con tan larga, ausencia
A Jimena quitáis vida y paciencia.»

XXXVII[149]

HACE EL REY TESTAMENTO, Y HABLA A UN BASTARDO SUYO, DESEANDO Y ESPERANDO QUE SEA PAPA.

Doliente se siente el Rey,
Este buen Rey don Fernando;
Los pies tiene hacia el oriente
Y la candela, en la mana.
A su cabecera tiene
Arzobispos y prelados.
A su mano derecha tiene
A sus fijos todos cuatro.
Los tres eran de la Reina
Y el uno era bastardo;
Ese que bastardo era

---

[149] Éste es un romance tradicional, de principios del siglo XVI. Su tema se aparta bastante de la historia por cuanto menciona un hijo bastardo del Rey que, siguiendo la costumbre de la época, se consagra al servicio de la Iglesia. Recuérdese cómo el, *Cantar de Rodrigo* habla de un hijo habido en el sitio de París de la hija del conde de Saboya. Detalle fabuloso que debió hacer fortuna entre los juglares y romancistas. (Véase la serie 26 de nuestra edición del *Cantar.*)

Se publicó en el *Cancionero de romances* (1550). Wolf recoge este romance y otra versión del mismo, publicada en *Silva de romances* (1550) y que recoge Menéndez Pidal, con algunas Variaciones, en su *Flor nueva de romances viejos.*

Quedaba mejor librado:
Arzobispo es de Toledo,
Maestre de Santiago,
Abad era en Zaragoza,
De las Españas primado.
«Fijo si yo no muriera,
Vos fuérades Padre Santo,
Mas con la renta que os queda
Vos bien podéis alcanzarlo.»
«Ellos estando en aquesto
Entrara Urraca Fernando,
Y vuelta facia su padre
Desta manera ha fablado.

XXXVIII[150]

QUÉJASE LA INFANTA
URRACA PORQUE EL REY
LA DESHEREDA. ÉSTE LE
DA EN LEGADO ZAMORA.
LO APRUEBAN TODOS,
MENOS SANCHO, SU
HERMANO.

«Morir vos queredes, padre,
Sant Miguel vos haya el alma;
Mandástedes vuestras tierras

---

[150] Este romance, como el anterior, puede ser de mediados del sigilo XV. En estos dos romances se puede ver la gravedad histórica de la antigua poesía juglaresca, ya que, en opinión de Menéndez Pidal, pueden, ser fragmentos desgajados de un antiguo y olvidado cantar sobre el Rey Fernando.

Se publicó en *Silva de romances, Cancionero de romances,* y lo reproduce Timoneda en, su *Rosa española,* así como Menéndez Pidal en su *Flor nueva...*

A quien bien se os antojara.
Diste a don Sancho a Castilla,
Castilla la bien nombrada;
A don Alonso a León
Y a don García a Vizcaya.
A mí, porque soy mujer,
Dejaisme desheredada.
Irme he yo por estas tierras
Como una mujer errada,
Y esto mi cuerpo daría
A quien bien se me antojara,
A los moros por dinero
Y a los cristianos de gracia;
De lo que ganar pudiere
Haré bien por vuestra alma.»
Allí preguntara el Rey:
«¿Quién es esa que así fabla?»
Respondiera el Arzobispo:
«Vuestra fija doña Urraca.»
«Calledes, fija, calledes,
No digades tal palabra,
Que mujer que tal decía
Merece de ser quemada.
Allá en Castilla la Vieja
Un rincón se me olvidaba,
Zamora había por nombre,
Zamora la bien cercada;
En parte la cerca el Duero;
En parte Peñatajada,
En parte la Morería:
¡Una cosa es muy preciada!
¡Quien os la tomare, fija,
La mi maldición le caiga!»
Todos dicen: *Amén, amén,*
Sino don Sancho, que calla.

XXXIX[151]

(SOBRE EL MISMO ASUNTO.)

Acababa el Rey Fernando
De distribuir sus tierras,
Cercano para la muerte
Que le amenaza de cerca,
Cuando por la triste sala,
De negro luto cubierta.
La olvidada Infanta Urraca
Vertiendo lágrimas entra;
Y viendo a su padre el Rey,
Con debida reverencia,
De hinojos ante la cama
La mano le pide y besa;
Y después de haber mostrado
Con tierno llanto sus quejas,
Mostrando la voz humilde,
Así la Infanta se queja:
«Entre divinas y humanas,
¿Qué ley, padre, vos enseña
Para mejorar los homes
Desheredar a las fembras?
A Alfonso, Sancho y García,
Que están en vuestra presencia,

Dejáis todos los haberes
Y de mí non se vos lembra;
Non debo ser vuestra fija
Que os forzara, si lo fuera,
A tener de mí lembranza
La vuesa naturaleza.
Si legítima non soy
Magüer que bastarda fuera,
De alimentar los mestizos
Habedes naturaleza.
Y si ansí no es, decid:
¿Qué culpa me deshereda?
¿Qué desacato vos fice
Que tal castigo merezca?
Si tal tuerto me facéis,
Las naciones extranjeras
Y los vuesos homes buenos
¿Qué dirán cuando lo sepan?
Que non es derecho, non,
Ni tal es razón que sea,
Pudiendo ganalla en lides,
Dar a los homes facienda.
Dejaisme desheredada,
Pero catad que soy fembra,
Y lo que podré facer
Sin varón y sin facienda.
Si tierras no me dejáis,
Ireme por las ajenas,
Y por cubrir vueso tuerto
Negaré ser fija vuesa.
En traje de peregrina
Pobre iré, mas faced cuenta
Que las romeras a veces
Suelen fincar en rameras.
Sangre noble me acompaña,
Mas cuido que mi nobleza
Como extraña olvidaré,
Pues que por tal me desechas.»
Tales palabras habló,
Y esperando la respuesta,
Dio principio al tierno llanto
Poniendo fin a sus quejas.

[151] Este romance es artístico, anónimo, y debe ser de los doce últimos años del siglo XVI. Se refiere al reparto que el Rey Fernando hizo de los territorios de su reino entre sus hijos, lo que acarreó tantas disensiones entre los herederos, dando tema a numerosos romances sobre estas luchas fratricidas, como las del cerco de Zamora, que llenan toda una serie del *Romancero del Cid*. Se publicó en el *Romancero General* y lo recogió también Escobar en el suyo.

XL[152]

**RESPONDE EL REY A LAS
QUEJAS DE URRACA, Y LE
DEJA ZAMORA POR
LEGADO**

Atento escucha las quejas
De su fija doña Urraca
El noble Rey don Fernando
Desafuciado en la cama.
De su libertad se pena,
Va a responder y no habla,
Que enmudece hasta a los reyes
Una mujer libertada;
Mas por poder juntamente
Responder y remedialla,
Arrancó palabras, antes
Que se le arrancara el alma:
«Si cual lloras por facienda,
Por la mi muerte lloraras,
Non dudo, querida fija,
Que mi vivir se alargara.
¿Qué lloras, sandia mujer,
Por las tenencias humanas,
Pues ves que de todas ellas
Sólo llevo hoy la mortaja?
A este restante de vida
Que me queda, rindo gracias,
Pues que sólo en él consiste
El dejar tú de ser mala.
Cuando parta, iré derecho
A la celestial morada,

Pues me ha sido purgatorio
El fuego de tus palabras.
A tus hermanos envidias,
Mas non atiendes, cuitada,
Que con la renta les dejo
Obligación de guardalla.
Ellos con mucho están pobres.
Y tú estás rica sin nada,
Porque las nobles mujeres
Entre paredes se pasan.
Que eres mi hija confieso,
Pero saliste liviana:
En liviandades pensé
Al tiempo que te engendrara.
Pariote madre honorosa,
Mas entregáronte a un ama,
Que con tus palabras muestras
Era la leche villana.
Dices que a tierras ajenas
Te irás; pero no me espanta
Que la que se va de lengua
A ser infame se vaya.
Mas por si puedo atajar
Tu denuedo y tus palabras,
Tras de las mandas que he fecho
Quiero facer otra manda.
No quiero dejarte pobre
Porque lo dicho non fagas,
Que aunque eres noble mujer.
Eres muy determinada.
Por tuya dejo Zamora
Muy guarnida y torreada,
Que para tus desvaríos
Convienen fuertes murallas.
Homes buenos hay en ella
Para servirte y guardalla;
De sus consejos te fía
Y de mis tesoros gasta.
Si guardé tal posesión.
Bien hube de ti membranza;
Tenla tú de que semejes
A tu sangre y a tu casta;

---

[152] Este romance anónimo, a pesar de afectar un lenguaje arcaico, es de las postrimerías del siglo XVI. Se publicó en el *Romancero General* y en el de Escobar.

A quien te quite Zamora
La mi maldición le caiga.»

Todos responden *Amén*,
Sino don Sancho, que calla.

SEGUNDA PARTE

CERCO DE ZAMORA

XLI[153]

**EL REY SANCHO,
PRISIONERO DE SU
HERMANO GARCÍA, ES
LIBERTADO POR ALVAR
FÁÑEZ, EL CID VENCE Y
PRENDE A SU
CONTRARIO.**

El Rey don Sancho reinaba
En Castilla su reinado,
Y en Galicia don García,
Que de don Sancho es hermano.
Sobre los reinos los dos
Mucho habían guerreado.
Y en batalla muy sangrienta
Ambos reyes se han hallado.
Muchos mueren de sus gentes,
Prendió García a don Sancho;
Diéralo a seis caballeros
Que lo tengan a recaudo;
Va en alcance de la gente
Que tenía el Rey su hermano.
Don Sancho, que se vio preso,
Gran enojo había cobrado;
Dijo a los que le guardaban
Que lo dejen ir en salvo,
Farales grandes mercedes,

Siempre les dará gran algo,
Y en el reino de su Rey
Non fará desaguisado.
Respondieron todos juntos
No harían lo que ha mandado.
Fasta que vuelva su Rey
Y ponga en ello recaudo.
Estando don Sancho preso
Alvar Fáñez ha llegado,
Y a los que al Rey tienen preso
De esta manera ha fablado:
«¡Traidores, dejad mi Rey,
Que tenéis aprisionado!»
Y arremetiendo con ellos,
Con todos ha peleado:
Derribara a los dos de ellos,
Los cuatro huyeron del campo.
Don Sancho, quedando libre
De los que le habían guardado,
A muy grandes voces dice:
«Venid aquí, mis vasallos,
Acordaos, mis caballeros,
Del prez que los castellanos
Ganasteis en las batallas
Y lides do habéis entrado.
No lo queráis hoy perder,
Sino adelante llevarlo.»
Cuatrocientos caballeros
Con él se habían juntado,
Y estando ya todos juntos,
El buen Cid había asomado.
Caballeros trae trescientos
Y todos son fijosdalgo.
Cuando don Sancho los vido
Muy gran esfuerzo ha cobrado,
Y a sus caballeros dijo:

---

[153] Romance anónimo artístico, de últimos del siglo XVI. Lo recogió Sepúlveda en su obra *Romances nuevamente sacados...* y Escobar en su *Romancero*.

«Bajemos luego a lo llano,
Que pues el Cid es venido,
Nuestro será hoy el campo.»
Recibió bien a Ruy Díaz
El famoso castellano,
Diciendo: «Bien vengáis, Cid,
El muy bien afortunado;
Ningún vasallo hasta hoy
A tal punto había llegado
A servir a su señor
Como vos, buen Cid honrado.»
El Cid le responde al Rey
Con ánimo denodado:
«Bien podéis creer, señor,
Que vos cobrasteis el campo,
En el cual vos venceréis
A García, vueso hermano,
O yo por vos moriré
Como cualquier buen fidalgo.»
Ellos estando en aquesto
Don García había llegado:
Cantando viene y alegre,
No sabe lo que ha pasado,
Diciendo cómo venció
A su hermano el Rey don Sancho.
Y cómo lo tiene preso
Y puesto a muy buen recado.
Como se vieron los reyes,
A otra batalla han tornado
Más fuerte que la pasada
Do fue preso el Rey don Sancho.
Estuviera encarcelado.

XLII[154]

---

[154] Este romance es tradicional o viejo. Se publicó primeramente en pliego suelto, en el siglo XVI. Lo recogió la *Silva de Romances* (1550) y en su *Primavera y flor de romances,* Wolf.

DISENSIONES ENTRE SANCHO DE CASTILLA Y ALFONSO DE LEÓN.

Entre dos reyes cristianos
Hay muy grande división:
Don Sancho, Rey de Castilla,
Y don Alonso de León.
Don Sancho dice que el reino
Le viene por sucesión;
Don Alonso le defiende
Y estase en la posesión;
No les pueden poner treguas
Cuantos en la Corte son,
Perlados, ni ricos hombres,
Ni monjes de religión.
El hecho se pone en armas,
Y con esta condición:
Que el reino pierda el vencido
Sin haber más redempción
Ya juntadas las batallas,
Ya trabada es la quistión,
Juntáronse en las vegas,
En las vegas de Carrión.
Los leoneses pelean
Como hombres de razón;
Los castellanos van malos,
Venido han en perdición,
Todos iban de huída
Sin ninguna ordenación.
Don Alonso es piadoso
De su misma inclinación,
No quiso seguir l'alcance
Movido de compasión.
Ellos en aquesto estando,
Asomado había un pendón,

No lo recogió, en cambio, Durán en su *Romancero General.*

Todo de seda bermeja,
Y de oro la guarnición,
Una cruz en medio verde
Que traía por devoción.
Castellanos eran todos,
Castellanos de nación;
El Cid y toda su gente
Era aquella guarnición,
Que no se halló en la batalla
Porque tuvo ocupación:
Don Sancho desque lo vido
Tomado ha consolación,
Dan sobre los leoneses
Que están sin avisación;
Prendieran al Rey don Sancho,
Metido le han en prisión.
Llevándolo ansí preso
Llegó el Cid a la sazón,
Habló como caballero
Muy allegado a razón:
«Escuchadme, caballeros,
Sea ésta la conclusión:
Dadnos nuestro Rey, vosotros,
Y con buena bendición,
Y vos daremos el vuestro
Luego sin más dilación.»
Los leoneses no quisieron,
Con gran orgullo y presunción.
Temiendo ser su Rey muerto,
Y que aquello era traición.
Entonces el Cid en ellos
Hizo grande destruición,
A su Rey ha delibrado,
Y a ellos puso en confusión;
Preso llevan al Rey don Alonso
Que era verle compasión,
Metídolo han en grillos
Sin más consideración.

XLIII[155]

DON SANCHO ES VENCIDO EN BATALLA POR SU HERMANO ALFONSO. EL CID LE RECUPERA Y DA LA VICTORIA.

Don Sancho reina en Castilla,
Alfonso, en León, su hermano;
Sobre cuál habrá ambos reinos
Muy gran lid han levantado.
Junto al río de Carrión
Los reyes han batallado:
De sus gentes mueren muchas,
Don Sancho perdiera el campo,
Y huyera de la batalla:
Triste iba y muy cuitado.
Alfonso mandó a su gente
Que no maten los cristianos:
Gran mancilla tiene de ello,
De su hermano se ha quejado
Por haber sido la causa
Del rompimiento pasado.
Rodrigo Díaz de Vivar,
Ese buen Cid afamado,
A don Sancho su señor
Estábalo conhortando,
Díjole: «Rey y señor,
Verdad es lo que os fablo,
Y es que las gentes gallegas,
Que están con el vueso hermano,
agora están bien seguras
En sus posadas folgando,

---

[155] Romance anónimo artístico del estilo de los de Sepúlveda, que lo recoge en sus *Romances nuevamente sacados...* y Escobar en su *Romancero*.

Y no se temen de vos,
Ni de los del vueso bando:
Faced volver los que fuyen,
Ponedlos so vuesa mano,
Y tras el alba venida
Con esfuerzo denonado
Ferid en todos muy recio
Leoneses y galicianos,
Y muy fuerte, asoberbienta,
Con ánimos esforzados;
Ca ellos han por costumbre,
Cuando ganan algún campo,
Alabarse de su esfuerzo
Y escarnecer al contrario;
Y como gastan la noche
En placer y engasejando,
Dormirán por la mañana
Como homes sin cuidado;
Y vos, buen Rey, venceréis
Y quedaréis bien vengado.»
Muy bien le pareció al Rey
Lo que el Cid le ha consejado.
El Rey con todas sus gentes
Firieron en los contrarios;
Unos matan, otros prenden,
Todos son desbaratados:
Prendieron al Rey Alfonso
En un templo consagrado.
Cuando vieron los leoneses
Su señor aprisionado,
Pelean muy fuertemente,
Prendieron al Rey don Sancho,
Y catorce caballeros
Lo llevan a buen recaudo.
El buen Cid, cuando lo vido,
En su alcance es ya llegado,
Y díjoles: «Caballeros,
Soltad mi señor de grado,
Darvos he yo a don Alfonso
De quien érades vasallos.»
Respondieron los leoneses
Al de Vivar afamado:

«Ruy Díaz, volveos en paz;
Si no, iréis aprisionado
Con vueso señor el Rey,
Que con nusco aquí llevamos.»
Gran enojo tomó el Cid
De lo que le habían hablado:
Peleó con todos ellos,
Y a su señor ha librado.
Los trece deja vencidos,
El uno se había escapado.
A Burgos llevaron preso
A Alfonso, del Rey hermano,
Por el gran esfuerzo y fechos
De aqueste Cid castellano.

XLIV[156]

EL REY SANCHO RECLAMA TODAS LAS TIERRAS DE SU PADRE. EL CID LE RECUERDA EL JURAMENTO DE RESPETAR LA VOLUNTAD DEL REY FERNANDO.

Rey don Sancho, Rey don Sancho,
Ya que te apuntan las barbas,
Quien te las vido nacer,
No te las verá logradas.
Aquestos tiempos andando
Unos Cortes ordenara,

---

[156] Este romance es tradicional. Se publicó en la *Silva de romances* (1550) y en el *Cancionero de romances*, pero no lo recogió Durán en su *Romancero*, y el Wolf en su *Primavera y flor de romances*. Modernamente, lo publica, con algunas variantes, Menéndez Pidal en su *Flor nueva de romances viejos.*

Y por todas las sus tierras
Enviaba las sus cartas:
Las unas iban de ruego.
Las otras iban con saña;
A unos ruega que vengan,
A otros amenazaba.
Ya que todos son llegados,
De esta suerte les hablara:
«Ya sabéis, los mis vasallos,
Cuando mi padre finara,
Cómo repartió sus tierras
A quien bien se le antojara:
Las unas dio a doña Elvira,
Las otras a doña Urraca,
Las otras a mis hermanos:
Todas éstas eran mías,
Porque yo las heredaba.
Ya que yo se las quitase
Ningún agravio aquí usaba,
Porque quitar lo que es mío
A nadie en esto dañaba.»
Todos miraban al Cid
Por ver si se levantaba,
Para que responda al Rey
Lo que en esto le agradaba.
El Cid, que ve que le miran.
De esta suerte al Rey habla:
«Ya sabéis, Rey mi señor,
Cómo cuando el Rey finara,
Hizo hacer juramento
A cuantos allí se hallaban:
Que ninguno de nosotros
Fuese contra lo que él manda,
Y que ninguno quitase
A quien él sus tierras daba.
Todos dijimos amén,
Ninguno le rehusara.
Pues ir contra el juramento
No hallo ley que lo manda;
Mas si vois queréis, señor,
Hacer lo que os agradaba,
Nos no podemos dejar

De obedecer vuestra manda;
Mas nunca se logran hijos
Que al padre quiebran palabra.
Ni tampoco tuvo dicha
En cosa que se ocupaba,
Nunca Dios le hizo merced,
Ni es razón que se la haga.»

XLV[157]

A RUEGOS DE DOÑA URRACA DEJA LA VIDA DON SANCHO A DON ALFONSO, HERMANO DE AMBOS.

Rey don Sancho, Rey don Sancho,
Cuando en Castilla reinó,
¡Las barbas que le salían
Y cuán poco las logró!
A pesar de los franceses
Los puertos de Aspa pasó;
Siete días con sus noches
En campo los aguardó,
Y viendo que no venían
A Castilla se volvió.

---

[157] Este romance es de tradición oral, aunque parece que en sus diversas transformaciones se ha modernizado bastante, dando entrada a algunos anacronismos, como hablar de Valencia como ciudad de Castilla, bastantes años antes de que fuera tomada por el Cid en, tiempos de Alfonso VI, que, en el tiempo a que se refiere este romance, estaba desterrado en Toledo y aún no era rey de Castilla. Se publicó en la *Silva de romances* y en la *Rosa española,* de Timoneda. Lo recogió Wolf en su *Primavera y flor de romances.*

Matara el Conde de Niebla
Y el condado le quitó,
Y a su hermano don Alonso
En las cárceles echó.
Después que le tuvo preso
Un pregón hacer mandó
Que el que rogase por él
Que le diesen por traidor.
No hay dama ni caballero
Que por él rogase, no,
Si no fuera una su hermana
Que al buen Rey se lo pidió.
«Rey don Sancho, Rey don Sancho,
Hermano mío y señor,
Cuando yo era pequeña
Sé que un don me prometió;
Agora que soy crecida,
Señor, otorgádmelo.»
«Pedidlo vos, mi hermana,
Mas con una condición:
Que no me pidáis a Burgos,
A Burgos, ni a León,
Ni a Valladolid la rica,
Ni a Valencia de Aragón,
Cualquiera otra cosa, hermana,
No se os ha de negar, no.»
«Señor, yo no pido a Burgos,
A Burgos, ni a León,
Ni a Valladolid la rica,
Ni a Valencia de Aragón;
Lo que pido es a mi hermano,
Que le tenéis en prisión.»
«Pláceme —le dijo—, hermana,
Mañana os le daré yo.»
«Vivo le habéis de dar, vivo,
Vivo, que no muerto, no.»
«Mal háyades vos, hermana,
Y quien tal os consejó;
Que mañana de mañana
Muerto te le diera yo.»

XLVI[158]

ALFONSO, FUGITIVO Y ACOGIDO POR EL REY MORO DE TOLEDO, EVITA LA MUERTE, OFRECIENDO PAZ Y AMISTAD A DICHO REY.

En Toledo estaba Alfonso,
Hijo del Rey don Fernando:
Huido estaba por miedo
Del Rey don Sancho, su hermano:
Acogiolo Alimaimón,
Que en Toledo es su reinado.
Mucho quiere a don Alfonso,
De moros es estimado;
Durmiendo está en una huerta
A sombra que hacía un árbol;
Cerca dél esta Alimaimón
Con sus moros razonando.
Dijo: «Fuerte es Toledo:
No puede ser conquistado,
Si no quitasen el pan
Y las frutas siete años.
Y teniendo siempre el cerco
Sin que se hubiese quitado:
Por la falta de viandas
Tomarse ha el año octavo.»
Don Alfonso, que lo oyó,
Finge que durmiendo ha estado.
Por costumbre habían los moros,

---

[158] Este romance anónimo, aunque no habla directamente del Cid, tiene relación con los hechos históricos en los que interviene, directamente. Es artístico y de la época y estilo de los de Sepúlveda quien lo recogió en su obra citada *Romances nuevamente sacados...*

Que su ley se lo ha mandado,
Que degüellen un carnero;
Ya iban a degollarlo.
Con el Rey va don Alfonso
Que lo iba acompañando,
Y sus cristianos también
De Castilla habían llegado.
Don Alfonso es muy hermoso,
De grandes dones dotado,
Pagábanse dél los moros,
De todos es muy loado.
Juntos van ambos los reyes,
Detrás dos moros hablando;
El uno le dijo al otro:
«¡Hermoso es este cristiano!
Gran señor merece ser,
En él bien es empleado.»
Replicole el otro moro:
«Esta noche yo he soñado
Que Alfonso entraba en Toledo
En un puerco cabalgando:
De Toledo ha de ser rey,
Tenlo por averiguado.»
Ellos hablando en aquesto
Los cabellos se han alzado
A ese buen Rey don Alfonso:
Alimaimón con su mano
Los apretaba hacia yuso,
Y ellos siempre están en alto.
El Rey moro bien oyó
Todo lo ques ya contado;
Hizo llamar a sus moros
Los que tienen por más sabios.
Los cuales dicen que Alfonso
Habrá el reino toledano:
Aconsejan que lo maten;
Mas el Rey no lo había en grado
Porque le quería mucho;
Mas jura le había prendado
Que contra él ni sus hijos
Non hará desaguisado.
Alfonso lo prometió

Y lo cumplió de buen grado:
Mucho lo quiere el Rey moro,
Y dél está asegurado.

XLVII[159]

**EL REY DON SANCHO
ENVÍA MENSAJE CON EL
CID A SU HERMANA DOÑA
URRACA. PIDIÉNDOLE
QUE LE ENTREGUE
ZAMORA POR DINERO O A
CAMBIO DE OTRAS
VILLAS O CIUDADES.**

Llegado es el Rey don Sancho
Sobre Zamora, esa villa;
Muchas gentes trae consigo,
Que haberla mucho quería.
Caballero en un caballo,
Y el Cid en su compañía,
Andábala alrededor,
Y el Rey así al Cid decía:
«Armada está sobre peña
Tajada toda esta villa,
Los muros tiene muy fuertes,
Torres ha en gran demasía:
Duero la cercaba al pie,
Fuerte es a maravilla,
No bastan a la tomar

---

[159] Este romance anónimo es
artístico. Se publicó en el libro de
Sepúlveda formando uno sólo con
los que aquí damos loe números
XLVIII y XLIX, en la edición, de
1566, aunque en la de 1580 se
suprimieron, los tres. También
publicó este primero Escobar en su
Romancero.

Cuantos en el mundo había;
Si me la diese mi hermana,
Más que a España la querría.
Cid, a vos crió mi padre,
Mucho bien fecho os había;
Fízoos mayor de su casa
Y caballero en Coimbra
Cuando la ganara, a moros.
Cuando en Cabezón moría,
A mí y a los mis hermanos
Encomendado os había;
Jurámosle allí en sus manos
Facervos merced cumplida.
Fíceos mayor de mi casa,
Gran tierra dado os tenía,
Que vale más que un condado.
El mayor que hay en Castilla.
Yo vos ruego, don Rodrigo,
Como amigo de valía.
Que vayades a Zamora
Con la mí mensajería,
Ya doña Urraca, mi hermana
Decid que me dé esa villa
Por gran haber o gran cambio.
Como a ella mejor sería.
A Medina de Ríoseco
Yo por ella le daría.
Con todo aquel Infantazgo,
Y también le prometía
A Villalpando y su tierra,
O Valladolid la rica,
O a Tiedra, que es buen castillo;
Y juramento le haría
Con doce de mis vasallos
De cumplir lo que decía;
Y si no lo quiere hacer,
Por fuerza la tomaría.»
El Cid le besó la mano,
Del buen Rey se despedía,
Llegado había a Zamora
Con quince en su compañía.

XLVIII[160]

LOS ZAMORANOS ACUERDAN DEFENDERSE, Y EL REY DESTIERRA AL CID CULPÁNDOLE DE SER CAUSA DE TAL DETERMINACIÓN.

Entrado ha el Cid en Zamora,
En Zamora aquesa villa,
Llegado ha ante doña Urraca,
Que muy bien lo recibía;
Dicho le había el mensaje
Que para ella traía.
Doña Urraca, que lo oyó,
Muchas lágrimas vertía,
Diciendo; «¡Triste cuitada!
Don Sancho ¿qué me quería?
No cumpliera el juramento
Que a mi padre fecho había;
Que aun apenas fuera muerto,
A mi hermano don García
Le tomó toda su tierra
Y en prisiones lo ponía,
Y cual si fuese ladrón
Agora en ellas yacía,
También a Alfonso mi hermano
Su reino se lo tenía:
Huyose para Toledo,
Con los moros está hoy día.
A Toro tomó a mi hermana,
A mi hermana doña Elvira;

———————————

[160] Este romance, como el siguiente, forman parte del anterior y, por tanto, es artístico y del mismo estilo, publicándose, como continuación, de la edición de 1566 de *Romances nuevamente sacados...*, de Sepúlveda.

Tomarme quiere a Zamora,
¡Gran pesar yo recibía!
Muy bien sabe el Rey don Sancho
Que soy mujer femenina,
Y non lidiaré con él;
Mas a furto o paladina
Yo haré que le den la muerte,
Que muy bien la merecía.»
Levantose Arias Gonzalo
Y respondido le había:
«Non lloredes vos, señora;
Yo por merced os pedía
Que a la hora de la cuita
Consejo mejor sería
Que non acuitarvos tanto,
Que gran daño a vos vendría
Fablad con vuesos vasallos,
Decid lo que el Rey pedía,
Y si ellos lo han por bien,
Dadle al Rey luego la villa.
Y si non les pareciere
Facer lo que el Rey pedía,
Muramos todos en ella,
Como manda la hidalguía.»
La Infanta tuvo por bien
Facer lo que le decía;
Sus vasallos le juraron
Que antes todos morirían
Cercados dentro en Zamora
Que no dar al Rey la villa.
Con esta respuesta el Cid
Al buen rey vuelto se había;
El Rey, cuando aquesto oyó,
Al buen Cid le respondía:
«Vos aconsejaistes, Cid,
No darme lo que quería,
Porque vos criasteis dentro
De Zamora aquesa villa;
Y a no ser por la crianza
Que en vos mi padre facía,
Luego os mandara enforcar;
Mas de hoy en noveno día

Os mando vais de mis tierras
Y del reino de Castilla.»

XLIX[161]

**EL CID VA DESTERRADO,
PERO EL REY LE ALZA EL
DESTIERRO Y LE VUELVE
A SU GRACIA.**

El Cid fue para su tierra,
Con sus vasallos partía
Para Toledo, do estaba
Alfonso cuando fuía.
Los condes y ricos homes
Al Rey don Sancho decían
No perdiese tal vasallo
Y de tanta valentía
Como es Ruy Díaz, el Cid,
Que es muy grande su valía.
El Rey vido que es muy bien
Facer lo que te decían;
Y fablando a Diego Ordóñez
Mandole que al Cid le diga
Que se venga luego a él,
Que como bueno lo haría,
Y que le haría mayor
De los que en su casa había.
Ordoño fue tras del Cid,
Su mensaje le decía:
El Cid se había aconsejado
Con los suyos que tenía,
Si haría lo que el Rey manda

---

161 Este romance completa, con los anteriores, el que recogió Sepúlveda en su *Romances nuevamente sacados...*, en su edición de 1566. Como independiente, lo recoge también Escobar en su *Romancero*.

Su parecer les pedía:
Que se vuelva al Rey, dijeron,
Pues su disculpa le envía.
El Cid con ellos se vuelve;
El Rey, cuando lo sabía,
Dos leguas salió a él,
Quinientos van en su guía.
El Cid, cuando vido al Rey,
De Babieca descendía,
Besole luego las manos,
Para el real se volvía,
Y todos los castellanos
Gran placer con él habían.

L[162]

DON SANCHO ESTABLECE DEFINITIVAMENTE EL SITIO A ZAMORA.

Muerto ya el Rey don Fernando,
Que diz que murió aplazado,
Su fijo el Rey don Sancho
Sucediole en el reinado.
Codicioso de Zamora,
Embajada le ha enviado
A su hermana doña Urraca
Con Pero Hernández llamado,
Con una carta que dice:
«Hermana, si habéis notado,
Mi padre si os dio a Zamora,
Fue muy mal aconsejado,
Sabiendo que no podía

Quitármela de mi Estado.
Por tanto, mejor sería
Para vos y su descargo
Que se vuelva a mi corona,
Que es de donde se ha quitado;
Que para vuestro sustento
Yo os daré dinero abasto.
Notad bien esta mi carta:
Lo que en ella he proposado
Comunicadlo, señora,
Con Arias dicho Gonzalo;
Y si esto os desplaciere,
Tened por averiguado
Que yo la iré a conquistar
Con el espada en la mano.»
Recibida ya la carta,
La respuesta es que le han dado
Que doña Urraca a Zamora
La posee de buen grado
Y no la pretende dar,
Pues su padre se la ha dado.
Recibida la respuesta,
Don Sancho determinado
Ordena sus capitanes,
Sus huestes ha concertado
Para ir sobre Zamora;
El Cid se lo ha desviado.
No se cura de consejos,
Que codicia lo ha cegado.
Marchando por sus jornadas
En Zamora puso campo;
Pelean unos con otros
Con ánimo denodado.

---

[162] Este romance anónimo tradicional insiste en la embajada a la infanta doña Urraca, aunque elige otro, embajador, Es de poco valor literario e incurre en, anacronismos. Lo recoge Timoneda en su *Rosa española* y Wolf en su *Rosa de romances*.

LI[163]

NEGATIVA DE DOÑA URRACA AL REY Y SUS QUEJAS CONTRA EL CID.

Después del lamento triste
De la muerte de Fernando,
Y después de sucederle
El Rey su hijo don Sancho,
En medio de mil contrastes
Ordena al Cid castellano
Con mil ofertas y ruegos
Ir al pueblo zamorano
A rogar a doña Urraca
De parte del Rey su hermano
Que a Zamora dé y entregue
A su potestad y mando.
Y partiendo el de Vivar
A hacer del Rey lo mandado,
Llegando al postigo viejo,
Que está con orden guardado,
Como prohíben la entrada
Al que honra al pueblo hispano,
Intenta romper la guarda
Por cumplir el real mandado.
Ya la defensa del muro
La guarda que está velando
Procura, y la resistencia,
Y al rumor del castellano
La oprimida zamorana,
Vestida de negros paños,

Pone el pecho sobre el muro,
Y moviendo el rostro y manos,
Humedeciendo los ojos,
Le dice al Cid esforzado:
«¿Por qué por puertas ajenas
Vencidas con tus victorias
Llamas, pues con ello ordenas
Que esté viva a vivas penas
Y muerta para las glorias?
Y pues el trato de amigo
Depusiste, y das de mano,
Sin ver que justicia sigo:
Afuera, afuera, Rodrigo,
El soberbio castellano.
Afuera, pues que quebraste
La palabra y jura a aquella
En cuya alma te enterraste,
Y al fin se la lastimaste
Por no quedar dentro de ella;
Mas cuando tu mano fiera
Firmó en mi daño, ordenado
Aunque el Rey te lo impidiera,
Acordársete debiera
De aquel buen tiempo pasado.
Yo soy mujer, y pasión
No me da lugar que pida
Al cielo tu perdición,
Que si es mi alma ofendida,
Así lo ha mi corazón:
Y aunque por tu causa muero
No te quiero dar mal pago.
Porque yo me acuerdo, fiero,
Cuando te armé caballero
En el altar de Santiago.
Lo que no consideraste
Consideran las mujeres;
Mas cuando al trato te hallaste,
De lo que eras te acordaste,
Y olvidaste lo que eres:
Esta disculpa te hallo,
Pues ya eres fidalgo de armas,
Mas sin serlo, aunque vasallo,

---

[163] Este romance anónimo es artístico aunque elaborado sobre uno antiguo al que glosa, intercalando hábilmente como estribillo versos de un romance tradicional. Es obra de un poeta ingenioso de fines del siglo XVI. Lo recoge Escobar en su *Romancero.*

Mi padre te dio las armas.
Mi madre te dio el caballo.

Al estado te subieron
Que por tu medio perdí;
Tu bien y mi mal hicieron,
Pues cuanta, honra te dieron
Tanta me quistaste a mí:
Y guardándole el decoro
Del gusto de mi padre amado,
Yo que por tu causa lloro.
Yo te calcé espuelas de oro
Porque fueses más honrado.

LII[164]

EL REY COMBATE A ZAMORA POR UN LADO, SIN FRUTO, MIENTRAS EL CID ESTÁ A PUNTO DE TOMARLA POR OTRO.

Apenas era el Rey muerto
Zamora ya está cercada;
De un cabo la cerca el Rey,
Del otro el Cid la cercaba.
Del cabo que el Rey la cerca
Zamora no se da nada;
Del cabo que el Cid la aqueja,
Zamora ya se tomaba,
Doña Urraca en tanto aprieto
Asomose a una ventana,
Y allí de una torre mocha
Estas palabras fabla.

---

[164] Este romance es tradicional; puede considerarse como continuación del anterior, que un poeta artístico modernizó, como se ha dicho. Éste es anónimo. Se publicó en el *Cancionero de romances*.

LIII[165]

LA INFANTA URRACA DENUESTA DE INGRATO AL CID, PORQUE QUIERE QUITARLE A ZAMORA.

«¡Afuera, afuera, Rodrigo,
El soberbio castellano!

---

[165] El impetuoso comienzo de este romance hace presumir la desaparición de un principio narrativo que ambiente la exclamación con que ahora comienza. Tal vez fuera el romance que hemos señalado como LI, si bien en su versión primitiva y no como hoy se le conoce, que es como lo damos aquí. Respecto a la insinuación de amor caballeresco del Cid por Urraca, recuérdese lo ya expuesto en el romance sobre el sitio de Coimbra, donde el Campeador fue armado caballero por la infanta doña Urraca, que aquí se rememora como antecedente de esa pasión de la infanta. (Véase el romance XXIII.)

Según Menéndez Pidal, este romance deriva de una gesta guerrera sobre el cerco de Zamora, hoy perdida. En el siglo XVII, Guillén de Castro aprovecha estos elementos en su comedia *Las hazañas del Cid*, así como Lope de Vega en *Las almenas de Toro*. Circunstancias legendarias que tampoco olvidó Corneille en su tragedia *El Cid*. (Véase el Apéndice V.)

Se publicó en el *Cancionero de romances*, la *Rosa española de romances*, de Timoneda, y Escobar en su *Romancero*. Modernamente, Menéndez Pidal lo incluye en su *Flor nueva*.

Acordársete defería
De aquel buen tiempo pasado
Cuando fuiste caballero
En el altar de Santiago;
Cuando el Rey fue tu padrino,
Tú, Rodrigo, el afijado:
Mi padre te dio las armas,
Mi madre te dio el caballo,
Yo te calcé las espuelas
Porque fueras más honrado;
Pensé de casar contigo,
No lo quiso mi pecado;
Casástete con Jimena,
Fija del Conde Lozano:
Con ella hubiste dinero,
Conmigo hubieras Estado,
Porque si la renta es buena,
Muy mejor es el Estado.
Bien casástete, Rodrigo,
Muy mejor fueras casado;
Dejaste fija de rey
Por tomar la de un vasallo.»
En oír esto Rodrigo
Quedó dello algo turbado;
Con la turbación que tiene
Esta respuesta le ha dado:
«Si os parece, mi señora,
Bien podemos desviallo.»
Respondiole doña Urraca
Con rostro muy sosegado:
«No lo mande Dios del cielo,
Que por mí se haga tal caso:
Mi ánima penaría
Si yo fuese en discrepallo.»
Volviose presto Rodrigo
Y dijo muy angustiado:
«Afuera, afuera, los míos.
Los de a pie y los de a caballo,
Pues de aquella torre mocha
Una vira me han tirado.
No traía el asta el fierro,
El corazón me ha pasado:

Ya ningún remedio siento
Sino vivir más penado.»

LIV[166]

DOS CABALLEROS RETAN A LOS DEL CAMPO DE DON SANCHO, T VENCEN A DOS CONDES QUE SALIERON.

Riberas del Duero arriba
Cabalgan dos zamoranos;
Las divisas llevan verdes,
Los caballos alazanos,
Ricas espadas ceñidas,
Sus cuerpos muy bien armados.
Adargas ante sus pechos,
Gruesas lanzas en sus manos.
Espuelas llevan jinetas
Y los frenos plateados.
Como son tan bien dispuestos,
Parecen muy bien armados,
Y por un repecho arriba
Salen más recios que galgos,
Y sóbenlos a mirar
Del real del Rey don Sancho:
Desque a otra parte fueron,

---

[166] Romance tradicional anónimo. Lo recogió Timoneda en su *Rosa española* y Escobar en su *Romancero*. Wolf lo editó también. Modernamente, Menéndez Pidal lo reproduce en su *Flor nueva de romances viejos*, advirtiendo que en la versión, que da hace converger cuatro versiones conocidísimas muy divergentes «procurando dar claridad a las confusiones que en ellas se advierten».

Dieron vuelta a los caballos,
Y al cabo de una gran pieza
Soberbios ansí han fablado:
«¿Tendredes dos para dos,
Caballeros castellanos,
Que puedan armas facer
Con otros dos zamoranos
Para daros a entender
Non face el Rey como hidalgo
En quitar a doña Urraca
Lo que su padre le ha dado?
Non queremos ser tenidos,
Ni queremos ser honrados,
Ni Rey de nos faga cuenta,
Ni Conde nos ponga al lado,
Si a los primeros encuentros
No los hemos derribado,
Y si quiera salgan tres,
Y siquiera salgan cuatro,
Y siquiera salgan cinco,
Saiga siquiera el diablo:
Con tal que no salga el Cid
Ni ese noble Rey don Sancho,
Que lo habemos por señor,
Y el Cid nos ha por hermanos,
De los otros caballeros
Salgan los más esforzados.»
Oído lo habían dos condes,
Los cuales eran cuñados.
«Atended, los caballeros,
Mientras estamos armados.»
Piden apriesa las armas,
Suben en buenos caballos,
Caminan para las tiendas
Donde yace el Rey don Sancho,
Piden que les dé licencia
Que ellos puedan hacer campo
Contra aquellos caballeros
Que con soberbia han fablado.
Allí fablara el buen Cid.
Que es de los buenos dechado:
«Los dos contrarios guerreros

Non los tengo yo por malos,
Porque en muchas lides de armas
Su valor habían mostrado,
Que en el cerco de Zamora
Tuvieron con siete campo:
El mozo mató a los dos,
El viejo mató a los cuatro;
Por uno que se les fuera.
Las barbas se van pelando.»
Enojados van los condes
De lo que él Cid ha fablado:
El Rey, cuando ir los viera,
Que vuelvan les ha mandado;
Otorgó cuanto pedían,
Más por fuerza que de grado.
Mientras los condes se arman
El padre al fijo está hablando:
«Volved, fijo, hacia Zamora,
A Zamora y sus andamios:
Mirad dueñas y doncellas
Cómo nos están mirando:
Fijo, no miran a mí,
Porque ya soy viejo y cano;
Mas miran a vos, mi fijo,
Que sois mozo y esforzado.
Si vos facéis como bueno,
Seréis de ellas muy honrado;
Si lo facéis de cobarde,
Abatido y ultrajado.
Afirmaos en los estribos,
Terciad la lanza en las manos,
Esa adarga ante los pechos,
Y apercibid el caballo,
Que al que primero acomete
Tienen por más esforzado.»
A penas esto hubo dicho,
Ya los condes han llegado:
El uno viene de negro,
Y el otro de colorado.
Vanse unos para otros,
Fuertes encuentros se han dado;
Mas el que al mozo le cupo

Derribolo del caballo,
Y el viejo al otro de encuentro
Pasole de claro en claro.
El Conde, de que esto viera,
Huyendo sale del campo,
Y los dos van a Zamora
Con victoria muy honrados.

LV[167]

(SOBRE EL MISMO ASUNTO.)

Riberas del Duero arriba
Cabalgan dos zamoranos
Que, según dicen las gentes.
Padre y hijo son entrambos.
Palabras muy soberbiosas
Entre sí las van hablando.
Que con tres se matarían,
Y aún así harían con cuatro;
Que si cinco les viniesen.
No les negarían el campo,
Con tal que no fuesen primos,
Ni menos fuesen hermanos,
Ni de las tiendas del Cid,
Ni de sus paniaguados;

Mas de las tiendas del Rey
Salgan los más esforzados,
Que a todos bueno farían
Lo que dejan asentado.

LVI[168]

RETO DE ORTUÑO A LAS TROPAS DE DON SANCHO, MAS NO AL CID.

Junto al muro de Zamora
Vide un caballero erguido,
Armado de todas piezas,
Sobre un caballo morcillo,
A grandes voces diciendo:
«Vélese bien el castillo,
Que al que fallare velando
Ayudaré con mi grito,
Y al que fallare durmiendo
Echarle he de arriba vivo;
Pues por la honra de Zamora
Yo soy llamado y venido.
Si hubiera algún caballero,
Venga a hacer armas conmigo
Con tal que no sea el Cid
Ni Bermudo su sobrino.»
Las palabras que decía
El buen Cid las ha oído:
«¿Quién es ese caballero
Que face el tal desafío?»
«Ortuño me llamo, Cid,

---

[167] Éste es un fragmento del mismo romance tradicional del que se hizo «una glosa en disparate» de tono burlesco. Durán lo acepta en su *Romancero*, tomándolo de un pliego suelto del siglo XVI. Aún existe otra versión de este romance, que apareció en pliego suelto del XVI y recogió Wolf sin que la recogiera Durán sino en el suplemento de su *Romancero*. (Véase nuestro Apéndice I, romance II y su nota correspondiente.)

[168] Romance tradicional o viejo sobre el mismo tema, derivado, sin duda, del perdido cantar del cerco de Zamora. Se público en la *Silva de romances* (1550) y lo recogió Wolf, pero no Durán en su *Romancero General*. Menéndez; Pidal da una variante de él en su *Flor nueva...*

Ortuño es mi apellido.»
«Acordársete debría
De la pasada del río,
Cuando yo vencí a los moros
Y Babieca iba conmigo.
En aquestos tiempos tales
Non eras tan atrevido.»
Ortuño, de que esto oyera,
De esta suerte ha respondido:
«Entonces era novel,
Ahora soy más crecido,
Y usando, buen Cid, las armas,
Me he hecho tan atrevido.
Mas no defasío a ti
Ni a Bermudo tu sobrino.
Porque os tengo por señores
Y me tenéis por amigo;
Mas si hay otro caballero
Salga a hacer armas conmigo,
Que aquí en el campo le espero
Con mis armas y rocino.»

LVII[169]

MUERE DON SANCHO
SOBRE ZAMORA A MANOS

---

[169] Este romance es de la apoca, tradicional, según Durán. Su asunto se completa, en los dos siguientes, más modernos que éste. Se publicó en el *Cancionero de romances*. Menéndez Pidal lo cree derivado del perdido cantar del Rey don Sancho y lo considera como de los más viejos, ya que se citaba como tradicional en el siglo XV. Ha sufrido muchas transformaciones, de todas las cuales forma un bello romance, que publica en su *Flor nueva de romances viejos*.

DEL TRAIDOR BELLIDO
DOLFOS.

Guarte, guarte, Rey don Sancho,
No digas que no te aviso.
Que de dentro de Zamora
Un alevoso ha salido;
Llámase Bellido Dolfos,
Hijo de Dolfos Bellido:
Cuatro traiciones ha fecho
Y con esta serán cinco.
Si gran traidor fuera el padre,
Mayor traidor es el hijo.
Grites dan en el real
Que a don Sancho han malherido:
Muerto le ha Bellido Dolfos,
Gran traición ha cometido.
Desque le tuviera muerto
Metiose por un postigo;
Por las calles de Zamora
Va dando voces y gritos:
«Tiempo era, doña Urraca,
De cumplir lo prometido.»

LVIII[170]

HUYE BELLIDO DOLFOS
DEL CID, QUE LE
PERSIGUE HASTA LAS
PUERTAS DE ZAMORA.

---

[170] Este romance anónimo, más moderno que el anterior, viene a ser complemento suyo en sus detalles, que sólo quedaron, como esbozados en aquél, Lo recogió Escobar en su *Romancero*, y el *Cancionero de romances* en la edición de Medina de 1570. También Wolf lo recoge.

De Zamora sale Dolfos
Corriendo y apresurado,
Huyendo va de los fijos
Del buen viejo Arias Gonzalo.
En la tienda del buen Rey,
En ella se había amparado:
«Manténgate Dios, el Rey.»
«Bellido, seas bien llegado.»
«Señor, tu vasallo soy,
Tu vasallo y de tu bando,
Y yo, por aconsejarle
A aquel viejo Arias Gonzalo
Que te entregase a Zamora,
Pues se te había quitado,
Hame querido matar
Y de él me soy escapado.
A ti me vengo, señor,
Por ser en el tu mandado,
Que deseo de servirte
Como cualquier fijodalgo.
Yo te entregaré a Zamora.
Aunque pese a Arias Gonzalo,
Que por un falso postigo
En ella serás entrado.»
El buen Arias, él leal,
Al Rey había avisado
Desde el muro del adarve.
Estas palabras hablando:
«A ti lo digo, el buen Rey.
Y a todos tus castellanos
Que allá ha salido Bellido.
Bellido, un traidor malvado:
Que si traición te ficiere.
A nos non sea imputado.»
Oído lo había Bellido
Que al Rey tiene por la mano:
«Non lo creades, señor,
Lo que contra mí ha fablado.
Que don Arias lo publica
Porque el lugar no sea entrado.
Porque él sabe que yo sé
Por dónde será tomado.»

Allí le fablara el Rey,
De Bellido confiado:
«Yo lo creo bien, Bellido
El Dolfos, mi buen criado:
Por tanto, vámonos luego
A ver el postigo falso.»
«Vámonos luego, señor:
Id solo, no acompañado.»
Apartados del real,
El buen Rey se había apartado
Con voluntad de facer
Lo que a nadie es excusado:
El venablo que llevaba
A Bellido se lo ha dado.
El cual desque ansí lo vido
De espaldas y descuidado,
Enhestose en los estribos,
Con fuerza, se lo ha tirado,
Diérale por las espaldas
Y a los pechos ha pasado.
Allí cayó luego el Rey
Muy mortalmente llagado:
Viole caer don Rodrigo
Que de Vivar es llamado;
Y como lo vio ferido,
Cabalgara en su caballo:
Con la priesa que tenía,
Espuelas no se ha calzado.
Huyendo iba el traidor,
Tras él iba el castellano;
Si apriesa había salido,
A muy mayor se había entrado;
Rodrigo ya le alcanzaba,
Mas viendo a Dolfos en salvo,
Mil maldiciones se echaba
El nieto de Laín Calvo:
«Maldito sea el caballero
Que como yo ha cabalgado,
Que si yo espuelas trajera,
No se me fuera el malvado.»
Todos van a ver al Rey,
Que mortal estaba echado,

Todos le dicen lisonjas,
Nadie verdad le ha fablado
Si no fue el Cande de Cabra,
Un buen caballero anciano:
«Sois mi Rey y mi señor,
Y yo soy vueso vasallo:
Cumple que miréis por vos,
Que es verdad lo que vos fablo,
Que del ánima curedes,
Del cuerpo no fagáis caso:
A Dios vos encomendad,
Pues fue este día aciago.»
«Buena ventura hayáis, Conde,
Que ansí me heis aconsejado.»
En diciendo estas palabras,
El alma a Dios había dado.
De esta suerte murió el Rey
Por haberse confiado.

LIX[171]

A PESAR DEL AVISO QUE ARIAS GONZALO DA AL REY, ÉSTE SE FÍA DE BELLIDO, Y MUERE ALEVOSAMENTE A SUS MANOS.

[171] Este romance anónimo es, sin duda, tradicional y uno de los más bellos de todo el Romancero. Lo publicó Timoneda en su *Rosa española* y lo recogió también Wolf en su colección. En el *Cancionero de romances,* sin fecha y en la edición de 1550, así como en la *Silva de romances* se da otra versión más sintética de este romance. Menéndez Pidal lo refunde con el LVII.

«Rey don Sancho, Rey don Sancho,
No digas que no te aviso,
Que del cerco de Zamora
Un traidor había salido:
Bellido Dolfos se llama,
Hijo de Dolfos Bellido,
A quien él mismo matara
Y después echó en el río.
Si te engaña, Rey don Sancho,
No digas que no lo digo.»
Oído lo ha el traidor,
¡Gran enojo ha recibido!
Fuese donde estaba el Rey,
De aquesta suerte le ha dicho:
«Bien conoscedes, señor,
El mal querer y homecillo
Que el malo de Arias Gonzalo
Y sus hijos han conmigo:
En fin, hasta tu real
Agora me han perseguido,
Esto porque les reptaba
Que estorbaban su partido,
Que otorgase doña Urraca
A Zamora en tu servicio.
Agora que han bien mirado
Cómo está bien entendido
Que tú prendas a Zamora
Por el postigo salido,
Trabajan buscar tu daño
Dañando el crédito mío:
Si me quieres por vasallo,
Servirete sin partido.»
El buen Rey, siendo contento,
Díjole: «Muéstrame, amigo,
Por dónde tome a Zamora,
Que en ella serás tenido
Mucho más que Arias Gonzalo,
Que la manda con desvío.»
Besole el traidor la mano,
En gran poridad le dijo:
«Vámonos tú y yo, señor,
Solos, por no haber bullicio;

Verás lo que me demandas,
Y ordenarás tu partido
Donde se haga una cava
Y lo que manda mi aviso.
Después con ciento de a pie
Matar las guardas me obligo,
Y se entrarán tus banderas,
Guardándoles el postigo.»
Otro día de mañana
Cabalgan Sancho y Bellido,
El buen Rey en su caballo
Y Bellido en su rocino:
Juntos van a ver la cerca,
Solos a ver el postigo.
Desque el Rey lo ha rodeado
Saliérase cabe el río,
Do se hubo de apear
Por necesidad que ha habido.
Encomendole un venablo
A ese malo de Bellido:
Dorado era y pequeño,
Que el Rey lo traía consigo.
Arrojóselo el traidor,
Malamente lo ha ferido;
Pasole por las espaldas,
Con la tierra lo ha cosido.
Vuelve riendas al caballo
A más correr al postigo.
La causa de la corrida
Le pregunta don Rodrigo,
El cual dicen de Vivar;
El malo no ha respondido.
El Cid apriesa cabalga,
Sin espuelas lo ha seguido:
Nunca lo pudo alcanzar,
Que en la ciudad se ha metido.
Que lo metan en prisión
Doña Urraca ha proveído:
Guárdale Arias Gonzalo
Para cuando sea pedido.
Tornose el Cid con coraje,
Como no prendió a Bellido,

Maldiciendo al caballero
Que sin espuelas ha ido.
No sospecha tal desastre,
Cuida ser otro el delito;
Que si lo que era creyera,
Bien defendiera el postigo
Hasta vengar bien la muerte
Del Rey don Sancho el querido.

LX[172]

ANTES DE EXPIRAR DON
SANCHO, LE PIDE EL CID
QUE LE RECOMIENDE A
SUS HERMANOS PARA
EVITAR QUE LE
GUARDEN RENCOR POR
LOS SERVICIOS QUE
CONTRA ELLOS LE HIZO.

En el real de Zamora
El Rey don Sancho yacía,
Herido con un venablo:
De un lado a otro le salía.
Bellido, aquese traidor,
Fue el que le dio la ferida.
No puede el Rey escapar,
Ya se le acaba la vida;
Levantose sobre el lecho,
A sus vasallos decía:
«Bellido, aquese malvado,
A mí ferido me había
Siendo él vasallo mío,
Yo por tal lo recebía;

---

[172] Romance artístico original de
Lorenzo de Sepúlveda, que lo incluye
en su obra *Romances nuevamente
sacados*... Como se ve, pretende imitar
el tono de los tradicionales sobre el
tema.

Cáusanlo los mis pecados,
Que contra Dios cometía,
Y por ir contra la jura
Que al mi padre yo facía:
Quiteles a mis hermanos
Lo que él dado les había.»
Estando en estas razones,
El buen Cid ansí decía,
Fincado ante él de hinojos,
Muchas lágrimas vertía:
«Yo finco desamparado,
Sin consejo ni alegría,
Más que vasallo ninguno
De los que señor tenía;
Que tu padre, el Rey Fernando,
Cuando sus reinos partía
Contigo y los tus hermanos,
A todos mandado había
Me ficiésedes merced
Por servicios que le hacía.
A todos desamparé,
A ti solo yo servía;
A ellos hice mucho daño,
Tu mandado yo cumplía;
No osaré estar en la tierra,
Ni ir a la Morería,
Porque Urraca y don Alfonso
Me ternán gran enemiga,
Creyendo que lo pasado
Por mi consejo se hacía,
Y que el mal a ellos venido
Yo te lo aconsejaría.
Antes que, buen Rey, morieses,
Por merced yo te pedía
Que de mí te venga mientes,
Que bien yo lo merecía.»
El Rey habló a sus vasallos,
Y ricos hombres que había,
Y obispos y arzobispos,
Y otra gran caballería:
«Los mis vasallos leales,
Lo que os ruego y os pedía

Es que a los mis hermanos
Les digáis, y a don García,
Que me perdonen los daños
Que yo fecho les tenía,
que al Cid, que está presente,
Ellos gran bien le farían,
Porque todo lo merece:
De su mal culpa no había.»
Tomó una vela en su mano,
A Dios el alma rendía
Con muy gran dolor de todos,
Que muy grande amor le habían.

LXI[173]

OTRA VERSIÓN DEL ASESINATO DE DON SANCHO POR BELLIDO DOLFOS.

Estando del Rey don Sancho
La gran Zamora cercada,
Y puesta en muy grande aprieto
Por la gente castellana,
El traidor Bellido Dolfos,
Deseando libertalla,
Hace un portillo en el muro,
Y al real del Rey se pasa.
¡Gran traición había tramado,
Cual nunca tal se pensaba!
Entra en la tienda del Rey,
A ningún portero aguarda,
Y la rodilla en el suelo,

---

[173] Este romance artístico es original de Lucas Rodríguez que imita a los tradicionales, aunque le denuncian ciertos toques conceptuosos. Lo publicó en su *Romancero historiado* (1581).

De esta manera le habla:
«¡Ah don Sancho, rey famoso
De Castilla la nombrada!
Si deseas sujetar
Zamora la bien cercada,
Y acabar los zamoranos
A fuego, hierro o espada,
Dame tu pleito homenaje,
Que no será quebrantada
La condición que sacare,
Ni quebrarás tu palabra,
Que es irte conmigo solo,
Sin gente, hasta la muralla,
Donde verás un postigo
Desamparado de guarda,
Por do podrá entrar tu gente
Y dar fin a la batalla.»
Pensativo queda el Rey,
La mano puesta en la barba;
Varios pensamientos tiene,
No sabe bien qué se haga.
Por una parte recela,
Alguna traición armada,
Por otra parte se fía
En la engañosa palabra.
Muévele al fin la codicia
De ver la ciudad tomada,
Y ver ya libre su gente
De tan dudosa batalla.
Manda juntar un Consejo,
A todos los del real llama,
Cuéntales primero el caso
De todo lo que pasaba,
Y su determinación,
Con la condición sacada.
Muy mal les parece a todos
Lo que el fiel Rey ordenaba.
Por ser cosa peligrosa
Y tan mal aconsejada.
Quiérenle ir a la mano;
Mas ya poco aprovechaba,
Pues su triste desventara

Ansina lo dispensaba.
Sólo sale el Rey don Sancho,
Bellido le acompañaba;
Danle voces de Zamora
De la traición ordenada;
Mas, aunque le dan aviso,
En su esfuerzo confiaba.
El traidor Bellido Dolfos
Por un venablo se abaja,
Que dejado había escondido
Bien cerca de la muralla.
No estaba lejos la red
Que para el Rey puesta estaba:
Sin pensar en la traición,
Cerca del postigo se halla.
Entonces Bellido Dolfos
Hacia atrás se retiraba,
Diciendo: «Agora, don Sancho,
Zamora estará vengada.»
De la cruel mano despide
Con furor y fuerza extraña
Aquel agudo venablo;
De parte a parte le pasa.
Bien se quisiera vengar,
Si la inexorable Parca,
No atajara el pensamiento,
Que como la herida es brava,
Muerto cayó el Rey don Sancho,
Valor y honra de España.

LXII [174]

LAMENTA EL CID LA MUERTE DE DON SANCHO.

Con el cuerpo que agoniza,
Despidiéndose del alma,
Diciendo tales razones
Que tierna lástima causan,
El malogrado don Sancho
A vista del cerco estaba;
Que si lejos estuviera,
Fuera de más importancia.
Muerto le deja un traidor.
Que siempre tuvo esta fama.
Movido de su albedrío.
Que a un traidor esto le basta
Por fiarse de su abrigo
Y de su alevosa traza.
Que quien de traidores fía
En tales sucesos para.
A su malograda muerte
El famoso Cid se halla;
Que si en vida le creyera,
Un mundo no le matara.
Siente el caso desastrado
De tan notable desgracia,
Por ver que blandir no puede
Contra Zamora la lanza,
Por el juramento fecho.
Con que las manos le ata,
Aunque la razón le fuerza

Mira a Dios y a su palabra.
Quiere acudir al remedio,
Y allí el remedio le falta,
Porque aunque está allí el difunto,
Ve que está ausente la causa:
Unas veces se enternece,
Otras suspira y repara,
Otras le mira y revuelve,
Y viéndole muerto calla.
Ya fía, ya desconfía,
Viendo que el hablar le falta.
Y aunque revuelto en su sangre.
Así le dice y abraza:
«Famoso Rey, que ya la tierra fría
Triunfa, de tu valor y brazo fuerte,
De quien el mundo todo se temía.
Procurando rendido obedecerte:
¿De qué te aprovechó tu valentía,
Si agora con amarga y cruda muerte
Vencido quedas en la tierra dura
Con tan extraña y grave desventura?
Miraras, Rey, que al fin era tu hermana,
La que su casa y tierra defendía,
Y la razón que el Cid, aunque liviana,
Te dijo para el fin de esta porfía:
Agora quedará leda y ufana
Viendo muerto a quien tanto la ofendía,
Tendido en esta tierra fría y dura
Con tan extraña y grave desventura.»
Estas razones le dijo
Y el tierno llanto le ataja,
Y así muerto como está,
Le respeta y se avasalla.
Meten el cuerpo en su tumba
Para que le den mortaja,
Dando traza en su real
Para la justa venganza.

---

[174] Romance anónimo artístico de la, época decadente como lo atestiguan las octavas reales que interpola el desconocido y culto autor que lo compusiera. Se publicó en el *Romancero General* y lo recogió Escobar en el suyo.

LXIII[175]

DIEGO ORDÓÑEZ, A
FALTA DEL CID, SE
OFRECE A RETAR A
ZAMORA POR LA MUERTE
DEL REY DON SANCHO.

Muerto yace el Rey don Sancho,
Bellido muerto le había:
Pasado está de un venablo
Y gran lástima ponía.
Llorando estaba sobre él
Toda la flor de Castilla:
Don Rodrigo de Vivar
Es el que más lo sentía:
Con lágrimas de sus ojos
De esta manera decía:
«¡Rey don Sancho, señor mío,
Muy aciago fue aquel día
Que tú cercaste a Zamora
Contra la voluntad mía!
Quien te lo aconsejó, Rey,
A Dios ni al mundo temía,
Pues te fizo quebrantar
La ley de caballería.»
Y viendo el hecho en tal punto,
A grandes voces decía:
«Que se nombre un caballero,
Antes que se pase el día,
Para retar a Zamora
Por tan grande alevosía.»
Todos dicen que es muy bien;
Mas nadie al campo salía:

Tómense de Arias Gonzalo
Y cuatro hijos que tenía,
Mancebos de gran valor,
De gran esfuerzo y estima.
Mirando estaban al Cid
Por ver si lo aceptaría,
Y el de Vivar, que lo entiende,
De esta manera decía:
«Caballeros fijosdalgo,
Ya sabéis que non podía
Armarme contra Zamora,
Que jurado lo tenía,
Mas yo daré un caballero
Que combata por Castilla,
Tal que, estando él en el campo,
No sintáis la falta mía.»
Levantose Diego Ordóñez,
Que a los pies del Rey yacía:
La flor es de los de Lara
Y lo mejor de Castilla.
Con voz enojosa y ronca
De esta manera decía:
«Pues el Cid había jurado
Lo que jurar no debía
No es menester que señale
Quien la batalla prosiga:
Caballeros hay en ella
De tanto esfuerzo y valía
Como el Cid, aunque es muy bueno,
Y yo por tal lo tenía;
Mas si queréis, caballeros,
Yo lidiaré la conquista,
Aventurando mi cuerpo,
Poniendo a riesgo mi vida.
Pues que la del buen vasallo
Es por su Rey ofrecida.»

---

[175] Romance artístico original de
Lucas Rodríguez, que lo publicó en
su libro *Romancero historiado*.
Menéndez Pidal lo refunde en su *Flor
nueva de romances viejos*.

LXIV[176]

SOBRE LA TRAICIÓN DE BELLIDO DOLFOS.

Mirando se sale Febo
En el cuento dé un venablo.
Que halla hincado, tremiendo
En el campo zamorano.
Cuya asta gruesa cosido
Tiene a tierra al Rey don Sancho,
Que con mísero alarido
Las peñas conmueve a llanto,
Y con flujo sanguinoso
Vuelve rojo el jazmín blanco.
Del suelo arranca las yerbas
Con los dientes delicados.
Y las piedras de su asiento
Con las retorcidas manos;
Y de los continuos golpes
Tiene el rostro maltratado.
Con visaje decompuesto.
De oscura sombra ocupado.
Llama justo al cielo, y justo
De su hierro el justo pago,
Y con voz débil y ronca.
Que solo la escucha el campo,

En el umbral de la muerte
Puesto el pie, dice llorando:
    «No es Bellido, quien me ha muerto.
Y pluguiera a Dios lo fuera,
Que más consolado fuera
Y por camino más cierto.
    De una maldición es paga,
Del mesmo a quien debo el ser,
Que como me pudo hacer,
Quiere el cielo me deshaga.
    No dejó pues de agraviarme.
Aunque es grande mi delito,
Viéndome morir maldito
De quien hijo oí llamarme.
    Tanto ciega una pasión,
Que quiere un padre que muera
Su hijo de esta manera
Por su sola maldición.»
    Quiso hablar mas ya no pudo.
Que se lo impidió un desmayo:
Llega la nueva al real
Del caso desventurado;
Apriesa cabalga el Cid,
Bermudo, y don Diego el bravo,
Y con roncos atambores
Todo el castellano Campo
Se mueve a tomar venganza
Del traidor que hizo el daño;
Pero al fin llegaron tarde,
Porque estaba puesto en salvo.
Toda la flor de Castilla,
Admirada de tal caso,
Se vuelve para el real
Con su Rey, para enterrarlo.

---

[176] Romance artístico original de Gabriel Lobo Laso de la Vega, que lo publicó en su *Romancero y tragedias* (1587), en que reunió sus obras dramáticas y una primera serie de romances históricos. Ya en el siglo XVII publicó su *Manojuelo de romances* del que no incluyeron romances las colecciones posteriores. Durán no los menciona; nosotros los hemos recogido en el Apéndice II. (Véanse los números I, II, III, IV, V y VI de dicho Apéndice.)

LXV[177]

DIEGO ORDÓÑEZ PARTE A ZAMORA PARA HACER EL RETO.

Después que Bellido Dolfos,
Aquel traidor afamado,
Derribó con cruda muerte
Al valiente Rey don Sancho,
Se allegan en una tienda
Los mayores de su campo.
Júntase todo el real
Como estaba alborotado
De ver el venablo agudo
Que a su Rey ha traspasado.
No se lo quieren sacar
Hasta que haya confesado;
Y ese conde don García
Que de Cabra era llamado,
Viendo de tal modo al Rey,
De esta manera le ha hablado:
«¡Oh Rey, en quien yo tenía
La esperanza de mi Estado!
Véote tan mal herido
Que remedio no he hallado
Sino solo encomendarte
A lo que eres obligado.
Toma cuenta a tu conciencia,
Y mira en lo que has errado
Contra aquel alto Señor,
Que te puso en tal estado.
Al cuerpo no busques cura,
Porque su tiempo es pasado;
Ya son tus días cumplidos,

Ya tu plazo es allegado,
Paga lo que te obligaste
Cuando fuiste baptizado.
La muerte, sierva y señora,
No te da más largo plazo,
No consiente apelación
Sino que pagues de grado:
Cumple curar de tu alma,
Del cuerpo no hayas cuidado.»
Respondió en aquesto el Rey
Todo en lágrimas bañado;
Temblando tiene la lengua,
Y el gesto tiene mudado:
«Bien andante seades, Conde,
Y en armas aventurado,
En todo hablastes muy bien.
Buen consejo me habéis dado:
Yo bien sé cuál es la causa,
Que en tal punto soy llegado
Por pecados cometidos
Al inmenso Dios sagrado,
Y también fue por la jura
Que a mi padre hube quebrado
En cercar esta ciudad,
Que a mi hermana hobo dejado.
A Dios encomiendo el alma;
Pues que estoy en tal estado
Traedme los sacramentos
Porque estó a muerte llegado.»
Ansí se salió el alma
Y el cuerpo se le ha enfriado.
Sus vasallos en aquesto
A Zamora han enviado
A aquese don Diego Ordóñez,
Un caballero estimado,
A decir a los vecinos
Cómo a su Rey ha matado
El falso Bellido Dolfos,
Vasallo del Rey don Sancho,
Por lo cual desafiaba
Al traidor de Arias Gonzalo,
Y a los zamoranos todos,

---

[177] Romance tradicional, bastante modernizado. Se publicó en el *Cancionero de romances* y lo recogió Timoneda en su *Rosa española*.

Pues en ella se han hallado,
Y a los panes, y a las aguas,
Y a lo que no está criado,
Y aun a todos los nacidos
Que en Zamora son hallados,
Y a los grandes y pequeños
Aunque no sean engendrados.

LXVI[178]

(SOBRE EL MISMO ASUNTO.)

Con el rostro entristecido,
Y el semblante demudado.
Se arma para Zamora
Ordóñez el castellano,
Todo cubierto de luto.
Hasta los pies del caballo,
Y debajo el luto lleva
Un arnés muy bien tranzado,
Puesta la lanza en el hombro,
Un crucifijo en la mano.
Con las devotas insignias
Conocido va en el campo.
Porque si él las llevaba
Es por muerte del Rey Sancho.
Mirando va el crucifijo
De esta manera hablando:
«Suplícote, Señor mío.
Que me tengas de tu mano.
Por la pasión que pasaste
En aquesa cruz clavado,
Y por la llaga mortal

Que traspasó tu costado.
Me quieras favorecer
En este caso pensado.»
Haciendo va juramento
De no volver sin vengallo.
Porque el traidor de Bellido
Pague como falso y malo.
Estas palabras decía
Como hombre apasionado
«Ayudadme, caballeros,
Los que os llamáis hijosdalgo,
Que de los que no lo sois,
No quiero ser ayudado.»

LXVII[179]

(SOBRE EL MISMO ASUNTO.)

Después que Bellido Dolfos,
Ese traidor afamado,
Derribó con cruda muerte
Al valiente Rey don Sancho,
Juntáronse en una tienda
Los mayores de su campo,
Y juntose todo el real
Como estaba alborotado.
Don Diego Ordóñez de Lara
Grandes voces está dando,
Y con coraje encendido
Muy presto se había armado.

---

[178] Romance artístico original de Lucas Rodríguez, que amplía el tema del reto de Ordóñez con cierta retórica. Lo publicó en su *Romancero historiando*.

[179] Este romance viene a ser repetición del LXV aunque más conciso en la expresión. Es romance tradicional, bastante modificado. Lo recoge Escobar en su *Romancero*. Wolf lo recoge uniendo en uno solo éste, el LXIX, LXXVI y el LXXXVII, según están en el *Cancionero de romances* y *Silva de romances*.

Para retar a Zamora
Junto al muro se ha llegado.
Y lanzando fuego vivo
De esta suerte ha razonado:
«Fementidos y traidores
Sois todos los zamoranos,
Porque dentro de esa villa
Acogisteis al malvado
De Bellido, ese traidor.
El que mató al Rey don Sancho,
Mi buen señor y buen rey,
De quien soy muy lastimado:
Que los que acogen traidores,
Traidores sean llamados;
Y por tales yo vos reto,
Y a vuesos antepasados,
Y a los que traidores son
Los pongo en el mismo grado,
Y a los panes y a las aguas,
De que sois alimentados;
Y esto os faré conocer,
Ansí como estoy armado,
Y lidiaré con aquellos
Que no quieren confesallo,
O con cinco, uno a uno,
Como en España es usado
Que lidie el que a concejo
Como yo había retado.»
Arias Gonzalo, ese viejo,
Ansí lo había fablado,
Despúes que hubo entendido
Lo que Ordoño ha razonado:
«Non debiera yo nacer,
Si es como tú has contado;
Mas yo acepto el desafío
Que por ti es demandado,
Y te daré a conocer
No ser lo que has publicado.»
Y a todos los de Zamora
De esta manera ha fablado:
«Varones de grande estima,
Los pequeños y de estado,

Si hay alguno entre vosotros
Que en aquesto se haya hallado,
Dígalo muy prestamente;
De decillo no haya empacho.
Más quiero irme dé esta tierra
En África desterrado,
Que no en campo ser vencido
Por alevoso y malvado.»
Todos dicen a una voz,
Sin alguno estar callado:
«Mal fuego nos mate, Conde,
Si en tal muerte hemos estado:
No hay en Zamora ninguno
Que tal hubiese mandado:
El traidor Bellido Dolfos
Por sí solo lo ha acordado:
Muy bien podéis ir seguro;
Id con Dios, Arias Gonzalo.»

LXVIII[180]

RETO DE ZAMORA POR DIEGO ORDÓÑEZ.

Ya Diego Ordóñez se parte,
Ya del real se ha salido
A retar los zamoranos
Por traidores, fementidos,
Armado de piezas dobles
En un caballo morcillo.
En su mano gruesa lanza,
El yelmo acerado y fino.
Puso piernas al caballo

---

[180] Romance artístico original de Lucas Rodríguez, que insiste en el reto de Zamora por Ordóñez con la fórmula íntegra de los retos que se repite en otros romances. Se publica en el su *Romancero historiado*.

Y en el muro la ha rompido,
Y con voz muy alterada
De esta manera habie dicho:
«Yo vos repto, zamoranos,
Por traidores fementidos;
Repto los chicos y grandes,
Y a los muertos, y a los vivos.
Repto las yerbas del campo,
También los peces del río,
Réptoos el pan y la carne,
También el agua y el vino.»
El buen viejo Arias Gonzalo
Desde el muro ha respondido:
«Hablaste como valiente,
Pero no como entendido
¿Qué culpa tienen los muertos
De lo que hacen los vivos?
¿De lo que hacen los grandes
Qué culpa tienen los chicos?
Ya veis que estaba ordenado
Y por ley establecido.
Que el que reptare a concejo
Se haya de matar con cinco.»
«Bien lo entiendo, Arias Gonzalo,
Bien entiendo lo que digo:
Sálganse mañana al campo
Antes que el sol sea salido.»

LXIX[181]

ARIAS GONZALO
DESMIENTE LAS

---

[181] Este romance tradicional debió formar parte del LXVII como opina Durán y así lo recogió Wolf, como se ha dicho ya en su nota correspondiente. En el *Cancionero de romances* está unido, pero no en el *Romancero* de Escobar, que lo da como romance independiente.

ACUSACIONES DE ORDÓÑEZ Y ACEPTA EL RETO, HACIENDO JURAR A LOS ZAMORANOS QUE NO TUVIERON PARTE EN LA MUERTE DE DON SANCHO.

Arias Gonzalo responde
Diciendo que han mal hablado;
Mandan asignar varones
Que juzguen en este caso.
Doce salen de Zamora
Y otros doce van del campo.
Arias Gonzalo se armaba
Para combatir el pacto.
Consigo lleva cuatro hijos
Que en el mundo Dios le ha dado;
A todos los de Zamora
Desta manera ha hablado:
«Varones de gran estima,
Los pequeños y de estado.
Si hay alguno entre vosotros
Que en la muerte de Don Sancho
Y en la traición de Bellido
Pueda encontrarse culpado,
Dígalo muy prestamente,
De decillo no haya empacho,
Que más quiero irme en destierro
Y en África desterrado,
Que no en campo ser vencido
Por alevoso y malvado.»
Todos dicen prestamente,
Sin ninguno estar callado:
«Mal fuego nos queme, conde,
Si en tal muerte hemos estado:
No hay en Zamora ninguno
Que tal hubiese mandado.
El traidor Bellido Dolfos
Por sí solo lo ha acordado.
Bien podéis vos ir seguro;
Id con Dios, Arias Gonzalo.»

LXX[182]

ARIAS GONZALO ACEPTA
EL RETO DE ORDÓÑEZ.

Ya se sale Diego Ordóñez,
Del real se había salido
Armado de piezas dobles
En un caballo morcillo.
Va a reptar los zamoranos
Con gran enojo encendido
Por el alevosa muerte
Del Rey don Sancho en primo.
Vido estar a Arias Gonzalo
Asomado en un castillo;
Puso piernas al caballo.
Hacia él corriendo ha ido:
Con alta voz temerosa
De esta suerte le había dicho
«Yo os riepto, zamoranos,
Por traidores conoscidos:
Matastes al Rey don Sancho,
Y en la villa fue acogido
El traidor, que hizo este mal,
Y traidores habéis sido.
Sobre esto riepto a los muertos,
Sobre esto riepto a los vivos,
Sobre esto riepto los hombres,
Y también riepto á los niños:
Sobre esto riepto las yerbas,
Y las aguas de los ríos.»

---

182 Romance anónimo, del que sospecha Durán pudo haber sido compuesto por Timoneda, que lo da en su *Rosa española*. Wolf lo recoge en su antología. También se publicó en pliego suelto.

Esto oyendo Arias Gonzalo
De esta suerte ha respondido:
«Si cual tú dices yo soy,
No debiera ser nacido;
Mas hablas como enojado,
Y no como hombre entendido.
¿Qué culpa tienen los muertos
De lo que hacen los vivos?
Y en lo que hacen los hombres
¿Qué culpa tienen los niños,
Ni las aguas, ni las yerbas
Que son cosas sin sentido?
Mas bien sabes que en España
Antigua costumbre ha sido
Que hombre que riepta concejo,
El concejo queda quito.»
En oír esto don Diego
Hallose muy arrepiso;
Dijo: «La razón que tengo
Me disculpa de lo dicho,
Y si mi lengua ha errado
No mi intención y sentido.
Mas yo acepto, Arias Gonzalo,
Con los cinco el desafío;
O los mataré en el campo,
O dirán lo que yo digo.»
«En buena hora sea, don Diego.
Arias Gonzalo, le dijo.
A Dios pongo par juez
Porque es justo su juicio.
Plegue a él que así os ayude
Como es verdad vuestro dicho,
Porque la muerte del Rey
Permisión de Dios ha sido.
Porque quebrantó el mandado
Que el Rey su padre le hizo.
Así, creo morirán
Los que siguen su partido.»
Seis regidores llamaron
De la villa para oíllo;
Tres o nueve días de plazo
Tomaron para cumplillo.

LXXI[183]

(SOBRE EL MISMO ASUNTO.)

Ya cabalga Diego Ordóñez,
Del real se había salido,
De dobles piezas armado
En un caballo morcillo:
Va a reptar a los zamoranos
Por la muerte de su primo.
Que mató Bellido Dolfos,
Hijo de Dolfos Bellido.
«Yo os repto, los zamoranos.
Por traidores fementidos,
Repto a todos los muertos.
Y con ellos a los vivos;
Repto hombres y mujeres,
Los por nascer y nascidos;
Repto a todos los grandes,
A los grandes y a los chicos,
A las carnes y pescados
Y a las aguas de los ríos.»

---

[183] Este romance anónimo es tradicional y uno de los más conocidos de todo el Romancero. Su antigüedad es patente ya que en el *Quijote* se alude a él citándolo como ya popular su contenido (Parte II, cap. XXVII). Su transmisión se alteró modificándose bastante en los primeros años del XVI, de cuya época date la presente versión. Se publica en el *Cancionero de romances.* Wolf da dos versiones de este romance. Modernamente, Menéndez Pidal lo publica con variantes, en su *Flor nueva de romances viejos.* Bretón de los Herreros incluye este romance en su drama histórico *Bellido Dolfos.*

Allí fabló Arias Gonzalo,
Bien oiréis lo que hubo dicho;
«¿Qué culpa tienen los viejos?
¿Qué culpa tienen los niños?
¿Qué merescen las mujeres
Y los que no son nascidos?
¿Por qué reptas a los muertos,
Los ganados y los ríos?
Bien sabéis vos, Diego Ordóñez,
Muy bien lo tenéis sabido,
Que aquel que repta concejo
Debe de lidiar con cinco.»
Ordóñez le respondió:
«Traidores heis todos sido.»

LXXII[184]

ARIAS GONZALO CON SUS CUATRO HIJOS SE PRESENTAN POR CAMPEONES DE ZAMORA, RETADA POR ORDÓÑEZ.

Después que retó a Zamora
Don Diego Ordóñez de Lara,
Vengador noble y valiente
Del Rey Sancho, que Dios haya,
Su consejo tiene junto
En palacio doña Urraca,
Por su hermano dolorida,
Por el reto lastimada;
Y como la vil envidia
Cuanto no merece tacha,
De la virtud enemiga,
Peligro de la privanza,
Murmuraba maldiciente

---

[184] Romance anónimo artístico. Se incluye en el *Romancero General* y lo recoge Escobar en el suyo.

De Arias Gonzalo que falta,
Sospechando falsamente
Que es por mengua su tardanza.
A aquellos que lo calumnian,
Empuñando la su espada,
Denodado les responde
Nuño Cabeza de Vaca:
«Aquel civil que presuma
Temor, bajeza o fe mala
De Arias Gonzalo, mi tío,
Miente, miente por la barba:
Y el que negare el respeto
A sus venerables canas,
A mí, que las reverencio,
Me ponga la tal demanda.»
Estando en esto, el buen viejo
Entró grave por la sala,
Arrastrando grande luto,
Haciendo sus hijos plaza.
La mano a la Infanta pide,
Mesura fizo a la Infanta,
Saludó a los homes buenos,
Y de esta suerte les fabla:
«Noble Infanta, leal concejo,
Don Diego Ordóñez de Lara,
Que para buen caballero
Este apellido le basta,
En vez del Cid don Rodrigo,
Que con vos juró alianza,
Por la pro de su Rey muerto
Con infame reto os carga.
A vueso cabildo vengo
Con estos cuatro en compaña,
Ciudadanos, fijos míos,
De Laín Calvo sangre honrada.
Tardeme un poco en venir,
Que pláticas no me agradan
Cuando los negocios piden
Obras, valor y venganza.»
A una el viejo y sus fijos
Los largos capuces rasgan,
Quedando en armas lucidas;

Lloró de nuevo la Infanta,
Los viejos graves se admiran
La Infanta su ser alaba,
Porque todos daban voces
Y nadie quien lidie daba.
Arias Gonzalo prosigue
Diciendo: «Recibe, Urraca,
Mis canas para consejo,
Mis fijos para batalla;
Dales tu mano, señora,
Que su juventud lozana
Será invencible, si fuere
De tu mano real tocada.
Honrar a la gente buena,
Y esotra común pagarla,
Le cumple al Rey que desea
Domeñar fuerzas contrarias,
Y con sangre de don Diego
Que se quite aquella mancha,
Que a ti y a tu pueblo reta
Con tan insufrible infamia;
Y si esta sangre, que es buena,
Y se ha de vender muy cara,
Faltare, su muerte honrosa
Viva mantendrá su fama.
Yo seré el quinto, y primero
Que volveré por la causa.
Aunque mi vejez parezca
Mocedad noble afrentada.
Al campo me voy, señora,
No me deis por esto gracias,
Que el buen vasallo al buen Rey
Debe hacienda, vida y fama.»

LXXIII[185]

ARIAS GONZALO ARMA CABALLERO A SO HIJO MENOR, PEDRO ARIAS, Y LE INSTRUYE DE SUS DERECHOS COMO TAL.

El hijo de Arias Gonzalo,
El mancebo Pedro Arias,
Para responder a un reto
Velando estaba unas armas.
Era su padre el padrino,
La madrina doña Urraca,
Y el Obispo de Zamora
Es el que la misa canta.
El altar tiene compuesto,
Y el sacristán perfumaba
A San Jorge y San Román,
Y a Santiago el de España.
Estaban sobre la mesa
Las nuevas y frescas armas,
Dando espejos a los ojos,
Y esfuerzo a quien las miraba.
Salió el Obispo vestido,
Dijo la misa cantada,
Y el arnés pieza por pieza
Bendice, y arma a Pedro Arias
Enlázale el rico yelmo,
Que como el sol relumbraba,
Relevado de mil flores,
Cubierto de plumas blancas.
Al armarle caballero
Sacó el padrino la espada;
Dándole con ella un golpe

Le dice aquestas palabras:
«Caballero eres, mi fijo,
Hidalgo y de noble casta,
Criado en buenos respetos
Desde los pechos del ama:
Hágate Dios tal que seas
Como yo deseo que salgas,
En los trabajos sufrido,
Esforzado en las batallas,
Espanto de tus contrarias,
Venturoso con la espada,
De tus amigos y gentes
Muro, esfuerzo y esperanza.
No te agrades de traidores
Ni los mires a la cara;
De quien de ti se fiare
No le engañes, que te engañas;
Perdona al vencido triste
Que no puede tomar lanza.
No des lugar que tu brazo
Rompa las medrosas armas;
Mas en tanto que durare
En tu contrario la saña.
No dudes el golpe fiero.
Ni perdones la estocada.
A Zamora te encomiendo
Contra don Diego de Lara.
Que nada siente de honra
Quien no defiende su casa.»
En el libro de la misa
Le toma jura y palabra.
Pedro Arias dice: «Sí otorgo
Por aquestas letras santas.»
El padrino le dio paz,
el fuerte escudo te embraza,
Y doña Urraca le ciñe
Al lado izquierdo la espada.

[185] Romance anónimo artístico en que se sigue el asunto del reto y la defensa de Zamora. Se público en el *Romancero General*.

LXXIV[186]

MIENTRAS SUS HIJOS LE ARMAN, ARIAS GONZALO LOS ANIMA PARA EL COMBATE.

Aún no es bien amanecido,
Que el cielo estaba estrellado,
Cuando se armaba en Zamora
El buen viejo Arias Gonzalo:
Ármanle sus cuatro fijos,
Que ellos ya estaban armados.
Mientras las armas le ponen
Les dice el viejo esforzado:
«De cinco que sois, mis fijos,
Escogí sólo los cuatro,
Por ser yo el quinto y postrero,
Que me hallaré en el campo.
Bien conozco, fijos míos,
Que este afán me era excusado,
Pues do vosotros estáis
Ya yo soy privilegiado;
Mas el repto de don Diego
A ninguno había excusado,
Ni viejo, chico, ni mozo,
Ni por nacer ni finado.
Hierbas, aguas, plantas, peces,
Todo lo tienen reptado,
Y pues él nada reserva,
No quiero ser reservado.
Mirad, fijos, que lleváis
Delante al que os ha engendrado:
Mirad que dice el refrán
En Castilla muy usado;
«Por su ley y por su rey

Y su tierra está obligado
A morir cualquiera bueno,
Y mejor si es fijodalgo.»
Mirad, fijos, que lo sois
De sangre de este mi lado,
Y que el honor o la afrenta
Eso queda en vuestra mano.»

LXXV[187]

ARMA ARIAS GONZALO A SUS HIJOS, Y ENVÍA PRIMERO A PEDRO ARIAS CONTRA EL RETADOR DE ZAMORA, ORDÓÑEZ.

Tristes van los zamoranos
Metidos en gran quebranto;
Reptados son de traidores,
De alevosos son llamados:
Más quieren ser todos muertos
Que no traidores nombrados.
Día era de San Millán,
Ese día señalado;
Todos duermen en Zamora,
Mas no duerme Arias Gonzalo.
Acerca de las dos horas
Del lecho se ha levantado:
Castigando está sus fijos,
A todos cuatro está armando;
Las palabras que les dice
Son de mancilla y quebranto:
«Ayúdeos Dios, fijos míos,

---

[186] Romance artístico original de Lucas Rodríguez que lo publicó en su *Romancero historiado*.

[187] Este romance anónimo es tradicional y uno de los mejores y más famosos. Se publicó en la *Rosa española*, de Timoneda y lo recogió Wolf en su antología. Menéndez Pidal lo da, refundido, en su *Flor nueva de romances viejos*.

Guárdeos Dios, fijos amados,
Pues sabéis cuán falsamente
Habemos sido reptados.
Tomad esfuerzo, mis fijos,
Si nunca lo habéis tomado;
Acordaos que descendéis
De la sangre de Laín Calvo,
Cuya noble fama y gloria
Hasta hoy non se ha olvidado,
Pues que sabéis que don Diego
Es caballero preciado,
Pero mantiene mentira
Dios de ello no es pagado:
El que de verdad se ayuda
De Dios siempre es ayudado.
Uno falta para cinco,
Porque no sois más de cuatro,
Yo seré el quinto, y primero
Que quiero salir al campo.
Morir quiero, y no ver muerte
De fijos que tanto amo.
Mis fijos, Dios os bendiga
Como os bendice mi mano.»
Sus armas pide el buen viejo,
Sus fijos le están armando.
Las grevas le están poniendo,
Doña Urraca había entrado,
Los brazos le echara encima,
Muy fuertemente llorando.
«¿Dónde vais, mi padre viejo,
O para qué estáis armado?
Dejad las armas pesadas,
Que ya sois viejo cansado,
Y sabéis que si morís
Perdido es todo mi Estado.
Acordaos que prometisteis
A mi padre don Fernando
De nunca desampararme
Ni dejar de vuestra mano
«Pláceme, señora mía»,
Respondió Arias Gonzalo.
Cabalgara Pedro Arias

Su fijo, que era el mediano,
Que aunque era mozo de días,
Era en obras esforzado.
Dijo: «Cabalgad, mi fijo,
Que os esperan en el campo:
Vais en tal hora y tal punto
Que nos saquéis de cuidado.»
Sin poner pie en el estribo
Arias Pedro ha cabalgado:
Por aquel postigo viejo
Galopando ha llegado
A donde estaban los jueces
Que le estaban esperando.
Partido les han el sol,
Dejado les han el campo.

LXXVI[188]

TRES HIJOS DE ARIAS
GONZALO MUEREN EN EL
RETO DE ZAMORA, PERO
ÉSTA QUEDA POR BUENA
POR HABER SALIDO DE
LA ESTACADA EL
RETADOR ANTES DE
TERMINAR EL DUELO.

Ya se salen por la puerta,
Por la que salía al campo,
Arias Gonzalo, y sus hijos
Todos juntos a su lado.
El quiere ser el primero,
Porque en la muerte no ha estado
De don Sancho; mas la Infanta

---

[188] Este romance tradicional, en
su versión del siglo XVI, se público
en el *Cancionero de romances* formando
uno solo con el LXIX y LXXXVII.
Separado, lo publicó Escobar en su
Romancero,

La batalla le ha quitado,
Llorando de los sus ojos
Y el cabello destrenzado.
«¡Ay! Ruégovos por Dios —dice—,
El buen Conde Arias Gonzalo,
Que dejéis esta batalla,
Porque sois viejo y cansado:
Dejaisme desamparada
Y todo mí habar cercado.
Ya sabéis cómo mi padre
A vos dejó encomendado
Que non me desamparéis,
Ende más en tal estado.»
En oyendo aquesto el Conde
Mostrose muy enojado.
«Dejédesme ir, mi señora,
Que yo estoy desafiado
Y tengo de hacer batalla
Porque fui traidor llamado.»
Con la Infanta, caballeros
Juntos al Conde han rogado
Que les deje la batalla,
Que la tomarán de grado.
Desque el Conde vido aquesto
Recibió pesar doblado;
Llamara a sus cuatro fijos
Y al uno de ellos ha dado
Las sus armas y su escudo,
El su estoque y su caballo,
Y echole su bendición
Porque era de él muy amado;
Pedro Arias había por nombre,
Pedro Arias el castellano.
Por la puerta de Zamora
Se sale afuera y armado;
Tapárase con don Diego,
Su enemigo y su contrario.
«Sálveos Dios, don Diego Ordóñez,
Y él os haga prosperado,
En las armas muy dichoso,
De traiciones libertado:
Ya sabéis que soy venido

Para lo que está aplazado,
A libertar a Zamora
De lo que la han levantado.»
Don Diego le respondiera
Con soberbia que ha tomado:
«Todos juntos sois traidores.
Por tales seréis quedados.»
Vuelven los dos tas espaldas
Por tomar lugar del campo;
Firiéronse juntamente
En los pechos muy de grado:
Saltan astas de las lanzas
Con el golpe que se han dado;
No se hacen mal alguno,
Porque van muy bien armados.
Don Diego dio en la cabeza
A Pedro Arias desdichado;
Cortárale todo el yelmo
Con un pedazo del casco:
Desque se vido ferido
Pedro Arias y lastimado.
Abrazárase a las crines
Y al pescuezo del caballo;
Sacó esfuerzo de flaqueza.
Aunque estaba mal llagado;
Quiso ferir a don Diego.
Mas acertó en el caballo.
Que la sangre que corría
La vista le había quitado;
Cavó muerto prestamente
Pedro Arias el castellano,
Don Diego que vido aquesto.
Tomó la vara en la mano:
Dijo a voces: «¡Ah Zamora!
¿Dónde estás. Arias Gonzalo?
Envía el fijo segundo.
Que el primero ya es finado.»
Envió el fijo segundo.
Que Diego Arias es llamado.
Tornara a salir don Diego
Con armas y otro caballo,
Y diérale fin a aqueste

Como al primero había dado.
El Conde, viendo a sus fijos
Que los dos le han ya faltado.
Quiso enviar al tercero,
Aunque con temor doblado.
Llorando de los sus ojos,
Dijo: «Ve, mi fijo amado,
Haz como buen caballero
Lo que tú eres obligado:
Pues sustentas la verdad,
De Dios serás ayudado;
Venga la muerte sin culpa
Que han pasado tus hermanos.»
Hernando Arias, el tercero,
Al palanque había llegado;
Mucho mal quiere a don Diego,
Mucho mal y mucho daño,
Alzó la mano con saña.
Un gran golpe le había dado;
Mal ferido le ha en el hombro,
En el hombro y en el brazo.
Don Diego con el su estoque
Lo firiera muy de grado,
Firiéralo en la cabeza,
En el casco le ha tocado.
Recudió el fijo tercero
Con un gran golpe al caballo,
Que fizo ir a don Diego
Huyendo por todo el campo.
Ansí quedó esta batalla
Sin quedar averiguado
Cuáles son los vencedores.
Los de Zamora o del campo.
Quisiera volver don Diego
A la batalla de grado:
Mas non quisieron los fieles.
Ni la licencia le han dado.

LXXVII[189]

MUEREN EN EL RETO DOS HIJOS DE ARIAS GONZALO.

Ya está esperando don Diego
En el campo a su contrario,
Cuando sale de Zamora
El buen viejo Arias Gonzalo
Sus hijos lleva consigo.
Para salir mas honrado.
Cuando vio cerca a don Diego,
A Pedro Arias ha llamado:
Echole su bendición,
Y de esta suerte le ha hablado:
«Ten cuenta que eres mi hijo
Mira bien que eres hidalgo;
Ve a lidiar por tu concejo
Como eres obligado:
Muere como caballero,
Y no vuelvas deshonrado,
Más te vale quedar muerto,
Que no vivir afrentado.»
Con gran furia, Pedro Arias
Fue donde estaba esperando;
Encuéntranse con las lanzas,
Pero no se han acertado.
Ponen mano a las espadas,
Con furor demasiado;
Defiéndese Pedro Arias,
Mas poco le ha aprovechado,
Que malamente herido,
Cayó muerto del caballo.
Don Diego sacó un bastón,

---

[189] Romance artístico original de Lucas Rodríguez. Trata del mismo asunto que el anterior y lo publicó en su *Romancero historiado*.

Que hincado estaba en el campo.
Y alzándolo hacia arriba,
Una gran voz habie dado:
«Don Arias, envía otro hijo,
Que este ya tiene recaudo.»
Cuando don Arias lo oyó,
A Diego Arias ha llamado;
Echole la bendición,
Y a combatir lo ha enviado.
Con coraje va Diego Anas;
Mas poco le ha aprovechado,
Que lo mismo de él hiciera
Que había hecho del hermano.
Don Diego sacó el bastón,
Y otra gran voz habie dado:
«Don Arias, envía el tercero,
Que el segundo es despachado.»

LXXVIII[190]

MUERE EN EL RETO EL TERCER HIJO DE ARIAS, QUEDANDO EMPERO DUEÑO DEL CAMPO, PORQUE SALTÓ LA VALLA EL CABALLO DE SU CONTRARIO.

Muerto había don Diego Ordoñez,
Dos hijos de Arias Gonzalo;
Para esperar al tercero,
Un poco habie descansado;
Y entretanto a Rodrigo Arias
Ha llamado Arias Gonzalo.

---

[190] Romance artístico, también, original de Lucas Rodríguez; constituye la continuación del anterior, en los cuales se repite el asunto del LXXVI. Se publicó en el *Romancero historiado*, de Rodríguez.

Háblale de esta manera
Con el rostro demudado:
«No es menester que te diga,
Hijo, que estás obligado
A morir por tu concejo,
Pues está tan claro y llano:
Muévate ver, hijo mío,
El campo en sangre bañado
De aquella sangre inocente
De un hermano y otro hermano:
Y si no miras al suelo
Por no quedar lastimado,
Pues no puedes hacer menos,
En la espada del contrario,
Verás a sangre que corre,
Que le llega hasta la mano.»
Hablando de esta manera.
Mil bendiciones le ha hechado:
«Hijo, Dios vaya contigo,
Y el apóstol Santiago:
Gran razón llevas contigo
Con que serás ayudado.»
Y besándole en el rostro
En lágrimas le ha bañado.
Esforzara Rodrigo Arias,
Por ser mozo y muy osado,
A do le espera don Diego,
Que está comiendo un bocado.
Mudó la lanza y escudo,
Y ha tomado otro caballo.
Vanse el uno para el otro,
Muy recio se han encontrado:
Rodrigo Arias es valiente.
Trae a don Diego acosado;
Mas don Diego con grande ira,
Un revés le habie tirado:
Diole un golpe en la cabeza,
Que la media le ha contado.
Con las ansias de la muerte,
Un golpe habie descargado,
Que le dio a Diego Ordoñez,
Como hombre desatinado

Cortole las cabezadas,
Hirió en el rostro al caballo,
El caballo dio a huir,
Viéndose desenfrenado.
Quiérele tener don Diego,
Pero no le ha aprovechado;
Rodrigo Arias, aunque muerto,
En el campo se ha quedado.

LXXIX[191]

POR LA MUERTE DE SUS
HIJOS DESAFÍA ARIAS
GONZALO A ORDÓÑEZ.

Sembrado está el duro suelo
De la sangre zamorana
De los tres fijos queridos
Del buen viejo Gonzalo Arias;
Sembrado está el duro suelo
De las piezas de las armas,
Y del batir de los golpes
Surcada la empalizada.
Rodrigo Arias queda muerto
En medio de la estacada,
Y su caballo a don Diego
Sacó fuera de la raya;
Y aún el animoso Ordóñez
Volver quiere a la batalla,
Para lidiar con los dos
Que par vencer le quedaban.
El viejo Arias, armado,
Furioso empuña la lanza,
Que quiere vengar con ella
Tanta sangre derramada.

Con la voz ronca y horrible
Por medio de todos pasa,
Y al matador de sus fijos
Dice airado estas palabras:
«Pues la sangre, ardiente joven,
Crudo lobo, no te harta,
Mata tu sed con la mía,
De un viejo que te desama;
Que yo beberé la tuya
Con que mitigue mi saña,
Y acompañaré mis fijos
En la muerte por su patria.»

LXXX[192]

EL CID DA POR BUENOS A
TODOS LOS CAMPEONES,
Y POR LIBRE A ZAMORA
DE LA ACUSACIÓN DE
ALEVOSÍA.

A pie está el fuerte don Diego
Fuera de la empalizado,
Que en saltando del caballo
Lo pasó de una estocada,
Y para entrar en la lid
El un pie tiene en la raya.
Unos dicen: «Ya es vencido.»
Otros: «Vuelva a la batalla.»
Unos le tiran de dentro,
Otros le estorban la entrada.
Aquí llegan los jueces
Y le mandan que se vaya,
Que ellos juzgarán el caso

---

[191] Romance anónimo artístico, publicado en la segunda parte del *Romancero General* publicada por Madrigal.

[192] Romance artístico original de Lucas Rodríguez, en que se resume el relato del torneo de Ordóñez con el hijo de Gonzalo Arias. Lo publicó en su *Romancero historiado*.

Conforme al fuero de España,
Y que guardarán justicia
Sin quitar a nadie nada.
Obedeciendo don Diego,
Al real a pie tornaba;
No quiso tomar caballo
Según enojado estaba,
Que ni mira de su bien,
Ni de su mal le da nada:
Ni mira que va ferido,
Ni que el ir a pie le daña.
Ni que el real está lejos,
Ni que la malla es pesada.
La lanza lleva en el hombro,
La adarga mal embrazada;
A las veces va muy recio
Y otras veces se paraba;
A nadie fabla que topa,
Ni conoce a quien le fabla;
Alza los ojos al cielo
Y luego al suelo los baja
Unas veces va gritando,
Y otras de tristeza calla;
De esta suerte va a su tienda
Y luego se echó en la cama.
Ninguno le entraba a ver
Ni él a ninguno llamaba;
Mas como se vido solo
De sí mesmo se quejaba:
«Don Diego Ordóñez, don Diego,
¿Qué es de la sangre de Lara,
Pues de su sangre ha venido
Quien ha deshonrado a España?
Y del buen Diego Proal
Y de Gonzalo Mudarra,
¡Rodrigo Arias, venturoso,
Pues dentro de la estacada
Has muerto como hijodalgo
En brava y cruel batalla!
¡Rey don Sancho, señor mío,
Maldita sea la crianza
Que en este traidor pusiste,

Y el pan que comió en tu casa!
¿Qué dirá toda Castilla,
Que me encargó la batalla,
Sino que saqué el caballo
Porque el lidiar me cansaba?
¿Qué dirán los extranjeros
Cuando sepan esta hazaña,
Sino que los castellanos,
Porque gusto no les daba,
Mataron a su señor
Con una traición pensada?
Cuando lo digan ansí
Tendrán razón muy sobrada.
Pues los traidores son vivos?
Y la injuria no es vengada.
¡Diego Ordóñez, tu Rey muerto
Y estás echado en la cama!»
Iba a salir de su tienda,
Cuando el Cid Ruy Díaz llegaba,
Y abrazándose con él,
De esta manera le fabla:
«¡Dónde vais, don Diego Ordóñez?
Que la sentencia ya es dada,
Dando por libre a Zamora,
Y a vos la victoria y palma.
No os quejéis de la fortuna,
Que no os fue contraria en nada.
Que salírseos el caballo
Cosa fue por Dios guiada.»
Con esto que dijo el Cid,
Don Diego más se aplacaba;
Dejose tomar la sangre
Y sus feridas curaba.

LXXXI[193]

SENTENCIA DADA POR LOS JUECES DE CAMPO, SOBRE EL RETO DE ZAMORA.

Desde el muro de Zamora
Arias Gonzalo está viendo
El campo del Rey don Sancho
Todo alterado y revuelto:
Los unos ir a una parte,
Otros el suelo midiendo,
Unos rayar la estacada
Y decir: «Salió fuyendo.»
Otros decir: «El caballo
Tiene la culpa, y no el dueño;
Que don Diego Ordóñez fizo
Cuanto debe caballero.»
En estas contrariedades,
Grandes voces esparciendo,
Mézclanse de entrambas partes
Condenando y absolviendo.
Esto mira Arias Gonzalo,
Y el rumor confuso oyendo,
No puede entender qué sea;
Mas aguarda y tiene intento
De ser el cuarto en la lid
A vengar sus fijos muertos;
Y así, despedido el llanto,
En ira y saña está ardiendo.
Tiene el caballo ensillado
Y él armado de secreto.

---

[193] Romance artístico original de Juan de la Cueva. Reincide en el tema, ya expuesto en los romances anteriores, del desafío de Ordóñez y su lucha con los Arias. Lo publicó en su libro *Coro febeo de romances historiales...* (1587).

Por temor de doña Urraca
Las armas había cubierto
Con el vestido de luto,
Teniendo de ella recelo
Que ha de impedirle la ida
Cual otras veces lo ha hecho;
Y así, sin fablar palabra;
Firme en este presupuesto,
Aguarda oyendo las voces
Y el rumor, que iba creciendo.
Está con vista y oído
El viejo alterado, atento,
Cuando de en medio de todos
Vio salir un caballero
Y enderezar a Zamora,
Y tras él muchos corriendo.
Arias Gonzalo se puso
Do pueda ser visto luego,
Y de encima de los muros
Lo llamaba con un lienzo,
Viendo el que venía la seña,
El caballo revolviendo,
Conociendo a Arias Gonzalo,
Llegó, en alta voz diciendo:
«A ti me envían los jueces,
Y en nombre de todos vengo
A decirte la sentencia
Porque acabe ya este cerco.
Habiendo don Diego Ordóñez
En defensa de su reto
Muerto a tres en la estacada,
Aunque cinco manda el fuero,
Porque en el tercer combate,
El caballo revolviendo,
Lo sacó de la señal
Y del límite, fuyendo;
Dan a Zamora por libre
Y a él la gloria del hecho.»
Arias Gonzalo se altera,
Y sin responder, volviendo
Lleno de ira y de congoja,
Nuevas lágrimas vertiendo,

Nuevos suspiros derrama
Con nuevas ansias gimiendo.
A las voces que iba dando,
La Infanta salió corriendo,
Alterada y sin color,
Sobresaltada, temiendo,
Los cabellos esparcidos
Por los hombros, sin concierto,
Dando unos dientes con otros,
El cuerpo helado, tremiendo,
Porque donde el terror reina
Todo altera y causa miedo
Así cual a doña Urraca,
A la cual el viejo viendo,
Limpiando los lientos ojos
Así se llegó diciendo:
«Nuestra lid es acabada,
Fin tiene ya nuestro cerco,
Por libre dan a Zamora,
De traición somos exentos.
Aunque me cuesta tres fijos.
Yo me huelgo de perdellos,
Que incitados de su honra,
Y la nuestra defendiendo,
Han muerto todos en campo
Por los nuestros, como buenos.
Yo quedo alegre y ufano
Que en tal ocasión sean muertos,
Y que triunfe el vencedor
De sus vidas y no de ellos,
Que al fin mueren por su patria
Como nobles caballeros,
Poniéndola en libertad
Del crimen que le fue impuesto,
Dejándola en su nobleza,
Su sangre en ella virtiendo,
Entregándose a la muerte,
Eterna vida adquiriendo.»

LXXXII[194]

TRAS EL RETO DE ARIAS GONZALO, SE DAN LAS EXPLICACIONES Y FINALIZA EL TORNEO.

Ante los nobles y el vulgo
De ese pueblo zamorano,
Fablando con Diego Ordóñez
Está el viejo Arias Gonzalo.
En las palabras que dice
Con pecho feroz y airado
Arias demuestra su enojo
Y Ordóñez su pecho hidalgo.
«Cobarde—el viejo le dice—,
Animoso con muchachos,
Pero con hombres de barba
Tímido cual liebre al galgo;
Si yo a batalla saliera
No viviérades ufano,
Ni trajera por mis fijos
Aqueste capuz cerrado;
Que por vos el de Vivar
Lo trajera cual lo traigo,
Siendo la menor hazaña
Que se aplicara a mi brazo;
Pues bien sé que sois, Ordóñez,
Más arrogante que bravo,
Y sabéis que en todo tiempo
Obro más de lo que fablo,
Y con aquesto sabéis
Que por miedo el Rey don Sancho
Estorbó que los tres condes
No ehtraran conmigo en campo,
Contando mis valentías

---

[194] Romance anónimo artístico, publicado en el *Romancero General y en el Romancero* (1587), de Escobar.

Cuando dijo el zamorano:
«Mete hierro y saca sangre,
Y espolea ese caballo»;
Y cuando maté a los dos,
Por el que se fue escapando,
Cual si yo fuera el vencido,
Quedé mi barba mesando:
Y también como los condes,
Porque fueron tan osados,
Del encuentro de mi lanza
Volaron de los caballos;
A cuya causa las damas
Rajaron de los andamios.
Y a competencia mi cuello
Enlazaron con sus brazos.
Por los que dieran mancebos
Sus tiernos y verdes años,
Movidos sólo de envidia
De los de este viejo cano.
También tendredes memoria
De cuando con diez paganos
Tuve solo escaramuza
Dando, de diez, nueve al campo;
Y con aquesta noticia
De cuando vencí a Albenzaidos,
Saliendo de industria a pie,
Y el diestro moro a caballo,
Cuando le dejé la vida
Porque dijo: «Arias Gonzalo,
Más vale ser tu vencido,
Que ser vencedor de un campo»;
Y otros hechos valerosos
Que el mundo dice y yo callo,
Porque en infinito tiempo
No hay tiempo para contallos.
Porque de pavor no mueras,
Aqueste estoque no arranco,
Que está de un millón de muertos
Boto y de sangre esmaltado.
Estas honrosas fazañas
Por tu infamia y mi honor saco;
Las tuyas son que mataste

Un rapaz y otro muchacho.»
El cortés don Diego Ordóñez
Templose de cortesano,
Respondiendo a voces altas
Con órgano humilde y bajo;
Y con el rostro risueño,
Un poco torcido el brazo,
De codo sobre la espada,
Y el rostro sobre la mano,
Le dice: «Aquestas proezas
Y esos hechos soberanos,
El cielo y tu buena suerte
Se las concedió a tu brazo:
En tu causa soy testigo,
Y por serlo en razón valgo,
Y tú en las mías no vales
Por testigo apasionado;
Y aunque puedo referirte
Valentías y hechos raros,
Que casi imitan los tuyos,
Aunque a los tuyos agravio,
Sólo diré por honrarme
Con lo que me has deshonrado,
Que les di muerte a dos fijos
Del que ha sido tan honrado,
Que se ha atrevido a venir
Al real de su contrario.
Repórtate, Gonzalo Arias,
Repórtate, Arias Gonzalo.»
El viejo, que ya tenía
El corazón desfogado,
Conoció haber emprendido
Un hecho muy temerario;
De esto y del valor de Ordóñez,
Viéndose tan obligado
Profesando su amistad
Le pide la amiga mano.
Diola don Diego de Lara
Con un semblante gallardo,
Y tras darla, el uno al otro
Enreda y cruza los brazos.
Celebran las amistades

Todos y el Cid castellano,
Y con esto dio la vuelta
A Zamora Arias Gonzalo.

LXXXIII[195]

(SOBRE EL MISMO ASUNTO.)

Por el muro de Zamora
Anda el viejo Arias Gonzalo,
La mano puesta en la barba,
El rostro triste turbado,
Unas veces mira al cielo,
Otras vuelve suspirando
A mirar a la estacada,
Donde estaban peleando
Rodrigo Arias el valiente,
Con don Diego el castellano.
El corazón se le altera,
Que nunca le salió falso,
Cuando vio a don Diego Ordoñez,
Que huyendo sale del campo.
La cabeza descubierta,
Sin freno, lleva el caballo,
Rodrigo Arias queda muerto,
En aquel campo arrojado;
En la sangre de sus venas,
Se está el triste revolcando.
El padre cuando lo vido.
Vuelve al muro apresurado;
No ha menester que le digan
Lo que en el campo ha pasado.
No pide a nadie consejo
Ni quiere ser consolado:

Derecho se va a su casa.
Y habiendo en ella entrado.
De tristes armas de luto
El buen viejo se está armando.
Solo, se pone las grevas,
La loriga se ha enlazado.
No quiere llevar celada,
Porque así lo habie jurado.
Iba cubierto de luto
Hasta los pies del caballo;
Por el brazo de la lanza
Lleva el capuz levantado
Estanle muy bien las armas,
Que aunque viejo es muy gallardo.
Por las puertas de Zamora.
Sale recio como un rayo,
A grandes voces diciendo;
«Espera, buen castellano,
Pues que me has muerto tres hijos.
Mata el padre, y serán cuatro.
Si eres buen caballero
No debes tú de negarlo:
No mueras, hijo Rodrigo,
Si quieres verte vengado.»
Mal le ha sucedido al viejo
Lo que llevaba pensado
Que los jueces de la lid
Habían ya determinado
Dar a Zamora por libre,
Y a don Diego dar por salvo.
Danle por buen caballero,
Y en armas aventajado.
El viejo, cuando lo supo,
De coraje está temblando:
Tórnale a desafiar,
Y que salgan él, o cuatro;
Caballeros de Jaén.
Son los que lo han otorgado

---

[195] Romance artístico original de Lucas Rodrigues, sobre el mismo tema que el anterior, y que publicó en su *Romancero historiado*.

LXXXIV[196]

EXEQUIAS DEL HIJO DE ARIAS GONZALO.

Por aquel postigo viejo,
Que nunca fuera, cerrado,
Vi venir pendón bermejo
Con trescientos de a caballo.
En medio de los trescientos
Viene un monumento armado,
Y dentro del monumento
Viene un ataúd de palo,
Y dentro del ataúd
Venía un cuerpo finado,
Que era el de Fernando Arias
El hijo de Arias Gonzalo.
Llorábanle cien doncellas,
Todas ciento fijasdalgo.
Todas eran sus parientas
En tercero y cuarto grado:
Las unas le dicen primo,
Otras le llaman hermano,
Las otras decían tío,
Otras le llaman cuñado,
Sobre todas lo lloraba

Aquesa Urraca Fernando.
¡Y cuán bien que las consuela
Ese viejo Arias Gonzalo!
«¿Por qué lloráis mis doncellas?
¿Por qué hacéis tan grande llanto?
No lloréis así, señoras,
Que no es para llorallo:
Que si un hijo me han muerto,
Aquí me quedaban cuatro:
No murió por las tabernas,
Ni a las tablas jugando:
Mas murió sobre Zamora
Vuestra honra bien guardando;
Murió como caballero.
Con sus armas peleando.»

LXXXV[197]

(SOBRE EL MISMO ASUNTO.)

Sobre el cuerpo de Rodrigo
Arias Gonzalo lloraba.
Que de la mortal herida
El espíritu dejaba
Y el rostro sangriento y frío
Muchas veces le besaba
Que a su generoso pecho
Ya el dolor le sojuzgaba
Roto el ñudo al sufrimiento,
Con la voz ronca, turbada
Dice: «¡Oh, juvenil esfuerzo!
¡Mocedad tan malograda!

---

[196] Romance anónimo muy conocido y popular que puede considerarse tradicional o viejo, ya que Durán lo considera de principios del sigilo XVI. Se publicó en el *Cancionero de Romances*, así como también, en la *Rosa española*, de Timoneda. Lo recogió Wolf, que dio dos versiones de él. Aquí publicamos una; la otra se incluye en el Apéndice I. Menéndez Pidal da una refundición de varias versiones en su *Flor nueva de romances viejos* y advierte que es muy popular entre los judíos de Grecia y Asia, Menor.

[197] Este romance artístico es original de Lucas Rodríguez. En él se hace el lamento de la muerte del hijo de Arias, Rodrigo, como en el anterior la de Fernando. Se publicó en su *Romancero historiado*.

¡Y cómo cayó en vosotros
La suerte que a mí tocaba,
Que de yo vivir, mis hijos
Poco fruto se sacaba!
¿Cómo torció la fortuna
Lo que la razón os daba?
No lloro yo vuestra muerto,
Que fue ganar vida y fama,
Pues que muriendo cobrastes
La honra que en duda estaba,
Y librastes a Zamora
De una confusión tan brava;
Mas lo que siento, hijos míos.
Es ser tanta mi desgracia
Que no fuese yo el primero,
Que quedase en la estacada:
Vosotros con el descanso
Yo con el dolor quedaba.
¡Oh traidor, falso Bellido.
Y cuán caro me costaba
El darte entrada en Zamora!
¡Y cómo lo recelaba
Este triste corazón.
Que tu maldad me mostraba!»
El llorar deja el buen viejo
Por valer a Doña Urraca,
Que como mujer furiosa
Sobre el cuerpo se arrojaba;
Sus dos ojos hechos fuentes
El bello rostro agraviaba,
Y las hebras de oro fino
Tampoco las perdonaba.
Diciendo: «Padre y señor,
La que tanto mal causaba,
Tantas muertes, tantos daños,
La que fue tan desgraciada,
Aquí la tenéis presente,
Vengad de mí vuestra saña.
¡Ay, Rodrigo, el mas valiente
Que en toda España se hallaba,
A Dios pido que yo vea
Vuestra muerte bien vengada,

Y con muy rabiosa ira
Sea la vida quitada
Del que contra tanto esfuerzo
Tanta victoria alcanzaba!»
Arias Gonzalo se esfuerza,
Y a la Infanta consolaba:
«No acrecentéis más, señora,
El dolor que me acababa,
Que no solo estos tres hijos,
Mas yo y el que me quedaba
Estuviéramos bien muertos,
Sobre cosa que os tocaba,
Pues murieron como buenos,
Zamora libre quedaba,
Cuanto más, que no es morir,
La muerte que vida daba.»

LXXXVI[198]

HISTORIA RESUMIDA DEL CERCO Y RETO DE ZAMORA.

De la codicia, que es mala,
Muchos males se han causado,
Aquesta causó la muerte
Al rey don Sancho, Fernando;
A sus hermanos los reyes
Los reinos les ha quitado;

---

[198] Bate romance artístico es de Lorenzo de Sepúlveda que recopila lo más saliente del relato del cerco y reto de Zamora, según los romances tradicionales y compone uno suyo originad con la narración completa de todo el episodio, repitiendo pasajes ya narrados en romances anteriores. Lo publicó en su obra *Romances nuevamente sacados...*

A García metió en, hierros,
Don Alfonso es desterrado,
Ido se había huyendo
A Toledo, ese reinado,
Al rey moro Alimaimón.
Del cual es bien hospedado,
Don Sancho cobró los reinos,
De ello quedó muy pagado:
A doña Urraca, su hermana,
Mensajeros le ha enviado,
Que luego le dé a Zamora
De su voluntad y grado,
Que si hacerlo no quiere
Por él le será tomado.
Doña Urraca respondió
Que no hará lo que ha mandado.
Pues su padre se la dio:
Muy mal es aconsejado.
Visto por el Rey aquesto
A Zamora había cercado:
Muchos combates le dio.
Pero bien le es defensado.
Arias Gonzalo, buen viejo.
A la Infanta ha aconsejado
Que al Rey le diese la villa.
Pues que tanto lo ha en grado,
Y ella se vaya a Toledo.
Con don Alfonso su hermano,
Antes que a todos los mate
Y no puedan ser librados.
La Infanta tuvo por bien
Lo que el viejo ha razonado.
Ya quieren dejar la villa,
Mas Bellido había llegado
Ante doña Urraca Alfonso,
Y promesa le había dado
Que él hará quitar el cerco
De que Zamora es cercado.
La Infanta se lo agradece,
Y primero le ha avisado
No haga cosa mal fecha.
Porque traidor sea llamado.

Despedido de la Infanta,
Arremetió su caballo
Por delante de las puertas
Donde vive Arias Gonzalo.
A grandes voces diciendo:
«Traidor sois, viejo malvado,
Porque dormís con la Infanta,
Aquesa Urraca Fernando,
Y en no dar al Rey la villa
Hacéis gran desaguisado:
Mas como sois falso viejo
Habeislo muy mal mirado.»
Los zamoranos que han visto
Lo que Bellido ha acordado.
De encima de las almenas
Grandes voces están dando:
«Avisámoste a ti, el Rey,
Nos te hacemos avisado,
Que Bellido, que a ti es ido,
Es un traidor muy probado:
Muchas traiciones ha hecho,
Guarte no seas malhadado,
Que aqueste mató al buen conde
Que don Nuño era llamado.
Matolo sobre seguro,
Y ansí mató a otros cuatro,
Y lo mismo hará a ti, Rey,
Si no vives avisado.»
Dando al Rey estos avisos
Bellido al real ha llegado:
Al Rey le estaba diciendo.
De esta manera ha hablado:
«Arias Gonzalo y sus hijos
De matarme han acordado,
Porque yo, señor, les dije
Que la villa te hayan dado.
Y hasta aquí me han seguido
Feroces y denodados
Llamándome de traidor
Sin jamás lo haber pensado;
Pero yo te serviré
A su pesar y a tu grado,

Que en Zamora está un postigo,
El cual es muy poco usado,
Porque ninguna persona
Jamás por él hobo entrado
De aquestos que agora viven,
Sino del tiempo pasado.
Solamente yo lo sé,
Y a todos es encelado,
Por el cual habrás la villa
Y en ella serás entrado.»
El Rey le ruega que vayan
A ver lo que le ha contado;
Y el Rey con necesidad
Del caballo es apeado,
Y un venablo que llevaba
Diolo a Bellido en su mano,
Con el cual Bellido al Rey
Mortal herida le ha dado,
Y hecha ya la traición,
A Zamora se ha tornado.
Los del real, que lo han visto,
gran clamor han levantado;
Donde el rey don Sancho está
Muchos de ellos han llegado
Hallaron al Rey herido.
Pasado de lado a lado,
Y como el Cid vido al Rey
Muy gran pesar ha tomado.
Cabalgó sobre Babieca,
Muy mal lo iba aquejando,
Por alcanzar a Bellido
Para dél se hacer vengado.
Bellido se entró en la villa
Sin que el Cid lo haya alcanzado,
Porque no llevaba espuelas
Ese Rodrigo esforzado,
El cual con muy gran despecho
A sí mismo ha denostado,
Y a todos los caballeros,
Que han sin ellas cabalgado,
Que por no llevarlas él
El traidor se le ha escapado.

Ese buen conde de Cabra
Que de Grañón es nombrado,
Al Rey le estaba diciendo,
Aquesto le estaba hablando:
«Buen Rey, acordaos de Dios,
Restituid lo tomado,
Que la herida es mortal,
No creáis ser escapado,
Que os es vecina la muerte,
Y de ella estáis muy cercano.»
Respondiole el Rey al Conde
«Buen consejo me habéis dado.»
El Rey de aquesta herida
De este siglo había pasado;
Don Diego Ordóñez de Lara
Grandes gritos está dando,
Y con coraje encendido
Muy pronta se había armado.
Para Zamora se ha ido,
Junto al muro se ha llegado.
A grandes veces diciendo,
De esta suerte ha razonado:
«Fementidos y traidores
Sois todos los zamoranos,
Porque dentro de esa villa
Acogisteis al malvado
De Bellido, ese traidor,
Que mató al rey don Sancho
Mi buen señor, y mi rey,
De que soy muy lastimado;
Que los que a traidores acogen
Traidores han de ser llamados,
Y por tales yo vos rapto,
Y a vuestros antepasados,
Y a los que están por nacer
Los pongo en el mismo grado.
Y a los panes, y a las aguas
De que sois alimentados,
Y esto os haré conocer
Ansí como estoy armado,
Y lidiaré con aquellos
Que no quieran confesarlo,

O con los cinco uno a uno,
Como en España es usado
Que lidie el que a concejo,
Como yo, había reptado.»
Arias Gonzalo, ese viejo.
Ansí le había hablado,
Después que hobo entendido
Lo que Ordoño ha razonado:
«No debiera yo nacer,
Si es como tú has contado;
Mas yo acepto el desafío
Que por ti es demandado,
Y te haré conocer
No ser lo que has publicado.»
Y con este presupuesto
A sus hijos había armado,
Y también él se armó
Como varón esforzado,
Para lidiar con Ordoño.
El que los hobo reptado:
Más quiere que todos mueran,
Que fementidos llamados.
Avisando está a sus hijos
Que sean bien esforzados,
Porque Ordoño es muy valiente,
Y viene muy denodado.
Acordándoles está
Los hechos de sus pasados,
Y que no pierdan la honra
Que ellos hobieran ganado.
Estando en estas razones
Doña Urraca había llegado,
Y fuese para el buen viejo,
Del arnés le había trabado,
Y con rostro muy lloroso
De esta manera ha hablado.
«Oh padre mío y señor,
No me hayáis desamparado,
Pues que mi padre en su fin
A vos me hobo encomendado;
Que si vos al campo vais,
Perdido será mi Estado.»

Y por darle algún consuelo
Luego se ha desarmado,
Y con estas armas propias
A su hijo había armado.
Pedro Arias es el menor,
Muy valiente y esforzado,
Y está acabado de armar,
Su padre le había hablado:
«Hijo, mi bendición hayas,
La cual te doy de buen grado;
Gran razón es la que llevas,
De Dios seas ayudado.
Pues que falsamente somos
Por Ordoño ansí reptados,
Muestra tu fuerza y esfuerzo
En este caso afamado,
Y haz que la villa y concejo
Por ti solo sea librado,
Y la honra de la Infanta
A quien yo tengo a mi cargo.»
Pedro Arias que aquesto oyó
Gran esfuerzo había tomado;
Besó las manos al padre,
Prestamente ha cabalgado
Fuese para don Ordoño
Con semblante denodado:
Comenzaron su batalla
en el lugar señalado,
De la cual saliera muerto
Pedro Arias el esforzado,
También mató a Diego Arias,
Y a Rodrigo Arias su hermano.
El repto no se acabó
Por salirse del fosado
El caballo que traía
Ordoño, aquese afamado.
Gran clamor hay en Zamora,
Todos se están acuitando;
Por los tres hermanos muertos
Gran llanto se ha levantado,
Y la que más lo sentía
Era Urraca Fernando,

Y el triste viejo su padre,
Que tanto los hobo amado.
Visto aquesto por la Infanta
A don Alfonso ha avisado.
Que está en Toledo huido
De miedo del rey don Sancho:
De todo lo acaecido
Muy gran cuenta se había dado.
Dícele que luego venga
A Castilla, ese reinado,
Para la haber y reinar,
Porque él la ha heredado
Juntamente con Galicia

Y León, ese nombrado;
El cual vino prestamente
Y todo lo había cobrado,
Y coronose por rey
De los reinos que he nombrado
En Alfonso se cumplió
La bendición y buen hado
Que su padre el Rey le dio
Al tiempo que hobo espirado.
Que los sus reinos divisos
De ellos fuese él coronado,
Porque le fuera obediente
En lo que le hobo mandado.

TERCERA PARTE

DESTIERRO DEL CID

LXXXVII[199]

FÚGASE ALFONSO DE
TOLEDO PARA OCUPAR
EL TRONO DE CASTILLA.
EL CID LE EXIGE, Y ÉL
PRESTA JURAMENTO DE
QUE NO TUVO PARTE EN
LA MUERTE DE SU
HERMANO DON SANCHO.

Doña Urraca, aquesa Infanta,
Mensajeros ha enviado
Que vayan con las sus cartas
A don Alfonso su hermano,
El cual estaba en Toledo
Del rey moro acompañado.
Toman caballos y postas
Los más ligeros y flacos,
Caminan días y noches
Con camino apresurado:
Llegaron presto a Toledo;
En un lugar muy poblado,
Olías había por nombre,
Olías el saqueado,
Toparon a Peranzúrez,
Un caballero afamado

Que en libertar a su rey
Mucho tiempo ha trabajado;
Llamara los mensajeros
En un lugar apartado,
Cortárales las cabezas,
Las cartas les ha tomado,
Fuérase para, Toledo,
Sin a nadie haber topado;
Fuese para don Alfonso,
Que dél era muy amado,
Contole toda la muerte
Que fue dada al Rey don Sancho
Y cómo por él venían
Para dalle su reinado;
Que lo tuviese secreto
Porque al Rey parte no ha dado.
Respondió el Rey que sí haría,
Que no tuviese cuidado.
Fuérase el Rey don Alfonso,
Cuando deste se ha apartado.
A este Rey Alimaimón,
Que a Toledo había tomado;
Díjole secretamente
Todo lo que había pasado,
Porque siempre don Alfonso
Fue discreto y avisado,
Y pensó que si estas nuevas
De otro el Rey fuese informado,
Que no le vendría bien,
Sino mucho mal y daño.
Pero respondiole el Rey
Con gran placer que ha tomado:
«Yo te doy mi fe y palabra
Que tu Dios te ha consejado.
Porque tengo en los caminos
Mucha gente de a caballo
Que te guarden las salidas
Y las entradas y pasos;

---

[199] Este romance tradicional
constituye—como ya se dijo—
uno solo con el LXIX y el
LXXVI en el *Cancionero de
romances,* de donde lo reprodujo
Wolf en su antología. Durán lo
publica ya por separado, como lo
damos aquí.

Si salieras sin licencia
Tú fueras despedazado.
Mas pues eres tú tan fiel,
Galardón te será dado,»
Sentáronse en una mesa
Y el ajedrez han tomado;
Juega tanto don Alfonso
Que el Rey estaba enojado.
Tres veces le dijo: «Vete,
Vete y salte del palacio.»
Don Alfonso, muy contento,
Fuese a su casa de grado,
Fuese con él Peranzúnez,
Que desto mucho se ha holgado.
Toma sogas y maromas
Por salvar del muro abajo,
Afuera caballos tienen.
Todos están en el campo.
Sálense a la media noche.
Que está todo sosegado,
Cubierto con las estrellas
Y con la luna alumbrado.
Bajan por Sant Agustín,
Un monasterio cercado,
Cerca está de la ribera
De aquese río de Tajo.
Sálense hacia la vega
Y en el camino han entrado;
No paran noche ni día,
Porque no hayan de alcanzallos:
Llegan muy presto a Zamora,
Que es pueblo muy bien cercado,
Sus vasallos lo reciben,
Aunque no le habían jurado.
Hablando está con su hermana
De la muerte de su hermano,
Cuando salió un caballero
Que Ruy Díaz es llamado:
Este nunca había querido
A su Rey besar la mano,
Hasta que por juramento
Pruebe ser libre y salvado

Da la muerte que fue dada
A su hermano el Rey don Sancho.
Porque nadie de los suyos
Nunca, en esto ha sido osado
De tomar tal juramento
Sino el Cid, que es muy honrado.
En esto respondió el Rey,
Bien oiréis lo que ha hablado:
«¿Cuál causa, vasallos míos,
Cuál es la causa y pecado
Que sólo Ruy Díaz queda
Que no me besa la mano?
Yo siempre le hice honra
Como mi padre ha mandado,
Siempre le hice mercedes.
De todos es más privado.»
Allí respondiera el Cid
Con semblante mesurado:
«Don Alfonso, don Alfonso,
Por fuerza tenéis vasallos,
Que todos tienen sospecha
Que vos solo sois culpado
De la muerte que fue dada
A vuestro hermano en el campo,
Y cualquier que me quisiere
Por contino y por vasallo
Pagarame muy buen sueldo,
Y si no, soy libertado,
Que ser siervo de traidores
No me cumple ni es mi grado.
Vos haréis el juramento
Que todos han demandado.»
Mucho se holgó el Rey
De lo que el Cid ha hablado:
«Dios os ponga en honra, el Cid,
En gran honra y gran estado.
Ruego a la Virgen María
Y a su Hijo muy amado
Que muriese por tal muerte
Como murió el Rey don Sancho,
Si fui en dicho, ni en hecho
De la muerte de mi hermano.

Aunque como sabéis todos
Me tuvo el reino forzado;
Por tanto, os ruego, señores,
Como amigos y vasallos,
Que deis orden y manera
Como desto sea librado.»
Allí respondieran todos
Sus vasallos y criados:
«Este juramento, el Rey,
En Burgos debréis jurarlo,
En Santa Gadea, la iglesia
Do juran los hijosdalgo,
Vos y doce caballeros
De los vuestros toledanos.»
El fue desto muy contento
Y luego lo hace de grado.
En Santa Gadea de Burgos
Estaba el Rey asentado,
Cuando se llegó el Cid
Con un libro en la su mano,
En que están los evangelios
Y un crucifijo pintado;
Comienza desta manera,
Desta manera ha fabiado:
«Todos venís con el Rey
Porque jure y sea librado:
Si cualquiera de vosotros
En aquesto habéis estado,
O si vos, Rey don Alfonso,
De cruel muerte seáis matados.»
«Amén, amén, dijo el Rey,
Que de tal no soy culpado.»
Los sus vasallos entonces
Las llaves le han entregado;
Alzáronlo por su Rey,
Todos le besan las manos,
A todos hace mercedes,
De todos es muy amado.

LXXXVIII[200]

(SOBRE EL MISMO ASUNTO.)

En Toledo estaba Alfonso,
Que non cuidaba reinar;
Desterrárale don Sancho
Por su reino le quitar:
Y doña Urraca a su hermano
Mensajeros fue a enviar;
Las nuevas que le traían
A él gran placer le dan,
«Rey Alfonso, Rey Alfonso,
Que te envían a llamar;
Castellanos y leoneses
Por Rey alzado te han,
Por la muerte de don Sancho.
Que Bellido fue a matar:
Sólo entre todos Rodrigo,
Que non te quiere aceptar.
Porque amaba mucho al Rey,
Quiere que hayas de jurar
Que en la su muerte, señor,
Non tuviste que culpar.»
«Bien vengáis, los mensajeros.
Secretos queráis estar,
Que si el Rey moro lo sabe,
El aquí nos detendrá.»
El Conde don Peranzúrez
Un consejo le fue a dar,

---

[200] Éste es un romance tradicional que repite el asunto del anterior. Según Durán, es verdaderamente viejo aunque haya experimentado alteraciones en su trasmisión oral. Apareció en el *Cancionero de romances* en su edición de Medina de 1570, y lo recogió Escobar en su *Romancero*, y Wolf en su antología.

Que caballos bien herrados
Al revés habían de herrar.
Descuélganse por el muro,
Sálense de la ciudad,
Fueron a dar a Castilla,
Do esperándolos están.
Al Rey le besan la mano.
El Cid no quiere besar,
Sus parientes castellanos
Todos juntado se han.
«Herederos sois, Alfonso,
Nadie os lo quiere negar;
Pero si os place, señor,
Non vos debe de pesar
Que nos fagáis juramento
Cual vos lo quieren tomar.
Vos y doce de los vuesos,
Los que ves queráis nombrar,
De que en la muerte del Rey
Non tenedes que culpar.»
«Pláceme, los castellanos.
Todo os lo quiero otorgar.»
En Santa Gadea de Burgos
Allí el Rey se va a jurar;
Rodrigo tomó la jura
Sin un punto más tardar,
Y en un cerrojo bendito
Le comienza a conjurar:
«Don Alfonso, y los leones,
Veníos vos a salvar
Que en la muerte de don Sancho
Non tuvisteis que culpar,
Ni tampoco de ella os plugo,
Ni a ella disteis lugar.
Mala muerte hayáis, Alfonso,
Si non dijeres verdad;
Villanos sean en ella,
Non fidalgos de solar;
Que non sean, castellanos,
Por más deshonra vos dar.
Sinon de Asturias de Oviedo,
Que non vos tengan piedad.»

«Amén, amén—dijo el Rey—,
Que nunca fui en tal maldad.»
Tres veces tomó la jura,
Tantas le ya a preguntar.
El Rey, viéndose afincado,
Contra el Cid se fue a airar:
«Mucho me afincáis, Rodrigo.
En lo que no hay que dudar:
Cras besarme heis la mano,
Si agora me hacéis jurar.»
«Sí, señor—dijera el Cid—,
Si el sueldo me habéis de dar
Que en la tierra de otros reyes
A fijosdalgo les dan.
Cuyo vasallo yo fuare
También me lo ha de pagar;
Si vos dármelo quisiéredes,
A mí placer me vendrá.»
El Rey por tales razones
Contra el Cid se fue a enojar;
Siempre desde allí adelante
Gran tiempo le quiso mal.

LXXXIX[201]

(SOBRE EL MISMO ASUNTO.)

Muerto es el Rey don Sancho
Bellido muerto lo había:
Don Alfonso, ese su hermano,
Sobre Zamora yacía,
Das manos por Rey le besan,
Leoneses y de Castilla:
Asturianos y gallegos

---

[201] Romance artístico original de Lorenzo de Sepúlveda, en que repite el tema de los anteriores y lo publicó en *Romances nuevamente sacados...*

Por su rey lo recebían,
Y también esos navarros,
Por señar le obedecían.
El Cid no lo quiere hacer:
Don Alfonso le decía:
«Todos por señor me toman,
Por rey jurado me habían,
Vos, Cid, solo no queréis,
¿Qué es la causa que ende había?
Ca yo siempre os hice bien
Y a mi padre prometía,
Cuando murió en Cabezón,
Y de este mundo partía:
Haced lo que hacen, Cid,
Yo vos lo agradecería.»
El Cid se levantó en pie,
Al Rey ansí respondía:
«Señor todos los que vedes
Muy grande sospecha habían,
Que por el vuestro mandado
El Rey don Sancho moría:
Si vos de ello no os salváis,
La mano no os besaría.»
«Pláceme, dijera Alfonso.
Que culpa ninguno había,
Lo que pedís tengo a bien,
Por muy bueno os contaría;
Y de aquí os juro a Dios,
Y aquella virgen María.
Que lo tal nunca mandé.
Ni consejado lo había,
Ni cuando su muerte supe
Placer de ello me venía.
Aunque me echó de la tierra.
Y mi reino me tenía.»
Y a los que estaban presentes.
Su consejo les pedía.
Altos hombres y perlados.
Que jurase le decían
En Santa Gadea de Burgos,
Idos en su compañía.
Y que el juramento hecho

Libre de aquesto sería
El Rey lo tuvo por bien.
Para Burgos se volvía:
Un libro tomara el Cid,
Los Evangelios tenía;
Púsolo sobre el altar.
El Rey las manos ponía.
El Cid le tomó la jura,
Tomósela de esta guisa,
Díjole: «Rey don Alfonso,
A jurar vos convenía
Que no fuisteis en consejo
De la muerte que moría
El Rey Sancho, vuestro hermano.
Mi señor, que bien quería.
Si vos non decís verdad
Y jurades la mentira,
Plega a Dios que un traidor
A vos os quite la vida:
Que sea vuestro vasallo,
como Bellido sería
De vuestro hermano don Sancho,
A quien por señor tenía.»
Don Alfonso dijo amén,
La color tenía perdida:
Otras dos veces la jura
Le tomó como decía.
El Rey recibiera enojo
Contra el Cid, por lo que hacía.
Quísole besar las manos.
Mas el Rey no consentía;
De aquel día en adelante
El Rey al Cid ha enemiga,
Aunque el Cid es atrevido.
Esforzado a maravilla.

XC[202]

(SOBRE EL MISMO ASUNTO.)

Por la muerte que le dieron
En Zamora al Rey don Sancho
Han jurado al Rey Alfonso
Los hombres buenos y honrados,
Castellanos y leoneses
Y gallegos y asturianos.
El Cid rehúsa la jura.
A quien el Rey ha fablado:
«Decid: ¿por qué non queréis,
Buen Cid, besarme la mano,
Pues que lo han fecho los grandes,
Cuantos hay en mi reinado?»
El Cid respondió: «Señor,
Ficiéralo de buen grado
Sí no fuera por el vulgo,
Que gran sospecha ha tomado
Que por vuestra orden y mía
A traición murió don Sancho;
Y así, para que se entienda
La verdad y lo contrario,
Es bien que fagáis la jura
En un altar consagrado,
De que nunca hubisteis parte
En fecho tan feo y malo.»
El Rey fue contento de esto.
Y en un altar consagrado
Ambas las dos manos puso
Sobre un Evangelio santo,
Diciendo no saber parte
En la muerte de su hermano.
El Cid tres veces repite,
Por lo que el Rey, enojado.

Le dijo: «Basta que hagáis
Lo justo y no demasiado:
Pero yo os juro y prometo
Que presto me hasta vengado.»
«Buen Rey, faced vuestra guisa,
—Respondió el Cid enojado—.
Que yo tengo hecho mi oficio
Como caballero honrado.»

XCI[203]

TOMA EL CID LA JURA AL REY ALFONSO

Hizo hacer al Rey Alfonso
El Cid un solemne juro
Delante de muchos grandes
Que se hallaron en Burgos.
Mandó que con él viniesen
Doce caballeros suyos
Para que con él jurasen
Cada cual, uno por uno,
En la muerte de don Sancho,
Que lo mataron seguro
En el cerco de Zamora
A traición y junto al muro.
Y cuando en el templo santo
Estuvieron todos juntos,
Levantose del escaño
El Cid y aquesto propuso:
«Por aquesta santa casa.
Donde estamos ende ayuso,
Que digades la verdad

---

[202] Romance anónimo artístico. Se publicó en el *Romancero General*.

[203] Romance anónimo artístico sobre la jura, que el Cid hace hacer al rey A pesar de su lenguaje arcaico, es un romance tardío. Se recogió en el *Romancero*, de Escobar, y el *Romancero General*.

De aquesto que vos pregunto:
Si vos, Rey, fuisteis la causa,
O de los vuesos alguno,
En la muerte de don Sancho,
Hayáis la muerte que él hubo.»
Todos dijeron: «Amén.»
Mas el Rey quedó confuso,
Pero por cumplir el voto
Respondió: «Lo mesmo juro.»
Fincó la rodilla en tierra.
Por facer la corte ayuso:
El Cid delante de todos
Al Rey le fabla sañudo:
«Si ayer no os besé la mano.
Sabed. Rey, que non me plugo,
Y si agora os la besare,
Será de mi grado y gusto:
Y en esto que aquí he fablado
Non vos fice agravio alguno:
Que esto debo al Rey don Sancho
Como leal vasallo suyo:
Y el aquesto non ficiera,
Yo quedara por perjuro,
Y non por buen caballero
Me tuviera todo el vulgo.»

XCII[204]

**EL REY, ENOJADO,
DESTIERRA AL CID.**

En Santa Gadea de Burgos,
Do juran los fijosdalgo,
Le tomaban jura a Alfonso
Por la muerte de su hermano.
Tomábasela el buen Cid,
Ese buen Cid castellano,
Sobre un cerrojo de hierro
Y una ballesta de palo,
Y con unos Evangelios
Y un crucifijo en la mano.
Las palabras son tan fuertes,
Que al buen Rey ponen espanto:
«Villanos mátente, Alfonso,
Villanos, que no fidalgos,
De las Asturias de Oviedo,
Que no sean castellanos;
Mátente con aguijadas,
No con lanzas ni con dardos;
Con cuchillos cachicuernos,
No con puñales dorados;
Abarcas traigan calzadas,

---

[204] Este famoso romance es tradicional aunque algo modificado por la trasmisión oral, en algunos detalles Se publicó en el *Cancionero de romances*. Existen varias versiones de él, la más antigua de las cuales es de fines del siglo XV o principios del XVI. Modernamente, Menéndez Pidal da una refundición de la versión, más antigua, sobre el manuscrito del Museo Británico, en su *Flor nueva de romances viejos*. Timoneda, también lo recogió en su *Rosa española*.

Que non zapatos con lazos;
Capas traigan aguaderas,
Non de contray ni frisado;
Con camisones de estopa,
Non de holanda, ni labrados.
Cabalguen en sendas burras,
Que no en mulas ni en caballos;
Frenos traigan de cordel,
Non de cueros fogueados;
Mátente por las aradas,
Non por villas ni poblados,
Y sáquente el corazón
Por el siniestro costado,
Si non dijeres verdad
De lo que eres preguntado,
Sobre si fuisteis, o no,
En la muerte de tu hermano.»
Las juras eran tan fuertes
Que el Rey no las ha otorgado.
Allí fabló un caballero,
Que del Rey es más privado:
«Haced la jura, buen Rey,
No tengáis de eso cuidado,
Que nunca fue Rey traidor,
Ni Papa descomulgado.»
Jurado había el buen Rey
Que en tal nunca fue hallado;
Pero también dijo presto,
Malamente y enojado:
«¡Muy mal me conjuras, Cid !
¡Cid, muy mal me has conjurado!
Porque hoy le tomas la jura
A quien has de besar mano.
Vete de mis tierras, Cid,
Mal caballero probado,
Y no vengas más a ellas
Desde este día en un año.»
«Pláceme—dijo el buen Cid—,
Pláceme—dijo—de grado,
Por ser la primera cosa
Que mandas en tu reinado.
Por un año me destierras,

Yo me destierro por cuatro.»
Ya se partía el buen Cid
A su destierro de grado.
Con trescientos caballeros:
Todos eran fijosdalgo,
Todos son hombres mancebos,
Ninguno allí había cano,
Todos llevan lanza en puño,
Con el hierro acicalado,
Y llevan sendas adargas
Con borlas de colorado,
Y no le faltó al buen Cid
Adónde asentar su campo.

XCIII[205]

(SOBRE EL MISMO ASUNTO.)

En Santa, Gadea de Burgos
Do juran los fijosdalgo,
Allí le toma la jura
El Cid, al rey castellano.
Las juras eran tan fuertes.
Que a todos ponen espanto;
Sobre un cerrojo de hierro
Y una ballesta de palo:
«Villanos mátente, Alfonso,
Villanos, que non fidalgos

---

[205] Este romance tradicional es casi idéntico al anterior, si bien con importantes modificaciones. No se pueda asegurar cuál, de los dos sea el más antiguo. Debe notarse que en el primero es más ajustado a la realidad histórica el carácter del Cid, más próximo al que pinta el viejo Poema. Lo publicó Timoneda en su *Rosa española* y lo recogió Escobar en su *Romancero*.

De las Asturias de Oviedo.
Que no sean castellanos.
Mátente con aguijadas,
No con lanzas ni con dardos;
Con cuchillos cachicuernos.
No con puñales dorados;
Abarcas traigan calzadas,
Que non zapatos con lazos;
Capas traigan, aguaderas.
Non de contray, ni frisado;
Con camisones de estopa.
Non de holanda, ni labrados;
Vayan cabalgando en burras
Non en mulas ni caballos:
Frenos traigan de cordel,
Non de cueros fogueados:
Mátente por las aradas,
Non por villas ni poblados,
Y sáquente el corazón
Por el siniestro costado,
Si non dijeres verdad
De lo que te es preguntado,
Si fuiste, ni consentiste
En la muerte de tu hermano.»
Jurado tiene el buen Rey,
Que en tal caso no es hallado;
Pero con voz alterada
Dijo muy mal enojado:
«Cid, hoy me tomas la jura,
Después besarme has la mano.»
Respondiérale Rodrigo;
De esta manera ha fablado:
«Por besar mano de rey
No me tengo por honrado;
Porque la besó mi padre
Me tengo por afrentado.»
«Vete de mis tierras, Cid,
Mal caballero probado,
Y no me estés más en ellas
Desde este día en un año.»
«Pláceme —dijo el buen Cid—
Pláceme —dijo— de grado,

Per ser la primera cosa,
Que mandas en tu reinado:
Tú me destierras por uno.
Yo me destierro por cuatro.»
Ya se despide el buen Cid,
Sin al Rey besar la mano,
Con trescientos caballeros.
Esforzados fijosdalgo;
Todos son hombres mancebos,
Ninguno hay viejo ni cano;
Todos llevan lanza en puño
Con el hierro acicalado,
Y llevan sendas adargas
Con borlas de colorado.

XCIV[206]

HECHA LA JURA, EL REY INCREPA AL CID POR EL RIGOR CON QUE SE LA TOMÓ.

«Fincad ende más sesudo,
Don Rodrigo, con vos fablo:
Catad que soy vueso Rey,
Magüer que no esté jurado;
Y este cerrojo de hierro
Y esta ballesta de palo,
Como fincan en mi jura,
Fincan también en mi agravio.
Yo fago testigo a Dios
Y a nuestro patrón Santiago

---

[206] Romance artístico a pesar del lenguaje arcaico que afecta. Es del siglo XVI, original de Hierónimo Francisco de Castaña. Se publicó en el *Romancero General*, en la segunda parte del *Romancero General*, recogido por Madrigal y en la *Primera parte de romances nuevos...* de H. Castaña (1604).

De que no he sido traidor
En la muerte de don Sancho.
Non mostréis, con ser sañudo,
Ser, Rodrigo, apasionado,
Que magüer que haya razón,
Se ha de humillar el vasallo.
Si con las huestes, Rodrigo,
Fincades sañudo y bravo,
Sed con los reyes humilde
seréis más estimado.
Non eclipséis con la lengua
Los fechos de vuestros brazos,
Que el fablar sin ocasión
Es de homes afeminados.
Bien se me lembra del tiempo
Que como noble soldado
Habéis servido en las lides
A mi padre don Fernando;
Mas non vos ensoberbezcan
Los triunfos que heis alcanzado,
Que es la jactancia un borrón
Que borra fechos muy claros.
Decís que si parte he sido
En la muerte de mi hermano,
Que me den villanos, muerte;
Fabláis bien, serán villanos:
Non fincará contra rey
Ningún vasallo fidalgo,
Que un fidalgo nunca emprende
Facer tal desaguisado.»
Esto dijo don Alfonso,
Teniendo puesta la mano
Sobre un cerrojo de hierro
Y una ballesta de palo.

XCV[207]

(SOBRE EL MISMO ASUNTO.)

Después que sobre Zamora
Murió el noble Rey don Sancho,
Vino a reinar en Castilla
Un don Alfonso su hermano.
Pide por herencia el reino,
Que de derecho ha heredado.
Y para alzalle por Rey
Los grandes han acordado
Que entrase en Santa Gadea
Y jurase si era salvo
De aquella tan cruda muerte,
Que dieron al Rey su hermano.
Don Alfonso que lo supo.
Dijo que lo harie de grado,
Muchos señores de salva
Entran con él a su lado,
Y cuando estuvieron dentro
Las puertas le habien cerrado.
Sobre una ara consagrada
Y un Crucifijo dorado,
Y en un cerrojo de acero,
Como era acostumbrado,
Viénele a tomar la jura
Ese buen Cid castellano.
De las palabras que dice
Están muy maravillados:
«Nunca reines, Rey Alfonso,
En tu reino ningún año,
Y después que muerto fueres
El alma te lleve el diablo.
Si supiste o consentiste

---

[207] Romance artístico original de
Lucas Rodríguez, que lo incluye en su
Romancero historiado.

En la muerte de don Sancho.»
Nunca le respondió cosa.
Antes le estaba mirando.
Luego habló Pero Anzúrez,
Un ayo que lo ha criado:
«Poné la mano, señor,
Y jura, pues, que estáis salvo,
Que nunca fuiste traidor.
Ni sabéis nada en tal caso.»
Luego hizo don Alfonso
Lo que le mandó su ayo:
Puso la mano y juró
A Dios que le había criado,
Que no consintió, ni supo
En la muerte de don Sancho;
Y en haciendo el juramento,
Contra el Cid se había encarado.
Las palabras que le dice
Son de hombre muy airado:
«Enojado estoy, buen Cid,
Porque así me has maltratado;
Mas con esto me consuelo,
Que no se cumple hoy el año,
Que si me tomas la jura
Luego serás mi vasallo.»
Con ansia responde el Cid,
De esta suerte le ha hablado:
«Como lo usareis, buen Rey,
Como lo fueres usando.»
Poniendo mano a la espada
Se sale el Cid castellano,
Y con voz muy alterada
En una cruz ha jurado
De nunca entrar en sus cortes,
Ni obedecer su mandado.
Hasta tanto que tres veces
Se lo hubiese el Rey rogado.
Cabalgó y fuese luego
De muchos acompañado.

XCVI[208]

SITIANDO ALFONSO VI EN TORO A SU HERMANA DOÑA ELVIRA, SE ENAMORA DE ELLA; MAS SALIDO QUIEN ERA, QUIERE HACER QUE LA MATEN; EL CID SE OPONE, EL REY SE ENOJA.

En las almenas de Toro,
Allí estaba una doncella,
Vestida de negros paños,
Reluciente como estrella;
Pasara el Rey don Alfonso,
Namorado se había de ella;
Dice: «Si es fija del Rey,
Que se casaría con ella,
Y si es fija de duque,
Serviría por manceba.»
Allí fablara el buen Cid,
Estas palabras dijera:
«Vuestra hermana es, señor,

---

[208] Romance viejo de la época tradicional. El asunto es distinto. Se refiere al sitio de Toro, ciudad adjudicada por el Rey Fernando a su hija Elvira. Según la tradición Alfonso VI sitia la plaza, y, desde el cerco, el rey se enamora de su hermana a quien no reconoce. Sobre este tema romancesco no existe más romance que éste. Sobre este episodio escribió Lope de Vega su comedia histórica *Las almenas de Toro*, donde incluye este romance. Lo recogió Timoneda en su *Rosa española*, y Wolf en su antología.

Vuestra hermana es aquélla.»
«Si mi hermana es —dijo el Rey—,
Fuego malo encienda en ella:
Llámense mis ballesteros,
Tírenle sendas saetas,
Y a aquel que la errare
Que le corten la cabeza.»
Allí fablara el buen Cid,
De esta suerte respondiera:
«Mas aquel que la tirare
Pase por la misma pena.»
«Id vos de mis tiendas, Cid,
No quiero que estéis en ellas.»
«Pláceme —respondió el Cid—,
Que son viejas y no nuevas;
Irme he yo para las mías,
Que son de brocado y seda,
Que no las gané folgando
Ni bebiendo en la taberna;
Ganelas en las batallas
Con mi lanza y mi bandera.»

XCVII[209]

DEFIENDE EL CID AL REY MORO DE SEVILLA CONTRA EL DE GRANADA, Y TOMA EL NOMBRE DE CAMPEADOR.

---

[209] Romance artístico anónimo del estilo de loe de Sepúlveda. Su asunto se toma de la *Crónica de Veinte Reyes* en la que se prosificó el *Poema de Mió Cid* —según Menéndez Pidal— y trata del episodio que se perdió en el viejo poema. Lo incluyó Sepúlveda en su obra *Romances nuevamente sacados...* y también, Escobar en su *Romancero*.

Ese buen Cid Campeador
Ya se parte de Castilla:
Por mando del Rey Alfonso
Lleva su mensajería
A Almucanis, ese moro
Rey de Córdoba y Sevilla,
Para que le dé las parias
Pasadas que le debía.
En Sevilla estaba el Cid
Faciendo a lo que venía.
Mudafar, Rey de Granada,
A Almucanis mal quería;
Caballeros castellanos
Mudafar consigo había;
Son de los más estimados
Que había dentro en Castilla:
Don García Ordoño el uno,
Que Conde todos decían;
Fernán Sánchez era el otro,
Yerno del Rey don García;
Y Lope Sánchez, su hermano,
Estaba en su compañía;
Y otro caballero honrado
Diego Pérez se decía.
Ellos con grandes poderes
Con el Mudafar venían
Contra Almucanis el Rey,
Que pechero es de Castilla.
El Cid, cuando aquesto supo,
Mucho pesado le había:
Enviárale sus cartas
Y en ellas así decía:
«Que non vengan con su gente
Contra el reino de Sevilla,
Que es pechero al Rey Alfonso,
Con quien amistad tenía:
Y si lo quieren facer,
Que su Rey ayudaría
A Almucanis su vasallo,
Que otra cosa no pedía.»
Recibido han las cartas,
Mas en nada las tenían:

Entran en tierras del Rey,
Del Rey moro de Sevilla;
Quemando van y estragando
Fasta Cabra, aquesa villa.
El Cid, cuando aquesto supo,
Contra ellos se partía:
Moros llevaba consigo,
Cristianos los que podía.
Las huestes se habían juntado,
El Cid mataba y hería:
Muy reñida es la batalla,
Durado ha casi un día,
Fasta que venciera el Cid
Y en huída los ponía.
A caballeros cristianos
El buen Cid mucho prendía;
De moros no había cuenta
Los que cautivado había.
Tres días tuviera presos
Los cristianos que vencía;
Volviose con gran despojo
A Sevilla, do partía;
Almucanis dio las parias
Y a Castilla se volvía.
Mucho plugo al Rey Alfonso
De lo que el Cid fecho había,
Y de aquel día adelante
Al Cid *Campeador* decían.

XCVIII[210]

QUERELLA DEL CID CON BERMUDO, ABAD DE CARDEÑA.

Fablando estaba en el claustro
De San Pedro de Cardeña
El buen Rey Alfonso al Cid.
Después de misa, una fiesta:
Trataban de las conquistas
De las mal perdidas tierras
Por pecados de Rodrigo,
Que amor disculpa y condena.
Propuso el buen Rey al Cid
El ir a ganar a Cuenca;
Y Rodrigo, mesurado,
Le dice de esta manera:
«Nuevo sois, el Rey Alfonso,
Nuevo Rey sois en la tierra;
Antes que a guerra vayades
Sosegad las vuesas tierras.
Muchos daños han venido
Por los reyes que se ausentan,
Que apenas han calentado
La corana en la cabeza;
Y vois no estáis muy seguro
De la calumnia propuesta
En la muerte de don Sancho

[210] Romance artístico, anónimo, uno de los mejores de esta serie, que trata de las desavenencias del Cid con el Rey. Debió ser compuesto en las últimas décadas del siglo XVI, a pesar del lenguaje arcaico que emplea. Lo recogió Escobar en su *Romancero* y apareció también en la segunda parte del *Romancero General* recopilado por Madrigal. Menéndez Pidal lo incluye en su *Flor nueva de romances viejos.*

Sobre Zamora la vieja;
Que aún hay sangre de Bellido,
Magüer que en fidalgas venas,
Y el que fizo aquel venablo,
Si le pagan, fará treinta.»
Bermudo, en lugar del Rey,
Dice al Cid: «Si vos aquejan
El cansancio de las lides
O el deseo de Jimena,
Idvos a Vivar, Rodrigo,
Y dejadle al Rey la empresa:
Que homes tiene tan fidalgos
Que non volverán sin ella.»
«¿Quién vos mete—dijo el Cid—
En el consejo de guerra,
Fraile honrado, a vos agora,
La vuesa cogulla puesta?
Subid vos a la tribuna
Y rogad a Dios que venzan,
Que non venciera Josué
Si Moisés non lo ficiera.
Llevad vos la capa al coro,
Yo el pendón a Tas fronteras.
Y el Rey sosiegue su casa
Antes que busque la ajena;
Que non me farán cobarde
El mi amor, ni la mi queja,
Que más traigo siempre al lado
A Tizona que a Jimena.»
«Home soy—dijo Bermudo—
Que antes que entrara en la regla,
Si no vencí reyes moros,
Engendré quien los venciera:
Y agora, en vez de cogulla,
Cuando la ocasión se ofrezca,
Me calaré la celada
Y pondré al caballo espuelas.»
«¡Para fugir—dijo el Cid—
Podrá ser, padre, que sea;
Que más de aceite que sangre
Manchado el hábito muestra!»
«Calledes— le dijo el Rey—,

En mal hora, que no en buena;
Acordársevos debía
De la jura y la ballesta;
Cosas tenedes, el Cid.
Que farán fablar las piedras,
Pues por cualquier niñería
Facéis campaña la iglesia.»
Pasaba el Conde de Oñate,
Que llevaba la su dueña.
Y el Rey, por facer mesura,
Acompañola a la puerta.

XCIX[211]

QUERELLA DEL REY CONTRA EL CID, A QUIEN DESTIERRA

«Si atendéis que de los brazos
Vos alce, atended primero
Si no es bien que con los míos
Cuide subirvos al cielo.
¡Bien estáis afinojado,
Que es pavor veros enhiesto.
Que asiento es, asaz debido,
El suelo de los soberbios!
¡Descubierto estáis mejor,
Después que se han descubierto
De vuesas altanerías
Los mal guisados excesos!
¿En qué os habéis empachado,
Que dende el pasado invierno
Non vos han visto en las Cortes,
Puesto que Cortes se han fecho?
¿Por qué siendo cortesano.

---

[211] Romance anónimo artístico. Se incluyó en la segunda parte del *Romancero General*, de Madrigal y en el *Romancero*, de Escobar.

Traéis la barba y cabello
Descompuesto, y desviada,
Como los padres del yermo?
¡Pues aunque vos lo pregunto,
Asaz que bien os entiendo!
¡Bien conozco vuesas mañas
Y el semblante falagüeño!
Querréis decir que cuidando
En mis tierras y pertrechos,
Non cuidades de aliñarvos
La barba y cabello luengo,
Al de Alcalá contrallasteis
Mis treguas, paz y concierto,
Bien como si el querer mío
Tuviérades por muy vueso.
A los fronterizos moros
Diz que tenéis por tan vuesos,
Que os adoran como a Dios;
Grandes algos habréis de ellos!
Cuando en mi jura os hallasteis
Después del triste suceso
Del Rey don Sancho, mi hermano.
Por Bellido traidor muerto,
Todos besaron mi mano
Y por Rey me obedecieron;
Sólo vos me contrallasteis
Tomándome juramento.
En Santa Gadea lo fice
Sobre los cuatro Evangelios
Y en el ballestón dorado,
Teniendo el cuadrillo al pecho.
Matárades a Bellido
Si ficierais como bueno,
Que no ha faltado quien dijo
Que tuvisteis asaz tiempo:
Fasta el muro lo seguisteis,
Y al entrar la puerta dentro,
¡Bien cerca estaba quien dijo
Que non osasteis de miedo!
Y nunca fueron los míos
Tan astutos y mañeros,
Que cuidasen que don Sancho

Muriese por mis consejos.
Murió, porque a Dios te plugo
En el su juicio secreto.
Quizá porque de mi padre
Quebrantó sus mandamientos.
Por estos desaguisados.
Desavenencias y tuertos.
Con título de enemigo
De mis reinos vos destierro
Yo tendré vuesos condados
Fasta saber por entero,
Con acuerdo de los míos.
Si confiscárvolos puedo.
¡Non repliquedes palabra.
Que vos juro por San Pedro
Y por San Millán bendito
Que vos esforcaré luego!»
Estas palabras le dijo
El Rey don Alfonso el Sexto,
Inducido de traidores,
Al Cid, honor de sus reinos.

C[212]

LAMÉNTASE EL CID DE LA INGRATITUD DEL REY, Y ACEPTA EL DESTIERRO.

De palacio sale el Cid
Sentido de una palabra,
Que a quien palabras no siente
El sentimiento le falta.
Las manos tuerce furioso,
Aunque no por castigarlas,
Porque contra su cabeza
Sus manos no se levantan.

---

[212] Romance anónimo artístico que se publicó en el *Romancero General*.

Fechos dos Etnas los ojos
Brotan fuego y vivas llamas,
Porque en ellos como en lienzo
Pinta su pasión el alma.
Erizados los cabellos,
Revuelta la barba cana,
Que el tiro de la deshonra
Descompone barba-canas:
Paséase sin compás,
Y alterada voz levanta.
Que el corazón, con decir
Sus pesadumbres, descansa.
«Mal fablasteis de mí, el Rey,
Con voz muy desentonada:
Yo palabra non vos dije.
Ca por mí mis obras fablan.
Y fablara mi Tizona
Por mi honor y por su fama.
Sino que el ser vos quien sois
La enmudece en la su vaina.
Vuestra fabla, Rey Alfonso,
A mi fama non la infama,
Ca el señor a su vasallo.
Aunque más diga, no agravia.
Desterraisme de mi tierra,
De esto non me finca saña,
Ca el home bueno e fidalgo
De tierra ajena hace patria.
Están muchos envidiosos
Junto a vos de mis fazañas,
Ca de ordinario la envidia
A la virtud acompaña.
Dicen entre juglerías
Razones desaguisadas,
Y porque non vomitedes
Va la píldora dorada.
Mil mentiras falagüeñas
E non verdades vos fablan;
Ca una vegada bregaron
La verdad y la privanza.
Non sentiredes mi mengua
Fasta la primer batalla,

Ca el bien non es conocido
Fasta que nos face falta.»
Esto dijo el Cid Ruy Díaz
Cuando en Babieca cabalga
Y hacia Valencia camina.
Tierra rica, hermosa y llana.

CI [213]

ORDEN REAL DE DESTIERRO.

Grande saña cobró Alfonso
Contra el buen Cid castellano
Porque le tomó la jura
De la muerte de su hermano:
Encubrió el Rey su enemiga,
Aguardó a hacerse vengado.
El Rey moro de Toledo,
Que Alimaimón es llamado,
Del Cid se aquejara al Rey
Que en su reino se había entrado,
Y hasta dentro de Toledo
Sus moros ha cautivado:
Siete mil son los cautivos,
Sin otro mucho ganado
Mucho al Rey Alfonso pesa,
Contra el Cid estaba airado
Mucho más que antes estaba;
Con el Rey lo habían mezclado
Por envidia que le tienen
Los grandes de su reinado.

---

[213] Romance anónimo artístico de la época y estilo de los de Sepúlveda. Como se puede ver en este romance, las causas del enojo del Rey contra el Cid proceden de distintos motivos. Se recogió en el *Romancero*, de Escobar, y Sepúlveda lo incluye en su colección *Romances nuevamente sacados...*

Escribiole el Rey al Cid
Que salga de su reinado
Dentro de los nueve días.
Que más no le da de plazo.
El buen Cid a sus parientes
Las cartas les ha mostrado;
Todos se quejan del Rey
De haberlo tan mal mirado
Desterrando un caballero
Tan valiente y esforzado.
Que muy bien le había servido.
Y a su padre y a su hermano.
Ofrécense de ir con él
A lo servir muy de grado.
Y que todos morirían
Con él juntos en el campo
El Cid les agradecía
La palabra que le han dado
Y otro día salió el Cid
De Vivar, que era su Estado.
Con toda su compañía
Con ánimos esforzados.
Volviose a sus caballeros
Y esto les está fablando:
«Amigos: si a Dios plugiese
Que a Castilla nos volvamos,
Dígovos que tornaremos
Todos muy ricos y honrados.»

CII[214]

RESPONDE EL CID A LA ORDEN DE SU DESTIERRO, Y OBEDIENTE AL REY, OFRECE SERVIRLE Y

[214] Romance anónimo artístico de la última década del siglo XVI, que recogió Escobar en su *Romancero*.

ENGRANDECERLE A PESAR DE SU INGRATITUD.

«Obedezco la sentencia,
Magüer que non soy culpado,
Pues es justo mande el Rey
Y que obedezca el vasallo;
Y plegue a Nuestra Señora
Que vos faga aventurado,
Tal que non echedes menos
La mi espada ni el mi brazo.
Bien cuido que non vos mueve
Servos yo desaguisado;
Sé que envidiosos a veces
Manchan los pechos fidalgos.
Mas al fin el tiempo vos será testigo
Que ellos mujeres son, y yo Rodrigo
Esos bravos infanzones
Que comen a vueso lado,
Consejeros mentirosos,
Lidiadores en palacio.
¿Cómo non vos acorrieron
Cuando preso vos llevaron
Y cuando yo vos quité
Solo a trece en medio el campo
Sinón que a rienda suelta,
Fuyeron los amenguados,
Donde mostraron tener
Lengua asaz y pocas manos?
Mas al fin el tiempo vos será testigo
Que ellos mujeres son, y yo Rodrigo.
Membradvos, Rey don Alfonso,
De lo que agora os fablo,
Vos con saña, yo sesudo,
Vos vengado y yo agraviado;
Que yo fago pleitesía
A San Pedro y a San Pablo
De mezclar, Dios en ayuso,
Mi hueste con los paganos;
Y si finco vencedor,
Poner a vueso mandado

Los castillos y fronteras,
Pueblos, haberes, vasallos:
Mas al fin el tiempo vos será testigo
Que ellos mujeres son, y yo Rodrigo.»

CIII[215]

(SOBRE EL MISMO
ASUNTO.)

«Téngovos de replicar
Y de contrallarvos tengo,
Que no han pavor los valientes
Ni los non culpados miedo.
Si finca muerta la honra
A, mano de los denuestos,
Menos mal será enforcarme
Que el mal que une habedes fecho.
Yo seré en tierra homildoso
A guisa de vueso siervo,
Que teniendo los mis brazos
Cuido alzarme sin los vuesos.
Cúbranse y non vos acaten
Los ociosos falagüeños,
Que magüer yo non lo soy,
Me puedo cubrir primero.
Dos vegadas hubo Cortes
Desde antaño por invierno,
Diz que por la pro común
O por los vuesos provechos.
Vos en León las ficisteis;
Pero yo, en los campos yermos
Faciendo las mías, desfice
Del contrario los pertrechos.

Lo fecho en Alcalá vedes,
Non lo que fice primero;
Y es mal juzgador quien juzga
Sin notar todo el proceso.
Folgá que el moro de allende
Respete mis fechos buenos,
Que si non me los respeta,
Non vos guardará respeto.
¡Asaz me semejáis blando
Porque de tiempo tan luengo
De apretarvos en la jura
Vos duele el escocimiento!
Mentira el que me achacare
Del traidor Dolfos el tuerto,
Pues sabedes lo que fue
Y lo que fice en el reto
Además que sin espuelas
Cabalgué entonces por yerro:
¡Vencen pesadas falsías
Al noble y sencillo pecho!
Y pues gasté mis haberes
En prez del servicio vueso,
Y de lo que hube ganado
Vos fice señor y dueño,
Non me lo confiscaredes
Vos ni vuesos consejeros,
Que mal podredes tollerme
La facienda que no tengo.
De hoy más será facendoso,
Pues hoy de vos me destierro,
Y de hoy para mí me gano,
Pues hoy para vos me pierdo.»
Estas palabras decía
El noble Cid, respondiendo
A las querellas injustas
Del Rey don Alfonso el Sexto.

---

[215] Romance artístico, anónimo, de finales del siglo XVI. Se publicó en la segunda parte del *Romancero General,* de Madrigal y lo recogió Escobar en el suyo.

CIV[216]

LAMENTASE EL CID DE LA INJUSTICIA CON QUE EL REY LE TRATA, Y SALE DESTERRADO.

Del Rey Alfonso se queja
Ese buen Cid castellano
Por la injusta paga y premio
Que a sus servicios ha dado.
Dice entre airado y furioso,
El rostro triste y turbado:
«No te llamo, Rey, injusto,
Porque al fin soy tu vasallo,
Ni porque me desterraste
De tu reino y mí condado,
Sólo porque me perdí
En hacer tu gusto y grado.
Malquisto estoy en el mundo
Por acrecentar tu Estado,
Y por suplir tus flaquezas
Dicen que robo y que mato.
Esos falsos consejeros,
Que te están aconsejando,
Corderos en la apariencia
Y lobos en los estragos,
¡Oh cuán fáciles te hacen
Mil dificultosos casos,
Que quizá sin mi presencia
Resultarán en mil daños!
Acuérdate, Rey Alfonso,
Que soy el Cid tu vasallo.
Más presto para servirte
Que tú para darme el pago
De mis honrados servicios;
Aunque tú me has desterrado,

Movido, según entiendo,
De que estoy atesorando,
Y sin mirar que si tengo
Algo, todo lo he ganado
A trueco de sangre y fuerza
De mi cuerpo y de mi brazo,
Y no viviendo en el ocio
Que hay en tu real palacio,
Donde se pasan los días
En hacer grandes estragos,
No en los moros fronterizos,
Sino en deshonrar fidalgos.
No quiero ya los favores,
Rey, de todos tus privados,
Que sin ellos los tendré
De muchos buenos fidalgos.»
Esto decía Rodrigo
Cuando estaba aparejando
Lo necesario y forzoso
Para salir desterrado.

CV[217]

EXCUSA EL REY SU PORTE CON EL CID, DICIENDO QUE LE DESTIERRA SÓLO POR CONTENER SUS DEMASIADOS BRÍOS.

Escuchó el Rey don Alfonso
Las palabras halagüeñas
Del Cid en su despedida
Cuando se partió a la guerra,
Y dijo a sus infanzones:
«Hoy deja vuestras banderas
El hombre más animoso

[216] Romance anónimo artístico, publicado en el *Romancero General.*

[217] Romance anónimo artístico publicado en la segunda parte del *Romancero* General, de Madrigal.

Que sangre de moros riega;
Y aunque parezca osadía
El fablar con tantas veras,
Non fueron atrevimientos,
Supuesto que lo asemejan.
Los amoríos del alma
En pecho do se encierran
Lealtad y amor, con su Rey
Tienen para hablar licencia.
Alongado va al destierro.
Y veo que en su presencia
Es sólo un hombre el que parte
Y mil voluntades lleva;
Y cuido que un buen guerrero.
Cuando de su Rey se ausenta,
Reprochado de su corte.
Se ha de atener a la ajena;
Que de un edificio grande,
Si se le rompe una piedra.
Por sólo su desencaje
Se suele venir a tierra.
No hay folgarse entre los reyes.
Que nunca los reyes fuelgan,
Cuidando el pro de sus reinos
Y haciendo en los lueñes guerra.
Si fidalgos con la espada
Por su Rey en lides entran,
El Rey con espada y alma
Anda, padece y pelea.
¡Gran lidiador es el Cid!
¡Fuerte y noble en gran manera!
Pero si no es humildoso
De Dios y del Rey, ¿qué espera?
Conviene que el Cid se alongue,
Y dirán en lueñes tierras
Que Alfonso face justicia
Y en castigo a nadie excepta.»

CVI[218]

EL CID, PARA PAGAR SU GENTE, SACA CON ASTUCIA DINERO A UNOS JUDÍOS.

Don Rodrigo de Vivar
Está con doña Jimena
De su destierro tratando,
Que sin culpa le destierran.
El Rey Alfonso lo manda,
Sus envidiosos se huelgan,
Llórale toda Castilla,
Porque huérfana la deja.
Gran parte de sus haberes
Ha gastado el Cid en guerra;
No halla para el camino
Dinero sobre su hacienda.
A dos judíos convida,
Y sentados a su mesa,
Con amigables caricias
Mil florines les pidiera.
Díceles que por seguro
Dos cofres de plata tengan,
Y que si dentro de un año
No les paga, que la vendan,
Y cobren la logrería
Como concertado queda.
Dioles dos cofres cerrados.
Entrambos llenos de arena,
Y confiados del buen Cid
Dos mil florines le prestan.
«¡Oh necesidad infame,
A cuántos honrados fuerzas

---

[218] Romance anónimo artístico. Publicado en el *Romancero General* y recogido por Escobar en su *Romancero*.

A que par salir de ti
Hagan mil cosas mal hechas!
¡Rey Alfonso, señor mío,
A traidores das orejas,
Y a los fidalgos leales
Palacios y orejas cierras!
Mañana saldré de Burgos
A ganar en las fronteras
Algún pequeño castillo
Adonde mis gentes quepan;
Mas según son de orgullosos
Los que llevo en mi defensa,
Las cuatro partes del mundo
Tendrán por morada estrecha.
Estarán mis estandartes
Tremolando en las almenas;
Caballeros agraviados
Hallarán guarida en ellas;
Y por conservar el nombre
De tus reinos, que es mi tierra.
Los lugares que ganare
Serán Castilla la Nueva.»

CVII[219]

HACE EL CID BENDECIR SUS PENDONES, Y JURA ENGRANDECER AL REY, AUNQUE INJUSTO LE DESTIERRA.

Ese buen Cid Campeador,
Que Dios en salud mantenga,
Faciendo está una vigilia

En San Pedro de Cardeña;
Que el caballero cristiano
Con las armas de la Iglesia
Debe de guarnir su pecho
Si quiere ganar las guerras.
Doña Elvira y doña Sol,
Las dos sus fijas tan bellas,
Acompañan a su madre
Ofreciendo rica ofrenda.
Cantada que fue la misa,
El abad y monjes llegan
A bendecir el pendón
Aquel de la cruz bermeja.
Soltó el manto de los hombros,
Y en cuerpo, con armas nuevas,
Del pendón prendió los cabos
Y de esta suerte dijera:
«Pendón bendecido y santo,
Un castellano te lleva,
Por su Rey mal desterrado,
Bien plañido por su tierra.
A mentiras de traidores
Inclinando sus orejas,
Dio su prez y mis fazañas:
¡Desdichado de él y de ellas
Cuando los reyes se pagan
De falsías halagüeñas.
Malparados van los suyos,
Luengo mal les viene cerca!
Rey Alfonso, Rey Alfonso,
Esos cantos de sirena
Te adormecen por matarte:
¡Ay de ti si no recuerdas!
Tu Castilla me vedaste
Por haber folgado en ella,
Que soy espanto de ingratos,
Y conmigo non cupieran.
¡Plegue a Dios que no se caigan
Sin mi brazo tus almenas!
Tú que sientes, me baldonas;
Sin sentir, me lloran ellas.
Con todo, por mi lealtad

---

[219] Romance anónimo artístico cuyos ocho versos finales se debieron añadir en alguna moderna versión. Se publicó en la *Flor de varios y nuevos romances*, tercera parte (1591), en el *Romancero General* y en el de Escobar.

Te prometo las tenencias
Que en las fronteras ganaren
Mis lanzas y mis ballestas;
Que venganza de vasallo
Contra el Rey, traición semeja,
Y el sufrir los tuertos suyos
Es señal de sangre buena.»
Esta jura dijo el Cid,
Y luego a doña Jimena
Y a sus dos fijas abraza:
Mudas y en llanto las deja.
Humillándose, el abad
Larga bendición le diera,
Y a las fronteras camina
Al galope de Babieca.

CVIII[220]

EL CID CONQUISTA DE LOS MOROS ALCOCER, POR MEDIO DE UNA ESTRATAGEMA.

Estando cumpliendo el Cid
El destierro en que yacía,
Aquel a quien don Alfonso
Mandó salir de Castilla;
Por siniestras relaciones
Que envidiosos hecho habían
Contra el Cid, cosa ordinaria
Su propicia suerte vista,
Porque siempre al semejante
Cuyas hazañas se estiman

Le nacen fieros contrarios
Del efecto dellas mismas,
Viendo que en él y no en ellos
Con razón ponen la vista,
Y que oscurece sus nombres
El que ayer no le tenía,
Como si de sus principios
No se tuviese noticia
De que fueron adquiridos
Destas tres por una vía,
O por privanza con reyes,
O por letras, o milicia,
Y que al que hoy da su valor nombre
Verle ensalzado se admiran,
Sin porqué, pues no es ventaja
La antigüedad de algún día,
Y deben de presumir
Que es de sangre ilustre y limpia,
Porque la que no lo es
Nobles acciones no cría.
El sujeto valeroso
Es paraje de la envidia,
Do hacen presa las lenguas
Por mil diferentes vías,
Que como ven que a la fama
Con sus hazañas obligan,
Y las inútiles suyas
Hacen el fin con sus vidas,
Procuran que las ajenas
No se celebren y digan,
Que las ignoren los reyes
Pretendiendo con malicia,
Queriendo tragarlo todo
Estas inmundas harpías.
Digo, pues, que como el Cid
Con la paz no se entendía.
Y en los peligros mayores
Puesta llevase la mira.
Cercó a Alcocer, que de moros
Era una fuerza escogida
Y la de más importancia
En las partes fronterizas;

---

[220] Romance artístico original de Gabriel Lobo Laso de la Vega, que Durán califica de «uno de los peores romances que darse pueden». Lo publicó en su obra *Romancero y tragedias* (1587).

Pero no pudiendo entrarla
Con ásperas baterías.
Echó mano de la industria,
Que no es de menos estima
Que el valor y fortaleza
Ni de menor gloria digna.
Cosa loable en la guerra,
Codiciada y permitida.
Hizo, pues, para cebarlos,
Que con su gente huía,
Y que levantaba el cerco
Por hambre, sed y fatigas,
Dejándose muchas tiendas
Con preseas varias, ricas,
Porque el codicioso moro
Salga y el alcance siga,
Trayendo para robarlas
Menos orden con más prisa,
Dejando la fuerza sola
Sin quien la entrada resista;
Y fue así que, como viesen
La repentina huida,
Desamparando el castillo
En su seguimiento tiran,
Pero a pequeña distancia
Vuelve con suerte propicia
El famoso de Vivar,
Que una gruesa lanza cimbra,
Y en el bravo sarraceno
Haciendo sangrienta riza,
Sin aventurar soldado
Entró la fuerza en la villa.

CIX[221]

(SOBRE EL MISMO TEMA.)

Par mando del Rey Alfonso
El buen Cid es desterrado;
Caballeros van con él,
Trescientos son fijosdalgo,
Ganó el buen Cid a Alcocer,
Ese castillo nombrado:
Los moros en él lo cercan
Con todos sus allegados:
No salen a la batalla
Por ser muchos los paganos.
Aquese buen Alvar Fáñez,
Que de Minaya es llamado,
A las compañas del Cid
Ansí les está fablando:
«Amigos, salidos somos
De León, ese reinado
Do tenemos nuesas tierras
Y hasta aquí somos llegados.
Menester es el esfuerzo
De que sois tan abastados,
Que a no lidiar con los moros,
Comemos pan mal ganado.
Contra ellos salgamos luego,
Firámoslos denodados,
Que ansí ganaron la honra
Los nuesos antepasados.»
El Cid le dijo; «Minaya,
Vos fabláis como esforzado
Y como buen caballero,

---

[221] Romance artístico original de Lorenzo de Sepúlveda que lo publicó en *Romances nuevamente sacados...* Escobar lo publicó en su *Romancero* cambiándole el primer verso.

Que lo sois y muy honrado.
Mostráis bien que descendéis
De buen linaje estimado,
Y que no perdieron honra,
Antes siempre la han ganado;
Y no temieron la muerte,
Ni sufrir cualquier quebranto,
Porque ella fuese adelante,
De quien vos tomáis dechado.»
Y luego a Pedro Bermúdez
La su seña le había dado.
Díjole: «Pedro Bermúdez,
Sois muy bueno y esforzado:
Por esto vos doy mi seña
Como a noble fijodalgo,
No aguijéis con ella mucho
Hasta ver el mi mandado.»
Respondió Pedro Bermúdez:
«Yo os juro, buen Cid honrado,
Por Dios trino verdadero
Y el apóstol Santiago,
De la poner hoy en parte
Do jamás hubiera entrado,
Y que ella gane gran honra,
O moriré como hidalgo.»
Y con muy crecido esfuerzo
Dio de espuelas al caballo,
Firió por medio los moros,
Por medio de ellos fue en salvo.
El Cid también los firió,
Y el campo les ha ganado.

CX [222]

EL CID TALA A LOS
MOROS LOS CAMPOS DE
VALENCIA, Y DEL BOTÍN
HACE GRAN PRESENTE
AL REY.

Ya que acabó la vigilia
Aquel noble Cid honrado,
Y dejó a doña Jimena
Y a sus dos fijas llorando;
A la vista de San Pedro
En un espacioso llano,
Dijo, con grande denuedo,
A los que le están mirando:
«Quinientos fidalgos sois
Los que me heis acompañado,
A quien no diré lo mucho
Que os obliga el ser fidalgos;
Pero, pues que me destierra
El Rey por injustos casos,
Faced cuenta, mis amigos,
Que todos vais desterrados,
Y que han de guardar mi honra
Vueso valor y mi brazo;
Y aunque el Rey ha sido injusto,
No lo han de ser sus vasallos,
Antes derramar la sangre
Por vencer a los contrarios.»
Todos responden: «Buen Cid,
Vueso hablar es excusado,
Pues basta que nos mandéis
Para quedar obligados.»
Por tierras de moros entran,
Muchas batallas ganando,
Rindiendo muchos castillos,
Y reyes atributando.
Tanto pudo el gran valor
De aquel noble Cid honrado,
Que en poco tiempo conquista
Hasta Valencia llegando,
Donde alcanzó gran tesoro;
Y un gran presente ha enviado
Al ingrato Rey Alfonso
De cien hermosos caballos,

[222] Romance anónimo artístico publicado en el *Romancero General* y en el de Escobar.

Todos con ricos jaeces
De diferentes bordados,
Y cien moros, que los llevan
De las riendas, sus esclavos,
Y cien llaves de las villas
Y castillos que ha ganado,
Y también al Rey envía
Cuatro reyes sus vasallos:
Aqueste presente lleva
Ordoño, su gran privado.

CXI[223]

EL CID RETA DE VILES Y COBARDES A SUS DETRACTORES.

«Mentirosos adalides,
Que de las vidas ajenas
Guisáis plato para el gusto
De muchas sordas orejas;
Fidalgos de Villalón,
Caballeros de Valduerna,
Hombres buenos de Villalba,
Y cristianos de Sansueña;
Escuchadme, si fincáredes
Con memoria, que mis quejas
Son fijas de vueso agravio
Y de vuesa culpa nietas.
Yo soy el Cid Campeador,
Que finco sobre Consuegra,
Tan humilde al Rey Alfonso
Cuanto a mí doña Jimena;
Yo soy aquel que mis armas
Toda la semana entera
Non se quitan dos vegadas

Del cuerpo que las sustenta;
Y el que en las batallas crudas
Con mi lanza y mi ballesta
Soy el primero de todos
Y que non duermo en las tiendas;
Non fago tuerto a los míos,
Magüer facerlo pudiera,
Antes les entrego juntos
Los haberes y tenencias.
Peleo con la Tizona,
Non ofendo con la lengua
Por non con ella imitar
A las mal fabladas fembras.
Como en el suelo por falta
De las levantadas mesas,
Y por postre tengo asaltos,
Que son frutas que me alegran.
Non desentierro las vidas
De home bueno o mujer buena,
Nin digo si fue fidalgo,
Nin si ha pechado o si pecha.
Non trato sobre comida
De facer a nadie ofensa,
Sinón de si han apretado
Bien las cinchas a Babieca.
Non me acuesto imaginando
Con mentiras quitar tierras;
Si acaso puedo, las gano,
Y si non, finco sin ellas;
Y conquistando un castillo,
Fago pintar en sus piedras
Las armas del Rey Alfonso,
Y yo humillado a par de ellas.
Lloro, cuando estoy a solas,
La mi consorte Jimena,
Que finca, cual tortolilla,
Sola y triste en tierra ajena,
Que magüer es tierra suya,
Tiene enemigos muy cerca,
Pues que lo son de su esposo,
¿Quién duda lo serán de ella?
Pido justicia, y mis voces

[223] Romance anónimo artístico de las últimas décadas del siglo XVI. Lo recogió Escobar en su *Romancero*.

Cuido fasta el cielo llegan,
Que como son voces justas,
Non duda que llegar puedan.»
Aquesto escribe Rodrigo
A los condes de Consuegra,
A los fidalgos y ricos,
Sin honor y sin facienda.

CXII[224]

SORPRENDE EL REY DE ARAGÓN AL CID EN UNA EMBOSCADA; MAS QUEDA VENCIDO EN MONZÓN.

Ese buen Cid Campeador
De Zaragoza partía:
Sus gentes lleva consigo,
Y la su seña tendida
Para correr a Monzón;
A Huesca también corría;
A Onda con Almenar
Estragado los había.
El Rey Pedro de Aragón
Muy gran pesar recibía
Cuando supo que el buen Cid
Tan cerca de sí yacía.
Apellidara sus gentes,
Muchas son en demasía;
Llegado han a Piedra Alta,

Sus tiendas fincar facía:
A ojos está del Cid,
Mas para él no venía.
El Cid salió de Monzón
Con doce en su compañía,
A folgarse por el campo,
Armados de buena guisa.
Los de ese Rey de Aragón
Le tuvieron puesta espía;
Caballeros eran ciento
Y cincuenta, que a él salían.
El Cid lidiara con todos,
Como bueno los vencía:
Siete son los caballeros
Y caballos que prendía,
Los otros huyen del campo,
Que aguardarle no querían.
Los presos piden merced.
Que los suelte le pedían:
El Cid, como es muy honrado.
Lo que piden concedía.

CXIII[225]

TRAICIÓN DE ALMOFALAS EL REY ALZA EL DESTIERRO AL CID, PARA QUE LE VENGUE, CONDICIONES CON QUE ACEPTA EL ENCARGO.

---

[224] Romance anónimo artístico de la época de los de Sepúlveda, quien lo recoge en sus *Romances nuevamente sacados...* y Escobar en su *Romancero*. En este romance se sigue la trayectoria guerrera del Cid, separándose de la de la gesta, por cuanto el romance habla de la estancia del Campeador en Zaragoza, cosa que no menciona el *Poema*.

[225] Romance anónimo artístico del estilo y época de los de Sepúlveda. Tiene el interés este romance porque en él se hace un resumen de los privilegios de la nobleza en aquella época, según se consigna en fueros y códigos. Se publicó en la obra de Sepúlveda *Romances nuevamente sacados...* y lo recogió Escobar en su *Romancero*.

Adofir de Mudafar
A Rueda en guarda tenía
Por el buen Rey don Alfonso,
Que conquerido la había.
Almofalas, ese moro,
Con sobrada maestría
Metiose dentro el castillo,
Con él alzado se había.
Adofir, cuando lo supo,
Al Rey su mensaje envía,
Pidiéndole su socorro
Para recobrar la villa.
El Rey envió a Ramiro
Y a ese Conde don García,
Con muchas gentes armadas,
Que van en su compañía.
El moro, cuando lo supo,
Dijo el castillo daría
A ese buen Rey don Alfonso,
Y que a otro no quería.
Convidole a comer
Por hacelle alevosía
Allá dentro del castillo;
El Rey temido se había.
El Infante don Ramiro
Con el Conde en compañía
Entraron para comer,
Que ir el Rey no quería;
Mas luego que entraron dentro
A entrambos quitan la vida,
Con otros que van con ellos,
Y al Rey mucho le dolía.
Túvose por deshonrado,
Y al Cid sus cartas envía,
Que estaba cerca de allí,
Desterrado de Castilla.
Rodrigo, que vio el mensaje,
Para el Rey luego venía:
Caballeros fijosdalgo
Acompañado lo habían.
Cuando lo vido el buen Rey,

Su perdón le concedía.
Contole lo acontecido.
Que le vengue le pedía,
Y que con él se viniese
A su reino y señoría.
El Cid le besó las manos
Por el perdón que le hacía;
Mas no lo quiso aceptar
Sí el Rey no le prometía
De dar a los fijosdalgo
Un plazo de treinta días
Para salir de la tierra,
Si algún crimen cometían,
Y que fasta ser oídos
Jamás los desterraría,
Nin quebrantaría los fueros
Que sus vasallos tenían,
Nin menos que los pechase
Más de lo que convenía,
Y que si lo tal ficiese,
Contra él alzarse podían,
Todo lo promete el Rey,
Que en nada contradecía,
Y a Castilla caminando,
Rodrigo el cerco ponía.
Al moro que tan mal fizo
Por gran fambre lo prendía,
Y a todos los más traidores
Al Rey luego los envía.
El Rey los ha recibido.
De ellos fizo gran justicia,
Y mucho agradece al Cid
El presente que le hacía.

CXIV[226]

RECONCILIACIÓN DEL REY CON EL CID.

«Ceñid los mebrudos brazos
Al cuello que bien os quiere,
Por ser asaz de tal dueño,
Que el mundo otro par no tiene,
Non rehuyáis de abrazarme,
Que brazos de home tan fuerte
Desentollescen mis tierras,
Y las de moros tollescen,
Facedlo, que bien podéis,
E cuidá non me manchedes,
Que aún finca en las vuesas armas
La sangre mora reciente.
No atendáis tuertos que os fice,
Pues tan buen precio merecen.
Que non quise en mi servicio
Homes a quien sirven reyes.
Si vos desterré, Rodrigo,
Fue porque a moros que crecen
Desterréis sus fechorías,
Y las vuesas alto vuelen.
Non vos eché de mi reino.
Por falsos que vos malquieren.
Sí porque en tierras ajenas
Por vos mi poder se muestre.
De Alvar Fáñez, vueso primo,
Recibí vueso presente.
No en feudo vueso, Rodrigo,
Sinón como de parientes.
Las banderas-que ganasteis
A sarracenos de allende,

Por vuesa mandadería
En San Pedro las veredes.
La vuesa Jimena Gómez
Que tanto vos quiso siempre,
Porque la desmaridé
Mil pleitos contra mi tiene,
Non escuchéis sus querellas
Cuando a mí las enderece,
Que a las fembras más astutas
Cualquier enojo las vence.
Acudid en su presencia,
Que cuido que vos atiende
Más ganosa de vos ver
Que vos venides de verme;
Que si malos consejeros
Facen oficios que suelen,
En cambio de saludarme
Atenderedes mi muerte.
Non la atendáis home bueno,
Ansí os valga San Llorente,
Y riñas de por San Juan
Sean paz que dure siempre.
Prended al cuello los brazos,
Que vuesos brazos bien pueden
Prender en paz vueso Rey,
Pues en guerra cinco prenden.»
El Rey don Alfonso el Sexto
Le dice esto al Cid valiente,
Que de lidiar con los moros
Victorioso a su Rey vuelve.

---

[226] Romance anónimo artístico del final del siglo XVI, a pesar de su lenguaje arcaico, que es artificioso. Lo recogió Escobar en su *Romancero*.

CXV[227]

CONSEJOS Y ENCARGOS DEL CID A SU ESPOSA, AL PARTIR PARA LA GUERRA.

Fablando estaba en celada
El Cid con la su Jimena
Poco antes que se fuese
A las lides de Valencia.
«Bien sabéis,—dice—, señora,
Cómo las nuesas querencias
En fe de su voluntad
Muy mal admiten ausencia;
Pero piérdese el derecho
A donde interviene fuerza,
Que el servir al Rey lo es
Quien noble sangre semeja.
Faced en la mi mudanza
Como tan sesuda fembra,
Y en vos no se vea ninguna,
Pues venís de honrada Cepa.
Ocupad las cortas horas
En catar vuesas faciendas;
Un punto no estéis ociosa,
Pues es lo mismo que muerta.
Guardad vuestros ricos paños
Para cuando yo dé vuelta,
Que la fembra sin marido
Debe andar con gran llaneza.
Mirad por las vuesas fijas,
Celadlas; pero no entiendan
Que algún vicio presumís.
Porque faréis que lo entiendan.

No las apartéis un punto
De junto a vuesa cabeza.
Que las fijas sin su madre
Muy cerca están de perderla.
Sed grave con los criados,
Agradable con las dueñas,
Con los extraños sagaz
Y con los propios severa.
Non enseñéis las mis cartas
A la más cercana dueña,
Porque no sepa el más sabio
Cómo paso yo las vuesas:
Mostradlas a vuesas fijas.
Si non tuvierdes prudencia
Para encubrir vuestro gozo,
Que suele ser propio en fembras,
Si vos consejaren bien,
Faced lo que vos consejan;
Y si mal vos consejaren,
Faced lo que más convenga.
Veinte y dos maravedís
Para cada día os quedan,
Tratadvos como quien sois,
Non enduréis la despensa.
Si dineros vos faltaren,
Faced como no se entienda,
Enviádmelos a pedir.
Non empeñéis vuestras prendas;
Buscad sobre mi palabra,
Que bien fallaréis sobre ella
Quien a vuestra cuita corra,
Pues yo acudo a las ajenas.
Con tanto, señora, adiós,
Que él ruido de armas resuena.»
Y tras un estrecho abrazo.
Ligero subió en Babieca.

---

[227] Romance anónimo artístico a pesar del lenguaje arcaico que afecta. Publicose en el *Romancero General*, segunda parte de Madrigal, y en el de Escobar.

CXVI[228]

PREDICE UN MORO A LOS SUYOS LA PERDICIÓN DE VALENCIA.

Apretada está Valencia,
Puédese mal defensar,
Porque los almoravides
No la quieren ayudar.
Viendo aquesto un molo viejo
Que solía adivinar,
Subiérase a una alta torre
Para bien la contemplar.
Cuanto más la mira hermosa,
Más le crece su pesar;
Sospirando con gran pena,
Aquesto fue a razonar;
«¡Oh Valencia! ¡Oh Valencia.
Digna de siempre reinar!
Si Dios de ti no se duele,
Tu hora se ya a apocar.
Y con ella las holganzas
Que nos suelen deleitar.
Las cuatro piedras caudales
Do fuiste el muro a sentar,
Para llorar, si pudiesen,
Se querrían ayuntar.
Tus muros tan preminentes,
Que fuertes sobre ella están,
De mucho ser combatidos
Todos los veo temblar;
Las torres que las tus gantes

De lejos suelen mirar,
Que su alteza ilustre y clara
Los solía consolar,
Poco a poco se derriban
Sin podellas reparar;
Y las tus blancas almenas,
Que lucen como el cristal,
Su lealtad han perdido
Y todo su bel mirar;
Tu río tan caudaloso.
Tu río Guadalaviar,
Con las otras aguas tuyas
De madre salido ha;
Tus arroyos cristalinos
Turbios ya siempre vendrán,
Tus fuentes y manantiales
Todos secados se han;
Tus verdes huertas viciosas
A ninguno gozo dan,
Que la raíz de sus hierbas
Bestias roído las han;
Tus prados de cien mil flores
Olores de sí no dan,
Mustios andan y marchitos,
Sin color ni olor están;
Aquel honrado provecho
De tu playa y de tu mar,
En deshonra y daño torna,
¡Mal te puede aprovechar!
Los montes, campos y tierras
Que tú solías mandar,
El humo de los sus fuegos
Tus ojos cegado han.
Es tan grave tu dolencia
Y tanta tu enfermedad,
Que los hombres desesperan
De salud poderte dar.
¡Oh Valencia! ¡Oh Valencia!
Dios te quiera remediar,
Que muchas veces predije
Lo que agora veo llorar.»

---

[228] Romance anónimo al que considera Durán como artístico por su construcción, que fija poco entes de la segunda mitad del siglo XVI. Se publicó en el *Cancionero de romances*.

CXVII[229]

MODO SINGULAR CON QUE EL CID INCREPA DE COBARDE A SU SOBRINO MARTÍN PELÁEZ.

Cercada tiene a Valencia
Ese buen Cid castellano,
Con los moros que están dentro
Cada día peleando:
Muchos ha muerto y prendido
Y a otros ha cautivado.
Al real del buen Rodrigo
Un caballero ha llegado:
Martín Peláez ha por nombre,
Martín Peláez, asturiano:
Muy crecido es en el cuerpo,
En los miembros arreciado.
Aqueste es de buen donaire,
Pero muy acobardado:
Halo mostrado en las lides
Y batallas do se ha hallado.
Mucho le pesó al buen Cid
Cuando lo vido a su lado;
No es para vivir con él
Hombre tan afeminado.
Un día entrara el buen Cid,
Y con él los sus vasallos,
En batalla con los moros:
Pelean como esforzados.
Allá va Martín Peláez
Bien armado y a caballo:
Antes de dar el torneo
Al real había tornado;

Fuese para su posada
Cubierto y disimulado;
En ella anduvo escondido
Hasta que el Cid ha tornado;
Dejó muertos muchos moros,
A ellos ganara el campo.
El Cid se sentó a comer,
Como tiene acostumbrado,
Solo en su cabo a una mesa,
Y en él su escaño asentado.
Y en otra sus caballeros,
Los que tiene por preciados:
Con aquestos nadie come
Si no son los afamados:
Así lo ordenó el buen Cid
Por facerlos esforzados,
Y que cada uno procure
Facer fechos estimados
Para comer a la mesa
De Alvar Fáñez y su remano.
Bien cuidó Martín Peláez,
Que non vio el Cid lo pasado,
Y así las manos le lava
A la mesa se ha sentado
Donde está don Alvar Fáñez
Con la compaña de honrados.
El Cid se fue para él,
Y del brazo le ha trabado.
Diciendo: «Non sois vos tal
Para en tal mesa sentarvos
Con esos parientes míos,
A quien vos podáis llegarvos:
Más valen que yo ni vos,
Que son buenos y aprobados;
Sentadvos a la mi mesa,
Comed conmigo a mi plato.»
Con mengua de entendimiento
No creyó que es baldonado:
Asentose con el Cid
A su mesa y a su lado,
Y el Cid con grande cordura
Esta reprehensión le ha dado.

---

[229] Romance anónimo artístico de la época y estilo de los de Sepúlveda quien lo recoge en sus *Romances*, así como Escobar en su *Romancero*.

CXVIII[230]

MARTÍN PELÁEZ VENCE SU COBARDÍA Y SE HACE VALEROSO.

Por la mano prende el Cid,
No con rigor ni con saña,
Al joven Martín Peláez,
Que fuyó de la batalla,
Y por mejor reprendelle
De su cobardía mala,
Le sienta a su mesa y dice
Con amorosas palabras:
«Yantemos en uno juntos,
Que non he sabor ni gana
Que yanteles con los grandes
Que han ganado con su espada;
Yantad en esta escodilla,
Que el uno al otro se llama,
Yo por no ser bueno os quiero
A mi lado y a mi estancia:
Los que allí con Alvar Fáñez
Con él se asientan y yantado,
Ganaron con sus proezas
La mesa y perpetua fama.
Con la sangre de enemigos
Es bien lavar nuestras manchas
Que en el honor han caído
Rindiendo la vida y almas.
Vergoñosa vida atiende
Aquel que valor le falta,
Magüer que haya su facienda
De los mejores de España.
Miémbresevos de los fechos
Pasados que ha fecho en armas

Mi amigo Pedro Bermúdez,
Y cuán bien su espada talla.
Aguisémonos de guisa
Que ninguno tuerto faga,
Ni los moros valencianos
Puedan afrentar sus lanzas.
Facer lo que home es tenudo
De toda culpa descarga,
Porque allí no hay fallimiento
De lo que la honra encarga.»
Esto dicho, el Cid callose,
Y la comida acabada,
Mandó tocar las trompetas,
Y que se pongan en armas,
Y los moros valencianos
Con las gentes asturianas
Traban una escaramuza
Encendiendo nueva saña.
Corrido Martín Peláez
De las pasadas palabras.
Hizo cosas aquel día
Que al Cid admiran y espantan;
Tanto, que aquel vencimiento
A Martín Peláez se daba.
Los moros su nombre temen,
Con que ganó lauro y palma.

CXIX[231]

REPRENDE EL CID A SU SOBRINO PORQUE SE MOSTRÓ COBARDE.

A solas le reprehende
A Martín Peláez el Cid,

---

[230] Romance anónimo artístico, incluido en la segunda parte del *Romancero General*, de Madrigal.

[231] Romance anónimo artístico de las últimas décadas del siglo XVI, aunque afecta lenguaje arcaico. Se recogió en el *Romancero*, de Escobar.

Que las faltas de los buenos
A solas se han de reñir.
Dícele con rostro airado:
«¿Es posible que fuir
Pueda un home, siendo noble,
Por temores de una lid,
Y más vos, siendo quien sois,
Viniendo de do venís,
Que cuando fincarais muerto
Os fuera honroso el morir?
Levanteme de la mesa,
Do bocado no comí,
¡Qué buena pro me tuviera
Cuidando en el que vos vi!
Atended lo que vos digo
Y non cuidéis en fuir,
Porque fuyendo afrentades
A vuesa honra y a mí.
Si me dades por disculpa
Decir que visteis venir
Mucha multitud de moros,
Non la quiero recibir.
Entraos en religión,
Adonde podréis vivir
Sirviendo a Dios, que en las guerras
Non sois para lo servir.
Pusiéraisvas a mi lado,
Que pudiera ser que allí
Se vos quitara el pavor,
Y vuesas menguas cubrir.
Salid esta tarde al campo,
Que quiero ver si sufrís
Más que os afrenten mil homes,
Que quedar muerto en la lid.
Y podrá ser quedéis vivo,
Que yo tengo de ir allí,
Y veré lo que facedes
Y si de honra sentís.
Con esto, Martín, adiós,
Que habéis de yantar sin mí
Hasta que traigáis cobrado
El honor que yo vos di.»

CXX[232]

(SOBRE EL MISMO ASUNTO.)

«De vuestra honra el crisol
Ha manchado el justo cielo,
Pues salistes de la lid
Y os vieron salir fuyendo.
Levanta, Martín Peláez,
Pues se ha visto al descubierto
Que fuistes afeminado,
Como cobarde mancebo.
No comáis entre infanzones,
Que para comer con ellos
Es menester pelear
Con ánimo y fuerte pecho.
Tened memoria, Martín,
De vuestros padres y abuelos,
Y repetid las palabras
Que voy agora diciendo:
Primero he de morir entre paganos.
Que me quiten la honra entre cristianos;
Pues que tan justo el cielo me persigue
Yo he de hacer que su furia se mitigue.
Ponderad estas palabras,
Mirad no las lleve el viento;
Que tener vida sin honra
Es vivir un hambre muerto.
¿De qué sirvió la nobleza?
En el campo ¿qué se hicieron
Los títulos y renombres
Pues se escribieron en negro?
¿Dó dejastes el trotón?
Cuido lo dejaste muerto,

---

[232] Romance anónimo artístico, recogido en la segunda parte del *Romancero General*, de Madrigal.

Que quien de sí no se membra
Mal cuidará de lo ajeno.»
Esto decía el buen Cid
A Martín con gran secreto.
Y levantando la voz
Dijo con pecho de acero:
Primero he de morir entre paganos
Que me quiten la honra entre cristianos.

CXXI[233]

MARTÍN PELÁEZ SE
TORNA VALEROSO.

Corrido Martín Peláez
De lo que el Cid ha fablado.
De ello cobró gran vergüenza.
De ello está muy ocupado.
Fuese para su posada,
Triste estaba y muy cuitado
Viendo cómo él Cid ha visto
Su cobardía tan claro,
Por lo cual no consintió
Que coma con los honrados.
Propone de ser valiente
O de morir en el campo.
Otro día salió el Cid,
junto a Valencia ha llegado:
Salieron luego los moros
A ferir en los cristianos:
Llegan denodadamente,
Con los esfuerzos sobrados:
Martín Peláez fue el primero
Que en la lid había entrad,
Y firió tan recio en ellos

Que a muchos ha derribado.
Allí perdió todo el miedo,
Muy gran esfuerzo ha cobrado,
Peleó valientemente
Mientras la lid ha durado:
Unos mata y otros hiere,
Hizo en ellos grande estrago.
Los moros dicen a gritos:
«¿De dó ha venido este diablo?
¡Hasta aquí no le hemos visto
Tan valiente y esforzado!
A todos nos hiere y mata,
Del campo nos ha lanzado.»
Por las puertas de Valencia
A los moros ha encerrado;
Los brazos hasta los codos
En sangre lleva bañados;
Ninguno hay tal como él
Si no es el Cid afamado.
Los moros fueron vencidos,
Peláez se había tornado:
Esperándole está el Cid
Fasta que fuera llegado:
Con muy crecido placer
Rodrigo lo había abrazado.
Díjole: «Martín Peláez,
Vos sois bueno y esforzado,
Non sois tal que merezcáis
De hoy más conmigo sentaros:
Asentaos con Alvar Fáñez,
Que era mi primo hermano,
Y con estos caballeros,
Que son buenos y estimados,
Que los vuesos buenos fechos
Siempre serán bien mentados;
Seréis de ellos compañero,
Sentaros heis a su lado.»
De aquel día en adelante
Fizo fechos muy granados
De esforzado caballero,
Bueno como el más preciado.
Aquí se cumplió el proverbio

---

[233] Romance artístico, anónimo de las últimas décadas del siglo XVI. aunque afecta lenguaje antiguo. Se recogió en el *Romancero*, de Escobar.

Entre todos divulgado:
«Que el que a buen árbol se arrima
De buena sombra es tapado.»

CXXII[234]

MENSAJES QUE EL CID, DUEÑO YA DE VALENCIA, ENCOMIENDA A ALVAR FÁÑEZ PARA LOS MOROS, Y PARA SU FAMILIA, Y PRESENTES QUE ENVÍA AL REY.

«Partíos ende los moros,
Non pongáis mientes en al,
Cuidad de los doloridos
Y los muertos soterrad;
Decidles a los cuitados,
Y a las cuitadas contad,
Que el saber nueso en la guerra,
Es humildoso en la paz;
Poned la fucia en facer
Que me vengan a fablar,
Porque les diga mi boca
Toda la mi voluntad;
Que non quiero sus faciendas,
Nin se las he de tirar,
Nin para mis barraganas
Sus fijas he de tomar,
Que yo non uso mujeres

Sinón la mía natural,
Que en San Pedro de Cardeña
Yace agora al mi mandar,
Y mándovos yo, Alvar Fáñez,
Si he poder vos mandar,
Vais por ella y por mis fijas,
Mis fijas otro que tal.
Llevad treinta marcos de oro
Con que se puedan guiar
Para venir a Valencia
A la ver y a la gozar;
Llevá otros tantos de plata
Para San Pedro y su altar,
Y entregadlos a don Sancho,
Que ende yace por abad;
Y al noble Rey don Alfonso,
Mi buen señor natural,
Llevad doscientos caballos.
Bien guarnidos al mi usar;
Y a los honrados judíos
Raquel y Vidas llevad
Doscientos marcos de oro.
Tantos de plata y non más.
Que me endonaron prestados,
Cuando me partí a lidiar,
Sobre dos cofres de arena
Debajo de mi verdad.
Rogarles heis de mi parte
Que me quieran perdonar,
Que con acuita lo fice
De mi gran necesidad;
Que aunque cuidan que es arena
Lo que en los cofres está,
Quedó soterrado en ella
El oro de mi verdad.
Pagadles la logrería
Que soy tenudo a les dar
Del tiempo que su dinero
He tenido a mi mandar;
Y vos Martín Antolínez,
Le iredes a acompañar,
Y las mis buenas venturas

---

[234] Romance anónimo artístico, de las últimas décadas del siglo XVI. según, Durán. La generosidad del Cid con los vencidos pareos inspirarse en el viejo *Poema de Mío Cid.* Lo recogió Escobar en su *Romancero* y modernamente Menéndez Pidal lo da, refundido, en su *Flor nueva de romances viejos.*

A mi Jimena contad.
Diréis al Rey don Alfonso
Que me empreste su juglar,
Porque a mi Jimena agrada
Mucho el tañer y cantar.»
Aquesto dijera el Cid
Después que ya entrado ha
En Valencia victorioso
Pues conquerido la ha.

CXXIII[235]

(SOBRE EL MISMO ASUNTO.)

Ganada, tiene a Valencia
Ese bueno y afamado
Don Rodrigo de Vivar,
El valiente castellano.
Gran haber que había en ella
De los moros lo ha ganado.
Como bueno y muy leal
Su presente había enviado
A ese buen Rey Alfonso.
De quien el Cid es vasallo.
Conociole señorío.
Como cualquier buen hidalgo.
Cien caballos le enviara
Ensillados y enfrenados.
Los que llevan el presente
Son hidalgos muy honrados:
Martín Antolín de Burgos.
Y Alvar Fáñez el loado.
Los mensajeros del Cid
A Palencia son llegados
Donde estaba el Rey Alfonso

Y grandes de su reinado.
Al Rey saliendo de misa
El presente le ha llegado:
Ambos los dos caballeros
Besaron al Rey la mano.
El Rey dijo a Alvar Fáñez:
«Vos seáis muy bien llegado:
¿Qué nuevas vos me traéis
Del Cid mi leal criado?»
El respondió: «Buen señor,
Besa vuestros pies y manos,
Como a señor natural
De quien espera gran algo.
Lo que al Cid ha acontecido
Por mí vos será contado.
Venció tres lides campales
De moros mucho esforzados.
Ganoles cuatro castillos
De valor muy estimado:
A Valencia, ciudad noble,
También les había ganado:
En ella puso arzobispo.
Por ser pueblo tan honrado;
De las ganancias que hobo
Os envía cien caballos.
Como a su señor que sois.
En presente os ha enviado»
Cuando esto oyera el Rey
Hízose maravillado,
Comenzose a santiguar
De aquesto que le ha contado.
«¡Si me vala San Isidro
—Dijo—, que soy espantado
De aqueso que me decís,
De ese buen Cid tan nombrado!
Del su bien mucho a mí place,
Su don recibo de grado.
Como de vasallo mío
El más noble y más honrado
Que ha habido en las Españas
En los tiempos que han pasado.
Entregole yo a Valencia

_____

235 Romance artístico original de Lorenzo de Sepúlveda que lo da en sus _Romances nuevamente sacados..._

Con todo lo que ha ganado.
Y todo lo que ganare.
Todo lo haya a su mando,
De ello se llame señor,
De mí sería el vasallo.
Que soy señor natural
De donde él fuera criado;
Con mi gracia vayan, todos
A servirlo y a ayudarlo,
Que es razón que sea servido
Por ser el Cid tan honrado.»

CXXIV[236]

(SOBRE EL MISMO
ASUNTO.)

Desterrado estaba el Cid
De la corte y de su aldea,
De Castilla por su rey,
Cansado de vencer guerras;
Y en las venturosas armas
Apenas las manchas secas
De la sangre de los moras
Que ha vencido en sus fronteras,
Que aún estaban los pendones
Tremolando en las almenas
De las soberbias murallas
Humilladas de Valencia,
Cuando para el Rey Alfonso
Un rico presente ordena
De cautivos y caballos,
De despojos y riquezas.
Todo lo despacha a Burgos,
Y a Alvar Fáñez que lo lleva,

Para que lo diga al Rey,
Le dice de esta manera:
«Dile, amigo, al Rey Alfonso,
Que reciba su grandeza
De un fidalgo desterrado
La voluntad y la ofrenda,
Y que en este don pequeño
Solamente tome en cuenta
Que es comprado de los moros
A precio de sangre buena;
Que con mi espada en dos años
Le he ganado yo más tierras
Que le dejó el Rey Fernando,
Su padre, que en gloria sea;
Que en feudo de ello lo tome
Y que no juzgue a soberbia
Que con parias de otros reyes
Pague yo a mi Rey mis deudas;
Que pues él como señor
Me pudo quitar mi hacienda,
Bien puedo yo como pobre
Pagar con hacienda ajena;
Y que juzgue que en su dicha
Son delante mis enseñas
Millaradas de enemigos
Como ante el sol las tinieblas;
Y espero en Dios que mi brazo
Ha de hacello rico, mientras
La mano apriete a Tizona
Y el talón fiera a Bableca;
Y en tanto mis envidiosos
Descansen, mientras les sea
Firme muralla mi pecho
De su vida y de sus tierras;
Y entreténganse en palacio,
Y guárdense no me vendan,
Que del tropel de los moros
Soltaré una vez la presa
Y llegarán su avenida
A ver entre sus almenas;
Y defiendan bien sus honras
Como manchan las ajenas;

---

[236] Romance anónimo artístico
sobre el mismo asunto, que Escobar
lo recoge en su *Romancero*.

Y si les diere en los ojos
Lo que les dio en las orejas,
Verán que el Cid no es tan malo
Como son sus obras buenas;
Y si sirven a su Rey
En la paz como en la guerra.
Mentirosos lisonjeros,
Con la espada o con la lengua;
Y verá el buen Rey Alfonso
Si son de Burgos las fuerzas,
Los caminos de ladrillo
O los ánimos de piedra:
Que te suplico permita
Se pongan esas banderas
A los ojos del glorioso
Mi Príncipe de la Iglesia,
En señal que con su ayuda
Apenas enhiestas quedan
En toda España otras tantas,
Y ya me parto por ellas;
Y le suplico me envíe
Mis fijas y mi Jimena,
De esta alma sola afligida
Regaladas dulces prendas;
Que si no mi soledad,
La suya al menos le duela,
Porque de mi gloria goce,
Ganada en tan larga ausencia.
Mirad, Álvaro, no erréis,
Que en cada razón de aquestas
Lleváis delante del Rey
Mi descargo y mi limpieza.
Decidlo con libertad,
Que bien sé que habrá en la rueda
Quien mis pensamientos mida
Y vuesas palabras mesmas.
Procurad que, aunque les pese
A los que mi bien les pesa,
No lleven más que la envidia
De mí, ni de vos ni de ellas:
Y si en mi Valencia amada
No me hallareis a la vuelta,

Peleando me hallaredes
Con los moros de Consuegra.»

CXXV[237]

CUMPLE ALVAR FÁÑEZ CON EL REY EL MENSAJE QUE LE ENCARGÓ EL CID.

Llegó Alvar Fáñez a Burgos
A llevar al Rey la empresa
De cautivos y caballos,
De despojos y riquezas.
Entró a besarle la mano
Después de darle licencia,
Y puesto ante él de rodillas
Este recaudo comienza:
«Poderoso Rey Alfonso,
Reciba vuesa grandeza
De un fialgo desterrado
La voluntad y la ofrenda.
Don Rodrigo de Vivar,
Fuerte muro en tu defensa,
Por envidia desterrado
De su casa y de su tierra.
Pide que con libertad
Hable puesto en su defensa,
Y así quiero, por no errar,
Decir sus palabras mesmas.
Dice: «que este don pequeño
Tomes solamente en cuenta,

---

[237] Romance anónimo artístico de finales del siglo XVI. Adviértase que Alvar Fáñez repite el rey al pie de la letra, el mensaje del Cid, según la costumbre de la época clásica. Lo recogió Escobar en su *Romancero*. Menéndez Pidal lo refunde en su *Flor nueva...*

Que es ganado de los moros
A precio de sangre buena:
Que con su espada en dos años
Te ha ganado el Cid más tierras
Que te dejó el Rey Fernando,
Tu padre, que en gloria sea;
Que en feudo de esto lo tomes
Y no juzgues a soberbia
Que con parias de otros reyes
El pague a su Rey sus deudas;
Y pues tú como señor
Le quitaste su facienda.
Que bien puede, como pobre,
Pagar con facienda ajena.
Que fíes en Dios y en él.
Que te ha de hacer rico, mientras
La mano apriete a Tizona
Y el talón fiera a Babieca:
Y que gustes que en San Pedro
Se pongan estas banderas
A los ojos del glorioso
Gran Príncipe de la Iglesia,
En señal que con su ayuda
Apenas enhiestas quedan
En toda España otras tantas,
Y ya se parte por ellas;
Que te suplica le envíes
Sus fijas y su Jimena,
Del alma triste afligida
Regaladas dulces prendas.
Y si no su soledad,
La suya al menos te duela.
Para que su gloria goce,
Ganada en tan larga ausencia.
No quisiera haber errado,
Que en cada palabra de éstas
Te traigo, Rey, de Rodrigo
Su descargo y su limpieza.»
Apenas dio la embajada,
Cuando la envidia revienta
De envidiosos lisonjeros
Y corredores de orejas.

Moviose un Conde agraviado
Y díjole al Rey: «Tu alteza
No dé crédito a estas cosas,
Que son engaños que ceban.
Querrá agora el Cid Rodrigo,
Con esto que te presenta,
Venirse a Burgos mañana
A confirmar tus ofensas.»
Caló Alvar Fáñez la gorra
Y empuñando en la derecha,
Tartamudo de coraje,
Le dio al Conde esta respuesta:
«Nadie se mude ni hable,
Y el que se moviere entienda
Que le fabla el Cid presente,
Pues yo lo soy en su ausencia:
Y cuando en mi pobre esfuerzo
Cupiere alguna flaqueza.
La gran firmeza del Cid
Me ayuda desde Valencia.
No le venda ningún falso,
Ni sus lisonjas le vendan,
Que de él y de mí, en su nombre,
No aseguro la cabeza.
Y tú, Rey, que las lisonjas
Acomodas y aprovechas,
Haz de lisonjas murallas
Y verás cómo pelean.
Perdona que con enojo
Pierdo el respeto a tu alteza,
Y dame, si me has de dar,
Del Cid las queridas prendas,
A doña Jimena digo,
Y a sus dos hijas con ella.
Pues te ofrezco su rescate
Como si estuvieran presas.»
Levantose el Rey Alfonso
Y a Alvar Fáñez pide y ruega
Que se sosiegue, y los dos
Vayan a ver a Jimena.

CXXVI[238]

CARTA DEL CID QUE ALVAR FÁÑEZ ENTREGÓ DE SU PARTE AL REY.

«El vasallo desleale,
El desterrado, el traidor.
El que non cupo en Castilla
Magüer que en ella nació.
El aviltado de todos.
Y más que de ellos de vos,
El que de sí non se miembra
Por tratar de vuestro pro.
El que de vuesos denuestos
Ya non se le acuerda, non,
Desde Valencia os envía
Salud: otórgueosla Dios,
Non satisface los tuertos
Que le ficisteis, señor,
Pues de ellos ha resultado
Vuestro provecho y su honor,
Sus maldicientes perdona,
Aunque indignos de perdón,
Que los divinos secretos
Tienen asaz gran fondón;
Que por donde el home cuida
Que amaga su perdición,
Viene su pro a las vegadas:
¡Mirad, pues, cuán altos son!
Yo fablaré de experiencia,
Y sé a quién le fizo el loor
Y a vos Rey, alguna parte,

Instrumento con que obró.
En ese arquetón de plata
Vos endono un rico don:
Estimadlo, Alfonso, en mucho.
Que merece estimación.
Cinco coronas van ende,
Cada con su real pendón;
Cinco cetros de oro puro,
Que de cinco reyes son;
Cinco llaves van también,
Que como a Rey y señor
Vos entrega el vueso siervo:
Non lo ficiera un traidor.
Chantadlas en vueso escudo.
Que no menguaréis de honor:
¡Harta sangre asaz me cuesta
Su prolija aquistación!
Non deis nada al mandadero.
Que ya le he pagado yo,
Que es Alvar Fáñez Minaya.
Un mi sirviente de pro:
Conocedle, señor Rey,
Y fabladle con amor,
Ya que yo no he alcanzado
Este agasajo de vos;
Que el buen fablar en los reyes
Cuesta muy poco, señor,
Y face vasallos leales,
Lo que non face el temor;
Que non el temor y amores
Comen en un plato, non,
Y el temido pocas veces
Fue amado de corazón.
Diréis que aqueste Rodrigo
Siempre fue aconsejador,
Y aína os dirán los tiempos
Si tenéis otro mejor;
Que non soy tan mal vasallo,
Que con muchos como yo
Non restaurara de presto
Lo que el rey godo perdió.
Gocéis lo que os doy mil años,

---

[238] Romance anónimo artístico, a pesar del lenguaje arcaico que afecta por considerarse que es un razonamiento del Cid. Se publicó en el *Romancero General*, y debió ser compuesto a fines del siglo XVI.

Que hoy vos pongo en posesión:
Non quiero para mí nada,
Sólo escucho vuestro amor,
Y que por la mi Jimena,
Que es dueña de gran valor,
Miredes, y por mis fijas.
Sólo vos pido este don
En pago de mis servicios
Si merecen galardón,
Que non vos será afanoso
Cumplir vuestra obligación.»

CXXVII[239]

GANADA VALENCIA, EL CID VA A DAR GRACIAS A DIOS EN SAN PEDRO DE CARDEÑA.

Victorioso vuelve el Cid
A San Pedro de Cardeña
De las guerras que ha tenido
Con los moros de Valencia.
Las trompetas van sonando
Por dar aviso que llega,
Y entre todos se señalan
Los relinchas de Babieca.
El abad y monjes salen
A recibirlo a la puerta.
Dando alabanzas a Dios
Y al Cid mil enhorabuenas.
Apeose del caballo,
Y antes de entrar en la iglesia
Tomó el pendón en sus manos
Y dice de esta manera: ·

«Salí de ti, templo santo,
Desterrado de mi tierra;
Mas ya vuelvo a visitarte
Acogido en las ajenas.
Desterrome el Rey Alfonso
Porque allá en Santa Gadea
Le tomé el su juramento
Con más rigor que él quisiera.
Las leyes eran del pueblo,
Que no excedí un punto de ellas,
Pues como leal vasallo
Saqué a mi Rey de sospecha.
¡Oh envidiosos castellanos,
Cuán mal pagáis la defensa
Que tuvisteis en mi espada
Ensanchando vuestra cerca!
Veis aquí os traigo ganado
Otro reino y mil fronteras,
Que os quiero dar tierras mías,
Aunque me echáis de las vuestras;
Pudiera dárselo a extraños,
Mas para cosas tan feas
Soy Rodrigo de Vivar,
Castellano a las derechas.»

CXXVIII[240]

DEFIENDE EL CID A VALENCIA CONTRA EL MIRAMAMOLÍN REY DE TÚNEZ.

Aquese famoso Cid
Con gran razón es loado;

---

[239] Romance anónimo artístico que incluyó Escobar en su *Romancero del Cid*, y se publicó en el *Romancero General*.

[240] Romance artístico original de Lorenzo de Sepúlveda que lo publicó en sus *Romances nuevamente sacados...* También Escobar lo recoge en su *Romancero*.

Ganada tiene a Valencia,
De moros la ha conquistado;
En ella está su mujer,
Fija, del Conde Lozano;
Doña Sol y doña Elvira.
Poco ha que habían llegado
De San Pedro de Cardeña,
Do el Cid las había, dejado.
Estando el Cid a placer
Nuevas le habían llegado
Que el gran Miramamolín,
Rey de Túnez coronado,
Venía a se la quitar
Con gran gente de a caballo:
Cincuenta mil eran éstos,
Los de a pie no tienen cabo.
El Cid como era valiente
Y en armas tan aprobado.
Basteció bien los castillos
Y en todo puso recaudo;
Esforzó sus caballeros
Como lo había acostumbrado.
Subiera a doña Jimena.
Y a sus fijas en su cabo,
En una torre más alta
Que en el alcázar se ha hallado.
Miraron contra la mar
Los moros están mirando,
Viendo cómo armaban tiendas
A gran priesa y gran cuidado.
Alrededor de Valencia,
Grandes alaridos dando,
Tañendo sus atambores
Los aires van penetrando.
Doña Jimena y sus fijas
Gran pavor habían cobrado,
Porque jamás habían visto
Tantas gentes en un campo.
Esforzábalas el Cid
De aquesta suerte fablando:
«No temáis, doña Jimena
Y fijas, que tanto amo;

Mientras que yo fuere vivo
De nada tengáis cuidado,
Que los moros que aquí vedes
Vencidos habrán quedado,
Y con el su gran haber,
Fijas, os habré casado;
Que cuantos más son los moros,
Más ganancia habrán dejado,
Y las bocinas que traen.
Y ante vos se habían tocado,
Servirán para la iglesia
De este pueblo valenciano.»
Viendo entonces que los moros
Por las huertas se han entrado
Derramados v esparcidos,
Sin orden y mal recaudo.
A don Alvar Salvadores
Le dijo: «Sed luego armado:
Tomaréis doscientos homes
De a caballo aderezados
Y haced una espolonada
Contra los perros paganos,
Porque Jimena y sus fijas
Vean que sois esforzado.»
Salvadores lo cumpliera
Como el Cid lo había, mandado:
Dio de tropel en los moros,
De las huertas los ha echado;
Firiendo iban en ellos,
Firiendo van y matando
Hasta dentro de las tiendas
Que los moros han armando.
De allí se tornaron todos,
Doscientos moros matando.
Preso queda Salvadores,
Que por ser aventajado
Se metió tanto en los moros,
Que lo habían cautivado:
Sacole el Cid otro día
Los moros desbaratando.

CXXIX[241]

VICTORIA DEL CID SOBRE EL MIRAMAMOLÍN.

Ya se salen de Valencia,
Con el buen Cid Castellano,
Sus gentes bien ordenadas,
Las de a pie y las de a caballo;
Su seña lleva tendida
Bermúdez el esforzado;
Por la puerta la Culebra
Salían todos al campo;
Don Jerónimo, Arzobispo,
Delante va bien armado
Para contra el moro rey
Miramamolín llamado,
Que venía contra el Cid
A le quitar lo ganado.
Cincuenta mil caballeros
Trae el moro a su mandado;
Las haces muy ordenadas,
Ambas se habían juntado.
Como los moros son muchos,
Y tan pocos los cristianos,
Tiénenlos en grande aprieto;
Mas el buen Cid ha llegado,
Armado de buenas armas
Y en Babieca cabalgando,
A grandes voces diciendo:
«¡Dios, ayuda, y Santiago!»
Firiendo van en los moros,
Firiendo van y matando.
Gran favor había el Cid

Verse bien encabalgado
En su caballo Babieca,
Y el brazo lleva bañado
En la sangre de los moros
Fasta el codo ensangrentado:
No hiere más de una vez
Al moro que osa aguardallo.
Fuido han en fin los moros,
Y el campo les han dejado;
Mas yendo en su seguimiento
Con el rey moro había dado.
Tres veces ya lo ha ferido,
Mas el moro es bien armado,
Y el caballo del buen Cid
Mucho adelante ha pasado.
Y cuando tornara al moro
Mucha tierra le ha cobrado.
No lo pudiera alcanzar,
En un castillo se ha entrado:
De las gentes que traía
Solamente habían quedado
No más de mil y quinientos,
Los más muerto y cautivado.
Gran haber hubiera el Cid
De oro, plata y caballos,
Y una tienda la más rica
Que se viera entre cristianos.
A don Alvar Salvadores
En la tienda lo ha hallado,
De lo cual se alegró el Cid,
Y a Valencia se ha tornado,
Y Jimena con sus fijas
Gran placer habían tomado.

---

[241] Romance anónimo artístico del tiempo y estilo de los de Sepúlveda, que él recoge en sus *Romances...* así como Escobar en su *Romancero.*

CXXX[242]

MENSAJES Y PRESENTES
QUE ENVIÓ AL CID EL
SOLDÁN DE PERSIA.

Llegó la fama del Cid
A los confines de Persia
Cuando andaba por el mundo
Dando razón de quién era;
Y como lo oyó el Soldán
Y supo bien la certeza
De los fechos del buen Cid,
Un gran presente apareja.
Cargó copia de camellos,
De grana, púrpura y sedas,
Oro, plata, incienso y mirra,
Con otras muchas riquezas.
Y con un pariente suyo,
De los de su casa y mesa,
Le envía al Cid el presente,
Diciendo de esta manera:
«Dirás a Ruy Díaz el Cid
Que el Soldán se le encomienda,

---

[242] Romance anónimo artístico de finales del siglo XVI. Se suele colocar en diversas ediciones del *Romancero del Cid* al final, como glorificación del héroe, pero creemos que el relato histórico a que se refiere tuvo lugar, cronológicamente, en Valencia, donde el Cid alcanzó su mayor gloria. Además, romances posteriores hacen a él referencia, lo que indica que es éste su sitio de colocación, cuando el Cid llega a su más alto esplendor, con lo que se cierra esta parte del *Romancero*.

Se publicó en el *Romancero*, de Escobar, y también al final de él.

Que de sus nuevas oír
Le tengo grande querencia:
Y por vida de Mahoma
Y de mil real cabeza,
Que le diera mi corona
Por sólo velle en mi tierra:
Y que aqueste don pequeño
Reciba de mi grandeza
En señal que soy su amigo
Y lo seré hasta que muera.»
El moro se despidió,
Y en poco llegó a Valencia,
Pidiendo licencia al Cid
Para hablar en su presencia.
El Cid salió a recibirlo
Antes de saltar en tierra.
Y cuando llegara el moro,
Sólo de ver al Cid tiembla.
Empezó a dar el recado,
Y como a darlo no acierta
De turbado, el Cid le toma
La mano, y ansí dijera:
«Bien venido seas, moro,
Bien venido a mi Valencia.
Si tu Rey fuera cristiano,
Fuera yo a verle en su tierra.»
Con estas y otras razones
Han entrado ya en Valencia,
Donde los de la ciudad
Ficieron muy grande fiesta.
El Cid le mostró su casa
Y a sus fijas y Jimena,
De que el moro está espantado
De ver tan grande riqueza.
Estúvose algunos días
Folgando el moro en Valencia,
Hasta que se quiso ir
Y pidió para ir licencia.
Y en retorno del presente
Que del Soldán recibiera
El Cid envió otras cosas,
Las cuales allá no hubiera.

Despedido que fue el moro,
El Cid con la su Jimena

Se quedó, y con sus dos fijas,
Dando a Dios gracias inmensas.

CUARTA PARTE

AFRENTA DE CORPES

CXXXI[243]

POR COMPLACER AL REY CASA EL CID A SUS HIJAS CON LOS CONDES DE CARRIÓN.

Considerando los Condes
Lo que el Cid Ruy Díaz vale,

---

[243] Romance anónimo artístico sobre el tema que se expone en el viejo *Poema de Mío Cid*. Históricamente no se llegaron a celebrar estas bodas que constituyen toda la trama novelesca de la segunda parte del Poema, aunque es cierto que el Rey propuso al Cid las bodas de sus hijas con unos nobles cortesanos. Ni hubo tal afrenta de Corpes ni tales cortes en Toledo para castigo de los condes felones. Las históricas hijas del Cid no se casaron con los ficticios condes de Carrión, sino, más adelante, con otros esposos de mayor prosapia que ellos. Cristina, la mayor, casó con Ramiro, infante de Navarra, que era señor de Monzón, en tierra aragonesa; la menor, María, con el conde de Barcelona, Ramón Berenguer III el Grande, señor de Cataluña. Este romance lo recogió Escobar en su *Romancero*.

Y que su fama se aumenta
Por las fazañas que face,
Al Rey don Alfonso piden
Que con sus fijas les case,
Porque ser yernos del Cid
Es bien que puede estimarse.
El Rey, por facelles bien,
Luego le envió un mensaje
Que se viniese a Requena
Para que con él lo trate.
El Cid, sabida la nueva,
Dio de ello a Jimena parte;
Que en tal caso las mujeres
Suelen ser muy importantes.
No gustó de ello Jimena
Y dijo al Cid: «No me place
Emparentar con los Condes,
Magüer sean de linaje;
Mas fágase, ende, Rodrigo,
Lo que a vos más os agrade,
Que no hay mengua de consejo
Do está el Rey y vos estades.»
Rodrigo partió a Requena,
Y también el Rey se parte,
Juntamente con los Condes,
Porque el Cid los vea y fable.
Después de dicha una misa
Delante el Rey y los grandes
Por don Jerónimo, Obispo,
Con muchas solemnidades,
El Rey al Cid apartó
De todos los circunstantes,
Y estas palabras propuso
Con gravedoso semblante:
«Bien sabedes, don Rodrigo,
Que os tengo amor asaz grande,
Y por vuesas cosas cuido

Con solicitud bastante:
Por ende habéis de saber
Que fice aqueste viaje
Por fablaros de un negocio,
Que importa con vos se fable.
Los Condes de Carrión
Me han rogado que vos trate
En que les deis vuesas fijas,
Y que con ellas los case;
Que estarán agradecidos
Si esta merced se les face,
Porque es gran razón se estimen
Fijas que son de tal padre.
Codician vuesa amistad,
Atienden al trato afable,
Aman mucho vuesas cosas,
Y estiman a vuesa sangre.»
Agradeció el Cid entonces
Al Rey la merced tan grande,
Y díjose se serviese
De todo lo que a él tocase;
Que de él, de fijas, de haberes,
Ficiese lo que mandase;
Que él no casaba a sus fijas,
Mas las da que se las case.
Diole el Rey gracias por ello,
Y mandó les entregasen
Ocho mil marcos de plata
Para el día en que se casen;
Y al tío de las doncellas,
Que era el honrado Alvar Fáñez,
Mandó el Rey que las tuviese
Fasta que se desposasen.
Luego el Rey llamó a los Condes,
Y mandó que le besasen
Las manos al Cid Ruy Díaz
Y le fagan homenaje.
Ficiéronlo así los Condes
Delante el Rey y los grandes,
Y convidó el Cid a todos
Porque en sus bodas se hallen.
Partiose el Rey a Castilla,

Y el de Vivar con él parte,
Y a dos leguas mandó el Rey
Que no pasen adelante.
Fuese Rodrigo a Valencia,
Donde quiso se juntasen
Los Condes y caballeros,
Porque las bodas se acaben.
Cuando el Cid los vido juntos,
Díjole a don Alvar Fáñez
Que lo que el Rey le mandó
Luego al punto efectuase,
Que trujese a sus sobrinas,
Y que a los Condes o Infantes
Que llaman de Carrión
Al punto las entregase.
Diéronselas, y los Condes
Con amorosas señales
Dieron muestras de contento
Que de este suceso nace,
Porque es tan fuerte el amor,
Y son sus efectos tales,
Que lo publican los ojos
Aunque la lengua lo calle.
Fizo el Obispo su oficio,
Dio bendiciones y paces;
Hubo fiestas ocho días
De cañas, toros y bailes;
Dio grandes dones el Cid
A los Condes y magnates,
Que aquel que es grande en sus fechos
Suele ser en todo grande.

CXXXII[244]

MUÉSTRANSE COBARDES LOS CONDES DE CARRIÓN, ANTE UN LEÓN DESMANDADO.

Acabado de yantar,
La faz en somo la mano,
Durmiendo está el señor Cid
En el su precioso escaño:
Guardándole están el sueño
Sus yernos Diego y Fernando
Y el tartajoso Bermudo,
En lides determinado.
Fablando están juglerías,
Cada cual, por fablar paso
Y por soportar la risa
Puesta la mano en los labios,
Cuando unas voces oyeron
Que atronaban el palacio,
Diciendo: «¡Guarda el león!
¡Mal muera quien lo ha soltado!»
No se turbó don Bermudo;
Empero los dos hermanos.
Con la cuita del pavor,
De la risa se olvidaron,
Y esforzándose las voces
En puridad se fablaron,

Y aconsejáronse aprisa
Que no fuyesen despacio.
El menor Fernán González,
Dio principio al fecho malo:
En zaga al Cid se escondió
Bajo su escaño agachado.
Diego, el mayor de los dos,
Se escondió a trecho más largo
En un lugar tan lijoso
Que no puede ser contado.
Entró gritando el gentío.
Y el león entró bramando,
A quien Bermudo atendió
Con el estoque en la mano.
Aquí dio una voz el Cid,
A quien como por milagro.
Se humilló la bestia fiera,
Humildosa y coleando.
Agradecióselo el Cid,
Y al cuello le echó los brazos,
Y llevolo a la leonera
Faciéndote mil falagos.
Aturdido está el gentío
Viendo lo tal, no catando
Que ambos eran leones.
Mas el Cid era más bravo.
Vuelto, pues, a la su sala,
Alegre y no demudado,
Preguntó por sus dos yernos,
Su maldad adivinando.
Bermudo le respondió:
«Del uno os daré recaudo,
Que aquí se agachó por ver
Si el león es fembra o macho.»
Allí entró Martín Peláez,
Aquel tímido asturiano,
Diciendo a voces: «Señor,
Albricias, ya lo han sacado.»
El Cid replicó: «¿A quién?»
El respondió: «Al otro hermano,
Que se sumió de pavor
Do no se sumiera el diablo.

[244] Romance anónimo artístico, de las últimas décadas del siglo XVI. Con este tema, y dándole perfiles caricaturescos, Quevedo compuso un romance burlesco. (Véase en Apéndice II, romance VII.) Se publicó en el *Romancero General* y Escobar lo recogió en su *Romancero*. Modernamente lo reproduce Menéndez Pidal en su *Flor nueva de romances viejos*.

Miradle, señor, do viene,
Empero faceos a un lado,
Que habéis, para estar par de él,
Menester un incensario.»
Desenjaularon al uno,
Metieron otro del brazo.
Manchados de cosas malas
De boda los ricos paños.
Movido de saña el Cid,
A uno y a otro mirando,
Reventando por fablar
Y por callar reventando,
Al cabo soltó la voz
El soberbio castellano,
Y los denuestos les dijo
Que vos contaré despacio.

CXXXIII[245]

(SOBRE EL MISMO
ASUNTO.)

Casadas tiene sus hijas
Ese buen Cid castellano.
Con dos Condes de Castilla
De linaje muy honrado.
La fortuna, que no deja
Las cosas en un estado,
Ordenó que como el Cid
Después que hubo yantado,
Muy contento y satisfecho
Se durmió sobre un escaño.
Sus yernos se paseaban
Con otros por el palacio:

Entró un león por la sala,
El cual se había soltado
Por descuidó, de do estaba
Del leonero encerrado.
Los yernos, como le vieron.
De verlo se han espantado:
Metiose el uno en huida.
Del escaño se ha escudado.
Y Don Fernando, el mayor,
Por un postigo se ha entrado,
Que salía a un corral;
Con el temor que ha llevado.
Cayó en un lugar asaz
Deshonesto y perfumado.
Al ruido y alboroto
El buen Cid ha despertado:
Fuérase para el león.
Con un palo en la su mano.
Tomole por el pescuezo,
Donde estaba le ha tornado.
Y sabiendo que sus yernos
Del león se han ausentado,
A los dos siendo presentes
Muy mal los ha barajado,
Los yernos pensando que él
Tal maraña había ordenado,
Enemiga le tuvieron.
Muy gran odio le han tomado.
Y de vengar esta injuria
Muy malamente, han pensado.

---

[245] Romance anónimo, que Durán sospecha puede ser original de Timoneda, que lo incluye en su *Rosa española*. Wolf lo recogió en su *Rosa de romances*.

CXXXIV[246]

**REPRENDE EL CID DE
COBARDES A SUS
YERNOS. Y ELLOS
QUEDAN OFENDIDOS.**

«Non quisiera, yernos míos.
Haber visto tal guisado,
Cual el de este mal suceso,
Magüer cuido algún gran daño.
¿Son éstas ropas de bodas?
¡Haya mal grado el diablo!
¿Qué pavor ha sido el vuestro
Que habéis fecho tal recaudo?
Teniendo las vuesas armas,
¿Por qué fugisteis entrambos?
¿Non estábades conmigo
Para siquiera mirallo?
Pedisteis al Rey mis fijas
Cuidando de valer algo:
Non fice mi voluntad,
Mas fice en el su mandado.;
¿Vosotros sodes los novios
Para mi vejez guardados?;
¡Buena vejez me daredes
Siendo tan afeminados!
No quiero pasar de aquí,
Que si miro lo pasado,
Reviento de pesadumbre
Considerando este caso.»
Estas palabras el Cid
Les dijo muy enojado
Por haber así fuido

Del león los dos hermanos:
Agraviáronse los Condes,
Y con él quedan odiados.

CXXXV[247]

**SALE EL CID DE
VALENCIA CONTRA
BÚCAR, ARMADO POR SU
ESPOSA JIMENA, A QUIEN
DEJA ENCOMIENDAS
PARA EL CASO DE MORIR
EN LA BATALLA.**

«Si de mortales feridas
Fincare muerto en la guerra.
Llevadme, Jimena mía.
A San Pedro de Cardeña:
Y si buena andanza hayades
Que me fagades la huesa
Junto al altar de Santiago,
Amparo de lides nuesas.
Non me curedes plañir,
Porque la mi gente buena,
Viendo que falta mi brazo.
Non fuya y deje mi tierra.
Non vos conozcan los moros
En vueso pecho flaqueza.
Sino que aquí griten armas,
Y allí me fagan obsequias:
Y la Tizona que adorna
Esta mi mano derecha
Non pierda de su derecho
Ni venga a manos de fembra,
Y si permitiere Dios

---

[246] Romance anónimo artístico, que Durán considera como continuación del CXXXII o su segunda parte. Lo recogió Escobar en su *Romancero*.

[247] Romance anónimo artístico de últimos del siglo XVI. Se publicó en el *Romancero General*, segunda parte, de Madrigal, y en el de Escobar.

Que el mi caballo Babieca.
Fincare sin su señor,
Y llamare a vuesa puerta
Abridle y acariñadle
Y dadle ración entera,
Que quien sirve a buen señor,
Buen galardón de él espera.
Ponedme de vuesa mano
El peto, espaldar y grevas.
Brazal, celada y manoplas,
Escudo, lanza y espuelas;
Y puesto que rompe el día
Y me dan los moros priesa,
Dadme vuesa bendición
Y fincad enhorabuena.»
Con esto salió Rodrigo
De los muros de Valencia
A dar la batalla, a Búcar:
¡Plegué a Dios que con bien
vuelva!

CXXXVI[248]

**CONSEJO QUE TIENE EL
CID PARA DEFENDER A
VALENCIA CONTRA
BÚCAR. MIEDO DE LOS
DE CARRIÓN. INTIMA EL
MORO AL CID QUE SE
RINDA. PERO ÉSTE LE DA
BATALLA Y LE VENCE.**

La venida del rey Búcar
A la ciudad de Valencia
Está consultando el Cid
Con muchos homes de cuenta.

---

[248] Romance anónimo artístico de
fines del siglo XVI. Lo recogió
Escobar en su *Romancero del Cid.*

Estando en aquesta febla
Han entrado por la puerta
Sus vernos, disimulando
La traición que asaz le ordenan.
Asiento les diera el Cid
A la su mano derecha.
El temblando de atrevido,
Y ellos tiemblan de flaqueza,
Que los ánimos cobardes
Carecen de fortaleza,
En estas fablas estando,
Toda la gente trae nuevas
Con cajas, pífanos, trompas,
De cómo los moros llegan.
Subiose el Cid con los suyos
A una torre tan soberbia
Como son sus pensamientos,
Que igualan a las estrellas.
Puesto de pechos el Cid
En las soberbias almenas,
Miraba al Rey, que ha llegado
Con el ejército y tiendas,
De que sus cobardes yernos
Ya se temen y recelan.
El Cid ha sido avisado
Que un recaudo del Rey llega;
Bajose por recibillo,
Sin bajar su fortaleza.
A las razones del moro
Atiende el Cid con prudencia,
Y turbado de su aspecto
Le dice de esta manera:
«El Rey Búcar, mi señor,
Ha venido de su tierra
A desfacer el gran tuerto
Con que tú le tienes ésta.
Envíatela a pedir,
Y en viendo que no la dejas,
Te apercibe a la batalla.
Y procura defendella.»
Oídas estas razones.
No faciendo de ellas cuenta,

Aleare responde el Cid.
Mostrando mucha clemencia:
«Dile al Rey que se aperciba.
Que yo pondré mi defensa;
Valencia me cuesta mucho
Y no pienso salir de ella.
Porque he pasado en ganadla
Muy grandes cuitas y penas.
Gracias infinitas doy
A la infinita grandeza
Que me otorgó la victoria
En tan peligrosa guerra;
A solo Dios lo agradezco,
Y a la sangre y gente buena
De mis parientes y amigos.
Que también mucho les cuesta.»
El moro se despidió,
Cobarde en ver su presencia;
Y temeroso de oírle,
Al Rey le lleva la nueva.
El Cid se queda ordenando
Cosas sobre esta facienda,
Y conoció de sus yernos
La cobardía que encierran.
Mandoles que se quedasen
Porque no prueben sus fuerzas:
Ellos temerosos de esto,
Corridos de tal afrenta.
Le dicen que han de ir con él
A tan peligrosa empresa.
Juntas las gentes del Cid
Sus haces trazan y ordenan:
Todos salen al real
Y el Cid con tanta braveza.
Que los moros temerosos
Sus haces juntan apriesa.
Al son de pífano y cajas
La batalla se comienza,
Animándolos Rodrigo,
Que lleva la delantera;
Con su gente puesta en orden
La batalla les presenta:

Embístense ambas las partes,
Y en la batalla sangrienta
Diez y ocho reyes prende,
Y a todos ellos prendiera;
Mas poniendo a los pies alas,
Desembarazan la tierra,
Y aunque costó mucha sangre
Durando tan grande pieza,
La victoria llevó el Cid,
Y con ella entró en Valencia.
Recibiolo la ciudad
Con aplauso y buena estrena:
Deséanle mil saludes
Para su amparo y defensa;
Y él contento y muy alegre
Se va a ver a su Jimena.

CXXXVII[249]

HUYE FERNÁN GONZÁLEZ, YERNO DEL CID, DE UN MORO AL CUAL MATA ORDOÑO, OCULTANDO TAL COBARDÍA.

En batalla temerosa
Andaba el Cid castellano
Con Búcar, ese rey moro.
Que contra el Cid ha llegado
A le ganar a Valencia
Que el buen Cid ha conquistado.
Los Condes de Carrión
En ella se habían hallado,
Y contra un infante de ellos,

---

[249] Este romance artístico es original de Lorenzo de Sepúlveda, que lo incluyó en sus *Romances nuevamente sacados...*

Fernán González llamado,
Un moro viene corriendo
Con fuerte lanza en su mano;
Fuerte muestra el moro ser
Según viene denodado.
El Conde, que vido al moro,
Huyendo va por el campo.
No lo había visto ninguno
Para que sea publicado,
Si no fuera don Ordoño,
Escudero muy honrado
Que del buen Cid es sobrino,
De Pedro Bermudo hermano.
Ordoño fue contra el moro,
Con su lanza lo ha encontrado,
Y firiéndolo en los pechos
Pasolo de lado a lado.
El pendón que va en la lanza
Todo sale ensangrentado;
El moro cayera muerto,
Don Ordoño se ha apeado
Y el caballo que traía
Con las armas le ha tomado.
Llamó a su cuñado el Conde,
Esto le estaba hablando:
«Cuñado Fernán González,
Tomad vos este caballo,
Decid que al moro matasteis
Que en él venía cabalgando;
Que en días que yo viviere
Non diré yo lo contrario;
Non faciendo vos por qué,
Siempre se estará encelado.»
Estando en estas razones
El buen Cid había llegado,
A un moro venía siguiendo
Y muerto le ha derribado.
Don Ordoño dijo al Cid:
«Señor, este yerno honrado,
Que por bien os ayudar
Un moro mató en el campo
De un golpe que le dio,

Suyo fizo este caballo.»
Mucho le plugo al buen Cid
De lo que le había contado;
Cuidando decir verdad,
Mucho a su yerno ha loado.
Juntos van por la batalla,
Firiendo van y matando,
Y en moros que los aguardan
Haciendo van grande estrago.

CXXXVIII[250]

ORDOÑO BERMÚDEZ REPRENDE A FERNÁN GONZÁLEZ HUÍA LA BATALLA CONTRA EL MORO QUE LE ACOMETIÓ.

«Tirad, fidalgos, tirad
A vuestro trotón el freno,
Que en fuir de aquese modo
Mostráis el pavor del pecho.
De un home solo fuis:
Mirad que no es de homes bueno
Fuir en tal lid de un moro
Donde hay tantos que lo vieron.
Si non queredes morir,
Como buen fidalgo, a fierro,
Non viváis entre fidalgos

---

[250] Este romance artístico es original de Lope de Vega, se incluyó en el *Romancero General*, donde tal vez haya otros de este fecundo poeta, todavía no identificados. Se incluye también en el tomo XVII de las Obras sueltas de Lope de Vega, editadas por Sancha (Madrid, 1777). Lo recoge también Escobar en su *Romancero*.

Que fincan contino muertos.
Tornadvos luego a Valencia,
Que si non facéis más que eso,
También saldrán a lidiar
Las damas que quedan dentro.
¡Mal andanza vos dé Dios!
Pues con aspecto tan feo
Así en público fuis,
¿Qué vos dirán en secreto?
¡Mal la doctrina tomastes
De mi tío, vuestro suegro,
Pues non mancháis la Tizona,
Deshonrando el honor viejo!
Decides que sois fidalgos:
¡Pues yo vos juro a San Pedro
Que tales desaguisados
Non facen fidalgos buenos!
Las armas traéis doradas,
Non las regaléis, mancebos,
Porque son fierros dorados
Que publican vuestros yerros
Tomad aquese caballo
Del moro que yace muerto,
Y decid que le vencistes,
Que de callar os prometo.
Galanes sois entre damas,
Sed valientes entre perros,
Porque non digan de vos
A los que os han parentesco.
Y adiós, que quiero partirme,
Porque el Cid mi tío es viejo,
Y le quiero ir a ayudar,
Pues no le ayudan sus yernos.»
Esto dijo el buen Bermúdez
Porque el Infante don Diego
En la Vega de Valencia
Fuyó de un moro gran trecho.

CXXXIX[251]

HUYE BÚCAR DEL CID.

Encontrándose ha el buen Cid
En medio de la batalla
Con aquese moro Búcar
Que tanto le amenazaba.
Cuando el moro vido al Cid,
Vuelto le ha las espaldas:
Hacia la mar va fuyendo,
Parece que lleva alas.
Caballo trae corredor,
Muy recio lo espoleaba:
Alongado se ha del Cid
Que Babieca no lo alcanza
Por estar laso y cansado
De la batalla pasada:
El Cid, con gran voluntad
De vengar en él su saña,
Para escarmiento del moro
Y de toda su compaña,
Lo hiere de las espuelas,
Mas poco le aprovechaba:
Cerca llegaba del moro
Y la espada le arrojara:
En las espaldas lo hirió,
Mucha sangre derramaba;
El moro se entró fuyendo
En la nave que lo aguarda
Apeado se ha el buen Cid
Para tomar la su espada:
También tomó la del moro.

---

[251] Romance tradicional, si bien en su actual redacción pertenece a la segunda mitad del siglo XV, según Durán. Lo recoge Escobar en su *Romancero*, y Wolf en su recopilación de romances tradicionales.

Que era buena y muy preciada.

CXL[252]

GALANTEA BÚCAR A URRACA. HIJA DEL CID, QUE DESDE UNA ALMENA LE ENTRETIENE MIENTRAS SU PADRE SE ARMA. BARRUNTA EL MORO SU VENIDA, HUYE Y SE EMBARCA.

---

[252] Éste es uno de los romances más antiguos y famosos de todo el *Romancero del Cid*. Recuerda los viejos romances caballerescos, y en especial el del *Infante vengador,* que comienza con el mismo verso que éste, mas no se puede precisar cuál de los dos sea más antiguo y, por consiguiente, cuál ha ejercido la innegable influencia sobre el otro. Su tema procede del viejo *Poema de Mío Cid,* de donde deriva a través de varias elaboraciones posteriores hasta transformarse en el romance caballeresco tal y como lo conocemos, de tema evidentemente épico mas con características líricas bien acusadas, se publicó en el viejo *Cancionero de romances.* Timoneda lo recogió en su *Rosa española,* así como también en la *Silva de varios romances,* y posteriormente Wolf, en su *Primavera y flor de romances.* Modernamente, lo reedita Menéndez Pidal en su *Flor nueva de romances viejos,* manifestando que posee versiones de este romance recogidas en León, Zamora, Sevilla, Cataluña, Algarve, Tánger, Tetuán y Larache.

Helo, helo por do viene
El moro por la calzada.
Caballero a la jineta
Encima una yegua baya;
Borceguíes marroquíes,
Espuela de oro calzada,
Una adarga ante su pecho,
Y en su mano una azagaya.
Mira y dice a esa Valencia:
«¡De mal fuego seas quemada!
Primero fuiste de moros
Que de cristianos ganada.
Si la lanza no me miente,
A moros serás tornada,
Y a aquel perro de aquel Cid
Prenderelo por la barba;
Su mujer doña Jimena
Será de mí captivada,
Y su hija Urraca Fernández
Será la mi enamorada;
Después de yo harto de ella
La entregaré a mis compañas.»
El buen Cid no está tan lejos
Que todo no lo escuchara.
«Venid vos acá mi fija,
La mi fija doña Urraca;
Dejad las ropas continas,
Y vestid ropas de Pascua;
A aquel moro que aquí viene
Detenédmelo en palabras
Mientras yo ensillo a Babieca
Y me ciño la mi espada.»
La doncella muy fermosa
Se paraba a la ventana;
El moro desque la vido
De esta suerte le fablara:
«Alá te guarde, señora.
Mi Señora doña Urraca!»
¡Así faga a vos, señor,
Buena sea vuestra llegada!
Siete años ha, rey, siete,
Que soy vuestra enamorada.»

«Otros tanto ha señora,
Que os tengo dentro en mi alma.»
Ellos estando en aquesto,
El buen Cid ya se asomaba
«Adiós, adiós, mi señora,
La mi linda enamorada,
Que del caballo Babieca
Yo bien oigo las pisadas.»
Do la yegua pone el pie
Babieca pone la pata;
El Cid fablara al caballo,
Bien oirés lo que fablaba:
«¡Reventar debía la madre
Que a su hijo no esperaba!»
Siete vueltas la rodea
Al derredor de una jara;
La yegua, que era ligera,
Muy adelante pasaba
Fasta llegar cabe un río
Adonde una barca estaba.
El moro desque la vido
Con ella bien se folgaba;
Grandes gritos da al barquero
Que le allegase la barca:
El barquero es diligente,
Túvosela aparejada;
Embarcose presto en ella,
Que no se detuvo nada.
Estando el moro embarcado.
El buen Cid se llegó al agua.
Y por ver al moro en salvo
De tristeza reventaba;
Mas con la furia que tiene
Una lanza le arrojaba,
Y dijo: «Coged, mi yerno,
Arrecogedme esa lanza.
Que quizá tiempo verná
Que os será bien demandada.

CXLI[253]

LA HUIDA DEL BEY BÚCAR.

Ese buen Cid Campeador
Bravo va por la batalla;
Contra aquese moro Búcar,
Alzada lleva su espada.
Cuando el moro vido al Cid,
Vuelto le ha las espaldas:
Hacia la mar iba huyendo.
Parece que lleva alas.
Caballo trae corredor,
Muy recio lo espoleaba;
Alogándose ha del Cid,
Que Babieca no le alcanza,
Pues está laso y cansado
De la pasada batalla.
El Cid con gran voluntad
De vengar en él su saña,
Lo hiere de las espuelas,
Con gran enojo lo llaga;
Cerca llegaba del moro,
El espada le arrojara,
En las espaldas lo hirió,
Mucha sangre derramaba.
El moro se entró huyendo
En la nave que lo aguarda,
Apeádose ha el buen Cid,
Y allí su espada tomara;
También tomó la del moro
Que era muy buena y preciada.

---

[253] Romance artístico original de Lorenzo de Sepúlveda que, según Durán, debió imitar el CXXXIX con tal acierto que bien pudiera pasar por tradicional, a no ser que le puso su firma, publicándolo en su *Romancero*.

CXLII[254]

LOS CONDES DE CARRIÓN ULTRAJAN CON IGNOMINIA A LAS HIJAS DEL CID, SUS ESPOSAS.

De concierto están los Condes
Hermanos, Diego y Fernando;
Afrentar quieren al Cid
Y han muy gran traición armado
Quieren volver a sus tierras
Sus mujeres demandando,
Y luego les dice el Cid
Cuando las hubo entregado.
«Mirad, yernos, que tratades
Como a dueñas fijasdalgo
Mis hijas, pues que a vosotros
Por mujeres las he dado.»
Ellos ambos le prometen
De obedecer su mandado.
Ya cabalgaban los Condes,
Y el buen Cid ya está a caballo
Con todos sus caballeros
Que le van acompañando:
Por las huertas y jardines
Van riendo y festejando;

---

254 Romance anónimo tradicional de finales del siglo XV o principios del XVI. Se publicó en el Cancionero *de romances* y en pliego suelto. También lo recoge Timoneda en su *Rosa española* y volvió a editarse con otros romances en pliego suelto. Wolf lo recogió también y Menéndez Pidal, con variantes, en su *Flor nueva de romances viejos*, tomando este romance en la presente versión y en la que se da en el siguiente.

Por espacio de una legua
El Cid los ha acompañado:
Cuando de ellas se despide
Lágrimas le van saltando.
Como hombre que ya sospecha
La gran traición que han armado,
Manda que vaya tras ellos
Alvar Fáñez, su criado.
Vuélvese el Cid y su gente,
Y los Condes van de largo.
Andando con muy gran priesa
En un monte habían entrado
Muy espeso y muy oscuro,
De altos árboles poblado.
Mandan ir toda su gente
Adelante muy gran rato;
Quédanse con, sus mujeres
Tan solos Diego y Fernando.
De sus caballos se apean
Y las riendas han quitado:
Sus mujeres que lo ven
Muy gran llanto han levantado;
Apéanlas de las mulas
Cada cual para su lado;
Como las parió su madre
Ambas las han desnudado,
Y luego a sendas encinas
Las han fuertemente atado.
Cada uno azota la suya
Con riendas de su caballo;
La sangre que de ellas corre
El campo tiene bañado;
Mas no contentos con esto,
Allí se las han dejado.
Su primo que las hallara,
Como hombre muy enojado
A buscar los Condes iba;
Y como no los ha hallado,
Volviose presto para ellas,
Muy pensativo y turbado:
En casa de un labrador
Allí se las ha dejado,

Vase para el Cid su tío,
Todo se lo ha contado;
Con muy gran caballería
Por ellas ha enviado.
De aquesta tan grande afrenta
El Cid al Rey se ha quejado;
El Rey, como aquesto vido,
Tres Cortes había armado.

CXLIII[255]

(SOBRE EL MISMO
ASUNTO.)

De concierto están los Condes
Hermanos, Diego y Fernando,
Afrentar quieran al Cid,
Muy gran traición han armado.
Quieren volver a sus tierras;
Sus novias han demandado,
Y luego su suegro el Cid
Se las hubiera entregado.
«Mirad que me las tratedes
Como a dueñas fijasdalgo
Mis fijas, pues que a vosotros
Por mujeres las he dado.»
Ellos ambos le prometen
De obedecer su mandado.
Ya cabalgaban los Condes,
Y el buen Cid está a caballo
Con todos sus caballeros,
Que le van acompañando,
Por las huertas y jardines.

---

255 Romance artístico anónimo elaborado sobre el anterior, al que añade y completa, modernizándolo, aunque aprovecha los primeros veintiséis versos del tradicional. Lo recoge Escobar en su *Romancero*.

Van riendo y festejando;
Por espacio de una legua
El Cid los va acompañando.
Cuando de ellos se despide,
Lágrimas va derramando,
Como hombre que sospecha
La gran traición que han armado.
Como el Cid tiene recelo,
Aquesto hubo acordado;
Llamó a su sobrino Ordoño,
Y luego le había mandado,
Que vaya tras de sus fijas
Cubierto y disimulado,
Y que él vea muy bien visto
Si las llevan a recaudo,
Porque el corazón le dice
El mal que le está aguardando.
Los Condes con sus mujeres,
Por su camino han andado;
Por los lugares que van,
Eran muy bien hospedados,
Porque los señores de ellos,
Del buen Cid eran vasallos.
Andando por sus jornadas
A Tormes habían llegado
Y entre los robles de él,
Las damas han apeado
De las mulas en que van,
Porque así lo traen pensado;
Mandan primero a su gente,
Se vayan adelantando.
Por los cabellos las toman
Habiéndolas desnudado;
Arrástranlas por el suelo,
Tráenlas de uno al otro lado,
Danlas muchas espoladas,
En sangre las han bañado;
Con palabras injuriosas
Mucho las han denostado.
Los cobardes caballeros
Allí se las han dejado.
Diciendo; «De vueso padre

En vos ya somos vengados,
Que vosotras no sois tales
Para con nusco casaros;
Pagareisnos las deshonras
Que el Cid nos había causado
Cuando soltara el león
Y procurara matarnos.»
Y en medio de aquel robledo,
Atadas habían quedado.
Siguen ambos su camino,
A su gente han alcanzado;
Sus gentes a sus señores
Por ellas han preguntado.
Ambos Condes respondieron,
Que quedan a buen recaudo.
Las señoras muy cuitadas
Grandes gritos quedan dando,
Y alaridos hasta el cielo,
Su desdicha publicando,
Diciendo: «¡Condes traidores,
Cuán mal que lo habéis mirado!
¿Siendo nos fijas del Cid,
Así nos habéis tratado?
Tal es él, que vengará
La traición que habéis obrado.»
El llanto que están haciendo
Don Ordoño está escuchando,
Y a las voces que ambas dan,
Donde están habían llegado;
Y cuando vido a sus primas,
La cara se está arañando,
Mesaba los sus cabellos,
Grandes gritos está dando.
A los Condes alevosos
A grandes voces llamando:
«Por qué a tan altas señoras
Facéis tal desaguisado,
Mayormente siendo fijas
De un padre tan estimado?
¡De tan grande alevosía
El se fará bien vengado!»
Y en las ramas de los robles,

A las damas había echado;
Cubriolas con su vestido,
Y allí se las ha dejado;
A buscar va do las pongan
Para que estén a recaudo.
Mas ventura deparó
Un labrador muy honrado,
Que muchas veces el Cid
En su casa se ha hospedado.
Ordoño y el labrador
Al roblado habían tornado,
Y donde dejó sus primas,
Allí las había hallado.
Llévanlas a aquel lugar,
Que es secreto y apartado;
Ellas son bien acogidas,
De este labrador honrado,
Y de su mujer y hijos,
Todas facían lo mandado.
Ordoño fabló con ellas,
De esta suerte ha razonado:
«Señoras, yo quiero ir
A Valencia vueso Estado,
A decir a vueso padre,
Aquesto que os ha pasado,
Y que vengue vuesa injuria,
Pues que tanto le ha tocado.»
Ellas lo hubieron por bien;
Su viaje comenzado,
Andando por sus jornadas,
A Valencia había llegado,
Y en presencia del buen Cid,
Está Ordoño lamentando:
Contole lo acontecido,
Sin palabra haber faltado,
El de Vivar es discreto,
Muy bien lo ha disimulado;
Que lo que espera venganza,
No conviene ser llorado.
Su mujer Jimena Gómez
Es la que más lo ha mostrado,
Llorando, de los sus ojos,

Fuentes le habían tornado.
Mucho la consuela el Cid,
Como discreto y honrado:
Con las cosas que le ha dicho,
Mucho la había consolado.
Despachó sus mensajeros
Para ese rey castellano,
Al cual le fagan saber
Aqueste fecho malvado.
Pidiole que haya por bien
Que de ello sea enmendado,
Y que para que haya efecto.
Licencia le ha demandado
Para venir a Toledo,
Adonde está aposentado.
El Rey que supo el negocio,
Gran enojo había tomado
De los Condes, y su tío
Que lo había aconsejado.
La licencia que el Cid pide,
El Rey se la había dado:
Envió por sus dos fijas,
Do Ordoño las ha dejado.

CXLIV[256]

QUEJAS DE LAS HIJAS DEL CID CONTRA SUS ESPOSOS LOS CONDES DE CARRIÓN.

En las malezas de un monte,
Desnudas por gran traición,

---

[256] Romance anónimo artístico como se ve por los estribillos que interpólanse en él, tan usuales de la época de la decadencia del género y abundantes en la segunda parte del *Romancero General,* de Madrigal, donde se publicó.

Dos soles contempla el mundo,
Doña Elvira y doña Sol,
Hijas de Jimena Gómez
Y del buen Cid Campeador.
Regalo del alma suya
Y prendas del corazón.
Allí en la blanca azucena
Muestra el lirio su color,
Y en dos albas claras bellas
La grana por arrebol;
Dos cielos que llueven perlas
Y estrellas dan al licor,
Y entre aljófar y corales
Esta voz forma el dolor:
¡Ay duro roble!
¡Ay soledad! ¡ay breña!
¡Ay! quien del mundo fía ¡cómo sueña!
«¡Ay, aleves Condes—dicen—,
Cuán ciegos en vuestro error
Dejáis presas nuestras manos,
Sueltas las del vengador!
¡Ay famoso Cid! tus obras
Ganadas con tu valor,
Hoy en duros robles mueren
A manos del desamor.
Mil baluartes y muros
Ha derribado el temor
De tu brazo, a quien ultrajan
Las chozas de Carrión.
¡Espanto de mil traiciones!
Ya dirá el mundo traidor
Que se le atreven los Condes
Al que es de reyes señor.
¡Ay duro roble!
¡Ay soledad! ¡ay breña!
¡Ay! quien del mundo fía ¡cómo sueña!
¡Ay honor, prenda del alma!
Decidle al Cid que os ganó
Entre lanzas de dos hierros
Que en un solo os perdió.
Id luego, no vais agora,
Pero no lo haréis vos, no,

Que aborrecéis a desnudos
Y a deshonrados mejor.
Id, pues que sois tan altivo,
Decid al Rey en León
Que se duela cuando os mire
Y que os vuelva cual os vio;
Y en tanto, destas montañas
Con tierna lamentación
Volveremos de las fieras
En piedad dulce el rigor.
¡Ay duro roble
¡Ay soledad! ¡ay breña!
¡Ay! quien del mundo fía ¡cómo sueña!»

CXLV[257]

(SOBRE EL MISMO
ASUNTO.)

No con poco sentimiento
Mira a los Condes infames
Entre unas ramas oculto
El cuidadoso Alvar Fáñez.
Al mandato de su tío
Obedece, porque sabe
Que las sospechas dudosas
Suelen engendrar verdades.
Viendo desnudas sus primas
A la inclemencia del aire,
Amarradas a dos robles,

---

[257] Romance anónimo artístico.
Adviértase que aquí se habla de Alvar
Fáñez, como en otros se habla de
Ordoño, como de quien fue el que
encontró a las hijas del Cid en el
robledal de Corpes. El viejo Poema
asigna este cometido a Félez Muñoz.
Todo el romance tiene un matiz
lírico. Se publicó en el *Romancero
General.*

Así empezó a lamentarse:
«¿Cómo es que ansí se trate
La honra de mi tío y vuestro padre?»
No quiso llegar a ellas
Mientras los dos miserables
Al peregrino suceso
Dieron fin para ausentarse.
Bien se atreviera a los dos
Y a ciento de su linaje,
Si no fuera en guarda suya.
Una gran cuadrilla infame.
Y viendo que estaban solas,
Triste ante sus ojos parte,
Que es propio en un pecho noble
Cuando no puede vengarse.
Al cielo vuelve los ojos,
Reventando de coraje,
Y dice, mirando atento
De sus primas las señales:
«¿Cómo es que ansí se trate
La honra de mi tío y vuestro padre?»
Si vuestra honra es la mía.
No es bien honrado me llame
Si no gano como fuerte
Lo que hoy pierdo por cobarde.
Entended, aleves Condes,
Que a mi tío no afrentasteis,
Ni que se mancha tal paño
Con cuatro gotas de sangre.
No puede, aunque fue en dos primas,
Afrenta aquesta llamarse,
Si el Cid, que el baldón recibe,
No lo escucha ni lo sabe.
Mas desátenvos mis manos,
Que del recibido ultraje
Venganza nos dará el cielo,
Si yo no fuera bastante.
«¿Cómo es que ansí se trate
La honra de mi tío y vuestro padre?»
Con su capa las cubría
(Que están desnudas al aire),
Mientras la noche vecina

Su manto piadoso esparce.
A la choza de un pastor
Vinieron a repararse,
Que a veces pueden humildes
Hacer merced a los grandes.
En esto amaneció el día
Y el pastor corriendo parte
A dar las nuevas al Cid.
Mientras repite Alvar Fáñez:
«¿Cómo es que ansí se trate
La honra de mi tío y vuestro padre?»

CXLVI[258]

(SOBRE EL MISMO
ASUNTO.)

Al cielo piden justicia
De los Condes de Camón
Ambas las fijas del Cid,
Doña Elvira y doña Sol.
A sendos robles atadas
Dan gritos que es compasión,
Y no les responde nadie
Sino el eco de su voz.
El menosprecio y la afrenta
Sienten, que las llagas non;
Que es dolor a par de muerte
En la mujer un baldón.
Tal fuerza tiene consigo
La verdad y la razón,
Que hallan en los montes gentes
Y en las fieras compasión.
A los lamentos que hacen.

Por allí pasó un pastor,
Por donde no puso pie
Cosa humana si ahora non.
Danle voces que se acerque,
Y él non osa de pavor,
Que son hijos de ignorancia
El empacho y el temor.
«Por Dios te rogamos, home,
Que hayas de nos compasión,
Así tus ganados vayan
Siempre de bien en mejor;
Nunca les falten las aguas
En el estío y calor,
Las hierbas no se les sequen
Con la helada y con el sol;
Tus tiernos fijuelos veas
Criados en bendición,
Y peines tus blancas canas
Sin dolencia ni lesión:
Que desates nuestras manos,
Pues que las tuyas no son,
Como las que nos ataron,
De malicia y de traición.»
Estando en estas palabras
El buen Ordoño llegó,
En hábito de romero,
De orden del Cid su señor:
Prestamente las desata
Disimulando el dolor.
Ellas, que lo conocieron.
Juntas lo abrazan las dos.
Llorando les dice: «Primas,
Secretos del cielo son
Cuya voz y cuya causa
Está reservada a Dios.
Non tuvo la culpa el Cid.
Que el Rey se lo aconsejo;
Mas buen padre tenéis, dueñas,
Que vuelva por vueso honor.»

---

[258] Romance anónimo artístico de la segunda mitad del siglo XVI. Lo recogió Escobar en su *Romancero* y lo reprodujo Menéndez Pidal en su *Flor nueva de romances viejos.*

CXLVII[259]

PERSIGUE ORDOÑO A LOS
YERNOS DEL CID PARA
VENGAR LA INJURIA QUE
HICIERON A LAS HIJAS
DE ÉSTE.

«¡Atended a la mi fabla,
Aleves yernos del Cid,
Cobardes como traidores,
Que siempre es cobarde un vil!
¿Homes buenos sois vosotros?
Non sois, sí canalla ruin,
Que el Cid en sus fechorías
Da demostración de sí.
Non fuyáis, aleves Condes,
Que non vos valdrá el fuir,
Que es águila la venganza
Cuando el agravio es neblí.
Un home solo os va en zaga,
Non fuyáis, facelde huir;
¡Mas es la razón gigante
Que se acompaña con mil!
Volved, que non me desmayan
Las espadas que ceñís,
Que el Cid la cubrió de sangre
Pero vosotros de orín.
Sus dos fijas le azotasteis,
Pero fue tuerto que, al fin,
Al Cid ofendéis y a Dios,
Al Rey Alfonso y a mí.
Todos cuatro son leones,
Y más bravos si advertís,

Que tomarán la venganza
Sin pasta ni menjuí.»
De esta suerte a los Infantes,
Dando rienda a su rocín.
Sigue el valiente Bermudo,
El buen sobrino del Cid.

CXLVIII[260]

JURA EL CID VENGAR LA
AFRENTA HECHA A SUS
HIJAS, Y PARTE A PEDIR
JUSTICIA AL REY CONTRA
SUS YERNOS.

«Elvira, soltá el puñal;
Doña Sol, tiradvos fuera;
Non me tengades el brazo,
Dejadme, doña Jimena;
Non me tolláis el rencor,
Que me empacha la vergüenza,
Que todas mis fechorías
Manchen mis suertes siniestras.
¡A mis fijas, falsos Condes,
Y a mis acatadas dueñas,
Canes, facéis tales tuertos,
Tenudas en lueñas tierras!
¡A mí que vos di humildoso
Mis fijas, cuando os las diera
De mil pulidas garnachas
Guarnidas, y ricas prendas!
Endonevos mil espaldas,
Lo mejor de mi facienda,
Y en dos mil maravedís
Me empeñara yo en Valencia;
Cadenas de oro de Arabia

---

[259] Romance anónimo artístico, a pesar de su lenguaje arcaico que adopta. Se publicó en el *Romancero General.*

[260] Romance anónimo artístico de las últimas décadas del siglo XVI. Lo recogió Escobar en su *Romancero.*

Con buenos ingenios fechas.
Que en la su mandadería
Me enviara el Rey de Persia;
Caballos os di ruanos,
Y para en plaza seis yeguas,
Sendas capas de contray
Con los aforros de felpa;
¡Y en pago de mis fiducias,
Y en pago de mis recuestas,
Me las enviades, Condes,
Azotadas sin vergüenza.
Sus albos cuerpos desnudos,
Ligadas sus manos bellas,
Sus crenchas desmelenadas,
Sus tristes carnes abiertas!
¡Voto fago al Pescador
Que gobierna nuestra Iglesia,
Y mal grado haya con él
Cuando le fable en Cardeña.
Si en Fromesta y Carrión,
Torquemada y Valenzuela,
Villas de vuesos condados,
Queda piedra sobre piedra!
Antolínez testimonio,
Peláez vino con ellas;
Yo vos pondré la caluña
Tal que atemorice en vella;
Que con ella y mi razón,
Ellos y sus parentelas
Han de fincar a mis manos,
A mis agravios desfechas.
Camperos tiene el buen Rey
Que vos apañen y prendan;
Fágame justicia en todo
Y tendré mi espada queda.»
Esto fabló y dijo el Cid,
Y cabalgando en Babieca,
Partió de Valencia a Burgos
A dar al Rey su querella.

CXLIX[261]

PIDE AL CID DOÑA JIMENA QUE VENGUE A SUS HIJAS.

   Lloraba doña Jimena
A sus solas con el Cid
La afrenta de sus dos fijas,
Y así comenzó a decir:
«¿Cómo es posible, señor,
Siendo temido en la lid,
Que os afrentasen dos homes
No siendo bastantes mil?
Y si aquesto no vos duele,
Ved que a mi padre perdí
Por ser vos tan vengativo
En las cosas que sentís.
Considerad vuesas fijas,
Aquesas que yo parí,
Que non son fijas prestadas,
Sinón de vos y de mí.
Es bien que aquesto miredes
Y que esa gente ruin
Non se atreva a facer tal
Sabiendo que sois el Cid,
Pues no fallarán salida
Para poderse eximir.
¡Si es bien que aquesto sintades,
Farto os he dicho, sentid!»

---

261 Romance anónimo artístico, de últimos del siglo XVI. Lo recogió Escobar en su *Romancero*.

CL[262]

JIMENA AL PARTIR EL CID LE ACONSEJA LO QUE DEBE PEDIR Y ALCANZAR EN DESAGRAVIO DE SUS HIJAS.

Asida está del estribo
La noble Jimena Gómez,
Y en tanto que al Cid le habla
El Cid su gabán compone.
«Mirad—le dice—, señor,
Que la sangre de aquel Conde
Que matasteis bueno a bueno,
Que la venguéis como noble.
A las Cortes vais, buen Cid,
Y a lo que os lleva a la corte
Ha de dar corte la espada,
Porque no tiene otro corte.
Al Rey habrán prevenido
Y a sus amigos los Condes,
Que es de cobardes muy propio
Socorrerse de invenciones.
No aceptéis del Rey Alfonso
Excusas, ruegos ni dones:
Que mal se cubre una injuria
Con afeite de razones,
Considerad vuesas fijas
Amarradas a dos robles,
De quien hoy tiemblan las hojas
Condolidas de sus voces;
Y mirad que aquella ofensa

Contra mi fecha en el monte,
Descubre en vos las señales
Y en mis fijas los azotes.
Dios os guarde donde vades,
Que son los competidores
Crueles como cobardes,
Como cobardes traidores.
Yo sé bien que vais seguro
Si no fuere de traiciones,
Que atrevidos con mujeres
Nunca lo son con los hombres.
No entréis, señor, en batalla,
Que menguáis vuesos blasones
Honrando con vuesa espada
Una sangre tan enorme.
El que venció a tantos reyes
No se iguale a aquestos homes,
Que relinchos de Babieca
Han vencido otros mejores.
Cobrad vuesas dos espadas
Para Bermudo y Ordóñez,
Que ellos pondrán en sus filos
El uso de vuesos golpes.
Sacará del fuego mío
La Tizona los tizones,
Y la famosa Colada
La mancha de mis pasiones.
Por mi aviso y vuesa mano
Que a mi venganza se ponen.
Desde luego la esperanza
Me promete alegres donas.»
«Así suceda, Jimena»,
El famoso Cid responde,
Y abajando la cabeza
Picó a Babieca y partiose.

[262] Romance anónimo artístico en el que se pueden apreciar algunos toques de conceptismo. Se publicó en el *Romancero General* y lo recogió Escobar en el suyo. Menéndez Pidal lo reproduce en su *Flor nueva de romances viejos.*

CLI[263]

**EXHORTA EL CID A LOS
SUYOS QUE SEAN
COMEDIDOS CON EL REY
EN LAS CORTES DONDE
IBAN A PEDIR JUSTICIA
CONTRA LOS CONDES DE
CARRIÓN.**

Después que una fiesta fizo
Al santo y divino Pedro,
A aquel que africanos moros
Pagaron tributo y pecho,
Fizo un junta en su casa
De parientes y homes buenos;
Y como juntos los vido,
El buen Cid les dijo aquesto:
«Bien sabéis, amigos míos,
La fazaña de mis yernos:
Bien me pagaron las obras
Que en Valencia hice por ellos.
Con riendas me las pagaron,
No teniendo rienda ellos
En ponerlas en mis fijas,
Azotadas en desiertos.
Y agora el Rey de León
Dice por su mandadero
Que dentro de treinta días
Tengo de estar en Toledo.
Ansí vos suplico y digo,
Aunque no es menester ruego
Para amigos tan leales,
Teniendo fidalgos pechos,
No se fable allá en las Cortes,
Ni perdamos el respeto

Al Rey, porque no es razón
Juzgando bien y derecho.
No se descomida nadie,
No fablando en nuesos fechos,
Que yo pondré la demanda
De lo que les di, primero;
La facienda, plata y oro,
Las espadas amén de eso,
Y pediré el desacato
Que a mis fijas les ficieron.»

CLII[264]

**SALE EL CID PARA LAS
CORTES DE TOLEDO A
PEDIR CONTRA SUS
YERNOS, Y APOSTROFA A
LA VILLA DE REQUENA
POR SER EL SITIO DONDE
EL REY LE PIDIÓ SUS
HIJAS PARA ESPOSAS DE
LOS CONDES DE
CARRIÓN.**

Recibiendo el alborada
Que viene a alegrar la tierra,
Tocaban a recoger
Seis clarines por Valencia,
Don Rodrigo de Vivar,
El buen Cid, su gente apresta
Para partir a Toledo,
Que a Cortes el Rey le espera.
Ya la plaza del palacio
Está de gente cubierta,
De escuderos y fidalgos
Esperando que el Cid venga.

---

[263] Romance anónimo artístico de últimos del siglo XVI. Lo recoge escobar en su *Romancero.*

[264] Romance anónimo artístico de finales del siglo XVI. Lo incluye Escobar en su *Romancero del Cid.*

El sale ya de la sala,
Ya está en medio la escalera,
Y sálenle a acompañar
Sus dos fijas y Jimena.
Abrázalas cortésmente,
Y ruégales que se vuelvan,
Que en ver presentes sus fijas
Tiene presente su afrenta.
Descendió fasta el zaguán
Donde estaba su Babieca,
Que de ver triste a su amo
Casi siente su tristeza.
Salió en cuerpo hasta la plaza
Armado con armas negras,
Sembradas de cruces de oro,
Desde la gola a las grevas.
Vio su gente tan lucida,
Y en la ventana a Jimena,
Y por facer lozanía
Puso al caballo las piernas.
Llevó los ojos de todos,
Y al cabo de la carrera
Quitó a Jimena la gorra
Y tocaron las trompetas.
Todos siguieron tras él,
¡Cuán lucida gente lleva!
Pues alegre el sol de vellos
En las armas reverbera.
Caminan por sus jornadas,
Y a la vista de Requena
Detuvo la rienda el Cid,
Que non quiso entrar en ella.
Acordose en aquel punto
Que allí fue la vez primera
Que le llamó Alfonso el Sexto
Estando él quieto en ella.
Con grave y severa voz,
Levantando la visera
Y afirmado en los estribos,
Le dice de esta manera:
«Teatro de mi deshonra,
Do se fizo la tragedia

En que mis aleves yernos
Fueron los autores de ella;
Principio de mi desdicha,
Do sin ser jueves de Cena
Comieron con faz doblada
Ambos Judas a mi mesa;
Al Rey voy a pedir justicia,
Ruego a Dios que no la tuerza,
Que a postre de mi, venganza
No estaréis en mi frontera.»
Y llevado de furor
Puso al caballo las piernas,
Contra la flaca muralla,
Que de verle airado tiembla.

CLIII[265]

PROPONE EL CID AL REY SU QUERELLA CONTRA SUS YERNOS.

Mediodía era por filo,
Las doce daba el reloj:
Comiendo está con los grandes
El Rey Alfonso en León,
Cuando entrara por la sala
Ese buen Cid Campeador,
Armado de todas armas,
Demudada la color,
A pedir viene justicia.
A su Rey y su señor
Del agravio que le han hecho
Los Condes de Carrión.
Poniendo en el Rey los ojos
Y en sus orejas la voz:
«Justicia venga del cielo,

---

[265] Romance anónimo artístico.
Se incluye en el *Romancero General* y en el de Escobar.

Si no me la hacéis, señor.
Justicia vengo a pediros,
Pudiendo tomarla yo,
Que con sangre de alevosos
Suelo yo limpiar mi honor.
Desterrado, ausente y pobre,
Rodrigo de Vivar soy,
Que venganza de traidores
Conmigo a la par nació.
Tuvieron atrevimiento;
Yo no sé quién se lo dio,
Sino que los envidiosos
Siguen siempre tras de vos:
Tan a guisa de traidores,
Como es verdad que lo son,
Se atrevieron a mis hijas
Doña Elvira y doña Sol,
Pagáranmelo los hijos
De aquese Conde traidor,
Porque de su sangre aleve
No me ha de quedar varón.
Si los tenía agraviados,
Armado en frontera estoy,
Y a fuer de buen caballero
Les diera satisfacción.
Mira, Alfonso, por mi honra:
Por la vuestra mira Dios,
Que si escucháis a traidores,
No estáis muy seguro vos.
Los agravios que os han fecho
Vengádolos he bien yo,
Pues gozáis por mi trabajo
El reino que tenéis hoy.
Por mí os temen las fronteras
Que vieron vuestro pendón;
Y mis hijas agraviadas
No hallan socorro en vos,
Reyes moros tengo amigos,
Que vasallos míos son,
Para hallar favor en ellos,
Ya que en vuestra corte non.
Guarden todos su cabeza,

Que estoy vivo, aunque me voy,
Y a mi espada y a mi brazo
Le ha de venir su sazón.»
Las espaldas vuelve el Cid,
El Rey de comer se alzó,
Y mandó que se pregonen
Las Cortes para León.
Los grandes se alborotaron,
Ninguno a comer tornó,
Sus amigos, de cuidado,
Sus contrarios, de temor.

CLIV[266]

CONFÍA EL CID A MARTÍN PELÁEZ LA DEFENSA DE VALENCIA EN TANTO ÉL LOGRA JUSTICIA CONTRA SUS YERNOS.

«Idos vos, Martín Peláez,
A mi Valencia, y guardalla
Mientras que me quejo al Rey
De aquesta traición tamaña.
Rogaréle que se miembre
Cuando a mis fijas casara
Contra la mi voluntad,
De mi Jimena y mi casa,
Y que por facer la suya
Y cumplir la su palabra,
Yo folgué que se ficiesen
Aquestas bodas amargas.
Direle cómo Bermudo
Las falló tan malparadas,

---

[266] Romance anónimo artístico. Del último tercio del siglo XVI a pesar de su afectado lenguaje arcaico. Lo recoge Escobar en su *Romancero del Cid*.

Y desnudas de las ropas
Que les diera para honrallas.
Y si los ojos me dejan
Contar tan malas fazañas,
Diré cómo las toparon
En el monte aprisionadas:
Y pediré que en sus Cortes
Desagravie aquestas canas,
Que el deshonor de mis fijas
Las tienen avergonzadas.
Y de tan grande traición
Faré un reto, una demanda
A los Condes, si tuvieren
La faz para sustentalla,
Y cobraré mis dos joyas,
Pues están mal empleadas
En poder de dos traidores
Mi Tizona y mi Colada.
Y vos, amigo Martín,
Quedaréis de esta vegada.
Como señor de mis tierras
Por mi falta, a gobernallas.
Acudiréis a Jimena,
A servilla y regalalla:
Tendréis mucha, cuenta de esto:
Catad que os dejo en mi casa.»

CLV[267]

DE CÓMO EL CID ACUDIÓ A LAS CORTES, Y DIO AL REY CUENTA DE SU PERSONA.

Por Guadalaviar arriba
Cabalgan caminadores,
Que, según dicen las gentes,
Ellos eran buenos hombres:
Ricas aljubas vestidas
Y encima sus albornoces;
Capas traen aguaderas
A guisa de labradores.
Daban cebada de día
Y caminaban de noche,
No por miedo de los moros,
Mas por los grandes calores.
Por sus jornadas contadas
Llegados son a las Cortes;
Sálelos a recibir
El Rey con sus altos hombres.
«Viejo que venís, el Cid,
Viejo venís y florido.»
«No do holgar con las mujeres,
Mas de andar en tu servicio;
De pelear con el rey Búcar,
Rey que es de gran señorío,
De ganalle las sus tierras,

---

[267] Romance tradicional, publicado primeramente en pliego suelto con otros, en el siglo XVI. Se recogió en el *Romancero General* y Wolf en su antología de romances tradicionales. Adviértase que en todas las versiones suele decir «Por Guadalquivir arriba.», lo que no tiene sentido si la expedición va de Valencia a Toledo.

Sus villas y sus castillos;
También le gané yo al rey
El su escaño tornido.»

CLVI[268]

**MUÉVESE CUESTIÓN
ENTRE LOS CORTESANOS
Y LOS CABALLEROS DEL
CID POR UN RICO
ESCAÑO QUE ÉSTE HIZO
PONER PARA SÍ EN LAS
CORTES, INMEDIATO AL
SOLIO DEL REY.**

A Toledo había llegado
Ruy Díaz, que Cid decían,
A Cortes que el Rey Alfonso
Por amor suyo facía,
Para le dar gran derecho
De la gran alevosía
Que sus yernos los Infantes
De Carrión fecho habían.
En palacios de Galiana
El Rey mandado tenía
Que se junten para Cortes
Todos los que allí vendrían.
La silla del Rey Alfonso,
Que era muy fermosa y muy rica,
Púsose en mejor lugar
Que en toda la sala había,
Alrededor de la cual
Escaños grandes ponían
Donde se sentasen todos
Los de la caballería.
El Cid llamó a un escudero,

---

268 Romance artístico original de
Lorenzo Sepúlveda, que lo publicó en
sus *Romances nuevamente sacados...*

Muy fidalgo en demasía:
Fernando Alfonso ha por nombre,
El Cid criado le había.
Mandole tome un escaño
Que de Valencia traía,
Que lo ganara al Rey moro
Cuando en ella lo vencía.
Mandole que lo pusiese
Donde el Rey tenía su silla:
Escuderos fijosdalgo
Mandó lleve en compañía,
Y que guarden el escaño
Hasta que sea otro día.
Todos llevan el escaño.
Que es sutil a maravilla.
Sus espadas a los cuellos,
¡Oh cuán bien que parecían!
Pusieron el rico escaño
Donde el Cid mandado había,
Cubierto de ricos paños
De oro, seda, y pedrería.
Otro día de mañana,
Después que el Rey oyó misa,
Fuese para los palacios
Con muy gran caballería:
Sólo el Cid no va con él,
Que en su posada yacía.
Garci Ordóñez, ese Conde
Que al buen Cid muy mal quería,
Cuando viera aquel escaño.
Al Rey fabló de esta guisa:
«Por merced vos pido, Rey,
Oigáis lo que vos decía:
Aquel tálamo que armaron
Junto de la vuesa silla.
¿Para cuál novia se armó?
Pregunto: ¿vendrá vestida
De almijías o alquiceles,
O cómo vendrá guarnida?
Mandadlo quitar de allí
Porque a vos pertenecía.»
Fernando Alfonso lo oyó.

Y al Conde le respondía:
«Conde, muy mal razonades,
Mucho mal de ello os vernía,
Que decides mal de aquel
Que muy más que vos valía.
No es novia, como decís,
Y si decís que mentía,
Las manos yo vos pondré
Y conocer vos faría,
Ante el Rey que está, presente,
Que de lugar descendía.
Que no me podréis negar
No tener vos mejoría.»
Mucho le pesó al buen Rey
Y a los que con él venían
De lo que había pasado;
Mas el Conde don García,
Como era hombre sañudo,
El manto al brazo ponía;
Dijo: «Dejadme ferir
Al rapaz que tal decía.»
Alfonso, cuando lo vido,
La espada sacado había.
Viniérase contra el Conde,
Diciendo: «Castigaría
Las locuras que habéis dicho,
Mas por el Rey no osaría.»
El Rey los ha despartido
Y a los presentes decía:
«Ninguno debe fablar
De este escaño que aquí había.
Que el Cid lo ganó muy bien
Como hombre de valía,
Y es caballero esforzado
Y de muy gran valentía.
Y non hay otro en el mundo
Que tan bien lo merecía
Como el buen Cid mi vasallo
De tan alta nombradía:
Y cuanto el Cid es mejor,
Más honra, a mí me venía.
Que cuando ganó el escaño.

Muchos moros él vencía;
Enviome su presente.
Por señor me conocía,
Como vasallo leal
Cumpliendo lo que debía:
Muchos caballos me dio
Con moros que los traían.
Enviárame mi quinto,
Lo que a mí pertenecía.
Nadie non fable del Cid,
Que segundo non tenía.»

CLVII[269]

PRESÉNTASE EL CID EN LAS CORTES AL CUMPLIRSE EL PLAZO SEÑALADO.

Tres Cortes armara el Rey,
Todas tres a una sazón,
Las unas armara en Burgos,
Las otras armó en León,
Las otras armó en Toledo,
Donde los fidalgos son.
Para cumplir de justicia
Al chico como al mayor.

---

[269] Romance viejo muy popular, que Durán considera de los más antiguos de la época tradicional. En él se pueden ver interesantes costumbres medievales referente a las cortes y detalles de la jerarquía nobiliaria. Se Publico en el antiguo *Cancionero de romances,* sin año, y se repite en el de Escobar y la *Silva de romances* (1550). Wolf lo recopila en su antología y Menéndez Pidal da una versión, de él en su *Flor nueva de romances viejos.*

Treinta días da de plazo,
Treinta días, que más non.
Y el que a la postre viniese
Que lo diesen por traidor.
Veinte y nueve son pasados,
Los Condes llegados son;
Treinta días son pasados,
Y el buen Cid non viene, non,
Allí fablaron los Condes:
«Señor, dadle por traidor.»
Respondiérales el Rey
«Eso non faría, non,
Que el buen Cid es caballero
De batallas vencedor,
Pues que en todas las mis Cortes
Non lo había otro mejor.»
Ellos en aquesto estando,
El buen Cid allí asomó
Con trescientos caballeros:
Todos fijosdalgo son,
Todos vestidos de un paño,
De un paño y de una color,
Si non fuera ese buen Cid,
Que traía un albornoz;
El albornoz era blanco,
Parecía emperador,
Capacete en la cabeza,
Que relumbra como el sol.
«Dios vos mantenga, buen Rey,
Y a vosotros sálveos Dios,
Que non fablo yo a los Condes,
Que mis enemigos son.»
Allí dijeron los Condes,
Fablaron esta razón:
«Nos somos fijos de reyes,
Sobrinos de emperador;
¿Merescimos ser casados
Con fijas de un labrador?»
Allí fablara el buen Cid,
Bien oiréis lo que fabló:
«Convidáraos yo a comer,
Buen Rey, tomástelo vos,

Y al alzar de los manteles
Dijistes esta razón:
«Que casase yo mis fijas
Con los Condes de Carrión.»
Diéraos esa respuesta
Con respeto y con amor:
«Preguntarelo a su madre,
Su madre que las parió;
Preguntarlo be yo a su ayo,
Al ayo que las crió.»
Dijérame a mí su ayo:
«Buen Cid, non lo fagáis, non,
Que los Condes son muy pobres,
Y tienen gran presunción.»
Mas por non contradeciros,
Buen Rey, ficiéralo yo.
Treinta días duró la boda,
Que non quisieron más, non:
Cien cabezas yo matara
De mi ganado mayor;
De gallinas y capones,
Buen Rey, non lo cuento, non.»

CLVIII[270]

PROPONE EL CID AL REY
SU QUERELLA.

_____

[270] Romance anónimo artístico
considerado por Durán como uno de
los más bellos de todo el *Romancero*
cidiano. Aunque artístico de factura
es, sin duda, una modernización de
otro tradicional perdido, cuya
gravedad y severa forma pasó al
moderno, que se publicó en la
segunda parte del *Romancero General*,
de Madrigal, así como en el de
Escobar.

«Años face, el Rey Alfonso,
Que sólo en vueso servicio
El arambre de Tizona
Apenas lo he visto limpio,
Y que mi pobre Jimena,
Nacida en contrario signo,
Fue por mí sola de padre
Como por vos de marido.
Ella en mi ausencia ha llorado
El medio lecho vacío;
Mientras que yo derribaba
Mil estandartes moriscos.
Testigos tengo presentes,
Y vos, Rey, sois buen testigo,
Que he atropellado más lunas
Que el sol ha durado siglos,
Fui en juveniles años
Rayo en vuesos enemigos,
Como agora son mis canas
Terrero de mal nacios.
Todo lo gobierna el cielo
Con su nivel y destino,
Desde la tierra a su altura,
Y desde el cielo a su abismo.
Al pavón le dio los pies,
Al águila el corvo pico
Y al león la calentura
Porque estén menos altivos.
Dos tijas tengo, señor,
Y porque le hurté al serviros
El tiempo del engendrallas,
Las engendré con delito.
Agraviáronlas traidores,
Y por haberse atrevido,
Aunque a mi brazo pudiera,
Sólo al vueso lo remito.
Dos cobardes las ofenden,
Cuyos corazones tibios
Al temor hacen altares
Y le ofrecen sacrificios.
Carrión les da tributo,
Como la fama al olvido,

Y por tal yo me querello
De tal injuria ofendido.
Levante vuesa justicia
El peso con el cuchillo,
Que aunque suyo sea el peso,
El pesar ha de ser mío.
Si la justicia en las armas
Falló el natural abrigo,
Ya sirvo yo con las unas,
Faced justicia y castigo.
Si Dios es justo, y el home
Tan obligado a servillo,
En cuanto más le imitare
Será más justo y más digno.»

CLIX[271]

EXPLICACIÓN POR EL CID
DE SU AFRENTA.

«Yo me estando en Valencia,
En Valencia la mayor,
Buen Rey, vi yo vuestra seña
Y vuestro honrado pendón.
Saliera yo a recibirle
Como vasallo a señor.
Enviásteme una carta
Con vuestro embajador

---

[271] Romance tradicional muy conocido, que Durán no recoge a pesar de estar yo, en la *Silva de romances* (1550). Milá lo publica sin decir de dónde lo toma. Wolf lo publica en su antología. Menéndez Pidal cree que es una continuación del CLIII, tomándolo del *Cancionero de Amberes* de 1550 y la citada de la *Silva*, dando una refundición de ambas en su *Flor nueva de romances viejos*.

Que diese yo las mis fijas
A los Condes de Carrión.
No quería Jimena Gómez,
La madre que las parió:
Por cumplir vuestro mandato
Otorgáraselas yo.
Treinta días duran las bodas,
Treinta días que más non:
Y un día estando comiendo
Soltárase un león.
Los Condes eran cobardes,
Luego piensan la traición:
Pidiéranme las mis fijas
Para volver a Carrión:
Como eran sus mujeres,
Entregáraselas yo.
¡Ay, en medio del camino,
Cuán malparadas que son!
Hallolas un caballero
(¡Dele Dios el galardón!),
A la una dio su manto
Y a la otra su ropón.
Hallolas tan malparadas
Que hubo de ellas compasión.»
Allí responden los Condes
Una muy mala razón:
«Mentides, el Cid, mentides,
No éramos traidores, non.»
Levantose Per Bermúdez,
El que las damas crió,
Y al Conde que esto fablara
Diole un grande bofetón.
Allí fablara el buen Rey
Y dijera esta razón:
«Afuera, Pero Bermúdez,
No me revolváis quistión.»
«Otórganos campo, Rey,
Otórganoslo, señor,
Que con muy gran dolor vive
La madre que las parió.»
Ya les otorgaba el campo,
Ya partíales el sol.

Por el Cid va Nuño Gustos,
Hombre de muy gran valor;
Con él va Pero Bermúdez
Para ser su guardador.
Los Condes, como lo vieron,
No consienten campo, non.
Allí fablara el buen Rey,
Bien oiréis lo que fabló:
«Si no otorgáis el campo,
Yo faré justicia hoy.»
Allí fablara un criado
De los Condes de Carrión,
«Ellos otorgan el campo
Mañana en saliendo el sol.»
Allí fablara el buen Cid.
Bien oiréis lo que fabló:
«Si quieren, uno a uno;
O si quieren, dos a dos.
Allá va con Nuño Gustos
El ayo que las crió.»
Dijo el Rey: «Pláceme, oh Cid,
Y así lo otorgo yo.»
Otro día de mañana
Muy bien les parten el sol,
Los Condes vienen de negro
Y los del Cid de color,
Ya los meten en el campo,
De vellos es gran dolor:
Luego abajaban las lanzas,
¡Cuán bien combatidos son!
A los primeros encuentros
Los Condes vencidos son,
Gustos y Bermúdez quedan
Por vencedores los dos.

CLX[272]

REYERTA EN LAS CORTES ENTRE LOS CABALLEROS DEL CID Y LOS PARTIDARIOS DE LOS CONDES.

En las Cortes de Toledo
Que el buen Rey Alfonso hacía
Para dar derecho al Cid
Que querellado se había
De los Condes de Carrión,
Sus yernos que ser solían,
Porque a sus buenas mujeres
Deshonrado las habían,
Vuelto le han sus dos espadas
Y el haber también volvían.
El Cid por grandes traidores
A entrambos retado había.
Los Infantes no responden
A lo que el buen Cid decía.
El Rey dijo a los Infantes
Qué era lo que respondían.
Diego González, el uno,
Al Rey ansí le decía:
«Ya, señor, sabéis que somos
De los buenos de Castilla:
Dejamos nuesas mujeres
Porque no nos merecían:
Casar con fijas del Cid
Gran deshonra nos traía.»
Los del Cid no respondieron,
Que el Cid mandado tenía
Que si él no lo mandase,

Ninguno fablar debía.
Ordoño, sobrino suyo,
Era el que le respondía:
«Calla tú, Diego González,
Que eres de gran cobardía.
Muy valiente eres de lengua
Mas esfuerzo no tenías,
Y en esa tu falsa boca
Ninguna verdad había.
Miémbrate cuando en Valencia,
En la lid que el Cid facía,
Echaste a fuir de un moro
Y el moro bien te seguía;
Y yo le salí al encuentro,
Muerto en tierra lo ponía:
Dite su caballo y armas,
Y al Cid entender le facía
Que tú mataste aquel moro
Que aquel caballo traía;
Yo lo fice por te honrar,
Por casar con la mi prima
Alabábaste tú de esto,
Yo lo otorgaba a tu guisa:
Nunca salió de mi boca
Fasta hoy que lo decía
Y si agora lo publico
Es por tu gran villanía;
Y sepan cuando en Valencia
Cuando el león que allí había
Se soltó de donde estaba,
Tú por esconderte ibas,
Rompiste tu manto y sayo,
Que cobijado tenías,
Por entrar bajo un escaño
Que en el aposento había.
No digo cómo tu hermano,
Que es aquel que me veía,
Cayó con muy grande miedo
En parte do no debía.
Así, señor, Rey Alfonso,
A tu Alteza yo decía
Que este día fuera bien

[272] Romance artístico original de Lorenzo de Sepúlveda, que lo publicó en sus *Romances nuevamente* sacados... y repitió Escobar en su *Romancero*.

De mostrar su valentía,
No en los robledos de Corpes,
Do ferido habían mis primas,
Mujeres de tal linaje
Que muy más que ellos valían;
Y do si yo ende estuviera,
Cometerlo no osarían.
Ficieron como cobardes:
Yo se lo combatiría:
No ficieron como buenos,
Como manda la hidalguía.
Muy feble es facer tal cosa
Ningún home de valía,
Y poner mano en mujeres
No es de caballería.»

CLXI[273]

ACUSACIÓN Y RETO DEL CID EN LAS CORTES CONTRA SUS YERNOS, Y SATISFACCIÓN QUE PIDE.

«Digádesme, aleves Condes.
¿Que fallasteis en mis fijas
Y cuándo tener cuidasteis
Dueñas de tan alta guisa?
¿Por aventura con ellas,
Los fidalgos de Castilla,
Qué baldones vos han dado?
¿En qué vueso honor vos quitan?
Por madre han a mi Jimena
La mi doña Sol y Elvira:
De tal madre, ¿qué enseñanza?
¿Nin qué fembras de tal vida?

En dote vos di con ellas
Los haberes que tenía,
Y las mis ricas espadas
Que menos falla mi cinta;
Mas fambrientas fas tenedes,
Non yantan como solían,
Que siempre fechos cobardes
Dan escasas las feridas.
Yo vos las demando, Condes,
Ante el Rey que ende nos mira.
Porque a Colada y Tizona
No es bien que aleves las ciñan.
Non son heredadas, non,
Sino en batallas tenidas,
De entre lanzas y con sangre
Mis armas todas teñidas.
En los robledos de Corpes
Me la dejades vertida;
Mas la de dueñas atales
Ved qué varones no estiman.
Non por ende me afrentades
Por ser mis fijas queridas,
Que aunque son mi sangre, estaba
En vuesas mujeres mismas
Con todo, vos reto, Condes,
Por facer la sangre limpia;
Porque el golpe del agravio
No hay miembro que no lastima
Tenudo soy a facello
Por vuesa honra y la mía:
Que la mancha del honor
Sólo con sangre se quita»
Estas palabras el Cid
A sus dos yernos decía,
Levantado del escaño,
La mano a la barba asida.

---

[273] Romance anónimo artístico a pesar de su lenguaje afectadamente antiguo. Se publicó en el *Romancero General,* y en el de Escobar.

CLXII[274]

REPARACIONES QUE
EXIGE EL CID.

Después que el Cid Campeador
Pidió derecho del tuerto,
De que fuesen emplazados
Los Condes para Toledo,
El Rey don Alfonso el Bravo,
Aquel que con gran denuedo
Al foradar de la mano
Tuvo siempre el brazo quedo,
Manda que dentro en tres meses
Pareciesen en Toledo,
O fincasen por traidores
Ellos y el Conde don Suero,
Y que se fagan las Cortes.
Y se junten a ellas cedo
Sus grandes y ricos homes,
Que quiere tomar su acuerdo:
Que si los Condes son nobles,
Alfonso es Rey de derecho,
Magüer que el Cid en honor
Es honrado caballero.
Antes de cumplir el plazo
Todos a Cortes vinieron,
Y el Cid trujo en su compaña
Novecientos caballeros.
Salió el Rey a recibirlo
A dos leguas de Toledo:
Unos, envidiosos, callan;
Otros dicen que es exceso.
Palacios de Galiana

---

[274] Romance anónimo artístico, de mediados del siglo XVI, sobre temas ya expuestas en otros romances. Lo recoge Escobar en su *Romancero del Cid*.

Mandó el Rey que estén compuestos,
Las paredes de brocado
Y el suelo de terciopelo.
Junto a la silla del Rey
Su escaño del Cid pusieron,
De que mofaban los Condes
Profanando y zahiriendo.
Sentados en Cortes todos,
Fabló el Rey a sus porteros:
«Mándovos que callen todos,
Infanzones y homes buenos.
Vos, Cid, metedlos en culpa,
Y ellos defiendan su pleito:
Líbrese a vos la justicia
Con que quedéis satisfecho.
Seis alcaldes vos señalo
De mi rastro y mi consejo,
Y que todos ellos juntos
Juren por los Evangelios,
Que cuidarán de ambas partes
Asaz entender el fecho.
Y entendidos juzgarán
Sin pasión, amor ni miedo.»
Levantose luego el Cid,
Y sin más alongamientos
Pide le den sus espadas
Tizona y Colada luego.
El Rey miraba a los Condes,
Que respondan atendiendo;
Pero ninguna razón
De su defensa trajeron.
Los jueces mandan las den
Sin ningún detenimiento:
Magüer hubieron temor,
Y entregallas no quisieron.
El Rey dijo: «Descorteses,
Volvédselas a su dueño,
Que supo mejor ganallas
De los moros de Marruecos,»
Y cobradas sus espadas,
Dos mil marcos de dinero
Les pide, y todas las joyas

Que les dio en los casamientos.
Unánimes los alcaldes,
De común consentimiento,
Los condenan a que paguen
De contado todo el precio.
Comenzó de nuevo el Cid,
Los ojos como de fuego
Y el rostro como una gualda,
A demandalles el tuerto.

CLXIII[275]

PIDE EL CID QUE SE LE RESTITUYAN SUS ESPADAS COLADA Y TIZONA, QUE DIO A SUS YERNOS, CON OTROS HABERES.

En Toledo estaba Alfonso,
Que a Cortes llamado había,
Porque el buen Cid don Rodrigo
Muy gran querella ponía
Contra los hermanos Condes
De Carrión, esa villa,
Porque en Corpes el robledo
Ficieron alevosía;
A sus fijas azotaron,
Que dé Valencia traían;
Quedaron desamparadas,
Tratadas de mala guisa.
Comenzó el Cid su razón,
Estas palabras decía:
«Rey Alfonso, mi señor,
Ante vos yo les pedía

---

275 Romance artístico originad de
Lorenzo de Sepúlveda, que lo publicó
en sus *Romances nuevamente sacados...*

A estos hermanos Condes
Las espadas que tenían,
Que son Tizona y Colada;
Prestado se las había.
Deben de dármelas luego,
Que nada no les debía.»
Non respondieron los Condes
A lo que el buen Cid decía
El Rey se levantó luego,
A los Condes se venía,
Quitárales las espadas,
Al Cid en mano ponía,
El las tomara en sus manos,
Hablábales de esta guisa:
«De cierto, las mis espadas,
Las mejores sois que había:
A vos, Tizona, gané
De Búcar, en aquel día
Que los vencí yo en Valencía
Con las gentes que traía;
A vos, Colada, yo hobe
Cuando en el campo vencía
Al Rey Pedro de Aragón
Con muy gran caballería.
El Conde Barcelona
A su lado vos traía,
Y por mis hijas honrar,
En guarda dado os había
A los Condes de Carrión,
Pero mal vos conocían.
En ello yo no acertaba,
Gran mal de ello me venía;
¡Gran merced vos hizo Dios,
Que vos sacó de captivas!
Volvisteis a mi poder;
Por dichoso me tenía
En cobrar tales espadas,
Y vos la mi compañía.»
Una dio a Pedro Bermúdez,
Demandado se la había;
Otra a Albar Fáñez Minaya,
Que también se la pedía:

Mientras que duran las Cortes
Con ellos la guardarían.

CLXIV[276]

APOSTROFA EL CID A SUS ESPADAS, LUEGO QUE POR SENTENCIA DEL REY LE FUERON RESTITUIDAS.

El temido de los moros,
Aquella gloria de España,
El que nunca fue vencido,
El rayo de las batallas,
Ese buen Cid Campeador,
Defensor de nuestra patria,
Espejo de capitanes
Y de traidores venganza,
En las Cortes de Toledo,
Do le fueron entregadas
Ante el sexto Rey Alfonso
Por los Condes las espadas,
Así fablaba con ellas,
sin hartarse de mirallas:
«¿Dó estáis, mis queridas prendas?
¿A dó estáis, mis prendas caras?
No caras porque os compré
Por dinero, oro ni plata,
Mas caras porque os gané
Con el sudor de mi cara:
Al Rey moro de Marruecos,
Siendo Valencia cercada,
A vos gané, mi Tizona,
Que vos traía en su guarda;
Y al Conde de Barcelona

A vos os gané, Colada,
Cuando les tomé a los moros
Los castillos de Brianda.
Yo nunca os fice cobardes,
Antes por la fe cristiana
En la sarracena gente
Os traje siempre cebadas.
A los Condes mis dos yernos,
Por ser joyas tan preciadas,
Vos di, y ellos ¡mal pecado!
Os tienen de orín manchadas.
Non érades para ellos,
Que vos traían afrentadas,
Por de dentro muy fambrientas,
Por de fuera pavonadas.
Libres estáis de las manos
Que os traían cautivadas,
El Cid os mira en las suyas,
Donde seréis más honradas.»
Dijo, y a Pedro Bermúdez
Y a don Alvar Fáñez llama,
Y manda que se las guarden
Mientras las Cortes duraban.

CLXV[277]

SE REPITE EL RETO DEL CID CONTRA SUS YERNOS.

«A vosotros, fementidos
Condes de villano pecho,
Como traidores al Rey
A entrambos juntos vos reto.
Mis fijas os di, traidores,

[276] Romance anónimo artístico de las últimas décadas del siglo XVI. Escobar lo incluyó en su *Romancero*.

[277] Romance anónimo artístico, escrito en las últimas décadas del siglo XVI. Lo recoge Escobar en su *Romancero del Cid*.

Pero non, que en ello miento,
Al Rey las di que las diese
A quien él fuese contento.
A él se fizo esta injuria,
A él se fizo este avieso,
Y él las recibió por fijas,
Yo a vosotros por mis yernos.
Por ser fecha a mi señor
Esta injuria, por él vuelvo,
Que el que ha vasallos honrados
Ellos le enmiendan sus tuertos.
Con mujeres tenéis manos:
¡Por Dios, bravos caballeros,
Si al veros con el Rey Búcar
No fuerais de pies tan prestos!
¡Pero bien dice el refrán
Que hay tan valientes guerreros
Por los pies, como por manos,
Y vosotros sois de aquéstos!
¡Oh, cuánto dierais agora
Por fallar otros dispuestos,
Tales como los fallasteis
Cuando los leones sueltos!
Faced cuenta son leones
Los que en este pecho siento,
Que es un león cada agravio
Fecho en un honrado pecho.
Agradecédselo al Rey,
Que le veo y le respeto;
¡Pero pagarlo heis, villanos,
Si no es que os subáis al cielo!
Mas non subiréis, cobardes,
Que es Dios grande justiciero,
Y no consiente traidores
Sin castigo de sus yerros;
Cuanto más que la Colada
Y la Tizona yo entiendo
Vos serán tal purgatorio,
Que vais de esta culpa absueltos.»

CLXVI[278]

NUEVA REYERTA ENTRE LOS CABALLEROS DEL CID Y LOS DE SUS YERNOS.

Ante el rey Alfonso estaba
Ese buen Cid castellano,
A querellar de los Condes
De Carrión, su condado,
Que en los robledos de Corpes
Sus hijas han maltratado.
Puso la mano en su barba
Con semblante denodado,
Y voz que puso temor
A los Condes, así hablando:
«A vos digo, Hernán González,
Y también a vuestro hermano,
Que habéis fecho alevosía,
Y no como fijosdalgo,
En deshonrarme mis hijas
Defuera de lo pablado:
Sin haber causa ninguna
Caso habéis fecho malvado.
Ante el Rey que está presente
Y grandes que se han juntado,
Vos repto por alevosos,
Pues que de ello habéis usado:
Darvos he vuestros iguales
Que os lo combatan en campo,
Do diréis con vuestras bocas
Ser verdad esto que hablo,
O en él vos matarán
Si no queréis confesallo.»

---

[278] Romance artístico original de Lorenzo de Sepúlveda que lo publicó en sus *Romances nuevamente sacados...*

No respondieron los Condes,
Su tío es el que ha fablado:
Ese Conde don García,
Que en Cabra tiene el condado,
Dijo a los Condes: «Sobrinos
Afuera queráis quitaros;
Dejadlo estar al Cid
En el su escaño asentado,
Que me semeja que es novio,
Según está mesurado.
¡Cuida con su barba luenga
A nosotros espantarnos!
Váyase para Molina,
Do dan parias moros flacas,
O para el río de Hormaña,
Donde él es el heredado,
A adobar los sus molinos
Para ser alimentado,
Pues no es tal el Cid que pueda
Con nusco ser igualado.»
De aquesto que dijo el Conde
Mucho el Cid se había enojado,
Y en ver que no respondía
Caballero de su bando.
Volviose a Pedro Bermúdez,
Y con semblante enojado
Díjole: «Tú, Pedro mudo,
¿No hablas?, ¿por qué has callado?
¿No sabes que tú y mis fijas
El deudo habéis muy cercano,
Y que de la su deshonra
Gran parte te habrá alcanzado?»
Corriose Pedro Bermúdez
Porque mudo lo ha llamado;
Fuese para don García,
Y para los de su bando:
Diérale tan gran puñada,
Que en tierra lo ha derribado.
Gran revuelta hay en la corte
Entre el Cid y sus contrarios;
Los Condes a grandes voces
Cabra y Carrión han llamado;

Los del Cid dicen: Valencia,
Y Vivar están nombrando.
Levantose el Rey a ellos,
Y todo se ha sosegado.

CLXVII[279]

(SOBRE EL MISMO ASUNTO.)

En las Cortes de Toledo,
A do yace Alfonso el Sexto,
El Cid le fabla a Bermudo
Con muy grande sentimiento:
«¿Non fabláis vos, Pedro mudo?
Fablad, que non estáis muerto:
¿Non sabedes que mis fijas
Son vuesas primas en deudo?
Ende más que en su deshonra
Mucha parte os cabe de ello.»
Mucho le pesó a Bermudo
De lo que el Cid a propuesto.
Juntose con Garci Ordóñez
Y desque fue cerca puesto,
Le diera tan gran puñada,
Que dio con él en el suelo.
Alborótanse las Cortes,
No queda nadie en su asiento:
Aquí sacan las espadas,
Allí dicen mil denuestos.
Unos apellidan Cabra,
Otros Valencia, otros Reino;
El Rey está ardiendo en ira.
Diciendo: «¡Afuera, teneos!»

---

[279] Romance anónimo artístico de la penúltima década del siglo XVI. Recuérdese lo ya explicado sobre las bodas históricas de las hijas del Cid. Lo recogió Escobar en su *Romancero*.

Otra vez replicó: «¡Afuera!
Sin más audiencia condeno
Con acuerdo de mi Corte
Y de mi real consejo,
Por los méritos que fallo
Que resultan de este pleito,
A los Condes de Carrión
Que lidien conforme al reto,
Y que el Cid haya cumplido
Con dalles tres escuderos,
Y los que mejor lidiaren,
Ellos salven su derecho.»
Pidieron plazo, los Condes
Para guisar en el fecho.
Y el plazo fue concedido
A cabo de muchos ruegos.
Pronunciada la sentencia,
La noche se puso en medio,
Volviose el Rey a su alcázar,
La Corte a su alojamiento.
Al salir de los palacios
Donde las Cortes se han fecho,
De Navarra y de Aragón
Al Rey llegan mensajeros.
Cartas le traen de sus Reyes,
Pidiéndole otorgamiento
De las dos fijas del Cid
Para dos fijos mancebos.
Don Ramiro el de Navarra
Le pide, si bien me acuerdo,
A la mayor, doña Elvira,
Dueña de virtud y arreo;
A la menor, doña Sol,
Ha pedido el Rey don Pedro
Para su fijo don Sancho,
De Aragón propio heredero.
Partiose a Valencia el Cid,
Ufano, alegre y contento,
Desagraviadas sus fijas,

A guisar los casamientos.

CLXVIII[280]

HACIENDO ALARDE EL CID DE LAS BUENAS CUALIDADES DE SU CABALLO BABIECA, SE LO OFRECE AL REY, QUE NO LO ACEPTA POR CONSIDERARLO BIEN EMPLEADO EN EL SERVICIO DE SU SEÑOR.

Ya se parte de Toledo
Ese buen Cid afamado,
Arabáronse las Cortes
Que allí se habían celebrado.
Aquese buen Rey Alfonso
Muy gran, derecho le ha dado
De los sus yernos Infantes
De Carrión, ese condado.
Don Rodrigo va a Valencia,
Que a los moros la ha ganado:
Novecientos caballeros
Lleva, todos fijosdalgo;
De la rienda le llevaban
A Babieca el buen caballo.
Despidiose el Rey del Cid,
Que lo había acompañado.
Lejos van uno de otro:
El Cid envió un recaudo,
Pide por merced al Rey
Le aguarde para fablarlo.
El Rey aguardara al Cid

---

[280] Romance artístico originad de Lorenzo de Sepúlveda, que lo publica en sus *Romances nuevamente, sacados...* así como en el *Romancero*, de Escobar, que varia algún verso.

Como a buen leal vasallo;
Y el Cid le dijo: «Buen Rey,
He sido muy mal mirado
En llevarme yo a Babieca
Caballo tan afamado,
Que a vos, señor, pertenece
Como al más aventajado.
No lo merece ninguno,
Vos sí sólo en vueso cabo;
Y porque veáis cuál es,
Y si es razón estimarlo,
Quiero facer ante vos
Lo que non he acostumbrado
Sino cuando tuve lides
Con enemigos en campo.»
Cabalgó el buen Cid en él,
De piel de armiño arreado;
Firiolo de las espuelas,
Y el Rey estaba admirado
En mirar cuán bien lo face,
A ambos estaba alabando
Alabava al que lo rige
De valiente y esforzado,
Y al caballo por mejor
Que no es visto ni hallado.
Con la furia de Babieca
Una rienda se ha quebrado;
Parose con una sola,
Como si estuviera en prado.
El Rey con sus ricos homes
De verlo se han espantado;
Dijeron que nunca oyeron
Fablar de tan buen caballo.
El Cid le dijo: «Buen Rey,
Suplícoos queráis tomarlo.»
«No lo tomaré yo, el Cid,
—El Rey por respuesta ha dado—;
Si fuera, buen Cid, el mío,
Yo vos lo diera de grado,
Que en vos mejor que en ninguno
El caballo está empleado.
Con él honrades a vos

Y a nos en extremo grado,
Y a todos los de mis reinos
Por vuesos fechos granados.
Mas yo lo tomo por mío,
Y con vos queráis llevarlo;
Que cuando yo lo quisiere,
Por mí vos será tomado.»
Despidiose el Cid del Rey,
Las manos le había besado,
Y fuese para Valencia,
Donde le están aguardando.

CLXIX[281]

LOS CAMPEONES DEL CID VENCEN EN EL DUELO A LOS CONDES, QUE SON DECLARADOS ALEVOSOS.

Ya se parte el Rey Alfonso,
De Toledo se partía.
Para ir a Carrión.
Que los condes no venían
A lidiar con los del Cid.
Que retados los tenían
Por la deshonra que hicieron,
Aleve y gran villanía,
A las fijas del buen Cid,
Doña sol y doña Elvira.
Consigo llevó los seis
Jueces de la tal porfía.
Don Ramón, yerno del Rey,
Llevaba en su compañía.

---

[281] Romance anónimo artístico, vulgar en la forma, con repetición de varios pasajes ya expuestos en romances anteriores. Lo recogió Sepúlveda en sus *Romances nuevamente sacados...* También lo recoge Escobar en su *Romancero*.

Y los que habían de lidiar
Con los que el aleve hacían.
A Carrión es llegado
A la vega que ende había;
Sus tiendas mandara armar,
Los Condes a él venían
Con su tío Suer González,
Que la gran traición urdía:
Traen consigo a sus parientes,
Muchos son en demasía:
Armados venían todos
De ricas fuertes lorigas.
Tienen entre sí acordado
Que si tiempo se ofrecía
De matar a los del Cid,
De cualquier guisa lo harían,
Antes de entrar en la lid,
Porque ansí les convenía.
Los del Cid lo habían sentido
Y al Rey: «Señor —le decían—,
En vuesa mano y merced
El de Vivar nos ponía:
Por eso, Rey, vos pedimos
Non consintades que hoy día
Nos fagan desaguisado,
Ni tuerto, ni alevosía,
Que con la merced de Dios
El Cid vengado sería:
Derecho habemos de aquesto,
Que Dios nos ayudaría.»
El Rey dijo: «Non temáis,
Magüer yo lo proveería.»
Mandó dar luego un pregón
Que estas palabras decía:
«Quien tuerto o desaguisado
A los del Cid les haría,
Que la cabeza y sus bienes
Todo allí lo perdería.»
El los metiera en el campo
Do la lid hacerse había,
Los Infantes y su tío
También al campo acudían:

Gran compaña traen consigo
De gente que los seguía;
El Rey a muy grandes voces
Estas palabras decía:
«Infantes de Carrión,
La lid que hacerse quería.
En Toledo la quisiera.
Y non en aquesta villa.
Dijisteis que guarnimientos
A vos allí fallescían;
Vine al vueso natural
Por faceros cortesía;
Los caballeros del Cid
Conmigo yo los traía;
En mi fe y en mi verdad
Ellos sus vidas ponían.
Condes, yo vos desengaño
A vos y a vuesa valió:
Non fagades contra ellos
Lo que hacer non se debía;
Que aquel que tal lo ficiere
Ya yo mandado tenía
En campo le despedacen.
Sin que nadie se lo impida.»
A los Condes les pesó
De lo que el Rey les avisa.
La Colada y la Tizona
Al Rey suplicado habían
Que no entrasen en la lid.
Que era mucha su valía.
El Rey les dijera: «Infantes
Facer eso non podía.
Pidiéradeslo en Toledo,
Que aquí ya lugar no había;
Meted vos muy buenas armas
Que no se os contradiría;
Bien crecidos sois de cuerpo,
Pelead con valentía.»
En el campo son metidos
Todos seis como cumplía;
Arreada está la gente
Y todos se apercibían.

Embrazaron los escudos,
Pónense las capellinas,
Firiéronse de las lanzas
Que so los brazos tenían.
A Pedro Bermudo luego
Fernán González hería:
Pasole todo el escudo,
En la carne non podía:
Él firió a Fernán González
De una muy grande ferida;
Pasole de lado a lado:
La sangre que le salía.
Por la boca fuera mucha,
Y en tierra luego caía
Por las ancas del caballo,
Asido a la misma silla.
La lanza echara, de sí.
Mano a Tizona ponía.
Díjole a Fernán González:
«¡Traidor, perderás la vida!»
Y él, conociendo la espada.
Que el buen Bermúdez traía,
Temiérase de la muerte,
Y antes que le diera herida
Dijo: ¿«Yo vencido soy
Y por tal me conocía.»
Martín Antolín de Burgos
Con el otro está en gran prisa:
Quebrado habían las lanzas.
Con las espadas reñían.
Antolín le diera un golpe
Con Colada, espada fina,
Por encima de la cabeza.
Que mal ferido lo había:
Cortárale el guarnimiento
Y el casco también hendía;
Diego González desmaya,
Cuidó que no escaparía.
Grandes voces da el Infante
Por golpes que recibía;
Sacole el caballo fuera
Del cerco que el Rey ponía:

Vencido es como su hermano
Y por tal él se tenía.
Nuño Busto y Suer González
Se fieren con valentía;
Las lanzas traen muy fuertes.
Recias son a maravilla.
Suer Gonzalo a Nuño Bustos
El escudo le partía,
Pasole de parte a parte,
Que el golpe muy recio iba;
Pasole los guarnimientos,
A la carne no prendía.
Firme estuvo Nuño Bustos,
Que era de grande valía:
Pasárale con la lanza
El escudo que tenía..
Y fuera de las espaldas
El hierro se parecía.
Suer González cayó en tierra,
Nuño Bustos le ponía
La su lanza sobre el rostro,
Ferirlo otra vez quería.
«Non le firades, por Dios
—Su padre a voces decía—,
Que mi fijo es ya vencido
Y creo muerto estaría.»
Nuño Bustos a los fieles
Dijo si aquello valía.
«No vale nada—responden—
Si él propio non lo decía.»
Suer González volvió en sí:
«Yo soy vencido», publica.
Por alevosos el Rey
Los tiene desde aquel día,
Con su tío Suer González.
Que el consejo dado había.
Fuyéronse de la tierra,
Que jamás no parecían,
Ni más alzaron cabeza;
Los del Cid con honra fincan:
Dioles muy grandes haberes,
A Valencia se volvían.

Gran compaña les da el Rey,
Muy seguros los envía
Para su señor el Cid,
Que por tal lo conocían.

CLXX[282]

**LLEGAN LOS CAMPEONES
DEL CID A VALENCIA, Y
CELEBRAN ALLÍ SU
VICTORIA CONTRA LOS
ALEVOSOS CONDES DE
CARRIÓN**

De aquese buen Rey Alfonso
Los del Cid se despedían
Para volverse a sus tierras.
Pues ya vencidos tenían
A los Condes de Carrión
Por el aleve que hacían
Llegados son a Valencia.
A do el buen Cid residía:
Gran placer hubo con ellos,
Muy gran gozo y alegría.
Muy mayor cuando dijeron
Cómo el buen Rey dado había
Por alevosos los Condes
Y a don Suer, que los regía.
Hincado se había de hinojos,
Las manos puestas arriba.
Grandes gracias daba a Dios
Por la venganza que había
los malos yernos suyos
Y el tío que los regía.

A doña Jimena Gómez
Muy alegre le decía:
«Jimena, ya sois vengada
De tan grande villanía
Como ficieron los Condes
A nos y a las nuesas fijas.»
Cuando sus fijas oyeron
Lo que tanto oír querían,
Recibieron gran placer.
El mayor que ser podía.
Muy gran loor dan a Dios,
Gracias grandes le rendían
Porque vengó su deshonra;
Y con los brazos corrían
A abrazarse al buen Bermúdez
Y a toda su compañía:
Besarles quieren las manos
Del placer que ende habían.
Muy grandes fiestas hicieron,
Que duraron ocho días,
Porque Dios les dio venganza
De los que el mal cometían.

CLXXI[283]

**CARTA EN QUE EL REY
REFIERE AL CID LA
BATALLA Y VICTORIA DE
SUS CAMPEONES CONTRA
LOS CONDES DE
CARRIÓN.**

Acabada la batalla
Por el de Vivar pedida
Contra los aleves Condes,
Que le afrentaron sus fijas,

[282] Romance artístico anónimo
que recoge Sepúlveda en sus *Romances
nuevamente sacados...* También Escobar
lo recoge en su *Romancero*, si bien con
alguna modificación.

[283] Romance anónimo artístico,
del siglo XVI en sus finales. Lo
recogió Escobar en su *Romancero*.

El noble Rey don Alfonso,
Que el suceso honroso estima
Que haya sido por el Cid,
Como el que tenía justicia,
Con los tres fuertes guerreros
Que por él lidiado habían
Y alcanzado la victoria,
Así escribe al Cid Ruy Díaz:
«A vos, el Cid castellano,
El de la espada temida,
Pestilencia de los moros
Y defensa de Castilla:
A vos, a quien guarde el cielo
En próspera y larga vida
Para que estemos seguros
De la enemiga morisma:
A vos el Rey don Alfonso
Salud por ésta os envía,
Como vueso más amigo
Aunque enemigos resistan.
El suceso del combate
Que se ha hecho en esta villa
De Carrión, por el orden
Que se dio en las Cortes mías,
Os lo escribo por mi mano,
Y va con mi sello y firma,
Porque sea testimonio
Verdadero y sin malicia,
Y que en la edad venidera
Cómo fue, se entienda y diga,
Sin que amistad o respetos
Hagan que acorten o añidan.
Luego que fueron las Cortes
En Toledo concluidas,
A esta villa nos partimos
Por los dos Condes pedida.
Su demanda dio sospecha
Por ser en su tierra misma,
Que tierra que cría aleves
No sin recelo se pisa.
Yo aseguré este recelo
Porque a los tres que venían

Por vos a lidiar con ellos,
Guardé con la guarda mía.
Siempre los tuve delante,
Conociendo bien que había
De la parte de los Condes
Más traición que valentía.
Llegó el plazo y día asignado
En que habían de ser vistas
La justicia y la razón
Lidiar con la alevosía.
Hízose un fuerte palenque
Cerrado, y puestos encima
Asientos y seis jueces,
Y enfrente mi real silla.
A todo estuve presente,
Porque en mi ausencia no digan
Que el rostro escondí al efecto
En que el honor vueso iba,
Porque no fablen aquellos
Que vueso daño codician,
Que os falta el Rey don Alfonso
Como no os faltó en la vida,
Aunque por malditos medios
Traidores nos revolvían
Vuesa lealtad condenando
Con envidiosas mentiras.
Advertido de este engaño,
A maldades conocidas
Les cerré el oído a aquellos
Que os condenaban en vida.
He querido que entendáis
Que, su maldad entendida,
Hago el honor vueso mío,
Cual lo mostré en la conquista;
Que yo propio y a mi lado
Metí los tres que venían
A defender vuestra causa
Que yo llamo propia mía.
Puestos por mí en el palenque
Los dos Condes a la mira,
Y Suer González su tío,
Llegaron, cual convenía,

De fuertes armas cubiertos
Con muy grande compañía
De parientes y de amigos
Y el pueblo que los seguía.
Cuando yo vi tanta gente
Que en torno a todos seguía,
Temí el seguro no fuese
El robo de las Sabinas.
Mandé sentar a los jueces,
Y yo tomando mi silla,
Sosegado el alboroto,
Fue de mí esta razón dicha:
«Condes, las fijas del Cid
Por vos sin causa ofendidas
Con la traza más soez
Que se ha visto ni hay escrita,
Demandaron la venganza
De su afrentosa ignominia
Al Cid su padre, que al punto
Salió a ella por sus fijas,
Pidió campo a todos tres,
Para que en él fuese vista
Cómo quedaba su ofensa,
Con la sangre vuesa, limpia.
Respondisteis que con él
La batalla que os pedía
No queríades hacer
Porque yo lo ayudaría;
Que enviare a quien quisiere
Que sobre la causa mía
Por vos ficiese batalla
Según fueros de Castilla.
Estos tres nobles guerreros
El Cid por su parte envía,
Que ya en el campo os aguardan,
Os retan y desafían.
Haced vuestra obligación
Que es lo que es fuerza y obliga,
Que es tiempo que las razones
A las armas se remitan.»
Quisiéronme dar respuesta;
Y de mí no siendo oída,

A dar principio al combate
Fueron, aunque lo temían.
Partioles el campo luego
Un rey de armas, con insignias
Del terrible ministerio
Que administrándoles iba.
De tres en tres en sus puestos
Se pusieron, recogidas
Las riendas a los caballos,
Las lanzas apercibidas.
Contra el Conde don Fernando,
Que a la victoria se aplica,
Martín Antolínez fue
Fuego echando por la vista.
A don Diego el otro hermano,
Que encendió la horrible cisma,
Le cupo Pero Bermúdez
Para la batalla esquiva:
Nuño Bustos de Linzuela.
Ardiendo en honrosa ira.
Se opuso con Suer González.
Autor de la alevosía.
Cuando vi tres contra tres
En dos hileras distintas.
La lid de los Curiacios
Se me figura que vía.
A este punto el ronco son
De la trompa les avisa
Que den principio a la lid
Para el fin que pretendían.
Arremetieron a una
Todos, la señal oída,
Cada cual con el contrario
Que enfrente de sí tenía.
Don Fernando y Antolínez,
Que igualmente se ferían,
Quebraron juntos las lanzas;
Firmes quedan en las sillas;
Mas desnudando a Colada,
Después de muchas feridas
Que Antolínez le dio al Conde
Con destreza y valentía,

Le dio un golpe en lo más alto
Del yelmo, que las hebillas
Faltaron, y la cabeza
Fue en dos partes dividida.
Derribole del caballo,
Y el suyo dejando, encima
Del cuello se puso en pie,
Y el acero al pecho afirma.
A, este punto un gran ruido
Se alzó y una vulgar grita,
Pidiendo no le matase
Cumpliendo que se rendía.
Fue poderoso el clamor
De aplacar la ardiente ira
Del vencedor animoso.
Para dejallo con vida;
Mas puesto sobre él de pies,
A Pedro Bermúdez mira
Que traía, al Conde don Diego
Sin valor con que resista.
Diole un golpe con Tizona.
Después de tener rompidas
Las lanzas, y fue tan fuerte
Que hombre y caballo derriba.
Pidiole misericordia,
Pidiendo en merced la vida.
Confesando su maldad.
Diciendo que se rendía.
No dio oído a sus plegarias,
Mas la fiera espada hinca
Por el alevoso, pecho,
Con que dio fin a su vida.
El valiente Nuño Bustos
Y Suer González querían
Cada uno de por sí
La victoria de aquel día.
Duró mucho este combate,
Mas la justicia divina
Dio victoria a Nuño Bustos
Como a quien tenía justicia;
Atravesó a su contrario
De parte a parte, y fue grima

Verle venir del caballo
Cayendo la boca arriba.
Con esto acabó el combate,
Y los vencedores gritan
Si había que hacer más,
O más traidores que rindan.
Respondiéronles que no,
Que la victoria tenían
Ganada como valientes
Sin haber quien se lo impida.
Dos cajas y un pregonero,
Puestos a este punto encima
Del palenque, resonaron,
Y la victoria os aplican.
El rey de armas con mi guarda
A los vencedores guían
A donde los aguardaba
Yo y toda mi compañía.
Luego dieron los jueces
Sentencia definitiva,
Que por traidores infames
De honor los inhabilitan.
Esta sentencia fue al punto
Confirmada, y queda escrita
Para que pueda dar fe,
Sin la mía, con seis firmas:
Buen Cid, esto es lo que pasa,
Sin que falte, ni se añida,
Sin que odio ni amistad
Fagan que otra cosa escriba.
Ved si no quedáis contento,
Y queréis que se prosiga
Contra todo su linaje
Sin dejar persona viva.
Encomendadme a Jimena,
Y abrazadme a vuesas fijas
Y decidles que de nuevo
Su causa tomo por mía.»

CLXXII[284]

HONRA EL REY AL CID, Y
SE OFRECE POR PADRINO
EN LAS BODAS DE SUS
HIJAS CON LOS REYES
QUE LAS PIDIERON POR
ESPOSAS.

«Erguíos, no estéis postrado,
Que no es justo ni razón
Que esté ante mí de finojos
Quien reyes afinojó.
Cubrid las canas honradas
De grande prez y valor,
Y del más leal vasallo
Que tuvo rey ni señor.
Quedaos a yantar conmigo,
Que me faréis gran favor,
Y me tendrán las viandas
De este yantar mejor pro.
Y desque hayamos yantado,
Vos quiero facer favor
De contaros de la enmienda
Del tuerto de Carrión.
Mas quiero facerlo luego:
Sabed que le plugo a Dios
De guardarles sendos reyes
A Elvira y a doña Sol:
Seré en las bodas padrino,
Pues casamentero soy,
Porque para fijas vuesas
Los tales padrinos son.

Alvar Fáñez de Minaya
Vueso presente nos dio,
Yo y nusco le recibimos
Con gran talento y amor,
Y por primeras mercedes
Bien dignas de quien vos sois
Mando que no haya cadera
En vuesa comparación,
Si no fuere, cual yo, Rey,
O dignidad superior.»
Esto dijo el Rey Alfonso
A ese buen Cid Campeador.

CLXXIII[285]

RESUMEN DE TODA LA
HISTORIA DE LOS
CONDES DE CARRIÓN
CON EL CID Y SUS HIJAS.

Rodrigo Díaz de Vivar,
Nombrado el Cid castellano
Después que ganó a Valencia
Como bueno guerreando,
Vivía a placer en ella
Siendo temido y honrado,
Teniendo en su compañía
Su mujer, que tanto ha amado,
Llamada Jimena Gómez,
Hija del conde Lozano,
Que don Gómez de Gormaz
Por todos era llamado,

---

[284] Romance anónimo artístico. Adviértase que todo el romance es como un parlamento del rey al Cid y téngase en cuenta que, en este tiempo, el Campeador ya está en Valencia. Se publicó en el *Romancero General* y en el de Escobar.

[285] Este extenso romance vulgar, anónimo, viene a resumir bastantes de los anteriores, haciendo como un compendio de todo el episodio de la llamada afrenta de Corpes. Sepúlveda lo recoge en sus *Romances nuevamente sacados...* Parece ser del último tercio del siglo XVI.

Con sus dos hijas doncellas,
Hermosas en igual grado.
Daba a Dios crecidas gracias,
Y al apóstol Santiago.
Porque lo ha favorecido.
Y tenido de su mano.
En vencer tantas batallas.
Y en salir de ellas tan salvo,
Ganando tanto a los moros
Cuanto ninguno ha ganado.
Estas nuevas en Castilla
Mucho se han publicado.
Los Condes de Carrión
Ambos tienen acordado
De pedirle al rey Alfonso,
Hijo del Rey don Fernando,
Que el Rey hubiese por bien
Al Cid enviar mandado
Pidiéndole sus dos hijas
Para estos dos hermanos,
Que se casarán con ellas
Porque son de alto estado,
De los buenos de la tierra,
Y aun de los más mejorados.
Por bien ha tenido el Rey
De hacer lo suplicado:
Mensajeros hizo al Cid
Con quien envió su recado:
Rogábale que en Requena
Ambos se hayan juntado.
El Cid, que vido las cartas,
Hase bien aparejado,
Y el día que mandó el Rey
A Requena había llegado.
El rey que vido al buen Cid,
Luego lo había abrazado;
Preguntó el Rey a Rodrigo
De las guerras en que ha andado:
Diole de ellas larga cuenta
Como su vasallo honrado.
El Rey le dijo «Buen Cid,
Mucho por cierto he holgado

De vuestras grandes victorias
Y haberes que habéis ganado,
Y de veros que estáis viejo
Me hago maravillado.»
«Buen Rey, —respondiera el Cid—,
Los trabajos lo han causado
Que me han dado tantas guerras,
Y las lides en que he andado,
Que un día no he yo tenido
Que pueda llamar descanso.
Gané, buen Rey, a Valencia,
Donde hobe muy gran algo:
Todo es vuestro, buen señor,
Todo está a vuestro mandado.»
«Dios os lo guarde, buen Cid,
Pues tan bien fuera ganado.
Muy bien me puedo alabar
Que los Reyes que han pasado
No han tenido en los sus tiempos
Tal vasallo y tan honrado,
Valiente por su persona,
Ni tan bien afortunado.
Lo que agora os quiero, Cid,
Por mí vos será contado.
Los Condes de Carrión,
Ambos me han suplicado,
Que a doña Sol y a Elvira
Se las entreguéis de grado
Para que casen con ellas.
Por ser hijas de hombre honrado,
No rehuséis, Cid, mi ruego,
Pues que veis que yo las caso;
Que si mal casadas fueren,
Yo me terné por culpado.»
El Cid respondió. «Señor,
Ellas son so el vuestro mando:
De ellas y de mí podréis
Hacer muy bien vuestro grado.
Vos, buen señor, las caséis
Como lo habéis razonado;
Yo de ello soy muy contento,
Alegre soy y pagada.»

Mucho el Rey se lo agradece,
Y los Condes han llegado;
Besan las manos del Cid
Por esto que ha otorgado.
El Rey se vuelve a Castilla,
El Cid se tornó a su Estado
A la muy noble Valencia,
Que a moros habo ganado.
Los Condes llevó consigo,
Y al que los había criado,
Para celebrar las bodas
Que el buen Rey ha concertado.
Andando por sus jornadas
A Valencia habían llegado,
Y doña Jimena Gómez
Muy gran placer ha cobrado,
Y gran placer ambas hijas,
Con el buen Cid han tomado.
Aqueste buen Alvar Fáñez
Las doncellas ha entregado
A los dos hermanos Condes,
Como el Rey se lo ha mandado.
Don Jerónimo, arzobispo,
Luego los ha desposado.
Fechos ya los casamientos,
Fiestas se habían ordenado
De justas y de torneos:
Los moros con los cristianos
Todos están con placer
En muy sublimado grado.
La fortuna, que es aviesa.
No deja cosa en su estado:
El Cid tiene un gran león.
Muy grande es, y denodado.
Y estando el buen Cid durmiendo
El león se había saltado
Por descuido de su guarda
Y no por serle mandado.
El león con muy gran furia
Donde está el Cid había entrado,
Y donde estaban los Condes
Ambos las tablas jugando:

Como vieron al león,
A huir habían echado.
Al ruido de las voces
El buen Cid ha recordado:
Antes estaba durmiendo
Echado sobre el su escaño
Visto por él el león
Una gran voz le había dado;
El león lo conoció.
Donde estaba se ha tornado;
Los Condes quedan corridos.
Y ambos muy afrentados
Creyendo que el Cid hubiese
Hecho lo que es ya contado,
Y con muy mal pensamiento
Del buen Cid han murmurado.
Hablan los dos en secreto;
Con su tío habían hablado.
Que se despidan del Cid
Para Castilla su estado.
Y que lleven sus mujeres
Con quien se habían desposado:
Y pues no pueden del padre
De la afrenta ser vengados.
Se venguen en sus des fijas,
Y quedarán bien pagados.
Con aqueste mal acuerdo
Al buen Cid así han hablado:
«Licencia nos dad, señor,
Que tenemos acordado
De nos volver a Castilla
A estar en nuestro condado.
Con ambas nuestras mujeres
Nuestro padre lo ha mandado.»
El Cid les dio la licencia.
Aunque se hubo recelado
De que estos dos yernos suyos
No hubiesen concertado
De matarle sus dos fijas,
U otro gran desaguisado.
Porque los tiene por hombres
No bien acondicionados:

Mas por cumplir lo que debe
En ello no puso embargo,
Y con sus gentes guarnidos
Su camino han comenzado.
Como el Cid tiene recelo
Aquesto había acordado:
Llamó a su sobrino Ordoño,
Y luego le había mandado
Que vaya, tras de sus fijas,
Cubierto, disimulado,
Y que vea muy bien visto
Lo que hubiese pasado.
Porque el corazón le dice
El mal que le está guardado.
Los Condes con sus mujeres
Por su camino han andado;
Por los lugares do van
Eran muy bien hospedados,
Porque los señores de ellos
Del buen Cid eran vasallos.
Andando por sus jornadas
A Carpes habían llegado
Y entre los robledos dél
Las damas han apeado;
De las mulas en que van
Al suelo las han bajado.
Mandan primero a su gente
Se hubiesen adelantado.
Por los cabellos las toman,
Habiéndolas desnudado
Arrástranlas por el suelo,
Tráenlas de uno a otro lado,
Danles muchas espoladas,
En sangre las han bañado;
Con palabras injuriosas
Mucho las han denostado.
Los cobardes caballeros
Por muertas las han dejado.
Diciendo: «Hijas del Cid,
En vos seremos vergados,
Que vosotras no sois tales
Para con nusco casaros:

Pagareisnos las deshonras
Que el Cid a nos hubo dado,
Cuando soltara el león
Y procuraba matarnos.»
En medio de aquel robledo
Atadas habían quedado.
Siguen ambos su camino,
A sus gentes han llegado;
Las gentes a sus señores
Por ellas han preguntado
Ambos Condes respondieron
Que quedan a buen recaudo,
Las señoras muy cuitadas
Muy gran llanto han comenzado,
Alaridos dan al cielo
Su desdicha lamentando.
Diciendo: «Condes traidores,
Cuán mal que lo habéis usado
Siendo nos hijas del Cid
A quien habéis deshonrado!
¡Tal es él que vengará
La traición que habéis obrado!»
El llanto que están haciendo
Don Ordoño lo ha escuchado,
Y a las voces que ambas dan
Donde están había llegado,
Y cuando vido a sus primas
La cara se está arañando.
Mesaba los sus cabellos,
Granaos voces está dando,
A los Condes alevosos
A grandes gritos llamando,
Porque a las tales señoras
Se hace tal desaguisado,
Mayormente siendo hijas
De un padre tan estimado:
¡De tan grande alevosía
El se hará muy bien vengado!
En las ramas de los robles
A las damas había echado,
Cubriolas con su vestido,
Allí las había dejado;

A buscar va do las ponga
Para que estén a recado.
Ventura le deparó
Casa de un labrador honrado,
Y muy servidor del Cid.
Que veces lo hubo hospedado.
Ordoño y el labrador
Al robledo habían tornado,
Y donde dejó sus primas
Allí las había hallado.
Llévanlas a aquel lugar,
Que es secreto y apartado:
Allí son bien, acogidas
De este labrador honrado,
Y de su mujer y hijos;
Todos hacían su mandado.
Don Ordoño habló con ellas,
De esta suerte ha razonado:
«Señoras, yo quiero ir
A Valencia nuestro Estado
A decir al vuestro padre
Esto que os ha pasado,
Y que vengue vuestra injuria,
Pues que tanto le ha tocado.»
Ellas lo hubieron por bien;
Su viaje ha comenzado,
Andando por sus jornadas
A Valencia había llegado,
Y en presencia del buen Cid
Grande llanto ha comenzado:
Contole lo acaecido
Sin palabra haber faltado.
El buen Cid como discreto
Muy bien lo ha disimulado.
Que lo que espera venganza
No conviene ser llorado.
Su mujer Jimena Gómez
Es quien más pena ha mostrado;
Lloraba de los sus ojos,
Fuentes se le habían tornado.
Mucho la consuela el Cid
Como discreto y honrado;

Con las cosas que le ha dicho
Mucho la ha consolado.
Despachó sus mensajeros
Para ese rey castellano,
Al cual le hace saber
Aqueste hecho malvado.
Pidiole que haya por bien
Que de ello se haya vengado
Y para que haya efecto
Licencia le ha demandado
Para venir a Toledo,
Do el Rey esta aposentado.
El Rey que supo el negocio
Gran enojo había cobrado
De los Condes, y su tío.
Que los hubo aconsejado:
La licencia que el Cid pide
El Rey se la había otorgado,
Y al Cid con sus caballeros
A Toledo había llegado:
Fue del Rey bien recibido
Cual merece tal criado.
Propuso el Cid su razón
Como hombre sabio y honrado:
«Bien sabéis, Rey mi señor.
Que soy yo vuestro vasallo;
Criome el Rey vuestro padre,
Y don Sancho vuestro hermano.
A ambos yo los serví
Como muy leal criado;
Muchos servicios les hice.
Y fui por vos desterrado.
Por vuestro mando, señor.
Mis hijas hube casado
Con los condes de Carrión,
Do se cumplió vuestro grado.
Diles yo de mis haberes
Con que fueron, muy honrados.
Diles Tizona y Colada,
Las espadas de mi lado:
Ellos sin causa ninguna
Muy mal me habían deshonrado:

Dejaron las mis dos hijas
De fuera de lo poblado,
Y como a malas mujeres,
No hijas de padre honrado,
A Vos, buen Rey y señor.
Conviene me hagáis vengado.
Vos fuistes quien las casastes,
Yo hice vuestro mandado,
Que no a mí solo los Condes,
Mas a vos, han injuriado.
Hacedme, buen Rey, justicia.
Que a vos solo es esto dado,
Que si por las armas fuera
Ya ellos fueran castigados.»
El Rey respondió: «Buen Cid
Vos lo habéis bien razonado,
En lo pedir por justicia.
Sin haber muertes ni bandos.
Que esta tanto se os hará
Como quedéis bien vengado.»
El Cid las manos al Rey
Por la merced le ha besado
Y para que se cumpla esto
A Cortes había llamado,
Mandando que en treinta días
Todos se hubiesen juntado.
Dentro del tiempo que es dicho
A Toledo son llegados
Los Condes con sus parientes,
Que son muy emparentados.
Estado allí todos juntos
El buen Cid ha razonado:
«Ante vos, buen Rey Alfonso
Pido a los Condes mi algo,
Pido a Tizona y Colada
Que yo les hube prestado,
Pues que no hay causa ninguna
Los tengan contra mi grado.»
Los Condes dicen tenerlo,
Y el Rey ha determinado
Que todo se vuelva al Cid,
Pues es suyo, y bien ganado.

Esto fue luego cumplido
Como el Cid lo ha demandado,
Y luego se pulso en pie
Y ansí está razonando
Echando mano a su barba
Con semblante denodado:
«Candes, ante el Rey presente,
Y grandes de su reinado,
Vos repto por alevosos,
Pues que de ello habéis usado
En deshonrarme mis fijas,
Señoras de alto estado,
Sin tener causa ninguna
De ansí las haber tratado
Como, Condes, las tratastes
En Carpes ese collado:
Pero pagármelo heis,
Y el que os hubo aconsejado.»
Los dos Condes y su tío
Andan excusas buscando:
Pero no las hallan tales
Que se hagan disculpados.
El Rey oídas las partes
Aquesto ha determinado:
«Que los Condes y su tío
Con otros tres en el campo
Lidien como caballeros,
Que allí se verá el culpado.»
Aquestos fueron Bermúdez,
Con sus dos primos hermanos.
El Cid se volvió a Valencia
Siendo aquesto ya acordado.
En el plazo que el Rey puso
Aquellos han batallado:
Los Condes quedan vencidos
Con su tío ya nombrado;
Confiesan ser alevosos,
Y por tales fueron dados,
Quedaron tan abatidos,
Que hasta agora son reptados,
Y por esta alevosía
El Rey les quitó el Estado.

Los caballeros del Cid
A Valencia se han tornado:
Son del Cid bien recibidos
Como quien los ha criado:
Cuéntanle de la justicia
Que el Rey Alfonso ha usado
Con los Condes y su tío,
Y todo lo que es pasado.
El Cid da infinitas gracias
A Dios que lo había vengado;
Agradeció mucho al Rey
Lo que con él se ha usado.
Estando el Cid muy temido,

Sus hijas le han demandado
Un infante de Navarra.
Y otro de Aragón, reinado,
Y del su ayuntamiento
Un hijo se ha procreado.
De este proceden linajes
Que hoy vienen más sublimados;
Donde podemos notar
El mal ser bien castigado,
Y a aquel que usa del bien
Por Dios es galardonado;
Lo mismo conteció al Cid
En el caso que es contado.

QUINTA PARTE

POSTRIMERÍAS DEL CID

CLXXIV[286]

YA EN VALENCIA,
ANUNCIA SAN PEDRO AL
CID ENFERMO QUE SE
PREPARE A LA MUERTE, Y
QUE AÚN DESPUÉS DE
ELLA VENCERÁ A LOS
MOROS DE BÚCAR, QUE
SITIABAN LA CIUDAD DE
NUEVO.

Estando en Valencia el Cid,
De trabajos muy cansado,
Cansado de tantas guerras
Como por él han pasado,
Nuevas le fueron venidas
Que le ponen en cuidado,
Que el Rey Búcar, fuerte moro,
Sobre Valencia ha llegado.
Treinta reyes trae consigo,
Valientes son y esforzados;
Con mucha gente de guerra,
De a pie son y de a caballo.
Echado estaba el buen Cid
Sobre su cama acostado;

---

[286] **QUINTA PARTE**

Romance anónimo artístico, que
Sepúlveda recoge en sus *Romances
nuevamente sacados...* donde da también
otro idéntico, cambiando el primer
verso: *Muy doliente estaba el Cid*.
También lo incluye Escobar en su
Romancero tal como lo damos aquí.

Pensando estaba cuidoso
En fecho tan afamado,
Suplicando a Dios del cielo
Que siempre esté de su bando,
Y de peligro tan grande
Con honra lo saque a salvo.
Cuando el Cid no se cató,
Un hombre vido a su lado,
El rostro resplandeciente,
Cano, crespo y relumbrando,
Tan blanco como la nieve,
Con color muy sublimado.
Díjole: «¿Duermes, Rodrigo?
Recuerda, y está velando.»
Díjole el Cid: «¿Quién sois vos,
que así lo habéis preguntado?»
«San Pedro llaman a mí,
Príncipe de apostolado.
Vengo a decirte, Rodrigo,
Otro que no estás cuidando.
Y es que dejes este mundo;
Dios al otro te ha llamado,
Y a la vida que no ha fin,
Do están los santos holgando.
Morirás en treinta días
Desde hoy que esto te fablo.
Dios te quiere mucho, Cid,
Y esta merced te ha otorgado,
Y es que después de tú muerto
Venzas a Búcar en campo.
Tus gentes habrán batalla
Con todos los de su bando,
Y esto será con ayuda
Del Apóstol Santiago.
Y él verná a la batalla;
Ya se lo tiene mandado.
Tú, Rodrigo Campeador
Faz enmienda a tu pecado,

Porque muerto que tú seas
A la gloria seas llevado,
Que Dios par amor de mí
Ha todo aquesto ordenado,
Porque honraste la mi casa,
Do Cardeña era nombrado.»
Cuando lo oyera el buen Cid,
Gran placer había tomado;
Saltó luego de la cama,
De rodillas se ha postrado
Para besarle los pies
Al buen Apóstol sagrado.
Dijo San Pedro: «Rodrigo,
Aqueso es ya excusado,
Que a mí no podrás llegar,
No te trabajes en vano;
Mas ten por cosa muy cierta
Aquesto que te he contado.»
Esto dicho, el santo Apóstol,
A los cielos se ha tornado;
Rodrigo quedó contento,
Alegre y muy consolado,
Dando a Dios crecidas gracias
Por lo que le había otorgado.

CLXXV[287]

EL CID, MORIBUNDO, SE DESPIDE DE LOS SUYOS.

En Valencia estaba el Cid
Doliente del mal postrero,
Que agravios en pechos nobles
Pueden mucho más que el tiempo.

---

[287] Romance anónimo artístico, publicado en el *Romancero General* y recogido por Escobar en su *Romancero.*

A su cabecera tiene
Religiosos y hombres buenos,
Y en torno de su persona
Sus amigos y sus deudos,
Cuyos semblantes mirando
De dolor y cuita llenos,
Con tan sesudas razones
Así conhorta su duelo:
«Bien sé, mis buenos amigos,
Que en tan duro apartamiento
No hay causa para alegraros,
Y hay mucha para doleros;
Pero mostrad mi enseñanza
Contra los adversos tiempos,
Que vencer a la fortuna
Es más que vencer mil reinos.
Mortal me parió mi madre,
Y pues pude morir luego,
Lo que el cielo dio de gracia
Non lo pidáis de derecho.
Non muero en tierras ajenas,
En mis propias tierras muero,
Cuanto más que siendo tierra
Es propia heredad del muerto.
Non siento el verme morir,
Que si esta vida es destierro,
Los que a la muerte guiamos
A nuestra patria volvemos.
Tan sólo llevo en el alma
Que en poder de un Rey vos dejo
En quien vos podrá empecer
Ser míos, o ser ya vuesos.
Que trate bien mis soldados,
Pues le defienden sus reinos,
Y crea a piernas quebradas
Más que a sabios consejeros.
Que traiga siempre en balanza
El castigo con el premio.
Que la lealtad de vasallos
Virtud pone, y pone miedo.
Que estime un noble leal
Más que muchos falagüeños,

Que de muchos hombres malos
Non puede facer un bueno;
Y a quien menester hubiere
Nunca le faga denuestos,
Ni pague servicios propios
Por pareceres ajenos.
Y non fablo de agraviado,
Antes le quedo debiendo,
Que las sinrazones suyas
Fueron mis merecimientos.»
En esto entrara Jimena,
Cuyo desamparo viendo,
Ellos se enjugan los ojos,
Y el Cid dejó el parlamento.

CLXXVI[288]

**EL CID ACONSEJA A LOS
SUYOS LO QUE DEBEN
HACER DESPUÉS DE SU
MUERTE.**

Aquese famoso Cid
De Vivar triste yacía;
San Pedro le apareció:
Que se apareje, decía,
Para ir al otro mundo,
Cerca la muerte tenía:
Treinta días, que no más,
Le dijo que viviría.
Levantose gran mañana;
Junto a su caballería
Llorando de los sus ojos
De esta manera decía:
«Parientes míos leales,
Y amigos que ende había,

---

[288] Romance artístico original de
Lorenzo de Sepúlveda, que lo publicó
en sus *Romances nuevamente sacados...*

Bien se vos acordará
Cómo ese Rey de Castilla,
Don Alfonso, mi señor,
A mí destierro ponía,
Y por la vuestra mesura
Tuvísteme compañía.
Dios nos hizo gran, merced,
Y él siendo la nuestra guía;
Vencimos muchas faciendas;
Cristianos, moros vencían.
Quisieran ellos quitarme
La merced que Dios me hacía;
Pero non pudo ninguno
Seguir tan mala porfía;
Loado el nombre de Crispo
A Valencia conquería.
A hombre del mundo yo
Señorío no debía,
Sino al buen Rey don Alfonso,
Al cual mucho yo quería.
Que supiera que mi cuerpo
Tan poco durar había,
En verdad vos digo yo;
Que ya el fin es de mi vida.
Treinta días, que no más,
Mi cuerpo el alma temía;
Siete noches han pasado
Que visiones me seguían:
Diego Laínez, mi padre,
Y mi hijo aparecían;
Dicen: «Mucho habéis durado
En aquesa triste vida»,
Vayámonos a las gentes
Que perdurable vivían.
Yo no creo estas visiones,
Mas mi muerte es cedo aína.
Ya sabéis cómo el Rey Búcar
Contra nos cierto vernía;
Treinta y seis reyes de moros
Trae en su compañía;
Pues tan gran poder como éste.
Defenderse non podría

Sin que vos gane a Valencia;
Mas yo vos consejaría
Como lo venzáis en campo
Antes de ser mi partida,
Y como Jimena Gómez,
Vosotros con valentía
A Castilla vos volváis
Sin que nadie vos lo impida.»

CLXXVII[289]

TESTAMENTO DEL CID.

«La que a nadie no perdona,
A reyes ni a ricos homes,
A mí, fincado en Valencia,
Llegó a mi puerta y llamome;
Y fallándome dispuesto
A su voluntad conforme,
Fago así mi testamento,
Y mi voluntad al postre:
«Yo, Rodrigo de Vivar,
Llamado por otro nombre
El bravo Cid Campeador
De las morismas naciones,
El alma encomiendo a Dios
Que en su reino la coloque;
Y el cuerpo, fecho de tierra
Mando que a su centro torne;
Y después que sea finado,
Con los untos de los botes
Que me endonó el rey de Persia

Lo unten, compongan y adoben;
Y puesto sobre Babieca
Tras mi seña y mis pendones,
Lo enseñedes al Rey Búcar
Y a todos sus valedores.
Y mando que a mi Babieca
Lo sotierren y lo afoden:
Non coman canes caballo
Que carnes de canes rompe;
Y para facerme obsequias
Se junten mis infanzones,
Los de mi pan y mi mesa,
Los buenos conqueridores;
Y a la santa cofradía.
Del rico Lázaro pobre,
Mondo el prado de Vivar,
Ende, aquende, y sus quiñones.
Ítem: mando que no alquilen
Plañideras que me lloren,
Bastan las de mi Jimena,
Sin que otras lágrimas compre.
Y en San Pedro de Cardeña
Junto al santo Pescadore
Me fabriquen un fosal
Con su túmulo de bronce.
Item: mando que al judío,
Que engañé estando tan pobre,
Lo que pesare él de arena
Le den de plata otro cofre.
Y a Gil Díaz tornadizo,
Que de moro a Dios volviose,
Le mando mis femolarias,
Mis corazas y quijotes.
El noble Rey don Alfonso
Y el buen Obispo don Lope,
Y mi sobrino Alvar Fáñez
Sean mis cabezadores:
Y lo demás de mi haber
Se reparta entre los pobres,
Que son entre el hombre y Dios
Padrinos y valedores.»

[289] Romance anónimo artístico de la época de los de Sepúlveda y de valor poético estimable como cuadro de costumbres de la época. El Gil Díaz, a que se alude, es el supuesto autor de la *Crónica del Cid*. Lo recogió Escobar en su *Romancero del Cid*.

CLXXVIII[290]

DESPÍDESE EL CID DE SUS ESPADAS Y DE SU CABALLO.

Banderas antiguas tristes,
De victoria un tiempo amadas,
Tremolando están al viento
Y lloran aunque no hablan.
Sonaban las roncas Voces
De las destempladas cajas,
Y los pífanos soberbios
Calles y plazas arrancan.
Estaba el Cid Campeador
Humilde y manso en la cama,
Y sujeto a la inclemencia
De la vengativa Parca.
Hizo traer las reliquias
De las victorias pasadas
Y mandó que le trujesen
Sus compañeras espadas,
Y desque fueron traídas
Levantábase en la cama;
Tomándolas en sus manos
Les dijo aquestas palabras:
«Colada y Tizona mías,
No colada, mas calada
Por mil contrarios arneses
Y por mil contrarias armas,
¿Cómo os hallaréis sin mí?
¿A quién os dejaré en guarda
Que no manche vuestro honor,
Pues que tan fácil se manchan?»

Y luego, en diciendo aquesto,
Mandó que a Babieca traigan,
Que quiere verle primero
Que comience su jornada.
Entró el caballo más manso
Que una corderilla mansa:
Abriendo los anchos ojos
Como si sintiera, calla.
«Ya me parto, caro amigo;
Quien os gobierna, ya falta:
Quisiera pagaros bien;
Pero recibid por paga
Que con los fechos que he fecho
Será inmortal vuestra fama.»
Y no diciendo más que eso,
La Muerte tira una jara.

CLXXIX[291]

(SOBRE EL MISMO ASUNTO)

Coronadas de victorias
Aquellas dichosas sienes,
Con un frío insoportable
El buen Cid está a la muerte.
Presente se halló San Pedro,
Que quiso hallarse presente
Para mostrar que su vida
Mereció fin tan alegre.
Doña Jimena le llora.
Que mucho su muerte siente,
Porque si le quiso en vida
Mucho más le quiere en muerte
Comenzó el buen Cid sus mandas
Como ve que le conviene

[290] Romance anónimo artístico que recogió Milá y Fontanals en su *Romancero selecto del Cid* (1884), sin decir de dónde lo tomó. Durán no lo recoge; tampoco lo hizo Escobar.

[291] Romance anónimo artístico, publicado en el *Romancero General* sin que pasara al de Escobar.

Para el pro de sus criados,
De su alma, hacienda y gente.
Dice: «Porque sé que Búcar
Con crecido poder viene
Para cercar a Valencia,
Mando mi cuerpo se lleve
Bien armado, y en Babieca
De suerte que me sustente,
Mi Tizona en la una mano
Y en la otra mi insignia lleve;
Y mando que no se vista
Nadie luto, pues conviene,
Antes con ropa de seda
Grande alegría se muestre,
Y que se toquen con tino
Los instrumentos que hubiere,
Y se ponga en la muralla
Jimena, y consigo lleve
Sus damas, y las demás
Que mejor le parecieren;
Y que mis gentes se vistan
De blanco, morado y verde.
Acabada la batalla
Mando mi cuerpo se lleve
Con mi tesoro a Castilla,
El cual quiero que herede
Mi mujer doña Jimena,
Y de esto el cargo le quede
A don Jerónimo, obispo,
Para que en todo dispense.
Quiero que cada hijodalgo
Después de mi muerte, herede
Quinientos maravedís,
Y mil quien los mereciere.
Pero Bermúdez, mi primo,
En do Jimena estuviere,
La sirva de mayordomo
Si en tiempo le venciere.
Ítem, mando que las villas,
Castillos y casas fuertes
Las herede el rey Alfonso.
Como al presente las tiene,

Porque yo nunca gané
Ciudades ni villas fuertes,
Sino en nombre, y como suyo
De mis señores los reyes.
Y no hago restitución
De ningún cargo dé bienes
A los reyes de Castilla,
Porque antes ellos me deben
El tesoro que he gastado
Peleando contra infieles;
Lo cual todo lo perdono
Sin que ellos nada me suelten.
Ítem, mando que Babieca
Después de muerto le entierren,
Porque no coman las aves
Carnes que tanto merecen.
Y a San Pedro de Cardeña
Mando que mi cuerpo lleven,
Que es monasterio en Castilla
Donde quiero que le entierren;
Y a Dios pido me perdone
Cuando de este mundo fuere.»

CLXXX[292]

(SOBRE MISMO ASUNTO.)

A la postrimera hora
Muy fatigado en la cama,
Ese buen Cid Campeador
Hoy quiere ordenar su alma,
Y presente Alvar Fáñez,

---

[292] Romance anónimo artístico, publicado en el *Romancero General*, sin que pasara al de Escobar ni otros romanceros cidianos. Adviértase el alto valor de la moneda, que no parece sino que el autor del romance quiso exagerar, para establecer el contraste.

Que es escribano de fama,
Y con él cuatro testigos,
Así comienza sus mandas.
«Mi alma quien, la crió
Es muy justo que la haya,
Mi cuerpo a la dura tierra,
Pues de la tierra fue planta.
A mi querida Jimena
Mando que le sean dadas
Las mis tierras, que gané
Con mi valor y mi espada.
Ítem, diez maravedís.
Cada un año esté obligada
A dar para que se casen
Huérfanas desamparadas.
Ítem más, siete reales
Den para hacer una casa
Donde huéspedes reciban.
Que peregrinando pasan.
Doña Sol, mi hija mayor,
Mando que sea mejorada,
En veinte maravedís
Y en una aljuba de grana.
Ítem, mando a Doña Elvira
Un arca toda encorada.
Que fue del rey de Valencia,
Guarnida de hojadelata.
A Martín Peláez le mando
El mi trotón y dos lanzas,
Mi sayo con mi jubón,
Y juntamente mis calzas.
Tres reales le mando a Núñez;
Pero en obligación haya
De me decir treinta misas
Cuando de este mundo vaya.
Mando que entre mis soldados
Seis reales se repartan,
Porque rueguen por mí a Dios
En quien está mi esperanza.
Ítem, mando que mi cuerpo,
Acabada la batalla,
Le lleven luego a San Pedro

En un ataúd, o andas,
Y que ante el altar mayor
Un rico sepulcro se haga,
Ante quien siempre den luz
Tres lámparas plateadas.
Para fábrica del templo
Y aceite, dejo por manda
Catorce maravedís
Que el rey de Córdoba paga.»

CLXXXI[293]

MUERTE DEL CID.

La era de mil y ciento
Y treinta y dos que corría,
A quince días de Mayo
Doliente el buen Cid yacía
En Valencia la nombrada,
Que de moros conquería.
Su mujer está presente
Y privados que tenía;
Haciendo está testamento:
Lo primero ansí decía:
«En San Pedro de Cardeña
Mi cuerpo se enterraría:
Mando a cada hijodalgo
Que a mi servicio había
Quinientos maravedís;
A otros, mil les diaria;
A Doña Jimena Gómez
Cuantos bienes yo tenía;
Muy honradamente en ello
Es mi voluntad que viva;
Estará en el monasterio,

---

[293] Romance artístico original de Lorenzo de Sepúlveda, que lo publicó en sus *Romances nuevamente sacados...* y no pasó al *Romancero*, de Escobar.

De Cardeña se decía,
Gil Díaz, que es mi privado,
Mando que la honre y sirva.
Cabezaleros que nombro,
Doña Jimena sería.
Y Don Jerónimo, obispo,
Alvar Fáñez en compañía;
Mi primo Pero Bermúdez
Gran cargo de ello ternía.»
Demandaba el Sacramento,
Ya se le acaba la vida;
Con crecida devoción
El buen Cid lo recibía;
Llorando de los sus ojos
Muchas lágrimas vertía;
Acostárase en su cama.
A Cristo llama por guía;
Dijo: «Tuyo es el poder,
Hijo de Virgen María,
Todos los reinos son tuyos.
El mundo te obedecía,
Todo es a tu mandado,
Tu voluntad se cumplía,
Pídote yo por merced
Mi alma no sea perdida,
Y la pongas en la fin,
Que ninguna fin había.»
Y diciendo estas palabras
El noble varón moría:
Dios la había recibido,
Que va limpia de mancilla.

CLXXXII[294]

EXEQUIAS DEL CID Y DUELO DE DOÑA JIMENA.

Las obsequias funerales
Celebra doña Jimena
De Rodrigo de Vivar
En San Pedro de Cardeña,
Juntamente con sus fijas,
A quien el cielo hizo reinas,
Satisfaciendo el agravio
No debido a su inocencia.
Pone el cuerpo en una tumba,
Más que su esperanza negra,
Y así llorando le dice,
Como si vivo estuviera:
«¡Oh amparo de los cristianos!
¡Rayo del cielo en la tierra!
¡Azote de la morisma!
¡De la fe de Dios defensa!
¿No sois aquel que jamás
Os vieron la espalda vuelta
Los disfrazados amigos
Que causaron vuesa ausencia?
¿No sois el que, desterrado
Por palabras lisonjeras,
Allanó para su Rey
Mil castillos y fronteras?
¿No sois vos quien sujetó
A la ciudad de Valencia,
Y el que venció en seis batallas
Sin alma mil almas fieras?
¡Ay amarga soledad,
Cómo al sufrimiento enseñas
A sufrir contra justicia
Tan penosa y triste ausencia!»
No pudo pasar de aquí
La madre de la nobleza,
Que sobre el cuerpo cayó
Desmayada o casi muerta.

[294] Romance anónimo artístico, de fines del siglo XVI. Lo recogió Escobar en su *Romancero del Cid.*

CLXXXIII[295]

PREPARAN EL CUERPO DEL CID PARA LA BATALLA.

Mientras se apresta Jimena
Con algunos de los suyos
Para partir de Valencia
Con el silencio nocturno;
Y los nobles castellanos,
Más valerosos que muchos,
Con fingidas alegrías
Velan los soberbios muros;
Alvar Fáñez de Minaya,
Don Ordoño y don Bermudo
Para la batalla aprestan
Del Cid el cuerpo difunto
No le visten la loriga
Que él en las lides trujo,
Por cumplir lo que mandó
En su postrimero punto.
De pergamino pintado
Le ponen yelmo y escudo,
Y en medio de dos tablones
El embalsamado busto:
Y de un cendal claro, verde
Vestido un tabardo justo,
Al pecho su roja insignia
Honor y asombro del mundo.
Unas calzas de colores
Guarnecidas de dibujo,
En lienzo crudo pintadas,
Y ellas son de lienzo crudo.
El derecho brazo alzado.

Al menos cuanto se pudo,
En la mano su Tizona,
El limpio hierro desnudo.
De esta guisa le aprestaron,
Y cuando aprestado estuvo,
Pavor les dio de miralle,
¡Tal se muestra de sañudo!
Trujeron, pues, a Babieca,
Y en mirándolo se puso
Tan triste, como si fuera
Más razonable que bruto.
Atáronle a los arzones
Fuertemente por los muslos,
Y los pies a los estribos
Porque fuese más seguro,
Y a la lumbre del lucero,
Que por verle se detuvo,
Con su capitán sin alma
Salieron al campo juntos;
Donde vencieron a Búcar
Sólo porque a Dios le plugo;
Y acabando la batalla,
El sol acabó su curso.

CLXXXIV[296]

LOS DEL CID LLEVANDO SU CUERPO SOBRE BABIECA, Y AYUDADOS DE SANTIAGO, VENCEN A BÚCAR, QUE SITIABA A VALENCIA.

Muerto yace ese buen Cid
Que de Vivar se llamaba;

---

[295] Romance anónimo artístico, publicado en el *Romancero General,* sin que pasara a otrosí romanceros cidianos.

[296] Romance anónimo artístico, publicado por Sepúlveda en sus *Romances nuevamente sacados...* También lo recogió Escobar en su *Romancero.*

Gil Díaz, su buen criado,
Cumpliera lo que mandara.
Embalsamara su cuerpo
Y muy yerto se paraba:
Cara tiene de hermosura;
Muy hermosa y colorada;
Los ojos igual abiertos,
Muy apuesta la su barba:
Non parece que está muerto,
Antes vivo semejaba;
Y para que esté derecho
Este ardid Gil Díaz usaba:
Puso el cuerpo en una silla,
Una tabla en las espaldas,
Y otra delante del pecho
Y a los lados se juntaban;
Llegaban bajo los brazos
Y el colodrillo tapaban.
Ésta era la de atrás,
Y otra llegaba a la barba:
Teniendo el cuerpo derecho,
A ningún cabo inclinaba,
Doce días son pasados
Después que el Cid acabara;
Aderézanse las gentes
Para salir a batalla
Con Búcar, ese Rey moro,
Y contra la su canalla.
Cuando fuera medianoche,
El cuerpo así como estaba
Le ponen sobre Babieca
Y al caballo lo ataban.
Derecho está y muy igual,
Estar vivo semejaba.
Calzas tiene en las sus piernas.
De blanco y negro labradas;
Parecían brasonetas
De las que en vida calzaba.
Vistiéronle vestidura
Que el pespunte se mostraba;
Y su escudo puesto al cuello
Con su divisa ondeaba.

Capellina en su cabeza
De pergamino pintada,
Parece que era de fierro,
Según está bien labrada.
En la su mano derecha
La Tizona le fue atada,
Sutilmente, a maravilla
Iba en la su mano alzada.
De un cabo iba el obispo,
Don Jerónimo de fama,
Del otro iba Gil Díaz,
El que a Babieca guiaba.
Salió don Pedro Bermúdez
Con seña del Cid alzada,
Con cuatrocientos fidalgos
Que con él van en su guarda
Saliera luego el recuaje,
Otros tantos lo guardaban;
Saliera el cuerpo del Cid
Con gente muy esforzada,
Ciento son los guardadores
Que el cuerpo honrado llevaban:
Tras él va doña Jimena,
Con toda la su compaña,
Con seiscientos caballeros
Que para guarda le daban.
Callando van, y tan paso
Que veinte no semejaban.
Ya están fuera de Valencia,
Claro el día se mostraba:
Alvar Fáñez fue el primero
Que arremetió con gran saña
Contra el gran poder de moros
Que Búcar trae en su compaña.
Halló delante de sí
Una mora muy gallarda,
Gran maestra en el tirar
Con saetas del aljaba
De los arcos de Turquía:
Estrella era nombrada.
Por la destreza que había
En el herir de la jara.

Ella fuera la primera
Que a caballo cabalgara
Con otras cien compañeras
Muy valientes y esforzadas.
Los del Cid las fieren recio.
Muertas en tierra quedaran.
Visto los había el Rey Búcar
Con los reyes de su banda,
Y quedan maravillados
En ver la gente cristiana.
Setenta, mil caballeros
Les pareció que llegaban.
Todos blancos como nieve
Y uno que los asombraba,
Más crecido que ninguno
En blanco caballo andaba,
Cruz colorada en el pecho,
En su mano señal blanca;
La espada semeja a fuego,
Con que a los moros llagaba;
Gran mortandad face en ellos,
Fuyendo van, que no aguardan.
El Rey Búcar y sus reyes
El campo desamparaban:
Camino van de la mar
Do los navíos estaban.
Los del Cid los van firiendo
Ninguno había de escapa;
En la mar se abogan todos,
Más de diez mil se anegaban
Que con la prisa que traen
Todos juntos, no se embarcan.
De los reyes mueren veinte,
Búcar huyendo se escapa,
Los del Cid ganan las tiendas
Con mucho oro y mucha plata:
El más pobre queda rico
De lo que ende ganara.
Caminan para Castilla,
Como el buen Cid ordenaba.
Llegados son a San Pedro,
De Cardeña se nombraba,

Do quedó el cuerpo del Cid,
El que a España tanto honraba.

CLXXXV[297]

CONDUCEN EL CUERPO DEL CID PARA DARLE SEPULTURA EN SAN PEDRO DE CARDEÑA.

Vencido queda el Rey Búcar
Con todos sus allegados
De la campaña del Cid
En el campo valenciano.
Para Castilla caminan,
El buen Cid era finado,
Caballero va en Babieca
Con los suyos a su lado.
No llevaba armas ningunas,
Sino sobre sí unos paños:
Los que no saben su muerte,
Por vivo lo habían juzgado.
Cada vez que hacen jornada
Quitábanlo del caballo,
Quedaba yerto y derecho
En la silla cabalgado.
La buena Jimena Gómez
Su mensaje había enviado
A los parientes del Cid
Para que vengan a honrallo,
Y también a sus dos yernos,
Que eran reyes coronados.
En tanto que ellos venían
Alvar Fáñez ha fablado
Que pongan el cuerpo muerto

---

[297] Romance anónimo artístico, que publicó Sepúlveda en sus *Romances nuevamente sacados...* También lo recogió Escobar en su *Romancero*.

En ataúd y tapado,
Y con púrpura le cubran
Con clavos de oro clavado.
No quiso doña Jimena,
Y así los ha razonado:
«El Cid tiene el rostro hermoso,
Los ojos muy aseados,
Mientras está de esta suerte
No hay para qué sea mudado;
Que mis yernos folgarán
Y mis hijas en su cabo,
De verlo como agora está,
Que non su cuerpo enterrado.»
Todos hubieron por bien
Lo que Jimena ha ordenado:
Don Sancho y también García
Están al Cid aguardando,
Y media legua de Olmedo
Todos se habían juntado.
Ese buen Rey de Aragón
Caballeros tiene armados,
Al revés traen los escudos
De los arzones colgados;
Las capas traían negras,
Muy grande duelo mostrando;
Las capillas traen tendidas,
Según uso castellano.
Doña Sol y las sus dueñas
Estameña han Cobijado:
Gran duelo querían hacer,
Mas su madre lo ha vedado,
Porque así lo mandó el Cid
Y así ha de ser obrado.
El Rey y la su mujer
Para el Cid habían llegado;
Ambos las manos le besan,
De lo ver se han espantado,
Que no semejaba muerto,
Sino vivo y muy honrado.
Muchos vienen a lo ver
De Castilla, ese reinado;
También vino don García,

Rey de ese reino navarro:
Consigo trae su mujer,
Fija del buen Cid loado.
Las manos besan al Cid,
Muchas lágrimas llorando;
Todos van para San Pedro,
Porque allí le han enterrado.
Aquese buen Rey Alfonso,
Que ha sabido lo pasado,
De Toledo se partiera
Y a San Pedro había llegado.
Saliéronle a recibir
Los al Cid emparentados;
Mucha honra fizo el Rey
Al cuerpo del Cid honrado.
Mandó que no se enterrase,
Sino que el cuerpo arreado
Se ponga junto al altar
Y a Tizona en la su mano:
Así estuvo mucho tiempo,
Que fueron más de diez años.

CLXXXVI[298]

ELOGIO DEL CID Y SUS HAZAÑAS.

En Burgos nació el valor
Gloria y amparo de España,
Que es costumbre en la cabeza
Poner la insigna más alta.
Aquel que victorias suyas
De eterna memoria estampa
En los dos polos su nombre
Y el cielo da gloria al alma;
De quien españoles reyes

---

[298] Romance anónimo artístico de fines del siglo XVI, que recogió Escobar en su *Romancero*.

Tienen de su sangre tanta,
Que si duermen los despierta
A la guerra y las hazañas;
El que a los hijos de Agar
Destruyera sus espadas,
Y a siete reyes venció,
Después de muerto, en batalla;
El valeroso y leal
A su señor y a su patria,
Que hizo famosa a Hesperia
Y a las estrellas la ensalza;
A quien prudentes varones
Ponen solo entre las armas,
Y por sus grandes proezas
Príncipe de ellas le llaman,
Y moros sus enemigos
Por excelencia, llamaban
El invencible Rodrigo
Y señor de la campaña.
Y siendo cuan bueno fue
Tiró la envidia su lanza,
Mas las armas de virtud
El hierro suyo no pasan,
Que, como sucede siempre,
Quien mal anda mal acaba,
Y golpes de arma traidora
A su mismo dueño matan.
No pudieron las traiciones
De muchos manchar su fama,
Que con la infamia de aquéllos
El cielo se la limpiaba,
En San Pedro de Cardeña
Su cuerpo la tierra ensancha,
Que como lo hizo en vida
Allí tampoco le falta.

CLXXXVII[299]

**MILAGRO QUE HIZO EL
CUERPO DEL CID
CONTRA UN JUDÍO QUE
LE INSULTÓ QUERIENDO
TOMARLE LA BARBA.**

En San Pedro de Cerdeña
Está el Cid embalsamado,
El vencedor no vencido
De moros ni de cristianos.
Por mando del Rey Alfonso
En su escaño está sentado.
Su noble y fuerte persona
De vestidos arreado;
Descubierto tiene el rostro,
De gran gravedad dotado,
Su blanca barba crecida
Como de hombre estimado;
La buena espada Tizona
Puesta la tiene a su lado:
No parece que está muerto,
Sino vivo y muy honrado.
Siete años estuvo así,
Como está ya razonado;
Por su alma, que es en gloria,
Hacen fiesta cada año.
A ver su cuerpo tan bueno
Mucha gente se ha llegado.
Fuera de donde está el Cid
La fiesta se fizo un año;
Su cuerpo quedaba solo,
Ninguno lo ha acompañado.
Estando de esta manera

---

[299] Romance anónimo artístico que recogió Sepúlveda en sus *Romances nuevamente sacados...* y Escobar en su *Romancero.*

316 ROMANCERO DEL CID

Un judío había llegado;
Cuidando estaba entre sí
De esta suerte razonando:
«Este es el cuerpo del Cid
Por todos tan alabado,
Y dicen que en la su vida
Nadie a su barba ha llegado.
Quiero yo asirle de ella
Y tomarla en la mi mano;
Que pues aquí yace muerto,
Por él no será excusado;
Yo quiero ver qué fará,
Si me pondrá algún espanto.»
Tendió la mano él judío
Para hacer lo que ha pensado,
Y antes que a la barba llegue,
El buen Cid había empuñado
A la su espada Tizona,
Y un palmo la había sacado.
El judío que esto vido
Muy gran pavor ha cobrado:
Tendido cayó de espaldas,
Amortecido de espanto.
Halláronle allí caído
Los que en la iglesia han entrado;
Agua le echan por el rostro,
Para facerlo acordado,
Y vuelto que fuera en sí
Todos le han preguntado
Qué cosa fuera la causa
De verlo tan malparado.
El luego les declaró
La causa de lo pasado.
Todos dan gracias a Dios
Por el milagro contado.
En se acordar que su siervo
No quiso fuese ensuciado
Por mano de aquel judío
Que tan mal lo había pensado.
Cristiano se volvió luego,
Diego Gil era llamado;
Fincó en servicio de Dios

En San Pedro el ya nombrado,
Y en él acabó sus días
Como cualquier buen cristiano.

CLXXXVIII [300]

DON SANCHO DE NAVARRA, EN HONOR DEL CID, ABANDONA LA PRESA QUE HIZO A LOS CASTELLANOS.

De Castilla van marchando
A Navarra con su gente
Don Sancho, a quien dieron nombre,
Por sus fechos, de valiente.
Delante lleva el despojo
Que ganó su brazo fuerte
En las tierras de Castilla,
Sin que nadie le impidiese.
Triunfante, rico y contento
Por sus jornadas se vuelve,
Dejando a los castellanos
Despojados de sus bienes.
Por San Pedro de Cardeña
Mandó que el curso enderecen
La escolto y la cabalgada
Para que por allí fuesen.
Como llegase la fama
Al abad que en guarda tiene
El santo cuerpo del Cid,
Aguardó que el Rey se acerque.
Aderezose entretanto,

---

[300] Romance anónimo artístico que propiamente no es del Cid, aunque tiene cierta relación con el tema cidiano, como reconoce Durán. Lo recogió Escobar en su *Romancero del Cid.*

COLECCIÓN LA CRÍTICA LITERARIA

Como en procesión solemne,
Y con la insigna del Cid
Sale para cuando llegue.
Al son de las roncas cajas,
Marchando de siete en siete,
Al Rey que llevan en medio
Miran ufanos y alegres,
Tremolando las banderas
Junto al Rey, que alegremente
En ellas ponía los ojos
Como en su mayor deleite.
Yendo el valiente don Sancho
Marchando con sus jinetes,
Llegó donde el santo abad
Le aguardaba alegremente.
Puso en tierra las rodillas
Diciendo: «Rey, no desprecies
Mi razón, ni a la voz mía
Tu justo oído le cierres.
Bien sabes, valiente Rey,
Y cuantos estáis presentes,
Que esa presa es de cristianos
Y no es justo que la lleves.
Las guerras que traen contigo
Son causa para ponerte
Siempre la espada en la mano,
Por su daño, y con sus muertes.
Muy bien pudiera excusarse
La sangre que de ellos viertes,
Con que volvieras la espada
A los moros que nos vencen.
Mira, buen Rey, esta insignia
Que es del Cid, de quien desciendes,
Y póngotela delante
Para que esa presa dejes.»
Conociendo el Rey la insignia,
Del caballo se desciende
Y en el suelo de rodillas
La saluda de esta suerte:
«¡Oh estandarte poderoso
De aquel varón excelente
Que fue muro ele Castilla

Y cuchillo de la muerte;
De quien tembló la morisma;
Quien deshizo sus poderes;
Quien venció muerto al Rey Búcar
Y tuvo vasallos reyes;
A quien hablaron los santos
Y lo acompañaban siempre,
Y le alcanzaron de Dios
Que vencido no se viese!
A vos y ante vos consagro,
Como a quien tan bien se deben,
Estos despojos de guerra
Y en vuestro templo se cuelguen.»
Y en diciendo estas razones,
Mandó que los presos suelten,
Y toda la presa junta
Al bendito abad se entregue
Por amor y reverencia
Del Cid, a quien se da ofrece,
Reconociéndole muerto,
Que nunca su nombre muere.

CLXXXIX[301]

(SOBRE EL MISMO ASUNTO.)

En Navarra es Rey don Sancho,
Que el Valiente se llama,
Biznieto es de ese buen Cid,
Que a España tanto honraba:
Con el Rey Alfonso ha guerra

---

[301] Romance artístico original de Lorenzo de Sepúlveda, que lo publicó en sus *Romances nuevamente sacados...* Tampoco es este romance propiamente del Cid sino en cuanto narra un hecho que tiene relación con su recuerdo.

El que en Castilla reinaba.
Don Sancho corre su tierra
Hasta Burgos la nombrada;
Gran estrago hizo en ella,
Gran cabalgada llevaba.
Llevole muchos ganados,
Que valían gran ganancia,
Para Navarra se vuelve
Con presunción muy ufana,
Por no haber quien lo resista,
Ni nadie lo contrallaba.
Pasó cerca de San Pedro,
Que de Cardeña se llama,
Donde está el cuerpo del Cid,
Que de Búcar se llamaba
El valiente Campeador,
Aquel que todos alaban,
Porque no tuvo segundo
En bondad, fuerza ni maña.
Por mayor del monasterio
Un abad antiguo estaba;
Caballero fue otro tiempo,
Honra en las armas ganara:
Hombre era hijodalgo:
Al abad mucho pesaba
El ver llevar tan gran presa
Como el Rey Sancho tomaba.
Tomó la seña del Cid
Del altar adonde estaba;
Fue donde estaba don Sancho,
La seña llevaba alzada,
El rey se maravilló
Cuando la seña miraba,
Porque en aquella sazón
Semejante no se hallaba
Seña que le pareciese,
Ni la había en toda España.
El monje le dijo al Rey,
Ante el cual se le humillaba:
«Sabrás, buen Rey y señor,
Ser verdad lo que yo hablaba.
Y es que este monasterio

A mi me fue dado en guarda;
En él yace el noble cuerpo
Del buen Cid que guerreaba:
Yo me atrevo a tu mesura,
La tu merced demandaba;
Temo yo esta seña suya,
Que merece sea acatada.
Ruégote que hayas por bien
De dejar la cabalgada
Por reverencia del Cid,
Y de su seña estimada;
Non lo lleves de esta vez,
Serate cosa loada
La que tú, buen Rey, harás
En hacer lo que rogaba.»
El rey estuvo suspenso.
Que respuesta non tornaba.
Mirando el atrevimiento
Que el abad en él mostraba.
Cuidando estuvo una pieza,
Y de esta manera hablaba:
«Yo quiero dejar la presa
Que tú, padre, demandabas,
Por haber muchas razones
Que a lo hacer me obligaban
La primera, porque vengo
De aquella sangre estimada
De ese buen Cid Campeador,
Que Ruy Díaz se llamaba,
Porque yo soy su biznieto,
Hijo del rey de Navarra,
A quien dijeron García;
Nieto es de quien hablaba.
Hijo fue de doña Elvira,
Que con mi abuelo casara:
Esta fue hija del Cid,
Persona tan estimada.
Lo segundo, yo la dejo
Por aquesta seña honrada,
Y por honra del su cuerpo.
De quien vos habéis la guarda.
Y a no haber estas razones

Justo fuera la dejara,
Porque si el Cid fuera vivo
Hasta aquí yo non llegara,
Ni osara llevar la presa,
Sin que la muerte cobrara:
Por estas causas que digo
Yo cumplo vuestra demanda.

Mandó el Rey volver la presa,
Y todo lo que llevaba.
En San Pedro de Cardeña
Fincó muy gran temporada.
Do hizo grandes limosnas
Por el buen Cid, que allí estaba.

APÉNDICES

APÉNDICE I

ROMANCES TRADICIONALES Y ARTÍSTICOS SOBRE EL CID

(Siglo XVI)

I[302]

EXPEDICIÓN DEL REY DE CASTILLA Y EL CID A ROMA.

[302] Este romance tradicional se publicó por vez primera, en un pliego suelto, en el siglo XVI. Fernando Wolf lo recogió en su *Primavera y flor de romances,* (Berlín, 1856) que reeditó Menéndez y Pelayo, después, en su *Antología de poetas líricos castellanos.*

No se ha incluido en el *Romancero del Cid* por no ser sino reiteración de otros ya allí recogidos. Como se puede ver, su asunto es el de la expedición del rey de Castilla y el Cid a Francia, mezclándolo con la visita, supuesta, a Roma, todo ello tomado del *Cantar de Rodrigo,* si bien desfigurándolo. Adviértase que el rey de la supuesta expedición militar fue, según el cantar, Fernando, mientras que este romance lo confunde, llamándolo Sancho. En realidad, está formado por dos romances distintos como evidencia el cambio de asonantes. En el primero se habla de la extensión de los territorios de Castilla y la marcha de su rey a Francia; en el segundo de la supuesta y fantástica visita al Papa en Roma, que este romance hace más irreverente aún por parte del Cid que el romance *A concilio dentro en Roma* (núm. XXXI), donde trata de este asunto evidentemente fantástico.

Rey don Sancho, rey don Sancho,
cuando en Castilla reinó,
corrió a Castilla la Vieja
de Burgos hasta León,
corrió todas las Asturias
dentro hasta San Salvador,
también corrió a Santillana,
y dentro en Navarra entró,
y a pesar del Rey de Francia
los puertos de Aspa pasó.
Siete días con sus noches
en el campo le esperó.
Desque vio que no venía
a Castilla se volvió.
Luego le vinieron cartas
de ese padre de Aviñón,
que se vaya para Roma,
y le alzará emperador;
que lleve treinta de mula,
y de caballo que non,
y que no lleve consigo
ese Cid Campeador;
que las cortes estén en paz,
no las revolviese, non.
El Cid cuando lo supo
a las cortes se partió
con trescientos de a caballo,
todos hijosdalgos son.
«Mercedes, buen rey, mercedes,
otorgádmelas, señor,

que cuando fuereis a Roma,
que me llevades con vos,
que por las tierras do fuéredes
yo sería el gastador,
hasta salir de Castilla,
de mis haberes gastando;
cuando fuéremos por Francia
el campo iremos robando,
por ver si algún francés
saldría, a demandallo.»
A sus jornadas contadas
a Roma se han llegado;
apeado se ha el buen rey,
al Papa besó la mano;
también sus caballeros,
que se lo habían enseñado;
no lo hizo el buen Cid,
que no lo había acostumbrado.
En la capilla de San Pedro
dan Rodrigo se ha entrado,
viera estar siete sillas
de siete reyes cristianos;
viera la del rey de Francia
par de la del Padre Santo,
y vio estar la de su rey
un estado más abajo:
vase a la del rey de Francia,
con el pie la ha derrocado,
y la silla era de oro,
hecho se ha cuatro pedazos;
tomara la de su rey,
y subiola en lo más alto.
Ende hablara un duque
que dicen el saboyano:
«Maldito seas, Rodrigo,
del Papa descomulgado,
que deshonraste a un rey,
el mejor y más sonado.»
Cuando lo oyó el buen Cid,
tal respuesta le ha dado:
«Dejemos los reyes, duque,
ellos son buenos y honrados,

y hayámoslo los dos
como muy buenos vasallos.»
Y allegose cabe el duque,
un gran bofetón le ha dado.
Allí hablara el duque:
«¡Demándetelo el diablo!»
El Papa desque lo supo
quiso allí descomulgallo.
Don Rodrigo que lo supo,
tal respuesta le hubo dado:
«Si no me absolvéis, el Papa,
seíaos mal contado:
que de vuestras ricas ropas
cubriré yo mi caballo.»
El Papa desque lo oyera,
tal respuesta le hubo dado:
«Yo te absuelvo, don Rodrigo,
Yo te absuelvo de buen grado,
que cuanto hicieres en Cortes
seas de ello liberado.»

II[303]

RETO ENTRE DOS CABALLEROS CASTELLANOS Y OTROS ZAMORANOS.

Riberas de Duero arriba
cabalgan dos zamoranos

---

[303] Este romance tradicional pertenece a la serie de los del reto de Zamora, siendo una variante de los que comienzan con el mismo verso que éste y hemos incluido en el *Romancero* (núms. LIV y LV).

Se publicó por vez primera en pliego suelto y lo recogió Durán, después, en, el suplemento de su *Romancero general*.

en caballos alazanes
ricamente enjaezados.
Fuertes armas traen secretas
y encima sus ricos mantos
con sendas lanzas y adargas,
como hombres enemistados.
«A grandes voces oímos
estándonos desarmando,
si habría dos para dos
caballeros zamoranos,
que quisiesen tomar lid
con otros dos castellanos.»
Y los que las voces daban,
padre y hijo son entrambos;
padre y hijo eran los hombres,
padre y hijo los caballos.
Dicen que es don Diego Ordóñez
y su hijo don Fernando,
aquel que reptó a Zamora
por muerte del rey don Sancho,
cuando el traidor de Bellido
le mató con un venablo;
y al pasar de la puente,
padre e hijo van hablando:
«No sé si oísteis, hijo,
a las damas que han hablado.»
«Bien las oí yo, señor,
lo que estaban razonando,
que las ancianas decían:
¡Oh qué viejo tan honrado!
Y las doncellas decían:
¡Oh qué mozo tan lozano!»
Palabras de gran soberbia
son las que ellos van hablando,
que si acaso se ofreciese,
habiendo ruido en campo,
que se matarían con tres
lo mismo harían con cuatro,
y si cinco les saliesen,
que no les huirían el campo;
con tal que no fuesen primos
ni menos fuesen hermanos,

ni de las tiendas del Cid
ni de sus paniaguados,
de la casa de los Arias
salgan seis más esforzados.
No faltó quien los ha oído
de los que andan por el campo.
Oídolo ha Gonzalo Arias,
hijo de Arias Gonzalo.
Siete caballeras vienen,
todos siete bien armados,
cubiertos de sus escudos;
las lanzas van blandeando,
y traen por apellido
a San Jorge y Santiago.
«¡Mueran, mueran los traidores,
mueran y dejen el campo!»
A recebírselos sale
don Ordoño y don Fernando:
a los primeros encuentros
don Ordoño mató cuatro.
don Fernando mató dos
y el otro les huyó el campo.
Por aquel que se les iba
las barbas se van mesando;
preguntara el padre al hijo:
«Di, hijo, ¿si estás llagado?»
«Eso os pregunto, señor,
que yo no estoy, sino sano».
«Siempre lo tuviste, hijo,
ser muy flojo en el caballo;
cuando habéis de cabalgar
cabalgas trasero y largo.
Yo viejo, de años setenta,
a mis pies he muerto cuatro,
vos, mozo de veinte y cinco,
matáis dos, váseos un gato.»

III[304]

ORDÓÑEZ RETA A ZAMORA

Sálese Diego Ordóñez,
del real se ha salido
armado de piezas dobles
en un caballo morcillo:
la lanza lleva terciada,
levantado en los estribos.
Va a rieptar los de Zamora
por la traición de Bellido:
vido estar a Arias Gonzalo
asomado en el castillo;
con un denuedo feroz,
estas palabras le ha dicho:
«Yo riepto a los de Zamora
por traidores conoscidos,
porque fueron en la muerte
del rey don Sancho mi primo,
y acogieron en la villa
al que esta traición hizo.
Por eso fueron traidores,
en consejo, fecho y dicho:
por eso riepto a los viejos,
por eso riepto a los niños,

y a los que están por nascer,
hasta las piedras del río.»
riepto al pan, riepto las carnes;
riepto las aguas y di vino,
desde las hojas del monte
hasta las piedras del río».
Respondiole Arias Gonzalo,
¡oh qué bien que ha respondido!:
«Si yo soy cual tú lo dices,
no debiera ser nascido;
mas hablas como esforzado,
e no como entendido,
porque sabes que en Castilla
hay un fuero establecido,
que el que riepta concejo
haya de lidiar con cinco,
y si alguno le venciere,
el concejo queda quito.»
Don Diego, que lo oyera,
algo fuera arrepentido;
mas sin mostrar cobardía,
dijo: «Afírmame a lo dicho,
y con esas condiciones
yo acepto el desafío:
que los mataré en el campo,
o dirán lo que yo he dicho.»

---

[304] También este romance trata del reto de Zamora y viene a ser una reiteración del *Ya Diego Ordóñez se parte* (núm. LXVIII), original de Lucas Rodríguez. Éste es tradicional y se publicó en un pliego suelto con otros siete romances, a todos los cuales llama «viejos» la portada de dicho pliego. Durán lo incluyó en el suplemento de su *Romancero general*, por desconocer el citado pliego al tiempo de recopilar los romances de la serle sobre el reto de Zamora.

IV[305]

LAMÉNTASE LA MUERTE DE HERNÁN ARIAS, HIJO DE ARIAS GONZALO.

Por aquel postigo viejo
que nunca fuera cerrado,
vi venir seña bermeja
con trescientos de caballo:
un pendón traen sangriento,
de negro muy bien bordado,
y en medio de todos ellos
traen un cuerpo finado:
Hernán De Arias ha por nombre,
hijo de Arias Gonzalo,
que no murió entre las damas
ni menos estando holgando
sí en defensa de Zamora,
como caballero honrado;
matolo don Diego Ordóñez
cuando a Zamora ha rieptado,
y a la entrada de Zamora
un gran llanto es comenzado.
Llóranle todas las damas,
y todos los hijosdalgo:
unos dicen: ¡Ay, mi primo!
otros dicen. ¡Ay, mi hermano!
Arias Gonzalo decía:
«¡Quién no te hubiera criado,
para verte agora muerto,

Arias Hernando, en mis brazos!»
Mandan tocar las campanas,
ya lo llevan a enterrallo,
allá en la iglesia Mayor
que llaman de Santiago,
en una tumba muy rica
como requiere su estado.

V[306]

ALTERCADO ENTRE EL CID Y EL REY DON ALFONSO EN SANTA GADEA.

«Casto Rey y buen Alfonso,
los dos mano a mano entremos
dentro de Santa Gadea,
porque secreto fablemos.»
Apenas adentro entraron,
cuando el Cid arrancó luego
un puñal, y se lo puso
al Rey Alfonso en los pechos.
Y le dice: «Don Alfonso;
¿quién, son los que vos dijeron

---

[305] Este romance es también de la serie del reto de Zamora, y viene a ser una variante del que comienza de igual modo (núm. LXXXIV) y se tomó del *Cancionero de Romances* y de la *Rosa española,* de Timoneda. Éste se publicó en el mismo pliego suelto antes citado, junto con el romance anterior.

[306] «Este romance, no se recogió en ninguna de las diversas ediciones del *Romancero del Cid,* que conocemos; en él se relata un pasaje muy propio del Cid rebelde que nos pinta en el *Cantar de Rodrigo;* tampoco lo recogió Durán en su *Romancero general,* a pesar de aparecer ya en la segunda parte del Romancero que con el título de *Romancero general y flor de diversa poesía* recopiló Miguel de Madrigal, editado en Valladolid, en 1605. Se trata, como se puede ver por su estilo, de un romance artístico, anónimo, con un lenguaje arcaico artificioso deliberadamente.

que en las guerras soy traidor?
Y pues no lo soy, mintieron.»
Desapegó el rey los labios
de aquesta suerte diciendo:
«Mal mirado, rapagón
vos salí luego del templo.»
«Bien conozco, Rey Alfonso,
la desmesura que he fecho,
pero me obliga razón,
no me fagan algún tuerto.»
«No puedo fablar palabra
que he de guardar el silencio
que se han de cumplir las leyes
del sagrado juramento.»
El soberbio Cid le dice:
«Vos faréis guarde remedio,
a los nobles caballeros,
y al Cid, que es vasallo vuestro.
No fuygan mis enemigos,
mas proviene, Rey, ante ellos,
que si al cielo se me suben
subiré al cielo tras ellos.»

VI[307]

EN LOOR DEL MONASTERIO DE SAN PEDRO DE CARDEÑA, PORQUE DOSCIENTOS

---

[307] Este romance, aunque no pertenece, en realidad, a los hechos del Cid, se refiere a su memoria, razón por lo que Durán lo añade a los que integran el *Romancero* del Campeador. Es, sin duda, romance artístico, anónimo. Lo incluye el Padre Berganza en su obra *Antigüedades* de *España...* (Madrid, 1719), atribuyéndole una antigüedad que no tiene.

MONJES DE ÉL FUERON MARTIRIZADOS

En Sant Pedro de Cardeña,
Do yace el Cid enterrado,
Con la su doña Jimena,
Que buen paso han entrambos;
Yacen también muitos reyes
E muitos homes fidalgos,
Cuyos fazañosos fechos
los ficieron afamados.
Entre otras multas grandezas,
Una alza en tanto grado,
Que aún a los cielos admira
La grandiosidad del caso.
E fue que docientos monjes,
Que al gran Beito semejaron
En el hábito e la vida.
Morieron mártires santos.
Otras órdenes benditas
Uno a uno dan los santos;
Mas tú, docientos por uno,
Señal que en ti fincan tantos.
¡Oh Cardeña venturosa!
Magüer en tierra has quedado,
Con la sangre de tus fijos
Fasta el cielo has llegado.
Toda tu gente es de guerra;
Magüer que si guerrearon,
Unos vencieron moriendo.
Otros vencieron matando.
Que si los infieles moros
En tu casa santa entraron
No cuidando hallar un Cid.
Doscientos Cides hallaron,
E vos, Beito glorioso,
Bien podéis estar ufano
Viendo que en la vuesa gente
Hay tan famosos soldados.

VII[308]

VINDICACIÓN SEMIBURLESCA DE LAS HAZAÑAS DEL CID, QUE SE TIENEN POR FABULOSAS.

Cuantos dicen mal del Cid,
Ninguno con verdad habla,
Que el Cid fue buen caballero,
De los mejores de España:
Gran servidor de sus reyes.
Gran defensor de su patria.
Enemigo de traidores.
Y amigo de gente honrada,
El que en la vida y la muerte
Mereció digna alabanza,
Aunque malvados poetas
Se atreven y desacatan.
Dice uno: «No son verdad
Los hechos que dél se cantan,
Y que las historias nuestras
Son consejas y patrañas.»
Contra el que niega el principio,
El filósofo nos manda
Que no arguyamos, y es justo.
Porque niega de ignorancia.
Decir mal de las historias

---

308 Tampoco este romance se refiere propiamente a los hechos del Cid sino a su recuerdo. Escobar lo incluyó a su *Romancero del Cid*. Viene a ser un romance semiburlesco de las hazañas del Campeador tenidas por fabulosas. Es artístico anónimo, de las últimas décadas del siglo XVI, según opina Durán.

Suele el que a la verdad falta,
Para decir su mentira
Y arrojarse en la baraja.
Dicen: que los necios crean
Que muerto venció batallas.
Como si fuera imposible
Al que los santos guardaban.
Niegan que no fue verdad,
Que sacó la media espada
Contra el judío que quiso
Tocalle muerto a la barba:
Estos ruines poetas.
Como están fuera de gracia.
No entienden que Dios se acuerda
De los suyos y los guarda;
Y sin que leyes del duelo
Le obligasen a esta causa,
La ley que guardó de Dios
Muerto le libró de infamia.
Los Condes de Carrión
Dicen también, como enfadan,
Y que no fue caso honroso
Ponellos el Cid demanda.
Qué, ¿quieres tú, mal poeta.
Que los Condes se quedaran
Con semejante traición.
Y el ofendido no hablara?
¿Qué es lo que del Cid dijeras,
Si con salir a la causa,
Y destruir los aleves,
Lo murmuras y lo ultrajas?
Sin duda de tales fechos
Tu mal intento se paga.
Y en tu mujer y tus fijas
Más sufrieras, y callaras,
O por faltarte el valor,
O porque cosas tan altas
No son para flacos pechos
Donde las lenguas son almas.
¿Cuál diablo te engañó.
Poeta con pies de caña,
A tratar del noble Cid,

De sus sucesos y casa?
¿No tenías a la mano
Otros con quien te estrellaras.
Que cuanto dijeras de ellos
Les hiciera consonancia?
¿No pudieras hablar, di,
Con lengua desmesurada,
Del otro que en todas ciencias.
Sin saber romance, habla,
Y come más colación,
Que diez asnos beben agua?
¿O del otro adulador,
Que con la voz señalada
Osa murmurar de todos
Como prenda rematada?
¿Del hijo de no sé quién.
Que entre fidalgos se ensancha,
Y es un libro de novelas

La mayor verdad que trata?
Aquí pareciera bien,
Que afilaras la navaja,
Y hablaras a tus anchuras,
Y no del honor de España.
De tu loco atrevimiento
Débase tomar venganza,
Y yo te cito y aplazo.
Para que en mi audiencia vayas:
Descomulga tus escritos,
Tus versos repone y tacha,
Condena tu mala lengua,
Y abomina tus palabras.
Ruego a Dios sobre tus obras,
En pago del mal que hablas,
Tantas cámaras te den,
Que entrar no puedas en cama.

APÉNDICE II

ROMANCES ARTIFICIOSOS Y ERUDITOS SOBRE EL CID

(Siglo XVII)

I[309]

CARTA DEL CID A
JIMENA, EN VIÁNDOLE
PRESENTES.

«A vos la fermosa joven
de la coleta entrazada,
la virtuosa doncella
de quien mi alma se paga;
la huérfana por mi brazo
aunque asaz con luengas causas

---

[309] Este romance, y los cinco siguientes, pertenecen al libro *Manojuelo de Romances* de Gabriel Lobo Lasso de la Vega, autor de algunos ya incluidos en, el *Romancero del Cid*, y que aparecieron, en su obra *Romancero y tragedias,* (1587) de donde se tomaron para formar en el repertorio de los del Cid, mas no así los que a este tema dedica en su posterior libro, primeramente citado, editado, en dos partes, respectivamente, en 1601 y 1603.

Sus romances, como se puede ver, afectan un lenguaje arcaico completamente artificioso. Para completar los romances de tema cidiano, los incluimos en este apéndice aun que son reiteración de pasajes ya tratados en romances anónimos, y no tengan un valor sustantivo como obra poética.

del engendradore vuestro
que fabló en hora menguada:
yo, Rodrigo de Vivar,
que aqueste escrito vos manda,
de da arretrada frontera
vos envía saludanzas.
De grande afortunamiento
abunda mi buena andanza,
en saber que me queredes
por vueso amparo y compaña.
Que vuestro velado sea
mi suerte y el Reye mandan,
y el cielo afinca en aquesto
acuciando en que lo faga;
y lo quiero de buen grado
que pues Dios con mano larga
hoy me concede a Jimena
dones grandes me reguarda.
Si os quedó algún homecillo
conmigo por mi desgracia,
no os membredes como fembra
que esculcaredes venganza,
que los casos del honore
bien cuidaréis que nos mandan,
a los homes de mi guisa,
que no toleremos manchas,
mayormente cuando sone,
contra las honradas canas
de los que ser nos prestaron,
ya de diestras agravadas.
Perdonad la mi escaseza,
y este ropón con su saya
de Londres fino os ponede,
y de contraye estas mangas,
con este brial y alcorques

y esta galera de grana
y aquestas ajorcas de oro
a lo Musaico labradas,
y este manto de velarte
con su ribetón y faxa,
que non lo tiene la Reina
tal, nin de tan fina lana;
también ende vos envío
una faldilla morada,
traída de Berbería,
que vos será codiciada,
y un jubón de tornasole
con sus cordones y ensanchas,
y cuatro cofias de papos
de aljófar y filigrana,
corpiños de cotonía
y de cordellate calzas,
de Penpiñán mantellina,
guarnida de felpa blanca,
y estas cien doblas partide
entre las vuestras criadas,
sin estas trece de aparte
para endonar vos en arras.
Y aína en Burgos seré
si la vida no me falta,
a regalar vos, Jimena,
y a rendir al Rey las gracias.»

II

DENUESTOS DEL CID AL
REY, ANTES DE PARTIR
AL DESTIERRO.

«Tuerto me fazedes, Reye,
no vos lo digo de zaga,
que los homes de alta guisa
no han tan maligna usanza.
Dais orejas a falsías,
y ansí vos van con falacias;
parad mientes que tenudo
sois, señor, de arredrarlas.

No fagáis desaguisados,
membrad vos que a Dios ensañan,
y que si hoy non vos fostiga,
vos puede hostigar mañana;
que si non hay en la tierra
quien reproche vuestras fallas,
en el cielo hay quien las mira
sin reyertas ni asenchanzas.
La silla dé Dios tenéis
en el suelo y semejanza;
mirad bien cómo os usáis de ella,
que estrecha cuenta os aguarda,
que Reyes hay condenados
y haberlo sido, non basta
para relevar de pena
al que de culpas se mancha.
Mandaisme que de Castilla
como mal vasallo salga;
non facéis en vuestro pro
magüer cuidáis es fazaña.
Non el vuestro engendradore,
que siglo gozoso haya,
ficiera tal desafuero,
juro a San Pedro de Arlanza.
Mas como la joventude
es de experiencia tan falta,
no me asombro que fagades
ende al, no habiendo causas.
Y aunque la vuestra mercede
me fable con abiltanza,
bien sabe todos mis fechos.
Non digo más, abondaba
y si me aventareis de ende
no es mucho hayáis dicha mala,
que Rey que alonga a los buenos,
de los non tales, ¿qué aguarda?
Al fin, mi Rey me destierra;
no puedo negarlo, basta;
pero Reyes mis vasallos
me esperan con ricas parias,
cuyos Reales pendones,
mis ballestones y lanzas

pusieron so el duro yugo
con sus huestes arredradas.
Perdonadme, que he fablado
con desenvoltura tanta,
que la razón ofendida
justifica mal sus causas;
y creed de mí una cosa,
que si ésta no me obligara,
por la parte de vasallo,
que coronas non me espantan;
que bien sabéis vos y todos
que mi Tizona y Colada
tienen abolladas muchas,
y que me temen y acatan.
Tapad, señor, el oído,
que será prudencia harta,
a torpes aduladores,
polilla de vuestra fama.
Buscad quien verdad vos diga,
magüer que os parezca amarga,
si quiera porque no digan
que a un Rey lo contrario agrada.
Fablo como fiel vasallo,
si en un vasallo no es falta,
abundancia de deseos,
engendrados en fe sana.»
    Esto dixo el de Vivar,
y, volviendo las espaldas,
se parte del Rey Alfonso
a cumplir lo que le manda.

III

SALE EL CID
DESTERRADO POR
MALQUERENCIA DE LOS
CORTESANOS DEL REY.

    De Burgos sale Rodrigo
al galope de Babieca,
que le han cercado a Gandía
Reyes de Belchite y Denia.

Alvar Fáñez va con él
en una alentada yegua,
y en otra Martín Peláez,
que sus lados nunca dexan.
Quexoso parte del Rey,
y el Rey también dél lo queda,
que entre Reye, y hombre tales
nunca la invidia sosiega,
Los cortesanos no sanos
do la adulación se hospeda,
pacientes camaleones
de voluntades ajenas,
mártires de ajenos gustos,
y penitentes de mesa,
que buscaban invidiosos
de Rodrigo el daño y mengua,
le dixeron que era grande
de aquel hombre la soberbia,
y que de todas sus cosas
abominaba en ausencia,
y que contra sus privados
movía siempre la lengua
con dañosas libertades
a sombra de sus bravezas;
que era ambicioso, arrogante,
todas señales muy ciertas
de un dañoso atrevimiento,
y de alzarse con la tierra;
que es trompeta la ocasión
que a toda maldad vocea,
y de las viles industrias
codiciosa mesonera;
que fue acertado el destierro,
y el hacer que su Jimena,
en rehenes se quedase,
y él velase las fronteras;
que no es del varón guerrero
su lugar la paz serena,
que antes la perturba y daña,
y lo sosegado altera.
Dixéronle aquestos mesmos
a Rodrigo que el Rey era

vario, vengativo, ingrato,
y de condición perversa,
mal premiador de servicios
en la paz como en la guerra,
y que mirase a los suyos
cuán sin fruto con él eran,
y que en pago de la sangre
que vertió por su defensa
le desterró injustamente
como malfechor con mengua.
Indignaron los traidores
a entrambos desta manera,
porque entre los dos hubiese,
continua discordia y quexa.
Escuchábalos el Rey,
que andaban a sus orejas,
que siempre a orejas de Reyes
desengaña la experiencia.
Llegó Rodrigo a deshora
hirió en las haces primeras
y levantaron el cerco
los Moros con su presencia.

IV

CARTA DEL CID AL REY, OFRECIÉNDOLE LOS PRESENTES QUE LE ENVÍA.

«El vasallo desleale,
el desterrado, el traidor;
el que non cupo en Castilla
magüer que en ella nació;
el habiltado de todos
y más que de ellos de vos;
el que de sí no se miembra
por tratar de vuestro pro
el que de vuestro denuestos
ya non se le acuerda, non
desde Valencia os envía
salud, otórgueosla Dios

No satisface los tuertos
que le fecistes, señor;
pues dellos han resultado
vuestro provecho, y su honor,
Sus maldicientes perdona
aunque indignos de perdón,
que los divinos secretos
tienen asaz gran fondón,
y por donde el home cuida
que amaga su perdición,
viene su pro a las vegadas,
mirad bien cuán altos son.
Yo fablaré de experiencia,
dese a quien lo fizo el loor,
y a vos, Reye, alguna parte,
instrumento con que obró,
en ese arquetón de plata
vos endono un rico don
Estimadle, Alfonso, en mucho,
que merece estimación,
cinco coronas van ende,
cada con su Real pendón,
cinco ceptros de oro puro,
que de cinco Reyes son;
cinco llaves van también,
que como a Rey y señor
vos entrega el vuestro siervo,
non lo ficiera un traidor
Chantaldas en vuestro escodo,
que non menguaréis de honor:
farta sangre asaz me cuesta
su prolija aquistación.
Non deis nada al mandadero
que ya le he pagado yo,
que es Alvar Fáñez Minaya
un mi lidiante de pro
Conocelde, señor Reye,
y fablalde con amor,
ya que no he alcanzado
este agasajo de vos:
que el bien fablar en los Reyes
cuesta muy poco, señor,

y face vasallos fieles
lo que non face el temor:
que non, el temor y amore
comen en un plato, non
y el temido, pocas veces
fue amado de corazón.
Diréis que aqueste Rodrigo
siempre fue aconsejador
y aina os dirán los tiempos
sí tenéis otro mejor:
y non soy tan mal vasallo
que con muchos como yo
non restaurarades presto
lo que el Godo Rey perdió.
Gocéis lo que os doy mil años,
que yo os pongo en posesión;
no quiero para mí nada,
sólo esculco el vuestro amor;
y que por la mi Jimena
que es dueña de gran valor,
miredes, y por mis fijas
sólo os pido aqueste don,
en pago de mis servicios,
si merecen galardón,
que non vos será afanoso
cumplir vuestra obligación.»

V

OTRA CARTA DEL CID AL
REY, DÁNDOLE
CONSEJOS.

«Parad mientes, Reye Alfonso,
ansí vos mantenga Diose,
a las mal escritas letras
de un vasallo malfechore,
desterrado de Castilla,
cómo y porqué sabéis vose;
pero pues vos lo fiziestes
debió de ser con razone.
Escritas van con su sangre
mezclada con su sudore,
que esta es la tinta que gastan
los que en las batallas sone.
Razones van mal polidas
magüer abundan de amore,
que en el corazón que ama
mal se posa la invencione.
Diez meses ha que las armas
non me caen de acuestas, none,
nin me desciño a Tizona,
ni la espuela del talone;
nin yanto posado, a messa,
nin me mudo el camisone,
Babieca finca a mi lado,
arrendado en mi lanzone.
A las injurias del cielo
cual planta en el campo estoye,
al aire, yelo y granizo,
al agua, sereno y Sole.
Éstos son de los delitos
que he cometido, señore,
y si otros contra vos fieze
deme Dios la pugnicione.
Si éstos merecen destierro
muy bien desterrado voye,
que yo obedeciendo cumplo,
cual mandado justo vose.
Mis Castellanos me ayudan,
más vuestros diré mejore,
faziendo en todo el debere
como al fin fidalgos sone.
Prémiolos según que puedo,
mas non cual fuera razone,
que para el home esforzado
non ha el mundo galardone,
Si alguno a vuestra mercede
fuere de aquestos, señore,
dalde de vuestros haberes
y acrecentalde de honore,
que los pechos destos tales
forzudas murallas sone,
que conservan a los Reyes

en sus reinos, y opinione,
y destos es propriamente
el gassajo y essencione,
no del cortesano ocioso,
de todo vicio mesone.
Non vos digan al contrario
que vos engañan, por Diose,
por llevárselo privados,
temeraria introduzione.
Quiero dexar las verdades
que suelen dar sinsabore,
y han bastado las que he dicho
a alongarme, Rey, de vose.»

VI

ALABANZA DEL CID.

   ¡Oh noble Cid Campeador!
Yo soy el que más me huelgo,
de que los ingenios claros
os restituyan lo vuestro,
y de que dexen a Azarque
reposar que ya era tiempo,
que le traían acosado
más que cuando fue recuero.
Dexen a Herbolán, y a Audalla,
y a Abenaya el de Marruecos,
y suelten de esas trayllas
esa manada de perros,
que me dicen que un poeta
a quien todos conocemos,
tuvo dos Moros un mes
cerrados en su aposento,
cortándoles de vestir
a lo bizarro, y moderno,
cobijándolos de motes
lo más dellos adefesios,
y de mil varias empresas
bien a costa de su sueño,
hasta que vino a dexarlos
más lindos que Gerineldos,

queriendo dar a entender
que sus inventados hechos,
si concedido le fuera,
se igualaran con los vuestros.
No lo consintáis, buen Cid,
volved por vuestro derecho,
que es vergüenza que se cante
destos Moros trajineros,
y que estén vuestras hazañas
dadas al mudo silencio,
con las de un fuerte Pelayo
terror del Libio soberbio,
y las de un Fernán González
asaz bastantes sujetos,
para eternizar sus nombres
los más sutiles ingenios.
Desterrad esta canalla
si no lo hicieren ellos,
pues el cielo os concedió
tan ilustres privilegios;
que bien sabéis vos vencer
batallas después de muerto,
y echar duro yugo a reyes
y aun lanzarlos de sus reinos,
cuanto más a seis morillos
alhajados de cencerros,
con seis soñadas divisas,
del poeta Juan Ciruelo,
que hace mártir a un Moro,
y de su pluma estafermo,
y le saca como maya
a vendérnosle por fresco,
compuesto tan sin sazón
como por diciembre almendro,
y con vestidos de agora
siendo del año de ciento,
no habiendo visto turbante
ni pasádole por pienso,
sino el de un triste morillo
que vino a vender pimientos:
el cual le dixo que en Fez,
fue enamorado su abuelo,

donde fue favorecido
de una mora con exceso,
Y de aquí quedó el poeta
en estas cosas tan diestro,
que alhajará veinte moros
en una noche de invierno,
que no porque vio en historias
ocasión, ni fundamento,
de cantar destos cuitados
sino de llorar sus duelos.
Pero ya se va enmendando,
Cid Campeador, este avieso,
pues que ya vuestras hazañas
cantan los Cisnes Iberos.

VII[310]

PAVURA DE LOS CONDES
DE CARRIÓN.

(De Francisco de Quevedo)

---

[310] Este romance es da Francisco de Quevedo. Entre sus romances burlescos, con que zahirió a la vida y la historia, figura este romance en el que, de modo satírico, refiere el lance conocido del león desmandado que ya figura en el viejo *Poema de Mío Cid* y pasó luego a los romances que integraron el *Romancero del Cid*, especialmente, en el *Acabado de yantar* que ya apareció en el *Romancero general* y lo recogió Escobar. Lo hemos incluido con el núm. CXXXII. El de Quevedo es extremado en los trazos caricaturescos con el propósito barroco de que el ridículo de los Condes contraste más con la serenidad épica del Cid.

Mediodía era por filo,
que rapar podía la barba,
cuando después de mascar,
el Cid sosiega la panza.
La gorra sobre los ojos
y floja la martingala,
boquiabierto y cabizbajo,
roncando como una vaca.
Guárdale el sueño Bermudo,
y sus dos yernos le guardan,
apartándole las moscas
del pescuezo y de la cara.
Cuando unas voces salidas,
por fuerza, de la garganta,
no dichas de voluntad,
sino de miedo pujadas,
se oyeron en el palacio,
se escucharon en la cuadra.
Diciendo: «¡Guarda el león!»
Y en esto entró por la sala.
Apenas Diego y Fernando
se vieron tender la zarpa,
cuando hicieron sabidoras
de su temor a sus bragas.
El mal olor de los dos,
al pobre león engaña
y por cuerpos muertos deja,
los que tal perfume lanzan.
A venir acatarrado
el león, a los dos mata,
pues del miedo del perfume
no les siguió las espaldas.
El menor, Fernán González,
detrás de un escaño, a gatas,
por esconderse, abrumó
sus costillas con las tablas.
Diego, más determinado,
por un boquerón se ensarta
a esconderse, donde van
de retorno las viandas.
Bermudo, que vio el león,
revuelta al brazo la capa,

y sacando un asador
que tiene humos de espada,
en la defensa se puso:
despertó al Cid la borrasca,
y en abriendo entrambos ojos
empedrados de lagañas,
tal grito le dio al león
que le aturde y le acobarda;
que hay leones enemigos
de voces y de palabras.
Enviole a su leonera
sin que le diese fianzas:
por sus yernos preguntó
receloso de desgracia.
Allí respondió Bermudo:
«Señor, no receléis nada,
pues se guardan vuestros yernos
en Castilla, como Pascua.»
Y remeciendo el escaño,
a Fernán González hallan,
devanado en su bohemio,
hecho ovillo en la botarga.
Las narices del buen Cid,
a saberlo: se adelantan,
que le trujeron las nuevas
los vapores de sus calzas.
Salió cubierto de tierra
y lleno de telerañas;
corriose el Cid de mirarlo,
y en esta guisa le fabla:
«Agachado estabais, conde,
y tenéis mucha más traza
de home que aguardó jeringa
que del que espera batalla.
Con nusco habedes yantado,
¡oh, que mala pro vos faga!
Pues tan presto bajó el miedo
los yantares a las ancas.
Sacáredes a Tizona,
que ella vos asegurara,
pues en vos no es rabiseca,
según la humedad que anda.»

Gil Díaz, el escudero
que al Cid contino acompaña,
con la mano en las narices,
todo sepultado en bascas,
trayendo detrás de sí
a Diego, el yerno que falta,
con una mano le enseña,
mientras con otra se tapa:
«Vedes aquí, señor mío,
un fijo de vuesa casa,
el conde de Carrión,
que esconde mal su crianza.
De donde yo le he sacado
sus vestidos vos lo parlan,
y a voces sus palominos
chillan, señor, lo que pasa.
Más cedo podréis tomar
a Valencia y sus murallas,
que de ningún cabo al conde,
por no haber de do le asgan.
Si no merece de yerno
el nombre, por esta causa,
tenga el de servidor vueso,
pues tanta parte le alcanza.»
Sañudo le mira el Cid,
con mal talante le encara:
«Desta vez, amigos condes,
descubierto habéis la caca.
¿Pavor de un león hobistes
estando con vuesas armas?
Fincando en compaña mía,
que para seguro basta.
Por San Millán que me corro,
mirándovos de esta traza,
y que de lástima, y asco
me revolvéis las entrañas.
El que de infanzón se precia
face en el pavor y el ansia,
de las tripas corazón:
así el refrán vos lo canta.
Mas vos en esta presura,
sin acatar vuesa casta,

facéis de corazón tripas,
que el puro temor vos varia
Ya que Colada no os fizo,
valiente aquesta vegada.
fágavos colada limpio,
echaos, buen conde, en colada.»
«Calledes el Cid, calledes,
—dijo, con la voz muy baja—.
y la cosa que es secreta,
tan pública no se faga.
Si non fice valentía,
fice cosa necesaria,
y si probáis lo que fice
lo tendredes por fazaña
Más ánimo es menester

para echarse en la privada,
que para vencer a Búcar.
ni a mil leones que salgan.
Animo sobrado tuve.»
Mas en esto el Cid le ataja,
porque sin un incensario,
ninguno a escuchar le aguarda:
«Id, infante, a doña Sol,
vuesa esposa desdichada,
y decidla que vos limpie,
mientras yo vos busco un ama,
y non fabléis ende más,
y obedeced, si os agrada,
aquel refrán que aconseja,
la caca, conde, callarla.»

APÉNDICE III

ROMANCES MODERNOS SOBRE EL CID
(SIGLOS XVIII Y XIX)

I

NICOLÁS FERNÁNDEZ MORATÍN
(1737-1780)

DON SANCHO EN ZAMORA[311]

---

[311] El eclipse de los romances históricos que se produce en España, a lo largo de todo el siglo XVIII, es indicio del olvido de los temas épicos por los poetas neoclásicos. Sólo Nicolás Fernández de Moratín, aun sin abdicar de su filiación neoclásica en materia poética escribió algunos romances de tema histórico y forma tradicional popular que, a decir verdad, no tuvo en mucha estima. Entre estos escasos romances se incluye el titulado *Don Sancho en Zamora* en el que se desarrolla el viejo tema tradicional épico.

Aunque no sea el Cid el protagonista de este romance histórico, lo recogemos porque el cerco de Zamora es uno de los episodios del *Romancero* cidiano y la figura del Campeador interviene en aquel hecho de la historia poética española.

Por la ribera del Duero
Tres jinetes cabalgaban,
Caballeros castellanos
De gran nombradía y fama.
   Trotones llevan ligeros
Y ganosos de batalla,
De acero luciente armados
Desde la frente a las ancas.
   El aire manso tremola
Pendoncillos de sus lanzas,
La de en medio va en la cuja.
Los del lado la enristraban.
   Martinetes y garzotas
En las penacheras altas
Coronan dorados yelmos,
Que al rayo del sol brillaban.
   Sobre los quijotes penden
De los tiros las espadas,
Y al mover de los caballos
Iban sonando las armas.
   Con escarces y bravura
Llegan batiendo la estrada:
Mirando van a Zamora,
A Zamora y sus murallas.
   En ellas la plebe observa,
Los ricos hombres y damas,
Que quedan, aunque contrarios,
De su apostura prendadas.
   De todos son conocidos
Cuando las viseras alzan,
Que ese noble rey don Sancho
Es el que en el medio marcha.
   Y los que van a sus lados,
Puestos a son de batalla,
Eran la flor de Castilla:
El de Vivar y el de Lara.
   De pechos sobre una almena
Mira y llora doña Urraca;
Con un delgado alfareme
Está cubriendo la cara.
   Por la muerte de su padre,
Que ya en el cielo descansa,

Leonado color se viste
Y negro monjil arrastra.
   Sus escuderos y dueñas
Mesurados la acompañan:
Ellas traen ricas patenas,
Ellos flojas martingalas.
   Y quitando el antifaz,
La voz un poco levanta,
Y a su hermano le decía,
Que se detiene a escucharla:
   «Rey don Sancho, rey don Sancho,
El ardido en las batallas,
Valiente contra una débil
Mujer, sin culpa, y tu hermana.
   ¿Así del rey nuestro padre
La disposición se guarda?
¡Oh, mal haya él caballero
Que al finado no le acata!
   Sufren Elvira y García
Los rigores de tus armas,
Y allá en Toledo a los moros
Favor Alfonso demanda.
   Cuando debiera Castilla
Libertar a toda España,
Con foso cercas mi muro,
Tu hueste mis campos tala.
   Y azarques y sarracinos
En Segovia juegan cañas,
Y en Zocodover con cifras
Resplandecen sus adargas.
   Y guarte, no llegue el día
Que dándoles tú la causa,
Vengan a beber sus yeguas
Del Duratón y el Arlanza.
   Ambicionando lo ajeno
Que tu padre nos dejara,
Con los cristianos aceros
Viertes la sangre cristiana.
   ¡Oh, cuánto fuera mejor
Esas iras emplearlas
Contra quien viera lo que es
Unido el poder de España!»

«Eso mismo quiero yo,
Responde don Sancho, infanta.
Mi padre erró, juzgue el mundo.
Soy rey, Esto digo, y basta.»
    Entonces ella quejosa
Prosiguió con voces altas:
«¡Ah, soberbio castellano
El de la amarilla banda,
    El de grabado gorjal
Y rapacejos de plata,
El de la dorada espuela,
Que, yo le calcé, cuitada!
    ¿Quién creyera que Tizona
Contra mí se desnudara,
Cuando cabezas de reyes
Pensé me diera por arras?
    Esto espere del amor
La mujer apasionada;
Bien sé lo que merecí,
Bien sé cómo se me paga.»
    Don Rodrigo de Vivar
Con la color demudada,
Turbado la respondiera,
Formando mal las palabras:
    «Señora, sirvo a mi rey,
Tu afán me pesa en el alma;
Lo demás hízolo amor,
Contra amor ninguno basta.»
    Entre multitud plebeya
Bellido Dolfos estaba,
Hijo de Dolfos Bellido,
Muy artero de asechanzas;

    Y dijo: «A pesar del Cid
No irá a sus tiendas mañana
El rey don Sancho con vida,
Si mil vidas me costara.»
    Oyendo tales razones,
Con semblante y vista airada,
Arremetió su caballo
Don Diego Ordóñez de Lara.
    «Traidores sois, zamoranos,
Dice en voz tremenda y alta,
Y os lo haré bueno en el campo,
Cuerpo a cuerpo y lanza a lanza.»
    Arias Gonzalo al oír
Que a su ciudad denostaban
«Caballeros, los del rey,
Gritó, no digáis infamia;
    Que hay hidalgos en Zamora
De nobleza tan preciada,
Que ni en virtud ni en valor
Otro alguno los iguala.
    Y en cuanto al reto, mis hijos
Viven, y si honor los llama,
Caballeros de mi sangre
Estiman la vida en nada.»
    Esto dijo Arias Gonzalo;
Y con astucia villana
El traidor Bellido Dolfos
Se apartó de la muralla.

II

JUAN AROLAS

(1805-1849)

EL CERCO DE ZAMORA[312]

(Romance histórico)

---

[312] También es el sitio de Zamora el asunto de este «romance histórico» como lo califica su autor, a pesar de no escribirlo en el metro privativo del romance español. El poeta Juan Arolas, gran representante de la nueva escuela romántica española, vuelve a los temas históricos por imperativo de la escuela poética a que pertenece; pero para él el *romance* es solo un género poético renacido y no una forma métrica también. Lo reproducimos para dar constancia de cómo los primitivos románticos volvieron a los temas históricos nacionales. Aquí no es tampoco el Cid el personaje central del poema aunque en el hecho histórico intervenga tan directamente. Tomamos este poema del volumen *Poesías* (Barcelona, 1842).

I

Contra todo ardid guerrero
Zamora está bien sentada,
de un cabo la corre el Duero,
del otro Peña Tajada.
La ciñen a la redonda
unas torres muy espesas,
muro fuerte y cava fonda
con sus batacanas gruesas.
Y al verla con tal muralla,
no hay cristiano ni agareno
que la quiera dar batalla,
ni embestirla en su terreno.
De su padre en rico don
doña Urraca la tuviera
en aquella partición
que de sus reinos hiciera;
mas don Sancho da Castilla
que anhela mayor estado,
siempre tuvo por mancilla
ver su imperio desmembrado;
ver saltar del cetro de oro
joyas que de estima son,
Galicia, Zamora, Toro,
con Asturias y León,
y que siendo el heredero
de sitios fuertes y llanos,
pierda de su haber y fuero
por la pro de sus hermanos.
Traspasar la jura quiso
que hiciera no de buen grado:
puesto en armas de improviso
sus huestes llamó a su lado,
y lidió con tal fortuna
que en hierros puso a García
en el castillo de Luna,
y a don Alfonso en monjía.
Era Sancho tan garzón
que las barbas le apuntaban,
pero en bravo corazón
pocos hombres le igualaban.

Al Duero va sin demora,
de Sahagún fuerzas saca,
pues suspira por Zamora
que conserva daña Urraca,
y pasa ya a las orillas
del murmurador raudal
que besa flores sencillas
con los labios de cristal.
Al instante cabalgara
con al Cid Campeador
y Diego Ordóñez de Lara
de Zamora en derredor.
Luce galas muy ufanas
el de Vivar, buen jinete
con espuelas italianas
doradas y de rodete,
y a los rayos encendidos
del sol brillan los metales
de los arneses febridos
de sus piernas y brazales
Penacho de blanca pluma
sobre el yelmo se desmaya
como la nevada espuma
sobre la tendida playa,
y revelan las labores
del follaje en su gorguera
las manos y los amores
de la hermosa que venera.
Su trotón es alazán,
nariz ancha, vena enhiesta,
con ímpetus de volcán
cuando a reventar se apresta.
El rey sobre su armadura
rica veste desplegando,
cabalga con apostura,
siempre a la ciudad mirando.
Su cuadrúpedo violento
que freno de plata muerde,
lleva fino paramento
de damasco azul y verde,
con cortapisa preciosa
de unas mantas cebellinas:

es negro, cerviz hermosa;
por crin tiene sedas finas.
Cubierto de limpio acero
el de Lara lozanea
dando riendas a un overo
que el viento beber desea.
Los tres miran larga pieza,
como de común intento,
la ciudad, su fortaleza,
las murallas y su asiento.
Sus puertas están cerradas
a enemigos tan cercanos,
y sus torres coronadas
de valientes zamoranos,
que fieles a sus pendones
forman las segundas vallas
con pechos y corazones
encima de las murallas.
Al volver para sus tiendas
tuvieron tal razonar,
deteniendo ambos las riendas,
don Sancho y el de Vivar.
—Vedes, Cid, como es muy fuerte
contra toda hostil hazaña;
si la hubiera por mi suerte,
sería señor de España.
Conmigo deudos habedes
pues mi padre os dio crianza,
y os acrezco las mercedes
cuanto mi poder alcanza.
Vos di más que un gran condado
por vuestros merecimientos
y el mayor sois a mi lado
de mí casa e valimiento.
Vos quiero rogar agora
cabalguéis de buena gana,
que vayades a Zamora,
a doña Urraca mi hermana;
digades que he de servilla
con mi hacienda y mi poder;
pero que me dé la villa
o por cambio o por haber;

que he de darla en este trueco,
como cumple a mi largueza,
a Medina de Ríoseco,
con Tiedra, que es fortaleza;
y si no quiere otorgarla,
tengo huestes aguerridas
y por fuerza he de tomarla
con ingenios y bastidas—.
—Señor, con ese mandato
que vaya otro mensajero,
ca de Urraca fui criado,
y a mi honor no es cumplidero—.
—Sí no lo recabáis vos
que no conocéis segundo,
no la espero, vive Dios,
de ningún home del mundo.
Catad que de honor no es ley
ni caballerosa fama
con desaguisado al rey
complacer a alguna dama—.
—¡Harto ingrato fui a su amor
con desaire y con desdén!
¡Fuérele tal vez mejor
amar a quien ama bien!
Que ella me calzó la espuela,
y adorando mi persona,
diome el casco y la rodela,
y ciñome mi tizona.
Si las lides me llamaban,
las lágrimas le salían,
y del corazón manaban,
que la faz entristecían.
Puesta la rodilla en tierra,
pedía gimiendo a Dios,
que si yo finaba en guerra,
que finásemos los dos.
Y facía su oración
con suspiros y con lloros,
guardando mi corazón
de la lanza de los moros.
No esperaba tanta pena,
ni mereció por castigo

que los brazos de Jimena
le robasen a Rodrigo—.
—Non curedes vos del duelo
que hagan melindrosas dueñas
cuidad de allanar el suelo
que no acata mis enseñas.
Curad que vuesa loriga,
que nunca pudo bollar
flecha ni lanza enemiga
en combate singular,
de su temple tan seguro
no venga a desmerecer
de Zamora bajo el muro
por lágrimas de mujer—.
—Vos sabréis que no falsea
los temples de mi armadura
ni el bote de la pelea
ni el ruego de la hermosura.
Me es ingrata tal misión,
pero tanto me afincáis,
que infiel a mi corazón
cumpliré lo que mandáis—.
    Calló el Cid que reprimía
con suspiros el afán,
pues al rostro le salía
todo el interior volcán.
Veloz como el pensamiento
hacia Zamora partió,
y cuando al altivo asiento
de sus murallas llegó,
de su corcel los ardores
enfrenó y la furia inquieta,
rogando a los defensores
no tirasen de saeta;
que venía de embajada,
no de guerra ni de engaño;
y entonces se le dio entrada
sin que recibiera daño.

II

    Por la muerte tan sentida
de su padre don Fernando,
de negro monjil vertida
negro estrado está ocupando
doña Urraca, cuyos ojos
son dos piras de dolor
a los fúnebres despojos
de su rey y su señor.
A su lado con respeto
Arias Gonzalo se ve,
caballero muy discreto,
sin par en virtud y fe,
previsor y derechero,
de sano consejo y brío,
que a nadie quebranta fuero,
ni traspasa señorío.
Al estrado se adelanta
el de Vivar con mesura,
y apenas lo ve la infanta
cuando a limpiar se apresura
con un finísimo holán
las lágrimas indiscretas
que por sus mejillas van
a decir cosas secretas.
Dala el Cid salutación,
y a don Arias juntamente,
y expone su comisión,
añadiendo reverente:
—Porque yo a mi rey venero,
vine con mensaje tal;
las cartas y el mandadero
libres son de sufrir mal—.
    Atenta escuchó la infanta,
y la voz casi añudada
desató de su garganta,
respondiendo a la embajada:
—¡Mezquina de mí... ¿qué haré
si al rigor de tantos males
en mi sangre no hallo fe
ni piedad en los mortales?

¡Rey don Sancho! ¿Qué decoro
te has podido prometer
de dejar en paz al moro
por dar guerra a una mujer?
¡Rey don Sancho! ¿Qué laureles
busca tu furor insano?
¿Que escarnezcan los infieles
los dolores del cristiano?
¿Que en Toledo Alimaymón
tenga zambras y festines
porque nuestra destrucción
le conserve los confines?
Parar mientes te cumplía,
que en negra ambición no hay prez,
que, usurpar es tiranía,
que Dios ha de ser tu juez
Padeciendo mil destierros
Alfonso entre infieles mora,
y a García pones hierros,
y me pides a Zamora
¡Cuitada de mí! ¿Qué haré?
¿Quién me salva, quién me abona,
si Rodrigo, a quien amé,
me desprecia y abandona?
No esperaba yo tal pago
de la vuestra cortesía,
cuando sin dolor aciago
gocé vuestra compañía.
Yo vuestro dormir guardaba
vuestro amor fue mi contento,
la vida que respiraba
recibí de vuestro aliento;
vuestro tálamo quería,
feliz me juzgué entre todas,
y era un cielo de alegría
la esperanza de mis bodas;
mas caí del grato Edén
de tanto favor y gloria
en infierno del desdén,
con mi engaño en la memoria—.
—Señora—respondió el Cid—:
como bueno sirvo al rey

en las paces y en la lid,
que esta siempre fue mi ley.
La respuesta me dictad
cual os aplazca mejor,
y a otros tiempos reservad
querellas de vuestro amor—.
    Don Arias alzose entonces
al ver de la infanta el duelo
que ablandaba duros bronces,
y contestó en su consuelo:
—La triste experiencia enseña
sin misterio y sin arcano,
que aquel que nos cerca en peña,
no nos quiere dar lo llano.
Le diréis al que os mandó
que hay valientes en Zamora
que responden con un no,
defendiendo a su señora,
y que anhelan la ocasión
de dar de su fe probanza
con sangre del corazón,
uno a uno y lanza a lanza;
que si piensa intimidallos
con un cerco grave y lento,
tienen mulos y caballos
que les sirvan de alimento;
y antes que entregar los muros
con mengua de sus deberes,
contra sus entrañas duros
comerán a sus mujeres;
que doña Urraca desdeña
todo cambio con su hermano,
que aquel que la cerca en peña
mal querrá darle lo llano—.
    Mal pagado y satisfecho
despidiose el Campeador,
partiendo a contar el fecho
a dan Sancho su señor.
Sañuda el Rey le escuchaba
cuando el caso refería;
de corazón le pesaba
tan triste mensajería

y exclamó: —Mal me pagasteis,
que vos amáis a mi hermana,
pues con ella vos criasteis,
y a lo que queréis se allana.
Vos la aconsejasteis mal:
debo castigaros, Cid;
yo no puedo facer al;
de mi reino vos salid—.

El campo dejó Rodrigo,
respirando enojos fieros,
y al partir llevó consigo
mil doscientos caballeros
que tenía por vasallos,
y eran siempre los mejores
por sus lanzas y caballos
ardidos y lidiadores.

Al campo nunca volviera
si don Sancho, arrepentido
par el daño que temiera
de aquel león ofendido,
su amistad y compañía
con sus cartas no pidiese,
haciendo la pleitesía
que más al Cid le pluguiese.

III

En la hueste sitiadora
pregónase que aguisados
para dar contra Zamora
están todos los soldados.
La combaten reciamente
por tres noches y tres días;
no hay ardid que no se invente,
se renuevan las porfías.
Las cavas ya quedan llanas,
de cadáveres cubiertas,
desploman las barbacanas,
tiemblan las ferradas puertas,
y doblando crudamente
sus intrépidos ardores,
se fieren a maniente

sitiados y sitiadores.
Tintas de sangre a fondón
corren las aguas del Duero,
que no hay golpe sin lesión,
ni amago sin golpe fiero,
Viendo el rey la lid osada
y pérdida lastimera
de su gente maltratada,
mandó se quiten afuera.
A Zamora en derredor
puso cerco; pues creía
que si no cedió al valor,
por hambre la ganaría.

IV

De la ciudad sale huyendo
un hombre traidor y malo,
y le vienen persiguiendo
los hijos de Arias Gonzalo;
que a su padre denostó
mancillando su lealtad,
que al sol que la iluminó
disputa su claridad.
Bellido Dolfos se llama,
y al rey se acoge por fin,
sus manos besa, y exclama
como falsario y malsín:
—Señor, yo dije al Concejo
que os diese la fortaleza;
don Arias, astuto viejo,
se me opuso con fiereza,
y sus hijos me mataran,
que tras mí vinieron dos,
si en la fuga me alcanzaran
antes de acogerme a vos.
Recibid, si anheláis prez,
al que protección implora,
que yo os mostraré tal vez
como hayades a Zamora—.
El Rey se le mostró grato,
colmándole de bondades,

y fabló con él gran rato
de todas sus poridades.
Solos los dos cabalgaron
al lucir la nueva aurora,
y sus cavas registraron,
y dieron vuelta a Zamora.
Con disfraz de buen amigo
el mayor de los villanos
mostró a don Sancho el postigo
que llaman de los Cambranos.
Dijo que al llegar la noche
con algunos caballeros
muy fieles y sin reproche,
armados con sus aceros,
por aquel postigo estrecho
que abierto siempre dejaban,
entraría satisfecho,
pues los que de guardia estaban
de hambre y laceria morían,
y al choque, sin hacer frente
las puertas les cederían
para recibir la gente.
Por la ribera del Duero
don Sancho se solazaba,
bajó del corcel ligero,
y un venablo que llevaba
a Dolfos lo quiso dar
pues se apartó por hacer
lo que no puede excusar
ningún hombre ni mujer.
Y Bellido que lo vio
sin defensa en guisa tal,
el venablo le arrojó
con furia tan infernal,
que las espaldas llagando
can honda y cruel herida,
pasó el tronco y fue buscando
por los pechos la salida,
El traidor riendas volvió
con las atrevidas manos,
y al postigo cabalgó
que llaman de los Cambranos.

Viéndolo escapar el Cid,
sospechó su alevosía,
temió algún infasto ardid
contra el Rey a quien servía,
y su caballo pidió,
pidió lanza y se la dan,
mas la espuela no calzó
con la prisa y el afán,
Alongósele el traidor,
aguijando su corcel,
y exclamó el Campeador
con ansia y dolor cruel:
—Este día es el primero
que dejé de estar en vela;
¡maldito es el caballero
que cabalga sin espuela!—

V

¡Río Duero! Tú murmuras,
tus aguas van acrecidas,
tus flores bellas y puras
están mustias y caídas.
Ya mezclaste en tu raudal
sangre que vertió el valor,
y hoy recibe tu cristal
las lágrimas del dolor.
Hoy lloran los castellanos
de su Rey la infausta suerte,
culpando a los zamoranos
de tan alevosa muerte.
Tus aguas turbias se ven,
das murmullo lastimero,
que tal vez lloras también,
río Duero, río Duero.
De Zamora al pie del muro
don Diego Ordóñez de Lara,
después que pidió seguro,
adargándose la cara,
dijo a Gonzalo y sus hijos
que en las almenas estaban,
y que con los ojos fijos

muy atentos le observaban:
—Los de Castilla han perdido
a su Rey y su señor;
matole Dolfos Bellido
matole como traidor;
y en la villa le acogisteis,
y a Dios pongo por testigo
que traidores también fuisteis,
y por ende vos lo digo;
que de traición sabéis,
y traición consentís,
y al traidor que conocéis
en los muros encubís.
Por tan gran maldad y tuerto
yo riepto a los de Zamora,
tanto al vivo como al muerto,
y al que ha de nacer agora.
Riepto a cuantos ahí fueren
de toda edad y destino,
riepto el agua que bebieren,
riéptoles el pan y el vino.
Y si alguno se opusiere,
negando mi razonar,

cómo y cuándo le pluguiere
se lo tengo de lidiar—.
Don Arias le respondió:
—No hubiera de ser nacido
si, cual dices tú, soy yo;
mas no rieptas de entendido,
pues no han culpa los pequeños
de los que los grandes hacen,
ni los muertos en sus sueños,
ni aquellos que agora nacen.
Que mientes, yo te lo digo,
y miente quien te apoyare,
y yo lidiaré contigo,
o te daré quien lidiare—.
    Esto dijo el buen anciano
y a la lid se preparaba,
que aunque su cabello cano
su cabeza plateaba
de molesta senectud,
non curó las graves penas,
y el fuego de juventud
se encendió en heladas venas.

III

Nicasio Camilo Jover

EL CID[313]

---

[313] Este casi desconocido poeta romántico, autor de escasos libros, nació en Elche (provincia de Alicante). Publicó uno titulado *Glorias de España* (Madrid. 1848), en el que hace la evocación de algunos momentos culminantes de la historia nacional. Y dedica cuatro romances a la figura legendaria del Cid Campeador. Aunque los versos no alcancen una categoría poética hoy interesante, los recogemos aquí como muestra de la persistencia del tema cidiano a lo largo de la época romántica, en la que interesa a muchos poetas, si bien, con más frecuencia a los dramáticos, como Juan Eugenio Hartzembush que escribió el drama *La jura de Santa Gadea*, M. Fernández Laviano su *Afrenta al Cid, vengada*, Jesús Borao, *Las hijas del Cid* y Manuel Fernández y González el drama romancesco *Cid Rodrigo de Vivar*.

Muy abundante es también la repercusión que el tema alcanzo en el campo de la novela histórica en obras de Estanislao de Koska Bayo, Trueba y Cossío, el citado Fernández y González y Antonio de Trueba, entre otros muchos.

I

¿Visteis cuando oscura noche
con su manto el cielo cubre
entre infinitas estrellas
que lanzan trémula lumbre,
los vívidos resplandores
del véspero que reluce
ofuscándolas a todas
con sus hermosos vislumbres?
Así, pues, entre la niebla
que el tiempo veloz difunde
en los siglos que a la nada
ha hundido ya, se descubre
la frente majestuosa
de un soldado tan ilustre,
que a los Príncipes y Reyes
ofuscó con sus virtudes.
Aún se divisa su almete,
aún el limpio acero luce
de su lanza, que a los moros
robó tantas horas dulces.
Aún su gran nombre resuena
al compás de los laúdes
de cien y cien trovadores
que por la Iberia discurren.
El fue quien cumpliendo apenas
quince abriles, volvió el lustre
a su blasón mancillado
de una afrenta con la nube.
Hirió un conde el noble rostro
de su padre, anciano ilustre,
y él le cortó la cabeza
en lid que su esfuerzo arguye.
Más tarde, cuando brioso
a las batallas acude,
nadie en valor le aventaja
ni en las hablas le interrumpe;
pues no hay escudo que embote
de sus armas el empuje,
ni anciano que en los consejos
admirado no le escuche,

Sirvió a don Sancho, su dueño,
como a los valientes cumple,
y cuando el traidor Bellido
las locas solicitudes
cortó del Rey, cual villano
que el torpe venablo encubre,
el sólo, con férrea lanza
contestó a la muchedumbre
que desde Zamora al campo
por los despojos acude;
y el cadáver del monarca
llevó a su tienda, aunque impune
dejó el vil asesinato,
porque cuando todos huyen
es locura y no heroísmo
entrar en la lid: inútil
fue allí su arrojo, pues nadie
contestó a la negra nube
de improperios y amenazas
que lanzó a los que circuyen
las almenas de Zamora,
do el vil Bellido se encubre.
Nadie osó aceptar al reto
singular de aquel ilustre
mancebo, que a todo el campo
de Doña Urraca atribuye
tan vil acción y propone
lidiar con cuantos le escuchen.
Después, cuando allá en Galicia,
do no hay un héroe que luche,
por el reino le rindieron
homenaje y servidumbre,
al bizarro don Alfonso
que gruesas huestes conduce,
el inmortal castellano
no quiere que el Rey ocupe
de don Sancho el regio trono
hasta que primero jure
del desastre de Zamora
no ser el motor. Inútil
es el ruego del monarca,

en vano a Burgos acuden
prelados a convencerle;
él sus ruegos interrumpe
diciendo: —El que es inocente
jamás las pruebas rehúye.
Yo represento la patria,
la patria exige que jure
el Rey, que al traidor Bellido
no dio el venablo. Si cumple
lo que el castellano exige
será mi Rey; mas si acude
a las armas, advertidle
que mi pueblo no sucumbe
a sus amagos: que es fuerza
que muchos soldados junte
para combatir a aquellos
que jamás los riesgos huyen,
cuando la patria reclama
que las espadas empuñen—.

Y el Rey al ver que tenaces
los castellanos se unen
para probar su hidalguía
y meditando que arguye
su resistencia delito:
ofrece aunque con vislumbres
de resistencia y enojo
jurar su inocencia. Reúne
luego sus huestes y marcha
a Burgos, donde presume
que ningún noble se atreva,
pues piensa que espanto infunde
su poder, a demandarle
aquel juramento inútil.
Pero se olvidó el monarca
de aquel que entre una nube
de flechas, lidió en Zamora,
no se asusta cuando cumple
lo que le exige la patria,
aunque el mundo le dispute,
y aunque un rey quiera ofuscarle
de su poder con la lumbre.

II

A Burgos llega el monarca
con sus huestes altaneras
a probar can juramento
su calumniada nobleza.
El pueblo en tropel acude
a ver el Rey que le llega,
y los nobles le reciben
con obsequiosas finezas.
Todos al verle tocaron
la hidalga rodilla en tierra:
todos besaron su mano,
y todos le hicieron venia,
memos un joven valiente
que con bizarría espera
para humillarse al monarca,
que monarca digno sea.

Llegó el momento prescrito
para la solemne fiesta
en que un rey después de misa
debe probar su inocencia:
y los condes más valientes
de su osadía se aterran;
y de tomar juramento
a un rey poderoso, tiemblan;
pero la patria lo exige
y la patria es la primera.
Ya todo está prevenido,
ya se alza en Santa Gadea
del salterio misterioso
la voz que en las nubes suena.
El sacerdote entre incienso
el sacrificio comienza
del Redentor de la vida
y el pueblo humillado ruega.
Termina al fin el prelado
y al terrible instante llega
del juramento: el monarca
su sitial soberbio deja,
y con doce leoneses
al sagrado altar se acerca.

Los castellanos suspensos
ante sus escaños quedan;
se miran y hablan confusos
en voz baja. El pueblo espera
su resolución ansioso,
y mostrando la impaciencia
que siente, mientras la angustia
en todos los nobles reina.
Transcurren breves instantes
que largos siglos semejan
de inacción, cuando un hidalgo
que apenas seis lustros cuenta,
vestido de férrea cota
a don Alfonso se llega.
El pueblo todo, un murmullo
levantó que el templo llena,
y en todas partes oyose
decir: *él es,* con sorpresa;
cuando de pronto el murmullo
acalló su voz severa;
y así dijo con acento
que en las bóvedas resuena.

—Nada recela el soldado
de alta alcurnia y de valor;
nada teme el que no falta
ni a su patria ni a su Dios:
y pues andáis tan remisos
los nobles ancianos, voy
a tomar yo el juramento
que os causa tanto pavor.
Rey don Alfonso, Castilla
tanto a su don Sancho amó,
tanto aborrecen los buenos
a su infame matador,
que antes de doblar la frente
al cetro que empuñéis vos,
os exige juramento
de que de Dolfos no sois
ni el cómplice, ni el impulso
que su perfidia instigó.
Así sobre el Evangelio

tended la mano, señor,
consultad vuestra conciencia
y responded a mi voz.
¿Juraisnos, Rey don Alfonso,
en nombre del Redentor,
que al infame asesinato
de Sancho segundo, vos
ni en mandato, ni en consejo
conspirasteis con baldón?...
Si juráis en falso, quiera
la omnipotencia de Dios,
que muráis como él ha muerto,
por la mano de un traidor
de villano nacimiento
y villano corazón—.

A tan audaces demandas
Alfonso palideció,
y calló un punto mirando
al joven con detención;
y él al verle suspendido
de nuevo le preguntó:
—Decid, Alfonso, ¿juraisnos
que no habéis sido traidor?—
«Sí juro», dijo el monarca:
y entonces en tierra hincó
aquél noble caballero
la rodilla sin rubor,
diciendo: —Señor mi espada
solamente a vuestra voz
saldrá desde hoy de la vaina,
pues vuestro soldado soy—.

El rey mirole un momento,
de tierra le levantó,
y sin hablarle, mezclose
en la inmensa confusión
de cortesanos perversos.
Que con dañada intención
humilde perdón pidiéronle
del juramento que dio.

III

Diz que don Alfonso el sexto
fue un rey de glorioso nombre,
de altas virtudes dotado
y de ánimo fuerte y noble;
y esta opinión de los sabios
y fieles historiadores
consignada en las leyendas
y en los rancios cronicones;
textifica claramente
que los reyes, los mejores,
son para vistos de lejos
y al través de tradiciones;
pues de su poder excelso
son tales los resplandores,
es tan potente su diestra
para con los otros hombres,
que así como es peligroso
que la frágil nave choque
en los riscos empinados
que el mar en su espuma esconde,
es peligroso el contacto
de esos alzados señores
que pueden con su mirada
hundir a quien les enoje.
Generoso y justiciero
era Alfonso, más hiriole
tan de vivo el juramento
que le exigieron los nobles,
que desde el solemne día
del ceremonial, mostrose
desabrido y enojado
con aquel valiente joven
que osó en nombre de Castilla
pedir las aclaraciones
de su inocencia, en la muerte
que a Sancho dieron traidores.
Y pon más que fueron grandes
de aquel héroe las acciones;
por más que en las asambleas
su discreción reconoce;

por más que ve sus virtudes
y el respeto que a su nombre
guardan en Castilla tolda
los pecheros y los nobles,
aquel rey tan valeroso
le desprecia, y antepone
al bizarro caballero
los palaciegos más torpes
Envidia le da su esfuerzo;
su audacia le da temores,
y piensa que ofusca el suyo
de aquel hidalgo el renombre.
La perfidia, mientras tanto,
y la doblez de la corte
instan al rey contra el héroe,
que con sus vivos fulgores
en la nada confundía
los más antiguos blasones,
como un volcán oscurece
las hogueras de pastores,
Y en premio de sus hazañas
y de sus fatigas nobles,
a él y a los suyos destierra
de su patria, cual traidores.
Supo el noble su sentencia
y al punto a palacio corre,
y así al monarca le dice
con bien comedidas voces:

—Voyme, señor, de Castilla
pues así vos lo mandáis,
voyme del pueblo do vide
nacer la lumbre solar.
Aquí corrieron los días
de mi infancia, y aquí están
las cenizas de Laín Calvo
so la losa funeral,
por eso lloro: aquí quedan
mía amores, mi amistad;
aquí quedan los lugares
que me vieron ensayar,
del trotón sobre la silla,

el ejercicio marcial;
aquí en fin queda mi madre;
y sólo conmigo van
las recuerdos de una patria
por quien lidié sin cesar.
Adiós, señor, y acordaos
que el hombre que desterráis
aunque os tomó un juramento
no os ha ofendido jamás.
Los infames palaciegos
que osáronme calumniar
con vos quedan: quiera el cielo
que el árabe pertinaz
no embista vuestros estados,
pues si llega a quebrantar
las treguas que yo propuse,
a esos que os cercan en paz
tan ufanos, en la guerra
cobardes veréis temblar,
y entonces, Rey don Alfonso,
os acordaréis quizás
de que un hombre que teníais,
ya a vuestro lado no está—.
    Dijo y salió de Castilla
a dar principio a su gloria
que hoy le muestra coronado
con eternal aureola:
pues en vez de rebelarse
contra el rey que le deshonra
como es usanza en el mundo,
desenvainó la tizona
y al frente de sus vasallos
falange invicta aunque corta,
dejó su nombre esculpido
por doquier con sangre mora.
Entró en Aragón, pujante
pasmando a la tierra toda
con sus rápidas conquistas,
con sus brillantes victorias,
y en Albarracín hallando
a Berenguer, le provoca
a combate, aunque del conde

son las huestes valerosas.
Alfabic, el rey de Denia
que mira con saña torva
a aquel héroe, desde un día
en que de él sufrió derrota,
al mirarte desterrado
y empeñado en lid dudosa,
juntando crecida hueste
creyó hallar venganza pronta;
mas ¡ay, cuánto se engañaba!
Nació una funesta aurora
para su nombre, y el héroe
que en las empinadas rocas
de Albarracín acampaba,
unió su bizarra tropa
y de su Rey don Alfonso
alzó la bandera heroica,
Violo Berenguer, y airado
desde un peñasco le exhorta
a que baje a la llanura
diciéndole con voz ronca:

    —Miserable aventurero,
ya que es tanto tu valor,
ya que desprecias a todos
los que tus contrarios son.
¿por qué no bajas al llano
a combatir con honor?
¿Por qué no dejas los cerros
do enarbolas tu pendón,
más confiado en las águilas
que en la ayuda del Señor?
Desciende al llano, cobarde
y veremos, vive Dios,
si eres digno de ese nombre
que te ha prestado el temor—.
Oyó el guerrero estas voces
y con marcada intención
desenvainando la espada,
de esta suerte contestó.
—El lugar menos riscoso
de la comarca en que estoy

es éste, Conde villano,
villano provocador.
Ven hasta mí, miserable,
y te haré sentir quién soy.
Y dile a Alfabic que acuda
para ayudar tu pendón.
Dile a más, que los despojos
que en otra guerra perdió
aún en mi poder los guardo,
y que ésta es buena ocasión
para cobrar lo perdido
en aquel día de horror;
venid a lidiar conmigo
y por fin veremos hoy,
si es digno el nombre que llevo,
o si me lo dio el temor—.

Dijo: y llegando a las manos
a los árabes destroza
en una lid que de sangre
dejó las montañas rojas,
Berenguer fue prisionero
con cien, moros, y medrosas
huyeron las demás huestes
de la refriega espantosa,
El caudillo castellano
recibió en su tienda propia
al Conde que osó insultarle
con voces tan injuriosas:
y escuchó desde su escaño
con ceño audaz y faz torva
las disculpas del magnate
que ante él la rodilla dobla;
y cuando hubo terminado
su arenga al Conde, le toma
el héroe la mano alzándole
y así requirió a su escolta.

—Castellanos, aunque altivo
Berenguer desde las rocas
nos ha insultado, mostrémosle
que nuestras almas heroicas
vencen a los poderosos
y a los humildes perdonan.
Tratad desde hoy al cautivo
con frente respetuosa,
hasta que llegue la suma
que rescate su persona.
Y a esos moros miserables
que nuestra clemencia imploran
dadles libertad: acaso
sus hijos y sus esposas
no podrían rescatarles,
y el que es cristiano perdona
al que vence en el combate,
y su acción el cielo abona.
Soldados, ¡sus!, esas tiendas
levantemos sin demora,
y volvamos a Granada,
do hace falta mi tizona—.

Dijo; juntó sus valientes
y abandonando las rocas
de Aragón, voló a Granada,
y corrió la Iberia toda,
hasta que al fin dio a los vientos
su bandera victoriosa
sobre los muros de Edeta,
del vil Albenjafar joya,
y el árabe, al ver su brío,
Cid de los moros le nombra.

Tal fue del leal Ruy Díaz
la venganza; su alma heroica
olvidó del rey la injuria
y a España cubrió de gloria.

UN TRIUNFO PARLAMENTARIO

(Fragmentos)

III

En el alcázar de Burgos
y en la magnífica cuadra
donde el trono de Castilla
sobre leones descansa,
en escaños de brocado
y a la luz de ricas lámparas,
pendientes de la techumbre
cuyos tallados encantan,
se ven reunidos los nobles
de más valor y más fama
en torno del rey Fernando,
que hundido en su solio calla.
Los cortesanos imitan
su hondo silencio, y la estancia
el reposo de las tumbas
en todo su ámbito guarda.
Pero de pronto resuena
el rumor de las pisadas
de alguien que llega; y al punto
todos volvieron con ansia
la faz a la rica puerta,
alzando el rumor que causa
el leve soplo del céfiro
que agita las verdes ramas
de un pensil; y todos vieron
entrar en la regia estancia
dos caballeros armados
de la espuela, a la celada.
Ambos llegaron del trono
hasta las soberbias gradas,
y doblando la rodilla
acataron al monarca.
El Rey abrazó al instante
a uno de ellos, y en voz alta
le dijo: —Por Dios, Ruy Díaz,
qué afanoso os aguardaba.

¿Visteis el decreto?
                                —Sí
—¿Y qué os pareció?
                                —Señor,
me causa pena y rubor
que dudéis un punto así—.
… … … … … … … … …
Parten los embajadores
de Castilla para Roma,
y el Cid con sus huestes parte
hacia la insigne Tolosa;
unos a pedir al Papa
gracias para la corona
de don Fernando, y los otros
para sostener la honra
de Castilla, si de Víctor
hallan la clemencia sorda.
Y los unos de legados
con las apacibles fórmulas,
y los otros con los filos
de sus brillantes tizonas,
darán sin duda a la patria
la libertad y la gloria.
Cundió en alas de la fama,
por los ámbitos de Europa,
de Alemania y de Castilla
la controversia ruidosa;
y los pueblos asombrados
aguardan ya con zozobra
la decisión del Pontífice
en cuestión que tanto importa.
De Alemania el poderío
es tal que a la tierra asombra;
pero del Cid el esfuerzo
todas las hazañas borra,
y el Papa duda confuso
a quién dará la victoria.
Ya se hallan las legaciones

alemana y española
en el sacro Vaticano,
a la faz de toda Europa,
disputándose el dominio
de la nación más heroica.
Ambas su razón alegan
con argucia que las honra,
y ambas la cuestión difícil
en pro de su causa doblan.
El alemán altanero,
alega que la victoria
dio a su pueblo el privilegio
que sobre Castilla goza:
mas convencido el Pontífice

de que injusticia notoria
es lo que Enrique demanda,
publicó a la tierra toda
que del alemán imperio
era exenta la corona
del ilustre don Femando.
Y vio la pasmada Europa,
que el pueblo do nacen Cides
yugo extraño no soporta,
pues sabe romper cadenas
y guardar limpia su gloria,
aunque el universo entero
a su heroísmo se oponga.

IV

JOSÉ ZORRILLA

(1817-1893)

LA LEYENDA DEL CID[314]

(Selección)

II

---

[314] La gran obra poética que aporta el romanticismo español a la bibliografía cidiana es el extenso poema *La leyenda del Cid* de José Zorrilla, que se propuso crear un épico romancero nacional con los elementos que le proporcionara el Romancero español.

En 1885 se publicó, en Barcelona, una edición monumental de su *Leyenda del Cid* en la que emplea generalmente el romance tradicional, alternándolo con otros metros artísticos habituales en el romanticismo.

Como muestra tan sólo, reproducimos algunos romances de los más característicos de tan dilatada obra.

I

Hombre don Diego Laínez
de edad no poco avanzada,
cuando empieza la leyenda
mal zurcida en estas páginas,
era muy bien quisto en Burgos.
y cabeza de una casa
hidalga, rica y antigua
antes ya de Iñigo Abarca.
Habíase envejecido
peleando en cien batallas
en pro del Rey don Fernando
con numerosa mesnada:
y asistido había a aquella
lid fratricida e infausta
en que fue muerto su hermano
don García de Navarra.
Conquistó a Ubierna y a Orbel;
y supo tan bien guardarlas
contra navarros y moros,
que el Rey le ofreció donárselas.
Don Diego, cuya progenie
cual la del Rey es preclara,
juzgó que aceptarlas era
servir al Rey por la paga;
mas viendo que al mismo tiempo
con el tiempo se mellaban
en el servició del Rey
su salud, hacienda y armas,
fue poco a poco esquivándose
de la corte, siempre ingrata
con el que no adula al príncipe
y ante el poder no se arrastra.
Lejos, pues, de las intrigas
palaciegas, se ocupaba
de sus negocios domésticos
y de su hijo en la crianza.
    Don Rodrigo era el postrero
de tres; pero dos, por causa
de una de esas mil dolencias
que se dicen profilácticas,

eran mozos de altos cuerpos,
pero de fuerzas escasas,
por traer en los pulmones
grande flaqueza heredada.
    Por uno dé esos misterios
que tan solamente alcanza
Dios, que hizo del cuerpo humano
la maravillosa máquina,
al tercer parto su madre,
del mal desembarazada
que por tisis de la suya
a su estirpe inoculaba,
dio a luz en su tercer hijo
una muestra inesperada
de robustez y de fuerza,
y en proporciones sin tacha.
    Don Diego, que en aquel hijo
funda toda su esperanza
de perpetuar su familia,
de extinción amenazada,
dio desde niño a Rodrigo
una educación gimnástica,
que al completo desarrollo
de su vigor ayudara.
Crecer le hizo en ejercicio
continuo; y dado a la caza,
a la lucha y al manejo
del caballo y de la lanza,
logró a los diez y nueve años
ser una muestra acabada
de un noble de la Edad Media,
tiempo de fe y de batallas.
    Rodrigo, hidalgo de entonces,
tenía sólo en el alma
la fe de Cristo y la idea
de echar al moro de España:
y en estas dos cualidades,
fuerza hercúlea y fe cristiana,
del noble de aquellos tiempos
el porvenir estribaba.
    Tal es Rodrigo, que hoy tiene
amistad y favor gana

con el infante don Sancho,
a quien en edad iguala;
porque desde que la vida
salvó al Rey de una alimaña,
don Sancho con fe de mozo
mucho del mozo se paga;
y si a reinar llega un día,
claro es que con él se labra
un gran porvenir por poco
que por sí el mancebo haga;
y por eso es ya Rodrigo
en la edad corta que alcanza,
el orgullo de sus padres
y el adalid de su raza.
Con ésta puede una hueste
sacar si quiere a campaña,
porque tal es en Castilla
su parentela de larga.

Por su virtud a don Diego
todos sus deudos acatan:
cuantos tienen sangre suya
todos su padre le llaman;
y no hay en sus tierras hombre
a quien apunte la barba,
que no dé su sangre toda
por él, si se la demanda:
ni hay uno de los que forman
de su pendón la mesnada,
que cuando al campo le saque
tras de Rodrigo no salga.
Porque ya tiene el mancebo
la simpatía ganada
de sus gentes, y en él cifran
el porvenir de su raza.

Doña Teresa Rodríguez,
de alto linaje entroncada
en la nobleza de Asturias
que es la más vieja de España,
es la venturosa madre
de este doncel cuya fama
ha de ensordecer la tierra
con el son de sus hazañas.

Don Diego ha tenido en ella
durante vida tan larga
un aliento en la fortuna
y un consuelo en la desgracia.
De sus secretos domésticos
y su honor depositaria,
la honra de su casa en ella
tuvo siempre buena guarda:
y desde el sillón de cuero
donde envuelta en tocas blancas
se sienta a su puerta, su honra
como el sol luz pura radia.
Don Diego y doña Teresa
ven al Rey veces muy raras,
en ocasiones extremas
o imprevistas circunstancias.
Rara vez van a palacio:
pero cuando van, les trata
el Rey como se merecen
tan buen viejo y tan gran dama.
Sus riquezas han tenido
por las guerras grandes bajas:
pero gozan en Castilla
consideración muy alta.

Este rico-hombre de Burgos,
esta rica-hembra asturiana
y este mozo en quien, se fundan
tan risueñas esperanzas,
tienen su casa en Vivar;
lugar muy pobre de casas,
mas rico de hombres valientes
y de generosas almas.

Para seguir esta historia
comenzada esta mañana,
de esta casa solariega
entremos en una cámara.

———

La última luz del crepúsculo
ya el Occidente se traga,
haciéndola por momentos
más trémula y más escasa.

En un aposento vasto,
en cuyas paredes blancas
cuelgan cabezas de fieras
entre panoplias y armas,
Rodrigo, su noble madre
y sus hermanos aguardan
la vuelta de su buen padre
con impaciencia y con, ansia.
Inquietud desconocida,
zozobra insólita y vaga
les roe los corazones
y les atribula el alma.

    Mil veces ha ido don Diego
a la ciudad del Arlanza
desde Vivar, pero nunca
les dio zozobra su marcha,
mucho ha tardado mil veces:
tardó días y semanas
en volver de allá; mas nunca
les extrañó su tardanza.

    Hoy ansia sin precedentes,
impaciencia inmotivada
el alma les atribula
y el corazón les escarba;
a cada ruido que sienten,
a cada sombra que avanza
por el camino, se asoman
con afán a las ventanas:
mas sobre el camino espira
el ruido, la sombra pasa,
y no es él quien la proyecta,
ni su caballo el que le alza.

    Saben los cuatro que ha ido
don Diego por la mañana
a ver al conde Lozano:
mas nadie sabe la causa
que le obligó por la tarde
a emprender nueva jornada
a ver al Rey, sin que el Rey
a la corte le llamara.

    Siendo cual es el asunto,
siendo él quien es, y el monarca

siendo un Rey que con él usa
de benevolencia tanta,
¿qué hay dé extraño si su vuelta
Diego Laínez retrasa,
siendo el negocio una boda
y dos leguas la distancia?

    Probabilidades, cálculos
y razones hay sobradas
para tal viaje, tal prisa
y semejante tardanza;
mas sobre todos los cálculos
que en las razones se basan,
sobre todas las medidas
y las cuentas más exactas,
está el corazón que siente,
y la intuición del alma
que prevé lo incalculable
y presiente la hora aciaga.

    Y he aquí por qué su familia
espera al viejo con ansia
porque el corazón alberga
lo que la razón rechaza.
Así esperan: y aunque a veces
algunos de ellos arranca
del pecho un suspiro ahogado...
Suspiran, pero no hablan:
la madre, por no afligirles,
los hijos por no faltarla
al respeto que la deben,
sin que les pregunte, hablándola:
porque en aquel siglo bárbaro
todavía era, a Dios gracias,
el padre para los hijos
la imagen de Dios en casa.

    Así esperan... y se cierra
la noche, y en torno ataja
la vista de las tinieblas
la densa, insondable masa,
en cuyo lóbrego fondo
nada pueden las miradas
ver ya, aunque en él mil quimeras
la imaginación levanta.

La lobreguez en silencio
tiempo hacían que miraban
la rica-fembra y sus hijos
inmóviles en la estancia,
cuando Rodrigo a sí mismo
formulándose en palabras
su idea fija, dijo alto:
«¡Válgame Dios!, ¡cuánto tarda!»
Cual si un fantasma evocase,
a su voz inesperada
todos sintieron tornárseles
la faz invisible pálida;
mas como si Dios hubiera
escuchado su plegaria,
al ¡válgame Dios!, se oyeron
sobre el camino pisadas.
El relincho de un caballo
rasgó la atmósfera, y rápida
sintieron del de su padre
la bien conocida marcha.
«¡Él es! ¡Luz!» —gritó Rodrigo:
y a su voz que avisa y manda,
los siervos atropellándose
sacaron candiles y hachas:
mas cuando llegaron todos
al zaguán, ya se apeaba
de su caballo don Diego
con presteza desusada.
Dioles la faz, y por cima
del embozo de la capa
pudieron ver que traía
descolorida la cara,
enmarañado el cabello
de la cabeza y la barba,
el entrecejo fruncido
y las pupilas con lágrimas.
Efecto acaso del cierzo,
que con sus ásperas rachas
en la rapidez del paso
el semblante le azotaba.
La capa a tomarle un mozo
fue: pero él le dijo: —Aparta;

y umbral adentro metiose
de los hombros arrastrándola.
«¿Qué tienes, padre?» —le dijo
Rodrigo: y respondió: «Nada»:
y emprendió escalera arriba
desciñéndose la espada.
Salió al descanso a abrazarle
su mujer; pero él negándola
su abrazo, la dijo: «Quita,
que quien me toca se mancha.»
Siguió adelante: siguiole
su familia acongojada,
triste y silencioso séquito
formáronle hasta su cámara;
mas él, volviéndose a ellos
en el umbral de su estancia,
les dijo con gesto trémulo
y voz descompuesta y áspera;
«Nadie conmigo. No quiero
ni necesito ya nada.
Cada uno a su cuarto. Dios
no alumbrará mañana.»
Cerró la puerta día golpe:
dio a la llave en la cerraja
vuelta por dentro, y afuera
dejó a su gente asombrada
«A obedecer todo el mundo»,
dijo Rodrigo en voz alta.
«Dios manda en el universo
y nuestro padre en su casa.»
Criada en principios tales
la familia castellana,
cada cual se fue a su lecho
oídas tales palabras;
mas desde él oyeron todos
toda la noche en su estancia
ir y venir a don Diego
como a un león en la jaula.

V

Era costumbre de entonces:
un noble, señor de Estados,
no dependía del Rey,
le prestaba voluntario
servicio con su mesnada;
mas si descontento, o harto
de su servicio, con él
quería romper el pacto,
le decía o le escribía:
«Señor, os beso las manos;
desde este momento dejo
de ser ya vuestro vasallo.»
   Si los servicios del noble
rehusaba el soberano,
se lo intimaba, le daba
treinta y tres días de plazo
para salir con su gente
de las tierras de su mando,
y rota entre ambos la liga,
quedaban libres entrambos.
   De esta costumbre aceptada,
y de esta ley al amparo,
estábase despidiendo
del Rey el conde Lozano,
en un pergamino, en donde
con legibles garrapatos,
había escrito la frase
convenida en tales casos.
Y ya tenía sujeto
su pergamino enrollado
con un cordoncillo de oro
con el cual le estaba atando;
y ya había puesto cera
del cordón en los dos cabos,
para dejar con dos sellos
lo escrito dentro cerrado;
cuando oyó un clarín que hacía
con son imperioso y alto
seña de abrir el rastrillo
a alguien que llaga del campo.

Frunció el conde el entrecejo
al oír son tan osado,
que manda más que demanda
abrirle al castillo paso.
   Y estaba de tal audacia
la explicación esperando,
con impaciencia visible
y ceño aún encapotado,
cuando el noble que debía
ir a dar al rey Fernando
su pergamino, en la cámara
entró con otro en la mano.
   —«¿Qué hay?—dijo el viejo.—Señor,
respondió el recién llegado,
un paje de hoscos modales
este pergamino os trajo.
   —¡Y cómo! —¿Cómo?, en la punta
de la lanza; y en reparos
sin andarse, presentómele
diciendo: Al conde, tu amo.
   —¿De quién? —No quiso decirlo;
diómele desde el caballo,
tomésele, y volvió grupas
con no visto desenfado.»
   Abrió tal misiva el conde;
y al leer con ojos ávidos
el nombre del que la firma,
se le tornó el rostro pálido.
Si de cólera o de miedo
no es fácil adivinarlo,
porque dos veces a un tiempo
al corazón le han hablado
con aquel nombre su ira
y su conciencia; y los rayos
que en él la ira enciende,
en él la conciencia apágalos.
   He aquí lo que el pergamino
decía en sus garrapatos;
que escribir bien no fue nunca
propiedad de fijosdalgos:
   «Esto es lo que yo Ruy Díaz,
hombre libre e infanzón,

escribo al conde Lozano
ante Dios Nuestro Señor.
Non fue de un home sesudo
ni dé un infanzón de pro,
facer denuesto a un fidalgo
que es tan noble y más que vos.
Mano en mi padre pusisteis
delante al Rey con furor,
sin curar al denostarle
de que soy su fijo yo.
¿Y cómo vos atrevisteis
a un home a quien solo Dios,
siendo yo su fijo, puede
facer aquesto, otro non?
Mal fecho ficisteis, conde;
yo vos reto de traidor,
y en el campo vos atiendo
fasta la puesta del sol.
Non vos valdrá el ardimiento
de mañero lidiador
porque lidiarán conmigo
la justicia y la razón.
Catad que salgades, conde;
que tan mozo como soy,
yo os reto de solo a solo
fiando mi causa a Dios.
Y ved que si non viniéredes
do atendiéndovos estay,
pondré fuego a vuestros montes,
non vos dejaré un pastor
ni una oveja con pellejo,
ni una espiga en granazón,
ni una yerba con un tallo,
ni un árbol con una flor.
Si non viniéredes, conde,
ataré el vuestro blasón
del mi caballo a la cola,
e arrastrando de mí en pos
le llevaré por las tierras
de Castilla y de León,
acusándovos por ellas
de cobarde y de traidor,

Y esto es lo que yo, Ruy Díaz
de Vivar, libre infanzón,
escribo al conde Lozano
a los pies del Redentor.»

———

No podía el conde menos
de sentir la convicción
de que él era en tal demanda
el desleal agresor,
pero al leer las palabras
del reto y la acusación
del mancebo dé Vivar,
su vanidad le cegó.
No vio que aquellas injurias
escritas en el dolor
de la afrenta hecha a su padre
por el joven infanzón,
nunca equivaler podían
a la injuria que infirió
él a su padre, sentándole
en la faz un bofetón;
y ofendido de aquel reto,
prueba noble de valor
y amor filial en el joven,
de cólera se embriagó.
Resuelto de un modo u otro,
cara a cara o a traición
a vengarse de Rodrigo,
por él herido en su honor,
caballo broquel y lanza
a grandes voces pidió,
y salió a él del castillo
con toda la guarnición.
Desde lo alto del cerro
tendiendo en su derredor
una mirada voraz
como la de hambriento halcón,
en medio de la llanura
al mozo a ver alcanzó,
que le esperaba a caballo
y apoyado en su lanzón.

El conde al verle allí solo,
con alegría feroz,
bajando a escape la cuesta,
dijo... «¡Ah, rapaz, allá voy!»

VII

Costumbres de aquella era
caballeresca y feroz,
en que degollando moros
se glorificaba a Dios,
y en que no había un exceso
que no obtuviera sanción,
como tuviera por móvil
honra, fe, patria o amor.
Estaba Diego Laínez
recostado en su sillón,
acabado su yantar
en su oscuro comedor.
Entornados tiene aposta
ventana, puerta y balcón;
porque a quien sin honra vive,
le ofende la luz del sol.
Su familia, silenciosa
está de él en derredor,
esquivando sus miradas
por velarle su aflicción.
Ninguno hizo en aquel día
a los manjares honor:
porque tampoco Laínez
bocado de ellos probó.
Laínez y su familia
y Vivar todo, están hoy
sufriendo de honda impaciencia
febril sobrexcitación
Partió Rodrigo, y en tanto
que no torne vencedor,
no saben si tienen, honra
ni si él por ella murió.
Diego Laínez ha hecho
voto y juramento a Dios,

si es que no torna Rodrigo,
de no dormir en colchón,
ni comer pan a manteles,
ni oír de amigos la voz,
ni ceñirse más la espada,
ni montar más su bridón,
ni hacer ni admitir visitas,
ni ver a su confesor
más que a la hora de la muerte,
ni dejar su habitación,
para no mostrar al mundo
la faz donde él recibió,
y toda su raza en él,
afrenta de un bofetón.
Por eso Diego Laínez
de su mesa no tomó
más que agua y pan, sin llegar
a la mesa su sillón:
y por eso su familia
de su mesa en rededor
calla, y bocado no prueba,
por no doblar su aflicción.
Y así se pasó la siesta,
y la tarde se pasó,
y la noche se venía
de su crepúsculo en pos:
y la sombra por la tierra
se iba extendiendo veloz,
y el cielo tornando negro
iba su azul pabellón;
y conforme iba muriendo,
la luz que infunde valor,
muriendo iba la esperanza
del viejo en el corazón.
¡Si su hijo ha sido vencido!...
¡Si su mañero ofensor
le ha hecho caer en un lazo!...
¡Si la acendrada pasión
que tiene a Jimena le hace
posponer la honra al amor!...
Si él abandonó su causa...,
si Dios a él abandonó...

y el viejo al pensar en esto,
por no perder la razón,
cierra los ojos y reza
fervorosamente a Dios.

 Entraba un paje las lámparas
a encender con un farol,
a tiempo que las campanas
tocaban a la oración,
cuando tropel de caballos
a lo lejos se sintió,
y por la calle adelante
crecer y acercarse el son.
Púsose en pie el buen Laínez,
y al repentino rumor,
pasó su alma a sus oídos
y su pulso se paró.
Toda su familia en pie
viéndole, se levantó;
todos, como el viejo, atentos
y trémulos de emoción.
Llegó el tropel a la puerta
de la casa y se paró:
mas no osó nadie arriesgar
palabra ni exclamación.
Sintieron subir a un hombre
la escalera, el corredor
atravesar... y... en la estancia
Rodrigo se presentó.

 «¡Hijo mío!»—exclamó el viejo;
y atajándole la voz,

le dijo el mancebo: «—Padre,
ya podéis mañana al sol
mostrar vuestra faz ya limpia:
la mano que os la ultrajó
podéis colgar a la puerta
en lugar del aldabón.»

 Y asiéndola en su escarcela,
prenda de venganza atroz,
la mano que cortó al conde
sobre la mesa arrojó.
Lanzó el anciano un suspiro
de inmensa satisfacción,
al ver la mano que lava
la mancilla hecha a su honor;
y su familia, que el aire
del aliento comprimió
para ver y oír, del pecho
soltó la respiración.
Costumbres de aquella era
caballeresca y feroz,
en que acogotando moros
se glorificaba a Dios;
y en que no había un exceso
ni un crimen sin galardón,
como tuviese por móvil
honra, fe, patria y amor.
Laínez con una seña
a su gente despidió,
y la familia en silencio
salió de la habitación.

IV

I

 A las diez de la mañana
del florido mes de Mayo,
ante mucha noble gente
reunida en su palacio,
a Jimena y a Rodrigo

toma el Rey palabra y mano
de juntarlos para en uno
con indisoluble lazo.
Jimena está conmovida,
roja y con los ojos bajos,
para ocultar la alegría
de los ojos con los párpados.

Tal vez se avergüenza un poco
de entregarse tan de grado
a aquel contra quien justicia
pedía airada tan alto.
Rodrigo, tan fresco y ágil
ante una hueste a caballo,
delante está de su novia
un poco encogido y pálido.
El Rey mira sonriendo
el encogimiento de ambos,
y a su sonrisa sonríen
los malignos cortesanos.
La Reina, como madrina
está de Jimena al lado;
detrás de ellas las infantas
como testigos del acto:
y la nodriza Bibiana
en el nupcial aparato
no ve más que a su Jimena
por quien reza por lo bajo.

A la derecha del Rey,
junto a Rodrigo, don Sancho
le asiste como pudiera
de lid en campo cerrado.
Tras de don Sancho don Diego
de Ruy con los dos hermanos
y con su madre Teresa
asisten al desposado.
El Rey, cuando vido juntos
a todos los convidados,
se puso en pie y dijo al Cid:
«Dad a la novia la mano.»

Tendiéndosela a Jimena
dijo el Cid todo turbado:
«Jimena, maté a tu padre,
pero no como villano:
de hombre a hombre le maté
porque a mi padre hizo agravio.
La ley me hace esclavo tuyo,
tu marido el Rey Fernando;
marido y esclavo a un tiempo
aquí estoy a tu mandato:

hombre quité, y hombre doy;
no sé más; lo que sé hago.»

Pareció a todos lo dicho
muy bien dicho y muy al caso,
y echaron hacia la iglesia
su discreción alabando.

———

Delante de todo el pueblo,
que se juntó muy temprano
por ver al Rey y a los novios,
y al pasar por vitorearlos,
les casó el señor Obispo
en latín un poco bárbaro,
pronunciado un poco en godo,
con acento un poco arábigo;
lengua informe y corrompida
que aún usan los escribanos,
los dómines y los frailes,
que aún gustan de latinajos.

Hubo misa con sermón,
salmodia e incensario,
y paz, que fue a dar al Rey
y a los dos novios un diácono.
Estuvieron en la Corte
en el presbiterio hincados,
la Reina en reclinatorio,
el Rey en sillón de brazos,
sus hijas en taburetes,
los infantes en escaños,
y los novios en cojines
de terciopelo muy blandos.

Jimena lleva partidos
los cabellos, y trenzados
con hilos de gruesas perlas
en dos trenzas de ocho cabos.
El jubón de mangas cortas
por el cuello abierto en cuadro,
muy desgarrado el escote
y muy bien acinturado.
El pecho y hombros la cubren

callares y relicarios,
con medallas guarnecidas
de amatistas y topacios.
Cintillos, pulsos y ajorcas
lleva puestos en los brazos,
y anillos de pedrerías
en los dedos de ambas manos.
En la falda delantera,
de damasceno brocado
cuelga un abanico persa
de plumas de papagayo.
Por toca y corona lleva
de oro en la cabeza un aro,
y un velo de gasa de oro
prendido en lugar de manto.
Las joyas que lleva encima
en muchos cuentos tasaron;
herencia son de su padre,
y de los reyes regalos:
la luz que destellan, ciega
con mil destellos y rayos,
con que parece Jimena
más que una mujer, un astro.
    Ruy Díaz viste un justillo
con hebillas ajustado,
cortado el vuelo en almenas
del cinturón por debajo.
Las mangas lleva atacadas
con herretes cincelados,
que cuelgan de las hombreras
cuando se mueve sonando.
La espada en cinto de cuero
colgada de acero en ganchos,
que no usa estoques de corte
quien gana la tierra a tajos.
Un birretillo de grana
con una pluma de gallo,
y guantes y borceguíes
de ante guadamacilado,
completan la vestidura
del Cid, en el día fausto
en que ante Dios a Jimena

jura amor eterno y casto.
    A la luz de los dos cirios
que les han puesto en las manos,
la bendición recibieron
y el ¡sí! tremendo cambiaron.
Todos los ojos estaban
en sus semblantes clavados,
y ellos, rojos como guindas,
ante el fuego de ojos tantos.
Los abades y los monjes,
entonces asaz livianos,
miraban un poco audaces
a Jimena de soslayo.
La gente andaba en puntillas
para mirarla ondulando,
y el pueblo hacía en el templo
como en plaza de mercado.
Jimena estaba más roja
que la flor del amaranto,
y al ver lo que esto duraba
se iba el Cid amostazando.
Por fin, dio fin el Obispo
a los kiries y los salmos,
y devotos santiguándose
los Reyes se levantaron.
Abrieron calle entre el pueblo
los maceros con trabajo,
y la nupcial comitiva
cruzó la iglesia a codazos.
Monjes, abades, obispos
y canónigos con palio
salieron a despedir
a los Reyes hasta el atrio.
Diéronles allí, muy graves,
el último guisopazo,
y así se hicieron las bodas
de Rodrigo el Castellano.

———

De la iglesia van saliendo
los Reyes, los desposados,

los infantes y la corte
con sus nobles dignatarios.
Todo es oro, seda, plumas,
brinquiños, joyeles, lazos,
pajecillos con blasones,
y corceles con penachos.
Los pertigueros delante
van abriéndoles el paso,
con bastones regateros
romper pies amenazando.
Tras de ellos los concejales
con anguarinas de paño,
con monteras de tres puntas
y medallones dorados.
Detrás los jueces de Burgos
con sus varas en las manos,
y sus birretes con chías
y sus luengos capisayos;
detrás los reyes, los novios,
las damas, los cortesanos,
y detrás los ricos homes,
y detrás el populacho.
      El Rey, como buen padrino
dadivoso y manilargo,
con él llevaba a los novios
a yantar a su palacio.
Por las calles por do iban
hallaban engalanados
balcones y miradores
con colchas y con damascos:
y en miradores y calles
agitándose apiñado,
les saludaba de Burgos
el honesto vecindario.
      El suelo estaba cubierto
de trébol, juncia y mastranzo,
y las tapias de retama
y madreselva con ramos,
A la entrada de la plaza
y a costa del Rey alzaron
de cañas, flores y juncos
muy pulidos unos arcos;

y por divertir al Rey
y a los novios por el tránsito,
hicieron unos festejos
tan sinceros como zafios.
Salió Pelayo hecho toro
con un capuz colorado,
seguido de mojigangas
de gigantes y de enanos.
Salió también Antolínez
a la jineta en un asno,
y Peláez con vejigas
sacudiendo a los muchachos.
Bailáronse por seis danzas
las de espadas y de palos,
con gaitas y tamboriles
gallegas y zamoranos.
Diez maravedís de plata
mandó el Rey dar a un lacayo,
porque asustaba a las mozas
con un vestido de diablo;
y otros diez a una zagala
que le ofreció desde un carro
un gran queso en una cesta
y dos corderinos blancos.
Iba con el Rey Jimena
trabada de él por la mano,
con la Reina, su madrina,
sus suegros y sus cuñados.
Por las rejas y ventanas
arrojaban trigo tanto,
que el Rey llevaba en la gorra,
que era ancha, un gran puñado;
y como a Jimena Gómez
se la metían los granos
por el escote y collares,
el Rey se los va sacando.
Para que lo oyera éste
dijo don Suero muy alto:
      «Aunque es de estimar ser rey,
estimara más ser mano.»
      Mandole por el requiebro
el Rey un rico penacho,

y a Jimena para en casa
maridarle la hizo un abrazo.
   Así iba la comitiva
la ciudad atravesando
desde la iglesia al alcázar
entre vítores y aplausos.
Trataba el Rey con Jimena
de trabar plática en vano,
porque ella su discreción
acreditaba callando;
pues sabe que la mujer
que habla con un soberano,
es pez que abre mucha boca
en agua en que están pescando.
   Llegó a palacio el gentío,
y partiéndose a dos lados
entrose en él a yantar
el Rey con sus convidados.

VIII

   En su Vivar solariego
a su Rodrigo aguardando,
tan encinta está Jimena
que espera próximo el parto.
   Cuando además dolorida
una mañana en disanto
bañada en lágrimas tristes
tomó la pluma en la mano.
   Y después de haberle escrito
mil quejas a su velado,
bastantes a domeñar
unas entrañas de mármol;
   de nuevo tomó la pluma,
y volvió de nuevo al llanto,
y de esta guisa le escribe
al noble Rey don Fernando:
   «A vos, mi señor el Rey,
el bueno, el aventurado,
el magno, el conqueridor,
el agradecido, el sabio,
   »la vuestra sierva Jimena,

fija del conde Lozano,
a quien vos marido disteis,
bien así como burlando;
   »desde Vivar os saluda,
donde vive lacerando;
las vuestras andanzas buenas,
llévevoslas Dios al cabo.
   »Perdonédesme, señor,
que no tengo pecho falso,
y si mal talante os tiene,
no puede disimularlo.
   »Yo estoy de vos querellosa,
y os escribo mal mi grado,
magüer que enemiga os tengo,
a fuerza de mis agravios.
   »Respondedme en puridad
con letras de vuestra mano;
aunque yo al demandadero
le pagare el aguinaldo,
   »¿Qué ley de Dios vos otorga,
que podáis por tiempo tanto,
como ha que fincáis en lides,
descasar a los casados?
   »Qué buena razón consiente,
que a un garzón bien doctrinado,
falaguero y humildoso,
le enseñéis a león bravo?
   »¿Y que de noche y de día
le traigáis atraillado,
sin soltarle para mí,
sino una vez en el año?
   »Y esa que me le soltáis,
fasta los pies del caballo
tan bañado en sangre viene,
que pone pavor mirarlo.
   »Y no bien mis brazos toca,
cuando se duerme en mis brazos,
y en sueños gime y forceja,
que cuida que está lidiando.
   »Y apenas el alba rompe,
cuando le están acuciando
las escuchas y adalides

para que se vuelva al campo.

»Lástima tiene de verle
tan extraño y acosado
la su madre y los mis ojos
de tanto llorar cansados.

»Y aun cuando se desposó,
fizo tan buen desposado,
que pasar no le dejasteis
tres meses en cuatro Mayos.

»Si lo facéis por honrarle,
asaz Rodrigo es honrado,
pues no tiene barba, y tiene
cinco reyes por vasallas.

»Yo finco, señor, en cinta,
y en nueve meses he entrado,
y me pueden empecer
las lágrimas que derramo.

»Que como otro bien no tengo,
y me lo habedes quitado,
en guisa lo lloro vivo,
cual si estuviere finado.

»No permitáis se malogren
prendas del mejor fidalgo,
que sigue cruces bermejas,
ni a Rey ha besado mano.

»Doleos, noble señor,
de ver que acueste a mi lado,
en vez de su mancebía,
una vieja, y suegra al cabo.

»Que aunque me muestra cariño,
dos celebros entranzados
mala amistad mantienen
en un hogar y un estrado.

»Dadle mi escrito a las llamas.
non se faga dél palacio;
que en malos barruntadores
no me será bien contado.

»Y enderezadme este tuerto;
ya sabéis lo que os demando.
Mirad que se ofende el cielo
de fecho tan mal guisado.»

IX

Pidiendo a las diez del día
papel a su secretario,
a la carta de Jimena
responde el Rey por su mano.

Después de facer la cruz
con cuatro puntos y un rasgo,
aquestas palabras finca
a guisa de cortesano:

«A vos, Jimena la noble,
la del marido envidiado,
la discreta, la homildosa,
la que cedo espera el parto,

»el Rey, que nunca vos tuvo
talante desmesurado,
vos envía sus saludes
en fe de quereros tanto.

»Que estáis de mí querellosa
decís en vuestro despacho,
y que no suelto a Rodrigo
sino una vez en el año.

»Y que cuando está con vos,
en lugar de falagaros,
en vuestros brazos se duerme,
como viene tan cansado.

»A no vos tener en cinta
vuestro esposo el alindado,
creyera de su dormir
lo que me habedes contado.

»Mas, pues vos tiene, señora,
con el brial levantado,
no se ha dormido en el lecho,
si espera en vos mayorazgo.

»Que si Rodrigo estuviera
al vuestro llavero atado,
en patrimonio ni hacienda
no hubiera sobrepujado.

»Si con otros infanzones
se anduviera paseando,
vuestro San Miguel de oro
no estuviera bien parado.

»Y si yo no hubiera puesto
las mis huestes a su cargo,
no fuerades más que dueña,
ni él fuera más que fidalgo.

»Decisme que soy mal rey,
y que descaso casados,
y que por el mi provecho
no cuido de vuestros daños.

«Si supiérades, señora,
que vos quitaba el velado
para mis namoramientos,
fuera bien el lamentarlo.

»Mas, pues, sólo vos le quito
para lidiar en el campo
con los moros convecinos,
no vos fago grande agravio.

»Decís, que vuestro Rodrigo
tiene reyes por vasallos;
ojalá como son cinco,
fueran cinco veces cuatro.

»Porque teniéndolos él
sujetos a su mandado,
mis castillos y los vuestros
no tendrán tantos contrarios.

»Decís que entregue a las llamas
la carta que me habéis dado:
a contener herejías,
fuera digna del tal pago.

»Mas, pues razones contiene
dignas de los siete sabios,
mejor es para mi archivo,
que no para el fuego ingrato.

»Y porque guardéis la mía,
y no la fagáis pedazos,
por ella a lo que parierdes
le mando buen aguinaldo.

»Si fuese fijo, darele
una espada y un caballo,
y cien mil maravedís
para ayuda de su gasto.

»Si fuere fija, prometo
de poner su dote en cambio,
desde el día en que naciere,
de plata cuarenta marcos.

»Con esto ceso, señora,
mas de no estar suplicando
a la Virgen vos ayude
en los dolores del parto.»

X

Y mientras el Cid triunfante
va por el Rey, su señor,
extendiendo sus fronteras
de Castilla y de León,
la noble Jimena Gómez,
mujer del Cid Campeador,
en sus solares de Burgos
el primer hijo le dio.
Fue a visitarla la Reina
con las infantas en pos;
hizo el pueblo luminarias
y el Rey la cumplimentó.
A bautizar al nacido
vino a la iglesia mayor
Poncio, arzobispo de Oviedo,
que a Jimena bautizó.
Grande amigo de su padre
el conde, a quien haya Dios,
bendecir quiso la prole
de su hija y su matador.

Mas no para sancionar
el hecho en conciencia atroz,
sino para dar al hecho
del muerto en nombre perdón.

Diego pusieron al niño:
y cuando el riesgo pasó,
salió a misa de parida
doña Jimena hecha un sol.
Para salir, de contray
sus escuderos vistió;
que el vestido del criado
dice quién es el señor.
Un jubón de grana fina

la hermosa dama sacó,
con fajas de terciopelo
picadas de dos en dos.
De lo mismo una basquiña
con la misma guarnición,
donas que la diera el Rey
el día que se casó;
y con los cabos de plata
un pulido ceñidor,
que a la condesa, su madre,
el conde en donas, le dio.
    Lleva una cofia de papos
de riquísima labor,
que le dio la infanta Urraca
el día que se veló.
Dos patenas lleva al cuello
puestas con mucho primor,
con San Lázaro y San Pedro,
santos de su devoción.
Y los cabellos que al oro
disminuyen su color,
a las espaldas echados,
de todos hecho un cordón.
Lleva un manto de contray,
porque las damas de honor
mientras más su rostro encubren,
más descubren su opinión.
Tan hermosa va Jimena,
que suspenso quedó el sol
en medio de su carrera
por podella ver mejor.
    A la entrada de la iglesia
al Rey Fernando encontró,
y para metella dentro
de la mano la tomó.
    Dícele: «Noble Jimena,
pues es el Cid Campeador
vueso dichoso marido,
y mi vasallo el mejor,
que por estar en las lides,
hoy de la iglesia faltó,
a falta de brazo suyo,

yo vuestro bracero soy.
    »Y a aqueste fermoso infante,
que el cielo divino os dio,
mando mil maravedís,
y mi plumaje el mejor.»
    No le agradeció Jimena
al Rey tan alto favor,
que le ocupó la vergüenza,
y a sus palabras la voz.
    Las manos quiso Jimena
besar, y el Rey las huyó,
y acompañola en la iglesia,
y a su casa la volvió.

XI

    El Rey estaba ya viejo
de tantas guerras cansado,
puesto que toda la vida
se la pasó peleando:
empobrecidos los pueblos
de tantos tributos hartos,
gastadas las rentas anuas
y el tesoro real exhausto;
mas muchos los enemigos
y muy envalentonados
con la impunidad, se hacía
un ejemplar necesario.
    Con la victoria del Cid
abiełto a la lid el campo
y llegada la ocasión
que aguardaba él Rey callando,
un día llamó a campaña
y empezó a alistar soldados
con las joyas que la Reina
empeñó para pagarlos.
El pueblo, al ver de sus reyes
la alta prueba de amor patrio,
dijo: No haya reyes tales
a sus pueblos por ingratos.
Y haciendo los municipios
esfuerzos inesperados

y en las iglesias el clero
por santa a la guerra dando,
reunieron seis mil hombres
y al Rey se los presentaron,
con caballos y con armas
y con sueldo de medio año.

El Cid, en triunfal carrera
corrió desde el Ebro al Tajo
contando un triunfo por día
y una conquista por paso.
Del huracán con el ímpetu
y la rapidez del rayo,
fue en rededor de Castilla
las fronteras ensanchando.
El Rey, que era el pensamiento
De quien él era la mano,
llegó muy a tiempo a dársela
al terreno toledano,
y en los árabes rebeldes
poniendo juntos espanto
con el castigo, volvieron
a los más bravíos mansos.
Lleváronse por delante
cautivos, oro y rebaños,
que a Castilla repusieron
de pérdidas y de atrasos;
y en seis meses de campaña
desde diciembre hasta mayo,
desde Toledo a Coimbra
corrieron y la sitiaron.

Pero era lugar muy fuerte,
todo en torno amurallado,
bien guarnecido de torres,
ceñido de fosos anchos.
Los moros que la tenían
eran mucho y muy bravos;
peleaban día y noche
sin temor y sin descanso.
El cerco los de Castilla
apretaban, pero en vano;
ellos están más enteros
cuanto mejor apretados.

Seis meses duraba el sitio
y era ya el invierno entrado,
y andaban los sitiadores
de fuerza y víveres faltos.
Gastábase tiempo y sangre
y comenzaba el desánimo
a cundir entre la gente,
rendida de hambre y cansancio.
Ya de levantar el cerco
trataba el Rey, y un asalto
postrero dar proponía,
el Cid, ya desesperado,
cuando los frailes Benitos
del convento de Lormano,
de trigo, mijo y legumbres
dieron al Rey grande abasto.
Juraba el abad que en sueños
le había Dios revelado
que Santiago pelearía
en pro de los castellanos;
y que levantar el cerco
era hacer injuria al Santo,
que ya el corcel ensillaba
para bajar a ayudarlos.

La fe hace andar a los montes;
ordenó el Rey el asalto,
fiados en el Apóstol
lanzáronse a él los cristianos,
y hubo quien vio andar en medio
del Rey y el Cid a Santiago
repartiendo cuchilladas
desde su jamelgo blanco.
Ello es que entraron a fuerza
en Coimbra los cristianos,
y dieron gracias a Dios
por la intervención del Santo.
El Cid, resistido al verse
por la vez primera tanto,
hizo esfuerzas de energúmeno
y hazañas de endemoniado.
Él fue quien entró el primero,
y a él se dieran despechados

los moros de la alcazaba,
como se dieran al diablo.
Inmenso fue el regocijo,
inmenso el botín ganado,
inmensa del Rey la gloria,
inmenso al Cid el aplauso.
    Descansó en Coimbra el Rey
el mes de noviembre, y trajo
en literas a la Reina
y a las infantas, llamando
al buen obispo de Oviedo
con todos sus sufragáneos
para consagrar a Cristo
las mezquitas de los bárbaros.
Hubo tres días de fiestas;
y al mediodía del cuarto,
en la mezquita mayor
que a la Virgen dedicaron,
a Ruy Díaz de Vivar,
el campeador castellano,
armó caballero el Rey
en el altar de Sant Yago.
El Rey le ciñó la espada;

y no le dio espaldarazo,
sino le besó en la boca
como si fuera su hermano.
Y por hacerle más honra
la Reina le dio el caballo,
la armadura don Alonso,
la lanza y broquel don Sancho,
Y la infanta doña Urraca
con sus nacarinas manos
le calizo la espuela de oro
sobre un cojín de damasco.
Porque se la puso trémula,
roja y con los ojos bajos,
dieron en decir que fueron
de chicos enamorados.
Si fueron a no, lo saben
ellos y Dios: los hidalgos
jamás fían los secretos
del corazón a los labios.
    Así fue el Cid caballero;
y si su Rey le honró tanto
fue porque mantuvo el Cid
la honra del Rey en sus brazos.

V

I

    Año y medio ha que don Sancho
reina en Castilla, y aún nadie
sus pensamientos penetra
ni sus intentos precave.
Sombra de su padre muerto,
de su guarda como ángel,
como freno dé sus ímpetus,
vive a su lado su madre.
Don Sancho, de condición
natural, manso y tratable,
pero de impetuoso genio
y calentísima sangre,
necesita quien de su alma

las fieras tormentas calme:
y no quien las crespas olas
de sus pasiones levante.
La Reina ve cuán difícil
es dirigir una nave
de timón tan inflexible
y de aparejo tan frágil:
mas doña Sancha la guía
más de quince meses hace,
con una mano flexible
y una vigilia constante.
Don Sancho cumple severo
con sus deberes filiales,
y guarda a su madre viuda
miramientos sin iguales.

Él es el Rey: él gobierna,
administra, hace y deshace;
mas lo que su madre quiere
no es menester que lo mande.
Si ella pide, Sancho acuerda:
si ella exige, él satisface:
ella es la madre, él el hijo;
y él va después, ella es antes.
El primogénito, siendo
ni pudo él imaginarse
ni nadie dudó en Castilla
que entera no la heredase:
con que los cuatro pedazos
de ella el Rey al arrancarle,
debieron doler a Sancho
como si fueran de carne.
Pensar que de carne o tierra
ha de dejar que le arranquen
cuatro pedazos sin dar
de ira ni dolor señales,
es abnegación de monjes
y heroicidad de mártires:
pero no es virtud de príncipes,
ni en don Sancho de esperarse.
Doña Sancha, con el tacto
delicado que no cabe
más que en la mujer que ama
o en entrañas maternales,
de don Sancho y sus hermanos
con infinitos afanes
procura los rotos hilos
atar de las voluntades.
Conoce bien doña Sancha
de sus hijos el carácter,
y sabe bien que don Sancho
cambiará cuando ella falte;
mas sabe también que, noble,
de palabra inquebrantable,
si promete cumple: y quiere
a prometer obligarle.
A sus hijos en secreto
cartas ha enviado y mensajes,

aconsejando y rogando
que hagan a don Sancho avances;
mas don Alonso es altivo,
don García inmanejable;
aquél piensa en sostenerse,
y éste sólo en arruinarse.
Aquél trata de hacer liga
con cristianos y con árabes
para cuando el día llegue
en que la tormenta estalle.
Éste, dado a favoritos,
a juegos y liviandades,
goza y exprime a sus pueblos
del porvenir sin cuidarse.
Mas como en conciencia todos
comprenden, por más que callen,
que haber dividido el reino
ha sido debilitarle,
que era mejor dar impulso
a su unidad y su ensanche,
hasta volver a los moros
de África a los arenales;
todos temen que don Sancho
en tal empresa se embarque,
y a todo derecho alegue,
o a fuerza se lo demanden.
Con que nada fue posible
que la reina recabase
de sus hijos; y siguieron
las nubes aglomerándose.
Solamente doña Urraca,
que par en, los años casi
con don Sancho, le mostró
siempre cariño entrañable,
más amante más sagaz,
más obediente o más hábil,
escribió a don Sancho cartas
de tan cariñosas frases,
le mandó tantas regalos
de infantil cariño imágenes,
que el Rey excusar no pudo
por sinceros aceptárseles.

Al fin concluyó al carteo
con la infanta a acostumbrarse,
y sus dones mujeriles
a pagar con dones reales:
con que el cielo por Zamora
comenzaba a despejarse,
y de los vientos de Burgos
a no, temer huracanes.
Doña Sancha, aprovechando
aquel soplo favorable
para el porvenir de su hija,
no quiso desperdiciarle:
y un día. arrancó a don Sancho
prenda de fe, de amor gaje,
una promesa firmada
de que «en cualquier tiempo y trance
»que una gracia o una vida
»doña Urraca le demande,
»la tenga por otorgada
»por aquellas credenciales.»
    Poco era; mas era al cabo
un punto de que hacer base,
en que apoyar una valla
que algún arrebato ataje.
Doña Elvira estaba en Toro
donde a labradora dándose,
podar y acodar hacía
sus cepas y sus guíndales:
y contenta con sus huertos,
reina de sus cachicanes,
calculaba sus cosechas
de albillos y garrafales.
Ni recela ni imagina
que de sus viñas la saque
la ambición de sus hermanos
ni el moro se las asalte:
y anda, de andar por el campo
día y noche al sol y al aire,
tan gorda y tan colorada
como un madroño salvaje.
    Así en mil sesenta y siete
vivían los cinco infantes,

esperando un porvenir
preñado de tempestades;
y ha quince meses que reina
don Sancho en Burgos, y trae
una vida sosegada
que no era de imaginarse.
Cortés, pero reservado
con todos a la par, nadie
sus pensamientos penetra
ni sus intentas precave.
Alvar, el Cid, y los nobles
de su bandera secuaces
ven, oyen, callan y esperan
que obre el Rey o se declare;
porque nadie cree tampoco
que en su corazón no guarde
algún secreto su calma,
o se haya vuelto cobarde;
porque él dio desde pequeño
de grande esfuerzo señales,
de grandes ímpetus muestra,
y hombre no hay que de alma cambie.
Su calma, están avisados
de que es la de los volcanes;
montes verdes apagados,
y en erupción Leviatanes,
Con indiferencia fría
ha visto de él alejarse
a los que en pos se llevaron
sus hermanos los infantes.
Poderosos ricos-homes,
barones de alto linaje
que flor y prez de Castilla
en su corte fueron antes,
de sus hermanos, ya Reyes,
siguiendo los estandartes,
abandonaron a Burgos
por sus nuevas capitales.
El conde don Per Anzules,
el mayor entre los grandes,
el más rico de los ricos,
y el leal de los leales,

anda en León con su hermano
don Alonso gallardeándose,
de consejero y privado
y de mecenas con aires.
Arias Gonzalo y sus hijos,
oriundos de los solareis
de los condes de Castilla,
nietos de Fernán González,
por la infanta doña Urraca,
se dan por los tutelares
de Zamora, y la defienden
sin que ninguno la ataque.
Can don García se fueron
mancebos muy principales,
tan levantiscos e inquietos
como de todo capaces;
y aunque en Burgos le quedaron
los Laras y los Peláez,
los Núñez y los Porcelos,
y Ruy Díaz y Alvar Fáñez,
don Sancho ni con larguezas
ni les intima ni atrae,
ni a su consejo les llama
jamás para consultarles.
Y en una vida inactiva
que en Burgos no hay quien no tache,
ni va a caza, ni hace de armas
ni de caballos alarde;
ni galantea, ni feria,
ni hace mercedes; y nadie
penetra en su pensamiento,
ni sus intenciones sabe.

Entretanto, prevaliéndose
de su calma inexplicable,
tomándola por inercia
y a él por de poco tomándole,
aragoneses y moros
han comenzado a agitarse,
las parias y los tributos
resistiéndose a pagarle;
y el Rey de Aragón, su tío,
a los navarros audaces
permite que las fronteras
impunemente le talen.
Don Sancho se ha limitado
reclamaciones a enviarle,
y don Ramiro y los moros
le dan ya por Rey cobarde.

Así ha pasado año y medio;
y aunque de don Sancho nadie
los pensamientos penetra
ni los intentos precave,
piensan los más que su calma
ha da ser la de los mares,
que las borrascas cobijan
bajo sus ondas falaces.

Ello es que en el cielo y tierra
del reino de los infantes,
no rompen, pero fermentan
les nublos y los volcanes;
y aunque es el tiempo que corre
primaveral, fresco y suave,
se respira cual sintiendo
cargado de miedo el aire.

VII

VI

Los Arias, que bien conocen
del Rey el feraz carácter
y que de él, si son vencidos,
lo que les espera saben,

decidieron en Zamora
morir, mejor que entregarse
y darle a gozar el bárbaro
placer de descabezarles.
Don Sancho, viendo el setiembre
encima lluvioso echársele,

apretó y plantó sus tiendas
debajo, de los baluartes:
y no hay ya un hombre que a ellos
pueda seguro asomarse,
ni modo de que un minuto
los zamoranos descansen.
Partida ya sin desquite
va de tercos a tenaces;
mas es ya fuerza perderla
por una o por otra parte.
Colérico ante Zamora
bramaba el Rey de coraje,
contra Arias mil maldiciones
echando al par de mil planes;
pero por más que discurre,
por más que a Zamora bate,
allí la tienen los Arias
para que el paso le ataje.
Ni hay medio de que sus ojos
ni sus pies del muro pasen,
ni hay medio de que se quite
a los Arias de delante.

Los Arias, al ver que en lluvias
amaga el tiempo cerrarse,
fían en que hará el invierno
que el Rey el cerco levante:
y como el Rey de Zamora
el campo abandone o alce,
de Zamora por la falta
tal vez la tierra le falte;
porque si Zamora triunfa,
a su ejemplo es indudable
que por don Alonso muchas
fortalezas se declaren.

Tal porvenir no se oculta
ni a los ojos perspicaces
de don Sancho que le teme
ni de Arias que se le abre;
y está don Sancho en Zamora
como oso que ve un enjambre
tan alto, que de él no puede
llegar hasta los panales;

y los Arias, de Zamora
tras los muros seculares,
como en roca inaccesible
un nido de gavilanes.

—

El Rey, de Bellido D'Olfos
aceptó el pleito homenaje
contra el parecer del Cid
y todos sus capitanes.
Lo que Arias de D'Olfos dijo,
lo que se habló da su padre
mientras vivió y las sospechas
del parricido retraen
de su intimidad y trato
a las gentes de linaje:
y anda en el campo cual sombra.
sin cuerpo a quien arrimarse.
Sólo el Rey le trata bien,
como a hombre que diz que trae
de un juez fundador de Burgos
el apellido y la sangre,
El Rey dice que a su amparo
se acogió y que debe dársele:
que si traidor fue a Zamora
era a Zamora por darle;
que siempre del mal y el bien
que el vulgo propala de alguien,
son erróneas o supuestas
las nueve décimas partes:
que siempre topan con D'Olfos
los que de Zamora salen,
y que en salidas y asaltos
bien por Castilla se bate;
que nadie debe juzgar
que ha fraguado ni que fragüe
nada de lo que evidentes
no hay ni pruebas ni señales;
que, pues nadie le halla en falta,
ninguno de sobra le halle,
y, en fin, que de él amparado

no es bien que le desampare.
　　Todas las supersticiones,
y las creencias vulgares
sobre el fatalismo, tienen
origen en hechos reales,
en experiencias continuas
de casos inexplicables,
que obra del sino parecen
por más que sean casuales.
La luz a la mariposa,
y al pez el anzuelo atraen,
y a los hombres desdichados
los que han de serles fatales.
Ampara don Sancho a D'Olfos
de quien todos se precaven;
entrada le da en su tienda,
soldada y gente que mande:
con él intima, a pretexto
de que es un hombre importante
en Zamora y dentro de ella
tiene influencia y parciales.
Y a la verdad, sea D'Olfos
traidor o de serlo trate,
no trata contra don Sancho
de usar sus iniquidades:
porque en sus manos le tiene
a solas mañana y tarde,
y por él llamado a solas,
a solas con él departe.
A D'Olfos pueden traidor
los de Zamora llamarle,
porque la traición que trata
es a don Sancho entregarles:
y le asegura y le jura
que conoce un medio fácil
y un sitio oculto por donde
puede en ella penetrarse;
pero que sólo al Rey quiere
como leal revelársele,
puesto que al Rey debe sólo
favor y amparo en sus reales;
y que si le da cien hombres

tan valientes como audaces,
él y los suyos de adentro
el postigo viejo le abren.
　　Don Sancho no ha respondido
ni aceptado ofertas tales;
mas piensa en probar si son
efectivas y aceptables.
　　Bellido D'Olfos, en tanto,
anda en el campo, entra y sale,
de la manera más franca
y más digna comportándose.
Anda solo y desarmado,
no habla sin que le hablen,
saluda a quien le saluda
y contesta en breves frases.
D'Olfos, aunque traidor sea
o haya sido, no es cobarde;
pero es astuto y sereno,
sagaz entre los sagaces,
y elude con tacto sumo
de los nobles los desaires;
sin que ellos jamás le sonden
ni que él jamás se delate.
Al que adelantarle quiere
le deja pasar delante,
no ve a quien bien no le mira,
no mira a quien no le place.
Pero no está, por lo visto,
dispuesto a gastar en balde
ni servicios ni razones,
ni a sufrir befas ni ultrajes;
y un día que un leonés
se propuso a codearle,
al ir por una estocada
a salir emparejándose,
le dio tal puñada D'Olfos
que hizo que trastrabisase
por ir él inerme, usando
de las armas naturales.
　　El leonés, furibundo,
ciego y resuelto a matarle,
empuñó el mandoble y vínose

sobre él; pero apoderándose
D'Olfos de una estaca aguda
de las del cerco sobrantes,
lanzósela como un dardo
con tino y con fuerza tales,
que en la juntura del peto
y escarcelas acertándole,
pasole el cuerpo de modo
que el leonés cayó exánime.
El Rey le dio la razón;
y aún diz que llegó a alabarle
la maestría de un tiro
tan diestro y tan de remate.

Y hay en predestinaciones
sinos y fatalidades
coincidencias extrañas;
tan fuera de todo alcance,
tan raras e inverosímiles
mas tan claras e innegables,
que la razón las rechaza,
las religión las combate,
la fe y la ley las proscriben,
ninguno las prevé antes,
pero después de los hechos
todo el mundo en ellas cae,
Todos los hambres de juicio
las llaman vulgaridades;
todos los pueblos han hecho
de ellas proverbios vulgares;
y el saber popular siempre
reducido estuvo casi
a dichos y tradiciones,
a proverbios y refranes;
y los pueblos, sobre todos
los pueblos meridionales,
dicen que son evangelios
sus proverbios populares.
«Lo que está de Dios, sucede
siempre»—dice un refrán árabe;
y otro andaluz: «De este mundo
sin pagarla nadie sale.»

VIII

Desatalentada a ellas
mucha gente de su campo
acudió, en tropel confuso
capitanes y soldados.
El Cid, que ha reconocido
la voz del Rey, su caballo
volvió hacia donde la oía
corriendo hasta sofocarlo.
Llegó donde el Rey estaba:
tirose a tierra; a su lado
se arrodilló, y ayudole
a incorporarse en sus brazos.
Todos le dieron por muerto,
¡Era un horrendo espectáculo!
Pasado de parte a parte,
el regatón del venablo
le asomaba por la espalda
y la punta por debajo
del esternón, con la sangre
cuajada ya en hierro y palo;
su respiración difícil,
sus ojos desencajados,
las ansias con que se asían
a cuanto hallaban sus manos,
mostraban que era de muerte
la herida doble del dardo,
y que iban a apresurársela
con sólo intentar sacárselo.
Lloraban todos: y el Rey
entra uno y otro desmayo,
así decía, postrándose
y animándose a intervalos:
«¡Yo me be tenido la culpa:
ya me avisó Arias Gonzalo!
¡Sin duda, estaba de Dios!
Decid por mí a mis hermanos
que me perdonen; yo obraba
como Rey..., mas fue pecado.
No hagáis nada por mi vida,
porque es inútil. ¡Me abraso!

¡Agua!» No la había cerca;
fueron por ella, y en tanto,
luchaba el Rey con las ansias
de la muerte agonizando.
De pronto, uno de sus últimos
esfuerzos haciendo, atrajo
a sí del Cid la cabeza;
y poniéndole los labios
casi en la oreja, le dijo:
«Díaz, tú eres el más bravo
y el más leal de Castilla;
entre moros y cristianos
tu gloria es mucha: te debo
mi reino y consejos sabios
que debí seguir; y ahora
te dejo desamparado,
lo sé: vas a ser desde hoy
de todos los tiros blanco.
No te recomiendo a nadie,
porque te haría más daño;
todos los nobles te envidian;
Urraca me cree azuzado
por ti contra ella; Alfonso
comprende que está más bajo

que tú; los grandes te odian;
pero el pueblo castellano
te adora. Por él pelea:
no fíes en mis hermanos;
fíate en Dios y en tu espada;
los reyes somos ingratos
casi siempre, pero el pueblo
te pondrá que ellos más alto.»
    Dijo don Sancho y tornose
a desmayar: sollozando
sostenía el Cid su cuerpo,
y en silencio contemplábanlos
sin respirar los presentes,
Llegó en esto con un vaso
un doncel, al mismo tiempo
que un obispo con el Viático
y un capellán con los óleos:
pero ya no le alcanzaron
los Sacramentos ni el agua:
ya era muerto el Rey don Sancho.
Hincose el Obispo, y todos
en torno se arrodillaron:
y rasgándose las nubes
comenzó a llover a cántaros.

VIII

II

    Tristísima fue la noche
del Rey en el campamento
con su cadáver en tierra
y la tormenta en el cielo.
Las tiendas arrebatadas
por el ímpetu del viento,
por las aguas de un diluvio
enlodazado el terreno,
los corazones transidos
de horror y de sentimiento.
soldados y capitanes
calados hasta los huesos,

todo en el real de Castilla
era angustia, afán y duelo,
y maldiciones y llantos
y votos y juramentos.
Para el traidor maldiciones;
y votos de amor eterno,
juramentos de venganza,
y lágrimas para el muerto.
    Extraído ya el venablo,
lavado el tronco sangriento,
tienen el frío cadáver
aderezado en un féretro,
sobre un túmulo formado
con militares trofeos,

alumbrado con hachones
que tienen monjes y clérigos;
y arrodillados en torno
se turnan para tenerlos,
como los que guardia le hacen,
hidalgos y caballeros.

De la tienda real en otro
vecino compartimiento,
velan el Cid y los nobles
adalides del ejército;
todos castellanos; todos
sus partidarios son feudos
en Castilla, de don Sancho
mantenedores resueltos.

La tienda real, que está hecha
con doce argollados lienzos,
encerados por afuera
y tapizados por dentro,
sujetos todos en cruz
con frenadores de cuero,
por anillajes pesados
a las puntas por los centros,
está alzada y sostenida
en ocho mástiles recios,
equilibrados y firmes
en cordones contrapuestos,
y en estacas poderosas
de cuatro en cuatro sujetos;
y está alcázar de campaña
tan seguro como un templo.
En ella está la tristeza
veraz, el dolor sincero,
la lealtad que no sabe
bastardar los sentimientos.
Alrededor de esta tienda
acampan los verdaderos
castellanos, los leales
burgaleses, que, aunque envueltos
en fango y tinieblas, guardan
los militares respetos
a sus jefes, y vigilan
campo y trinchera en sus puestos.

Del campo en las otras alas
la inquietud es de otro género:
los jefes tienen consultas,
los soldados cuchicheos.
Van y vienen, salen y entran
pajes y palafreneros;
todo está en desordenada
confusión y movimiento.

Eran ya las altas horas
de la noche; el aguacero
cesaba y el temporal
poco a poco iba cediendo;
si hubieran los zamoranos
aprovechado el momento
de aquel descuido y desorden,
¿quién sabe qué hubieran hecho?
Mas en buscar al traidor
pensaron sólo; y queriendo
probar que no eran traidores,
la oportunidad perdieron.
Los Arias, husmeando a D'Olfos
como despistados perros,
al vecindario inquietaron
y la ciudad revolvieron,
y por atender a su honra
su interés desatendiendo
tal vez de salvarlo todo
triunfando desatendieron.

Sólo la infanta esperando
su salvación de más lejos,
el caso al Rey don Alfonso
escribió, y en el silencio
de la noche a la Felláh
llamó y la dijo: «¿A Toledo,
te atreves a ir?» Y la mora
dijo: «—Yo a todo me atrevo.
—¿Llegarás? —Sí. —¿Cómo el campo
cruzarás? —Como un conejo,
por entre los mismos pies
del Cid, si con él tropiezo.
—Mejor es que busques paso
por donde él no esté. —Yo vuelo

como las aves y nado
como los peces; sin miedo
queda, sultana, por mí,
que yo por mí nada temo.
—Pues toma y que Dios te ampare.»
Diola su carta y dineros
la infanta: y para mayor
seguridad y secreto,
por el muro descolgándola
por entre el monte y el Duero.
partió la mora: y la infanta
quedó a sus solas diciendo:
«Dios me perdone olvidar
por el Rey vivo al Rey muerto.»
   Los príncipes son así
casi siempre todos ellos:
son hambres, mas obligados
a ser príncipes primero.

III

   Alboreó: salió el sol
e iluminó el firmamento
alumbrando los desastres
del temporal en el suelo.
El campo real de Castilla
era un barrizal extenso
do yacían de sus tiendas
y sus barracas los restos.
Si ha de continuarse el sitio
habrá que hacerlas de nuevo,
pues quedan pocas capaces
de dar abrigo a sus dueños.
Arneses, armas y ropas
chorrean a cielo abierto,
y los caballos de guerra
en estacas y maderos
atados, en vano esperan
el enlodazado pienso,
enfangados hasta el vientre,
trasijados y sedientos.
Por limpiar y pulir sudan

las gualdrapas y los frenos
los jinetes; pero el día
va a ser corto para hacerlo.
Sólo en las tiendas del Rey,
del Cid y otros opulentos
barones, queda algo limpio,
útil, servible o ileso.
   El Cid y los adalides
castellanos, asumiendo
la autoridad y en la tienda
del Rey habido consejo,
habían determinado
mandar a Burgos el cuerpo,
y tenían ya el cadáver
encajonado y cubierto.
Ya estaba en un carro fúnebre
colocado y pronto el séquito
que había de darle en el viaje
guardia y acompañamiento,
cuando llegó a la real tienda
un grupo de caballeros,
jefes leoneses, cántabros,
asturianos y gallegos.
   Los de Castilla, aunque graves,
corteses les recibieron,
del muerto Rey que venían
por homenaje creyendo:
mas con sorpresa, en tal caso
por lo inoportuna, oyeron
la razón que dio por todos
de su venida uno de ellos;
diciéndoles en resumen:
«que desbaratado habiendo
su campamento el turbión;
sin caudales para sueldo
de sus gentes; y esta guerra
no en pro general del reino
sino personal del Rey
por él sostenida siendo
contra su opinión, creían
que, pues, leales le fueron
mientras vivió, habían cumplido;

y libres de todo empeño
juzgándose, desistían
y se apartaban del cerco
de Zamora, de la infanta
legítimo heredamiento.»
　　Los de Castilla esperaban
de ellos tal; mas no tan presto,
ni bajo tan mala forma
dicho, ni tan a mal tiempo;
y aunque muchos lo escucharon
arrugando el entrecejo,
todos a la situación
mirando, se contuvieron.
El Cid, que tácitamente
después del Rey por supremo
adalid está aceptado,
en Castilla por lo menos,
se encargó de contestar
y contestó en estos términos:
«Vuestra partida no extraño,
yo la esperaba, y comprendo
que nadie debe ir en contra
de su conciencia: mas tengo
para mí que es para iros
coger pronto un mal pretexto.»
—Aún no hay Rey.—Lo es don Alfonso,
dijo un cántabro. —En efecto,
lo es, dijo el Cid: mas del moro
es huésped o prisionero,
—Volverá—replicó el cántabro—;
y dijo el Cid: —Debe hacerlo:
mas mientras vuelve, en Castilla
sin Rey nos gobernaremos:
y como somos leales
y justos, en el derecho
de partir o de quedaros
que os halláis reconocemos.
Obrad, pues, como os pluguiere;
nosotros hemos resuelto
vengar al Rey, y Dios juzgue
a cada cual por sus hechos.
　　Los disidentes, que horros

salir a tan poco precio
no esperaban, se alejaron
sin más hablar, satisfechos.
　　El Cid les dejó partirse,
y cuando ya les vio lejos,
dijo con tono solemne
a sus castellanos vuelto:
　　«Caballeros de Castilla,
fijosdalgos y homes buenos
de Burgos, tomad en cuenta
lo que os propongo; nombremos
un campeón que a Zamora
vaya hoy mismo en nombre nuestro
al traidor Bellido D'Olfos
a demandar vivo o muerto.
　　Si se le dan muerto o vivo
con sus cómplices, a haberlos:
si doña Urraca y los Arias,
por sí y Por todo su pueblo,
juran que parte en la muerte
del Rey don Sancho no hubieron,
justicia hecha en los traidores,
de Zamora el sitio alcemos.
Mas si no le entregan, queden
por traidores todos ellos:
que nuestro campeón por tales
les acuse, desde luego,
y rete desde los Arias
hasta el ultimo pechero,
a batalla, a todos juntos:
y a cinco por uno a duelo.
Si aceptan haremos campo;
si rehúsan, ¡por San Pedro
de Cardeña!, hasta acabar
con todos, aquí quedémonos.»
　　Todos lo que el Cid propone
aceptaron, y dijeron:
«Mejor que vos nadie puede
ser campeón de Burgos: sedlo.»
El Cid replicó con noble
resolución: «Yo no puedo:
al viejo Rey don Fernando

hice en vida juramento
de no hacer contra sus hijos
armas nunca y protegerlos.»
«Cogisteis a don García»,
dijo una voz; y sereno
repuso el Cid: «Le cogí
a brazo, y sólo blandiendo
mi espada contra los que iban
cuando le aterré a cogerlo.»
«Mas hoy sois contra la infanta»,
a replicarle volvieron:
mas él volvió a replicar:
«No soy fuerte en argumentos;
mas si se alzara don Sancho
responder pudiera al vuestro
cuánto abogué por su hermana
antes del sitio: y por eso
a ser campeón de Castilla
contra la infanta me niego.
Yo obro según mi conciencia:
respetad mi error, si yerro,
y elegid otro campeón.
Pero juez me considero
en nombre del Rey, su padre,
de los infantes, e intento
pedirles cuenta de Sancho;
y a servirles me rebelo
mientras no prueben o juren
que nada en su muerte hicieron.»
Dijo el Cid, y conmovido
quedó por unos momentos
durante los cuales todos
guardaron ante él silencio.

Rompiole, por fin un mozo
de tan noble nacimiento,
que de los antiguos condes
desciende por abolengo.
Don Diego Ordóñez de Lara
se llama; y aunque mancebo
de años veintiséis, ya hombrea
entre hombres de grande esfuerzo.
Éste dijo: «Pues que el Cid

juró lo que fuera bueno
que no jurara de Burgos,
yo por campeón me ofrezco.
Yo iré a Zamora por D'Olfos,
y si sin D'Olfos me vuelvo,
retaré a los zamoranos
uno a uno o ciento a ciento,
como quiero que se atengan
a la batalla o al duelo:
a duelo a campo estacado
a batalla en campo abierto.
Yo lidiaré en la batalla
como es ley con cinco de ellos;
y si os dejo mal, será
dejando en la lid los huesos.»

A estas palabras del mozo,
el Cid y los jefes viejos
por campeón aceptáronle
y su bendición le dieron.

Tras esto, empezó su marcha
a emprender a paso lento
la comitiva mortuoria
con aparato fúnereo;
y según iba cruzando
el Real a campo travieso,
soldados y capitanes
íbanse en pos reuniendo.

Al trasponer las barreras
tras sus atrincheramientos
se hincaron todos, enviando
al Rey su adiós postrimero.

Aún se apercibía el carro
negrear por el sendero
del monte, cuando empezaban
a partir del campamento
las huestes desordenadas
de asturianos y gallegos,
cántabros y leoneses;
y al llegar el sol al centro
del cielo, los castellanos
se preparaban el cerco
a mantener por sí solos,

tan leales como tercos.

IX

A este lance inesperado
que da al desafío un éxito
contradictorio, imprevisto
en los códigos del duelo:
pues le da fin por vencido
dando al vencedor don Diego
y por vencedor al Arias
por él en la liza muerto,
se armó un terrible tumulto
entre soldados y pueblo
de Zamora y de Castilla
por fallar en su pro el pleito.
Mezclados en el palenque
ciudadanos y guerreros,
viejos y mozos, mujeres
y hombres, nobles y plebeyos,
gran vocerío levantan,
todos tener, pretendiendo,
la razón y la victoria
según, su ver y comentos.
Unos dicen: «Fue vencido:
salió del palenque huyendo.»
Otros gritan: «Fue el caballo
el que huyó no el caballero.»
Unos: «Es juicio de Dios.»
Otros: «Es juicio de necio.»
Unos: «Sin acción no hay culpa.»
y otros: «No hay duda en los hechos.»
«Salió del campo.» —«Sacole
su caballo.» —«Porque el freno
le rompió Arias.» —«Por acaso.»
«Fue buen golpe.» —«No fue bueno.»
Y unos y otros en su juicio
sin ceder a cual más tercos,
sostenían sus razones
con insultos y denuestos:
y no entendiéndose nadie
y nadie a escuchar dispuesto,

ya en alto andaban los puños
y era la liza, un infierno.
Los jueces y el Cid, que aparte
sobre el caso resolvieron,
pusieron fin al, tumulto
lanzas en la liz metiendo,
y a unos con voces y amagos,
y a los más hoscos y aviesos,
con los cuentos de las lanzas
entrar en cuentas hicieron.
Y de ambos campos la fuerza
poniendo a la ley por medio,
velis nolis de la ley
el fallo a oír se avinieron.
Entonces, sobre el estrado
de los jueces el Cid puesto,
dijo, escuchándole todos
en absoluto silencio:
«El juicio de Dios ha estado
en esta lid manifiesto.
Los jueces fallan... ¡y nadie
reclame en tierra ni en cielo!
que Zamora queda limpia
de traición: que se alza el cerco:
que Diego Ordóñez de Lara
ha cumplido como, bueno:
que él y los Arias de culpa
y tacha quedan exentos:
y la lid, por Dios cortada,
no ha lugar al cuarto duelo.»
Dijo el Cid: diéronle un vítor
los dos enemigos pueblos
reconciliados, quedando
ambos por él satisfechos.
Mas el tumulto extinguido
a estallar volvió de nuevo
de repente, y de la liza,
por los dos lados opuestos.
Por el del Norte, dejando
en mitad del campo muerto
a su caballo, pasándole
la espada, por los encuentros,

llegaba a pie Diego Ordóñez
desatentado, y sangriento,
otro caballo y otro, Arias
desaforado pidiendo,
Y en vano por contenerle
sus amigos y sus deudos
hacían para impedirle
entrar en la liza esfuerzos:
él no oía ni veía,
desatinado y colérico,
y ya contra él y por él
iban gentes acudiendo.

A la parte sur del campo
don Arias Gonzalo el viejo,
armado hasta las mandíbulas
desafiaba a don Diego.
En vano le sujetaban
los zamoranos, asiendo
las bridas de su caballo
que él espoleaba frenético;
en vano la misma infanta,
que atropellando, con riesgo
de su decoro, tras él
se vino hasta el campamento,
se le ponía delante
desmelenado el cabello,
con lágrimas conjurándole
a desistir de su empeño.

Los pueblos y el mar se agitan
fácilmente a cualquier viento,
y los de Zamora y Burgos
ya en remolino revuelto
de Norte a Sur comenzaban
a alzar tumbos turbulentos,
agrupándose a sus bandos
y las armas requiriendo.

El Cid y los adalides
discurrían ya algo inquietos
cómo echar agua y no sangre
sobre aquel naciente incendio,
cuando del real destacándose
en ruido y en polvo envueltos,

un buen golpe de jinetes
vieran correr hacia ellos.
Dio el grito el Cid de «¡los moros!»,
y la contienda rompiendo,
a los que del real venían
unos y otros atendieron.
Venían como una tromba:
apenas tuvo el Cid tiempo
para salir a caballo
con cien nobles a su encuentro.
«¿Quién va?», gritó espada en mano.
«Paso haced», te respondieron.
—¿A quién? —Al Rey. —¿A qué Rey?
—Al Rey don Alfonso Sexto.

Y el infante don Alfonso
con un numeroso séquito
de cristianos y de moros
en tren y atavío espléndidos,
echó pie a tierra a la entrada
del palenque; y le echó al cuello
los brazos al apearse
la infanta reconociéndolo.
Estrechola, él en los suyos;
y con imperioso acento
dijo a ninguno y a todos
dirigiéndose: «¿Qué es esto?»
Todos callaron: el vulgo
y los soldados por miedo
de su continente altivo;
y los jefes porque lejos
se quedaron agrupados
detrás del Cid, y en el centro
de las haces burgalesas
que se les iban uniendo.

El infante, atravesando
la muchedumbre sereno,
se fue al Cid y a él y a los suyos
se dirigió repitiendo:
«¿Qué es esto? ¿Burgos me esquiva
cuando a mis tierras regreso?»
El Cid respondió con firme
pero respetuoso acento:

«Burgos, señor, os demanda
con firmeza y con respeto
una gracia por su Rey
antes de reconoceros.
—¿Cuál? —De que estáis inocente
de una muerte el juramento.
—¿De la muerte de mi hermano
muerto por D'Olfos? —Por eso
hubo aquí un juicio de Dios
que deja de culpa ilesos
a los de Zamora: a vos....
si juráis, os juraremos.»
     Enmudecieron de asombro
todos del Cid al arresto:
y don Alfonso escuchándole
enrojeció y frunció el ceño.
«Jurad, le dijo don Per
Anzules interviniendo:
no hay ni Papa excomulgado
ni Rey traidor.» —¡Por supuesto:
dijo el infante, a este dicho

del privado, sonriendo:
nada hay que jurar me impida.
Juro... —Señor, en el templo
de Santa Gadea es donde
se jura y coronamiento
de sus Reyes hace Burgos.
Dijo el Cid: y el entrecejo
frunciendo, Alfonso repuso
mal conteniéndose: «Acepto.
Id, pues, a esperarme en Burgos.»
«Allí a esperaros iremos»,
respondió el Cid saludándole:
y las espaldas volviendo
metiose en Zamora el príncipe
con su hermana: convencieron
y amistaron, perdonándose
ambos, a Arias y a don Diego;
y alzando los burgalese
el campo aquel día, dieron
la vuelta a Burgos, quedando
sin Rey hasta el juramento.

IX

III

     Es la noche de aquel día:
dos horas ha que Jimena
con sus hijos va camino
de San Pedro de Cardeña.
Lo más rico de su haber
lleva cargado en acémilas,
y trescientos caballeros
para su custodia llevar
y mientras del claustro ha sombra
va a ampararse de Dios ella,
el Cid, esta noche en Burgas,
a darse al diablo se queda.
     Solo está el Cid ya en su casa,
un solo criado vela
de ella en un postigo falso

esperando a alguien de afuera;
y el Cid, que en su cuarto tiene
aderezada una mesa
con tres cubiertos, a solas
esperando se impacienta.
Al romper el toque de ánimas
de Burgos en las iglesias,
como ecos de las campanas,
sonaron en la escalera
los pasos acompasados
de los que a su citan llegan,
exactos como las horas,
que jamás faltan ni yerran.
     Eran dos viejos, que echando
con tiento a un lado la puerta,
se presentaron envueltos
en dos hopalandas negras.

Dos viejos de aspecto humilde,
de faz grave y barba luenga,
que ante el Cid algo encogidos
o recelosos se muestran
El Cid, no muy a sus anchas
tampoco ante ellos, la mesa
les señaló a ella invitándoles,
e hizo el criado una seña.
A luz de dos candilones
colgados en dos cadenas,
sentáronse, y el criado
dejó servida la cena.
No era un festín; un solomo
de venado con lentejas,
un hojaldre con pichones,
pan fresco y vino de Rueda
sirvió el Cid a sus dos huéspedes,
sin tener su edad en cuenta,
can profusión, y empezó
a comer él con presteza
militar: pero los viejos,
que por lo visto no esperan
tanto saciar su apetito
como abrir plática seria,
no hicieron honra a los platos;
porque con sobria abstinencia,
con tres bocados mostrando
dejar su hambre satisfecha
y con un sorbo su sed,
mostraron tener abiertas
más que con la hambre las bocas,
con la atención las orejas.
Y fuera porque empachados
se hallaran en la presencia
del Cid, o porque supiesen
que era un pretexto la cena
para otro asunto que el Cid
tratar con ellos quisiera,
a que él trabara la plática
aguardaban con paciencia.
    El Cid, que allá en sus adentros
a la cuestión daba vueltas,

cuando juzgó del convite
salvadas las apariencias,
apartó el plato, al criado
echó, aseguró la puerta,
y el diálogo con sus huéspedes
entabló de esta manera:
    «Sabéis, y si lo ignoráis
yo os lo digo, que el Rey me echa
de sus reinos y que yo
me voy mañana a otras tierras.
Como soy buen campeador,
mi porvenir y mi hacienda
están en el campo, y voy
a haceros una propuesta.
Necesito de dineros
para partirme a la guerra;
y como en esa partidla
llevo por mí las noventa,
prestadme diez mil florines,
y yo os entregaré en prenda
dos arcas de metal bueno
y de pedrerías llenas.
Si al fin de un año y un día
no os he pagado, vendedlas.
Mas hay una condición;
pertenecen a una iglesia
y al haber de mi mujer;
y como sería mengua
para mí y para mi esposa
que ojos y manos hebreas
sobre prendas tan sagradas
por mi culpa se pusieran,
habéis sólo de fiaros
en mi palabra y nobleza
sin abrir esas dos cajas
y sin mirar lo que encierran.»
Y así diciendo, el buen Cid
les mostró dos arcas viejas,
en un rincón a lo oscuro
de aquel aposento puestas.
    Los dos judíos al Cid
oyeron con calma atenta,

y de consultarse a solas
le pidieron luego venia.
Otorgola el Cid: hablaron
ellos un minuto apenas
por lo bajo, y el más viejo
le dio al Cid esta respuesta:

«Sabemos, señor, quién sois;
vivimos en vuestra tierra
y a vuestra merced estamos;
enviadnos las cajas vuestras,
el dinero os enviaremos
con el que mandéis con ellas
y... el Dios de Abrahán de todos
tome las obras en cuenta.»

Mostrose el Cid satisfecho:
los judíos con serena
resignación, o fiando
en su palabra de veras,
con humildad saludándole
partieron: en la escalera
encontraron al criado,
que a la luz de una linterna
les condujo hasta el postigo;
y el Cid, al sentirles fuera
como un hombre a quien le quitan
de los lomos una peña,
respiró a plenos pulmones
diciendo allá en su conciencia:
«¡Que me la perdone Dios
y me la depare buena!»

IV

El templo de la abadía
de San Pedro de Cardeña
de los oficios católicos
con la salmodia resuena.
Sus ámbitos perfumando
dos incensarios humean,
y el humo las vivas luces
de sus rosetones templa.
El sacro altar resplandece
de flores cargado y velas,
cuyo reflejo hacen móvil
las colgaduras espléndidas.
Damascos y terciopelos,
brocados y ricas telas
visten del piso las bóvedas
de su fábrica las piedras;
y complemento estruendoso
de la católica fiesta,
al vuelo de las campanas
parece que el suelo tiembla.

Está atestada la nave
de gente hincada en hileras,
como en orden de milicia
y en aparato de guerra;
no se ve más que brillar
armas, ondular cimeras
y tremolar estandartes
desde el altar a la puerta.
En él el abad, anciano
de alba barba y calva testa,
de espléndidos ornamentos
vestido, misa celebra.
La noble Jimena Gómez
con sus dos hijas pequeñas
la oye al lado de la Epístola
hincada en cojín de seda.
El Cid, al del Evangelio
con cristiana reverencia
la oye también, circundado
de adalides hasta treinta:
y en mitad del presbiterio
su hijo Diego Díaz vela
sus armas que ante sí tiene
y en las manos su bandera.
El Cid sale desterrado,
y con el Cid se destierran
quinientos hombres de Burgos,
que por el Cid al Rey dejan.
El Cid sale desterrado
y saca por vez primera
a campaña a su hijo Diego,

aguilucho que ya vuela.
El Cid sale desterrado;
mas con él a Burgos dejan
la juventud, la hidalguía
y la honra burgalesas.

De Dios a amparo y del Rey
contra el desamparo, quedan
de San Pedro en la clausura
su esposa y sus hijas tiernas;
y al partir a su destierro,
el Cid con su hueste, fiera
la bendición de Dios pide
y el buen abad se la echa.
Alzó el buen viejo, las manos
sobre todas las cabezas,
y ante él se doblaron todas
como de Dios en presencia.
Y aquella cruz que en el aire
trazó con su mano trémula,
fue a dar a las almas todas
un nuevo germen de fuerza.
La fe cristiana que el alma
de los creyentes alienta
da a su espíritu del mar
y del huracán la fuerza;
y esa cruz de la que rastro,
ni sombra en el aire resta,
infunde una fe en sus almas
que hasta el cielo, las eleva.
Bendijo el abad la hueste
en nombre de aquella eterna
Trinidad que el universo
sobre su palma sustenta;
y tremolando don Diego
Díaz con ambas muñecas
la bandera de Vivar,
se alzó en pie la hueste entera;
y el Cid, que de el presbiterio
domina toda la iglesia,
dijo estas palabras, símbolo,
de su fe caballeresca:
«Padre abad de la abadía

de San Pedro de Cardeña,
que fundaron mis abuelos
de tributo al Rey exenta:
tú enterraste aquí a mis padres
que me oyen desde su huesa,
y a ti encomiendo, mis hijas,
mi mujer y mi honra; tenlas
a tu amparo hasta que torne
vencedor, o hasta que muera.
Y dile al Rey de Castilla
si te pregunta por ellas,
que yo la honra de mi casa
dejo aquí de mi fe en prenda:
que ilesa deje mi honra
cual su honra yo dejo ilesa:
y que cuando con un reino
para él conquistado vuelva,
ajustaremos entre él
y los burgaleses cuentas.
Castellanos desterrados
con el Cid, que no nos pueda
llamar nunca malos hijos
nuestra patria en nuestra ausencia.
Si el Rey nos expulsa ingrato,
a la patria representa;
vamos a la lid por él
que será lidiar por ella.
Caballeros desterrados
con el Cid, ¡a la frontera!,
¡a caballo y lanza en ristre
por el Rey que nos destierra!»
«¡Viva el Cid!» —gritó la hueste
con unísona e inmensa
y potente voz, cuyo eco
estremeció las vidrieras
del templo, yendo a perderse
sus sonoras ondas trémulas
por la altura en el vacío,
por la llanura en la selva.

Abrazó el Cid a sus hijas
y a su esposa y a la vieja
Bibiana y al viejo Abad

y a los viejos que le quedan
a su servicio; y el son
al oír de las trompetas,
montó a caballo, se puso
de su hueste a la cabeza

y partieron los de Burgos
con el Cid a la pelea,
tan alegres como mozos
convidados a una feria.

X

I

El Rey y sus cortesanos,
si no olvidaron al Cid
porque le temían, viéronle
con satisfacción partir;
y un muy poderoso aliado
recibió su envidia ruin
de la infanta de Zamora
en el odio, mujeril.
Doña Urraca vino a Burgos
a la Reina a recibir,
y ocupó el puesto de honor
de su boda en el festín.
Instalada, en, el Alcázar
por el Rey de dirigir
se encargó la casa real
con altivez señoril.
El Rey no la iba a la mano,
y se pudo presumir
que mientras ella pudiera
de su rencor femenil
el veneno de su hermano
en el ánimo inferir,
no correría en la corte
muy bien aire para el Cid.
El Rey con su nueva esposa
pasó medio año feliz,
dando a sus Estados orden
eclesiástico y civil.
Con ayuda de un Concilio
que hizo en Burgos reunir,
en nombre del Papa puso
coto al menos, si no fin,

a la vida escandalosa
del clero, que andaba allí
vago y embarraganado
y enfangado en vicios mil.
Costole esto en cada diócesis
y parroquia entrar en lid
con feligreses y clérigos,
hechos a tan mal vivir;
tuvo que multar cabildos
y municipios, y en fin,
que leer sendos libelos
e injurias grandes que oír.
Mas aquel Papa Ildebrando,
que de uno a otro confín
de Europa a pueblos y a Reyes
hizo a sus plantas rendir,
no aceptando en este mundo
poder ni ley sobre sí,
sostuvo, al Rey, y los clérigos
tuvieron que sucumbir.
Se cambió el misal mozárabe
por el romano en latía,
se marcó en el rito el uso
del alba y sobrepelliz;
comenzaron indulgencias
y reliquias a venir
por la mediación de un, Nuncio
de Roma, que empezó allí
de los buenos castellanos
a enviar florín tras florín;
y todos quedaron bien,
y no hubo más que pedir.
Atajáronse los vicios,
comenzó a la gente vil

una justicia severa
y necesaria a regir;
y un año de paz, si no hizo
de Burgos, a fe, un jardín
del Edén, se pudo al menos
tal cual en Burgos vivir.

En todo lo cual no hay duda,
pues a por b y c por i
lo cuenta, y lo copian todos,
el buen don Lucas de Tuy.

Mas al fin del año, el Rey
de Sevilla y el Emir
de Córdoba, so pretexto
de guerrear entre sí,
por las fronteras cristianas
se metieron, el país
talando sin dejar grano
de trigo ni de maíz,
dejando aldeas y pueblos
hechos montones de hollín;
de modo que tuvo Alfonso
contra los dos que salir.

Topó con ellos: más fue
con suerte tan infeliz,
que hay cronista que barrunta
que empezó ante ellos a huir.

Mas corriendo por acaso
aquellos rumbos el Cid,
sobre ellos dio; uno tras otro
los venció: y con tan sutil
ingenio como lealtad,
hizo a Burgos conducir
a Alvar Fáñez para el Rey
un espléndido botín.

El Rey le aceptó sin ceño,
sin decir ni no ni sí
y del Cid los enemigos
no supieron qué decir.

Nadie en la corte chistó;
mas no fue entre el pueblo así;
porque con la tosquedad
primitiva e infantil

de aquella edad, empegó
en gritos a prorrumpir,
encendiendo luminarias
con alegría pueril;
con que nadie pudo en Burgos
aquella noche dormir,
por las voces incesantes
de «¡viva el Cid! ¡gloria al Cid!».
De modo que al otro día
queriendo muchos partir
con el Cid a reunirse,
y al Rey en son de motín
pidiéndoselo, viendo éste
su autoridad en un tris,
el desentendido haciéndose
les dejó sin verles ir.

Mas ni levantó el destierro
al generoso adalid
ni tuyo para Alvar Fáñez
una palabra gentil.

———

Rayaba el sol; los judíos
Manasés y Benjamín,
que al Cid sobre sus dos arcas
dieron florines diez mil.
dormían, sobre unas pajas
allá, en el zaquizamí
de un caserón vicio en donde,
se juntaba el sanbedrín.

De repente su escalera
vieja sintieron crujir
bajo el píe de un hombre que,
llamó a su chiribitil.
La cerradura era lo único,
que había de bueno allí;
aunque era un lujo harto inútil
en huronera tan ruin,
Llamó el que subía y dijo
en la puerta al sacudir
con los nudillos: «En nombre
del Cid, no temáis y abrid.»

Alzáronse los judíos
asombrados: y al abrir,
entró Alvar Fáñez diciéndoles
sin ceremonia: «He aquí
los diez mil florines de oro
que al burgalés adalid
Ruy Díaz habéis prestado»;
y en el suelo sin tapiz
tiró dos sacos, no viendo
mueble capaz de sufrir
peso tal; y añadió luego,
que los tiró: «Y advertid
que hay unos cuantos de más
como interés mercantil.
Conque ten paz y adiós, que tengo
poco tiempo.» «Pero oíd,
—dijo Manasés, cogiéndole
por la capa—: ¿os vais de aquí
sin las arcas?» Y Alvar Fáñez
dijo, echándose a reír:
«¡Si no tienen más que, piedras
y herraje, que yo cogí
en la capilla que echamos
abajo en casa de Ruy!»
     Miráronse los judíos
estupefactos, y al fin
dijo el más viejo: «¡Dios santo!
¿Y si a él le toca morir
y no vencer?» «¿Qué importaba,
dijo, Alvar, judío vil,
si estaba bajo las piedras
la fe y palabra del Cid?»

VI

     Al mediodía en palacio,
el Rey de vuelta del templo
estaba a solas con Alvar,
del Cid la carta leyendo;
y unas veces sonreía,
y otras enarcaba el ceño,
según la impresión que hacían

sus renglones, que eran éstos:
«Señor, dado os he dos años
para que tuvierais tiempo
de reflexionar, y en calma
leyerais lo que os contesto.
Téngovos de replicar
y de contrallarvos tengo,
que no han, pavor los valientes
ni los no culpados miedo.
Si finca muerta la honra
a manos de los denuestos,
menos mal será enforcarme
que el mal que me hacéis con ellos.
Yo seré en tierra homildoso:
mas ved bien que no os ofendo
si teniendo los mis brazos
cuido alzarme sin los vuestros.
Dos vedadas hubo cortes
desde antaño, por invierno,
mas un año me impusisteis
y yo cuatro me destierro.
En León ficisteis cortes:
y yo los campos corriendo
fazañas fice, y desfice
de los moros los pertrechos.
Lo fecho en Alcalá vedes,
non lo que fica primero;
y es mal juzgador quien, juzga
sin mirar todo el proceso.
Folgad, señor, que los moros
respeten mis fechos buenos,
que si no me los respetan
non vos guardarán respetos.
Asaz me parecéis blando,
pues que de tiempo tan luengo
de apretarvos en la jura
vos duele el escocimiento.
Porque os apreté allí mucho,
os saqué de aquel aprieto,
y no quedó en vuestra honra
por mí ningún cabo suelto.
Mentirá quien me achacase

que hube en lo de D'Olfos tuerto;
pues a más que sin espuelas
cabalgué por prisa y yerro,
consta a todos lo que fice
en su fuga y en el reto.
Mas siempre vencen falsías
la fe de los nobles pechos:
y pues gasté mis haberes,
en prez y servicio vueso,
y de lo que voy ganando
os hago señor y dueño,
nada me confiscaredes
vos, ni vuesos consejeros;
pues mal podredes tollerme
faciendas que no poseo.
De hoy más seré facendoso:
pero de vos cerca o lejos,
aunque para mí me gane
nunca para vos me pierdo.
En prueba os mando las llaves,
los tributos y los pechos
de las tierras que conquisto
para vos y por vos tengo.
Vos me habedes desterrado,
movido, según entiendo,
de envidiosos o cobardes,
por escuchar los consejos.
No tornaré a vuestra corte:
mas, por Dios, que con mis fechos
os iréis de sus falacias
y mi lealtad convenciendo.
Tenedme, pues, mis condados,
confiscadme vos mis feudos,
idme vos quitando haciendas...
yo os iré ganando pueblos;
y a este paso, Rey Alfonso,
fío en Dios que acabaremos,
vos por hacerme justicia,
o yo por vos en ser muerto.»
    Esto escribía, atrevido,
el noble Cid, respondiendo
a las querellas injustas

del Rey don Alfonso Sexto.
    Al concluir de leer
dijo el Rey a Alvar: «Soberbio
me escribe aún: mas su escrito
no quita a sus obras mérito.
Decidle que no le llamo
ni le levanto el destierro,
porque no cobren los moros
con su retirada aliento.
Que le serán a Jimena
todos sus bienes devueltos,
y que del tiempo pasado
ni se acuerde, ni me acuerde.»
    No le satisfizo mucho,
a Alvar de Minaya esto;
mas el Rey no pasó a más,
y se contentó con ello.

IX

    En aquel mismo palacio
donde ha ya más de años veinte
que al Rey don Fernando el Cid
presentó sus cinco reyes;
y en aquel mismo salón
donde a sus cortes presente,
contra Roma y Alemania
alzó el Cid su voz valiente,
el Rey don Alfonso Sexto
al Cid a su gracia vuelve,
y en sus brazos la recibe
agradecido y alegre.
    El pueblo que, ebrio de gozo
por el alcázar se mete,
atropellando sus guardias
y sin respeto a sus Reyes,
para ver y vitorear
y bendecir a su héroe,
al custodio de la patria,
al ídolo que enaltece,
presencia La noble escena
y en entusiasmo se enciende

viendo al Rey que al Cid abraza
de esta manera diciéndole:
«Ceñid los brazos al cuello
del Rey que asaz bien os quiere,
por ser brazos del tal home
que el mundo otro par no tiene.
»Non excuséis de abrazarme,
que brazo de home tan fuerte
desentollesen mis tierras
y las de moros tollescen.
»Facedlo, que bien podéis,
e cuidad non me manchades,
que aún finca en las vuesas armas
la sangre mona reciente;.
»No atendáis tuertas que os fice,
pues en tan buen fin fenecen;
que un home a quien Reyes sirven,
a mí servirme no debe.
»Si vos desterré, Rodrigo,
fue porque a moros que crecen
desterréis de mis fronteras
y alto vuesos hechos vuelen.
»No os eché yo de mi reino
por falsos que vos mal quieren,
mas porque en tierras ajenas
por vos mi poder se muestre.
»De Alvar Fáñez, vuestro primo,
recibí vuesos presentes
no en feudo vueso, Rodrigo,
sino como de parientes.
«Las banderas que ganasteis
a los árabes de allende,
por mandadería vuesa
en Cardeña las pondredes.
»La vuesa Jimena Gómez,
que tanto vos quiso siempre,
porque la he desmaridado
ponerme pleitos pretende.
»No escuchéis, Cid, sus querellas
cuando a mí las enderece.
que a quien las toma el marido
no perdonan las mujeres.

»Andad a verla a Cardeña,
que pienso que allí os atiende
más ganosa allí de veros
que vos a mí aquí de verme.
»Andad, y desenojadla
porque no ansíe mi muerte,
creyendo mal que de mí
la dijeran malquerientes.
»Id y a volver preparaos
al campo, porque sabedes
que los valientes y el hierro
con la quietud se enmollecen.
»Id, y prendedme los brazos
otra vez: que bien merecen
préndense a su Rey en paz
los que cinco en guerra, prenden»
Esto dice el Rey al Cid
a quien, abrazado tiene;
y el pueblo prorrumpe en gritos
tan desaforadamente
y aplaude con tal estrépito,
que del alcázar parece
que el pavimento se hunde
y el techo abajo se viene.

———

Alvar Fáñez, que sagaz
está en todo, a todo atiende,
todo lo observa y lo pesa
y vueltas lo da en la mente;
Alvar, que sabe que el habla
servir en el mundo suele
para con lo que se dice
ocultar lo que se siente,
comprendió bien que la corte
al Cid más que admira teme,
y al popular entusiasmo
y no a su entusiasmo cede.
Mas Alvar que al Cid conoce,
y a la infanta y a los Reyes,
y a la corte de Castilla,

y de Burgos a ja gente,
de tal recepción durante
la ceremonia solemne,
lo estaba todo observando
en sus adentros diciéndose:
«¡Bah!, los hombres y los ríos
todo es que cojan corriente;
que en cogiéndola ya sólo
Dios o el diablo los detiene.
Ya el Cid va corriente abajo;
si por medio no se meten
Dios o el diablo, la carrera
ni Rey ni Roque le tuerce.»

X

De palacio el Cid Ruy Díaz
salió en triunfo como entró,
como el héroe de Castilla,
y en ella sin superior.
En premio y en desagravio,
el Rey por juro le dio
a Bribiesca y a Escalona,
a Berlanga y a Muñón.
El Cid tiene satisfechos
ya su orgullo y su valor:
nadie hay ya que no le tenga
o miedo o admiración;
y con lo que el Rey le ha dado
y lo que él en lid ganó,
no hay ya sobre él más que el Rey.
Mas de Alvar la apreciación
era exacta: el Rey tenía,
más que entusiasmo temor,
y el Rey, ni entonces ni nunca,
leal con el Cid obró.
El Cid no volvió a la corte,
ni de su Rey al favor,
por más que ante ella el Rey, falso,
de favores le colmó.
El Rey le dijo: «tú eres
de Castilla el Campeador:
ve por Castilla a campear:
tus feudos guardaré yo:
y pues de Castilla el héroe
eres, selo a condición
de no dejar de campear
de Castilla un día en pro.»
Y el Cid, después de a Cardeña
que volver tiene a Aragón,
donde campean los moros
o su Rey cuando ellos no.
Esto, según pensaba Alvar,
era ir de la suerte en pos;
porque cuanta más corriente
hombres y ríos, mejor.
Mas como en la vida humana
todo lo compensa Dios,
y no ser feliz en ella
es humana condición,
Dios a este astro sin mancilla,
que en la historia es casi un sol,
a este rey incoronado,
a este inmarchito florón
de las crónicas de España,
con las espinas que no
le ciñó la frente, quiso
coronarle el corazón.
Dios es justo; sus pecados
de su edad fueron error;
pecó por no saber más
es verdad: pero pecó.
Y así como sus virtudes
no dejó sin galardón,
su pecado sin castigo
no dejó tampoco Dios.

XII

II

Sitiada tiene a Valencia
el burgalés capitán:
y ésta fue su grande hazaña
y la mayor de su edad.

Sitiada tiene a Valencia;
y hasta ella para llegar
tuvo que hacer maravillas
de brío y sagacidad.

Para llegar a Valencia
y expeditos conservar
los caminos, y enemigos
no dejar de sí detrás,
tuvo que pasar tres años
de vigilias y de afán,
de Reyes cristianas y árabes
haciéndose respetar.

A quién le ayudó en sus lides;
a quiénes les puso en paz;
a quiénes venció en batalla;
a quiénes dio libertad.
Tuvo a alguno que vencer;
tuvo a alguno que comprar;
por muchos ayudar se hizo;
tuvo, en fin, cauto, sagaz,
prudente, osado y constante
para dar cima a su plan,
tantos odios e intereses
que extinguir y concordar,
tantos riesgos que prever
y tanta dificultad
que vencer hasta Valencia
las vías para allanar,
y a los moros comarcanos
hasta ver prendidos ya
en la red de su estrategia
e incapaces de dañar,
hasta tenerlos por suyos

por fuerza o por voluntad;
y ayudado de Alvar Fáñez
en su idea pertinaz,
hizo, en fin, tales prodigios
de valor y habilidad,
que fueron trabajos de Hércules
y labores de Titán.

Mas al fin sitió a Valencia,
cuya opulenta ciudad
tienen los Almoravides,
que ayudaron a matar
al hijo de Aly Maimún;
de cuya muerte fatal
la venganza dio ocasión
al Cid para irla a sitiar.

Defendiéronse los moros
con fiera heroicidad;
mas atacoles el Cid
sin dejarlos respirar
día ni noche sin tregua
hasta que sin poder más
tuvieron, amedrentados,
con él que capitular.

De moros y de cristianos
fue asombro conquista tal,
y postrose ante el Cid todo
el Aragón musulmán.

Cuando se supo el buen éxito
de una empresa tan audaz,
difícil aun para un rey
poderoso por demás,
llevada a cabo por sólo
un infanzón de Vivar,
los señores de Aquitania,
del condado catalán,
de Tolosa y de Narbona,
de Biziers, Tarbes y Dax,
del Rosellón y el Pirene
oriental y occidental,

los príncipes más ilustres
de toda la cristiandad,
enviaron sus mensajeros
al Cid a felicitar;
y fueron, del Cid tan altas
el poder y autoridad,
que quedó sobre la tierra
con los Reyes por igual.

Mas él, luego, que en Valencia
se vio, determinó enviar
por ella pleito homenaje
a su señor natural.
Y el Rey don Alfonso Sexto
vio un día a Burgos llegar
a Alvar Fáñez de Minaya,
con don Tello Sandoval,
don Diego Ordóñez de Lara
y otros nobles de solar
burgalés, con lujo y porte
de una embajada real.
Doscientos caballos árabes
al Rey conducidos van
por esclavos africanos;
traen en el arzón de atrás
de la silla un saco de oro,
y en el de adelante están
puestos doscientos alfanjes
en tahalís de Tafilat.
Los esclavos, negros, traen
como esclavos de un Sultán
ajorcas y brazaletes
y collares de coral
y los sacos traen del Rey
el blasón particular
como si fuesen dineros
de su renta personal.
Alvar Fáñez de Minaya,
en el salón al entrar
en donde el Rey presidiendo
cortes en Burgos está,
afinojose; y pidiéndole
su regia mano a besar,

del Cid le entregó una carta
a guisa de credencial.
Decía: «Rey don Alfonso:
desde Burgos basta el mar
libre el camino, os be puesto;
ved si mandáis algo más.
Valencia es vuestra: las parias
que vuestra por ser os da,
van en doscientos sauquillos
de a cien doblas cada cual.
Las tierras que hay intermedias
desde Castilla hasta acá,
también son vuestras; las tengo
en nombre vuestro no más;
y tengo el placer, señor,
de haberos podido dar
más tierra que vuestro padre
os dejó por heredad.
En premio, señor, enviadme
a mi mujer, que tendrá
en ver el mar que no ha visto
un grandísimo, solaz:
y si os pluguiera venir
por él un paseo a dar,
decídmelo, para haceros
de aloe un barco labrar.
No extrañéis, señor, mi oferta
ni mi estilo algo oriental;
que a fuerza de andar con árabes
tengo algo de árabe ya:
mas culpaos a vos sólo
si cambié de natural,
pues vos me habéis hecho siempre
entre los moros morar.
Para que aquí no concluya
por leer en el Korán
en vez de en los Evangelios,
atrévome os a rogar
que me enviéis obispo y clero
y campanas y lo al,
esta ciudad moslemita
cristiana para tornar.

Y aunque os vayan a decir
que toda el África va
a venir a recobrarla,
tranquilo señor, estad:
yo la sabré defender
como la supe tomar,
y mientras yo viva en ella,
cristiana y vuestra será.
Con esto os beso las manos;
y os ruego que me tengáis
por vuestro mejor vasallo
y servidor más leal.»

El Rey don Alfonso Sexto
era hombre harto perspicaz
para no ver que ya el Cid
de él estaba casi a par:
y como Alvar con los suyos
con aparato, triunfal
la ciudad habían cruzado
a palacio antes de entrar,
ya por el Cid todo Burgos
entusiasta, era capaz
de alzarse contra el Rey mismo
por el héroe de Vivar.
Don Alfonso, al ver el riesgo
de su popularidad,
del mismo riesgo, hizo base
para hacerse popular.
Tomando, pues, una pluma,
en llano estilo cordial,
escribió al Cid en respuesta
estas palabras no más:

«Valencia y todas las tierras
que has sabido conquistar,
antes son tuyas que mías,
puesto que tú me las das.
Tenlas, pues, por mí o por ti,
como te acomode más,
o haz con ellas a tus hijas
un dote y feudo condal.
Con Alvar irá Jimena
a Valencia a ver el mar;

y si a mí me viene antojo
de mecerme en su cristal,
al Cid, señor de Valencia,
pediré hospitalidad;
no como a un vasallo mío,
sino como a un Rey mi igual:
«que vasallos como tú
que a su Rey un reino dan,
si no son Reyes como él,
con él merecen reinar.»

Ante los ojos del pueblo,
del palacio en el umbral,
expuso Alvar esta carta
que le dio el Rey sin sellar;
y cuando del contenido
se enteró el pueblo leal,
rompió en aplausos de modo
que pareció un huracán.

Y si al Cid sirvió bien Alvar,
tampoco al Rey sirvió mal;
y si bien lo hizo el Rey, bien
le supo Alvar ayudar.

IV

Ya en Valencia está Jimena,
y dama de altas virtudes,
como quien es de, su estado
los altos deberes cumple.
No es menester que a ello, nadie
la impela ni la estimule;
la basta de sus deberes
el sentimiento que nutre.
Valencia es ciudad muy rica,
y de muy antiguo surten
de Asia y África el mercado
los bajeles que a él acuden.
Sus monos son laboriosos,
cultivan, labran, construyen;
y es Valencia un paraíso
que a poca labor produce
la más exquisita seda,

la fruta, y uva más dulce,
los arroces más nevados
y las más suaves legumbres.
Su gente es bella y alegre,
su clima suave y salubre;
un mar tranquilo la baña,
la alumbra un cielo sin nubes,
un aire sano la orea,
y eterno verdor la cubre,
que mil manantiales riegan
que en sus mil pensiles surgen.
Los moros que en ella moran
han vivido en servidumbre
de usurpadores alardes
o de piratas de Túnez:
así es que son recelosos
y taimados, por costumbre
de verse de unos o de otros
bajo el yugo que mal sufren.
Al dar en manos del Cid
y por conquista, presumen
que van cual nunca del yugo
a sentir la pesadumbre:
y el trato, vida y comercio
con los cristianos eluden,
y en el fondo de sus casas
torvos y tristes se sumen.
En vano el Cid, para que ellos
mal porvenir no se auguren,
les prodiga, aunque vencidos,
paternas solicitudes;
los moros, escarmentados
de halagos y mansedumbres
de sus tiranos que empiezan
en miel y en sangre concluyen,
oyen, callan y se esquivan,
sin que en nada coadyuven
a establecer en Valencia
la amistad a todos útil.
    Mas he aquí que en la mañana
del primer día de octubre,
a la luz de aquel sol tibio

que en su cielo limpio luce,
llega a Valencia Jimena,
y los cristianos prorrumpen
en vivas y aclamaciones
que a los moriscos aturden.
Los moros, cuyas mujeres
jamás la faz se descubren
en público, a ver a aquélla
por curiosidad se suben
a los terrados, se asoman
a las rejas, y a sus mutfis
y kadis ven que se postran
ante el carro, que conduce
a Jimena y a sus hijas,
sombreado de gasas y tules
y tirado por seis mansos
alazanes andaluces.
Aquellas públicas fiestas
entre moros no comunes,
aquellas tres hermosuras
que al sol sus semblantes lucen,
hacen, al fin, que abandonen
sus casas y que se agrupen
a ver aquellas tres damas;
que el efecto les producen
de tres hurís que descienden
de las bóvedas azules
del paraíso cristiano
entre oro, luz y perfumes.
    Jimena, al día siguiente,
sin temor de que la insulten
ni se la atrevan los moros,
a quienes respeto infunde,
comenzó a dar a sus pobres,
a aliviar a los que sufren,
a hablar a los que la esquivan,
y a hacer de ellos, en resumen,
mansas ovejas que siguen
al pastor que las conduce,
en vez que toros que al yugo
se resisten que les unce.
Poco a poco comenzaron

a ver sin odio las cruces,
a abrir tiendas y talleres
y mercados; y sus lúgubres
semblantes tornando, alegres,
comenzó la muchedumbre
a asistir a sus mezquitas
sin que sus ritos perturben
los cristianos; sin que al paso
a las mujeres injurien,
ni a nadie roben ni vejen
ni en nada del triunfo abusen.
Y los moros, que a Jimena
y a sus hijas atribuyen;
de sus bravos vencedores
la fraternal mansedumbre,
comenzaron a mirarlas
como a tres santos querubes
del cielo cristiano enviados
por Dios a que les escuden.
Tornó, pues, Valencia a ser
el edén que era: y discurren
ya por sus calles los moros
sin miedo ni incertidumbre
dejando libres por ellas
vagar sus doncellas núbiles,
sus esposas, sus esclavas
y sus hijos, sin que curen
de echar la llave a sus puertas
ni de cerrar sus baúles,
dando a Alánh gracias de que hoy
tal libertad les procure.
    Así en Valencia Jimena,
la dama de altas virtudes,
como quien es, de su estado
los altos deberes cumple.
Y así está el Cid en Valencia;
y de esta conquista ilustre
no fue la prez el lograrla,
sino el conservarla inmune.

V

    Y la conservó: y en vano
Búcar sobre ella se puso,
para cobrarla del Cid
el mar cruzando, iracundo.
El Cid volver hizo al árabe
a sus desiertos incultos,
en la playa de Valencia
abriendo seis mil sepulcros.
Otra vez volvió del África
tan tenaz como sañudo
Búcar, y otra le hizo el Cid
darse a la mar dando tumbos.
El Cid mantuvo a Valencia
sin favor de rey alguno
con sólo su corazón;
y el aliento de los suyos:
y el mantenerse cinto años
como por él la mantuvo,
fue asombro del universo
y gloria eterna de Burgos.
Mantúvola: y pudo darse
de Rey de Valencia humos,
pues fue, cuanto, reino era
de Valencia mora, suyo.
De Reyes moros en ella
cual Rey recibió tributos,
y hasta Aragón se extendían
de ella los canfines últimos.
El Cid la abasteció, pródigo,
la embelleció, la repuso,
la almenó, y aspillerándola
y cerrándola con muros
flanqueados de torreones
y reforzados con cubos,
la guarneció con milicias
de hombres mozos y robustos.
La fama su nombre y hechos
llevó a tan opuestos rumbos,
que un barco del Rey de Persia
a los pies del Cid condujo

una lujosa embajada
y un cargamento de frutos,
gomas, perlas, chales, pájaros
y leones melenudos,
y caballos conducidos
por siervos de pelo rufo,
piel negra y uñas doradas
camarcandanos y nubios.
Todo ello especificado
en una hoja de oro puro,
que escrita una carta al Cid
trae en caracteres kúficos:
que le presentó de hinojos
un rajáh, que en un discurso
pomposísimo ofreciole
del Rey de Persia el saludo.
        Nada faltó, pues, al Cid
para ser Rey: de rey tuvo
tierras, poder, influencia,
rentas, ejército y lujo.
Se alojó en alcázar regio,
y tuvo en él que hacer uso
de reales atavíos,
armas y talares túnicos;
porque aquel lujo exterior
en un cristiano profuso,
era pana con los moros
necesario y oportuno.
Fue, en fin, el Cid de Valencia
tan distinto del de Burgos
como un manto de brocado
y un gabán de paño burdo.
La noble Jimena Gómez
tuvo de Reina recursos,
y dio, cual Reina, a los pobres,
y gracias de ello al Dios sumo.
Las hijas del Cid ataron
sus cabelleras con nudos
de perlas, como princesas,
siendo el amor y el orgullo
de Valencia; los dos ángeles
buenos del pueblo, que en grupos

se juntaba a bendecirlas
cuando salían en público.
        Bibiana, al verse entre moros
y a sus señores tan unos
con ellos, veía siempre
en vida tal, algo turbio;
y allá a sus solas decía:
        «Pues señor, yo me confundo:
jamás creí que todo esto
pudiera andar así junto.
¿Somos cristianos o moros?»
Y en su entendimiento rudo,
de algún castigo de Dios
siempre andaba con barruntos.
        Mas Valencia era un edén
y el reino de España único
donde árabes y cristianos
vivían, cual pueblos cultos;
os árabes con sus mutfis
en sus mezquitas seguros,
de las católicas fiestas
entre el campaneo y júbilo.
        Así que el Cid una noche
en el reposo nocturno
y en el dichoso retiro
de su alcoba, decir pudo
a su Jimena en voz baja:
«Ahora, Jimena, presumo
que ya el alma no te acosan
aquellos miedos absurdos.
Por Dios, por ti y por mi patria
hice cuanto en hombre cupo:
más áspera penitencia
que yo no hizo hombre ninguno.
Treinta años lidié y Dios creo
que dio a nuestras penas punto.»
        Jimena suspiró y dijo
solamente: «Dios en justo.»

VI

Su porvenir a Dios fían:
¡bueno Dios se lo depare!,
que si es grande su justicia,
su misericordia es grande.
Todo el Cid lo espera de ésta;
pues en su mente no cabe
la idea de un Dios sañudo,
vengativo e implacable.
Mas Jimena, amamantada
de Asturias en los breñales
con las leyendas fantásticas
de las creencias vulgares,
sólo en su justicia piensa;
en los ejemplos fundándose
que oyó contar desde niña
a peregrinos y frailes,
y allá con Bibiana a solas
teme siempre, aunque ambas callen,
que Dios en sus hijas vengue
al descabezado padre.
Para ellas el fin de Diego
es ya una prueba palpable,
por más que el Cid simplemente
a azar de la lid lo achaque.
Sueños, preocupaciones,
quimeras... aunque ¿quién sabe
si justos presentimientos
e instinto de hija y de madre?

Seis meses después, de un día
lluvioso al caer la tarde,
del Rey don Alfonso al Cid
llegó a Valencia un mensaje.
El mensajero venía
precedido de un faraute,
con las armas de Castilla
en pecheros y espaldares.
Es un rey de armas que ostenta
blasón y colores reales,
trayendo escolta detrás
y pendoncillo delante:

grande honor que al Cid Ruy Díaz
el Rey don Alfonso hace,
siendo el Cid vasallo suyo
como a monarca tratándole.
El mensaje era una carta,
en cuyas sencillas frases
venía a un tiempo tina súplica
y una orden irrecusable:
pues una parte debía
de hacer el Rey, y otra parte
tocaba al Cid: mas la suya
había el Rey hecho antes.
Decía así: «Cid, Ruy Díaz,
cual tú por mí cultas graves
pasas, yo de ti me ocupo
con solicitud constante.
Sólo para hablar contigo,
emprendo a Requena un viaje;
vente, pues, para Requena
porque contigo allí hable
de un negocio, que deseo
que antes que lo husmee nadie,
a solas y de palabra
entre ambos a dos se trate.»

El Cid vio que no podía
hacer que el Rey le esperase,
y resolvió ir a Requena
sin más tiempo que el de armarse.
Mientras a armarse y vestirse
doña Jimena ayudábale,
de la misiva del Rey
dio el Cid a Jimena parte:
«¿Qué te parece?, la dijo,
el Rey como a sus iguales
nos trata.» Y dijo Jimena:
«No sé por qué no me place.»

———

Al llegar el Rey, al Cid
halló en Requena esperándole
y díjole: «Anduve recio,

mas por los pies me ganaste.»
Y dijo el Cid: «Por las manos
o por los pies, lidie o ande,
siempre, señor, me está bien
que algo os sobre o algo os gane.
Me hubiera desesperado,
señor, el que me esperaseis:
vos sois el Rey y yo soy
vuestro vasallo: mandadme.»
Pagado de tal respuesta
sonrió el Rey; y, abrazándole,
díjole: «Luego hablaremos,
que traigo cansancio y hambre.»
Y sentándose a yantar
y al lado suyo sentándole,
y tras de yantar, el Rey
a solas con él quedándose,
dijo al Cid, sencillamente,
como quien somete y trae,
al juicio de un buen amigo
un negocio íntimo y grave:

    «Yo no sé, buen Cid Ruy Díaz,
si tú sabes o no sabes,
que a los condes de Carrión
servicios debo, importantes.
—Nunca les vi en las batallas:
observó el Cid. —Pues no obstante,
repuso el Rey, en las mías
tuvieron, siempre gran parte.
Fue el viejo conde riquísimo,
y a la corte antes de enviarme
a sus hijos, me había enviado
cuentos largos de contarse.
Murió el viejo sin hablar
de sus cuentos; mas rogándome
que tuviera con sus hijos
más cuenta que con su padre,
Los chicos son buenos mozos,
y son nobles como infantes,
y son ricos como Cresos
y se portan como tales.
Jamás me pidieron nada

hasta hoy, que piden que trate
contigo que con tus hijas
en matrimonio se casen.
Yo nada he comprometido,
siendo cosa que te atañe
a ti sólo: mas te cuento
lo que hay, y creo que baste.»
Del Rey escuchó el discurso
sereno el Cid, y al cerrarte
el Rey de tal modo, dijo:
«Señor, para mí es bastante
que mi Rey me abra su alma,
de ella un secreto fiándome.
Tanta por vos he vertido
que os debo toda mi sangre:
pues necesitáis mis hijas
para que de empeño os saque
yo no las caso: las doy
al Rey para que las case.
—¿Y Jimena?—dijo el Rey—.
Y el Cid dijo: —Aunque es su madre,
es mi mujer y jamás
se opondrá a lo que el Rey mande.
—Entendámonos, buen Cid,
yo no mando en cosas tales.
—Mas venido hais por mis hijas:
yo os las doy: creo que baste.
—Y yo las tomo a mi amparo
como si fuera su padre.
Y dijo el Cid: —Haced cuenta
que lo sois desde este instante.
Y si mal porvenir logran
ved que vos se lo labrasteis:
hacedlo, señor, can ellas
como el Cid con vos lo hace.»
    Dio el Rey las gracias al Cid,
prometiéndole probarle
lo que su fe en él estima
cuando tal caso llegare.
Y llamando luego a todos
los que en su compaña trae,
publicó las tratos hechos

con el Cid: ofreció darle
ocho mil marcos de plata
cuando sus hijas se casen:
mandó haberlas en depósito
a su buen tío Alvar Fáñez,
que por pedidas las tenga
hasta que se desposaren,
cual si del Rey fueran hijas
y en guarda él se las fiase.

Llamó el Rey luego a los condes
y les mandó que homenaje
Y hiciesen al Cid Ruy Díaz
Y las manos le besasen,
Hiciéronlo así las condes
ante el Rey y ante sus grandes,
e hizo allí el Rey infantazgo
a Carrión y a los infantes:
E invitando al Cid a todos
a que en las bodas se hallasen,
partió el Rey, y a la frontera
salió el Cid acompañándole.

Cuando a Jimena en Valencia
dio el Cid de lo hecho parte,
sabido, no gustó de ello,
y dijo: «Poco me place
emparentar con los condes,
magüer sean de linaje
y ricos; mas si así cumple
a Dios, a ti y al Rey..., hágase.»

———

Y se hizo: en malhora un día
de febrero, a trece y martes,
los gemelos de Carrión
por el Rey hechos infantes,
llegaron acompañados
de su ayo, de los magnates
burgaleses y gran séquito
de servidores y pajes.
Entráronse por Valencia
como adalides triunfantes,
yendo con su comitiva

al alcázar a apearse.
Presentáronse a las novias,
que al verles ruborizáronse,
ricos regalos de bodas
ofreciéndolas, galanes.
El obispo don Jerónimo
con mitra, entre dos ciriales,
la bendición de la iglesia
les dio en un altar portátil.
Hubo aquella noche fuegos,
birrias, pandorgas y bailes,
y cena, y hasta alta noche
los festejos prolongáronse.
Con cirios y chirimías
a sus cámaras nupciales
solemnemente a los novios
llevaron, felicitándoles,
el obispo, los testigos,
y de Castilla los grandes,
y Alvar Fáñez por el Rey
padrino y representándole;
y de la cámara doble
ante el umbral, en las faces
dándoles paz uno a uno,
fueron todos abrazándoles.
Lloró el buen Cid de alegría;
lloró Jimena, y quedáronse
las novias con sus maridos...
y sin sus hijas los padres.

———

Hubo diez días de fiestas
como en las bodas reales,
y holgáronse en ellas juntos
los cristianos y los árabes.
Los condes con sus mujeres
por Valencia paseáronse,
de sus preseas de bodas
por Valencia haciendo alarde.
El Cid les dio del Rey persa
las joyas inestimables,
y a Tizona y a Colada

su par de espadas sin pares.
Les dio seis yeguas tordillas
tan ligeras como el aire,
y seis caballos ruanos
bardados para el combate:
y a admirarles y a aplaudirles
se apiñaban por las calles,
cuando en ellos cabalgaban,
cristianos y musulmanes.
Fueron diez días de gozo,
y a las gentes que a mirarles
se llegaban, parecieron
los dos condes muy galanes.

VII

Mas no era todo oro y rosas
en la Valencia del Cid,
ni las fiestas y la huelga
eran frutos del país.
Al cabo de mes y medio
en Valencia de vivir
los condes, como en Edén
musulmán con sus hurís,
les llamó el Cid una noche

cuando se iban a dormir,
y en su aposento metiéndoles
les dijo a los dos así:
«Yernos míos: el Rey Búcar,
poderosísimo Emir
marroquí, con grande armada
viene por mar contra mí.
Tenaz y no escarmentado,
aunque una vez le hice huir,
contra Valencia revuelve
y mañana estará aquí.
Mis yernos sois, y yo os quise
de su llegada advertir,
porque seáis los primeros
en entrar con él en lid.
Para ello buenos caballos
y finas armas os di:
con que mañana, apretad;
y hasta mañana, dormid.»

———

Cómo sentó a los dos condes
noticia tal, a decir
no se atrevieron jamás
las nobles hijas del Cid.

XIII

I

De sol del siguiente día
la luz apenas rayando,
subió el Cid a una alta torre
a explorar el mar y el campo.
La mar se vía a lo lejos
toda cubierta de barcos,
y por el campo, huir de ellos
a la ciudad los paisanos;
los hombres con sus aperos
y con sus armas cargados,
y las mujeres sus hijos

trayendo asidos y en brazos.
Las escuchas y vigías
al ver a los africanos,
dieron la alarma y echáronse
las campanas a rebato.
Cubriéronse en un momento
las defensas de soldados;
y los moros de Valencia
hechos al gobierno blando
del Cid, y más que a él temiendo
ya a sus correligionarios,
acudieron a los muros
a ayudar a los cristianos;

pues los moros mudéjares,
como apóstatas mirados
por los berberiscos, eran
contra los suyos más bravos.
El cuadro era animadísimo,
pintoresco el espectáculo
de las carabelas árabes
en su arribo y desembarco.
Se acercaban a la playa
cual banda de ánades blancos,
y en tierra echaban sus hombres
sus blancas lonas plegando.
Unos salían, en botes,
otros sacaban a nado
sus corceles de batalla,
camellos y dromedarios.
Todo era tumulto, gritos,
caídas y encontronazos;
y en tal desorden, de moros
se iba la playa llenando.
El Cid llamó a sí a Jimena,
y tras Jimena llagaron
sus hijas sobresaltadas
y sus maridos muy pálidos.
Acudió Alvar de Minaya
y el buen escudero honrado
don Ordoño y el valiente
Pero. Bermudo, su hermano.
Y acudió, en fin, la nodriza
Bibiana, que por sus años
llegó la última, mover
no pudiendo aprisa el paso.
«¡Ah, perros! —decía el Cid—
salid, salid, que aquí estamos.»
Y bajo uno a otro sus yernos
se decían: «¡Mira cuántos!»
Doña Jimena y sus hijas
veían con sobresalto
desembarcar tantos moros
e irse por la playa entrando;
y el Cid las decía: «Veis
todo ese fiero aparato

de guerra y todo ese tren
de camellos y caballos?
Pues cuanto más traen, con más
se hallan luego embarazados,
porque luego entran en lid
en desorden como bárbaros
Esa es la ventaja nuestra:
nosotros, disciplinados,
con plan combinado entrándoles,
cuantos más son, más matamos.»
Jimena, a quien no alentaba
su militar entusiasmo,
viendo tal turbión de moros
escuchaba al Cid temblando;
y éste a Alvar Fáñez volviéndose
Y a los deudos y allegados
que tenía en torno, díjoles:
«Vamos, amigos, salgamos
a darles la bienvenida
como hombres bien educados,
y que vean estas damas
que sabemos hacer algo.»
Y el Cid, sus yernos, Minaya
y Ordoño y Bermudo echando
por su caracol torcido,
de la torre se bajaron.
A poco el Cid y sus deudos,
de un escuadrón muy bizarro
de castellanos jinetes
a la cabeza, amparados
de las huertas por los árboles,
furiosos desembocaron,
como una tromba en la playa
sobre los árabes dando.
Éstos, que andaban sin miedo
en su multitud fiados,
al verse asaltados antes
en grande pavura entraron.
«¡Alá huakbar!», exclamaban
los árabes reculando;
y el Cid, matando e hiriendo
gritaba: «¡Cristo y Santiago!»

Los moros cuán pocos eran
viendo al fin, avergonzados
se rehicieron y cercáronles
grandes alaridos dando.
Doña Jimena y sus hijas
no les vieron más; y en lo alto
de la torre, por perdidos
dándoles se arrodillaron.
Mas mientras ellas arriba
por ellos a Dios orando
temblaban, lo hacían ellos
como demonios abajo.
El Cid echaba por tierra
con cada bote un, pagano,
y Minaya una cabeza
cortaba con cada tajo.
Entre un cerco de cadáveres
y de sangre sobre un lago
quedaron los burgaleses,
de los moros con espanto.
Mientras los que le cercaban
vacilaban, esperando
el refuerzo que pedían
a gritos desesperados,
el Cid amagó una carga
hacia adelante, aclarando
tras de sí el espeso círculo
de los mores engañados.
—¡Vuelta!, ¡vuelta!, gritó entonces
rompiendo por lo más claro,
y empredió la retirada
abriendo a los suyos paso.
Los moros, que comprendieron
del Cid ya tarde el engaño,
le vieron, con rabia inútil,
volver a Valencia salvo.
    Los dos condes de Carrión
en el centro colocados
de la hueste, no tuvieron
que hacer más que ver callando:
mas al volver grapas, ellos
a retaguardia quedaron

por su miedo o su torpeza,
y lo vieron, con espanto.
Bermudo, habiendo advertido
que eran de espíritu flacos,
a la vera, se les puso
proviniendo un feo caso.
Y a tiempo fue; porque un moro
de gran talla y bien montardo
que tenazmente veníales
la retaguardia picando,
alcanzó, audaz, a don Diego;
y éste, en lugar de afrontarlo,
espoleó el cansado potro,
a las crines agarrado.
Bermudo, con improvisto
quiebro y bote zurdo y rápido,
tendió al moro, y a las bridas
de su montura echó mano.
Dióselas listo a don Diego
y dijo: «Tomad, cuñado;
decid que al moro matasteis
que le montaba, y honraos
con mi golpe; que, pues, nadie
volvió la cara a míralo
callaré del Cid por honra
tomando la vuestra a cargo.»
El Cid, que oyó hablar tras él,
la faz sin, parar tornando
dijo: «¿Qué fue eso?» y Bermudo
respondió con desparpajo:
«Que don Diego mató un moro,
»y siendo bueno el caballo
»que traía, le recoge
»como campeador de garbo.»
    Pagose el Cid del buen hecho,
sonrió a los dos hermanos,
y entró en Valencia, a sus hijas
tan buenas nuevas llevando.

———

    Búcar asedió a Valencia
de tomarla esperanzado

siendo los del Cid tan pocos
y sus musulmanes tantos;
pero el Cid la mantenía,
y el cerco se iba alargando
y según perdía él gente
los del Cid cobraban ánimo.
Los dos condes de Carrión,
don Diego por lo pasado
con el moro, y por andar
con tercianas don Fernando,
no habían gran papel hecho,
mas tan mal no habían quedado,
y el Cid les miraba bien
al de sus hijas mirando.
Nadie, por respeto al Cid
hubiera emitido un fallo
contra su valor, si en tierra
no diera con él el diablo.
Quiso su mala fortuna
que una siesta, reposando
el Cid, con el codo puesto
en el brazal del escaño,
y apoyada la cabeza
en la palma de la mano,
su sueño estuvieran ellos,
Ordoño y otros guardando.
Hablaban de juglerías
y reían por lo bajo,
ahogando sus carcajadas
en la boca con la mano
por no despertar al Cid,
cuando de pronto estallaron
voces de «¡guarda, el león!»,
que aturdieron el palacio.
Era que el mayor de aquéllos,
del Rey de Persia regalo,
habíase de su jaula
por un descuido escapado.
El león, al que tal vez
en Persia habían hecho manso,
contento de verse libre,
dando rugidos y saltos,

se fue de cámara en cámara
metiendo, hasta que en el cuarto
do estaba el Cid presentose
la melena espolvereando.
Bermudo, Ordoño y los otros
que allí estaban, esperaron
a ver que hacía, los hierros
a precaución empuñados;
mas los condes de Carrión,
sólo a su miedo escuchando,
dieron dos pruebas ridículas
de un miedo indigno de hidalgos.
Don Fernando, de un sillón
se escandió tras el respaldo,
como si contra una fiera
fuese tal mueble resguarda,
y don Diego, como huyera
un chico de un espantajo,
salió de la sala huyendo
por un postigo excusado.
El Cid, con calma serena
se fue al león, y atusándolo,
la greña le asió y llevóselo:
lo que pareció milagro.
Enjaulole; al leonero
riñó por su mal cuidado,
y a su aposento volviose:
mas a sus yernos buscando,
le dijo Ordoño, riendo:
«De uno yo os daré recaudo,
que aquí se agachó por ver
si era el león hembra o macho.»
Y echando a tierra el sillón
mostró al conde don Fernando
trémulo aún de pavura
cual liebre cogida en lazo.
    Sonrojose el Cid por él:
mas su sonrojo dio en asco
cuando supo que don Diego,
ciego y desatalentado
de pavura, unos corrales
vecinos atravesando,

en un muladar, huyendo,
había consigo dado.
    Una situación ridícula
es para el hombre más sabio
atolladero del cual
jamás sale bien parado;
y el Cid, aunque hombre de guerra,
hombre de instinto y de tacto,
quiso evitar que el ridículo
por él llegase hasta escándalo.
Calló pues: llevose a todos
tras de sí, y salió del cuarto,
dejando en él sin decirle
nada al conde don Fernando,
Pero produce el ridículo
peor herida que el dardo;
la de éste se venda y tapa
y aquél no hay cómo taparlo;
y las heridas al aire
con él se enconan, y al cabo
matan: y las del ridículo
pulverizan como el rayo
Lo del muladar se supo
hasta entre el vulgo villano
y honra que el vulgo mancilla
jamás se limpia de fango.

III

    Ardía en fiestas Valencia;
el placer era común
entre el cristiano y el moro;
y entre el Korán y la Cruz
había un lazo de unión:
la justicia y la virtud
del Cid, que hacía dichosos
ambos pueblos; que según
su rito y genio, aplaudían
su brío y solicitud
en pro de la que fue corte
del hijo de Aly Maimún;
dando al moro los cristianos

seguridad y quietud
para hacer sus saltos árabes
y merendar su kuzkuz.
Al son de los motes bárbaros
marroquíes y tumbuctús
y sus agrios guitarrillos
que conservamos aún,
bailaban sus danzas godas,
y entre oro, flores y luz
e incienso, con salmos e himnos
daban gracias a Jesús,
Jimena y el Cid pasaron
dos días de onda inquietud,
cual si resonara en su alma
la voz de algún mal augur.
Traspuso el sol del segundo
y comenzó el cielo azul
de la noche a entenebrarse
bajo el lóbrego, capuz.
De repente, descuajando
la puerta, como un alud
cayó en la cámara Ordoño,
y exclamó el Cid: «¡Aquí tú!»

——

    —Yo, dijo Ordoño, que entrando
al cansancio se rindió,
dando en el suelo sin habla
falto de respiración.
Ayudole el Cid a alzarse;
Jimena se le acercó
de miedo y de angustia trémula;
y dijo Ordoño: «Señor,
dejadme tomar aliento;
y perdonadme los dos
si os hago el alma pedazos
con lo que a deciros voy.»
«—¡Habla! — exclamó el Cid ceñudo.
—¡Habla, Ordoño, habla, por Dios»!,
dijo, Jimena, sintiéndose
desfallecer. Alentó

Ordoño y con contristado
semblante y cóncava voz,
comenzó da su deshonra
la tremenda relación.
Mas Ordono, hombre de espada,
pero no hábil narrador,
así por dar pormenores
el alma les torturó:
«Les fui, según me mandasteis,
siguiendo con precaución,
hasta que en Tormos pararon
ya en mitad del cielo el sol.
fui a apostarme al otro lado
del lugar, y de Aragón
a la vista del camino;
del pueblo, a poco salió
toda su gente, llevándose
las acémilas en pos,
y de Aragón por la vía
a buen paso continuó.
Yo esperé oculto a los condes
en la choza de un pastor
hasta que salieron: iban
doña Elvira y doña Sol
entre sus maridos, yendo,
como escucha y conductor
aquel hombre encogullado,
su guía y su perdición.
En vez de seguir camino
derecho, aquel gran traidor
les metió en el robledal,
y eché a pie tras ellos yo.
De los troncos guareciéndome
y a rastra como un hurón,
fui sin perderles la huella
del monte hasta lo interior.
Cuando aquel vil, en lo espeso,
en seguro se juzgó,
lejos de toda vereda
y de toda población,
echó pie a tierra; los condes
también, cada cual ató

su bestia a un árbol, y entonces
oí de Elvira la voz;
mas ni entendí sus palabras
ni vi por qué voces dio,
pues me hube de echar de bruces
con gran, precipitación;
porque, a la voz de mi prima,
los tres con ojo avizor
escudriñaron en círculo
cuanto su vista abarcó.
A poco hasta mí llegaron
grandes gritos de dolor
con que espritadas pedían
vuestras dos hijas perdón.
—¡Acaba, por Cristo!, ¿qué era
de ellas?— el Cid exclamó.
Y siguió Ordoño: —Azotábanlas
desnudas a ambas a dos.
    Se hincó Jimena aterrada:
y un salto atrás el Cid dio,
encrespándosele de ira
las greñas como a un león.
—¿Y no les mataste?— dijo:
y dijo Ordoño —Señor,
si a mí me mataran ellos,
¿quién fuera de ellas, en pro?
¡Solas, desnudas, atadas,
con los lobos, que en montón
en husmeándolas hubieran
acudido en derredor!
Convencido y aterrado
el Cid, por tal reflexión,
calló un momento, mas rápido
así el diálogo anudó:
CID. Mas, ¿qué es de ellas?
ORDOÑO. Salvas.
CID. ¿Dónde?
ORD. En la choza del pastor.
Por muertas se las dejaron,
y como Dios me inspiró
yo cubrí su desnudez
y atendí a su salvación.

Entonces el Cid, los ojos
llameándole de furor,
de un balcón que da a la plaza
sobre el barandal se echó;
y asiendo, el clarín que lleva
colgado en el cinturón,
su agudo toque de guerra
furioso al aire lanzó.
Surgieron como evocados
sus hombres bajo el balcón,
y el Cid gritó con voz tal
que la plaza estremeció:
«¡A caballo por mis hijas.
y de ellas y de mi honor
a pedir cuentas al Rey
y a los condes de Carrión!»

A este toque y a este grito
Jimena se levantó,
y abrazándose a su esposo
del miedo con el temblor
le dijo: «¡Dios nos castiga
humillemos no a Dios.»

Y el Cid, en la frente pálida
besándola con amor,
dijo, irguiéndose radiante
de fe sin superstición:

«¡De Dios acepto el castigo;
pero de los hombres, no!»

IV

Cundió por Valencia al punto
la mueva del hecho atroz,
y cambiose la alegría
en ira e indignación.
Alvar Fáñez de Minaya
al alcázar acudió
con todos los ricos-homes
y adalides; y en montón
de cristianos y de moros
multitud tras él entró,
a dar testimonio al Cid
de su pesar y adhesión.

Alvar, dando a todos gracias
por el Cid, les despidió:
y templando sabiamente
su primera exaltación:
«Pensemos primero en ellas,
dijo el Cid: que si el Rey no,
para hacer justicia en ellos
bastamos nosotros dos.»

XIV

I

Tornó aquella noche Ordóñez
del buen pastor a la choza,
con tres literas cerradas
guardadas por buena escolta,
Llevaba Bibiana en una
bálsamos lienzos y ropas
para Elvira y Sol, heridas
en la carne y en la honra.
Trajéronlas a Valencia:
en sus brazos recibiolas
Jimena deshecha en lágrimas;

y su lamentable historia
queriendo su padre y ella
saber de su misma boca,
ellas respondieron sólo
de ira y de vergüenza rojas:
«¡Venganza!, hasta estar vengadas
dejadnos mudas y sordas.»
Su justo horror comprendiendo
a recordar su deshonra,
respetaron su reserva
delicada y pudorosa.
Las tres damas a llorar
se encerraron su congoja,

y el buen Cid con Alvar Fáñez
venganza a concertar pronta.

    Hombre Arias de buen consejo,
dio al Cid el de que a la hora
al Rey ante sí mandase
una carta clara y corta.
Dictósela, pues, Minaya
y él de su puño escribiola
concisamente, encerrándola
en estas palabras pocas:

    «Rey, mi señor: vos tratasteis
»de mis dos hijas las bodas,
»y en sus maridos las disteis
»verdugos que las azotan.
»En el robledal de Tormos
»ayer amarradas, solas,
»azotadas y desnudas
»las dejaron. A vos toca
»hacerlas justicia, y voy
»a pedírosla en persona:
»porque para su venganza
»poder y brío me sobran.
»Mas como vos sois mi Rey
»y de ellas padrino, pronta
»de vos espero la una
»antes de tomar la otra.»

    Esta carta breve, clara,
firme a par que respetuosa,
fiada a Pero Bermudo
fue con orden perentoria
de partir al Rey a dársela
anunciándole la próxima
llegada del Cid en cortes
a hacer su demanda en forma.
Partió Bermudo, la noche
al caer: y al rayar la aurora,
novecientos caballeros
que a seguir al Cid se aprontan,
le esperaban ya en el patio;
y los caballos que monta
en jornada y en combate,
piafaban sobre sus losas.

Dejando el Cid a Jimena
por él de gobernadora,
y a Alvar Fáñez de Minaya
por adalid de sus tropas,
en lo alto de la escalera
armado de casco y cota,
de esquinelas y quijotes,
de brazales y manoplas,
apareció en tren de guerra,
envolviendo su persona
un manto banco, que airoso
terciado a medias le emboza.
Saludó su aparición
la gente, unánime toda
en mostrarle cuán a pechos
su afrenta y su causa toma.
A despedirle al umbral
salió Jimena, su esposa;
y al abrazarle le dijo
puesta en su oreja la boca:
«Ruy, no entres en lid tú mismo,
que no es justo que tú expongas
una vida tan honrada
contra gente tan traidora.
—Descuida, la dijo el Cid
y quédate sin zozobra:
que yo pondré en buenas manos
mi Colada y mi Tizona,
y no entrarán en la lid
más que mis espadas solas:
a no que... un Rey entre en ella
de nuestras hijas en contra.
—¡Dios no lo quiera, y ampare
nuestra causa!, dijo ansiosa
Jimena; y el Cid repuso:
—Dios aprieta, mas no ahoga.»
Montó a caballo: rompió
la marcha; y haciéndose ondas
se abrió paso vitoreándole
la gente cristiana y mora.

    Su sobrino Ordoño Ordóñez
quedándose atrás a posta,

esperó a Alvar, que platica
con el Cid y órdenes toma.
Salió Alvar hasta los muros;
y al tornarse, en una angosta
calleja al meterse, Ordoño
le abordó sin ceremonia.
—Tío, le dijo, escuchadme
dos palabras que me importa
deciros aquí que nadie
nos oye ni nos estorba.
—Di— le respondió parándose
Minaya—: y con misteriosa
precaución entabló Ordoño
plática así:
ORDOÑO. Hay una cosa
que ayer no dije yo al Cid
de sus hijas en la historia,
y sobre la cual os pido
consejo.
MINAYA. Di.
ORD. Entre las hojas
de los chaparros, a rastra
avanzando como urna onza
que caza, llegué al teatro
de aquella escena afrentosa.
Solas creí ya a mis primas:
pero con asombro y cólera,
vi a aquel ayo de los condes
que, rezagado, con sorna,
las decía, ya a caballo:
«Conque hasta más ver señoras.
Yo perdí por vuestro padre
nombre, amor, fortuna y honra:
veinte años hace que rumio
esta venganza, sabrosa;
y mientras de él cobro el resto,
me he cobrado esto en vosotras.»
MIN. ¡Y no le mataste!
ORD. ¡No era
cuestión de entonces. Si tornan
los tres sobre mí, ¿quién salva
de los lobos a las otras

amarradas la dos árboles?
MIN. Es verdad.
ORD. Decidme ahora:
¿se lo digo al Cid?
Min. Jamás
ORD. ¿Le mato?
MIN. En, cuanto le cojas.
ORD.¿No adivináis vos quién sea?
MIN. ¿Quién da en ello?
¡Uno a quien de honra,
nombre y bienes privó el Cid!
ORD. Y de amor.
MIN. Eso y más obra
la ciega casualidad
en la guerra. En nuestra propia
tierra y la extraña hemos hecho
tantos estragos, tan hondas
desgracias hemos causado,
tantos palacios y chozas
quemado, tantas familias
exterminado, que es cosa
natural que haya como ése
algunos. Tocole novia,
tierras, parientes y pruebas
perder a ése... y ¿quién sonda
de esa existencia el misterio?
ORD. Mas, tío, aquella faz hosca
y aquella voz y aquel aire
y aquel ojo, ¿a la memoria
no os trajeron el recuerdo
de alguno visto en remota
tierra o edad?
MIN. Yo no hice alto
en él: quizás le reconozca
si le miro atentamente.
Mas, entre los mil que odian
al Cid y a los que de él somos,
desde el sitio de Zamora
y el juramento de Burgos,
ése que rumia en la sombra
tal venganza contra el Cid
es víbora ponzoñosa

de que es menester librarle
cuanto antes y a toda costa.
    ORD. Esa corre de mi cuenta.
    MIN. Pues no la dejes que corra.
    ORD. Ya sabemos dónde el nido
tiene.
    MIN. Pues en él sofócala,
antes que como a sus hijas
toque el Cid con su ponzoña.
Mas, si puedes, hazlo, Ordoño,
sin que él ni la tierra lo oiga,
que hombre que sabe secretos
del Cid que todos ignoran,
que tales infamias fragua
contra el Cid y así las logra
preparándolas veinte años
con tenacidad diabólica,
debe morir sin hablar:
de una estocada bien honda
en los pulmones o ahogándole
con la cuerda de una horca.
    Siguió Minaya, esto dicho,
su camino, y mientras trota
él por la ciudad, Ordoño
tras del Cid pica y galopa.
Mas iba así discurriendo:
«No es comisión muy honrosa
para un noble, hombre de guerra;
mas bien mi tío razona.
Se ahúma al grajo: se atrapa
entrampándola a la zorra,
se aplasta al sapo y la víbora,
y a un monstruo se le acogota.
Y a más, arriesgar debemos
los de Vivar vidas y honras
por las del Cid, aunque infames
muramos en la picota.»
    Así razonaban todos
los de Vivar, gente tosca,
mas del Cid en cuerpo y alma,
de él y de su honor idólatras.

II

Los de Carrión entretanto
no se dormían: el monstruo
que fraguó su crimen, díjoles
de hacerlo justicia el modo.
El conde don Suer González,
riquísimo y poderoso
barón, viudo de la infanta
doña Elvira, la de Toro,
de doña Urraca privado
y el más tenaz y más hosco
enemigo del Cid, era
tío de los condes mozos.
A él se fueron, y con él
entrando el ayo en coloquio,
vuelta completa y distinta
faz dio a su hecho alevoso.
Dijo que el Cid por quitarles
sus hijas con sus tesoros
y sus regalos de bodas,
a que asintió temeroso
del Rey, los dejó en la lid
a la merced dé los moros,
el valor con que salváronse
atribuyéndose Ordoño.
Que viendo que por su brío
de la lid salían horros,
les echó un león doméstico
para el Cid y algunos pocos
de los suyos; mas que a ellos
iba arrojarse furioso,
y que a no huir, desarmados,
hubiérales hecho trozos;
y, en fin, que el Cid, no pudiendo
matarles bien y de modo
que accidental pareciese,
puso, taimado ante todos
en deshonor y en ridículo
a sus yernos, y llevolos
con arte infernal a verse
sumidos en tal oprobio.

Befados, escarnecidos,
deshonrados, encerrolos
durante el sitio en sus cámaras
para impedir que animosos
desmintieran sus calumnias
con hechos bravos y heroicos,
partido haciéndose acaso
contra el Cid, de ellos celoso.
Que corridos y afrentados
les hizo salir con dolo
de la ciudad por la noche
temiendo algún alboroto:
y entonces ellos, de la ira
y la vergüenza en el colmo,
se vengaron en sus hijas
en el robledal de Tormos.

Con esta infernal destreza
dio vuelta el ayo al negocio
tan favorable a los condes,
que el juicio contradictorio
pudiera bien sostenerse
contra el Cid, cuando a los ojos
del Rey y de jueces fuera
el someterle forzoso.
Don Suero, en su enquina antigua
contra el Cid, con alborozo
viendo la causa así vuelta
contra él, se la echó a hombros.
Juntó partido, hizo bando,
armó escándalo mañoso
y alzose en pro de los condes
y contra el Cid amparolos.
Bajo esta faz colocado
el hecho atroz de los mozos
por la malicia diabólica
de su instigador incógnito,
estando en Toledo cortes
celebrando, con asombro
la carta y queja del Cid
recibió el Rey don Alfonso;
y, padrino de sus hijas,
tomó el Rey a grande enojo,

el mal hecho de los condes
como afrenta hecha a sí propio.
Comunicola a las cortes;
mas ya la intriga y el oro
en ellas habían creado
parte y bando por los otros.
Don Suero, con grande audacia
acusó al Cid de orgulloso,
que dándose aires de rey
había pretendido, loco,
ser más que el Rey en Castilla,
intentando por el cobro
de la dote asesinar
de sus hijas a los navíos.
Que siendo él un vil labriego
de Vivar, y de los Godos
Reyes descendientes ellos,
le había sido ventajoso
pues su villanía honraba,
tan desigual matrimonio.
Que habla obrada con sus yernos
como hombre facineroso
y felón, a ir invitándoles
a su casa, y en su propio
hogar tratándoles luego
tan mal y tan sin decoro,
que hasta hizo que de inmundicia
les enlodasen el rostro,
para decir que se echaron
en sitio inmundo medrosos;
y que cuando ellos con brío
se salvaron de aquel ogro,
en sus hijas se vengaron
con mucha razón en Tormos.
Que él acusaba por ellos
al Cid de vil y alevoso,
y que estaba a apadrinar
a sus dos sobrinos pronto.

Al oír tales denuestos
contra el héroe más famoso
por su lealtad e hidalguía
de todo el mundo católico,

los más nobles castellanos
echaron mano a los pomas
de sus espadas, en liza
convirtiendo el consistorio.
Los de don Suero llegaron
hasta sacar de los forros
las suyas delante al Rey;
quien de ira y vergüenza rojo
por su dignidad ajada,
puesto de pie ante su solio,
su cetro y sus reyes de armas
metió en aquel pandemonium.

Apaciguose el tumulto:
avergonzáronse todos;
pidieron al Rey excusa,
tornó el congreso al reposo
y el Rey dijo: «El Cid me anuncia
que llegará aquí muy pronto,
y hasta oírle yo, de parte
del Cid ausente me pongo,
porque no creo, ni pienso
que ninguno de vosotros
creerá que tal caballero
de en tan gran facineroso.

«Gracias, señor, dijo enterando
el Cid, descubierto y solo;
tras treinta años de ser lo uno
no puedo en un mes ser lo otro.
Escrita os envié mi queja
y estoy mi demanda pronto
a entablar contra mis yernos:
sed vos juez entre nosotros.»

Mandó el Rey al Cid Ruy Díaz
poner al pie de su trono
un escabel, y sentarse
de infante con el decoro.
Nombró en seguida seis próceres,
tribunal de jueces probos
que el pleito del Cid juzgasen:
presidirle hizo a propósito
a don Ramón de Borgoña,
yerno suyo, que en el código

del honor era tenido
por el profesor más docto;
y abriose en cortes el juicio
presente el Rey don Alfonso
y ante él acusó a los condes
el Cid, de palabra sobrio.
Limitose a repetir
lo escrito al Rey; afirmolo
con juramento y pidió
el combate y el divorcio.
Don Suero, y sirviendo a éste
de mentor el ayo torvo
de los condes, defendioles
en un discurso capcioso
tornando el hecho en pro suya.
El borgoñón, diestro y lógico,
fue en pro del Cid deshaciendo
su inverosímil embrollo.
Discutiéronlo en secreto
los seis jueces, y en apoyo
del Cid hallando las pruebas
sentenciaron a los mozos:
a devolver a Ruy Díaz,
como él demandaba, todo
el dote de sus dos hijas,
sus dos espadas, el oro,
plata y joyas del Rey persa,
que era un haber muy valioso;
y los caballos y arneses
y por último el divorcio;
debiendo, además quedar
por infames y alevosos
si al juicio de Dios no osaban
apelar y a salir horros.

———

Don Suero y los del partido
de los de Carrión con él
dijeron que el Cid mostraba
avaricia y mala fe.
Que demandando el divorcio
y el dote, mostraba bien

que lo que el Rey había hecho
intentaba él deshacer;
lo que de hombre tan avaro,
que había obrado con doblez,
y que mentía perjuro,
se podía suponer.

El Cid, sintiéndose herido,
con armas de tan ruin ley,
dijo, ante el Rey y sus cortes
poniéndose, altivo, en pie:

        «Yo ni he mentido jamás,
ni hoy ni nunca mentiré:
cuando yo digo esto es esto,
eso y no más es lo que es.
En una contienda de honra
entre hidalgos de mi prez
y hombres que azotan a hembras,
no eran jueces menester.
Quién soy yo y quién son los condes
saben todos y yo sé:
si pido que mis espadas
y mis alhajas me den,
no las pido por miseria
ni por sórdido interés:
las pido porque en sus cintos
sin honra aquellas no estén:
y éstas, porque yo con ellas
sólo a mis hijas doté;
y, pues, de ellas se divorcian
derecho no han a su haber.

        «Que han azotado a mis hijas
es tan cierto, que en su piel
de los sangrientos azotes
las cicatrices se ven;
por eso pido el combate,
sangre suya para ver;
que es justo que la justicia
sangre por sangre me dé.
¡Si no!... yo jamás al campo
me he echar contra mi Rey:
mas soy el Cid y a Vivar
sobre Carrión echaré.»

Dijo el Cid, y como, un hombre
resuelto, con su deber
a cumplir, volvió a sentarse
con raposo en su escabel.
El Rey dio por bueno el fallo
y a los condes les dio un mes
para entrar en lid cerrada
con el Cid, siendo él el juez.
Don Suero y los de su bando,
al Cid por escarnecer,
de imponerles condiciones
tuvieron la avilantez.
Don Suero dijo que él iba
padrino en la lid a ser,
y que no terciaba en ella
por no hacerla de uno a tres:
mas que del Cid rechazaba
la entrada en ella, porque
los condes son dos y mozos
y el Cid uno y viejo es.
Todos los nobles de seso
se volvieron contra él
ante injuria tan excéntrica,
inútil y descortés.
Y el Cid dijo sonriendo
con soberano desdén:

        «Lo que vos y vuestros condes
rechazáis no es mi vejez,
sino la liza conmigo
por miedo que me tenéis.
Mas podéis tranquilizaros
vos y ellos; porque a mi vez
rechazo yo campeones
que no están a mi nivel.
Mis dos espadas por mí
en buenas manos pondré,
y entrad en lid los tres juntos
contra mis dos, y veréis
que mis dos campeones bastan
y sobran para los tres.
—Han de ser nobles de raza,
dijo don Suero. —¡Pardiez!,

repuso el Cid, no descienden
de los godos: mas si hacer
no pueden por su abolengo
con los de Carrión papel,
entrarán por ser sobrinos
míos y de mi mujer.
No han azotado a ninguna,
mas porque a la par estén,
yo que azoten a los vuestros
a los míos mandaré.»
    Se echó a reír la asamblea,

sin poderse contener;
y despidiendo a sus próceres,
dijo al Cid riendo el Rey:
    «Cosas tenedes, buen Cid,
que harán de vos hablar bien
por más siglos que años diz
que vivió Matusalén.»
    Y asiéndolo de su brazo
con familiar sencillez,
en entró con él en su alcázar
convidándole a comer.

APÉNDICE IV

ROMANCES CONTEMPORÁNEOS

SOBRE EL CID

(1900-1953)

I

M. R. BLANCO-BELMONTE

(1871-1936)

NUEVO ROMANCERO[315]

LA VENGANZA DEL CID

---

[315] La persistencia del tema cidiano llega a los poetas postrománticos españoles, sufriendo alguna evolución. Para ellos ya no es la figura del Cid sólo la del héroe legendario, sino más bien el símbolo de la España inmortal al que hay que evocar en los momentos de postración nacional. Marcos Rafael Blanco-Belmonte, notable poeta del período postromántico, y al que tanto interesaron los temas épicos y patrióticos, evoca al Cid como ideal español en los tiempos de la decadencia nacional. Se publicaron estos tres romances en los libros *Los que miran más allá* (Madrid, 1911), y *La patria de mis sueños* (Madrid, 1913).

I

De Castilla desterrado
Con su hueste sale el Cid;
Vivar despide al caudillo
Y llora al verlo partir;
Ceñudo marcha Ruy Díaz,
Ceñudo ya Pero Gil
El escudero bizarro
Del invicto paladín;
Van plegadas las banderas,
Y, en la mañana de Abril,
Mudos están los tambores
Y sin aliento el clarín.
¡Es un cortejo de luto
La brava hueste del Cid!
    Por desamor de Castilla
Sale de Castilla el Cid;
Las nubes del desafecto
No dejan al sol lucir;
Hierven de enojo las almas
De la hueste varonil
Que nunca cejó luchando,
Que siempre venció en la lid;
Todos sueñan con vengarse
De aquel agravio ruin
Que aleja del patrio suelo
Al luchador más gentil.
¡Por no caber en Castilla
Se ya de Castilla el Cid!
    Al llegar a la frontera
Detiene a su hueste el Cid;
Despléganse los pendones
Grita arrogante el clarín,
Los tambores redoblando
Rasgan los aires de Abril,
Y llevan voces de guerra
A los campos del muslín,
—Tú me destierras, Castilla
—Exclama el bravo adalid—;
Me echas de tu suelo, patria,
No quieres que viva en ti;

¡Por la cruz de mi tizona
Juro vengarme o morir!
    Y aguijando su caballo
Sale de Castilla el Cid.

II

    Tiembla Castilla admirada.
Al saber nuevas del Cid.
Mueven a gozo y a envidia
Las glorias del paladín.
Ya en las vegas egabrenses
Avasalla a Motamid,
Ya entra en Monzón y derrota
Al morisco rey Mondhir,
Ya en Segorbe y en Murviedro
Tributos cobra al muslín,
Triunfa en tierra aragonesa
Del hijo de Moctadir,
Y cobra fuerte rescate
Al señor de Albarracín;
Lauros cosecha Rodrigo
Del Ebro al Guadalquivir;
¡No hay monarca ni guerrero
Que pueda igualar al Cid!
    Porque Castilla lo llama
A Castilla vuelve el Cid.
El Rey le sale al encuentro,
Y, entre toques de clarín,
Avanza por la llanura
La hueste del adalid.
Y al llegar a la frontera
—Como en el lejano Abril—
Detiene el Cid a su tropa
Pronta a clamar o a rugir,
Y, haciendo gran reverencia,
Así dice, al Rey, el Cid:
—Por la cruz de mi tizona
Juré vengarme o morir;
Con el favor de los Cielos
Mi juramento cumplí;
De la tierra castellana

Fue ley hacerme salir;
De mi patria me lanzaron
Y nunca de ella me fui,
¡Se hizo tierra de Castilla
La tierra que pisó el Cid!
Luché contra siete reyes
Y a los siete los vencí;
Os los traigo por vasallos
Con riquísimo botín.
Y cuando juzguéis pequeños
Los reinos que, en buena lid,
Os he ganado, ¡mandadme
Otra vez fuera de aquí!
Siempre, aun lejos de Castilla,
Estará en su patria el Cid.

III

Así procede el buen hijo
De corazón varonil,
Cuando la patria lo hiere
Con desafecto ruin.

Así son los caballeros
Que no humillan la cerviz
Ni a la sinrazón altiva
Ni al rencor salvaje y vil.
Así fueron los caudillos
Que en epopéyica lid
Hicieron grande a su patria
Luchando contra el muslín.
Así nobles, generosos,
Fueron siempre, ¡siempre así!
Hermanos que, en otras tierras,
Bravos combates reñís;
Emigrantes españoles
Que buscáis lejos de aquí
Albergue, pan y trabajo,
Vuestras armas esgrimid;
Y si, al dejarnos, jurasteis
Tomar venganza o morir,
Luchad cual hambres honrados
Y, de la lucha en el fin,
Sea, al volver, vuestra venganza
¡La venganza de Mío Cid!

LA NOCHEBUENA DEL CID

I

En tierra de moros lucha
Cid Rodrigo de Vivar;
En tierra de moros vence
El glorioso capitán
Que ensancha en tierra de moros
El castellano solar,
Y que al blandir su tizona,
Como guadaña ideal,
Va cosechando laureles
—Prendas de honor y lealtad—
Desde Cardeña a Murviedro,
Desde Monzón hasta el mar.
Lo que perdió el rey Rodrigo
En tiempo lejano ya,
Quiere ganar con su brazo
Cid Rodrigo de Vivar;
Que si antaño erró un monarca
A impulsos de torpe afán,
Al buen vasallo le cumple
El desacierto enmendar.

II

Castilla va con Rodrigo;
Con el Cid, Castilla va;
Que Castilla, noble y grande,
Tiene un trono y un altar
En el alma grande y noble
De su Campeador leal:
Alma austera, brava y fuerte,
Alma toda majestad,
Como las pardas llanuras
Del castellano solar;
Como esos campos desiertos
Sin sonrisas de rosal;
Pero alma, como esos, campos
De hermosa fecundidad,
Que en los pechos es virtudes

Y en los trigales es pan.
Castilla está con Rodrigo;
Con el Cid, Castilla está;
Que es el alma de Castilla
Cid Rodrigo de Vivar.

III

En las vegas valencianas,
Orgullo del musulmán,
Ha acampado con su hueste
Cid Rodrigo de Vivar,
Y allí su pendón de guerra
Flota en los aires audaz
Como amenaza de muerte,
Como terrible alcotán
Que nunca teme ser visto,
Pues siempre sabe triunfar,
y al morir envuelta en sangre
—Como en púrpura imperial—
Una tarde de Diciembre
Llena de encanto sin par,
Brotan alegres rumores
Que en alas del viento van
Hasta las tropas muslimes
Que defienden la ciudad.
¡Todo es júbilo en la hueste
De Rodrigo de Vivar!

IV

Mientras al arder las jaras
Luz, calor y esencia dan;
Mientras cantan los soldados
Y, como antaño en su hogar,
Dicen en los villancicos
Palabras de amor y paz
Anunciando la llegada
Del sol de la Humanidad,
Con Martín el Asturiano,

Su amigo y deudo leal,
Y con el bravo Alvar Fáñez,
En la lid el más tenaz,
Celebra largo consejo
Cid Rodrigo de Vivar.

Y hay en su rostro tristeza,
Y hay tristeza en su ademán
Cuando Martín y Alvar Fáñez,
Con justa severidad,
Puesta la mano en el pecho
Dictan sentencia fatal.

V

A la tienda donde yacen
Diez solidados de Aliatar
Que intentando al Cid dar muerte
Perdieron la libertad,
Llegose con ceño adusto
Cid Rodrigo de Vivar.

Tendió la potente diestra
Con el sublime ademán
De un sembrador que a los surcos
Lanza simiente ideal;
Y con voz pausada y firme
Así habló el Cid:
                —Escuchad:
Vosotros, los miserables
Que a traición y con puñal
Quisisteis romper mi vida...
¡Libres sois! ¡Podéis marchar!
En nombre de Dios, que al mundo
Hoy dio ejemplo de humildad,
Yo os perdono.
… … … … … … … … …
            Y, de esta suerte,
Henchida el alma de paz,
Celebró la Nochebuena
Cid Rodrigo de Vivar.

PROTESTA DEL CAMPEADOR

I

Murió luchando en Valencia
Cid Rodrigo el Campeador;
Murió venciendo con gloria
Como con gloria vivió;
Castilla viste de luto,
Siente el moro admiración,
Y, entre el respeto, de todos
—Un respeto que es amor,—
Lentamente, por jornadas.
Desde el Turia al Arlanzón
Llevan el muerto despojo
Del que a Castilla ensanchó.
Ayer, pequeño era el mundo
Para encerrar su ambición,
¡Hoy cabe entre cuatro tablas
Cid Rodrigo el Campeador!

En San Pedro de Cerdeña,
Cerca del altar mayor,
Entre enemigos pendones
Que en cien combates ganó,
Descansa el cadáver yerto
Del glorioso luchador.
Plañideras las campanas
Gimen con doliente voz,
Y en la castellana estopa
No relumbra el claro sol,
Porque le faltan espejos
Que hasta entonces siempre hallo;
Era espejo de bravura
La espada del campeón,
Y era espejo de grandeza
Cid Rodrigo el Campeador.

II

A San Pedro de Cerdeña,
Cerca del altar mayor,
Astutamente un judío
En la alta noche llegó,
Y, del Cid ante el cadáver.
Dijo con trémula voz:
—Cuentan que nadie en el mundo
A Cid Rodrigo afrentó;
Voy a escupirle en el rostro.
... ...
Y, por milagro de Dios,
Alzó el cadáver la diestra,
Y el pesado manoplón
Cruzó la faz del villano,
Que sin sentido rodó.
¡Ni aun muerto sufre una afrenta
Cid Rodrigo el Campeador!

III

Creyendo muerta a la Patria,
Confundiendo su aflicción
Con sollozos de agonía,
Hay quien eleva la voz
Queriendo inferir afrentas
A la Patria, toda honor.
Si con estrofas fundidas
Del cariño en el crisol
Pudiera, para mi orgullo,
Forjar recio manoplón,
Fueran mis versos azote
Del villano insultador
Que sueña escupir sus odios
A la majestad de un sol.
... ...
¡Aún alienta en nuestras almas
Cid Rodrigo el Campeador!

II

RODOLFO GIL

(1872-1938)

LA SOMBRA DEL CID[316]

ı

---

[316] También para el poeta y activo periodista Rodolfo Gil es el Cid modelo y ejemplo de patriotismo, al que hay que recurrir en los momentos de pesimismo nacional. En su libro poético misceláneo *Mirtos* (Madrid, 1919) incluye este discreto romance cidiano, que reproducimos.

No gana después de muerto
batallas el Campeador,
que es doble muerte el olvido,
y de los héroes triunfó,
    Vieja ciudad castellana
que, a orillas del Arlanzón,
esculpes en bronce y piedra
las glorias de tu esplendor:
los manes del Romancero
te requieren en su pro,
y es la voz de la justicia
la voz de la tradición.
    Sobre las torres de encaje
del templo a gusto de Dios,
que en éxtasis, de rodillas,
contempla la admiración,
reyes, guerreros y artistas
piden su puesto de honor;
la vida fulge en sus sombras
como el oro en el crisol,
y es su continente grave
y es como un rayo su voz;
mas ninguna cual la sombra
del olvidado león
que escribió nuestra epopeya
con su acero retador.
Aún calza el guante maltado,
aún, erguido en su bridón,
corre por la ancha Castilla,
desnudo, su hierro al sol,
porque a su paso despierten
los pueblos que él defendió
de codicias y derrotas,
de invasiones y baldón.
    Los pueblos están rendidos
al sueño reparador,

y en vano por la llanura,
hincha el viento su albornoz
y hace sonar sus espuelas
a la falda del Muñó:
que ni en su solar memoria
queda ya del triunfador.
    ¡Malhaya quien la semilla
de ingrato olvido sembró
para el leal, para el noble,
para el invicto que en pos
de sí llevó en los combates
los laureles del valor
y, como ofrenda a la patria,
de su sien los desciñó!
    Su sepulcro, en que honda huella
dejó la profanación,
cerrado está, y no es de mando
la voz del conquistador...
Que es santa paz resignada
la paz del pueblo español.
    Su sombra, que vaga errante
a orillas del Arlanzón,
sólo pide a castellanos,
a quienes su espada honró,
un ara en que nuestro pueblo
levante su hostia de amor;
una limosna de culto
que harto bien se mereció:
tan alta como su gloria,
tan grande cual nuestro honor.
    Burgaleses, burgalesas,
ved que os da su ejemplo el sol,
que, al esplender, en la sombra
de nuestro Cid se eclipsó.

III

MANUEL MACHADO

(1874-1947)

CASTILLA[317]

El ciego sol se estrella
en las duras aristas de las armas,
llaga de luz los petos y espaldares
y flamea en las puntas de las lanzas.
El ciego sol, la sed y la fatiga...
Por la terrible estepa castellana,
al destierro, con doce de los suyos
—polvo, sudor y hierro—, el Cid cabalga.

Cerrado está el mesón a piedra y lodo...
Nadie responde. Al pomo de la espada
y al cuento de las picas el postigo
va a ceder... ¡Quema el sol, el aire abrasa!

A los terribles golpes,
de eco ronco, una voz pura, de plata
y de cristal, responde... Hay una niña
muy débil y muy blanca
en el umbral. Es toda
ojos azules y en los ojos lágrimas.
Oro pálido nimba
su carita curiosa y asustada.

---

[317] La generación del 98, que tanto buscó en el estudio de Castilla la regeneración espiritual de España, no podía olvidar a su héroe más representativo. Y uno de los poetas más distinguidos de aquella generación, Manuel Machado, publicó en su primer libro *Alma* (Madrid, 1900) esta ya famosa evocación de *Castilla* en un momento del viejo *poema de Mío Cid*. La reproducimos aunque su forma no es estrictamente la del romance tradicional, pero tiene grandeza épica en una forma que recuerda, modernizada, la de las gestas populares.

—Buen Cid, pasad... El Rey no dará muerte,
arruinará la casa
y sembrará de sal el pobre campo
que mi padre trabaja...
Idos. El Cielo os colme de venturas...
En nuestro mal, ¡oh Cid! no hagáis nada—.
        Calla la niña y llora sin gemido...
Un sollozo infantil cruza la escuadra
de feroces guerreros
y una voz inflexible grita: «¡En marcha!»

        El ciego sol, la sed y la fatiga...
Por la terrible estepa castellana,
al destierro, con doce de los suyos
—polvo, sudor y hierro—, el Cid cabalga.

IV

ENRIQUE DE MESA

(1878-1929)

CAMPOS DE MEDINACELI...[318]

---

[318] El poeta Enrique de Mesa, también imbuido de la ideología y estética de la generación del 98, hizo la evocación del Cid legendario por simple alusión en este bello romance, publicado en su libro *La posada y el camino* (Madrid, 1928).

Campos de Medinaceli,
ruta de la heroica gesta,
terrón duro, blasonado
por el casco de Babieca;
donde, en la llana albariza,
muelles labranzas rojean
y con barbas de pajones
se enrubian las rastrojeras.
De las aradas y eriazos
se alzan parduscas terreras;
en los añojales crecen
matojos entre las piedras.
Bajo la parda anguarina
transflorando el alma seca,
cruzan pastores ceñudos
tras esmirriadas ovejas.
Van trajinantes y arrieros,
tras de sus cansinas bestias,
caminando, embrutecidos
con el vino de las ventas.
Ni un cantar. Sólo se escuchan,
en lejanas tolvaneras,
los sonidos graves, lentos
de las zumbas de las recuas.
¡Pobre terruñero, «exido»
de tu choza y de tu hacienda!
¿Dónde tu clara mañana?
¿Cúya la «gentil Castiella»?
Ya tu pecho no trasvina
caldo de la antigua cepa;

hoy tan sólo hieles mana,
podredumbres y miseria.
¿Tendrás el corazón pardo
como tu capa de yesca,
y el alma gris, sin verdores,
como tu llanura muerta?
Viejo Cid, ¿acaso nunca
resurgirás de la huesa,
a un empujón de tus hombros
despelmazando la tierra?
Mira del tasco villano
las cortesanas zalemas,
al señor, sin señorío,
y alcorzada la realeza.
Blande tu lanza buida,
de polvo y sangre orinienta;
húndela en los pobres cuerpos
amarillos de miseria.
Sangre de la sangre ardida
con que empapaste las glebas
suba a los nuevas racimos
desde tu cárcava vieja.
Que a un rojo sol de justicia
los verdes frutos enveran,
y ha de fermentar su mosto
dentro de las odres nuevas...
En el camino, señero,
por la llana polvorienta,
mi corazón castellana
ama, duda, sufre y sueña.

V

EDUARDO JULIÁ MARTÍNEZ

(1887)

SE ENSANCHABA CASTILLA...[319]

La jura de Santa Gadea

RODRIGO.—   Alfonso, a quien Dios elige
por Rey de los castellanos;
pues don Sancho, nueso Rey,
fue muerto por un malvado,
no has de sentarte en el trono
sin jurar, puesta la mano
sobre la cruz de mi espada:
que no supiste el engaño
ni interviniste en la muerte
que nos privó de don Sancho.

REY.—   Yo sobre el espada y todo
y en los Evangelios Santos
juro que non fice nada
por que finase mi hermano.

RODRIGO.—   Pues siendo así, con respeto
por nuestro Rey te acatamos

REY.—   Y pues ya soy Rey, saldrás
de mi reino desterrado,
que no puede estar en él
quien fizo tal desacato,
y fáganse los pregones
de que nadie sea osado
para acoger a Rodrigo,

---

[319] Con este título publicó el profesor y erudito Eduardo Julia Martínez estas por él llamados «estampas poéticas», en 1944, para conmemorar el milenario de Castilla. Se representaron en una sesión radiofónica. Reproducimos sólo aquellos fragmentos, escritos en romance, en los que el Cid interviene. Se publicó esta obra en Madrid, el año 1944.

esté enfermo o esté sano,
ni darle pan a manteles,
ni ponérselo en la mano;
pena de muerte al que non
obedezca mi mandato.

RODRIGO.— Bien pueden los mestureros
sembrar el odio en tu oído;
faré que des al olvido
esos tus enojos fieros.
Castilla tiene fronteras,
e a mí no me falta saña
para correr toda España
con mis triunfantes banderas.
E dictaré justas leyes,
e a mis deudos premiaré,
e a tus plantas enviaré
destronados cinco reyes.
Franca será mi campaña
por vencer tu odio inhumano,
hasta ponerte en la mano
la mejor joya de España.
Y voy con todo mi honor,
que al cabalgar en mi silla,
tú quedas Rey de Castilla,
yo seré el Cid Campeador.

DE LA VIDA DEL CID

ELVIRA.— ¡Padre, padre!
SOL.—   ¡Madre mía!
CID.— ¡Doña Elvira, doña Sol!
JIMENA.— ¡Alzaos, fijas del alma!
ELVIRA.— ¡Mis ojos non pueden, non
mirar donde están los ojos
que no han perdido el honor!
JIMENA.— ¡Alzad del suelo, las fijas
del que en buen hora nasció!
CID.— Si fuerte tengo la espada
más firme está el corazón.
¡En San Pedro de Cardeña
non me matara el dolor;
y en mi palacio en Valencia

la desventura se entró!

JIMENA.— ¡Fijas del alma!

CID.—   Decidme:
¿Quién os fizo sinrazón?

ALVAR FÁÑEZ.— En el Robledo de Corpes,
vergüenza de entrar ha el sol.

SOL.— ¡Atados fueron a un árbol
nuestros cuerpos!

ALVAR FÁÑEZ.—   ¡Ruin acción!

ELVIRA.— ¡Vestidas sólo de azotes!

SOL.— ¡Y no nos enrojeció
el golpe, ca la sangre hubo
subido por el rubor!

ELVIRA.— ¡Tuvimos nombre de esposas;
pero maridos no son
los que creen barraganas
las fijas del Campeador!

(*Óyese el laúd, de un juglar.*)

CID.— ¿Quién tañe, loco juglar,
cuando me mata el rencor?

(*Cesa el laúd. Pequeña pausa.*)

¡Valencia, la mi Valencia,
tu cielo azul se nubló;
tus campos ya no son verdes,
negros los ve mi dolor;
tu mar ya no riza espumas,
que el odio lo atormentó!
¡Alzad del suelo, las fijas
que llevo en el corazón!
¡Y acaba el llanto, Jimena,
espejo de mi valor!
Volveremos a Castilla
antes de ponerse el sol,
que Alfonso no ha de negarme
el palenque del honor.
¡La sangre tengo en mis ojos
y non puedo vivir, non,
sin cobrar con sangre de ellos

la desventura en que estoy!
¡Lleven clarines mi reto,
que non he de comer yo
pan a manteles, ni en cama
dormir he, ni desde hoy
tengo de ceñir mi espada
ni peinar mis barbas! ¡Con
mis manos la sepultura
cavar he!

ALVAR FÁÑEZ.— Callad, señor,
que tenéis buenos vasallos.

CID.— Amigos me dé el Criador;
vasallos haber no puedo
cuando ciego de ira voy.
¡Alfonso me otorgue el campo;
lo demás lo faré yo!

JIMENA.— ¡Fijas, non lloréis cuitadas,
que ya el ave volador
vi volar hacia la diestra!

CID.— ¡Jimena, mi corazón!
Peregrinos a Castilla
tornemos, y el arrebol
que tiene nuestras mejillas
lavarse ha con el calor
de sangre que con mis manos
tornar he en su herida yo.

ALVAR FAÑEZ.— ¿Y Valencia?

CID.— Aunque los moros
creyéranme muerto, al son
de las mis cajas de guerra,
será el cielo en mi favor.
Veleidosa en la Fortuna,
pero a sujetarla voy.

JIMENA.— El alma llora.

CID.— Sin alma
quedarán los de Carrión.
¡Fijas mías muy amadas;
Alfonso a Infantes! ¡A Reyes
en casamiento vos di
en justicia vos dé Dios!

VI

MANUEL DE GÓNGORA

(1889-1952)

EN ESTE LUGAR COMIENZA LA GESTA DE COMO MÍO CID PRISO JURA AL REY DON ALFONSO[320]

De la Santa Gadea en el templo membrado
donde juramentan los nobles fijosdalgos,
está Mío Cid Ruy Díaz el de Vivar llamado,
delant de don Alfonso hermano de don Sancho.
Está toda la cort e nadi nol osado:
ca nullo se treviría dentre los vasallos.
Toda la cort, al Rey le está catando;
el Rey del rostro la color ha cambiado.
Fabla Mío Cid el que en buen hora nasco;
engramea la tiesta e pone la su mano,
sobre los Evangelios que están en un tablado,
e sobre un cannado de fierro e una ballesta de palo.
Gradezco a ti, Sennor Dios, que estás en alto;
hay un home, magüer sea un vasallo
quel tome jura enantes de escomenzar su reinado;
yo Mío Cid el de Vivar llamado.
Todos le catan e todos son callados.
Fabla Mío Cid al Rey tan mesurado;
Oyás, Alfonso, mi señor natural
la razón que voy te de mandar;
si oviste art, ni part,
en la mort del Rey don Sancho tu hermano.
Que te manten villanos que non sea de acá,

---

320 El poeta Manuel de Góngora publicó en su primer libro poético, *Polvo de siglos*, (1912), este poema, que afecta ser un fragmento de un cantar de gesta. Trata de la jura de Santa Gadea, tomado el asunto de dos viejos romances, pero con lenguaje imitado, artificiosamente, del viejo *Poema de Mío Cid* con un arcaísmo arbitrario de verdadero *pastiche*. Lo damos como muestra de habilidad poética moderna, aunque el verso no es, en realidad el del romance, por más que quiere ser el de la gesta.

con cuchiellos de monte e non con puñal;
e con venablos feridas e colpes te darán,
e por las espaldas el cuer te sacarán,
si fablas la mentira e callas la verdad;
e por nos dar fe desto, has de de jurar;
si vos assí ficiéredes, por Rey te habemos de acatar.
Son mudos e sin color todos los que en la cort está,
ca es mucho su miedo por Mío Cid el de Vivar.
Adeliñó el Rey a las gradas delante el altar,
e dixo: Amén; yo juro la verdad;
que non ove comercio en la mort de don Sancho.
Por tres veces dijo Mío Cid la razón
e priso jura al Rey a todo su sabor;
todos de hinojos fitos al Rey besan la mano
desque sapieron que no había muerto a don Sancho.
Fabla el Rey e dice a Mío Cid el catellano:
Mío Cid; vedes cuemo soy aprado
ca es aquesta osadía grande en un vasalla;
odredes lo que yo vos mando;
que te partas de mi cort,
e non tornes fasta que cumpla un ano.
Dixo Mío Cid: Sennor: fago tu mandado;
vos me desterrades uno e yo me partiré cuatro.

Ya Mío Cid de Burgos se partía
mediados gallos, cuando nasce el día.
Trescientos fidalgos, lleva en su compañía
Y acaba el romanz: a ti lo gradezco Virgo Santa María
e a Ti Dios, que ficiste noche e día.

Datnos del vino, amigos, un poquiello
si non tenedes dineros.

VII

JUAN JOSÉ LLOVET

(1895)

ROMANCE DEL DESTIERRO[321]

¡Ya no hay justicia en España,
no hay ley en Castilla ya,
que al buen Cid han arrojado
de sus tierras de Vivar!

El sol derrama sus rayos
como una lluvia de sal
sobre los campos resecos,
y Rodrigo de Vivar,
con sesenta de sus fieles,
camino de Burgos va...
Tienen tan blanco el semblante
y tan lento el ademán,
que más que vivos parecen
muertos que han echado a andar.
El Cid marcha a la cabeza
con altivez señorial:
su espada azota el costado
de su brioso alazán,
y el viento peina su barba,
blancamente patriarcal.
Los villanos se descubren
viendo a Rodrigo pasar.
—¡Qué buen vasallo sería
de una buena majestad!
Y las aldeanas rezan,

---

[321] Juan José Llovet, estimable poeta modernista, autor de algunos libros de versos, publicó en la revista madrileña *Blanco y negro*, en 1912, este bello romance inspirado en la marcha del Campeador de sus tierras castellanas. No sabemos si se recogió este poema en alguno de los libros de este poeta.

y dejando de jugar,
los rapaces carisucios
—mucho amor y poca edad.—
dicen con llanto en los ojos
y con asombro en la faz:
—¿Por qué se va de estas tierras
Cid Rodrigo de Vivar?
¡Yo no quiero que se vaya!
¡Madre...! ¿No ves que se va?
—¡El Rey lo manda, hijo mío;
por lo que lo hace, él sabrá;
a nosotros sólo cumple
mirarlo tristes marchar...

Y en el silencio ardoroso
del mediodía estival
el Cid y los suyos siguen
su cansino caminar...
Y los mesones se cierran
negando hospitalidad
a los hombres de la triste
caravana de metal
que Alfonso el Sexto ha ordenado
no darles agua ni pan,
y ante el poder de la regia
e inviolable autoridad
como una flor de rastrojo
se agostó la caridad...
¡La caridad, que en Castilla
fuera siempre proverbial!
El sol derrama sus rayos
como una lluvia de sal
sobre los campos resecos,
y Rodrigo de Vivar,
puesto de pie en los estribos,
grita agorero y fatal:
—¡Adiós, mi doña Jimena;
adiós, tierras da Vivar;
ya no hay justicia en España,
no hay ley en Castilla ya!

VIII

FERNANDO ALLUÉ MORER

AL DESTIERRO[322]

«Llorando de los ojos que
non vidiestes a tal—assis
parten unos d'otros commo
la uña de la carne.»

Ya todos salen de la iglesia,
que ya el abad dijo la misa.
Flota en el aire matinal
una sutil melancolía,
pues bajo el viento del dolor
todas las flores se marchitan.
Bajo los petos esplendentes,
bajos las fúlgidas lorigas,
palpita un algo misterioso
que al corazón dice: suspira.
Nada ni nadie, el gran silencio
osa romper: sólo la brisa
—fantasma lírico del llano—
su cantinela noble dicta
a los altivos viejos árboles
y a las espléndidas espigas
que ornan el seco paisaje
de esta llanura de Castilla.
El Cid se acerca lentamente
hacia Jimena, Sol y Elvira;
y con ternuras inefables,
coge en los brazos a sus hijas

---

[322] El actual poeta Fernando Allué Morer publicó, en 1923, en Valladolid, su primer libro de versos con el título *El Cid en Caraeña y otros poemas,* (1923), donde dedica cinco poemas a glosar algunos pasajes del *Poema del Mío Cid.* Reproducimos éste por estar escrito en la forma tradicional del romance castellano, aunque los versos no son octosílabos.

y un beso, grave y silencioso,
pone en la flor de las mejillas.
Dos grandes lágrimas, su rostro
cruzan y caen en la loriga,
y sobre el hierro toman fúlgidas
irisaciones diamantinas.

    Jimena, esposa y madre a un tiempo,
hinca en el suelo las rodillas
y con sus manos temblorosas
prende del Cid la mano altiva
y, con fervor de esposa y madre,
besos en ella deposita,
Y un gran sollozo, del silencio
parece ser el almas misma.

    Ambos esposos se contemplan;
cruzan la luz de sus pupilas:
un fuerte abrazo une sus cuerpos,
un largo beso une sus vidas...
Y el llanto brota de sus ojos
en la doliente despedida.

    Como la uña de la carne
—dice el cantar—, así estas vidas,
que con los óleos de la Historia
están gloriosamente ungidas,
quizá por siempre, se separan
llenas de llanto las pupilas...

    El Cid y todos los vasallos
ya están montados en las sillas.
Flota en el viento la quimera
de nuevas ansias infinitas.
Parten veloces y atrás dejan
las nobles prendas tan queridas.
Y pronto el viejo monasterio
se esfuma allá en la lejanía.

    Y bajo el sol de la mañana,
con ritmo igual y lento, rima
el galopar de los caballos
sobre la tierra endurecida,
con el latir del corazón
de esas mil almas doloridas...

Rompe el silencio el gran Minaya:
«Oh, Cid, de espada, bien ceñida:
¡arriba el ánimo! Pensemos
sólo en la empresa que nos guía.
Dejémonos de ociosidades,
y al corazón que aquí palpita
dentro del pecho, ahoguémosle
como si fuera vieja arpía.
Pronto los duelos serán gozos
y las tristezas serán dichas,
pues Dios el alma nos ha dado
para el dolor y la alegría...
...Y levantemos nuestras testas,
que guarda el casco, hasta la línea
más elevada del oriente;
y hacia la tierra prometida
encaminemos nuestros pasos,
con noble impulso y fe encendida.
Sigamos todos el sendero
que hacia el final nos encamina,
¡y empiece el éxodo glorioso
por las llanuras de Castilla!»
...Y soltando las riendas
van cruzando veloces Alcubilla,
y Espinazo de Can, y San Esteban
de Gormaz...
                              La infinita
llanura se va abriendo Prodigiosa,
de la luz meridiana a las caricias,
como una flor gigante.
Surcan el cielo azul las golondrinas,
se oye el eco triunfal de las campanas,
brota el áureo milagro de la espiga,
y junto al padre Duero—cuyas aguas
silenciosas y mansas se deslizan—
la ramazón inquieta de los álamos
entona, como un triunfo, su cántiga.
¡La llanura infinita se engalana
para dar a los héroes despedida!
Llegan a Figueruela:
aquí está la frontera de Castilla,
aquí termina ya la tierra madre.

Rendidos de fatiga
descansarán; mañana
no volverán a ver tierra nativa.
Y empezarán las luchas
contra el tropel audaz de la morisma,
¡y la noble quimera se hará carne,
y el ensueño de gloria se hará vida!

    Y así termina el poema.
Así la glosa termina
que al cantar de Mío Cid
puso un juglar de Castilla.

IX

Luis Guarner

(1902)

EN VALENCIA LA MAYOR[323]

I

No estaba el Cid en Valencia,
en Valencia la mayor,
la que ganó con la guerra
y con la paz gobernó,
que fue a tener unas vistas
con su Rey y su señor.
Valencia tranquila vive
en la santa paz de Dios:
la que antes fuera mezquita,
es ya la iglesia mayor
y en su silla episcopal
ya gobierna don Jeróm
—el tonsurado guerrero
que vino de Perigord—;
ya los moros valencianos
sirven al Campeador
obedeciendo las leyes
que Alvar Fáñez les dictó.
La ciudad se extiende, blanca,
bajo la gloria del sol,

---

[323] En este romance no hemos pretendido hacer un pastiche de los romances tradicionales españoles sobre el Cid, sino simplemente relatar—en la forma tradicional—un momento de la vida del Campeador en Valencia, cuyo contacto primaveral debió influir en la vida sentimental de las hijas del héroe, cuya personalidad queda tan borrosa en el viejo *Poema* como en el *Romancero*. Este romance no aspira sino a ser un simple entretenimiento de quien tanto se ha venido ocupando de los romances cidianos: no le damos más alcance. Se transmitió por «Radio España», de Madrid, la noche del 29 de Noviembre de 1958, en una entrevista que nos hizo esta emisora y en la que expusimos el propósito de esta nuestra edición del *Romancero del Cid*.

en tanto *la mar salada*
con el rumor de su voz
le hace caricia, y defensa
contra el lejano invasor
que, desde africanas tierras,
codicia tanto esplendor
como atesora Valencia,
la que Rodrigo ganó...
Asomada a un ventanal
del más alto torreón,
diz que, una tarde de mayo,
mientras se ponía el sol,
doña Elvira contemplaba
de las huertas el verdor,
cuando vio correr por ellas,
sobre un alazán veloz,
un mancebo que llevaba
en la siniestra un azor;
fuera un momento tan sólo,
de cazar vuelve el garzón
sin saber que hubo cazado
el neblí de un corazón...
Otra tarde, ya en estío,
cuando arrecia la calor,
junto a las tapias del huerto
donde estaba, doña Sol
oyó la voz melodiosa
de un mancebo trovador
que de tierras de Provenza
trajo una canción de amor,
¡y era su lengua tan dulce,
tan hermosa la canción!,
que, por la noche, en su lecho
la soñara doña Sol...
Las dos hermanas quedaron
ensimismadas las dos.
¿Quién podría ser—pensaba
doña Elvira—el cazador?
¿Quién sería aquel mancebo
—barrutaba doña Sol—
que, junto al huerto muradoto,
cantó la trova de amor?

Pasaba la primavera
como viva floración
y llegaban los de estío
días ardientes de sol,
y en las noches misteriosas,
desde su constelación
las estrellas derramaban
la plata de su fulgor
sobre la ciudad dormida
en la quieta paz de Dios.
En el Alcázar velaban
las dos hermanas, las dos,
en tanto la madre espera
al que en buen hora nació.
—¿Porqué así tristes, mis hijas?—
les dice con tierna voz.
Mas las hijas no responden,
y tristes siguen las dos.
(Doña Elvira piensa: ¿Quién
sería aquel cazador?
Y doña Sol: ¿Quién sería
el que la trova cantó?...)

Primavera, estío, trova...
¡Es Valencia la mayor!

II

Los clarines del Alcázar
tañen a todo clamor;
en tropel, forman las guardias
pues el vigía anunció
que, por las huertas floridas,
regresa el Campeador.
Pero Bermúdez se apresta
a recibir al señor,
y doña Jimena baja
desde su alta habitación
y, abrazando a sus dos hijas,
doña Elvira y doña Sol,
llega hasta el mismo rastrillo,
anhelante de emoción.

Arriba la cabalgada
con estruendo y esplendor
de los hierros, que relucen
bajo la gloria del sol.
Detiénense los caballos;
sonríe el Campeador
y, tras bajarse el almófar,
de Babieca descendió,
besa en la frente a Jimena
y luego a sus hijas dos.
Más tarde, en la gran estancia,
a los suyos les habló
de que el Rey, a quien Dios guarde,
le dispensó todo honor
y agradeció los presentes
que de Valencia llevó.
—Grande es la dicha—les dice—
con la que nos premia Dios—.
Mas, nublándose su ceño,
añade: —El Rey, mi señor,
me ha pedido vuestras manos,
doña Elvira y doña Sol,
porque desposaros quiere
con los Condes de Carrión.
«Mi mujer, doña Jimena,
loemos al Creador.
A vos os digo, mis hijas,
doña Elvira y doña Sol;
con estas bodas propuestas
ganaremos en honor;
pero sabed, en vendad,
que no las inicié yo:
os ha pedido y rogado
don Alfonso, mi señor;
lo hizo tan firmemente
y de todo corazón,
que a ninguna cosa suya
supe decirle que no.
Os puse, pues, en sus manos,
hijas mías, a las dos;
creedme como os lo digo:
¡él os casa, que yo no!»

Toda la noche lloraron
doña Elvira y doña Sol,
las hijas del más glorioso
guerrero que el mundo vio.
Doña Elvira, en su silencio,
pregunta a su corazón
¿quién sería—aquella tarde—
quién sería el cazador?
Y doña Sol, silenciosa,
aún cree escuchar la voz
del trovador de Provenza
que aquella trova cantó...

Primavera en las dos almas
que en Valencia floreció...
¡Y ahora un viento de Castilla
presagia devastación
sobre Valencia la clara,
que es Valencia la mayor!...

X

N. Sanz y Ruiz de la Peña

(1905)

EL CID EN CARDEÑA[324]

El Cid y sus caballeros
hincan la rodilla en tierra,
mientras los monjes, con cirios
encendidos, les rodean,
clavando en la madrugada
dos filias de luces trémulas,
que se estiran para ver
al que en buen hora naciera
y en mejor, ciñera espada
para conquistar con ella
gloria tan alta, que nadie
en Castilla le supera.
Entre los brazos del Cid
solloza doña Jimena:
alegre, porque le tiene;
triste, porque le destierran.
El Cid eleva a sus hijas
hasta el corazón. Las besa
al par que barba adelante
dos lagrimones le ruedan,
que oculta la tierra madre
para que nadie los vea.
Un segundo de congoja
hace temblar su entereza
y pasan, como fantasmas,
ante él, todas las escenas

---

[324] El poeta vallisoletano Nicomedes Sanz y Ruiz de la Peña publicó, en 1938, su *Romancero de la Reconquista* donde se incluye este bello romance sobre el Cid, que reproducimos por creerlo digno continuador del romancero cidiano que persiste a través de los tiempos.

de su vida. Grandes son
los servicios que ficiera
a los reyes, sus señores,
en la paz como en la guerra,
siempre ensillado el caballo
y la lanza bien dispuesta
a servir a la justicia
y a la razón. Y son éstas
las mercedes que recibe
por pago a tanta nobleza!
    ¡Poco honor tiene en su abono
mano que castiga a ciegas!
    Pensando estas malandanzas
se avecinan buenas nuevas:
ya con Martín Antolínez
más castellanos se acercan,
al trote de su bridones,
a San Pedro de Cardeña
y le rinden vasallaje
de buen amor, y acrecientan
las mesnadas. Sólo faltan
tres días para que sea
cumplido el plazo de nueve,
que el rey Alfonso pusiera
para que, con sus leales,
Ruy Díaz deje su tierra.
    No es tiempo de descansar
y el Cid a partir se apresta;
reúne a todos sus hombres
y fabla de esta manera:
    «Ensillad vuestros caballos
tan pronto como amanezca.
El Abad dirá la misa
y, luego que dicha sea,
habremos de cabalgar
sin dilación. Aún nos queda
mucho terreno delante
y el fin del plazo se acerca.»
    Hay un silencio solemne
en torno al Cid. Se dijera
que todos los castellanos
se han vuelto estatuas de piedra

para escucharle. Ni el aire
osa moverse siquiera.

 Tras de bendecir a todos
el buen caudillo se aleja
y, tras él, con paso tardo
la mesnada sé disgrega.

 Luego cae sobre la noche
un hálito de epopeya.
Mientras duermen los guerreros,
un ángel sonoro vela
y va ungiendo con su espada
a la grey. ¡Que Dios proteja
a los que por ganar honra,
de sus lares se destierran!

 ¡Segundo canto del gallo!
La mañana se impacienta
y caballos y guerreros
juegan a reñir con ella,
prestándole sus herrajes
para que se los encienda
de lucecillas huidas
y de caireles y grecas,
enluciendo las espaldas
y limpiando las espuelas
hasta que se las confundan
con oro de buena cepa.

 Al ruido de las pisadas
las campanas se despiertan
con premura de maitines,
y corren, saltan y vuelan
para acompañar a todos
a las puertas de la iglesia.

 Y cuando dejan al último,
su gozo se manifiesta
en un silencio afanoso
de hormigas y de colmenas
que tejen en la mañana
oro fino y plata vieja,
para que tomen color
de romería, las piedras.

 En las gradas del altar

solloza doña Jimena,
pidiendo a Dios que acreciente
del Cid la fama y grandeza
para que torne a Castilla
más honrado, si pudiera
caber más honra en el mundo
que la que consigo lleva.

Siendo la misa finada
todos salen de la iglesia.
Delante el Abad don Sancho,
el Cid y doña Jimena;
detrás guerreros y monjes
con sus armas y sus velas,
formando apretado haz
entre el pórtico y la puerta.

Los cascos de los corceles
sobre las losas golpean,
y todos los caballeros
el grito de ¡en marcha! esperan.
El Cid toma a su mujer
y llora abrazado a ella.
¡Las lágrimas que allí vierte,
por hombre, no le avergüenzan!
¡Y es harto dolor el suyo
para que no las vertiera!
Forman apretado grupo,
que a cada punto se estrecha,
doña Elvira, doña Sol,
el Cid y doña Ximena.
¡Es gloria verlos así,
y separarlos es fuerza!
Bendice el Abad don Sancho
a toda la grey guerrera,
y el Campeador cabalga,
bien calzadas las espuelas,
resistiéndose a partir
dejando allí lo que deja.
Minaya Alvar Fáñez grita
su bien fundada impaciencia,
y, en un arranque supremo,

el Cid afloja la rienda
y salen, a buen galope
todos, detrás de Babieca.

   Estira el aire caliente
los pendones y banderas
y se oculta el Monasterio
de San Pedro de Cardeña
tras de la nube de polvo
que harinan en su carrera.

   Lo que les es más querido
y más grato, atrás se queda.

   Después de marchar tres días
descansan en Figueruela
y cuando todos al sueño
se rinden, muy suave, llega
el Arcángel San Gabriel
hasta el buen Cid, y le muestra
iluminado de gloria
su camino. Después besa
su frente, y en un milagro
de alas batientes, se aleja...

   Al filo de la mañana,
gozoso, el Cid se despierta,
y más seguro que nunca
alza su voz. Sólo queda
un día para cruzar
la línea de la frontera.

   ¡Aún son campos de Castilla
en los que clavan su huella!

   Duermen en Sierra de Miedes.
¡Última noche en su tierra!
Delante templan su orgullo
las firmes torres de Atienza,
donde se agitan al viento
medias lunas y banderas.

   Antes de que nazca el día
están las huestes dispuestas
y en el reino de Toledo
trescientas lanzas se adentran...

   ¡Ya tiene el rey Don Alfonso
cumplida la orden que diera!

Todo lo que les es grato
en Castilla, atrás se queda.
Delante tierra de moros
y lanzas que los esperan
para medir férreos bríos
en crudas lides de guerra.

XI

JOSÉ BERNABÉ OLIVA

LA AFRENTA[325]

Despedidos los amigos
que antes les acompañaran,
doña Elvira y doña Sol
con los Condes se quedaban.
De sus jóvenes maridos
¿quién sospecharía nada,
cuando siempre les dijeron
que hondamente las amaban?
Iban con esta alegría
rebosando por el alma
a las tierras de Carrión
de donde serían amas,
cuando, ambos a la par,
la venganza meditada,
los Condes carrionenses
hablaron estas palabras:
«—Hijas sois del de Vivar,
infanzón de poca talla
que, porque lides ganó
a gente infiel y apocada
se ha atrevido a emparentar

---

[325] José Bernabé Oliva publicó, en Barcelona, el año 1941, un breve libro titulado *Hispánica. Romancero de Mío Cid y otros poemas,* cuya primera parte se dedica a glosar algunos de los pasajes más salientes y característicos de viejo Poema. Reproducimos uno de los más logrados.

con los más nobles de España,
Esposas sois de los Condes
de más ilustre prosapia,
cuando tendríais que ser
de ellos mancebas o esclavas.
Pero aquí nos vengaremos
del Cid y de su mesnada,
que hicieron burla en nosotros
porque nos hiede su casta;
escarnecidas seréis
y en el monte abandonadas,
pues no queremos que digan
que nos siguen barraganas.»
La sorpresa y el temor
tiñeron el rostro de ambas;
y tornando a los infantes
para suplicarles gracia
por lo ceñudo del rostro
y el furor de la mirada,
vieron que piensan hacer
lo que anuncian las palabras.
Con implorante ademán
juntan las dos manos blancas,
y con los hermosos ojos
llenos de perladas lágrimas
dicen: «¡Tened compasión
y no hagáis nuestra desgracia,
labrando en el deshonor
un baldón a vuestra casa!»
Pero no valen razones
ante la terca y malvada
decisión de los infantes,
que a tierra echando la planta,
arrebatan a las damas
de las bestias que montaban,
y les rasgan los vestidos,
y del cuerpo lee arrancan
toda prenda que les cubre
las carnes, cual nieve blancas.
Por los cabellos asidas
por el suelo las arrastran,
y las golpean con furia

con las cinchas claveteadas,
que de los finos corceles
ciñen la silla bordada.
Relieves de duro acero
las finas carnes desgarran,
mientras el cuero dibuja,
sobre las blandas espaldas,
la huella de los azotes
con honda y morada marca.
Gritaban las dos mujeres:
sus ayes parten el alma,
mas, ¿de qué sirve clamar
si nadie en su ayuda marcha?
En los lamentos cesaron
cuando, en las tiernas gargantas
triste enronqueció la voz.
Y de aquella infamia tanta
quedó sobre el suelo herboso,
una huella ensangrentada.
Cruzaron los dos rufianes
mil expresiones bellacas;
en sus corceles montaron,
y con la mano cansada
de tan largo golpear
con furia y salvaje insania,
marcharon de aquel lugar
subiendo agreste calzada,
de su horrible cobardía
alabándose con saña.
Félez Muñoz encontró
a sus primas desmayadas,
y sabiendo la verdad
que ellas mismas le contaran,
alzó la expresión al cielo
y musitó estas palabras:
«—¿Qué diría Mío Cid
si en este instante llegara,
él, que en buena hora nació
y ciñó, feliz, espada?»

XII

ANDRÉS RUIZ VALDERRAMA

DESPEDIDA DE BURGOS[326]

Aún es noche oscura, oscura,
aún es noche bien cerrada...

Las estrellas en el cielo
son como puntos de plata...
¡El Arlanzón se desliza
con murmuradora calma...
—En su dilatada glera
se morían las fogatas...—
Entumece ya los miembros
el frío de madrugada...
La ciudad duerme tranquila
y el Cid ordena la marcha,
que quiere estar en San Pedro
antes que despunte el alba.
Las tiendas son recogidas,
las acémilas cargadas,
ensillados los caballos
y apercibidas las armas...

Aún es noche oscura, oscura,
aún es noche bien cerrada...

* * *

Todos miran hacia Burgos,
que casi no se destaca
sobre la noche sin luna,

---

[326] En el número extraordinario que la revista «Mío Cid» dedicó a conmemorar el octavo centenario del *Poema de Mío Cid,* publicado en Mayo de 1941, se publicaron algunos estimables poemas sobre el Campeador. De ellos reproducimos éste, escrito en romance, del poeta Andrés Ruiz Valderrama, de factura moderna en la que se trasluce el recuerdo de la forma tradicional.

y a su vista todos callan.
Alguna lágrima lenta
por el rostro les resbala...
Allí dejarán Castilla,
allí dejarán la patria.
Marchan lejos y no saben
si volverán a pisarla.
—El Arlanzón rumoroso
parece que se quejara...—
Pero es tan sólo un momento,
que a las gentes castellanas
la pena del infortunio
el ánimo no acobarda.
Una canción arrogante
de los sus pechos escapa,
en sollozo se convierte
al pasar por la garganta,
y vibra en la noche quieta...

Y a la voz autoritaria
—temblorosa—del cabdillo,
se organiza la mesnada...

* * *

Pero Rodrigo a los suyos
deja que marchen... Y para
su caballo.
            Posa triste
en la ciudad su mirada,
Santa María se sale
por cima de la muralla...
A su vista, reverente
Mío Cid se santiguaba.
—«Gracias, Dios, que justiciero
sobre cielo y tierra mandas.
Gloriosa Santa María,
que tus virtudes me valgan.
Hoy me marcho de Castilla,
quizá por siempre me vaya...
Valedme, Señora mía,
y bendecid mis hazañas.

Yo haré que en vuestros altares
mil misas sean cantadas.»

* * *

En los ojos de Rodrigo
brilla profunda una lágrima.

Ya lejos van los vasallos,
que sus canciones se apagan...
Mío Cid sobre Babieca
a poco les alcanzaba...

* * *

Ya se apagan los luceros
y alegres los gallos cantan...
A San Pedro de Cardeña
llegarán con la alborada...

XIII

José M.ª de Mena

EL TESTAMENTO DEL CID[327]

«Fijosdalgo y escuderos
de mi casa y mi solar;
los que os armáis con mis armas,
los que coméis de mi pan.
Hombres buenos de Castilla,
pinariegas del pinar,
labrantines que labráis
las tierras de pan llevar.
Ricoshombres e infanzones
de nobleza principal,
los que non pecháis en Burgos
por ser horros de pechar:
Sintiéndome ya en el cabo
desta vida terrenal,
otorgo mi testamento
yo, di Cid Ruy Díaz de Vivar,
ante escribano del rey
y con mi razón cabal.
    El alma encomiendo a Dios
como a señor natural.
Más poderoso heredero
non lo pudiera encontrar.
Que El reciba la mi manda
y le dé asiento en su lar.
Non le pido por justicia,

---

[327] El poeta burgalés José María de Mena, en su libro *Riberas del Arlanzón*, publicado por el Ayuntamiento de Burgos, en 1946, incluye un bello romance glosando el tradicional sobre el testamento del Cid, cuya gracia antigua sabe recoger el modesto romance.

Aún cabría señalar la aportación poética en lengua valenciana, representada en un poema titulado *Homenaje de Valencia al Cid*, compuesto por cuatro romances escrito por Antonio de Cidón, publicado en Valencia, 1922.

mas lo espero por piedad,
pues el alma, por ser alma,
a tanto puede llegar.
Mando mi cuerpo a la tierra,
porque es tierra nada más.
Que por mortaja le pongan
de paño burdo un sayal,
y que me gasten en misas
lo que hubieren de gastar
en mármoles repujados
que ningún provecho dan.
    ÍTEM MAS, al rey Alfonso,
porque pueda acrecentar
este reino de Castilla,
le mando otro reino igual:
el de la rica Valencia
que baña el agua del mar.
Non lo hube de mis padres
ni como dote al casar,
ni lo gané en las tabernas
con los naipes de jugar,
que lo gané con mis lanzas
en valiente batallar,
cuando el mismo rey Alfonso
me mandara desterrar.
Así le pago el destierro,
dándole un bien por un mal,
que así muestra un castellano
si es traidor o si es leal.
ÍTEM, mando a mi mujer
y a mis hijas mi caudal,
que den su parte a los pobres
con largueza y caridad.
A la hermandad de San Lázaro
lego el prado de Vivar,
y a San Pedro de Cardeña,
donde me habrán de enterrar,
mando el pago de Castrillo
y un molino en San Millán.
Mis caballos y mis armas
que se den a cada cual
de mis claros infanzones,

que bien sé me han de llorar.
Ah, mis buenos caballeros,
cómo me duele el dejar
vuestra lucida compaña,
noble como la que más.
Hueste que ni el Santo Apóstol
mejor la pudo soñar.
Por vuestro brazo y mi brazo
Castilla creció hasta el mar;
que no se pierda este suelo,
que tanto costó ganar.
Decidle al rey don Alfonso
que está lejos él final,
que no desmaye su celo,
pues falta lo principal.
Nació Castilla la Nueva
con Toledo y Ciudad Real,
pero aún hay en las Españas
más Castillas que alumbrar.
Decidle que en estas tierras
que acabamos de ganar
al moro con nuestra sangre,
hay que volver a sembrar,
porque no sean campos yermos
donde sólo el galopar
de los corceles de guerra
deje su huella al pasar.
Decidle que junte bajo
el solo poder real
todas las villas y pueblos
que hoy tributan al feudal.
Para que el reino prospere,
que aprendan a comerciar
los pecheros castellanos,
que hoy sólo saben luchar.
Y así, cuando sea Castilla
un pueblo fuerte en la paz,
que multiplique sus hijos
y sus arados al par;
Cuando de los otros reinos
vengan los sabios acá
y entren en nuestras escuelas

a aprender, que no a enseñar,
entonces podrá Castilla
ir pensando en descansar.
Decidle al rey lo que he dicho,
que es mi consejo leal,
y porque me estoy muriendo
lo estimará en lo que val.
    Decid también al Concejo
que gobierna la ciudad,
que mi cargo dé justicia
no quede sin ocupar,
para que no mengüe el duelo
lo que es de ley sustentar.
Que lo mesmo que hasta ahora,
cumple y cele cada cual
y que al que no cele y cumpla
le quiten de gobernar,
pues al que yo lo nombrara
no excusa de bien celar,
antes el ser mi allegado
reclama y obliga más.
Y en esto no haya excepciones,
que es causa de mucho mal,
y doy por bien cualquier fuerza,
pues que yo la hiciera igual.
    Para formar el Concejo
gente derecha buscad,
que no sea de pocos años,
porque el vino y el refrán,
y el gobernante y el libro
van ganando con la edad.
Pero cuidad que tampoco
se peque en esto de más,
pues las reliquias son buenas
sólo para en el altar,
y no siempre por ser viejo
aprende el hombre a mandar,
que al que Dios no le da seso
los años no se lo dan.
    Antes de elegir alguno,
muy despacio lo mirad;
que en pocas cosas como ésta

es tan fácil el errar.
Cuidad que su casa sea
de buen gobierno ejemplar,
pues no rige bien un pueblo
quien rige una casa mal.

Si alguna vez de consejo
hubiereis necesidad,
tomadlo a todos por junto
y a nadie en particular,
porque el interés de uno
no dañe al bien comunal.

Lleve el alcalde su vara
y no la suelte jamás,
porque no pierda memoria
que ha de ser su voluntad
recta, sin torcerse a halagos
ni a amenazas por igual,
y recia, porque sin fuerza
no cabe juez imparcial.
Estos avisos os dejo;
más os quisiera dejar.
Tomad el que fuera bueno
y el que no, lo desechad,
que no he de pediros cuentas,
pues las estoy dando ya.

Nombro par mis albaceas
a mi buen sobrino Alvar,
al noble obispa don Lope
y a don Martín de Gormaz.

Así lo otorgo; yo, el Cid
Ruy Díaz de Vivar.

APÉNDICE V

EL TEMA DEL CID
EN LA LITERATURA FRANCESA

(SIGLOS XVII-XIX)

I

PIERRE CORNEILLE

(1606-1684)

EL CID[328]

(1636)

ACTO PRIMERO

ESCENA QUINTA

DON DIEGO, DON RODRIGO.

DON DIEGO.—Rodrigo, ¿posees tú valor?
DON RODRIGO.—Cualquiera otro que no fuese mi padre ahora mismo lo comprobaría.

---

[328] La figura literaria del Cid, llevada definitivamente a la escena, en el XVII, por Guillén de Castro en su drama *Las mocedades del Cid* alcanzó tal difusión en todas las literaturas europeas, que el más genial trágico francés, Pierre Corneille, hizo de él una adaptación libre, logrando su mejor tragedia, que representa el punto culminante de la literatura francesa del «Gran siglo». La obra se representó en 1636 y ha quedado como obra clásica del teatro francés de todos los tiempos. Vertida a todos los idiomas, alcanzó fama universal. Se tradujo al español varias veces en el siglo XIX, una por Marcial Busquets, y en la actualidad existen nuevas traducciones publicadas en España y América. Recogemos aquí unas escenas, las más culminantes, de esta perfecta obra del teatro francés clásico.

DON DIEGO.—¡Cólera bienechora! ¡Altivo sentimiento tan grato a mi dolor! Reconozco mi sangre en tu noble ira; mi juventud revive. Ven, hijo mío; ven, mi sangre, a reparar mi infamia. Ven a vengarme.

DON RODRIGO.—¿De qué?

DON DIEGO.—De una afrenta tan cruel que ha dado un golpe mortal al honor de los dos: de una bofetada. El insolente hubiera perdido la vida; mas mi edad ha traicionado mi noble impulso, y esta espada, que ya no puede sostener mi brazo, te la entrego a ti para la venganza y el castigo. Ve a dar pruebas de tu valor contra el insolente: tal ultraje sólo con sangre puede ser lavado; muere o mata. Para no engañarte, te llevo a combatir contra un hombre temible: yo le he visto, cubierto de polvo y de sangre, infundir temor a todo un ejército. Y para decirte más aún, más que soldado valiente, más que gran capitán, es...

DON RODRIGO.—Concluid, por favor.

DON DIEGO.—El padre de Jimena.

DON RODRIGO.—El...

DON DIEGO.—No me repliques, conozco tu amor; mas quien pueda vivir en la deshonra es indigno de vivir. Cuanto más querido es el ofensor, más grande resulta la infamia. Ya conoces la afrenta, a ti te corresponde la venganza: no te digo más. Véngame y véngate; muestra que eres el hijo digno de un padre como yo.

ESCENA SEXTA

DON RODRIGO.

DON RODRIGO.—Herido hasta el fondo del corazón por un ataque tan inesperado como mortal, vengador digno, de piedad en causa tan justa, y objeto desventurado de un rigor inmerecido. Tan cerca de conseguir la recompensa a mi amor, ¡oh, Dios, qué penoso deber! ¡En esta afrenta mi padre es el ofendido y el ofensor el padre de Jimena! Contra mi propia honra mi amor toma partido: es necesario vengar a un padre, y perder a una mujer a la que se ama: el uno me incita y la otra detiene mi brazo. Reducido a la triste elección de traicionar mi amor o de vivir en la infamia, por ambas partes mi daño es infinito. Padre, mujer querida, honra, amor, penoso y noble deber, dulce tiranía, todas mis venturas morirán o habrá de decaer mi reputación. El uno me hace desgraciado, la otra indigno. Esperanza cruel y querida de un alma noble y, a la vez, enamorada; digno enemigo de mi mayor ventura, hierro que engendras mi pesar, ¿me has sido dado para vengar mi honor, me has sido dado para perder a Jimena? Tanto debo a mi amada como a mi padre: al vengarme me hago reo a la vez de su rencor y de su odio; atraeré su desprecio si no lo hago. Mi dolor aumenta cuando trato de aliviarlo; todo redobla mi embarazo. Vayamos, alma mía, y puesto que es preciso morir, muramos sin ofender a Jimena. ¡Morir sin vengarme! ¡Ir en busca de una muerte tan fatal a mi reputación! ¡Respeta un amor del que la turbación de mi alma ve la pérdida segura! No escuchemos mas este pensamiento engañoso y que no sirve sino para embarazarme. Vamos, salvemos mi honor, puesto que de todos modos perderé a Jimena. Sí, estoy decidido. Le debo todo a mi padre antes que a mi amada. Que muera en el combate, o que muera de tristeza, dejaré mi sangre tan limpia como la recibí. Empiezo a acusarme por demasiada negligencia: corramos a la venganza, y avergonzado por haber dudado tanto tiempo.

ACTO SEGUNDO

ESCENA SEGUNDA

EL CONDE, DON RODRIGO.

DON RODRIGO.—Dos palabras, Conde.

EL CONDE.—Habla.

DON RODRIGO.—¿Conoces bien a don Diego?

EL CONDE.—Sí.

DON RODRIGO.—Escucha. ¿Sabes que ese anciano fue la virtud misma, la bravura y el honor de su tiempo? ¿Lo sabes?

EL CONDE.—Tal vez.

DON RODRIGO.—¿Sabes que este brillo que llevo en mis ojos procede de su sangre?

EL CONDE.—¿Y qué me importa a mí?

DON RODRIGO.—A cuatro pasos de aquí lo puedes saber.

EL CONDE.—¡Joven presuntuoso!

DON RODRIGO.—Soy joven, ciertamente; mas en los bien nacidos el valor no aguarda a los años.

EL CONDE.—¡Medirte conmigo! ¿Quién ha dado tanta osadía a quien nadie ha visto aún con las armas en la mano?

DON RODRIGO.—Los míos no esperan dos ocasiones para darse a conocer, y sus intentos solos valen como, grandes acciones.

EL CONDE.—¿Sabes quién soy?

DON RODRIGO.—Sí; otro cualquiera, al eco de tu nombre temblaría. Me enfrento temerariamente con tu brazo, vencedor siempre; mas tendré fuerzas bastantes, pues dispongo del coraje necesario. Nada es imposible para quien venga a su padre. Tu brazo, será invicto, pero no es invencible.

EL CONDE.—La bravura que se muestra en tus palabras ya la descubrieron a diario, sobre tus ojos los míos; y creyendo contemplar en ti el honor castellano, de buen grado te entregaba a mi hija. Conozco tu pasión y estoy maravillado viendo que todos tus sentimientos ceden ante tu deber, que no han disminuido esa generosa bravura, que responde tu nobleza a la estima que de ella hice y que, deseando para yerno a un caballero, no me engañaba en mi elección; mas empiezo a notar que mi compasión me pone de tu parte. Admiro tu valor y lamento que tu juventud trate de conducirte a un intento fatal. Ahorra un combate demasiado ventajoso paira mí; semejante victoria me reportaría muy poco honor; venciendo sin peligro no se triunfa ¡gloriosamente. Siempre se te creería derrotado sin esfuerzo y yo sólo podría lamentar tu muerte.

DON RODRIGO.—Indigna compasión ha seguido a tu audacia. Quien se atreve a despojarme de mi honor, ¿puede temer arrebatarme la vida?

EL CONDE.—Retírate.

DON RODRIGO.—Marchemos, pues.

EL CONDE.—¿Tan cansado estás de la vida?

DON RODRIGO.—¿Sientes temor de morir?

EL CONDE.—Ven; con tu deber cumples. Es un degenerado el hijo que sobrevive un solo momento al deshonor del padre.

A C T O   T E R C E R O

ESCENA PRIMERA

DON RODRIGO, ELVIRA.

ELVIRA.—¿Qué es lo que has hecho, Rodrigo? ¿Adónde vienes, miserable?

DON RODRIGO.—A seguir el triste camino de mi infausta suerte.

ELVIRA.—¿Cómo puede llevarte tu audacia y tu redoblado orgullo a comparecer en los lugares que has cubierto de luto? ¿Cómo? ¿Hasta aquí llagas a desafiar la sombra del Conde?

DON RODRIGO.—Su vida era mi vergüenza: mi honor ha requerido de mi mano este esfuerzo.

ELVIRA.—¡Buscar tu asilo en la casa del muerto!

DON RODRIGO.—No vengo más que a ofrecerme a mi juez. No me mires más con rostro de terror; busco la muerte después de haberla causado. Mi juez es mi mismo amor, mi juez es mi Jimena: merezco la muerte al merecer su odio, y no vengo más que a recibir como bien supremo tanto la sentencia de su boca como la muerte de sus manos.

ELVIRA.—Más vale que huyas de su vista y de su irritación; hurta tu presencia a sus primeros arrebatos: ve, no te expongas a los primeros impulsos que promueva el ardor de sus resentimientos.

DON RODRIGO.—No, no; ese ser querido al que pude irritar no pude tener en mi suplicio tanta cólera,

ELVIRA.—Jimena se encuentra en palacio, en lágrimas bañada, y no regresará sino en compañía de otras muchas personas. Rodrigo, huye, por favor: quítame este cuidado. ¿Qué se diría si se te viera aquí? ¿Deseas que algún maledicente, para colmo de sus desdichas, la acuse de soportar al asesino de su padre? Al menos, por su honra, Rodrigo, escóndete.

ESCENA TERCERA

JIMENA, ELVIRA.

JIMENA.—Puedo dar libre curso a mis tristes gemidos; puedo abrirte mi alma y mostrarte todos mis pesares. Ha muerto mi padre, Elvira, y la primera espada con que se armó Rodrigo ha sido la que ha cortado el hilo de su existencia. ¡Llorad, llorad, mis ojos, y deshaceos en llanto! La mitad de mi vida ha llevado al sepulcro la otra mitad, y me obligo a vengarme, tras este golpe funesto, de la que ya no poseo con la que aún me queda.

ELVIRA.—Sosegaos, señora.

JIMENA.—¡Ah, cuán inoportunamente hablas de sosiego en tan gran infortunio! ¿Cómo podrá calmarse nunca mi dolor si no puedo odiar a la mano que lo produjo? ¿Y qué puedo esperar, sino eterno tormento, amando al criminal cuando persigo un crimen?

ELVIRA.—¡Os priva de vuestro padre y le amáis aún!

JIMENA.—Amarle es decir poco, Elvira: le adoro; mi pasión se opone a mi resentimiento; dentro de mi enemigo está mi amado, y siento cómo, a despecho de toda mi ira, Rodrigo combate aún a mi padre dentro de mi corazón: le ataca, le acorrala, cede, se defiende, ahora firme, débil después, triunfante por último; mas en ese duro combate de amor y de ira, destroza mí corazón sin adueñarse de mi voluntad, y aunque tenga algún poder su amor sobre mi alma, no titubeo en seguir mi obligación; acudo sin dudarlo donde mi amor me obliga. Amo a Rodrigo; mi corazón se pone de su parte, pero a pesar de sus esfuerzos sé quién soy y que mi padre ha muerto.

ELVIRA.—¿Pensáis perseguirle?

JIMENA.—¡Ah, pensamiento cruel y cruel persecución a la que me veo obligada! Reclamo su cabeza y temo conseguirla. ¡Mi muerte seguirá a la suya y quiero castigarle!

ELVIRA.—Abandonad, abandonad, señora, tan funesto designio; no os impongáis tan tiránica ley.

JIMENA.—¿Cómo? Mi padre muerto y casi entre mis brazos, ¿clamaría venganza su sangre y no la escucharía yo? ¿Podría sufrir que el amor le sobornase y que ahogara mi honor bajo un silencio vil?

ELVIRA.—Señora, creedme, se os excusaría porque fuera menor vuestro arrebato contra un pretendiente tan querido. Ya habéis hecho bastante; no forméis las consecuencias.

JIMENA.—Va en ello mi reputación; por mucho que nos seduzca un amoroso deseo, cualquier excusa es vergonzosa para los espíritus nobles.

ELVIRA.—Mas vos amáis a Rodrigo, él no puede contrariaros.

JIMENA.—Lo confieso.

ELVIRA.—¿Qué pensáis hacer, por tanto?

JIMENA.—Para conservar mi honra, perseguirle, perderle, y morir después que él.

ESCENA CUARTA

DON RODRIGO, JIMENA, ELVIRA.

DON RODRIGO.—¡Pues bien!, sin tomaros el trabajo de perseguirme, estad segura del honor de quitarme la vida.

JIMENA.—Elvira, ¿dónde estamos, qué es lo que veo? ¡Rodrigo en mi casa!

DON RODRIGO.—No regatees mi sangre: goza, sin resistencia, el placer de mi muerte y de tu venganza.

JIMENA—¡Ay!

DON RODRIGO.—Escúchame.

JIMENA.—Muero.

DON RODRIGO.—Cuatro palabras tan sólo; no me respondas después sino con esta espada.

JIMENA.—¡Cómo, teñida aún con sangre de mi padre!

DON RODRIGO.—Jimena mía..., más vale que lo contemples, para excitar tus iras, para que tu cólera aumente y se apresure mi castigo.

JIMENA.—Está teñida con mi sangre.

DON RODRIGO.—Húndela en la mía y haz que así se confundan las dos.

JIMENA.—¡Ah, qué crueldad, que mata en un mismo día al padre con el hierro y a la hija con la mirada! Aparta ese objeto de mi vista, no puedo sufrirlo.

DON RODRIGO.—Haré lo que deseas, pero sin dejar de querer que concluya por tu mano mi triste vida. La consecuencia irreparable de un fogoso arrebato, deshonró a mi padre y me cubrió de vergüenza. Tú sabes cuánto hiere una bofetada a un hombre valeroso; busqué al autor: le hallé y he vengado a mi padre y a mí honor; lo haría de nuevo si fuera preciso No ha sido sin que por largo tiempo, contra mi padre y contra mi mismo, mi amor combatiese por ti; juzga de su poder: en tal ofensa he podido deliberar acerca de si cumpliría mi venganza. Tu belleza, sin duda, hubiera hecho que se inclinase a tu favor el platillo de la balanza, a no haber opuesto que un hombre sin honor no podía merecerte; que a pesar de cuanto significaba para ti, quien me amaba noble, me odiaría vil; que hacer caso del amor que siento por ti, obedecer a sus mandatos, era hacerme indigno y deshonrar tu elección. Te lo vuelvo a repetir, y aunque lo lamente, hasta mi último instante lo repetiré: te he hecho una ofensa y debí llevarla a cabo para borrar mi deshonra y para merecerte; mas en paz con mi honor y en paz con mi padre, ahora es a ti a quien vengo a dar satisfacción. Hice lo que debí y hago lo que debo. Sé que la muerte de un padre te arma contra mi delito; no he querido hurtarte tu víctima: inmola con valor a la sangre derramada a aquél que se gloría por haberla vertido.

JIMENA.—¡Ah, Rodrigo, es cierto! Aunque sea tu enemiga no puedo condenarte por haber evitado la afrenta, y aunque el dolor me invada, no te acoso, lloro mis desdichas. Sé de qué modo, después de tal ultraje, el honor reclamaba el generoso impulso de un corazón noble: tú no, has hecho más que cumplir con la obligación de un hombre de bien; pero también, al hacerlo, me has enseñado la mía. Lo mismo me toca a mí y, para afligirme, yo debo sostener la mía y vengar a mi padre. ¡Ah, por amarte me desespero! Si otra, cualquier desdicha me hubiera arrebatado a mi padre, en el placer de verte mi alma, hubiera recibido su única, alegría,; contra mi dolor me hubiera sentido dichosa cuando una mano tan querida enjugase mis lágrimas; mas debo perderte, después de haberle perdido a él. Así lo exige mi honra de mi amor, y este terrible deber, cuyo mandato ha de matarme, me obliga a mí misma a labrar tu ruina Al ofenderme, tú te has mostrado digno de mí; yo debo mostrarme digna de ti por tu muerte.

DON RODRIGO.—No retrases, pues, lo que el honor te ordena; él reclama mi cabeza y yo la dejo en tus manos. Sacrifícala por esta noble causa; la muerte me será tan dulce como la sentencia. Dichoso moriré con tan hermosa muerte.

JIMENA.—Vete, soy tu rival y no tu verdugo No me ofrezcas tu cabeza. Yo la tengo que atacar, tú la debes defender; de otro, que no de ti, es de quien necesito obtenerla, pues debo perseguirte, pero no castigarte.

DON RODRIGO.—Por mucho que de mi parte te ponga nuestro amor, tu nobleza debe responder a la mía. Mi mano sola ha sabido vengar la ofensa de mi padre, sólo la tuya tiene derecho a tomar venganza por el tuyo

JIMENA.—¡Cruel!, ¿por qué te obstinas en ello? ¿Tú te vengaste sin ayuda y quieres, en cambio, proporcionármela a mí! Seguiré tu ejemplo. Tengo el valor suficiente para permitir que mí reputación comparta la tuya. Mí honor y mí padre no quieren deber nada ni a los testimonios de tu amor ni a los de tu desesperación.

DON RODRIGO.—¡Riguroso punto de honor! En el nombre de un padre muerto, o de nuestro, amor, castígame por venganza o, al menos, por piedad. Menos penoso será para tu desventurado amante morir a tus manos que vivir con tu odio.

JIMENA.—Vete, no te odio.

DON RODRIGO.—Debes odiarme

JIMENA.—No puedo.

DON RODRIGO.—Cuando se conozca mi crimen y que me amas aún, ¡qué no publicarán la impostara y la envidia! Fuérzalas al silencio y, sin pensarlo más, pon a salvo tu fama haciéndome morir.

JIMENA.—Será mayor aún dejándote vivir. Quiero que la voz de la más negra envidia la eleve hasta el cielo y lamente mis pesares, sabiendo que te adoro y que, sin embargo, te persigo. Vete, no muestres más a mi extremado dolor lo que es. En las sombras de la noche oculta tu salida; si se te viera, correría peligros mi honor.

DON RODRIGO —¡Muero!

JIMENA.—Vete.

DON RODRIGO.—¿Qué es lo que resuelves?

JIMENA.—A pesar de cuanto turba mi cólera haré cuanto me sea posible para dejar bien vengado a mi padre; mas, no obstante el rigor de un deber tan penoso, mi único deseo es no conseguir nada.

DON RODRIGO.—¡Oh, milagro de amor!

JIMENA.—¡Oh, colmo de desdichas!

DON RODRIGO.—¡Cuántos males y cuántas lágrimas nos costarán nuestros padres!

JIMENA.—¿Quién lo hubiera creído, Rodrigo?

DON RODRIGO.—¿Quién habría de decirlo, Jimena?

JIMENA.—Que tan cercana se hallase nuestra hora y que tan de pronto se malograse.

DON RODRIGO.—¡Ah, inútiles lamentos!

JIMENA.—Márchate, una vez mas, no quiero volver a escucharte.

DON RODRIGO.—¡Adiós! Arrastraré un vivir agonizante hasta que no me vea despojado de él por tu persecución.

JIMENA.—Si lo consigo, te doy mi promesa de no respirar ni un solo momento después que tú.

ELVIRA.—Señora, sean cualesquiera los males que el cielo nos envíe...

JIMENA.—No me importunes más, déjame gemir; busco el silencio y la noche para llorar.

ESCENA SEXTA

DON DIEGO, DON RODRIGO.

DON DIEGO.—¡Rodrigo, el cielo permite al fin que pueda verte!

DON RODRIGO.—¡Ay!

DON DIEGO.—No mezcles ningún lamento a mi alegría. Déjame tomar aliento para alabarte. Mi nobleza no puede negarte en modo alguno; bien ha sabido imitarla, y tu atrevido arrojo hace que revivan en ti los héroes de mi raza. El primer golpe de tu espada iguala a todos los míos, y animada tu juventud por tan ardiente impulso, tras esta prueba alcanza ya a mi renombre. Apoyo de mi vejez y colmo de mi ventura, toca estos blancos cabellos a los que devuelves el honor; ven a besar esta mejilla y reconoce el lugar donde fue impresa la afrenta que tu bravura borró.

DON RODRIGO.—Os ha sido devuelto el honor: no podía hacer menos yo, procediendo de vuestra cuna y habiendo sido educado por vuestros desvelos. Me tengo por muy dichoso, y estoy contento de que mi primera acción satisfaga a quien le debo la vida; mas no os sepa mal, en medio de vuestras alegrías. Permitid que estalle mi desesperación libremente; demasiado intentaron dulcificarla vuestras palabras. No me arrepiento en modo alguno de haberos servido; mas devolvedme el bien que al hacerlo me ha sido arrebatado. Nada más digáis ya. Todo lo he perdido por vos: cuanto os debía bien os lo he devuelto.

DON DIEGO.—Conduce, lleva a más alto el fruto de tu victoria: te he dado la vida y tú une devuelves mi honor, y pues éste me es más querido que la luz del día, tanto más desde ahora deberé devolvértelo. Mas aparta esas flaquezas de un corazón magnánimo; honra no hay más que una, ¡mujeres hay tantas! El amor es sólo un juego, el honor es un deber.

DON RODRIGO.—¡Ah! ¿Qué es lo que me decís?

DON DIEGO.—Lo que es necesario que sepas.

DON RODRIGO.—La ofensa a mi honor se venga sobre mí mismo, ¡y vos me incitáis a la vileza de la inconstancia! No agraviéis mi fidelidad; soportadme generoso sin hacerme perjuro: mis ligaduras son demasiado fuertes para que se puedan romper de ese modo; la muerte que deseo es mi más dulce castigo

DON DIEGO.—No es tiempo aún de buscar la muerte: tu Rey y tu patria necesitan de tu brazo. La flota que se temía ha entrado en el Guadalquivir creyendo sorprender a la ciudad y poder saquear la comarca. Los moros van a descender, y la marea y la oscuridad en una hora les harán presentarse sin ruido ante nuestras murallas. Se halla agitada la Corte y el pueblo lleno de alarma. En medio de la turbación general mi suerte ha permitido de mis amigos que, conociendo mi afrenta, se venían a ofrecer para vengarme. Tú te has anticipado a ellos; mas su bravura se templará mejor en la sangre de los africanos. Marcha a su cabeza adonde el honor te reclame: es a ti al que solicita por jefe tan noble partida. Ve a sostener el ataque de nuestros eternos enemigos. Allí, si es que quieres morir, puedes hallar una hermosa muerte; aprovecha la ocasión puesto que ésta se te ofrece; haz que deba tu Rey su salvación a tu pérdida; mas vuelve, mejor, coronado con los laureles de la victoria. No reduzcas tu fama a vengar una afrenta; lleva aquélla más lejos: obliga por tu valentía a que el Rey te perdone y a que Jimena calle; si la amas, volver con el triunfo es el único medio que te queda para reconquistar su corazón. Mas el tiempo es demasiado precioso. Te detengo con mis discursos y quiero que corras. Ven, sígueme, ve a combatir y a demostrar al Rey que lo que ha perdido en el Conde lo recobra en ti.

ACTO CUARTO

ESCENA TERCERA

DON FERNANDO, DON DIEGO, DON ARIAS, DON RODRIGO, DON SANCHO.

DON FERNANDO.—Noble heredero de una familia que fue siempre la gloria y el apoyo de Castilla, descendiente de tantos antepasados famosos por su valor y al que las primeras muestras del tuyo han igualado: para recompensarte es pequeño mi poder. El librar a la nación de tan rudo enemigo, afirmar el cetro en mi mano y deshacer a los moros antes de que en el riesgo en que nos ponían yo pudiera dar orden para rechazar sus armas, no son hazañas que permitan a tu rey la posibilidad de pagarte. Dos reyes por ti cautivos. Los dos te han dado el nombre de su *Cid* en mi presencia; puesto que *Cid* en su idioma vale tanto como señor, yo no te privaré de ese nombre que te honra. Sé en adelante el *Cid*; que todo ceda ante ese gran nombre; que llene de terror a Granada y a Toledo, y que indique a todos cuantos viven bajo mis leyes todo lo que vales y todo lo que te debo

DON RODRIGO.—Que Vuestra Majestad, señor, disculpe mi modestia. Concede demasiada importancia a tan flaco servicio y me obliga a enrojecer ante tan gran rey por merecer tan poco el honor que recibo. Demasiado sé cuánto es lo que debo a vuestro imperio, a la sangre que me anima y al aire que respiro. Si los pierdo, no haré más que cumplir con la obligación de un súbdito.

DON FERNANDO.—Cuantos esa misma obligación impulsa a mi servicio no cumplen con el mismo arrojo, y cuando el valor no llega hasta el exceso, no arriba a tan extraordinarios triunfos. Acepta, pues, que se te ensalce, y refiéreme el suceso de esta victoria.

DON RODRIGO.—Señor, supisteis que en el riesgo apremiante que condujo a la ciudad a tan grave temor, un grupo de amigos que se reunieron en casa de mi padre impulsó mi ánimo, turbado todavía... Mas, señor, perdonad mi osadía si me atreví a emplearla sin vuestra autoridad: se acercaba el peligro; su grupo estaba preparado; arriesgué mi cabeza; mas si era necesario perderla, prefería hallar la muerte combatiendo por vos.

DON FERNANDO.—Disculpo tu apresuramiento en vengar la afrenta, y la defensa que tú has hecho del Reino me habla en tu favor. En adelante, no podré escuchar a Jimena más que para consolarla.

DON RODRIGO.—Bajo mis órdenes, pues, se adelanta esta partida, mostrándose en la frente de todos una viril firmeza. Salimos quinientos, mas pronto recibimos refuerzos, y éramos tres mil cuando llegamos al muelle. ¡Tanto era el valor que recobraban los más temerosos viéndonos avanzar de esta manera! Escondí las dos terceras partes tan pronto como llegamos, en el fondo de los navíos que fueron hallados al punto; el resto, cuyo número aumentaba a cada momento, ardiendo en impaciencia, permanece a mi alrededor, se oculta contra el suelo y, sin hacer ningún ruido, pasó así gran parte de la noche. Por orden mía la guardia hace lo mismo y, manteniéndose oculta, colabora con mi estratagema. Fingí osadamente haber recibido de vos la orden que se me veía obedecer y que yo di a todos. La indecisa claridad que desciende de las estrellas nos permite ver, al cabo, con la marea, treinta navíos, las olas se hinchan bajo ellos, y en un esfuerzo común los moros y el mar suben hasta el puerto. Se les deja pasar; todo les parece tranquilo. Nuestro profundo silencio, engañándoles, hace que no se atrevan a dudar de habernos sorprendido; se acercan sin temor, echan el ancla, descienden y corren a entregarse a las manos que les esperan. Nos levantamos, y todos al mismo tiempo elevamos hasta el cielo mil gritos resonantes. Los nuestros, a esos gritos, responden desde nuestros navíos; los moros se llenan de confusión, el pánico les domina; antes de empezar a combatir se consideran perdidos. Corrían al pillaje y encuentran las armas; les abatimos sobre el mar, y hacemos correr ríos de sangre. Pero pronto, a pesar de nuestros esfuerzos, sus príncipes les reúnen; renace su valor y sus terrores se olvidan; la vergüenza de morir sin haber combatido contiene su desorden y les devuelve el coraje. Contra nosotros, a pie firme, blanden sus cimitarras, hacen una horrible confusión entre su sangre y la nuestra y la tierra, el río, su flota y el muelle son campos de batalla donde triunfa la muerte. ¡Oh, cuántas acciones, cuán grandes hazañas han quedado sin gloria en medio de las tinieblas, donde cada uno, testigo solamente de los grandes golpes dados por él, no podía discernir hacia qué parte se inclinaba la suerte! Yo acudía a todas para envalentonar a los nuestros, señalar su sitio a los que acudían, impulsarles a su vez; pero tampoco pude saberlo hasta romper el alba. Mas, al cabo, su claridad pone de relieve nuestra ventaja: el moro ve su derrota y pierde en seguida el valor, y viendo la llegada de un refuerzo que acude a nuestro socorro, el entusiasmo de vencer cede ante el temor de morir. Ganan sus navíos, cortan las amarras, lanzan gritos horribles, se retiran en tumulto, no parando mientes en si sus reyes pueden retirarse. La marea les trajo, y la marea se los lleva, mientras sus reyes, que se han lanzado en medio de nosotros, y algunos más, acribillados de heridas disputan bravamente sus vidas vendiéndolas caras. Inútilmente les invito yo mismo a rendirse: con la cimitarra en la mano no me escuchan; mas viendo caer a sus pies a todos sus soldados, y que solos ya, en vano se defienden, preguntan por el jefe: doy mi nombre, se rinden. Juntos os lo envié a un tiempo mismo, y el combate cesó por falta de combatientes.

ESCENA CUARTA

DON FERNANDO, DON DIEGO, DON RODRIGO, DON ARIAS, DON ALONSO, DON SANCHO.

DON ALONSO.—Señor, Jimena viene a pediros justicia.
DON FERNANDO.—¡Qué aviso enojoso y qué deber importuno! Vete. Por todo agradecimiento me es preciso hacerte marchar; mas antes de que salgas, ven, tu rey quiere abrazarte.
DON DIEGO.—Jimena le persigue, y quisiera salvarle.
DON FERNANDO.—Me han dicho que la ama y voy a probarlo.

ACTO QUINTO

ESCENA PRIMERA

DON RODRIGO, JIMENA.

JIMENA.—¡Ah, Rodrigo, en pleno día! ¿Cómo tienes tanta audacia? Vete, me faltas al respeto.

DON RODRIGO.—Voy a morir, señora, y acudo aquí, antes de que tal suceda, a daros[329] mi último adiós: el amor inquebrantable que me impulsa a serviros no se atreve a aceptar mi muerte sin antes rendiros homenaje.

JIMENA.—¡Vas a morir!

DON RODRIGO.—Corro hacia esos venturosos instantes que entregarán mi vida a vuestros resentimientos.

JIMENA.—¡Vas a morir! ¿Es tan temible don Sancho que pueda infundirte temor? ¿Quién te ha vuelto tan débil, o quién le ha hecho tan fuerte a él? ¡Va a combatir Rodrigo y se cree muerto ya! ¡Va a combatir a don Sancho y ya desespera!

DON RODRIGO.—Acudo al suplicio y no al combate; bien sabe la lealtad de mi amor quitarme el deseo, de defender mi vida cuando vos buscáis mi muerte. Mi bravura es siempre la misma, mas para nada quiero mi brazo cuando, hay que conservar lo que no queréis; ya esta noche me habría sido mortal si sólo para mí mismo hubiera combatido; mas defendiendo al Rey, a su pueblo y a mi patria, buscando mi muerte les hubiera traicionado. Mas ahora que se trata solamente do mi interés, vos reclamáis mi muerte y yo acepto la sentencia. Vuestra ira os hace elegir otra mano, pues yo no merezco morir por la vuestra. Es mayor el respeto que debo a quien por vos combate, y contento por saber que es de vos de quien proceden, le presentaré mi pecho al descubierto, adorando en su mano a la vuestra, que es la que me pierde.

JIMENA.—Si la justificada crueldad de un triste deber, que me hace a pesar mío perseguir tu bravura, tan dura ley prescribe a tu amor que te hace ir indefenso a quien por mí combate, no olvides por ello que en ese lance te juegas tanto tu vida como tu fama, y que por mucho que sea el renombre en que hayas vivido, cuando se te sepa muerto, se te creerá derrotado. Más querida que yo es para ti tu reputación, puesto que ella hizo que tus manos se mojaran en la sangre de mi padre, y puesto que te hace renunciar aún, a pesar de que me amas, a la más dulce esperanza de obtener mi posesión, veo, sin embargo, que haces tan poca cuenta de ella, que sin presentar combate quieres que te venzan. ¿Qué debilidad es la que hace que flaquee tu arrogancia? ¿Por qué no la tienes ya, o por qué la tuviste entonces? ¿Cómo es que sólo eres noble para ultrajarme? Si no se trata de ofenderme, ¿ya carece de entereza? Vete, sin desear morir; déjame que te persiga, y defienda tu honor, si es que ya no quieres vivir.

DON RODRIGO.— Después de la muerte del Conde y de la derrota de los moros, ¿necesitaría de otras pruebas mi fama? Bien pude ésta desdeñar

---

[329] Rodrigo deja de tutear a Jimena. (Nota del traductor.)

el cuidado de defenderme: se sabe que mi bravura es capaz de emprenderlo todo, de alcanzarlo todo, y que bajo la capa del cielo nada me es tan precioso como mi honor. No, no; en ese combate, sea cuanto fuere lo que queráis creer, Rodrigo puede morir sin arriesgar su fama. Se dirá tan sólo: «Adoraba a Jimena. No ha querido vivir y merecer su odio. Cedió por propio impulso ante el rigor del destino que quiso que su amada persiguiera su muerte: ella reclamaba su cabeza, y su magnánimo corazón creería cometer un delito si se le hubiera negado. Para vengar su honra perdió su amor, para vengar a su amada puso fin a sus días, prefiriendo, pese a cualquier esperanza que pudiera abrigar, su honra a Jimena, y Jimena a su vida.» Así, pues, contemplaréis mi muerte en esa lid, lejos de oscurecer mi fama, realzando su esplendor, y ella sobrevivirá a mi voluntaria muerte, con la que otro alguno no os hubiera conseguido satisfacer.

JIMENA.— Puesto que para impedirte correr hacia la muerte, tu fama y tu vida pueden tan poco, si alguna vez me has amado, Rodrigo, defiéndete por ello ahora para hurtarme a don Sancho. Combate para libertarme de una condición que me pone en manos de aquel que es objeto de mi repulsa. ¿Te diré más aún? Ve, piensa en defenderte, para triunfar sobre mi deber, para imponerme silencio, y si sientes todavía algún amor hacia mí, sal vencedor de un combate del que Jimena constituye el premio.

DON RODRIGO.—¿Existe algún enemigo al que yo no pueda avasallar ahora? Compareced, navarros, castellanos y moros, y todos cuantos valientes España ha criado; uníos todos y formad un ejército para combatir a una mano que tal impulso recibe. Juntad vuestros esfuerzos contra tan dulce esperanza.

ESCENA SÉPTIMA

DON FERNANDO, DON DIEGO, DON ARIAS, DON RODRIGO, DON ALONSO, DON SANCHO, LA INFANTA, JIMENA, LEONOR, ELVIRA.

LA INFANTA.— Seca tus lágrimas, Jimena, y sin tristeza recibe de mis manos al magnánimo vencedor.

DON RODRIGO.—No os ofendáis, señor, si ante vuestra presencia un amoroso respeto me arrodilla a sus pies. No vengo aquí a reclamar mi conquista: vengo una vez más a traeros mí vida, señora; mi amor no ha de hacer uso ni de las leyes del torneo ni de la voluntad del Rey. Si todo es poco aún por vuestro padre, decidme con qué medios le debéis satisfacer. ¿Es preciso combatir aún a mil y mil rivales, extender mis hazañas hasta los confines de la tierra, hacer huir a un ejército, sobrepasar la fama de los héroes fabulosos? Si con ello puede al fin lavarse mi crimen; mas si ese honor altivo, inexorable siempre, no se puede apaciguar sin la muerte del reo, no arméis más contra mí el poder de los humanos; mi cabeza so halla a vuestras plantas, vengaos por vos misma; tomad una venganza que sólo vos podéis realizar. Pero que, al menos, mi muerte sea bastante para castigarme: no me rechacéis de vuestro pensamiento, y puesto que con ella se mantiene vuestra reputación, conservad mi recuerdo en desquite y decid alguna vez, deplorando mi suerte: «Si no me hubiera amado no habría muerto.»

JIMENA.—Levántate, Rodrigo. Debo confesarlo, señor; demasiado he dicho ya para que pueda desmentirme. Rodrigo posee cualidades que yo no puedo odiar y cuando un rey ordena se le debe obedecer. Mas, aun cuando impongáis este esfuerzo a mi deber, ¿es que vuestra justicia puede consentirlo? Si tan necesario es Rodrigo a la nación, ¿debo ser yo el pago a cuanto hace por vos, y debo entregarme yo misma al eterno reproche del haber mojado mis manos en la sangre paternal?

DON FERNANDO.—El tiempo con frecuencia ha vuelto legítimo lo que antes parecía un crimen: te ha conquistado Rodrigo y debes pertenecerle. Mas, aunque su valor te haya ganado hoy, habría de ser enemigo de tu honor si le otorgara tan pronto el precio de su victoria. Por retrasarse vuestro casamiento no se quebranta una ley, según la cual, sin señalar plazo alguno, le perteneces. Tómate un año, si lo deseas, para enjugar tus lágrimas. Rodrigo, entretanto, hay que coger las armas. Después de haber vencido a los moros en nuestras riberas, abate sus designios, rechaza sus tentativas, ve hasta sus dominios a hacerles la guerra: al solo nombre de El Cid, temblarán de terror; por señor te designarán y te querrán por rey. Mas sé fiel siempre en el curso de todas tus hazañas y hazte estimar tanto por tus grandes accione, que sea entonces un honor para ella el casarse contigo.

DON RODRIGO.—Para poseer a Jimena y en servicio vuestro, ¿qué se me puede ordenar que no lo cumpla mi brazo? Aunque necesite alejarme de sus ojos, señor, es bastante dicha para mí la de poder esperar.

DON FERNANDO.— Espera en tu valor, espera en mi promesa, y poseyendo ya el corazón de tu amada, para vencer un punto de honor que contra ti combate, deja hacer al tiempo, a tu bravura y a tu rey.

II

Francisco Renato de Chateaubriand

(1767-1848)

EL CID[330]

(Música de las folías españolas)

Pronto a partir a la africana arena
armado, el Cid, radiante en su valor,
con el laúd a los pies de Jimena,
esto cantó, que le inspiró el honor:

—Jimena me habló así: la raza mora
combatirás, y vuelve vencedor,
y diré que Rodrigo es quien me adora
si antepone su honor al dulce amor.
Dadme pronto mi casco con mi lanza,
y mostrará Rodrigo, su vigor,
porque en la lid cifrando su esperanza,
pelea por su dama y por su honor.
¡Infiel! no hay que ostentar galantería;
mi canto, de tu canto vencedor,
será un tiempo de España la folía,
pues pintará mi esfuerzo con mi amor:
y en el valle de nuestra Andalucía,
contando los cristianos mi valor,
dirán que preferí a la luz del día
mi Dios, mi rey, mi dama con mi honor.

---

[330] El romanticismo francés, que tan insistentemente fija su atención en los temas medievales, dedicó especial preferencia a la figura del Cid, ya desde principios de la nueva escuela poética. Chateaubriand, que inicia el romanticismo en Francia y había escrito ya su *Último abencerraje* con tema español, escribió un «romance», de asunto cidiano, aunque, no sabemos por qué lo llamó «música de las folías españolas». Tiene por tema la despedida del Cid de su esposa. Lo trascribimos en la traducción del poeta español Juan Arolas que tradujo las poesías, completas de Chateaubriand (Edición de Cabrerizo, Valencia, 1846).

III

VÍCTOR HUGO

(1802-1885)

ROMANCERO DEL CID[331]

---

[331] La máxima figura del romanticismo francés Víctor Hugo admiró la figura épica del Cid, en el que vio la indómita braveza del Rodrigo que nos presenta el *Cantar* de las mocedades y no el del viejo *Poema*.

En su *Leyenda de los siglos* (1859) incluyó una serie de 16 estampas cidianas con el nombre de *Romancero del Cid,* aunque sin emplear esta forma como es de suponer. En 1929 tradujimos estos poemas permitiéndonos darle la forma de romances tradicionales, y ahora los reproducimos en esta edición. En el mismo libro incluye Hugo otros poemas en que, más o menos directamente, se alude al Cid: *Vivar, El Cid en el Generalife,* etc Todos ellos son un alarde de fantasía como de inexactitudes históricas. También es de Víctor Hugo el poema *El Cid y el león,* publicado en su libro *Toda la lira.* Traducido por Joaquín de Entrambasaguas en 1941, damos esta traducción.

I

LA LLEGADA DEL REY

A pesar de ser altivo,
rey Sancho, te llevo al anca,
y tan menguado te veo
como mi hombría te gana.

Cuando a mi casa te llegas
bien se te acoge, monarca,
y al temblar eres injusto
pues es el Cid quien te guarda.

Señor mi rastrillo es fiel,
y pío el umbral que ganas,
y ríe mi ciudadela
a las caricias del alba,

Mi torre: montón de piedras,
tan mía es, cual mi casa,
y su vieja hiedra muestra
como mi honrada prosapia.

Mis golondrinas son dulces;
perfumadas mis carrascas,
y los musgos nidariegos
no son de molsas robadas.

Y todo moro o rabino
que mi morada demanda,
en ella tranquilo duerme
porque mi casa le guarda.

Pues yo soy el Cid leal
a quien nadie puso tasa,
y que no tiene más sombra
que la que Dios le señala.

Admírote rey don Sancho
aunque mis males tú causas.
¡Mal venido sea el rey
cuando la casa me allana!

II

RECUERDO DE JIMENA

Si el monte pudiera hacer
reproches al viento frío,
la piedra sería yo
y vos el aire maldito.

La traición te rodea,
yo soy un viejo sumiso,
y tus amigos ya saben
cómo les soy enemigo.

Entre los que yo desprecio
se cuentan tus favoritos;
la suela que nos separa
me sobra para estar limpio.

Cuando casé con Jimena,
estaba del rey ahíto;
olvidé que, Dios es grande
y el cielo siempre dulcísimo.

Con birrete iba el prelado
sobre tapices mullidos,
y Jimena la gorguera
llena de flores y espigos.

Mi coselete de acero
bajo el moaré del vestido
llevaba, y lucía el sol
como nunca más he visto.

Entrad tranquilo, mi rey
entrad rey en mis dominios,
que con más gusto te hablara
si te creyera más digno.

III

EL REY CELOSO

Aunque León, Ebro y Mancha
concedan cuanto deseas:
grande el Cid era, don Sancho,
antes de que tú nacieras.

Y esto razones no son
para que villano seas
con un anciano, señor,
que de tu envidia se afrenta.

Gentes esforzadas somos,
hijos de raza guerrera;
que nos roan los zancajos
sentimos que tú consientas.

Pues basta que a tu servicio
el Cid gastara sus fuerzas,
alcanzando los achaques
del puño y de la muñeca.

¿Es preciso, rey don Sancho,
el que yo os sirva de befa?
¿Han de reírse los búhos
del águila por ser vieja?

Si en una balanza, rey,
un papa, Vivar pusiera,
con su mitra y palafrén
y un rey llevando en la hombrera;

su gloria pesara menos,
menos que la mía pesa,
siendo de marfil el rey
y aunque de oro el papa fuera.

Quieres que todos te adoren
y todos te han de adorar;
en castellano tus jueces,
y en latín tu capellán.

Y si dos y dos son cuatro,
bellaca es tu falsedad,
pues las palabras, no todas,
os he dejado pasar.

Hablas altivo, don Sancho,
cuando estás en la ciudad;
no ha de menester tutores
el Cid, que tan viejo está.

Ni tu letrado en Jaén,
ni en Salamanca el deán,
ha de consentir el Cid
le puedan desafiar.

Cuando dentro de murallas
te burlas yendo a cazar,
mirad cómo las almenas
he costumbre de dejar.

Rey de godos, rey de godos,
si te cruzara la faz,
mandarte pudiera a Burgos
o a Lerma, por te afrentar.

IV

EL REY INGRATO

Rey don Sancho, rey don Sancho,
echad las cuentas, echad;
pues harto estoy de cobardes,
y eres traidor, majestad.

Conozco tus añagazas
que esconde la oscuridad,
y todo el bien que te quiero,
rey, me lo quieres de mal.

Yo me envanezco sirviéndote,
cuando más me temes, más;
y con sus crines al viento
te asusta a ti mi alazán.

V

EL REY RECELOSO

Cuando me muerdo la barba
a solas en mi destierro,
mirando que mi pendón
hace a jirones el viento,

aún te causo sobresalto
y hante de guardar el miedo
tus alguaciles, tú sabes
lo que me tienes de lejos.

Mas, no importa. Yo me río.
Igual y lo mismo tengo
guardando tu puerta hombres,
que si la guardasen perros,

Pues preguntas a tus pajes
y a tus ecónomos luego:
«¿Por qué mirará ese hombre,
con ese mirar avieso?

¿Qué cosas meditará?
¿Querrá romper su atadero?
¿Roe su nombre o el mío?
¿Piensa en todo al mismo tiempo?

¿Qué planes meditará?
Yo como traidor le tengo.
Me asusta ese gentil-hambre
montaraz y guerrillero.

¿A qué este extraño convivió
de lobo y derriba-leños?
¿Recordará las afrentas
y las agravios añejos?

No es prudente marche libre,
el Cid, sin el bozo puesto.
De mí mismo soy la jaula
y también la llave tengo.»

Las rocas son mis tesoros
y yo mi guarida cierro.
Yo solo me digo: —Entra,
y yo mi salida ordeno.

Cuando entro y cuando salgo,
soy el que mueve los hierros;
y cree el rey excesivo
lo libre que yo bostezo.

Quisiera el rey que yo fuera
en su corte como un perro
para mandarme después
a estar en mi torre preso.

Y dejarme entre mis hiedras,
cual si fuera un cuadrillero...
¡Ponles bozales, si puedes,
a los huracanes sueltos!

VI

EL REY ABYECTO

Rey que la coraza embarga,
qué mal me pagaste, rey,
borras tu casta y la niegas
con tu falso proceder.

Tu digno y anciano padre,
que acreció nobleza y fe,
pregunta desde la tumba:
—¿Qué mala gitana fue
la que me robó mi hijo,
poniéndote en lugar de él?

El pan de hogaza que como,
mi mejor vianda es,
pues con raíces lo mezclo
después de batirme, rey...

Ni comí bajo tus tiendas,
ni me enseñaste a vencer.
No son mercedes los títulos
que con mi brazo gané...

El batallar es mi vida
y tanta mi talla es,
que de rodillas me pongo
para ser más bajo que él.

Mientras celebras las Pascuas
con rezos, yo ganaré
las torres de San Jacobo,
y Oviedo para mi rey.

Torpe falta cometiste
desterrándome, pues si es
con un huésped villanía,
conmigo locura fue.

Pues soy yo quien te protege
y el que te hace valer.
¡si mi bocina se oye
mi sombra contigo ven!

Y tus mandatos se cumplen
de grado o por fuerza, pues,
donde Ruy Díaz responde,
tus voluntades son ley.

Eres rey porque el Cid quiere,
¡muñeco habrías de ser
si no midiera mi espalda
debido respeto al rey!

Pues de Almonacid al Tajo
yo a las gentes enseñé
que el sonar de mis clarines
música guerrera es.

Mi nombre la España llena
y el mar lo aprendió también:
¡Que cuanto más alto, y lejos,
mejores son de entender!

Mis pasos fragor guerrero
sobre la tierra han de haber
al atravesar caminos
como un romano de ayer.

Y todo tiembla, Coimbra,
Almodóvar, Santander,
cuando el de Vivar los címbalos
hace sonar por su rey.

VII

EL REY BELLACO

Existe menos nobleza
y bondad, has de saberlo,
rey, en tu regio collar
que en la carlanca de un perro.

Tu fe real es muy frágil,
pues jura y perjura luego,
tu mano negra de noche
pones sobre el Evangelio.

Hasta las cosas sagradas
tratas con igual desprecio,
y los santos se te indignan
cuando les dices tus rezos.

A tus reales promesas,
don Sancho, mejor prefiero
las promesas de las nubes
y las palabras del viento.

Las falsas palabras tuyas
dichas detrás de los buenos.
las tumbas frías serán
del pudor de nuestro reino.

Y te he de dar a entender
lo que por delito tengo;
que detrás de los valientes,
haga el felón juramentos.

Es fácil que menos dañe
de la víbora el veneno,
que el tener al calcañar
de un traidor el juramento.

En mis tierras de Vivar
ningún vasallo habla quedo
y aunque sus voces molesten,
que no te molesten quiero.

VIII

EL REY LADRÓN

Rey, ¿necesitas vencer,
para cargarnos de impuestos?
Pobres bajo las banderas
vivimos en nuestros pueblos.

Que nunca fuimos villanos
que rieran de tus frenos,
engordando capellanes
y alcaldes de vuestros feudos.

Los míos no pagarán
nunca, don Sancho, vereislo,
pues nunca mi villa fue
vaca de tantos ordeños.

Voy a continuar, señor,
hablándote de otros tiempos,
porque otrora lo empecé
y porque habéis de saberlo.

Pues, junto con los vasallos,
señor, tomaste los pueblos,
y los bosques que al nacer
llena el día de gorjeos.

Señor, tomaste mis tierras
y el campo da sauces lleno,
y hasta Jimena tomaras
de no impedirlo mi veto.

Si te pudiera ahorcar,
ha tiempo lo hubiera hecho.
En la horca de Albavieja
el Cid hubiérate puesto.

Al esconderte en las sombras
avivas más mis recelos.
Babieca herrará Vivar
con tus coronas y cetros.

IX

EL REY SOLDADO

Cuando en campaña tú entras,
vuelas como la oxifraga;
y hasta el llamarte español
hace avergonzar a España.

Señor, en el Val se baten
lo mismo que en las montañas,
arcángeles y demonios
se confunden en las planas.

Se guerrea en las provincias
se cruzan sus adargas
los caballeros valientes
con los príncipes con faldas.

Ciudadelas han las rocas
y las villas barbacanas
y sobre ellas, los buitres
vuelan igual que las águilas.

Grito brutal es la guerra
del valiente y del que engaña,
juicio divino a veces
o juego de gente baja.

Es la guerra una aventura
sobre la que al cuervo grazna,
pasto servido en las tambas
para fiesta de alimañas.

El chacal se desespera
con las sangrientas hazañas.
¡Siempre de Césares fue
dar al gusano viandas!

Aunque los campos son bellos
sólo el hombre leal gana
derecho con su bondad
y justicia de las causas.

La guerra es siempre cruel
y para que sea honrada
precisa la certidumbre
que tenemos en la causa.

En mis soledades vi
que a la Gloria nada falta
por no tratar las altezas,
pues bien sin ellas se pasa.

Busca siempre un favorito
vestido de ásperas sargas,
pues la espada es una virgen
que ha de saber con quién casa.

Las guerras que tú provocas
sólo saben provocarlas
los felones con trompetas
de aquilones y borrascas.

Pues no arriesgas tus pendones
ni quieres hacernos cara;
con hombres no quieres guerra,
sólo con viejos te engallas.

Un Alejandro te crees
pues dejas por donde pasas
entre ceniza los huesos
y la sangre entre las brasas.

Y riendo en los umbrales,
te gozas de tus hombradas
mostrando con niños muertos
las hembras desentrañadas.

X

EL REY COBARDE

Rey, con soldados bisoños
no tengas guerra con nadie,
ni a los Pirineos vayas
ni marches a Roscenvalles.

Pues estas piedras tan viejas
son del océano madres
y han de defenderse solas
al ser montes de gigantes.

Una fuerte raza de hombres,
amiga de soledades,
de Dios bajo las encinas,
es dueña de estos lugares
distante de tus sodomas
y sin que ellas le alcancen.

Llegar allí es temerario
porque ningún hombre sabe
si estos hombres son más viejos
o son más viejos los árboles.

Libres ayer y mañana
¿quién quieres tú que los ate
si en medio de las tormentas
el perro sus manos lame?

Hércules estuvo aquí
do la gamuza no pace;
y Carlomagno después
del César, que vino antes.

Pidieron misericordia
a sus rústicos guardianes,
vestidos con piel de lobos
y abarcas para calzarse.

Dios oculto entre las hojas
tomó estos negros lugares
para nacer Don Pelayo
y que Rolando finase.

No pienses nunca, mi rey,
venir a desafiarles,
por ver si en los hijos vive
la fiereza de los padres.

Con tus innúmeras picas
banderines y atalajes,
no meterás más ruido
que los moscardones hacen.

Pues, para que presto huyas
aunque en número les ganes
y que puedan verte huir
como tú siempre lo haces.

Y que te vayas cayendo
como un torrente al quebrarse,
basta el cuerno de un cabrero
para que huyas, cobarde.

XI

EL REY BURLÓN

Cuando yo con barbas grises
del santo país te hablo,
de Carlomagno, el gran rey,
y de Bernardo el bastardo;
de Don Pelayo y de Hércules,
me crees loco, don Sancho,
pues lo tomas por chocheces
locas de viejo insensato.

Mas nunca tu risa estúpida
creo que pueda alcanzarlo;
que obligue a cerrar la boca
a quien conmigo habla algo.

Por eso, yo continúo
tu bandera saludando,
y me destoco al hablarte
si me recibes tocado.

XII

EL REY PERVERSO

He visto en Alba y Gerona
a los honrados con tacha,
y gentes dignas de un trono
de la picota colgadas.

He visto con gran dolor
que tus verdugos segaban
testas que nunca abatieron
sus limpias frentes honradas.

Que Dios ha hecho crecer
en la tierra empecatada
hierbas con cabeza de hombre
para que tú las segaras.

Cuando con, los viles, rey,
ta diviertes y acompañas,
de pesar lloran los ojos
y de tanto dolor sangran.

Tiembla y termina por ver
la poco segura España
que vas de negro crespón
cortándole una mortaja.

De mis amigos he visto,
por tu maldad inhumana,
colgados sus esqueletos
sobre trochas y rodadas.

He visto en los bosques próximos
que tus verdugos se afanan
hasta doblar las encinas
cumpliendo lo que tú mandas.

He visto bajo los porches
vieja carne ensangrentada;
Rey de lanzas y de bastos,
el miedo las bocas tapa.

He visto a la gente noble
ante el tajo arrodillada,
sin que cuantas tú presentes
por llevar la frente alta.

La sangre que, rey pigmeo,
sobre las puertas derramas,
una humareda sombría
sobre la acera levanta.

¡Oh, rey de negras sentencias
que los cuervos acompañan,
las cadenas de tus horcas
con su ruido les llaman!

Y fue en Vich y en Alcalá
donde azotasteis las damas,

¡sólo recuerdos infames
vas dejando por do pasas!

A pesar de ser perverso,
la ley que te sirve manda,
pues lo perverso del hambre
la majestad te lo tapa.

XIII

EL CID LEAL

He visto que los mendigos
aumentan sobre las lastras,
haciéndose monjes ciegos,
que por no verte se enclaustran.

Yo no soy de esos villanos,
mi recia fe me amuralla
al circundarme las sombras
de los que hicieron mi casta.

Tal cual rodean los campos
que la estación verde embauma,
las cadenas de los montes
que el horizonte resguardan.

No hay corazones oblicuos
que a lo más vil se consagran
en estas viejas repúblicas
de bosques y torrentadas.

Son peores que los moros
los que la vileza mancha,
pues sobre caras de noche
ponen de aurora las máscaras.

Como el carbón, ayer negro,
y hoy rojo como brasa,
yo, rey, respiro tranquilo
con la verdad de mi parla.

Soy de los hombres antiguos
que probidades malgastan,
Jimena mis ropas zurce.
Mi lealtad no se rasga.

La campana de mi torre
yo toco a la antigua usanza,

y me molesta y enoja
tener villanos en casa.

El fango de la avaricia
y tus villanas hazañas,
de mis umbrales no quiero
me pudran las limpias lastras.

Reconoced la verdad
de lo que el Cid os proclama,
a quien pastores de Eroles
sombreros de flor regalan.

XIV

EL CID HONRADO

Anda tranquilo, rey Sancho.
y no temas nada aquí.
Tengo la blanca alma vieja
muy negra de combatir.

Aunque gruñendo te sirva,
Dios me ha dado este servir:
del moro ser el azote
y el de enderezarte a ti.

Nosotros, gentiles hombres
de las breñas, en la lid,
con los buenos, buenos somos,
y duros con el malsín.

No puede nadie obligarnos
a negar o a dar el sí,
que quien destruye cadenas,
puentes puede destruir.

De infames palacios lejos
y gentes de lengua vil,
al coraje en nuestras almas
crece cual hierba verdín.

Han dos viejos de licencias
que les pueden permitir
el castigar los poderes
con mal humor señoril.

El Cid por costumbre tiene
severo y franco servir,

y aunque de sabio no tenga
de honrado sí tiene, sí.

Por lograr cuanto desea
besa tus pies el servil.
Lo que nosotros hacemos
lo manda el sentir así.

Solos vivimos nosotros,
pues nos molesta vivir
allí donde crecen hábitos
de portero y de faquín.

Trigos segamos al valle
y lo que guarda el henil;
y aunque comprende las águilas
sabe resignarse el Cid.

Aunque lejos de tus horcas,
de tu audiencia, y tu festín,
sabemos lo que tú haces
al sentirnos rebullir.

Soledades fieras quieren
y no en la corte vivir
los que conmigo batallan
y se empolvan junto a mí.

Por eso, al hablarte a solas
tan grave tengo el decir:
como grave al Barón de Arle
le hablaba mi abuelo Gil.

¿Por qué, don Sancho, me temes
y por qué me has de seguir
espiando mis andanzas
que no te dejan dormir?

¿Crees, tal vez, que so capa
robándote quiero huir,
o que villas y castillos
deseo yo para mí?

Mas contento rey hubiera
al tus hieles no sufrir
que si Peñafiel lograra
sin el brazo descubrir.

Cuando la edad más le gana,
se encuentra mejor el Cid
entre sus montañas recias
que siendo rey, cual tú aquí.

Lisonja, lisonja, Sancho
no desfíes el Cid,
que nunca te daré Córdoba
por Lérida conseguir.

Ni torres alcazaberas,
ni Tortosa riberil,
ni el cuarto abacial cerrado
donde te aguardan a ti,
ni las damas de la reina,
ni el brocado vellorí
ni tus ropas soberanas
que tanto sabes lucir,
ni tus palacios marmóreos
conturbarán nunca al Cid,
que alcanza el agua y las moras
sin inclinarse servil.

XV

EL REY ES EL REY

Menos príncipe te crees,
don Sancho, voto al infierno,
cuando rechinan dos goznes
de mi rastrillo de hierro.

De espanto tienes el alma
herida, rey embustero,
traidor y poltrón que tienes,
a mi espalda pena y miedo.

Mandas que espíen mis pasos
y me espían tus recelos,
con tus varones de cera
y castillos papeleros.

Detrás de tus capitanes
tiemblas cuando yo me acerco,
y como las fuentes manan,
manas sospechas, perverso.

No me trataras, alteza,
con mayores miramientos,
si siendo pirata fuera
de tu horizonte el espectro.

Haces todo cuanto puedes
por ver si desaparezco,
y hacer patíbulos con
el polvo que den mis huesos.

Tus sutiles asechanzas
observo cada momento;
acechas don Sancho en vano,
pues perderás siempre el tiempo.

Tus precauciones son vanas
pues para nadie es secreto:
que la sangre de mis venas
tiene reales acervos.

El que te llame villano.
Señor, es cosa sin pero,
pues si en el reino eres primo,
eres en virtud zaguero.

Pues van conociendo todos
las mañas de vuestro empleo,
las que emplean viejos lobos
por solitarios senderos.

Me recompensas, don Sancho,
con odio de bandoleros,
sabiendo tú lo que digo
y sabiendo lo que pienso.

Delante de ti me inclino
y a tus bufones divierto,
pues soy leal frente al maula
y entre chatarra, de acero.

Ante ti desaparece
el Cid sin tachas de miedo,
¿qué quieres, Señor, que haga
si como a rey te respeto?

XVI

EL CID ES EL CID

Don Sancho, corre un riacho
por las tierras de mis feudos,
pura linfa entre los juncos
como el Cid entre sus siervos.

Para alcanzar tus perdones
otros elíseos no tengo.
Y te gano, siendo noble,
al ser yo más caballero.

Los hoscos sabios nos dicen
con refranes sus consejos
que los tronos tienen límites
y entre hombres tendrá el rey freno.

Te llamen como te llamen,
será rey bajo del cielo
aquel que elijan los hombres
con la venia del Eterno.

Pues para marcar los límites
precisan más cabildeos;
precisa ser ermitaño
o contrabandista, al menos.

Son mis trabajos distintos
y estoy de estas cosas lejos,
obedezco y no disputo,
pues me parece más cuerdo.

Pues me abrumáis la cabeza
de enojo y de desespero,
don Sancho, seguid reinando,
que ser quien soy siempre quiero.

Que nunca, mi rey don Sancho,
pedirte cuentas espero,
pues me avergüenza quien pudo
de otro modo agradecértelo.

Yo te di Jaén, Valencia,
Barbastro y el mar inquieto,
el mar que iracundo ruge
como los toros en celo.

Zamora la ruda, Huesca,
Jaca, Teruel y otros pueblos;
Murcia, do fuiste cobarde,
y Vich con tu mal recuerdo.

Lerma con sus sicomoros,
Tarragona con su puerto;
cada año, reyes moros,
y el Cid en todo momento.

Pues iremos siempre juntos
hasta los últimos nietos;

si quieres, tenlo presente
o lo olvidas por molesto.

Mis ojos nuca te miran,
de tus miradas huyendo.
Entrad sin temor, mi huésped.
Es uno solo en los cielos
el astro de noche oscura:
no es de victoria ni esfuerzo,
que es el astro del honor
el astro a quien me refiero.

Debajo de mi armadura
recojo yo mis cabellos
sobre quien la tarde mucre
¡y que voy a morir pienso!

Que el día que mi Jimena
empiece a vestir de negro,
que esta estrella venturosa
alumbre sobre mi féretro.

* * *

Así el Cid, que siempre hablara
sin miedo ni adulación,
lame las manos del rey,
con su lengua de león.

(Traducción de Luis Guarner.)

EL CID Y EL LEÓN

El Campeador, el hombre alegre y caballero,
gritó ante el bosque umbroso que tenía ante sí:
—¡Aquí, león! Acércate, que necesito hablarte—
Y de detrás de un risco, entonces vio salir
al peludo habitante de sierra Almonacid.
—¡Calla! Me tuteáis, dice el león al Cid.
¿Por qué? —Y el Cid feroz y dulce que ama España
dice: —Porque soy tu hermano.— Y la montaña,
el bosque, hierbas, rosas y zarzales,
comprendieron que el Cid y el león eran iguales.

(Traducción de Joaquín de Entrambasaguas.)

IV

JULIO BARBEY D'AUREVILLY

(1808-1889)

EL CID[332]

Por la desierta sierra, don Rodrigo pasaba.
En su coraza de oro el sol reverberaba
sus postrimeros rayos, en una tarde ardiente,
redoblando del héroe el brillo refulgente.
No había más que oro, del airón a la espuela
choca el oro del peto con el de la escarcela.
Encendidos rubíes, en su casco lucían,
pero bajo su máscara, más sus ojos ardían.
Soberbio en su descanso, bajo estivo arrebol,
no habiendo a quier herir, hería al mismo sol.

---

[332] Julio Barbey D'Aurevilly en uno de sus raros libros poéticos, dedicó un poema a la exaltación del Cid, en el que recuerda un pasaje del *Cantar de Rodrigo,* y se basa en el romance XIX. Por vez primera se traduce al español y lo publicamos ahora.

Era para los pobres hijos de las montañas
la imagen llameante, gloria de las campañas,
como torre de fuego, este altivo señor,
y exclaman: «¡Es Santiago o el buen Campeador!»
A los dos confundían, en una misma gloria,
para admirar sus hechos, o adorar su memoria.

Pero cuando pasaba, altivo y poderoso,
seguro, grave y lento, llegando caviloso,
oyó en lo más profundo de un barranco escondido
una voz lastimera, lo mismo que un gemido.
Echado en tierra, estaba un horrible leproso,
una humana inmundicia, de aspecto monstruoso.
Las patas del caballo levantáronse en alto
como si comprendieran, en mudo sobresalto,
que al tocar ese ser quedarían manchadas
y que nunca podrían ser ya purificadas.
Sin embargo, el héroe, en su gloria arcangélica,
inclinando su yelmo, como en una acción bélica,
descubrió el horroroso lazarino en su escoria;
le tendió noblemente, desde la altiva gloria
de su cabalgadura, la limosna pedida
a este leproso impuro, contagioso y maldito
que le pedía en nombre del Señor infinito.
Entonces sucedió un caso emocionante:
Alargando hacia el Cid su mano suplicante,
el leproso mendigo, en tierra su rodilla,
sorprendido de ver que un hombre no le humilla
manifestando horror por su atroz pestilencia,
sin huir de su lado ni esquivar su presencia,
y todo enternecido al ver tanta piedad,
osa el vil, el horrible, en su monstruosidad,
en un súbito impulso más fuerte que natura,
en el guante de acero poner su boca impura.
Bien sabía el cuitado que podía besar
sin que al brillante acero pudiese contagiar
el mojar de sus labios y el soplo de su aliento;
él, que nunca besara ni aun con el pensamiento,
y que daba la muerte con sólo su contacto,
pone su frente herpética sobre el acero intacto
de la férrea manopla, que el Cid le da de grado
sin sentir repugnancia, quedándose a su lado,

caritativo, inmóvil, siempre Campeador.
¿Qué pensaba encerrado en el áureo esplendor
del casco de rubíes cuando esta audacia vio?
¿Bajo su áurea coraza qué deseo pasó?
De pronto, miró al gafo y, con un gesto humano,
se quitó el guante y diole al mendigo su mano.

(Traducción de Concha Gil-Vilache.)

V

LECONTE DE LISLE

(1818-1894)

LA CABEZA DEL CONDE[333]

Los candeleros de hierro llameaban hasta el techo
donde, maciza, reluce la gran viga transversal.
Y la resina se funde en vivo chisporroteo.
    Y ningún ruido más. Toda la gente vasalla,
escuderos y coperas, pajes y moros sirvientes
permanecen de pie y rígidos, alrededor de la sala.
    Entre ricos escabeles y cofres grandes y recios,
pendientes del muro, cuelgan los trofeos conquistados:
cotas, paveses, cimeras que con glorias requirieran.
    Don Diego, sobre la mesa, copiosamente servida,
acodado, pensativo, con la frente contra el puño,
lloraba su deshonor que ensombrecía su vida.
    Corre a través de su barba y a lo largo del jubón
su amargo llanto, que cae en un profundo silencio;
llora el viejo caballero el peso de su baldón.
    Su alma, sin paz, medita maquinando mil quimeras:
sus antiguos heroísmos y sus ansias de venganza,
y el deseo de otra vida llena de fuerzas eternas.

---

[333] El gran poeta parnasiano Leconte de Lisle, en sus famosos *Poemas bárbaros* (1862) incluye tres poemas inspirados en pasajes de la leyenda del Cid, especialmente en los romances III y VIII, que publicamos aquí traducidos exclusivamente para esta edición.

Masca su furor igual como un caballo su freno,
piensa, viéndose impotente por la edad que ya le agobia,
que bajo sus tumbas frías más dichosos son los muertos,

Del aguijón necesitan sus hijos mas no de brida,
menos Rodrigo, que puede curar la herida que sangra,
bajo aquella ofensa impune, un dolor en su mejilla.

¡Oh día, día terrible en el que el honor se esfuma,
gloria de los ascendientes por ésta ofensa humillada,
oh rostro al que esta afrenta con su deshonor abruma!

Don Diego está meditando, prolongando la velada,
sumergido en su dolor, sin oír las fuertes voces
que los contendientes dan, con las carnes destrozadas.

Entra don Rodrigo y lleva, con gesto terrible y fiero,
colgando por los cabellos, la cabeza cercenada
de su enemigo, y la pone, en un plato, ante el guerrero.

La sangre sobre el mantel lo va tiñendo de rojo.
—¡Alzad vuestro rostro, padre! Abrid los ojos y ved:
traigo el honor de tu casa, que vuelve para nosotros!

¡Padre, he limpiado tu nombre y tu escudo mancillado
cortando la mala lengua y segando la cizaña!—
Levanta el viejo su frente y queda, de horror, callado.

Después, exclama: —¡Rodrigo, ¿dime si es aquesto cierto?
Esconde bajo el mantel esa cabeza, hijo mío!
porque ella me petrifica con ese mirar incierto.

¡Cúbrela, que el corazón rebosaría de gozo
y no podría, Rodrigo, darte siquiera las gracias
a ti que, al fin, me vengaste, con tu brazo valeroso!

Siéntate en mi alto lugar, astro de mi noble raza;
por esta cabeza, seas la cabeza de mi estirpe;
con mi amor, toma la honra y la alta prez de mi casa.

¡Virgen y Santos, mejor que las aguas de los mares,
esa negra sangre apaga el fuego de mi mejilla!
¡No más ayunos ni penas ni lágrimas ni pesares!

Justa la venganza ha sido. Le odié con todas mis ansias.—
Rodrigo dice: —El honor ha vuelto a nuestro linaje,
y yo le grité tu nombre mientras la espada envainaba.

¡Come padre!—Diego, en tanto una oración murmuraba,
y sentados a la mesa, el uno del otro al lado,
las viandas van comiendo que les aportó la caza.

Y la testa cercenada, los mira con gesto trágico.

EL ALTERCADO CON DON IÑIGO

Pasan ochenta hidalgos de rubias cabelleras
en caballos guarnidos con gualdrapas de seda
escarlata caminan ricamente atibados
con jubones de seda y guantes perfumados,
triples collares de oro, yelmos de plumas blancas,
el rebenque en la mano y la escarcela al anca...
Sólo Rodrigo Díaz monta, rígido y fiero,
en caballo de guerra y vestido de hierro.
Lleva lanza y estoque, de malla se cubrió:
de la nuca a los pies reluce bajo el sol,
y para hurtar el casco al fulgor que lo hiere
un capuchón espeso de tela lo protege.

La avispa con su vuelo estridente voltea,
y brinca el saltamontes sobre la hierba seca:
las campanas de plata se oyen a lo lejos,
y, mezclando sus risas, marchan los caballeros.
Cuentan lances de guerra, de amor y pillería
en la ciudad de noche y por las juderías.
Querellas, juramentos y votos al Señor.
Pero inmóvil, callado, tieso sobre su arzón,
Ruy Díaz nada dice, está mudo y sombrío,

A través de los campos resecos y baldíos,
desgranando su charla todos van caminando
en busca de su Rey que merced les ha dado
y que viene a buscar sus nuevos feudatarios,
con su alférez mayor y sus cuatro notarios,
que la fe habrán de dar de su fidelidad;
y trescientos soldados que con ellos vendrán.

Mediodía por filo, en la llenura ardiente
don Fernando se para, y su mula detiene.
El birrete calado y el guante de la diestra
descalzado, y el otro en el lado lo muestra.
Cada uno de ellos, después del homenaje,
besa la mano al rey, signo de vasallaje,
Sólo Rodrigo con lentitud y desdén
permanece montado en su bravo corcel.

Entonces don Iñigo López porta-estandarte
de Castilla, hombre torvo y de altivo talante,
cuyos antepasados un día contuvieron
los asaltos de Tarik y sus demonios negros,
muy antiguo y pagado de su antigua prosapia,
viendo tal altivez, siente el alma indignada.
Y pronto el altercado se cruza entre los dos.
A Ruy Díaz intenta dar áspera lección,
y con gesto violento dice a plena garganta
con los ojos brillantes cual carbón en la fragua:

—¡Abajo, don Rodrigo, tu hora ya ha llegado!
Este mancebo cree su origen asaz alto
para poder hacer lo que hace sin esfuerzo
cualquier alto rico-hombre de estandarte y de fuero,
sobre tierra y vasallos, con honores y escudo.
¿Sabe ese forajido, hijo indómito y rudo,
si no existiese Dios y su misericordia
que no merece más que el lazo de una soga
o los filos de un hacha que cercene su cuello?
¡Abajo! No presumas de loco y altanero
porque de un modo impune, para nuestra vergüenza,
mataste, casualmente, al conde en la contienda,
el que fue ciertamente un guerrero esforzado
de Castilla y de Dios, modelo de cristianos.
¿Eres moro o judío, o eres quizás hereje?
Pero yo te aseguro que un mentiroso eres.
Tienes harta arrogancia y los felones actos,
que hiciste en otro tiempo y que ahora olvidas. ¡Vamos!
¡Ya es tiempo! Y si no, ¡por la Virgen y el Papa!
como me llamo Iñigo te agarro por las ancas,
y te arrastro a través de las piedras del suelo
a suplicar al rey perdone el desafuero.—
Así habló don Iñigo. Don Ruy saca su espada,
le parte la cabeza hasta quitarle el alma.
Cae el otro de espaldas, dejando salpicado
con su sangre el camino y su propio caballo.
Todos se asombran, gritan en grande desconcierto:
¡Oh! —¿Dios! —¡A él! —¡Corramos! —¡Venid! —¡Iñigo es muerto!
¡Alto las dagas! —¡Dios! —¡Casco y cráneo de un golpe
le rajó hasta los dientes! —¡Marchemos a galope!

—¡Santiago!—dice el rey sorprendido—, esta espada

aunque es alto su puño, está ya ensangrentada.
Por aquesto me enojo y por ello me aflijo.
Don Iñigo parece que está muy mal herido,
yace pálido y mudo y, sin duda, se muere.
Envaina pues tu espada, don Ruy, si es que no eres
el Diablo y Mahoma, crueles y malvados.
He aquí lo que se gana con fines temerarios.—
Ruy dijo: —Don Iñigo tuvo la lengua viva.—

Después, sin importarle que un día le persigan,
con sus hidalgos de Calatrava la viaja,
el buen Campeador vuelve brida, y se aleja.

JIMENA

Está en Castilla y en Burgos, Femando, el rey justiciero,
bajo el dosel de su trono haciendo justicia al pueblo.
Juzga equitativamente homicidios y contiendas,
compromisos no cumplidos y deudas no satisfechas,
ricos-hombres encendidos por la avaricia malsana
que roban oro al judío y al mercader su ganancia,
y a aquellos que, arrepentidos, su rapiña devolvieron
después de salvar su espada, su estandarte y su caldero.

Y tras dictar los decretos que copiaron los escribas
para el leal como el felón, según las formas debidas,
tras marcharse los maceros y las sentencias dictadas
y los reos condenados y las deudas canceladas,
cuando todo ya termina, aparecen treinta hidalgos
todos vestidos de luto, correctamente formados;
Jimena Gómez avanza, en el centro, desolada;
su padre está muerto y quiere pedir al rey su venganza.

La negra capa bordada que cae con rigidez
empequeñece su cuerpo desde el hombro hasta los pies.
Y de la sombra que hace la cofia sobre su rostro
sale como un vivo fuego, de amor, de angustia y de odio.
Ante las gradas del trono, en su dolor lastimera,
hinca ante el rey sus rodillas, entre sollozos diciendo:

—¡Señor! Después de una vida tan heroica como honrada,
ha seis meses bien pasados que mi padre entregó el alma
por las manos alevosas de un altivo caballero
que cada día a engordar sus halcones pasar veo,
matando en mi palomar a mis palomas más fieles,
salpicándome la falda con la sangre que ellas vierten.
Le desprecio altivamente, con el odio de mi alma.
De todos tus senescales la dispersa cabalgada
cual jauría sin olfato, nunca encuentra su guarida,
y él se burla porque sabe que no encontrarán su pista;
que vos no queréis forzarles a que un día lo descubran.

¿Soy yo de sangre tan vil y de raza tan oscura
que no cuide del castigo mi que tema tu justicia?
Y yo te digo, Señor, que es deshonor de tu, insignia
ocultar a ese traidor a mi odio vengativo;
que quien justicia no hace de reinar no ha de ser digno,
si ha de proteger al fuerte y al débil desampararlo
bajo la mano insolente, que la sangre ha derramado.
Y vos, no debéis luchar ni vestir vuestra coraza
ni comer pan a manteles, ni gozar en vuestra casa,
ni con la reina dormir en vuestro amoroso sueño.
Después que por cuatro veces tus promesas se perdieron,
la espera de mi venganza por cuatro veces fallida
de un varón tan encumbrado junto a vuestra real silla,
el más sabio en vuestra corte y el mejor para la guerra,
vos no queráis atender ahora a su triste huérfana.—
Jimena calla doliente, después de haber dicho esto.
Fernando así le responde:
                —¡Por el Señor, deteneos!
Vuestro dolorido amor bien explica vuestros celos.
Bien hablasteis a fe mía. Hija, vuestros ojos bellos
alumbrarán a los muertos en sus tumbas enterrados
y ese llanto a los vivientes enternecerán los párpados,
aun cuando sus corazones fueran duros como piedras.
Calma, al menos, el dolor que te abruma y atormenta.
Si Don Gómez de Gormaz, el valiente conde ha muerto
a las manos atrevidas que su honra defendieron,
considera que ofendió con una afrenta muy grave
el honor de un caballero de honrada prez y linaje.
Más rico que Iñigo López y más noble aún que Abarca,
el viejo Diego Laínez, a quien la fuerza faltaba.

El conde ha muerto de un golpe dado en una leal lucha.
Dios le recibió en su reino, donde debe estar, sin duda.
Si a Don Rodrigo protejo es porque así es mi deber.
Y un tiempo habrá de llegar en que él tu apoyo ha de ser,
cambiando tu angustia en gozo será tu gloria triunfante.—
Y después de dicho esto, van en busca del Infante.

(Traducción de Concha Gil-Vilache.)

VI

JOSÉ MARÍA DE HEREDÍA

(1842-1904)

ROMANCERO

EL APRETÓN DE MANOS[334]

En su solar pensando, mejor que los solares
del gran Iñigo Arista o del buen Sancho Abarca,
el viejo Diego Laínez no prueba los manjares.
No duerme desde el día en que su faz la marca,
aún hoy caliente, lleva de la mano, del Conde;
que ya para vengarse es, ¡ay!, su fuerza parca.
De sus deudos temiendo los escarnios, esconde

---

[334] El poeta José María de Heredia, discípulo de Leconte de Lisle, cubano de nacimiento y descendiente de españoles, contribuyó también, al tema cidiano con tres poemas agrupados bajo el título de *Romancero* que publicó como parte de su célebre libro *Los trofeos* (1893).

Para el primer poema debió inspirarse en el romance III y con más amplia libertad escribió los otros dos.

Traducido este libro por el poeta español Antonio de Zayas, damos aquí su bella traducción, en igual metro que dichos poemas tienen en el original.

Aún cabría insistir en la difusión que el tema del Cid alcanzó en la literatura francesa, con obras de otros autores, como M. Creuzé de Lesser, que escribió un libro, entero titulado *Le Cid* en el que, basándose en los romancee, hizo una historia poética del Campeador Es también de señalar el drama de Casimiro Delavigne, titulado *Las hijas del Cid,* así como otras obras posteriores de no menos interés corroboran la persistencia del tema a través de la literatura francesa.

su vergüenza en penumbra familiar, sin testigo,
¡que así a su virtuoso enojo corresponde!
    Para dar a la afrenta que le abruma castigo
llama a los cuatro vástagos de su prócer hogar:
Sancho, Alfonso, Manrique y el más joven, Rodrigo.
    Aunque en el pecho siente su alba barba temblar
honor al cabo dándole esfuerzo más pujante,
de su hijo Sancho impúlsale las manos a apretar.
    Y Sancho estupefacto dice: —Padre, es bastante:
me hacéis daño.— El segundo, Alfonso, le contesta:
—¿En qué te agravié para tratarme así?— Al instante
    diz Manrique:—En mi mano como una garra puesta
la tuya, sufrir me hace igual que un condenado.—
Sin dignarse a tan débiles lamentos dar respuesta
    y con el corazón triste y desesperado
de injertar en un brazo más joven su vigor,
vase el viejo a Rodrigo, su benjamín amado.
    Abrázale y los hombros le palpa con furor
y las cándidas manos, y al punto se le alcanza
que son armas inútiles para lavar su honor.
    Más apriétalas, última y suprema esperanza,
entre las suyas, antes terror enemigo,
y una mirada ígnea el mancebo le lanza.
    Los ojos del anciano chispean. Y Rodrigo
de la paterna cólera arrosta el desafuero.
Puede gritar, mas sabe callar ante el castigo.
    Al fin rojo de ira clama: —Que sueltes quiero;
sino, para arrancarte hígado y corazón,
mis manos se harán mármol, mis diez uñas acero,
    Y el anciano, de júbilo llorando y de emoción
prorrumpe: —Hijo del alma, Dios púsote delante
de mí como esperanza de vengar mi baldón.
    Y entre gritos y lágrimas de fuego, jadeante,
le enseña la mejilla vilmente mancillada,
del ofensor el nombre y el lugar y el instante;
    y a Tizona sacando de la vaina, templada,
y besando su pomo igual que un crucifijo,
entrega al joven la alta y ponderosa espada.
    —Toma y tan bien la esgrimes cual yo la esgrimí—dijo
pie firme y mano rápida, a mi ilusión responde.
Mi honra he perdido. Vete a rescatarla, hijo.
    Poco después Ruy Díaz había matado al Conde.

LA VENGANZA DE DIEGO LAÍNEZ

Presidiendo la mesa y a las plantas sus galgos,
Laínez, aún más pálido de la cera fulgor,
hase sentado para cenar con sus hidalgos.

Allí tiene a tres hijos; pero el viejo señor
del más joven se acuerda y teme que su sino
lo haya tornado en víctima del Conde mofador.

Ríe en jarros de plata el vino purpurino;
y, aunque afila el agudo cuchillo el maestresala,
deja enfriar los platos y calentarse el vino;

pues no ha mandado el amo que corte. Por la sala
reina un hondo silencio al viejo al contemplar,
por cuya blanca barba lento el llanto resbala.

Grave está el escudero de pie junto al hogar
y, en torno a la vacía mesa, triste la gente,
ni al vasallo, ni al hijo, ni al paje se oye hablar.

Laínez cierra los ojos y abate la ancha frente
por no ver el espectro cruel que le atormenta;
y ve muerto a su hijo y a su baldón viviente.

Ha perdido la honra y aguantado la afrenta.
¡Sus abuelos de raza fuerte e inmaculada,
en el día del Juicio han de pedirle cuenta!

El ultraje le agobia, el desdén le anonada.
¡Su hijo ha muerto y su gloria de ayer hoy es mentira!
¡De aquel su antiguo orgullo ya no le queda nada!

—¡Señor, abre los ojos. Soy yo. Mira bien, mira.
Esta mesa vacía indigna de ti fuera;
sin perros he cazado manjar para tu ira.

He matado un jabato y he aquí su testa fiera.—
Dice Rodrigo alzando lívida y erizada
la cabeza que agarra por la gris cabellera.

Diego Laínez levanta al punto la mirada.
—¿Eres tú, Conde infame? ¿Es tuya esa sombría
faz de convulsos ojos y de risa espantada?

¡Oh! Si, tus dientes muerden la lengua todavía
que ya no ha de mofarse jamás de mí, insolente.
¡El filo de mi espada dejola, inmoble y fría!

Bajo del cuello, al golpe de Tizona luciente,
espesos cuajarones cuelgan de la cada fibra.
Y el viejo el rostro frota en la sangre caliente.

Y luego con pujante voz que en la sala vibra,
clama: —Rodrigo, hijo amado y vencedor,
la afrenta me hizo esclavo y tu brazo me libra.

Y tú, cabeza odiada del que atentó a mi honor,
ve cual mi mano dócil al dolor que me pesa,
va en ti a cobrar la gloria y a saciar el rencor.—

Y acaba, golpeando la exangüe faz aviesa:
—Ved todos que el ultraje mi rostro ya no abrasa.
Rodrigo ocupa el sitio más alto de mesa;
que quien trae tal cabeza, cabeza es de mi casa.

EL TRIUNFO DEL CID

Tiene el Real Palacio las puertas franqueadas
y el buen Rey don Fernando sale para acoger
al joven jefe que entra con sus viejas mesnadas.

Abandonan el claustro, la campiña, el taller...,
el mercader, el clérigo, el labrador inculto;
y al balcón las mujeres asómanse por ver

al que ha vengado a Cristo del agereno insulto:
Rodrigo de Vivar que de la morisca tierra
vuelve a Zamora henchida de un alegre tumulto.

Doquier al divisarle el turbante se aterra
y en su corcel ligero, cual la cebra rayado,
huyó el jinete alarbe en la reciente guerra,

Todo lo ha destruido, maltrecho y saqueado
del Ebro al Guadiana: la nava y el alcor;
y llegan ayes fúnebres del Algarbe incendiado.

Su botín es inmenso, mas su gloria es mayor;
porque son los más bravos Reyes de Berbería
sus cautivos y llámanle el *Cid* Campeador.

Así Rodrigo escucha la alegre gritería
de la plebe que aclámale defensor de su Ley
al entrar en Zamora en despejado día.

Y cuando los heraldos anunciaron —¡El Rey!—
el clamor fue tan grande que cuervos y cornejas
salieron a cernerse sobre la inquieta grey.

Y de pie don Fernando so las puertas bermejas,
en el umbral parose deslumbrado un minuto
para escuchar los vítores gratos a sus orejas.

Y al avanzar contento del popular tributo,

surge de entre el enjambre que entusiasta delira,
una mujer muy pálida con las ropas de luto.

    Destellando sus ojos amoratados ira
bajo el velo esparcido de sus cabellos rojos,
gritó con voz turbada por las lágrimas —¡Mira!

    ¡Oh Señor, reconóceme! Heme a tus pies de hinojos.
Mi padre ha muerto. Era vasallo fiel. Castiga
Fernando aqueste crimen que causa mis enojos,

    Del Rey he de quejarme si el dolor no mitiga
que me mata, y más tiempo quiere hacerme esperar
la venganza a que un santo juramento le obliga.

    Están ¡oh Rey! mis ojos cansados dé llorar
y el odio que en mi pecho inflamado se esconde
la garganta me anuda y me fuerza a gritar.

    Al punto la venganza dicta aquí mismo, en donde
está quien a mi padre privó de su denuedo.—
Y el pueblo repetía: —Es la hija del Conde.—

    Ella arrogante irguiéndose mostraba con el dedo
a Ruy que en la su silla clavado, a la doncella
flechaba con mirada rutilante y sin miedo.

    Y los ojos del hombre con los claros de aquella
que acusábale, entonces se encontraron así
cual dos hierros que abortan una doble centella.

    Don Fernando perplejo y torvo estaba allí;
y pues ambos derechos del juicio en la balanza
pesan igual, gran pena siente dentro de sí.

    El pueblo silencioso en derredor avanza
y el viejo Rey contempla con los ojos severos
sobre la turba el brillo de las puntas de lanza.

    El botín custodiando mira a los caballeros
—espada al puño y cota al pecho damasquina—
que en torno al Cid impávido se agrupan alterneros.

    Y al pie del estandarte consagrado en Medina
ve, cautivos ganados a Miramamalín,
cinco Emires vestidos de seda tunecina.

    Y tras ellos diez negros con labios de carmín
llevando cada uno un árabe corcel.
Exclama, a la clemencia propenso, el Rey al fin:

    —Ha vengado a su padre, ha vencido al infiel.—
Y viendo que ella sigue inculpando a su amante,
Fernando se acaricia la barba y para él

    se dice: —¿Quién es justo en juicio semejante?—

Como a sus pies Jimena lamentara su suerte,
ofreciole la mano y le dijo galante:
    —Levántate, hija mía, sosiégate y advierto
que de un Rey de Castilla para el ánima buena
de tus ojos las lágrimas son un arma muy fuerte.

    Vivar me es caro. Azote de la hueste agarena
ha sido; mas yo quiero oír tu ruego insistente;
morirá si lo ansías. Es ya tuyo Jimena.

    Si lo mandas, el hacha ha de herirle obediente.—
Ruy Díaz la miraba sin miedo y sin enojos.
Ella cerró los ojos y doblegó la frente.

    Y afrontar intentando en vano sin sonrojos
el mirar del caudillo que no hay brazo que venza,
al par que bajó la alba frente, cerró los ojos.

    No es ya la hija orgullosa del Conde. Ya comienza
a encenderse su rostro, menos arrebatado
por inflexible encono que de amor y vergüenza.

    —A tu padre la vida arrancó un brazo armado
por el Honor. ¡Dios haya tenido piedad de él!
El hombre aplaude el golpe que el Rey ha condenado.

    No vale menos la honra de Laín Calvo y del
Cid, incólume como la de mis ascendientes,
que la sangre que dora tu cabello buriel.

    Yo el perdón le concedo si en olvidar consientes:
que Gormaz y Laínez vean su árbol fecundo
por vosotros vestido de ramas florecientes.

    Habla y, a una palabra de tu boca, yo fundo
para Ruy señoríos en Saldaña y Castril.—
Y viendo de Jimena el silencio profundo,

    preguntole Fernando: —¿De tu amor infantil
no sientes en el alma memoria que en pro arguya?—
El Rey así se expresa generoso y sutil.

    Y ha temblado la mano de Jimena en la suya.

        (Traducción de Antonio de Zayas.)

ÍNDICE ALFABÉTICO DE AUTORES

EL CRÍTICO y EDITOR - JUAN BAUTISTA BERGUA

Juan Bautista Bergua nació en España en 1892. Ya desde joven sobresalió por su capacidad para el estudio y su determinación para el trabajo. A los 16 años empezó la universidad y obtuvo el título de abogado en tan sólo dos años. Fascinado por los idiomas, en especial los clásicos, latín y griego, llegó a convertirse en un célebre crítico literario, traductor de una gran colección de obras de la literatura clásica y en un especialista en filosofía y religiones del mundo. A lo largo de su extraordinaria vida tradujo por primera vez al español las más importantes obras de la antigüedad, además de ser autor de numerosos títulos propios.

Su librería, la editorial y la "Generación del 27"

Juan B. Bergua fundó la Librería-Editorial Bergua en 1927, luego Ediciones Ibéricas y Clásicos Bergua. Quiso que la lectura de España dejara de ser una afición elitista. Publicó títulos importantes a precios asequibles a todos, entre otros, los diálogos de Platón, las obras de Darwin, Sócrates, Pitágoras, Séneca, Descartes, Voltaire, Erasmo de Rotterdam, Nietzsche, Kant y los poemas épicos de La Ilíada, La Odisea y La Eneida. Se atrevió con colecciones de las grandes obras eróticas, filosóficas, políticas, y la literatura y poesía castellana. Su librería fue un epicentro cultural para los aficionados a literatura, y sus compañeros fueron conocidos autores y poetas como Valle-Inclán, Machado y los de la Generación del 27.

El Partido Comunista Libre Español y las amenazas de la izquierda

Poco antes de la Guerra Civil Española, en los años 30, Juan B. Bergua publicó varios títulos sobre el comunismo. El éxito, mucho mayor de lo esperado, le llevó a fundar el Partido Comunista Libre Español que llegaría a tener mas de 12.000 afiliados, superando en número al Partido Comunista prosoviético oficial existente. Su carrera política no duró mucho después que estos últimos le amenazaran de muerte viéndose obligado a esconderse en Getafe.

La Censura, quema de libros y sentencia de muerte de la derecha

Juan B. Bergua ofreció a la sociedad española la oportunidad de conocer otras culturas, la literatura universal y las religiones del mundo, algo peligrosamente progresivo durante esta época en España.

En el 1936 el ejército nacionalista del General Franco llegó hasta Getafe, donde Bergua tenía los almacenes de la editorial. Fue capturado, encarcelado y sentenciado a muerte por los Falangistas, la extrema derecha.

Mientras estuvo en la cárcel temiendo su fusilamiento, se quemaron miles de libros por encontrarlos contradictorios a la Censura, todas las existencias de las colecciones de la Historia de Las Religiones y la Mitología Universal, los libros sagrados de los muertos de los Egipcios y Tibetanos, las traducciones de El Corán, El Avesta de Zoroastrismo, Los Vedas (hinduismo), las enseñanzas de Confucio y El Mito de Jesús de Georg Brandes, entre otros.

Aparte de los libros religiosos y políticos, se perdieron otras colecciones como Los Grandes Hitos Del Pensamiento. Ardieron 40.000 ejemplares de La Crítica de la Razón Pura de Kant, y miles de libros más de la filosofía y la literatura clásica universal. La pérdida de su negocio fue un golpe tremendo, el fin de tantos esfuerzos y el sustento para él y su familia…fue una gran pérdida también para el pueblo español.

PROTEGIDO POR GENERAL MOLA Y EXILIADO A FRANCIA

Cuando General Emilio Mola, jefe del Ejército del Norte nacionalista y gran amigo de Bergua, recibe el telegrama de su detención en Getafe intercede inmediatamente para evitar su fusilamiento. Le fue alternando en cárceles según el peligro en cada momento.

–El General y "El Rojo"–Su amistad venia de cuando Mola había sido Director General de Seguridad antes de la guerra civil. En 1931, tras la proclamación de la Segunda República, Mola se refugió durante casi tres meses en casa de Bergua y para solventar sus dificultades económicas Bergua publicó sus memorias. Mola fue encarcelado, pero en 1934 regresó al ejército nacionalista y en 1936 encabezó el golpe de estado contra la República que dio origen a la Guerra Civil Española. Mola fue nombrado jefe del Ejército del Norte de España, mientras Franco controlaba el Sur.

Tras la muerte de Mola en 1937, su coronel ayudante dio a Bergua un salvoconducto con el que pudo escapar a Francia. Allí siguió traduciendo y escribiendo sus libros y comentarios. En 1959, después de 22 años de exilio, el escritor regresó a España y a sus 65 años comenzó a publicar de nuevo hasta su fallecimiento en 1991. Juan Bautista Bergua llegó a su fin casi centenario.

Escritor, traductor y maestro de la literatura clásica, todas sus traducciones están acompañadas de extensas y exhaustivas anotaciones referentes a la obra original. Gracias a su dedicado esfuerzo y su cuidado en los detalles, nos sumerge con su prosa clara y su perspicaz sentido del humor en las grandes obras de la literatura universal con prólogos y notas fundamentales para su entendimiento y disfrute.

Cultura unde abiit, libertas nunquam redit.
Donde no hay cultura, la libertad no existe.

LA CRÍTICA LITERARIA
WWW.LaCriticaLiteraria.com

Todo sobre literatura clásica, religión, mitología, poesía, filosofía...

La Crítica Literaria es la librería y distribuidor oficial de Ediciones Ibéricas, Clásicos Bergua y la Librería-Editorial Bergua fundada en 1927 por Juan Bautista Bergua, crítico literario y célebre autor de una gran colección de obras de la literatura clásica.

Nuestra página web, LaCriticaLiteraria.com, es el portal al mundo de la literatura clásica, la religión, la mitología, la poesía y la filosofía. Ofrecemos al lector libros de calidad de las editoriales más competentes.

Leer los libros gratis online
www.LaCriticaLiteraria.com

La Crítica Literaria no sólo está dedicada a la venta de libros nacional e internacional, también permite al lector la oportunidad de leer la colección de Ediciones Ibéricas gratis online, acceso gratuito a más que 100.000 páginas de estas obras literarias.

LaCriticaLiteraria.com ofrece al lector un importante fondo cultural y un mayor conocimiento de la literatura clásica universal con experto análisis y crítica. También permite leer y conocer nuestros libros antes de la adquisición, y tener la facilidad de compra online en forma de libros tradicionales y libros digitales (ebooks).

Colección La Crítica Literaria

Nuestra nueva **"Colección La Crítica Literaria"** ofrece lo mejor de los clásicos y análisis de la literatura universal con traducciones, prólogos, resúmenes y anotaciones originales, fundamentales para el entendimiento de las obras más importantes de la antigüedad.

Disfrute de su experiencia con nosotros.

www.LaCriticaLiteraria.com

www.ingramcontent.com/pod-product-compliance
Lightning Source LLC
Chambersburg PA
CBHW020626020726
47494CB00001B/71